SOMMAIRE

W0310648

9. SCIENCES ET TECHNOLOGIE 164

10. LE CIEL ET LA TERRE 182

11. VEGETAUX 206

12. ANIMAUX 216

13. L'HOMME 246

14. INSTITUTIONS 268

15. SPORTS 290

16. JEUX OLYMPIQUES 1992 346

INDEX 356

ÉDITION°1 a apporté son concours à la promotion de cette édition du Livre Guinness des Records.

LE LIVRE GUINNESS DES RECORDS 93

TF1 EDITIONS

SOMMAIRE

1. L'ESPRIT D'AVENTURE 12

2. TOP STARS 32

3. MÉDIAS 44

4. ART ET CULTURE 50

5. ARCHITECTURE 72

6. VÉHICULES 94

7. AFFAIRES ET AGRICULTURE 122

8. INSOLITE 138

Sur tous les continents ***Le premier*** ■ Le Canadien Patrick Morrow (né le 18 octobre 1952) est le premier homme à avoir gravi les plus hauts sommets de chaque continent : en Afrique, le Kilimandjaro (5 895 m) ; en Antarctique, le Vinson (5 140 m) ; en Asie, l'Everest (8 848 m) ; en Europe, l'Elbrous (Caucase, 5 642 m) ; en Amérique centrale et du Nord, le McKinley (6 194 m) ; en Amérique du Sud, l'Aconcagua (6 960 m) ; et en Australie, la pyramide Carstenz (5 030 m), qu'il gravit le 7 mai 1986.

Le premier Français ■ Le guide de haute montagne Jean-Pierre Frachon, 44 ans, est le 4e au monde et le premier Français à avoir réussi l'ascension des « 7 sommets » : l'Elbrous (Géorgie), l'Everest (septembre 1988), l'Aconcagua (janvier 1989), le Kilimandjaro (janvier 1990), le mont Vinson (janvier 1991), le McKinley (mai 1990), et la pyramide Carstenz le 27 novembre 1991.

La première femme ■ La Japonaise Junko Tabei, première femme à avoir escaladé l'Everest (voir plus haut), a également réalisé l'ascension du mont Blanc, du Kilimandjaro, de l'Aconcagua et du McKinley et a terminé son tour des plus hauts sommets du monde, le 19 janvier 1991, à l'âge de 51 ans, par le Vinson.

△ *« La liberté ne va pas sans risque. Elle est même son corollaire. » Cette réflexion de Maurice Herzog peut aider à comprendre les escalades étonnantes de Patrick Edlinger.*

Les plus hautes montagnes ***En solitaire*** ■ L'Italien Reinhold Messner a gravi les 14 sommets de plus de 8 000 m du monde, tous sans l'aide d'oxygène. En réussissant, en 1982, l'ascension du Kanchenjunga, il est devenu le premier à avoir gravi les 3 plus hautes montagnes du monde, avec l'Everest et le K2, aussi à son palmarès.

Calcutta-Everest ■ L'Australien Timothy John McCartney-Snape (né en 1956) est parti à pied du niveau de la mer — une baie proche de Calcutta, Inde — le 5 février 1990 et a atteint le sommet le 11 mai 1990 après 1 200 km de marche.

Descentes en rappel

Montagne ■ L'Américain Steve Holmes, avec une équipe de 16 alpinistes, a réalisé le record de descente en rappel de 900 m en juillet 1982, sur la face nord-ouest du pic Thor, île de Baffin, Canada.

Immeuble ■ Mick Herrick, GB, a descendu les 245,5 m de la façade de la tour nord du Rialto Building, à Melbourne, Australie, le 27 novembre 1988.

Dirigeable ■ Le 28 juin 1989, le Français Pascal Barrier de Lons-le-Saulnier, Jura, a effectué un rappel de 750 m en 1 h sous un ballon en vol libre à 1 200 m d'altitude.

Escalades

La plus belle école ■ La forêt de Fontainebleau, à 50 km de Paris, offre 3 000 rochers d'escalade (grès parfois quartzifié). Ceux-ci n'atteignent que quelques mètres de hauteur, 18 m au maximum pour la Dame-Jeanne, mais leur difficulté technique est très grande. Fontainebleau est reconnue comme étant la plus difficile école d'escalade du monde.

Falaises les plus difficiles ■ La falaise du Saussois (70 m de haut) à 200 km de Paris est la plus difficile de France. Il s'agit d'un calcaire à trous très raide. On y dénombre 220 voies du 4e au 8e degré de difficulté. Le Français Patrick Edlinger réussit, au printemps 1987, la première escalade de la falaise calcaire de 50 m de haut dite « la femme blanche », monts de Ceüse, Gard. C'est l'une des ascensions les plus difficiles sur l'échelle de valeurs, elle n'a jamais été répétée.

Ski

Ski alpin ***Première descente de l'Annapurna*** ■ Ce sont 7 Français qui ont réalisé cette première au cours du printemps de l'année 1979 : Bernard Germain et ses coéquipiers : Lucien Adiais, Michel Berquet, J.-L. Georges, Benoît Renard, Henri Sigayret et Yves Morin, décédé au cours de la descente.

Traversée des Alpes et des Pyrénées ■ Le Français Michel Demling, né en 1958, traverse (aller et retour) en 4 mois et 7 jours, du 5 janvier 1988 au 12 mai 1988, les Alpes en skis de randonnée, en solitaire, avec pour seul bagage un sac à dos de 35 kg. Parti de Chamonix, il traverse la chaîne par le sud, en passant par la Suisse et l'Italie, il effectue son demi-tour à Mallnitz, Autriche, et revient par le nord.
Il s'élance le 28 janvier 1989, pour une traversée des Pyrénées d'est en ouest, en skis de randonnée. Il lui faudra 4 mois pour réussir cette première.

L'altitude la plus élevée ■ Les Français Jean Afanassieff et Nicolas Jaeger ont skié de 8 200 m à 6 200 m, en 1978, lors d'une expédition française sur l'Everest.

Ski extrême ***Descente la plus abrupte du monde*** ■ Le Français Pierre Tardivel,

△ ***Enfants à 6 414 m*** ■ *Un groupe de jeunes Français de 13 à 17 ans, 7 filles et 5 garçons, sélectionnés parmi les ski-études de Savoie, est monté au Mera Peak, Himalaya, Népal, 6 414 m, le 2 mai 1991, pour redescendre à skis. Le projet a été conçu par Philippe Bonano et Michel Folliet. Son objectif était de skier sur l'Everest.*

L'alpiniste le plus âgé ■ Le Japonais Teiichi Igarashi (né le 21 septembre 1886) a escaladé le mont Fuji (3 776 m) le 20 juillet 1986, à 99 ans et 302 jours.

△ *A l'instar de Sylvain Saudan, Pierre Tardivel skie à l'extrême sur des pentes à 65 °.*

Enchaînement ■ Le 17 avril 1987, le Français J.-M. Boivin a encore reculé les limites du ski extrême, dans les Alpes, en enchaînant 5 hauts sommets alpins : les faces sud du Moine et des Drus, le couloir Whymper à la Verte, la nord-est des Courtes, et la face sud des Grandes-Jorasses. Jean-Marc Boivin est aujourd'hui décédé.

27 ans, a descendu à skis, le 1er juin 1990, la pente la plus abrupte du monde « Le Pain de Sucre », la célèbre face nord des Aiguilles de Chamonix dans le massif du Mont-Blanc, France. Il lui a fallu 30 mn pour vaincre les 600 m de couloir, dont la pente est soutenue à 60 ° et 65 °.

Monoski *Première femme à plus de 8 000 m* ■ La Française Véronique Périllat est la première femme à avoir réalisé la descente en monoski d'un sommet de plus de 8 000 m d'altitude ; le 11 septembre 1988, elle réussit, en effet, la descente du Cho-Oyu, Népal, 8 201 m.

Les Grandes-Jorasses ■ En 1984, les Français Tony Bernos et Dominique Radique réalisent la première descente en monoski de la face sud des Grandes-Jorasses.

Surf des neiges *Himalaya* ■ Le Français Bruno Gouvy a réussi, le 11 septembre 1988, une première en surf : la descente du Cho-Oyu, Népal, 8 201m.

Enchaînement de 3 faces en moins de 24 heures ■ Le mardi 21 avril 1987, le Français Bruno Gouvy enchaîne en surf des neiges la face est du Cervin, l'Eiger et la face sud des Grandes-Jorasses, ceci en moins de 24 h.

Enchaînement ski, monoski, surf ■ Le Français Tony Bernos atterrit le 28 avril 1988 en parachute au sommet de l'aiguille Verte, descend de ses 4 121 m d'altitude à skis ; se fait larguer sur les Grandes-Jorasses, dont il descend la face sud à monoski ; enfin, après s'être posé sur le mont Blanc en parapente, il dévale sa face nord en surf.

Pôles et déserts blancs

Conquête du pôle Nord ■ Il n'a jamais été véritablement prouvé que les deux explorateurs américains de l'Arctique, Frederick Albert Cook (1865-1940) et Robert Edwin Peary (1856-1920), aient atteint le pôle Nord. Des études récentes aboutissent à des conclusions controversées.
L'expédition de Wally Herbert, en 1968-1969 (voir plus bas *« Traversée de l'Arctique »*), a réussi à parcourir 37 km en 15 h grâce à une excellente banquise et à des traîneaux modernes. Or, Cook affirma avoir parcouru à deux reprises 42 km en une journée, tandis que Peary soutint avoir tenu la moyenne incroyable de 61 km par 24 h pendant 8 jours consécutifs.

Le premier en solitaire en traîneau ■ Naomi Uemura (1941-1984), alpiniste et explorateur japonais, est le premier à avoir atteint le pôle Nord en solitaire après une traversée de la banquise arctique. Parti le 7 mars 1978 de cap Edward, île d'Ellesmere, Arctique canadien, il est arrivé le 1er mai 1978, après 725 km de route, soit une moyenne de presque 13 km par jour, dans son traîneau *Aurora* tiré par 17 chiens huskies. Il a, ensuite, quitté le pôle par avion.

TOURS DU MONDE

Strictement parlant, une **circumnavigation** est un tour du monde qui passe par 2 points aux antipodes l'un de l'autre. Un tour du monde sans escale doit être réalisé en autosuffisance complète : pas d'approvisionnement en eau et nourriture ; aucun équipement supplémentaire ou de remplacement ne peut être embarqué en cours de route. L'embarcation peut se mettre à l'ancre, mais aucune aide physique n'est acceptée, sauf courrier et messages.
* Les records marqués d'un astérisque sont des records remplissant les conditions de la circumnavigation.
Tableau dressé par Nobby Clarke et Richard Boehmer.

CATÉGORIE	EMBARCATION	SKIPPER	DÉPART	ARRIVÉE	DISTANCE/DURÉE
LES PREMIERS					
ÉQUIPAGE 17*	Expédition *Victoria* (Magellan)	Juan Sebastian de Elcano	Séville, 20-9-1519	S. Lucar, 6-9-1522	50 000 km
FEMME	*Etoile*	Jeanne Barret	Saint-Malo, 1766	1769	?
YACHT, équip.	*Nancy Dawson*	Robert Shedden, GB	Tamise, 1847	Tamise, 1850	?
SOLITAIRE*	*Spray*, sloop, 12 m	Capt. Joshua Slocum, EU (51 ans, ne savait pas nager)	Newport, 24-4-1895 via D. de Magellan	3-7-1898	75 000 km
MULTICOQUE, équip.*	*Rehu-Moana*, catamaran, 12 m	David Lewis, N.-Z.	Plymouth, 23-5-1964	27-7-67	67 000 km (660 j. nav.)
MULTICOQUE, solo, O-E*	*Victress*, trimaran, 12 m	Nigel Tetley, GB	Plymouth, 16-9-69	via c. Horn, 21-5-69	
NON-STOP, solo, mono., O-E*	*Suhaili*, ketch berm., 10 m	Robin Knox-Johnston, GB	Falmouth, 14-6-68	22-4-69	312 j.
NON-STOP, solo, mono., E-O*	*British Steel*, ketch, 18 m	Chay Blyth, GB	Hamble Riv., 18-10-70	6-8-71	292 j.
SOLO, 1ère femme*	*Express Crusader*, cutter, 16 m	Dame Naomi James, N.-Z.	Darmouth, 9-9-77	8-6-78	265 j. + 7 j. port
SOLO, 2 sens*	*Ocean Bound*, sloop berm., 12,5 m	David Scott Cowper, GB	Plymouth, 1979 O-E	via c. Horn, 1980	?
			Plymouth, 1981, E-O	via c. Horn, 1982	?
SOLO, 3 tours	*Tarmin*, sloop berm, 7,5 m	John Sowden, EU	divers ports, 1966, 74, 83	1970, 77, 86	?
MOTEUR, équip.	*Speejacks*, 30 m	A. Y. Gowen + épouse	New York, 1921	New-York, 1922	?
SOUS-MARIN, équip.*	*Triton* (sous-marin nucléaire)	Capt.Ed.L. Beach (US Navy)	New-London, 16-2-60	10-5-60	50 000 km 84 j. 19 h
PAR PASSAGE N-O*	*Mabel E. Holland*, b. de sauvetage à moteur, 13 m	Davis Scott Cowper, GB	Newcastle/Tyne, 14-7-86	24-9-90	260 j.

CATÉGORIE	EMBARCATION	SKIPPER	DÉPART	ARRIVÉE	DISTANCE/DURÉE
LES PLUS RAPIDES					
NON-STOP, solo, mono., O-E	*Ecureuil d'Aquit. II*, cutter, 18 m	Titouan Lamazou, F.	Sables-d'Ol., 26-11-89	via 5 caps, 16-3-90	109 j. 8 h 48 mn 52 s
ESCALES, solo, multi., O-E*	*Un Autre Regard*, trimaran, 23 m	Olivier de Kersauson, F.	Brest, 28-12-88	5 caps, 2 esc., 5-5-89	125 j.19 h 32 mn 33 s
ESC. solo, mono., O-E	*Groupe Seita*, sloop, 19 m	Christophe Augin, F.	Newport, 15-9-90	3 caps, 3 esc., 23-4-91	120 j. 22 h 36 mn 35 s + 98 j. 14 h 34 mn 47 s port
ESC. équip., mono., O-E*	*UBS Switzerland*, sloop, 24,4 m	Pierre Fehlmann, Suisse	Portsmouth, 28-9-85	4 caps, 3 esc., 9-5-86	117 j. 14 h 31 mn 42 s 105 j. 5 h 49 mn 58 s port
ESC. CLIPPER, O-E	*James Baines*, 3 mâts, 81 m	Charles McDonnell, GB	Liverpool, 10-12-1854	v. Melbourne, 20-5-1855	133 j. + 28 j. port
ESC. solo, mono., E-O*	*Ocean Bound*, sloop berm., 12,5 m	David Scott Cowper, GB	Plymouth, 22-9-1981	5 caps, 3 esc., 17-5-82	221 j. + 16 j. port

Pacifique

Le premier ■ Magellan (1480-1521), navigateur portugais, traversa le premier l'océan qu'il baptisa Pacifique, en 1520. La traversée depuis le détroit, auquel il donna son nom, jusqu'aux Philippines dura 3 mois.

Première femme ■ L'Américaine Sharon Sites Adams, à bord du *Sea Sharp II*, de 9,45 m, traversa seule le Pacifique de Yokohama, Japon à San Diego, EU, en 75 jours, en 1969.

La plus petite embarcation ■ Le *Yankee Girl*, de 3,05 m, de l'Américain Gerry Spiess, traversa de Long Beach, Californie, EU, à Sydney, Australie, en 105 jours, en 1981.

Traversée la plus rapide ■ Les records étant battus le plus souvent dans le cadre de compétitions sportives, nous les avons regroupés dans le chapitre *Sports*.

Manche

En Optimist à 10 ans ■ Le jeune Français Vincent Lenoir n'a que 10 ans lorsqu'il part de Douvres, Angleterre, le 14 juin 1988, à bord d'un Optimist spécialement conçu à sa taille. Il rallie Calais en 4 h 57 mn.

Tours du monde

Le premier ■ Le navigateur basque Juan Sebastian Elcano (1476-1526), commandant la *Victoria*, l'un des vaisseaux de l'expédition de Magellan, ramena en Espagne le dernier bâtiment de celle-ci. Il est ainsi le premier à avoir fait le tour du monde, avec un équipage de 17 hommes. Parti de Séville, Espagne, le 20 septembre 1519, il revint à Sanlucar le 6 septembre 1522, après un périple de 49 400 km.

Première femme ■ Le mousse Baré, en réalité servante travestie de M. de Commerson, fut la première femme à faire un tour du monde. A bord de l'*Etoile*, bateau assistance de *La Boudeuse* de Bougainville, ils partirent de Saint-Malo en 1766, pour un tour du monde de 3 ans. La supercherie fut découverte à Hawaï.

Traversée en solitaire *Le premier* ■ L'Américain Joshua Slocum partit de Newport, GB, le 24 avril 1895 pour un tour du monde de 74 000 km, via le détroit de Magellan, pour retourner au point de départ le 3 juillet 1898. Seul à bord du *Spray*, son yawl de 11,20 m, il ne savait pas nager.

***Premier Français* ■** Le premier Français et le premier Européen à avoir fait le tour du monde en solitaire est Alain Gerbault (1893-1941) sur le voilier *Firecrest*, de 1923 à 1929.

***Première femme* ■** Via Panama, la Polonaise Krzystyna Chojnowska, à bord du sloop *Mazurek* de 9,50 m, quitta Las Palmas le 28 mars 1976, par l'ouest pour un tour du monde de 723 jours, qu'elle termina le 21 mars 1978.
Via le cap Horn, la Néo-Zélandaise Naomi James partit de Dartmouth, GB, le 9 septembre 1977, pour y revenir le 8 juin 1978 après un tour du monde de 266 jours 19 h, à bord du sloop de 16,15 m, *Express Crusader*. Naomi James était également la femme la plus rapide sur l'Atlantique, avant d'être battue par Florence Arthaud.

***Sans escale* ■** L'Anglais Robert Knox Johnston fit le premier tour du monde en solitaire, sans escale de Falmouth, GB, à Falmouth, GB, en 312 jours du 14 juin 1968 au 22 avril 1969, à bord du ketch *Suhaili*, de 10 m.

La plus petite embarcation ■ L'Anglais Shane Acton, à bord du sloop *Super Shrimp* de 5,60 m, fit un tour du monde depuis Cambridge, GB, de août 1972 à août 1980, avec équipage.

Traversée la plus rapide ■ Les records étant battus le plus souvent dans le cadre de compétitions sportives, nous les avons regroupés dans le chapitre *Sports*.

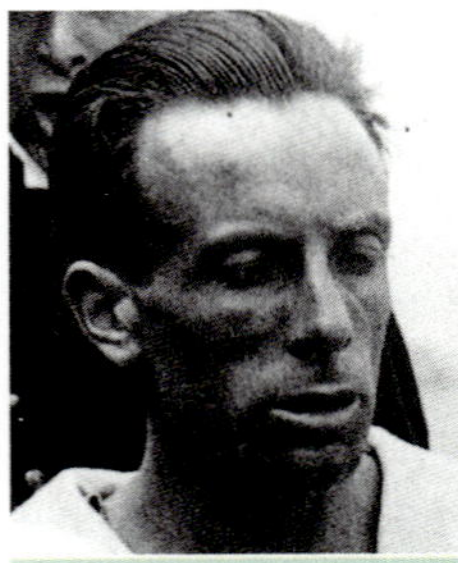

△ *Alain Gerbault est le premier Français à avoir fait le tour du monde en solitaire.*
▽ *Serge Madec, titulaire du record de l'Atlantique (avec 4 hommes), en 6 j. 13 h 3 mn, en 1990.*

△ A 70 ans, le nouveau pari du chevalier d'Orgeix : de Marseille à Calcutta, en canot pneumatique.

Records de vitesse ■ Pour les paquebots et autres transporteurs de passagers, voir chapitre *Véhicules*. Pour les records battus dans le cadre de courses, voir chapitre *Sports, rubrique « Motonautisme »*.

Tour du monde en avion ■ La FAI (Fédération aéronautique internationale) considère que tout vol arrivant et repartant d'un même endroit et couvrant une distance au moins égale à la longueur du tropique du Cancer, soit 36 788 km, est un tour du monde.

Circumnavigation ■ Strictement parlant, un tel vol nécessite le passage en deux points situés aux antipodes, avec un trajet minimal de 40 000 km. Des exceptions sont cependant autorisées, à condition que la longueur du vol atteigne au moins celle des Tropiques, du Cancer, ou du Capricorne.

Bateaux à moteur

Canot pneumatique

Traversée de l'Atlantique ■ Le Français Christian Sauvage, de Avon, Seine-et-Marne, a traversé de la Grande Canarie à Fort-de-France, Martinique, du 16 mai au 20 juin 1987, soit en 35 jours à bord d'un pneumatique semi-rigide de 4,86 m.

Marseille-Calcutta ■ Le chevalier Jean d'Orgeix, en compagnie de son épouse Nathalie et de son chien Bobby, est allé fêter son 70e anniversaire à Calcutta, Inde. Ils ont établi le record absolu de voyage en canot pneumatique en parcourant les 13 000 km qui séparent Carry-le-Rouet (petit port à l'ouest de Marseille) de Calcutta, via Le Pirée, Suez, Djibouti, Aden, Bombay, du 20 juin 1990 au 15 avril 1991. Le bateau était un Sillinger de 6,3 m équipé d'un moteur Yamaha de 80 ch.

Hors-bord

Traversée France-Sardaigne ■ Les Français Claude Castelain et Josian Caulet de Montpellier, Hérault, partis de Frontignan, Hérault, le 9 septembre 1991 à 3 h 42 ont joint Bosa en Sardaigne, à 540 km, le même jour à 18 h 50 à bord d'un Beneteau Flyer 5 (5,5 m), non modifié, équipé d'un moteur Yamaha 90 ch.

Aéroglisseur

La plus grande altitude ■ Le 11 juin 1990, le *Neste-Enterprise*, avec un équipage de dix hommes, a atteint la source navigable du Yangzi Jiang, au Tibet, à 4983 m d'altitude.

Le plus long parcours ■ Un périple de 8 047 km a été effectué dans 8 pays de l'Afrique de l'Ouest par un aéroglisseur *Winchester SRN6* britannique, du 15 octobre 1969 au 3 janvier 1970.

Voyages en avion

Le lecteur assoiffé de connaissances trouvera de plus amples renseignements dans le chapitre Véhicules, rubrique « Aviation ».

Traversées

Traversée de la Manche ■ La première fut réalisée le dimanche 25 juillet 1909 par Louis Blériot (1872-1936) qui, ayant décollé de Calais à 4 h 41 du matin, sur son monoplan *Blériot XI*, mû par un moteur Anzani de 23 ch, atterrit près de Douvres, GB, après avoir couvert 42 km en 36 mn 30 s.

Traversée de la Méditerranée ■ La première fut effectuée, le 23 septembre 1913, par Roland Garros (1888-1918), à bord de son Morane-Saulnier type H, de Saint-Raphaël, Var, à Bizerte, Tunisie. Il parcourut les 760 km en 7 h 33 mn.

Traversée de l'Atlantique ■ La première traversée aérienne de l'Atlantique nord fut effectuée du 16 au 27 mai 1919 par Albert Cushion Read (1887-1967) et son équipage sur un hydravion Curtiss de la marine américaine volant à 155 km/h entre la baie des Trépassés, Terre-Neuve, Canada, et Lisbonne, Portugal, via les Açores.

Sans escale **■** La première eut lieu les 14 et 15 juin 1919 entre Terre-Neuve et l'Irlande à bord d'un Vickers Vimy piloté par le Britannique John William Alcock et son navigateur Arthur Whitten Brown.

En solitaire **■** Le 79e homme à réaliser un vol transatlantique — le premier à le faire en solitaire — fut le capitaine Charles Augustus Lindbergh (1902-1974), qui décolla le 20 mai 1927 à 12 h 52 de Roosevelt Field, Long Island, New York, sur son monoplan *Spirit of Saint Louis* et atterrit le 21 mai à 22 h 21 au Bourget. Son vol de 5 810 km dura 33 h 29 mn et il gagna une récompense de 25 000 $.

Du plus jeune, en monomoteur **■** Durant l'été 1988, Chris Marshall effectue à l'âge de 12 ans la traversée de l'Atlantique en monomoteur, accompagné d'un instructeur pour des raisons de sécurité.

Transpacifique ■ Le premier vol sans escale fut réalisé par Clyde Pangborn et Hugh Herndon sur l'avion de croisière Bellanca *Miss Veedol*, entre Sabishoro, Japon, et Wenatchee, État de Washington, EU, soit une distance de 7 335 km, en 41 h 13 mn, du 3 au 5 octobre 1931.

Circumnavigation *La première* **■** Elle fut réalisée par deux Douglas amphibies DWC de l'armée américaine, en 57 étapes. Le *Chicago* était piloté par Lowel H. Smith et Leslie P. Arnold, le *New Orleans* par Erik H. Nelson et John Harding, du 6 avril au 28 septembre 1924, partis de Seattle, État de Washington, EU, et y terminant leur voyage.

La première sans ravitaillement **■** A bord de leur *Voyager*, spécialement conçu par Burt Rutan, le frère de ce dernier, Dick Rutan et Jeana Yeager partirent de la base Edwards, Californie, EU, et naviguèrent du 14 au 23 décembre 1986. Leur vol dura 9 jours 3 mn 44 s ; ils couvrirent 40 213 km, à la moyenne de 186 km/h. L'avion, d'une envergure de 34 m, pouvait transporter 5 636 litres de carburant, soit 4 052 kg.

La première polaire **■** Elle fut réalisée par le capitaine Elgen M. Long (44 ans) dans un Piper Navajo, du 5 novembre au 3 décembre 1971. Il couvrit 62 597 km en 215 h de vol réel. La température dans la cabine tomba jusqu'à - 40 °C au-dessus de l'Antarctique.

La première en monomoteur **■** Richard Norton et Calin Rosetti réalisèrent le premier vol circumpolaire sur un monomoteur Piper PA-46-310P Malibu. Le vol commença le 21 janvier 1987 au Bourget et s'y acheva le 15 juin 1987. Ils couvrirent 55 266 km en 185 h 41 mn de vol réel.

En ULM 33 pays **■** Parti le 29 septembre 1984 de La Ferté-Alais, Essonne, Patrice Franceschi a survolé 33 pays en 562 h. Il a parcouru à bord de son ULM *Sirocco* environ 36 000 km à 80 km/h de moyenne, avant de se poser le 26 mars 1987 à Saint-Cloud, Hauts-de-Seine.

Les Beatles en ont obtenu 47. Seul ou avec le groupe The Wings, Paul McCartney en a obtenu 27 autres (dont un avec Stevie Wonder et un avec Michael Jackson).
Elvis Presley (1935-1977), dont le nombre de 45-tours ayant dépassé le million d'exemplaires est estimé à « environ 80 », a reçu 51 récompenses entre 1958 et 1986, record absolu pour un chanteur soliste.

Disques de diamant *France* ■ En 1991, Patrick Bruel (pour *Alors regarde*), François Feldman (pour *Une présence*), Jean-Jacques Goldman, (pour *Non homologué*) et Roch Voisine (pour *Hélène)* ont obtenu un disque de diamant (1 million d'exemplaires vendus, albums, cassettes et disques compacts confondus), décerné par le Syndicat national de l'édition phonographique.

Les meilleures ventes ■ Madonna (Madonna Louise Veronica Ciccone, née le 16 août 1959) a vendu plus de 17 millions (ventes cumulées jusqu'en octobre 1990) d'exemplaires de son album *True Blue*, n° 1 dans 28 pays. En 1986, elle devint la première femme à occuper la tête des hit-parades, aussi bien pour les 45-tours que pour les albums, loin devant tous les autres chanteurs. En 1990, son titre *Justify My Love* lui a permis d'obtenir son neuvième n° 1 pour un 45-tours au hit-parade américain, record pour une chanteuse.
Bien qu'aucun chiffre officiel n'ait jamais été publié, Elvis Aron Presley (1935-1977) est certainement l'artiste qui a vendu le plus de disques au monde, détrônant Bing Crosby. Ses 45-tours ont donné 170 tubes ; ses albums, 80. Il connut dès 1956 un immense succès, qui n'a pas cessé depuis.

Les meilleures ventes de 45-tours ■ *White Christmas* (« Noël blanc »), d'Irving Berlin (né Israel Bailin, 1888-1989), enregistré par Bing Crosby le 29 mai 1942, est le best-seller absolu, catégorie 45-tours. Le 30 juin 1987, 170 884 207 exemplaires avaient déjà été vendus rien qu'en Amérique du Nord.
Rock Around the Clock est le best-seller des 45-tours « rock », avec 25 millions

LES RECORDS DU TOP 50

Créé le 4 novembre 1984 par Canal + et Europe 1, le Top 50 donne chaque semaine les 50 meilleures ventes de disques en France enregistrées par Nielsen-Ipsos auprès d'un panel de disquaires.

LE PLUS LONGTEMPS N° 1 ■ Deux disques sont restés n° 1 pendant 13 semaines consécutives : *Démons de minuit*, du groupe Images, du 20 juillet au 12 octobre 1986, et *Viens boire un p'tit coup*, du groupe Licence IV, du 11 avril au 4 juillet 1987. Le premier est resté au total 30 semaines au Top 50, et le second, 32 semaines.

**LE PLUS GRAND NOMBRE DE 45-TOURS ■ Madonna a eu 19 titres au Top 50, dont un n° 1 : *La Isla bonita*, qui y est resté 27 semaines et fut n° 1 du 11 au 25 juillet 1987.
Parmi les chanteurs français, Johnny Hallyday compte 16 titres au Top 50, mais aucun n° 1. Jean-Jacques Goldman en compte 12.**

LA PLUS FORTE PROGRESSION ■ *Délire d'amour*, de Michel Sardou, a gagné 39 places en une semaine. Le 4 novembre 1984, il était 49e, et le 11 novembre, 10e.

LA PLUS HAUTE ENTRÉE DIRECTE ■ *Pour toi, Arménie*, disque collectif, est entré directement en n° 1 le 11 février 1989. Il est resté premier 10 semaines consécutives, jusqu'au 15 avril 1989, et au total 18 semaines au Top 50.

△ Madonna devint en 1986 la première femme à être n° 1 des hit-parades, à la fois 45-tours et albums.

▷ *Pour une mise de 50 millions de F, le film E.T. de Steven Spielberg a rapporté environ 3,5 milliards de F.*

Le disque commercialisé le plus vite ■ 81 h 15 mn après qu'elle l'eut chanté en public à The Venue, à Édimbourg, Écosse, le 21 novembre 1988, le disque *Dear God*, de la chanteuse Midge Ure, était dans les magasins.

La plus grande collection de disques ■ Stan Kilarr (né en 1915), de Klamath Falls, Oregon, EU, possède environ 500 000 disques. Il s'agit vraisemblablement de la plus grande collection privée du monde.

Le cinéphile le plus assidu ■ Entre 1953 et mars 1991, le Gallois Gwilym Hughes a vu 20 064 films, soit une moyenne de 528 par an.

Le thème le plus souvent traité au cinéma ■ *Cendrillon*, de Charles Perrault, a inspiré 69 films depuis 1898 (y compris dessins animés, comédies musicales, ballets et même films pornographiques).

d'exemplaires (chiffre non officiel). La chanson fut écrite en 1953 par James E. Myers, alias Jimmy DeKnight, et Max C. Freedmann ; elle fut enregistrée le 12 avril 1954 par Bill Haley (1927-1981) et les Comets.
I Want to Hold Your Hand (« Je veux te prendre la main »), la chanson des Beatles (1963), a atteint 13 millions d'exemplaires.
Le 45-tours *Do They Know It's Christmas ?* (« Savent-ils que c'est Noël ? »), de Bob Geldof et Midge Ure, dont les recettes, versées à une association d'aide à l'Éthiopie, ont dépassé 900 millions de F, s'est vendu à 11,7 millions d'exemplaires.

Les meilleures ventes de 33-tours ■ En mai 1990, Michael Jackson (né le 29 août 1958 à Gary, Indiana, EU) avait déjà vendu 40 millions d'exemplaires de son album *Thriller*.
Fleetwood Mac, avec plus de 21 millions d'exemplaires de leur album *Rumeurs* vendus en mai 1990, détiennent le record absolu pour un groupe.
Le record pour une chanteuse est l'album *Whitney Houston*, par Whitney Houston, enregistré en 1985. Il s'était déjà vendu en mai 1987 à 14 millions d'exemplaires.
La chanteuse Madonna a totalisé, en octobre 1990, une vente de plus de 17 millions d'exemplaires pour son albums *True blue*.

Meilleure vente pour un disque de musique de film ■ *La Fièvre du samedi soir*, interprétée par John Travolta, avait dépassé les 26,5 millions d'exemplaires en mai 1987.

Meilleure vente pour un disque document ■ 4 millions d'exemplaires du disque *John Fitzgerald Kennedy: A Memorial Album*, enregistré le 22 novembre 1963, jour de l'assassinat du président, ont été vendus 99 cents pièce, en 6 jours, du 7 au 12 décembre. Le record précédent appartenait à un enregistrement concernant aussi les Kennedy, *The First Family*, enregistré en 1962. Mais, ironie du sort, il s'agissait alors d'une satire de la famille du président assassiné.

La plus grande discothèque ■ La discothèque centrale de Radio-France comprend en 1991, du cylindre au compact, environ 1,2 million de disques, dont 85 000 CD.

Le plus petit disque ■ Six chansons ont été enregistrées le 26 janvier 1923 par HMV à Hayes, GB, sur des disques de 3,3 cm de diamètre : ils étaient destinés à la maison de poupées de la reine Marie. Environ 92 000 de ces disques miniatures ont été gravés, dont 35 000 de l'hymne *God Save the King*.

Juke-boxes ■ C'est Louis Glass, directeur de Pacific Phonograph, qui eut l'idée du premier juke-box. Le 23 novembre 1889, il loua au Palais Royal Saloon, un bar de San Francisco, un phonographe Edison équipé d'une « boîte à sous ».
Il installa quatre tuyaux pour amplifier le phonographe et, pour 5 cents, les clients pouvaient écouter une chanson de 2 mn. L'appareil eut un énorme succès et, en 1939, 300 000 juke-boxes diffusaient déjà 30 millions de disques par an.

Cinéma

Films

Origines ■ Les premiers films furent réalisés par Louis Aimé Augustin Le Prince (1842-1890). On dit qu'il organisa vers 1885-1887 une projection de silhouettes assez floues, sur un mur blanchi à la chaux, à l'Institut des sourds de Washington Heights, à New York.
Le film le plus ancien encore existant fut tourné par Louis Aimé Augustin Le Prince, en octobre 1888, dans la propriété de son beau-père, Joseph Whitley, à Leeds, GB. Il avait pour support des bandes de papier sensibilisé de 5,5 cm de largeur. La caméra tournait à 10-12 images par seconde.
Les premières projections publiques commerciales eurent lieu le 14 avril 1894, au Kinetoscope Parlor, à New York. Les spectateurs purent voir 5 films (pour 25 cents), projetés par une double rangée de 5 kinétoscopes mis au point par William Kennedy Laurie Dickson (1860-1935), assistant de Thomas Alva Edison (1847-1931).
La première séance publique de cinéma sur écran eut lieu au 44, rue de Rennes, à Paris, le 22 mars 1895. On y projeta *La Sortie des ouvriers des usines Lumière*, un film tourné sans doute en août ou septembre 1894, à Lyon, par les frères Auguste (1862-1954) et Louis (1864-1948) Lumière.

Cinéma parlant ■ Eugène Lauste, né à Paris en 1857, fut le premier à enregistrer à la fois l'image et le son sur une pellicule. Il fit breveter son invention le 11 août 1906 et réalisa ensuite, en 1910, à Londres, un appareil de projection.
La première projection publique d'un film parlant utilisant le procédé Tri-Ergon eut lieu au cinéma Alhambra, à Berlin, Allemagne, le 17 septembre 1922.

Films *La première science-fiction* ■ C'est le film danois *Un voyage vers Mars* (1919).

Le premier western de long métrage ■ C'est le film *Arizona*, de Lawrence B. McGill (EU, 1913).

Le premier film pornographique ■ Dès 1908, le film français *A l'Écu d'or* ou *La Bonne Auberge* montrait des scènes pornographiques.

Le film le plus long ■ *Berlin Alexanderplatz*, de l'Allemand Rainer Werner Fassbinder, dure 15 h 21 mn. Il fut projeté dans son intégralité au cinéma Vista, à Hollywood, Californie, EU, les 6 et 7 août 1983.

France ■ *Comment Yukong déplaça les montagnes*, de Joris Ivens (1976), dure 12 h 43 mn.

Les plus longues séries ■ La série de films japonais *Tora-San*, commencée en août 1969 avec *Tora-San I*, en était, en 1988, à *Tora-San XL* (40). Kiyoshi Atsumi (né en 1929) a gardé le rôle principal dans tous les films.

L'auteur le plus souvent adapté ■ William Shakespeare a inspiré 273 ver-

LES DIX PLUS BEAUX FILMS FRANÇAIS

Réuni à l'initiative de la chaîne de télévision à péage Canal +, un jury de 500 professionnels du cinéma (réalisateurs, scénaristes, comédiens, techniciens) a désigné, en novembre 1990, les dix plus beaux films parlants de l'histoire du cinéma français.
Le classement est le suivant :

1. ***Les Enfants du paradis***, de Marcel Carné (1945).
2. ***La Grande Illusion***, de Jean Renoir (1937).
3. ***A bout de souffle***, de Jean-Luc Godard (1960).
4. ***Casque d'or***, de Jacques Becker (1952).
5. ***La Règle du jeu***, de Jean Renoir (1939).
6. ***Les Vacances de M. Hulot***, de Jacques Tati (1953).
7. ***Les 400 Coups***, de François Truffaut (1959).
8. ***L'Atalante***, de Jean Vigo (1934).
9. ***La Belle et la Bête***, de Jean Cocteau (1946).
10. ***Providence***, d'Alain Resnais (1977)(1).

(1) Le seul des dix films qui soit en couleurs.

sions fidèles (ou presque) de ses pièces, 31 versions modernes et d'innombrables parodies. *Hamlet* a fait l'objet de 41 versions.

Les personnages le plus souvent portés à l'écran ■ Sherlock Holmes, créé par Arthur Conan Doyle (1859-1930) a été porté 197 fois à l'écran, de 1900 à 1990. Le rôle a été tenu par 72 acteurs.
Dans les films d'horreur, c'est le comte Dracula, créé par l'écrivain irlandais Bram Stoker (1847-1912) qui a le plus inspiré les cinéastes. Le comte — ou ses descendants — apparaît dans 155 films (109 pour son rival, la créature de Frankenstein).
Parmi les personnages historiques, Napoléon a été interprété 172 fois, et Jésus, 135.

Le film le plus longtemps à l'affiche ■ *Emmanuelle*, de Just Jaeckin, a été projeté au Paramount City Triomphe, sur les Champs-Élysées, à Paris, du 26 juin 1974 au 26 février 1985, soit pendant 10 ans et 8 mois.

La plus grande production nationale ■ En 1987, l'Inde a produit 807 longs métrages.

France ■ 146 films ont été produits en France en 1990 : 81 intégralement français, 26 à majorité française et 39 à majorité étrangère.

Cinémathèques ■ Créé en 1968, le service des archives du film du Centre national de la cinématographie comptait 102 924 titres au 28 février 1991.
Fondée en 1936 par Henri Langlois et Georges Franju, la Cinémathèque française possède environ 40 000 titres, dont 17 012 ont été répertoriés au 31 août 1991.

Le plus grand nombre de spectateurs ***France*** ■ *La Grande Vadrouille* (1966), de Gérard Oury, a été vu depuis l'origine par 17 226 000 spectateurs. C'est le record absolu.
En 1991, *Danse avec les loups* de l'acteur et réalisateur américain Kevin Costner, a fait 6 861 500 entrées. *Terminator II*, arrivait en deuxième position, avec 5 292 500 entrées.

LES FILMS FRANÇAIS PRÉFÉRÉS DES AMÉRICAINS

Les 9 films français des 30 dernières années ayant réalisé les meilleurs scores aux États-Unis, en fonction de leurs recettes distributeurs, sont dans l'ordre :

La Cage aux folles (1979),
Z (1969),
Un homme et une femme (1966),
Emmanuelle (1975),
Cousin, cousine (1976),
Jean de Florette (1987),
Manon des sources (1987),
Cyrano de Bergerac (1991),
Nikita (1991).

Productions

Les recettes les plus élevées ■ *ET, l'extra-terrestre*, de Steven Spielberg, sorti en première mondiale au Festival de Cannes, en mai 1982, a rapporté environ 700 millions de $ à travers le monde (vidéocassettes comprises). Le budget du film était de 10 millions de $.
Indiana Jones et la dernière croisade, également de Steven Spielberg, sorti en juillet 1989, avait rapporté, 12 jours après sa sortie, 77 millions de $.
Le record pour un seul jour de projection est détenu par *Batman*, qui rapporta 14,6 millions de $ le 24 juin 1989.

La perte la plus importante ■ *Heaven's Gates* (« Les Portes du paradis »), le film de Michael Cimino réalisé en 1980, n'a rapporté que 1,5 million de $ en Amérique du Nord. Il en avait coûté 57 (44 pour le film et le reste en frais de distribution).

Le film le plus cher ■ *Terminator II*, avec Arnold Schwarzenegger, sorti sur les écrans en 1991, a coûté 100 millions de $.
Cléopâtre, de Joseph L. Mankiewicz (1963), avec Elizabeth Taylor et Richard Burton, a coûté, à l'époque, 44 millions de $, ce qui équivaut à 176 millions de $ en 1991.

France ■ Le budget de *Pirates*, de Roman Polanski (1984), dépassait les 200 millions de F. Le coût moyen d'un film français en 1990 a été de 22,5 millions de F.

Le long métrage le moins cher ■ *The Shattered Illusion* (« L'Illusion brisée »),

La scène de film la plus chère ■ Dans *The Junkman* (« Le Chiffonnier »), de H.B. Halicki (1982), plus de 150 véhicules (dont 2 Cadillac Eldorado, 2 Chrysler Magnum, plusieurs bateaux, camions, motos et 2 avions Pitts) furent détruits.

▽ *Les trucages extraordinaires de* Terminator II, *avec l'acteur Arnold Schwarzenegger, en ont fait le film le plus cher de l'histoire du cinéma.*

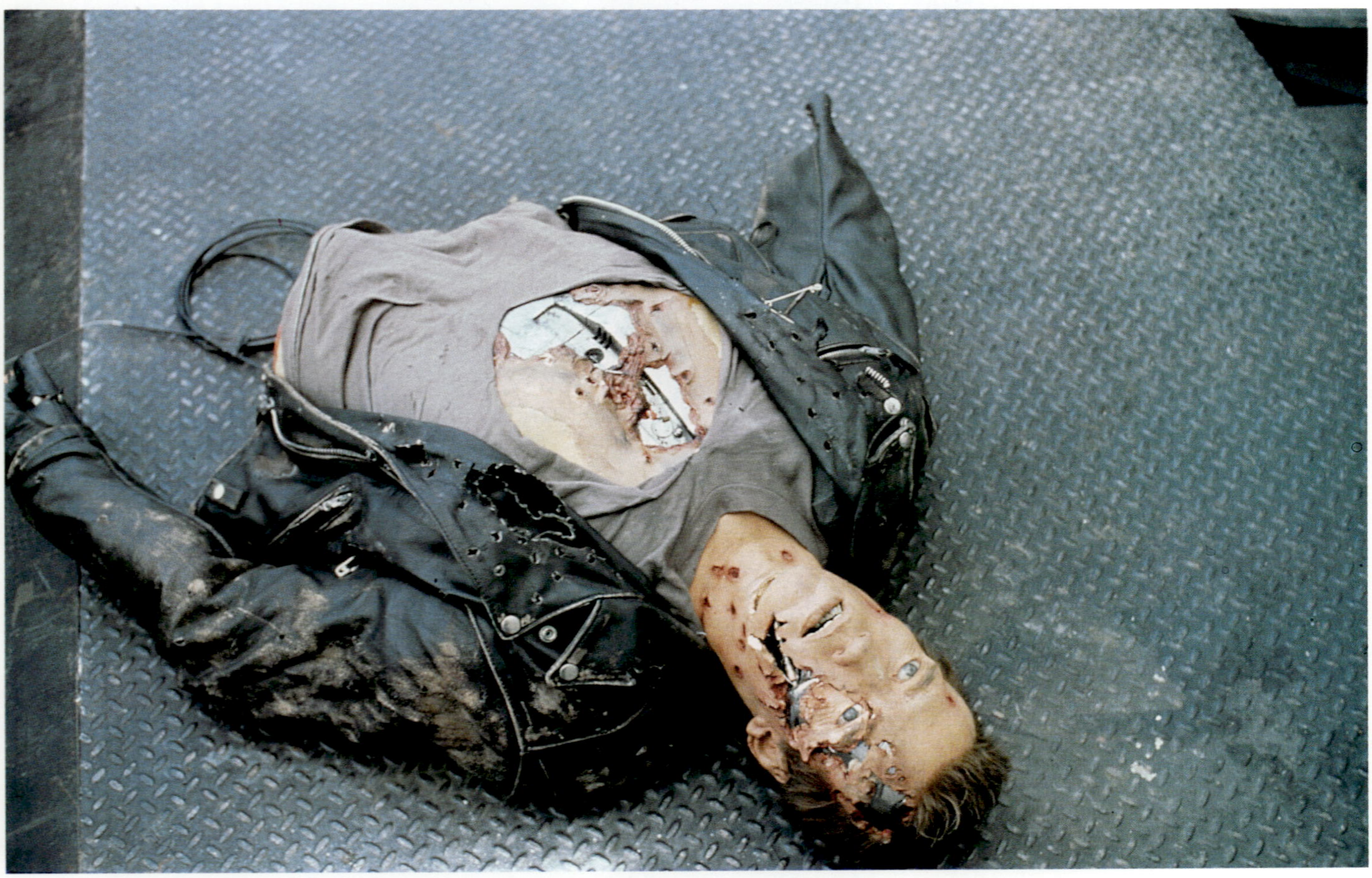

△ *Jack Nicholson a reçu l'un des plus gros cachets de l'histoire du cinéma. Il a touché plus de 60 millions de $, soit plus de 320 millions de F en 1989 pour son rôle dans* Batman.

Le plus grand nombre de costumes pour un même rôle ■ Elizabeth Taylor portait 65 costumes dans *Cléopâtre*, de Joseph L. Mankiewicz (1963). Les costumes, dessinés par Iren Sharaff, ont coûté 130 000 $.

produit en 1927 par Victorian Film Productions, a coûté 300 £. Le tournage a duré 12 mois et comportait une scène de naufrage.

Les droits les plus élevés ■ Le 20 janvier 1978, Columbia a acheté 9,5 millions de $ les droits d'adaptation cinématographique de la comédie musicale *Annie*, de Charles Strouse.

Le plus grand nombre de caméras utilisées ■ 160 cadreurs furent envoyés sur le front pour tourner le documentaire soviétique *Une journée de guerre* (1942).
La scène de la bataille navale dans le *Ben Hur* de Fred Niblo (EU, 1925, muet) fut tournée par 48 caméras.

Maquillage *Le plus gros budget* ■ 78 maquilleurs ont travaillé au film américain *La Planète des singes* (1986) pour un budget total de 1 million de $.

Le plus long travail ■ Pour tourner *L'Homme tatoué* (EU, 1969), l'acteur Rod Steiger accepta une séance de 10 h, menée par 9 maquilleurs, pour se faire « tatouer » entièrement le torse, puis une séance d'une journée pour les mains et le bas du corps.
Pendant le tournage d'*Elephant Man*, de David Lynch (1980), l'acteur John Hurt subissait 7 h de maquillage par jour pour se voir transformé en monstre souffrant d'éléphantiasis. C'était une si pénible épreuve qu'il n'arrivait plus à se nourrir.

Costumes *Le plus grand nombre* ■ 32 000 costumes ont été réalisés pour *Quo Vadis ?* (1951).

Le plus cher ■ Le manteau de zibeline de Constance Bennett, dans *Madame X*, a été estimé à 50 000 $.
Le costume le plus cher réalisé pour un film fut la tenue en vison et paillettes que portait Ginger Rogers dans *Lady in the Dark*. Il coûta 35 000 $ à Paramount.

FETICHISME

Les escarpins ornés de rubis de Judy Garland dans Le Magicien d'Oz *(1939) ont été adjugés 165 000 $, le 2 juin 1988, chez Christie's, à New York.*

Les plus grands décors de film ■ Un forum romain de 400 m x 230 m conçu par Veniero Colosanti et John Moore a été construit en 1964, près de Madrid, sur un site d'une vingtaine d'hectares, pour le tournage du film *La Chute de l'Empire romain*, production de Samuel Bronston. 1 100 ouvriers ont, pendant 7 mois, assemblé 170 000 dalles de ciment, élevé 6 km d'escaliers en béton, 601 colonnes et 350 statues, et construit 27 bâtiments grandeur nature.
Le plus grand décor intérieur jamais construit pour un film a été la piste d'atterrissage de l'Ovni dans *Rencontres du troisième type*, de Steven Spielberg (1977). Le décor, haut de 27 m, long de 137 m et large de 76 m, fut installé dans un hangar de l'aéroport de Mobile, Alabama, EU. La structure nécessita 6,4 km d'échafaudages, 2 740 m^2 de toile de nylon et 1 570 m^2 de fibre de verre.

Le décor le plus cher du cinéma français ■ C'est celui du film du réalisateur Leos Carax qui, pour *Les Amants du Pont-Neuf*, sorti sur les écrans en octobre 1991, a reconstitué entièrement le Pont-Neuf pour un coût de 35 millions de F.

Les plus grands studios ■ Ce sont ceux de Universal, à Hollywood, Californie. Implantés sur 170 ha, ils comptent 561 bâtiments et 34 plateaux de prise de son.

France ■ Les Studios de France, à La Plaine-Saint-Denis, Seine-Saint-Denis, comptent 7 plateaux d'une superficie totale de 5 070 m^2. Les Studios 91, à Saint-Germain-lès-Arpajon, Essonne, ont 6 plateaux, pour un total de 5 000 m^2.

Le plus grand plateau ■ Le plateau 007, aux studios de Pinewood, GB, construit en 1976 pour le tournage d'un James Bond, *L'espion qui m'aimait*, mesure 102 m x 42 m x 12 m. Il pouvait contenir 4,5 millions de litres d'eau et abriter un pétrolier plus 3 sous-marins nucléaires.

France ■ Le plus grand plateau se trouve aux studios Éclair, à Épinay-sur-Seine (Seine-Saint-Denis). Il mesure 1 500 m^2.

Le plus grave accident ■ Le 15 mars 1931, pendant le tournage de *The Viking*, il y eut 27 morts dans l'explosion du navire *Viking*, au large de Terre-Neuve, Canada.

Réalisateurs et acteurs

Réalisateurs *La plus longue carrière* ■ King Vidor (1894-1982) exerça son art pendant 66 ans. Il débuta en 1914, avec *The Tow* (« Le Remorquage »), comédie de deux bobines ; son dernier film fut un autre court métrage, un documentaire sur la peinture intitulé *The Metaphor* (« La Métaphore », 1980).

France ■ Abel Gance (1889-1982) a eu une carrière de 60 ans, depuis *La Digue* (1911) jusqu'à *Bonaparte et la Révolution* (1971).

Les plus âgés ■ Joris Ivens (né aux Pays-Bas en 1898, mort en 1989) a dirigé la production franco-italienne *Le Vent* en 1988, à l'âge de 89 ans. Son premier film, *De Brug*, date de 1928.
George Cukor (1899-1983) est le réalisateur qui a travaillé le plus longtemps à Hollywood. En octobre 1980, à l'âge de 81 ans, il fut choisi par MGM pour diriger *Riches et célèbres*, avec Jacqueline Bisset et Candice Bergen.

France ■ Abel Gance avait 81 ans lorsqu'il dirigea *Bonaparte et la Révolution*.

Acteurs *Le premier* ■ M. Clerc, le jardinier de Mme Lumière, à Lyon, jouait son propre rôle dans *L'Arroseur arrosé* (1895).

La plus longue carrière ■ L'Américaine Lilian Gish a tourné pendant 75 ans, de 1912 (19 ans) à 1987 (94 ans).

Générations d'acteurs ■ La famille anglaise Redgrave compte quatre générations d'acteurs. Roy Redgrave (1872-1922) a débuté à l'écran en 1911. Sir Michael Redgrave a épousé l'actrice Rachel Kempson. Leurs filles, Vanessa et Lynn, et leur fils, Corin, travaillent tous les trois dans le cinéma. Les filles de Vanessa — Joely et Natasha — et celle de Corin — Jemma — ont fait le même choix, et on les a déjà vues dans plusieurs films.

France ■ Claude Brasseur (né en 1936), fils de Pierre Brasseur et d'Odette Joyeux, a déclaré lui-même : « Dans ma famille il n'y a que des comédiens depuis 1820. Ma grand-mère était une jeune première de théâtre et mon grand-père était figurant au théâtre Sarah-Bernhardt. »

Les mieux payés ■ Jack Nicholson, pour son rôle du Joker dans *Batman* (1989), a touché plus de 60 millions de $ sous forme de pourcentage sur les recettes.
L'acteur américain Kevin Costner a été en 1991 l'acteur le mieux payé au monde, il a, en effet, gagné 60 millions de $ après la sortie des films *Danse avec les loups*, (où il était à la fois acteur et réalisateur) et *Robin des bois* pour lequel il a touché un cachet de 8 millions de $.
Marlon Brando a perçu 18,5 millions de $ pour une apparition de 9 mn dans *Superman* (1978).
Les actrices les mieux payées sont Meryl Streep (née en 1949), qui a touché 4 millions de $ pour *Out of Africa* et autant pour *Heartburn*, et Barbra Streisand, à qui on a offert 5 millions de $ pour *Nuts*.

Le plus grand nombre de premiers rôles ■ John Wayne (1907-1979) a joué dans

△ L'arroseur arrosé, *M. Clerc dans son propre rôle du premier film de Louis Lumière. Il restera dans l'histoire comme le premier acteur du cinéma.*

△
△ *C'est dans le* Napoléon *de Sacha Guitry (1954), que l'on retrouve tout le cinéma de l'époque : 101 noms au générique.*

◁ *Mickey Rooney, immense star américaine de 1,60 m.*

Oscars 1992

MEILLEUR FILM : *Le Silence des agneaux*, de Jonathan Demme ;
MEILLEURE ACTRICE : Jodie Foster, dans *Le Silence des agneaux* ;
MEILLEUR ACTEUR : Anthony Hopkins, dans *Le Silence des agneaux* ;
MEILLEUR RÉALISATEUR : Jonathan Demme, pour *Le Silence des agneaux*.

153 films, de 1927 à 1976. Il a tenu le premier rôle 142 fois.

Le plus grand nombre de figurants ■ Environ 300 000 figurants ont participé à la scène des funérailles dans *Gandhi*, de Richard Attenborough (GB, 1982).

La plus grande distribution ■ *Jours de trahison*, un film tchécoslovaque de 1972, comptait 260 interprètes. Le générique de *Napoléon*, de Sacha Guitry (1954), comportait 101 noms, mais il y avait quelque 300 rôles parlants.

Les stars les plus petites ■ Mickey Rooney mesure 1,60 m. La star française du muet, Max Linder, ne mesurait que 1,57 m.

Les acteurs les plus souvent mariés ■ Mickey Rooney s'est marié 8 fois, tout comme Lana Turner.
Elizabeth Taylor s'est également mariée 8 fois, dont 2 fois avec Richard Burton. A l'occasion de son 8e mariage, l'actrice s'est offert une véritable cérémonie de star, son coût global a dépassé 2 millions de $ ... 170 000 $ ont été dépensés en fleurs !

Le plus long baiser du cinéma

Dans You're in the Army Now *(1940), Regis Toomey et Jane Wyman (future épouse du président des États-Unis, Ronald Reagan) s'embrassaient pendant 3 mn 5 s.*

Récompenses

Les oscars ■ Décernés pour la première fois le 16 mai 1929, aux États-Unis, par l'Académie des arts et des sciences du cinéma, les oscars doivent leur nom à Oscar Pierce, originaire du Texas, EU.
C'est Walter (dit Walt) Elias Disney (1901-1966) qui, avec 20 statuettes et 12 laques ou certificats (certains posthumes), a reçu le plus grand nombre de récompenses.
Katharine Hepburn (née en 1909), est la seule actrice à avoir remporté 4 oscars, pour *Morning Glory* (1933), *Devine qui vient dîner* (1967), *Un lion en hiver* (1968) et *La Maison du lac* (1981). Elle fut « nominée » 13 fois.
Cinq acteurs ont reçu 2 oscars pour des rôles principaux : Frederic March (1932 et 1946), Bette Davis (1936 et 1939), Spencer Tracy (1937 et 1938), Luise Rainer (1937 et 1938), Vivien Leigh (1940 et 1952), Gary Cooper (1941 et 1952), Olivia de Havilland (1947 et 1950), Marlon Brando (1954 et 1972), Elizabeth Taylor (1961 et 1967), Dustin Hoffman (1979 et 1988), Sally Field (1980 et 1985), Jodie Foster (1989 et 1992). Le plus grand nombre de « nominations » a été obtenu par Spencer Tracy et Laurence Olivier (9). Ce dernier n'a reçu qu'un oscar, en 1948.
Edith Head (1907-1981) a reçu 8 oscars pour ses costumes.
Shirley Temple (née le 23 avril 1928) obtint un oscar spécial en 1934, à 6 ans.
George Burns (né en 1896), en avait 80 quand il reçut, en 1976, un oscar pour son rôle dans *Ennemis comme avant*, de même que Jessica Tandy (née le 7 juin 1909), pour *Miss Daisy et son chauffeur*, en 1990.

▷ *Katharine Hepburn est la seule actrice à avoir remporté 4 oscars à Hollywood. Sur ce document avec son partenaire de* La Maison du lac, *Henry Fonda.*

▷ *Le petit génie du cinéma, Jodie Foster, 30 ans, en est déjà à son deuxième oscar. Elle a reçu le premier à l'âge de 27 ans.*

▷▷ *Le seul comédien français à avoir obtenu un oscar est Simone Signoret, qui reçut son trophée des mains de Rock Hudson en 1960.*

△ *Le riche et célèbre Kevin Costner partage avec Jack Nicholson le record de l'acteur le mieux payé du monde : 60 millions de $ pour* Danse avec les loups.

◁ *Pour son film* Les Amants du Pont-Neuf, *Leos Carax a fait reconstituer entièrement le Pont-Neuf et La Samaritaine près de Montpellier, en 1991.*

Césars 1992

MEILLEUR FILM : *Tous les matins du monde*, d'Alain Corneau ;
MEILLEURE ACTRICE : Jeanne Moreau, *La vieille qui marchait dans la mer* ;
MEILLEUR ACTEUR : Jacques Dutronc, *Van Gogh* ;
MEILLEUR RÉALISATEUR : Alain Corneau, *Tous les matins du monde*.

Le seul comédien français à avoir obtenu un oscar est Simone Signoret, pour *Room at the Top* (Les Chemins de la haute ville), en 1960. Charles Boyer a été nominé 4 fois, en 1937, 1938, 1944 et 1961.
Le film le plus récompensé a été *Ben Hur* (1959), de William Wyler, qui rafla 11 oscars. *All About Eve* (1950), de Joseph L. Mankiewicz, fut « nominé » 14 fois et obtint 6 oscars.
Le réalisateur le plus récompensé a été John Ford, qui obtint 4 oscars (1935, 1940, 1941 et 1952).

Les césars ■ Décernés pour la première fois en 1976, les césars sont des statuettes imaginées par le sculpteur César. Ils sont attribués aux films et aux acteurs élus par l'ensemble de la profession.
Les films les plus primés sont *Le Dernier Métro*, de François Truffaut, et *Cyrano de Bergerac*, de Jean-Paul Rappeneau, qui ont obtenu 10 césars, respectivement en 1981 et 1991.
Les records de récompense individuelle sont détenus par Isabelle Adjani, 3 fois meilleure actrice (*Possession*, 1982, *L'Été meurtrier*, 1984, *Camille Claudel*, 1989), et par Michel Serrault, 2 fois meilleur acteur (*La Cage aux folles*, 1979, *Garde à vue*, 1982), tout comme Philippe Noiret (*Le Vieux Fusil*, 1976, *La Vie et rien d'autre*, 1990) et Gérard Depardieu (*Le Dernier Métro*, 1981 et *Cyrano de Bergerac*, 1991). Gérard Depardieu a été nommé 13 fois parmi les meilleurs acteurs.
Miou-Miou a été nommée 7 fois et a obtenu le césar 1 fois (*La Dérobade*, 1980).
Bertrand Tavernier a été nommé 10 fois comme meilleur réalisateur et a obtenu le césar en 1976 pour le film *Que la fête commence*.

◁ *Gérard Depardieu a été un remarquable interprète du personnage d'Edmond Rostand, Cyrano de Bergerac. Son prochain grand rôle sera Christophe Colomb.*

▽▽ *Jeanne Moreau a dû attendre 1992 pour que son talent soit récompensé d'un césar. Elle a été élue meilleure actrice pour son interprétation dans « La vieille qui marchait dans la mer », d'après le roman de Frédéric Dard.*
Cette même année c'est Jacques Dutronc, pour son interprétation sensible et fragile de Van Gogh, qui a eu le césar du meilleur acteur.

Salles

Les premières ■ Le premier bâtiment construit exclusivement pour la projection de films semble être une salle d'Atlanta, Georgie, EU, édifiée en octobre 1895. On y montrait le « phantoscope » de C. F. Jenkins.

***France* ■** Le cinématographe Lumière, ouvert en 1897 au 6, boulevard Saint-Denis, à Paris Xᵉ, est aujourd'hui le Pathé-Journal. On y projette des films classés X.

Le plus grand cinéma ■ Le Radio City Music Hall de New York, inauguré le 27 décembre 1932, avait 5 945 places (5 874 aujourd'hui).
Le Kinépolis, inauguré à Bruxelles en 1988, compte 24 salles pour un total de 7 000 places.

***France* ■** Construit en 1931 puis détruit, le Gaumont Palace, place de Clichy, à Paris, pouvait accueillir 6 000 spectateurs. Aujourd'hui, la plus grande salle est le Grand Rex, à Paris, qui a 2 800 places. A sa fondation, en 1932, le Rex comptait 5 000 places.

Le plus grand nombre de cinémas ■ Dans la république de Saint-Marin, on trouve une salle pour 3 190 habitants (soit 7 cinémas au total).
Aux États-Unis, ce rapport est de 1 cinéma pour 11 000 habitants.
L'Arabie Saoudite (8 millions d'habitants) n'a aucun cinéma. La projection publique de films y est interdite car « contraire à la religion islamique ».
La ville qui possédait le plus de salles fut New York : 986 en 1913. Aujourd'hui, c'est Tokyo qui possède le plus de cinémas : plus de 600.

***France* ■** Au 1ᵉʳ janvier 1991, on comptait 4 518 écrans en France métropolitaine, soit 1 pour 12 500 habitants.

Le plus grand nombre de spectateurs
***Au total* ■** En septembre 1987, le ministre chinois de la Culture a annoncé que les salles de cinéma nationales avaient accueilli 21 milliards de spectateurs en 1986 (soit 21 séances par personne dans l'année).

***France* ■** En 1990, on a enregistré 121 767 000 entrées dans les cinémas français, dont 37,1 % pour des films français et 57,3 % pour des films américains.
Le recul est très net par rapport à l'année record de 1947, qui enregistra 423,7 millions de spectateurs.

Salles ■ La Géode, à la Cité des sciences de La Villette, à Paris, a accueilli, en 1990, le nombre record de 1,1 million de spectateurs. Cette salle de 357 places est également la salle à écran sphérique la plus fréquentée du monde (voir ci-dessous).
Pour les salles traditionnelles, le record est détenu par le Rex, qui avec sa salle de 2 800 places a accueilli 507 932 spectateurs en 1990.

L'écran plat le plus grand ■ Au Futuroscope, parc d'attractions à Jaunay-Clan, près de Poitiers, Vienne, un écran de 600 m^2 (24,5 m x 24,5 m) a été installé dans une salle pouvant accueillir 400 cinéphiles.
Un écran de 90 m x 10 m fut utilisé à l'Exposition universelle de Paris, en 1937.
Ouvert le 12 juin 1992, le Grand Écran, salle Gaumont située à Paris dans le centre commercial Italie 2, possède un écran de 24 m x 10 m de large.

L'écran sphérique le plus grand ■ La Géode de la Cité des sciences de La Villette, à Paris, possède un écran de 1 000 m^2 de surface (26 m de diamètre).

Affiche de cinéma ■ Le 8 décembre 1989 a été vendue à l'hôtel Drouot, à Paris, l'affiche originale du film *Metropolis*, de Fritz Lang (1927), au prix de 131 000 F. Aucune vente d'affiche de cinéma n'avait jusqu'alors dépassé les 100 000 F. C'est le seul exemplaire connu à ce jour de l'œuvre de Boris Bilinsky.▽

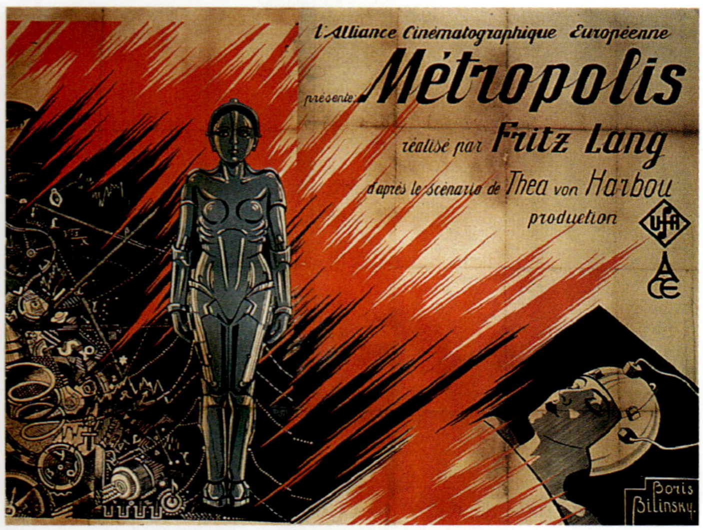

△ Depuis la démolition du Gaumont Palace, le Rex, de Paris, est le plus grand cinéma de France avec 2 800 places pour la grande salle où un décor de ville des mille et une nuits se découpe sur un féerique ciel étoilé.

▷ La salle de la Géode a reçu 1,1 million de spectateurs en 1990, soit 2 fois plus que la salle du Rex la même année.

III. MÉDIAS

Télévision

Origines ■ La visualisation instantanée d'objets éloignés par transmissions électriques est le fruit d'une série de découvertes indépendantes.
En 1897, Karl Ferdinand Braun (1850-1918) mit au point le premier tube à rayons cathodiques. Mais il fallut attendre 1907 pour que le Russe Boris Rosing fasse la relation entre le tube et la « vision électrique », à Saint-Pétersbourg, Russie.
L'année suivante, le Britannique A.A. Campbell Swinton (1863-1930) publia dans la revue *Nature* un article intitulé « Vision électrique à distance », où il exposait les fondements de la transmission d'images.
Ce n'est pourtant que le 27 janvier 1926 que l'Écossais John Logie Baird (1888-1946) fit la première démonstration publique de télévision. Il utilisa un développement du système mécanique de scanographie breveté le 6 janvier 1884 par Paul Gottlieb Nipkow (1860-1940). En février 1924, Baird était déjà parvenu à transmettre l'image d'une croix de Malte de plus de 3 m et, en octobre 1925, celle du visage de William Taynton, un adolescent de 15 ans. Le 29 décembre 1923, l'ingénieur américain Vladimir Kosma Zworykin (1889-1982) avait déposé pour son iconoscope une demande de brevet qu'il ne reçut qu'en 1938.
Le 25 décembre 1926, au collège technique de Hamamatsu, Japon, Kenjiro Takayanagi (né en 1899) réussit à transmettre une image électronique de 40 lignes avec un tube à rayons cathodiques Braun et un disque de Nipkow.
Le 30 septembre 1929, Baird lança son premier programme via un émetteur de la BBC. Il commercialisa les premiers postes en mai 1930.
Des émissions furent retransmises sur 30 lignes du 22 août 1932 au 11 septembre 1935.

France ■ Dès 1924, à la société Péricaud, René Barthélemy créa un système d'analyse original, avec deux disques à fentes perpendiculaires. En 1928, il entreprit les premières expériences de synchronisation et présenta un ensemble émetteur-récepteur de 30 lignes. En septembre 1929, dans son laboratoire de Montrouge, il obtint ses premières images.
La première démonstration publique eut lieu le 14 avril 1931 : l'émetteur se trouvait à Montrouge ; le récepteur, à écran de verre dépoli de 40 cm x 30 cm, était installé à l'école supérieure d'électricité de Malakoff. L'émission d'images dura plusieurs heures devant une assistance considérable.
En janvier 1932, le poste de radio Paris-PTT commença des émissions expérimentales (conférences, solos de piano ou de violon) de 30 à 45 mn. Elles avaient une trentaine de destinataires, bricoleurs acharnés et passionnés.

Les premières émissions ■ Les premières images « haute définition » furent transmises le 2 novembre 1936 depuis l'Alexandra Palace, à Londres. Une centaine de postes existaient alors là-bas.
Une station de télévision, à Berlin, Allemagne, émettait déjà sur 180 lignes depuis le 22 mars 1935, mais l'émetteur grilla en août de la même année.

France ■ C'est le vendredi 26 avril 1935, à 20 h 15, au ministère des PTT, 103, rue de Grenelle, à Paris, qu'eut lieu la première émission officielle de télévision, à partir d'un émetteur de 500 W et de 7 m de longueur d'onde. On vit apparaître l'image de Béatrice Bretty, actrice de la Comédie-Française. L'émission dura 20 mn.
Un poste émetteur de 10 kW fut installé au sommet de la tour Eiffel et transmit, le 18 novembre 1935, des images de 180 lignes dans toute l'agglomération parisienne. Mais seuls des amateurs construisant eux-mêmes leurs récepteurs pouvaient en bénéficier. Il n'y avait pas encore de fabricant.
Les premières émissions régulières eurent lieu à partir du 4 janvier 1937, chaque jour de 20 h à 20 h 30, et le dimanche de 17 h 30 à 19 h 30.
En juillet 1938 commencèrent les émissions à « haute définition » (entre 440 et 445 lignes par image). Elles cessèrent en septembre 1939, dès le début de la guerre. L'émetteur de la tour Eiffel fut volontairement endommagé en juin 1940 pour qu'il ne tombe pas aux mains des Allemands.

Les émissions transatlantiques ■ Le 9 février 1928, l'image de J.L. Baird et d'une certaine Mme Howe, envoyée par la station 2KZ, de Coulsdon, GB, fut captée par la station 2CVJ, de Hartsdale, État de New York, EU.
La première transmission par satellite eut lieu à 1 heure du matin, le 11 juillet 1962, grâce au satellite *Telstar I*.

Le premier spectacle de variétés ■ Le 5 juin 1947 fut retransmis en direct du Théâtre des Champs-Élysées, à Paris, un gala organisé par Aimée Mortimer.

Le premier reportage ■ L'arrivée du Tour de France cycliste fut donnée en direct, depuis le Parc des Princes, le 25 juillet 1948. Le reportage était animé par Jacques Sallebert.

LE PREMIER JOURNAL TV

Le 29 juin 1949 fut diffusé, sous la direction de Pierre Sabbagh, le premier journal télévisé, qui retransmettait, en différé, cinq fois par semaine, les péripéties du Tour de France.
Le journal débuta officiellement le 2 octobre 1949 ; il durait chaque jour 15 mn et présentait des reportages filmés et des photos.

Journal TV ***Le présentateur le plus chevronné*** ■ Jean-Claude Narcy (né le 16 janvier 1938) a présenté plus de 5 000 journaux télévisés, sur toutes les chaînes et à tous les horaires, depuis le 16 avril 1961.

La première redevance ■ La loi du 30 juillet 1949 créait une taxe de 3 000 F sur les récepteurs de télévision (6 000 F pour les récepteurs installés dans les lieux publics).

LES TROIS GRÂCES DE LA TÉLÉVISION FRANÇAISE

Le Jour du Seigneur, créé par le père Raymond Pichard, dominicain, le dimanche 9 octobre 1949, est toujours diffusé sur Antenne 2, le dimanche, de 10 h 30 à midi. L'émission a fêté ses 41 ans en 1990.
La Séquence du spectateur, de Claude Mionnet, commença le 20 septembre 1953 et termina sa carrière, sur TF1, le 11 février 1989, après 35 ans et 5 mois d'existence.
L'émission de débats la plus ancienne est **Les Dossiers de l'écran**, crée par Armand Jammot le 6 avril 1967, avec le film *Les Maudits* et un débat intitulé « Les criminels nazis sont toujours parmi nous ».
L'émission a fêté en 1991, sur Antenne 2, son 24e anniversaire.

La première station régionale ■ Celle de Lille fut inaugurée le 25 avril 1950. On dénombrait alors 3 794 récepteurs sur le territoire national.

La première émission en couleurs ■ Elle fut diffusée en France le 1er octobre 1967, à 14 h 15. Il n'y avait alors que 1 500 possesseurs d'un téléviseur couleurs.

Les émissions les plus durables ■ *Meet the Press*, la grande émission d'information du réseau américain NBC, a débuté le 6 novembre 1947. Elle existe encore.
Depuis 1949, plus de 150 000 épisodes de *Bozo le clown* ont été diffusés tous les jours, sur 150 chaînes, aux États-Unis et dans le monde entier.

France ■ Voir encadré.

Le plus grand nombre de chaînes ■ Les États-Unis possèdent 1 241 stations sur les 8 250 existant dans le monde.

L'émission la plus longue ■ La chaîne GTV 9 de Melbourne, Australie, a retransmis intégralement la mission lunaire Apollo XI, pendant 6 jours 19 h 18 mn, du 19 au 26 juillet 1969.

La chaîne la plus regardée ***France*** ■ Il y a en France 6 chaînes : TF1, A2, FR3, Canal + (à péage), ARTE et M6.
D'après une enquête du CESP (Centre d'études des supports de publicité) effectuée en octobre-novembre 1990, 28,3 millions de Français âgés de 15 ans et plus regardaient TF1 pendant une durée moyenne de 2 h 27 mn par jour.
D'après la source Médiamétrie, TF1 détenait 42,1 % des parts du marché, précé-

Le plus long plan ■ La chaîne câblée Paris-Première a diffusé pendant 8 h 35 mn, dans la nuit du 22 au 23 février 1990, la même et unique image du journaliste Marc Jampolsky lisant 451 des 650 pages du roman *Le Pendule de Foucault*, de l'Italien Umberto Eco.
Le journaliste, qui protestait ainsi contre l'impossibilité d'obtenir une interview du « maestro », accaparé par les grandes chaînes nationales de télévision, était assis devant le véritable pendule, exposé au musée du Conservatoire national des arts et métiers, à Paris. Ce programme constitue le plus long plan unique de l'histoire de la télévision et aussi la plus longue émission silencieuse.

◁ Les stars du sport ou du cinéma sont aujourd'hui couramment sollicitées par les médias pour transmettre des messages publicitaires. Leurs interventions atteignent des coûts records. Le basketteur le plus médiatique aux États-Unis, Michael Jordan.

Temps passé à regarder la télévision ■ En juin 1988, on a pu calculer que, à 18 ans, un jeune Américain avait déjà été le témoin d'au moins 26 000 meurtres télévisés.
Les enfants américains de 2 à 11 ans passent en moyenne 31 h 52 mn par semaine devant le poste — 4 h 33 mn par jour.

France ■ D'après Médiamétrie, les Français, en 1990, ont regardé la télévision en moyenne 3 h 9 mn par jour. Les enfants de 6 à 14 ans l'ont regardée 2 h 20 mn par jour.

Le prix des stars TV ■ Le magazine français l'*Écho des savanes* a publié en mars 1992 une enquête révélant le prix à payer pour s'offrir une vedette le temps d'une soirée gala, d'un cocktail, etc. Les plus chers d'entre eux sont :
Les Inconnus : 500 000 F ;
Christophe Dechavanne : 300 000 F ;
Jean Roucas : 300 000 F ;
Patrick Sébastien : 300 000 F.

▷▷ L'Américain Bill Cosby, animateur du Cosby Show *retransmis en France sur M6, a gagné en 1990 l'équivalent de 75 000 F de l'heure.*

▷ Le film Le Grand Bleu *de Luc Besson, a été diffusé sur TF1. Ce 27 octobre 1991, il a été regardé par 15 millions de personnes.*

dant Antenne 2 (21,2 % et 18,4 millions de téléspectateurs), FR3 (11,3 % et 13,1 millions), et M6 (8 % et 6,9 millions).

Le plus grand nombre de téléviseurs ■ Plus de 500 millions de foyers dans le monde sont équipés d'au moins un poste de télévision.
Ce sont les États-Unis qui en possèdent le plus : 60 % des 90 millions de foyers équipés ont au moins deux postes.
Cependant, en février 1988, l'agence de presse Chine nouvelle a annoncé que la Chine possédait 100 millions de téléviseurs et 600 millions de téléspectateurs.

France ■ D'après l'Insee, il y avait, en janvier 1991, environ 23 900 000 téléviseurs couleurs et 2 997 000 postes noir et blanc, soit à peu près 27 millions au total. D'après Médiamétrie, 93,1 % des ménages équipés en téléviseurs possédaient, en 1990, un poste couleurs et 36,3 % un magnétoscope.

Les plus fortes audiences ■ La Coupe du monde de football 1990, disputée en Italie du 8 juin au 8 juillet, a été suivie par un public cumulé de 31 milliards de téléspectateurs.
On a estimé à 2,5 milliards le nombre de téléspectateurs ayant suivi les 23e jeux Olympiques de Los Angeles, EU, qui se sont déroulés du 27 juillet au 13 août 1984.
Le 13 juillet 1985, le concert *Live Aid*, organisé par Bob Geldof et Bill Graham et retransmis par 12 satellites, a été regardé par environ 1,6 milliard de téléspectateurs, soit presque un tiers de la population mondiale.

France ■ Le système Médiamat mis en place par Médiamétrie permet de savoir combien d'individus ont regardé telle ou telle émission.
Tous les records ont été battus par TF1 le 27 mai 1991, à l'occasion de la finale de la Coupe d'Europe des clubs de football Olympique de Marseille-Étoile rouge de Belgrade. Le match a obtenu le score de 35,3 % d'audience individuelle, soit 17,5 millions de téléspectateurs âgés de 6 ans et plus.
Le record appartient également à TF1, pour *Le Grand Bleu*, de Luc Besson, le 27 octobre 1991 : le film avait réalisé un score de 30 %, soit près de 15 millions de téléspectateurs.
Le spectacle de variétés le plus suivi fut *Sébastien, c'est fou*, de Patrick Sébastien, le 1er février 1991, sur TF1, avec 26,3 % d'audience individuelle (13 millions de téléspectateurs).
Le journal télévisé le plus regardé fut le journal de 20 heures de Patrick Poivre d'Arvor, sur TF1, le 28 janvier 1991, au cours de la guerre du Golfe, avec 26,4 % (13,1 millions de téléspectateurs).

JO D'ALBERTVILLE

Les jeux Olympiques d'hiver de février 1992 ont été suivis par plus de 2 milliards de téléspectateurs à travers le monde.
La chaîne américaine CBS a obtenu l'exclusivité de la retransmission des Jeux aux États-Unis pour la somme de 243 millions de $, soit 1/4 du budget des JO.

La production la plus chère ■ *The Winds of War* (« Les Vents de la guerre »), une saga en sept épisodes sur la Seconde Guerre mondiale, produite par Paramount pour la chaîne ABC, a coûté 42 millions de $. Son tournage a duré 14 mois.

Les revenus les plus élevés ■ Bill Cosby, l'animateur du *Cosby Show*, émission de télévision américaine qui combine le feuilleton et les variétés, a gagné 60 millions de $ en 1989 et 55 en 1990. C'est l'équivalent d'un salaire horaire de 75 000 F.
L'animateur de l'émission *The Tonight Show*, John William (dit Johnny) Carson (né en 1925), aurait signé avec la chaîne NBC un contrat qui lui assure 5 millions de $ par an pour une heure d'antenne quatre fois par semaine.
Le journaliste de télévision le mieux payé est Dan Rather, qui aurait signé avec CBS, en 1982, un contrat pour 5 ans de 8 millions de $. On estime qu'en 1986 Dan Rather, qui présente toujours le journal du soir, gagnait déjà 2,5 millions de $ par an.
La chanteuse Marie Osmond a signé, le 9 mars 1981, un contrat de 7 millions de $ avec NBC pour sept heures d'émission, frais de production compris.

La somme la plus élevée gagnée à la télévision ■ Le 24 juillet 1975, la chaîne newyorkaise WABC-TV a retransmis le premier tirage du Loto national. Le gagnant a empoché 1 million de $ — imposables.

Téléthon ■ Le téléthon organisé aux États-Unis, le 4 septembre 1989, par l'acteur Jerry Lewis a recueilli 78 438 573 $ (450 millions de F) de promesses de dons.

France ■ Lors de la quatrième édition du « Téléthon Antenne 2 », les 7 et 8 décembre 1990, l'Association française contre la myopathie a recueilli, en une trentaine d'heures, 307 256 057 F de promesses de dons.

La vente la plus importante ■ Le 31 mai 1971, Granada Television a vendu 1 144 épisodes du feuilleton britannique *Coronation Street* à la chaîne CBKST de Saskatoon, Saskatchewan, Canada, soit 20 jours 15 h 44 mn d'émissions. En août 1982, 728 épisodes supplémentaires furent vendus à la chaîne CBC.

◁ *Le concert* Live Aid *au stade de Wembley à Londres, retransmis à la télévision, a été suivi par 1 milliard 600 millions de téléspectateurs.*

Le scénariste le plus fécond ■ Entre 1949 et 1990, lord Willis (né à Londres en 1918) a écrit 40 feuilletons, 34 pièces de théâtre et 39 longs métrages.

Le producteur le plus fécond ■ L'Américain Aaron Spelling (né en 1928) a produit plus de 1 770 épisodes de feuilletons télévisés (2 250 h d'émissions) ainsi que 207 h de téléfilms et 8 longs métrages. Au total, 2 467 h de programmes qui correspondent à 3 688 km de pellicule. Si on les diffusait 24 h par jour, il faudrait 102 jours (près de 3 mois et demi) pour tout voir.

Le premier message publicitaire *France* ■ C'est le 1er octobre 1968 que la première chaîne a diffusé ses premiers spots de 30 s, pour Régilait et pour Boursin.

La publicité la plus chère ■ Pour la retransmission de la finale de la XVIe édition du championnat de football américain, le *Super Bowl*, le 27 janvier 1991, sur la chaîne ABC, les 30 secondes de publicité ont coûté 800 000 $. Le match a été suivi par 127 millions de téléspectateurs.

***France* ■** Les 30 secondes les plus chères sont celles qui passent sur TF1 le dimanche à 21 h 40, en coupure du film du dimanche soir. Elles coûtent 510 000 F. A l'occasion de la finale de la Coupe d'Europe de football, Marseille-Belgrade, le 29 mai 1991, la régie publicitaire de TF1 a vendu exceptionnellement quatre « espaces » au tarif de 800 000 F les 30 secondes.

Le plus grand nombre de prises de vues ■ En 1973, pendant le tournage d'un spot publicitaire avec la comédienne Pat Coombs, on a dû faire 28 prises parce que, a-t-elle expliqué, « chaque fois qu'on arrivait à la dernière phrase, je ne me rappelais plus le nom du produit ».

Le cachet le plus élevé ■ On a annoncé en mars 1988 que Pepsi-Cola aurait proposé 70 millions de F à Michael Jackson pour apparaître dans quatre spots publicitaires.

Les plus grands téléviseurs ■ Le Jumbotron de Sony, écran de 40 m x 25 m, fut l'une des curiosités de l'exposition internationale de Tsukuba, près de Tokyo, en 1985.
Le plus grand tube à rayons cathodiques pour poste couleurs mesure 94 cm. Il est fabriqué par Mitsubishi, au Japon.

Les plus petits téléviseurs ■ L'écran du bracelet-montre-télévision de Seiko, lancé le 23 décembre 1982 au Japon, mesure 3 cm et ne pèse que 80 g. Avec le récepteur et l'écouteur, l'appareil (noir et blanc) pèse 320 g et coûte 108 000 yens (4 100 F). Le plus petit téléviseur d'un seul bloc est le Casio-Keisanki TV-10. Commercialisé à Tokyo en juillet 1983, il pèse 338 g et son écran mesure 6,8 cm.

Les premiers enregistrements sur vidéocassettes ■ Alexander M. Poniatoff a réalisé, en 1956, le premier enregistrement sur vidéocassette. Le processus a été baptisé Ampex (d'après les initiales de son inventeur, plus « ex » pour excellence). Le premier magnétoscope domestique fut présenté le 24 juin 1963, dans le studio des informations de la BBC, à Londres. C'était un Telcan, conçu par Norman Rutherford et Michael Turner, de la société Nottingham Electronic Valve.

La vidéo la plus rapide ■ Une cassette du mariage du prince Andrew et de Sarah Ferguson, le 23 juillet 1986, en Grande-Bretagne, produite par Thames Video Collection, était en vente 5 h 41 mn après le départ des jeunes mariés pour leur lune de miel.

Radio

Origines ■ Le 20 juillet 1872, aux États-Unis, Mahlon Loomis (1826-1886) déposa un brevet (n° 129971) pour un système de télégraphie sans fil (TSF). En réalité, il n'avait fait que démontrer des différences de potentiel sur un galvanomètre entre deux cerfs-volants distants de 22 km, en Virginie, EU.

Le premier brevet ■ Le premier brevet pour un système de communication par ondes électromagnétiques (n° 12039) fut déposé, le 2 juin 1896, par l'Italo-Irlandais Guglielmo Marconi (1874-1937). Cependant, une démonstration publique de transmission sans fil d'un discours avait déjà été faite en 1892, par Nathan B. Stubblefield, à Murray, Kentucky, EU. Stubblefield mourut dans la misère le 28 mars 1928.
La première installation permanente de transmission sans fil fut mise au point dans l'île de Wight, GB, en novembre 1897, par la société Marconi.

La première émission ■ Le 24 décembre 1906, Reginald Aubrey Fessenden (1868-1932) diffusa la première émission publique. Elle comprenait notamment un *largo* de Haendel. L'émetteur était fixé sur une antenne de 128 m, érigée par la Compagnie nationale de signalisation électrique, à Brant Rock, Massachusetts, EU. Dès novembre 1900, Fessenden avait réussi à transmettre des paroles, mais avec beaucoup de distorsion.

***France* ■** En 1921, le général Ferrié inaugura des programmes réguliers depuis l'émetteur militaire de la tour Eiffel. Un sapeur météorologiste donnait le bulletin météo et les cours de la Bourse. En 1922, Émile Girardeau, directeur de la Société

L'émission radio la plus écoutée en France ■ En 1991, l'émission radio la plus écoutée en France est *Stop ou encore*, sur RTL le dimanche matin, 4 417 000 Français l'écoutent, soit près de 10 % de la population.

La radio la plus petite ■ Le RP-1070 de Toshiba mesure 9 cm x 5,5 cm x 1,3 cm et pèse 70 g, piles comprises. Il n'est pas plus gros ni plus lourd qu'une boucle d'oreille.

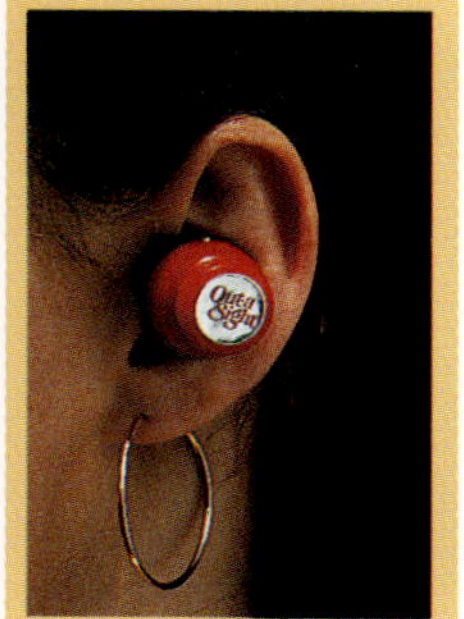

française radioélectrique, obtint l'autorisation de fonder une station privée, Radiola, qui diffusait des informations et de la musique. Sa vedette était le célèbre speaker Radiolo (Marcel Laporte).

La première transmission transatlantique ■ Elle fut réalisée par Marconi, George Stephen Kemp et Percy Paget, à partir d'une station de 10 kW située en Cornouailles, GB, le 12 décembre 1901 à 12 h 30. La lettre S en morse fut envoyée à Terre-Neuve, Canada.
Le premier discours humain à traverser l'Atlantique fut transmis, en novembre 1915, d'Arlington, Virginie, EU, et capté à Paris de la tour Eiffel.

Le premier micro-émetteur ■ Il fut inventé par l'Anglais Reg Moores en 1947 et servit pour la première fois, sur 76 MHz, pour la retransmission d'un spectacle sur glace, *Aladin*, au stade de Brighton, GB, en septembre 1949.

Le plus grand nombre de stations ■ En avril 1985, les États-Unis comptaient le nombre record de 9 512 radios autorisées.

France ■ Au 31 août 1991, on comptait 1 800 radios locales privées autorisées par le Conseil supérieur de l'audiovisuel.

Émission continue ■ La plus longue émission de radio ininterrompue (passages de disques exclus) a duré 484 heures (soit 20 jours et 4 h). Il s'agissait d'un programme de Larry Norton sur WGRQ-FM, une station de Buffalo, État de New York, EU, diffusé entre le 19 mars et le 8 avril 1981.
Radio Telefis Éireann, en Irlande, a retransmis la lecture intégrale d'*Ulysse*, de James Joyce (1882-1941), les 16 et 17 juillet 1982. L'émission a duré 29 h 38 mn 47 s.

La station la plus écoutée au monde ■ D'après un sondage fait en 1990, l'audience globale de la station américaine BBC World Service, dont le programme est transmis en 38 langues différentes, serait de 120 millions d'auditeurs réguliers.

France ■ D'après une enquête de Médiamétrie effectuée entre le 3 avril et le 2 juillet 1990, la radio la plus écoutée était RTL, qui comptait une audience cumulée de 18,7 %, soit 8 413 000 auditeurs âgés de 15 ans et plus. Elle précédait Europe 1 (11 % et 4 958 000 auditeurs) et France-Inter (10,8 % et 4 840 000 auditeurs). RTL détenait 21,4 % des parts du marché, précédant Europe 1 (9 %) et France-Inter et NRJ (chacune 8 %). Les auditeurs de RTL ont écouté cette station en moyenne 2 h 36 mn par jour, du lundi au vendredi.
En 1991, les Français écoutent en moyenne la radio quotidiennement 3 h 12 mn, du lundi au vendredi.

La première réception aux antipodes ■ Dans la nuit du 12 novembre 1924, Frank Walker (né le 11 novembre 1904) reçut à Walton-on-Thames, GB, sur un récepteur qu'il avait fabriqué lui-même, des signaux envoyés par *Electra*, le yacht de Marconi, qui croisait dans les eaux australiennes.

LES QUATRE ROCS DE LA RADIO FRANCAISE

La Tribune des critiques de disques commença en 1946 sur Paris-Inter et, transférée sur France-Musique, se poursuivit jusqu'en 1983. Elle a donc duré 37 ans.
L'émission la plus ancienne encore diffusée est **Le Jeu des 1 000 F**, créé par Henri Kubnick (1913-1991) le 16 avril 1958. Animé aujourd'hui par Lucien Jeunesse, sur France-Inter, il a fêté en 1991 son 33e anniversaire. Le 20 mai 1990, le banco est passé de 1 000 à 2 000 F, le superbanco restant à 5 000 F.
La Famille Duraton, créée sur Radio-Cité le 13 janvier 1937, termina sa carrière sur Radio-Luxembourg en 1966, après 29 ans d'existence.
Le Pop Club, de José Artur, créé sur France-Inter le 4 octobre 1965, dure encore aujourd'hui (il s'est interrompu 1 an, entre septembre 1987 et septembre 1988). Il a donc aujourd'hui 31 ans, en tenant compte de l'interruption.

La publicité la plus chère ■ Sur RTL, les 30 secondes du vendredi, dans la tranche horaire 7 h-9 h, valent 63 000 F.

Le radio-amateur le plus assidu ■ Richard C. Spenceley, de KV4AA, à Saint-Thomas, îles Vierges, a réussi à établir un record de 48 100 contacts pendant les 365 jours de 1978.

Le plus grand nombre d'appels ■ Le 27 novembre 1974, la station WCAU, de Philadelphie, Pennsylvanie, EU, a reçu 388 299 appels pendant une émission de 5 heures sur l'astrologie.

Presse

Journaux

Les plus anciens ■ Il existe encore un exemplaire d'une brochure publiée à Cologne, Allemagne, en 1470.
Le journal officiel suédois, *Post Och Inrikes Tidningar*, est publié depuis 1645 par l'Académie royale des lettres de Suède.

France ■ Dès le milieu de janvier 1631, une feuille parisienne hebdomadaire paraissait sous le titre *Nouvelles ordinaires de divers endroits*. Elle fut absorbée par *La Gazette*, lancée le 30 mai 1631 par Théophraste Renaudot, qui avait obtenu un privilège royal. *La Gazette* devint l'organe officieux du gouvernement. Louis XV lui donna un caractère officiel, et elle parut deux fois par semaine, sous le nom de *Gazette de France*, à partir du 1er janvier 1762. Au XIXe siècle, elle fut l'un des principaux organes royalistes. Elle cessa de paraître le 30 septembre 1915, après 284 ans et 4 mois d'existence.
Le journal le plus ancien encore existant est *Le Journal de la Corse*, quotidien créé en 1815. Aujourd'hui, c'est un journal d'informations bihebdomadaire, imprimé à Ajaccio à 3 500 exemplaires.

Le plus grand ■ Le plus grand format fut celui d'un numéro du journal américain *The Constellation*, en 1859. Il mesurait 1,30 m x 89 cm.

Le plus petit ■ Le *Daily Banner*, de Roseburg, Oregon, EU, était imprimé sur des pages de 7,6 cm x 9,5 cm. Les numéros datés des 1er et 2 février 1876 existent encore.

Les plus lourds ■ Le numéro de février-mars 1990 du magazine américain *Bride's* comptait 1 034 pages.
Le 5 août 1987, le *Sunday New York Times*, qui paraît tous les dimanches, atteignit le poids de 6,350 kg.

Le plus grand nombre ■ Le 1er février 1989, il existait 1 642 quotidiens de langue anglaise aux États-Unis, pour une diffusion totale de 62,7 millions d'exemplaires. Le nombre record — 2 202 quotidiens — fut atteint en 1910.
Le pays où on lit le plus de journaux est la Suède : 580 exemplaires vendus pour 1 000 habitants.

France ■ Plus de 40 000 titres sont imprimés en France, y compris les bulletins paroissiaux et municipaux, la presse associative et administrative, les journaux d'annonces gratuits.
La presse éditée par les professionnels, en 1990, compte 2 913 titres (97 quotidiens + 22 quotidiens publiés le dimanche, 897 hebdomadaires, 1 141 mensuels, 726 trimestriels et 32 autres). L'ensemble représente 8 milliards d'exemplaires par an.

Collection ■ L'association Égérie, de Veretz, Indre-et-Loire, a rassemblé 313 journaux français et étrangers tous différents et tous datés du même jour, 5 avril 1991.

La rubrique la plus durable ■ Eric Hardy tient depuis 65 ans la rubrique hebdomadaire d'histoire naturelle au *Daily Post* de Liverpool, GB.

La chronique la plus suivie ■ En 1987, la chronique d'Ann Landers, née en 1918, a été reprise par plus de 1 200 journaux aux États-Unis. Elle était lue par environ 90 millions de lecteurs.

Bande dessinée *La plus ancienne* ■ *The Yellow Kid* (« Le Gamin jaune ») a été publiée pour la première fois dans le *New York Journal* le 18 octobre 1896.

La plus lue ■ *Peanuts*, de Charles Schulz, la BD qui raconte les aventures de Charlie Brown et de son chien Snoopy, a été publiée dans plus de 2 000 journaux dans 68 pays et en 26 langues depuis octobre 1950. Schulz a gagné 28 millions de $ en 1989 et 26 en 1990.

Voir aussi le chapitre *Arts et Culture*, *l'article « Album BD »*.

Le plus grand nombre de coquilles ■ Dans le numéro du *Times* de Londres du 22 août 1978, on a relevé 97 coquilles sur 14 cm d'une seule colonne en page 19.

ERRATUM

Dans son tirage du 27 janvier 1991, le quotidien anglais *The Observer* publie, à l'occasion du bicentenaire de la mort de Mozart un erratum plutôt inhabituel ... Il corrige, en effet, un article publié 199 années plus tôt, daté du 25 décembre 1791, concernant la mort du compositeur. Cet article attribuait la nationalité allemande au musicien et datait sa mort au 15 décembre 1791. L'erratum était rédigé en ces termes :
« Nous sommes dorénavant en état de vous affirmer que le compositeur est décédé le 5 décembre et qu'il était de nationalité autrichienne. A l'occasion du 200e anniversaire de sa mort, nous prions la famille de bien vouloir accepter nos excuses pour l'erreur commise par notre journal. »

L'annonceur publicitaire le plus fidèle ■ *Jos Neel*, un magasin de vêtements de Macon, Georgie, EU, fondé en 1880, passe la même annonce, en haut à gauche de la page 2 du *Macon Telegraph*, depuis le 22 février 1889.

Rédacteur en chef le plus jeune ■ Bastien Brenot, Le Bouscat, Gironde, est rédacteur en chef depuis 1990 (il était alors âgé de 8 ans), d'un mensuel de son invention, déposé à la Bibliothèque nationale et portant le titre de *Le Mini journal du petit collège*.

L'année la plus mortelle ■ En 1991, d'après le Comité international de protection des journalistes, 66 journalistes sont morts en accomplissant leur métier, dont 21 en couvrant le seul conflit yougoslave. C'est un chiffre record depuis la création du Comité en 1981.

Tirages

Le premier quotidien à 1 million d'exemplaires ■ *Le Petit Journal*, publié à Paris, atteignit ce tirage en 1886. Il coûtait 5 centimes.

Les quotidiens les plus lus ■ La *Komsomolskaïa Pravda*, le journal des Jeunesses communistes en URSS (fondé en 1925), tirait à près de 22 millions d'exemplaires par jour en mai 1990.
Le quotidien japonais *Yomiuri Shimbun*, créé en 1874, qui touche aujourd'hui 24,6 % des 40 millions de foyers japonais, a tiré à 14 811 181 exemplaires son numéro du 1er avril 1990 (9 969 321 pour l'édition du matin et 4 841 860 pour celle du soir). Il emploie 7 998 personnes et compte 132 agences locales.

***France* ■** Le plus grand quotidien régional est *Ouest-France*, dont la diffusion moyenne en 1990 a été de 795 463 exemplaires, lus par 2 530 000 lecteurs. Le premier quotidien national est *Le Figaro*, 423 993 exemplaires, et le plus lu est *Le Monde*, qui avait 1 668 000 lecteurs en 1991.

Les périodiques les plus lus ■ En 1974, l'hebdomadaire américain de télévision *TV Guide* fut le 1er journal de l'histoire de la presse à vendre 1 milliard d'exemplaires en un an.
Le magazine américain *Reader's Digest*, créé en février 1922, compte 41 éditions en 17 langues. Il tire à 28 millions d'exemplaires chaque mois, dont 16,25 millions aux États-Unis.
Parade, un supplément en couleurs, est distribué avec 333 journaux du dimanche aux États-Unis. En juillet 1990, il avait une diffusion de 35 millions d'exemplaires.

***France* ■** Le plus grand périodique est *TV Magazine*, avec une diffusion moyenne en 1991 de 4 493 000 exemplaires et un lectorat de 11 793 000 lecteurs. Le n° 1 des journaux féminins est *Femme actuelle* — 1 840 000 exemplaires et 7 922 000 lecteurs. Le n° 1 des « news magazines » en 1990 est *Paris-Match* — 885 584 exemplaires et 4 064 000 lecteurs.

Tarifs publicitaires

Les plus chers ■ En janvier 1990, une publicité en quadrichromie sur la quatrième de couverture du journal américain *Parade* coûtait 492 900 $. Le prix d'une page intérieure dans ce même journal était de 421 400 $.
Les ressources publicitaires de l'édition américaine du *Reader's Digest* atteignirent le record de 14 716 551 $ en novembre 1982.
Le plus haut budget pour un seul message publicitaire s'est élevé, le 7 novembre 1988, à 3 851 684 $. Walt Disney Productions annonçait dans le magazine *Time* le 60e anniversaire de Mickey.

***France* ■** La dernière page en quadrichromie du numéro du samedi d'*Ouest-France* coûtait 1 068 000 F le 1er janvier 1991, et une page intérieure en noir et blanc le même jour coûtait 586 169 F.
Le tarif publicitaire le plus élevé dans un quotidien national est de 690 000 F pour la page 5 du *Figaro*, alors qu'une page intérieure ordinaire en noir et blanc coûte 386 000 F.
Pour les périodiques, le premier recto en pleine page de *TV-Magazine* coûte 760 000 F et une page normale 536 500 F.

▽ *Le Petit Journal, quotidien parisien, a été le premier journal a être tiré à 1 million d'exemplaires. C'était en 1886.*

4. ART ET

CULTURE

◁◁ *La Fée électricité, Raoul Dufy le fit, en 1937, sur un panneau de 60 m x 10 m.*

Peinture

Généralités

Les plus anciennes ■ Des preuves de l'art paléolithique ont été apportées pour la première fois en 1833 à Veyrier, à 5 km au sud-ouest de Genève, Suisse, par François Mayor (1779-1854), qui découvrit deux espèces de harpons décorés de figures géométriques.

L'art figuratif le plus ancien — paléolithique supérieur, période aurignacienne, environ 25 000 ans — a laissé sa marque sur des blocs rocheux découverts principalement dans les grottes de la Ferrassie, Dordogne, ils sont aujourd'hui conservés au musée des Eyzies, Dordogne. Ces blocs de pierre, parfois peints à l'ocre rouge, sont gravés de figures animales et de symboles féminins.

On a découvert, sur un site datant du premier âge de pierre, à Bilzingsleben, près d'Erfurt, Thuringe, Allemagne, des morceaux d'os gravés de motifs géométriques. Il pourrait s'agir des œuvres d'art les plus anciennes du monde. Elles datent de 350 000 ans.

Au lac Mungo, Nouvelle-Galles du Sud, Australie, on a découvert des morceaux d'ocre taillée datant de 30 000 ans. Mais on ignore s'ils servaient au maquillage du corps ou à une expression artistique.

Le peintre le plus prolifique ■ Pendant une carrière de 78 ans, l'Espagnol Pablo Picasso (1881-1973) a exécuté environ 13 500 peintures ou dessins, 100 000 lithos ou gravures, 34 000 illustrations de livres et 300 sculptures ou céramiques. L'ensemble de son œuvre est estimé à 5 milliards de F.

△ *Pablo Ruiz Balco Picasso, né à Màlaga, s'il a très vite quitté son pays pour s'installer en France, pour fuir le franquisme, a toujours gardé son cœur espagnol.*

Les plus grandes ■ *Le Panorama du Mississippi*, achevé par John Banvard (1815-1891) en 1846, fut la plus grande toile du monde. Elle représentait le fleuve sur une distance de 1 930 km. Cette œuvre mesurait probablement 1,5 km de long sur 3,60 m de haut, soit 5 400 m^2. La toile a sans doute disparu, en 1891, dans l'incendie de la grange où elle était entreposée, à Cold Spring Harbor, Long Island, État de New York.

La Bataille de Gettysburg, achevée en 1883, après deux ans et demi de travail, par le Français Paul Philippoteaux et ses seize assistants, mesurait 125 m de long sur 21,30 m de haut ; elle pesait 5,45 t. Elle représente le moment décisif de la bataille de Gettysburg, qui eut lieu le 3 juillet 1863, dans le sud de la Pennsylvanie, EU, et donna la victoire aux fédéraux sur les sudistes du général Lee, pendant la guerre de Sécession. Conservée depuis 1933 dans un entrepôt de Chicago par E.W. McConnell, la toile fut achetée en 1964 par Joe King, de Winston-Salem, Caroline du Nord, EU. Les restaurateurs ont dû l'amputer d'une partie de son ciel — impossible à sauver — réduisant ainsi sa taille.

La Vie du Christ, de Jackson Bailey, exposée à l'Institut d'art religieux d'Atlanta, Georgie, EU, a été terminée en 1971. Cette œuvre, composée de 50 panneaux de 3,35 m x 6,10 m, couvre une superficie totale de 1 022 m^2.

La peinture la plus grande jamais réalisée a une superficie de 6 728 m, elle est l'œuvre des élèves de l'université d'Armidale, Australie. Le tableau a été achevé par son concepteur, l'artiste australien Ken Done et exposé le 10 mai 1990 à l'université d'Armidale.

Tableau ancien ■ Le plus grand s'intitule

△ *Le Portrait du docteur Gachet, de Vincent Van Gogh a été vendu 82,5 millions de $. C'est le tableau le plus cher du monde.*

Le Paradis. Il est signé Jacopo di Robusti, dit le Tintoret (1518-1594), et Domenico, son fils (1565-1637). Il mesure 22 m de long et 7 m de haut et compte 350 personnages. Il se trouve sur le mur est de la salle du grand conseil du palais des doges, à Venise, Italie, où il fut peint entre 1587 et 1590. On peut en voir une esquisse au Louvre, à Paris.

France ■ *La Fée Électricité*, tableau réalisée par Raoul Dufy (1877-1953) pour le pavillon de l'Électricité de l'Exposition universelle de 1937, à Paris, est un panneau de 60 m x 10 m (600 m^2) aujourd'hui conservé au musée d'art moderne de la Ville de Paris.

La plus grande peinture exposée au Louvre est *Les Noces de Cana*, de Véronèse. Exécuté en 1562-1563, le tableau est entré au musée en 1798. Il mesure 9,90 m x 6,66 m (65,93 m^2).

La plus grande affiche ■ Elle a été réalisée par les membres de la chambre de commerce junior de la ville de Sendai, Japon, le 18 août 1991, elle mesure 20 000 m^2.

La toile la plus précieuse du monde

La Joconde, de Léonard de Vinci (1452-1519), se trouve au Louvre, à Paris. Elle devait être assurée 600 millions de F lorsqu'elle franchit l'Atlantique pour une exposition à New York et à Washington, du 14 décembre 1962 au 12 mars 1963. Mais les primes étaient si élevées qu'il apparut moins coûteux de prendre d'exceptionnelles mesures de sécurité, et le tableau ne fut pas assuré.

La Joconde, peinte entre 1503 et 1507, mesurant 77 cm x 53 cm, représenterait soit Mona (diminutif de Madonna) Lisa Gherardini, femme du Florentin Francesco del Giocondo, soit Constanza d'Avalos, maîtresse de Jules de Médicis, surnommée la Joconde. En 1517, François Ier l'acheta 4 000 florins d'or, soit 15,3 kg d'or (1 kg d'or vaut, en 1992, 6 000 F) pour décorer sa salle de bains.

Les prix les plus élevés

La peinture la plus chère ■ Le 15 mai 1990, chez Christie's, à New York, *Le Portrait du docteur Gachet*, de Vincent Van Gogh, a été acheté 82,5 millions de $, frais compris, par M. Kobayachi, pour le compte de Ryoei Saito, deuxième fabricant de papier japonais.
Le tableau, une huile sur toile de 66 cm x 57 cm, fut peint par Van Gogh en 1890, six semaines avant son suicide. Le Dr Paul-Ferdinand Gachet était médecin à Auvers-sur-Oise, aujourd'hui Val-d'Oise, où il avait soigné et accueilli le peintre.
Le magnat australien Alan Bond a acquis en 1987 chez Sotheby's le tableau *Les Iris*, de Vincent Van Gogh, au prix de 53,9 millions de $. Sotheby's lui a fait crédit de 27 millions de $.

Portrait miniature ■ Le record est de 352 000 £. Il s'agit de la somme payée par la galerie Alexander, de New York, le 7 novembre 1988, chez Christie's, à Londres, pour l'acquisition d'un portrait de 5,4 cm de haut exécuté par l'Américain d'origine irlandaise John Ramage (1748-1802) représentant le premier président américain, George Washington.

Gravure ■ Une gravure de Rembrandt datant de 1655, *Le Christ présenté au peuple*, a été adjugée l'équivalent de 5,6 millions de F chez Christie's, à Londres, le 5 décembre 1985.

Dessin ■ *Jardin de fleurs*, un dessin noir et blanc à l'encre du peintre Vincent Van Gogh s'est vendu, le 15 novembre 1990, chez Christie's, à New York, 8,36 millions de $, frais compris. Cette œuvre de 61 cm x 49 cm a été composée par l'artiste à Arles, Bouches-du-Rhône, en août 1888.

IL Y A AUSSI DES PEINTRES HEUREUX

Le 8 novembre 1989, chez Sotheby's, à New York, *Interchange*, œuvre abstraite de l'Américain d'origine néerlandaise Willem de Kooning (né en 1904), s'est vendue 20,68 millions de $. Peint en 1955, le tableau a été acheté par une société japonaise.

Les prix records en France ■ Le tableau d'un peintre français le plus cher est *Le Moulin de la Galette*, de Pierre Auguste Renoir (1841-1919). Cette toile de 1876 s'est vendue 78,1 millions de $, frais compris (environ 430 millions de F), chez Sotheby's, à New York, le 17 mai 1990, devenant ainsi le deuxième tableau le plus cher du monde.
La peinture la plus chère jamais vendue en France est *Les Noces de Pierrette* (1905), de Pablo Picasso, qui ont atteint 300 millions de F (plus 15 millions de F de frais), à Drouot-Montaigne, Paris, le 30 novembre 1989.
La peinture ancienne la plus chère vendue en France est le *Retable de la légende de sainte Lucie*, du Catalan Bernat Martorell (1427-1452) : 22 572 500 F, à Drouot-Montaigne, le 27 juin 1989.
Le prix record pour la peinture contemporaine, c'est *Umbria vera* (1952), de l'Italien Alberto Burri (né en 1915) : le tableau s'est vendu 16 millions de F, à Enghien-les-Bains, Val-d'Oise, le 21 novembre 1989.

Peintures murales

Les plus anciennes ■ Elles ont été découvertes par James Malaart, en 1961, à Çatal Höyük, dans le sud de l'Anatolie, Turquie. Elles représentent des léopards d'argile en relief et datent de 6 200 av. J.-C.

Les plus grandes ■ Elle couvre une surface de 8 866 m^2 sur les murs de l'hôtel Vegas World, immeuble de 23 étages de Las Vegas, Nevada, EU.
La plus longue court sur 500 m de mur à l'hôpital royal pour enfants de Liverpool, GB. Elle couvre une superficie de 1 668 m^2.

France ■ Le peintre français Jean Lafitte-Pigassou a déposé à plat dans un champ, le 24 mai 1992 à Castelnaudary, Aude, un tableau d'une surface de 1 hectare. Pour couvrir de façon non figurative cette toile de 10 000 m^2, pesant 5,5 t et mesurant 200 m de long sur 50 m de large, il aura fallu 3 t de peinture et 500 h de travail.
L'artiste peintre Philippe Betrancourt, en

La vente de tableaux la plus chère ■ C'est celle de 86 tableaux modernes provenant de la collection de Mme Bourdon et de divers amateurs, à l'hôtel Drouot, Paris, le 25 mars 1990 : elle a produit le total record de 634 millions de F. Parmi ces toiles, la plus chère, *La Belle Épicière* (1918), d'Amedeo Modigliani (1884-1920), s'est vendue 63 millions de F.

△ *A Castelnaudary, Aude, le 24 mai 1990, Jean Lafitte-Pigassou a peint le plus grand tableau du monde au profit des Restaurants du Cœur.*

◁ Les Noces de Pierrette, *peint par Picasso en 1905, est le tableau qui a atteint le prix le plus élevé en France : 315 millions de F.*

Sculptures au sol ■ Dans la vallée de Nazca, à 300 km au sud de Lima, Pérou, des lignes droites (dont l'une de plus de 11,2 km de long), des formes géométriques et des silhouettes d'animaux et de plantes ont été tracées sur le sol.
Elles remonteraient à une époque située entre 100 av.J.-C. et l'an 600 de notre ère. On ignore précisément leur signification ; sans doute avaient-elles une fonction religieuse, astronomique, ou même économique, dans une civilisation qui elle-même n'est pas très bien connue. Observées pour la première fois en 1928 d'un avion, ces marques sont considérées comme les plus grandes œuvres d'art du monde.

△ Alexander Calder (1898-1976), sculpteur et peintre américain, inventa le « mobile » comme œuvre d'art.

collaboration avec la société Murs-Peints, a réalisé sur les façades du silo de France-Luzerne, La Cheppe, France, une fresque murale d'une superficie totale de 10 128 m^2.

Sculpture

Généralités

Les plus anciennes ■ Les fouilles de François Bordes (1919-1981) sur le site de Pech-de-l'Aze, commune de Carsac-Aillac, Dordogne, ont mis au jour, en 1968, un fragment de côte de bovidé long de 15 cm présentant des traits difficiles à interpréter. C'est la plus ancienne (105 000 ans) gravure sur os actuellement connue.
Une plaquette d'ivoire incurvée (« chu ingo ») enduite d'ocre rouge, découverte sur le site de Tata (paléolithique moyen moustérien), en Hongrie, daterait, d'après la méthode thorium-uranium, de 100 000 ans.
Les premières sculptures connues appartiennent à la culture aurignacienne (d'après le nom d'un village de Haute-Garonne, paléolithique supérieur, entre 30 000 et 25 000 ans). On y inclut les « vénus » autrichiennes ainsi que les nombreuses figurines du nord de l'Italie et du centre de la France.
Une figurine de 6,3 cm de long représentant un cheval, sculptée dans une défense de mammouth, découverte dans la grotte de Vogelherd, Bade-Wurtemberg, Allemagne, daterait du magdalénien (entre 14 000 et 9 500 ans).

Les plus grandes ■ Un bas-relief de 0,5 ha représentant, à cheval, le politicien américain Jefferson Davis (1808-1889) et les généraux Robert E. Lee (1807-1870) et Thomas J. Jackson (1824-1863) a été sculpté sur l'une des parois de la montagne de Pierre, près d'Atlanta, Georgie, EU. L'artiste, Roy Faulkner, passa 8 ans et 174 jours sur la montagne, armé d'un chalumeau, aidé du sculpteur Walter Hancock et de nombreux assistants, pour réaliser, entre 1963 et 1972, ces personnages de 27,40 m de haut.
Si elle était un jour achevée, la plus grande sculpture du monde serait la statue équestre de Korczak Ziólowski (1908-1982) représentant le chef indien Tashunca-Uitco (1849-1877), plus connu sous le nom de Crazy Horse, de la tribu Oglala, appartenant au groupe Dakota ou Nadowessioux (Sioux). Commencée le 3 juin 1948, près du mont Rushmore, Dakota du Sud, EU, elle aurait dû mesurer 171,60 m de haut et 195 m de long. Elle est restée inachevée. La narine du cheval de Crazy Horse a 15,20 m de profondeur et 10,70 m de diamètre.

Le mobile le plus grand ■ *Cascade blanche*, un mobile d'Alexander Calder (1898-1976), pèse 8 t et mesure 30 m de haut. Il fut installé, les 24 et 25 mai 1976, à la Banque fédérale de réserve de Philadelphie, Pennsylvanie, EU. Les premiers mobiles de Calder ont été exposés en France en 1932. Son œuvre *Grand Gaufré* a atteint un prix record équivalant à 5,5 millions de F chez Sotheby's, à New York, le 10 mai 1984.

Les prix les plus élevés

Les plus chères ■ *Faune dansant*, un bronze du sculpteur hollandais Adriaen de Vries (vers 1545 ou 1560-1626), s'est vendu 6,82 millions de £ (environ 68 millions de F) chez Sotheby's, à Londres, le 7 décembre 1989. Les propriétaires précédents, un couple anonyme de Brighton, GB, l'avaient acheté 100 £ dans les années 50 et le gardaient comme élément de décoration dans leur jardin.

Petite danseuse de quatorze ans

La *Petite Danseuse de quatorze ans*, d'Edgar Degas (1834-1917), a été vendue 10,12 millions de $, le 10 mai 1988, chez Sotheby's, à New York. Il s'agit du plus célèbre des bronzes de Degas, la seule sculpture qu'il exposa de son vivant. C'est le prix le plus élevé offert pour l'œuvre d'un sculpteur français.

***Du vivant de l'artiste* ■** Le 21 mai 1982, *Reclining Figure*, de Henry Moore (1898-1986), sculpture en bois d'orme de 1,90 m, a atteint la somme de 1 265 000 $ chez Sotheby's, à New York.

France ■ *L'Enlèvement d'Hélène par Pâris* (1627), groupe en bronze de Jean-François Susini, est la sculpture la plus chère jamais vendue en France : 21 millions de F, à l'hôtel George-V, à Paris, le 15 avril 1989. Elle mesure 70 cm de haut, 41 cm de large et 38 cm de profondeur.

Artisanat d'art

Aiguilles ■ On a découvert des aiguilles en os sur des sites de l'aurignacien (30000-25000 av. J.-C.).
Au musée de l'Aiguille de Forge Mill, GB, on peut admirer une aiguille de 1,85 m de long destinée à coudre des boutons de matelas dans le sens de la longueur.

Cruches en argent ■ Deux cruches en argent de 242 kg, 1,60 m de haut et 2,50 m de circonférence, pouvant contenir 8 000 litres, ont été fabriquées en 1902 par l'orfèvre Gorind Narain pour le maharadjah de Jaïpur, Inde (1861-1922).

Drapeaux ■ Le plus ancien (3000 av. J.-C.) a été trouvé en 1972 à Khabis, Iran. C'est un carré de métal de 23 cm de côté représentant un aigle, deux lions, une déesse, trois femmes et un taureau.

Mosaïque ■ Elle couvre les murs de la bibliothèque centrale de l'Université nationale du Mexique, à Mexico. Les deux plus grands murs ont chacun une surface de 1 203 m^2. Les mosaïques représentent des scènes de l'époque précolombienne.

Tapis ■ Le plus ancien tapis connu est en laine à poils noués. Il mesure 1,8 m^2 et date des IVe-IIIe siècles av. J.-C. Il fut découvert par l'archéologue soviétique Sergueï Ivanovitch Rudenko en 1947 sur le site de Pazyryk, Sibérie méridionale. Il est actuellement conservé au musée de l'Ermitage, à Saint-Pétersbourg, Russie.
Le tapis tissé le plus finement présente 576 nœuds au centimètre carré. Cinq ouvrières sélectionnées parmi 3 000 spécialistes l'ont tissé pour la société Ozipek Halicilik, de Hereke, Turquie. Il a fallu cinq ans pour terminer ce *Trésor de Hereke*, qui fut vendu à la société japonaise Gandhara Carpet en mars 1988.
Le plus beau tapis jamais tissé est connu sous le nom de *Printemps de Khusraw*, confectionné pour la salle d'audience du palais des Sassanides, à Ctésiphon, Mésopotamie, aujourd'hui Irak. Il mesurait à peu près 650 m^2 et était constitué de fils de soie et d'or et incrusté d'émeraudes. Il fut mis en pièces par des pillards en 635.

Tapisseries ■ Les plus anciennes sont trois tapisseries provenant de la tombe du pharaon égyptien Thoutmès IV. Elles datent donc de 1483-1411 av. J.-C.
La fameuse tapisserie de Bayeux est conservée à la bibliothèque de cette ville (Calvados). Elle appartenait à la reine Mathilde d'Angleterre (morte en 1083). C'est une bande de toile de 70,34 m de long, haute de 50 cm environ, qui représente la conquête de l'Angleterre par les Normands en 58 tableaux.
La broderie *Overlord*, en 34 panneaux de 2,40 m x 90 cm chacun, commandée par lord Dulverton à l'école royale de couture de Londres, a été achevée en 1979. L'ouvrage aurait réclamé 100 ans de travail à une seule personne.

Tissu ■ Le plus vieux tissu, découvert à Çatal Höyük, Turquie, a été daté, au radiocarbone, de 5900 av. J.-C.

Vase ■ L'expert chinois en céramique Chingwah Lee, de San Francisco, Californie, a estimé à 60 millions de $ un vase Kang Hsi à 4 faces mesurant 99 cm. Cette pièce unique est conservée dans la chambre forte d'une banque de Phoenix, Arizona, EU.

Verrerie ■ Le plus bel exemple dans l'art de la verrerie est sans doute le vase en verre dit « de Portland », qui date de la fin du Ier siècle av. J.-C. ou du Ier siècle de notre ère. Fabriqué en Italie, il se trouvait en la possession de la famille Barberini, de Rome, depuis au moins 1642. La duchesse de Portland l'acquit en 1792, mais, le 7 février 1845, alors qu'il était exposé au British Museum, il fut brisé par un visiteur.

***Les plus anciens verriers d'art* ■** La famille italienne Barovier exerce son activité à Murano, commune de Venise, depuis 1295. Son premier verrier, sur lequel il existe une notice historique, se nommait Jacobello. En 1450, Angelo

Barovier était connu comme le plus grand maître de son temps, produisant pour la première fois le « cristal de Venise ». Aujourd'hui, la verrerie est dirigée par un autre Angelo Barovier et par son fils Jacopo, 20e génération dans la lignée.

Musées

Musées *Le plus grand* ■ L'Ermitage, à Saint-Pétersbourg, Russie, est le plus grand musée du monde. Il couvre une superficie de 75 000 m^2 et compte 322 salles. L'Ermitage possède 2,5 millions d'objets d'art.

France ■ Le musée du Louvre, à Paris, couvre une superficie de 63 647 m^2 (122 182 m^2 si l'on y ajoute les bureaux et les locaux techniques). 23 400 œuvres y sont exposées dans 262 salles. Le musée possède au total 353 000 objets. Il a enregistré 3 416 089 entrées payantes en 1990. L'ouverture du Grand Louvre est prévue pour le 10 août 1993, date du bicentenaire du musée (inauguré le 10 août 1793). Jusqu'à cette date, de nombreux réaménagements interviendront.

Le plus petit ■ Le musée d'Albaret-Sainte-Marie, Lozère, aménagé dans un ancien four banal, a 12,80 m^2 de superficie. Une cinquantaine d'œuvres y sont exposées (blasons, maquettes et objets anciens).

Art moderne ■ Le musée national d'art moderne, au Centre national d'art et de culture Georges-Pompidou, à Paris, possède 33 000 œuvres (5 000 peintures, 2 500 sculptures, 14 000 dessins, etc.). Il a accueilli 1 096 238 visiteurs en 1990. Le Centre lui-même est le monument le plus visité de France (voir le chapitre « *Institutions* »).

Le mieux doté ■ En janvier 1974, la fondation John Paul Getty, de Malibu, Californie, a reçu une dotation initiale équivalant à 7 milliards de F. Sa dotation annuelle, pour les acquisitions, est aujourd'hui de 1 milliard de F. La fondation possède 38 galeries.

Langues

Généralités

Les origines ■ On suppose que la faculté de parler serait liée à des changements physiologiques de la taille du larynx alors qu'*Homo erectus* se transformait en *Homo sapiens sapiens*. La découverte récente d'un hyoïde (os situé à la partie antérieure du cou, au niveau du plancher de la bouche) dans une grotte du mont Carmel, Israël, indique que l'homme de Néandertal pouvait parler il y a 60 000 ans.

Les langues les plus parlées ■ On dénombre aujourd'hui dans le monde environ 4 500 langues et dialectes, dont quelque 845 viennent de l'Inde. La langue la plus utilisée dans le monde est le chinois mandarin. Elle est parlée par 68 % de la population de la Chine, soit environ 770 millions de personnes, en 1990. Cette prétendue « langue nationale » (*guóyu*) est une forme standardisée du chinois du Nord (*beifanghua*) tel qu'on le parle dans la région de Pékin. En 1913, Wa Zhihui (1865-1953) lui a donné un alphabet (le *zhuyin fuhao*) de 37 lettres.
Après le chinois, la langue la plus répandue est l'anglais, langue maternelle de 330 millions de personnes. Près de 700 millions de Terriens l'utilisent comme deuxième ou troisième langue.

France ■ Le dernier sommet de la Francophonie, novembre 1991, a recensé 200 millions de francophones à travers les 5 continents. Dans 45 États et 20 régions associées, le français est la langue officielle ou administrative (unique ou non).

Les plus complexes ■ On retiendra ces cas extrêmes : le chippewa, parlé par les Indiens du Minnesota, EU, avec ses 6 000 formes verbales ; le haida des Indiens d'Amérique du Nord, qui possède 70 préfixes ; le tabassaran, langue parlée au Daghestan, ex-URSS, qui utilise 48 formes nominales ; et l'eskimo, qui a 63 formes de temps présent et dont certains mots peuvent avoir jusqu'à 252 inflexions.
En chinois, le dictionnaire en 40 volumes *Zhongwen Da Zidian* recense 49 905 caractères. Le quatrième « son » du « i » (« i^4 ») a 84 significations, qui peuvent aller de « robe » à « hoquet », en passant par « licencieux ». Dans la langue écrite, il existe 92 caractères différents pour le « i^4 ». Le caractère écrit le plus complexe, *xie*, se dessine avec 64 traits. Il signifie « bavard ». Le plus complexe dans la langue courante est *nang*, qui se dessine avec 36 traits et veut dire « nez bouché ».

Verbes irréguliers *Le plus petit nombre* ■ L'espéranto, la langue créée en 1887 par le médecin et linguiste polonais Lejzer Ludwik Zamenhof (1859-1917), ne comporte aucun verbe irrégulier. Il est parlé (selon des estimations fondées sur le nombre de livres, disques et cassettes vendus) par environ 6 millions de personnes.
Le volapük, autre langue internationale, inventée plus tôt par Johann Martin Schleyer (1831-1912), utilise aussi une syntaxe absolument régulière.
Le turc n'a qu'un seul verbe irrégulier — *olmak* : « être ».

Le plus grand nombre ■ L'anglais en compte 283, dont une trentaine ont été formés en ajoutant simplement un préfixe.

Les polyglottes les plus célèbres ■ Il paraît impossible pour un être humain de parler couramment plus de 20 ou 25 langues ni d'en apprendre plus de 40 au cours de sa vie.
Les polyglottes les plus célèbres furent le cardinal italien Mezzofanti (1774-1849), qui parlait couramment 26 ou 27 langues, le professeur danois Rask (1787-1832), l'Anglais sir John Bowring (1792-1872) et le Néo-Zélandais Harold Williams (1876-1928), qui maîtrisaient parfaitement 28 langues.
A l'époque contemporaine, le polyglotte le plus remarquable fut le Français Georges-Henri Schmidt (1914-1990). Il dirigea le département de terminologie aux Nations unies de 1965 à 1971. Dans l'édition 1975 du *Who's Who in the United Nations*, on lui attribuait « seulement » 19 langues : à l'époque, il ne trouvait pas le temps de rafraîchir ses connaissances dans les 12 autres langues qu'il maîtrisait.
Le plus grand polyglotte vivant est Derick Herning (né en 1932), de Lerwick, îles Shetland, GB. Il a gagné en 1990 le premier concours « Le Polyglotte d'Europe », organisé en Belgique. Ce professeur de lycée pratique 23 langues.
Powell Alexander Janulus (né en 1939) a déjà traduit 41 langues dans l'exercice de ses fonctions à la cour de justice de la Colombie britannique, à Vancouver, Canada.

VOCABULAIRE

Un francophone extrêmement cultivé connaît 100 000 mots. Un francophone moyen n'en connaît pas plus de 30 000 dans le langage courant, et n'en utilise que 5 000. Avec les composés techniques, la langue française pourrait compter 1 million de mots.

Alphabets

Le premier ■ Le plus ancien exemple d'écriture alphabétique a été découvert à Ougarit (actuellement Ras Shamra, en Syrie). Il s'agit d'une tablette de 32 caractères cunéiformes datant de 1450 av. J.-C.

La lettre la plus ancienne ■ La lettre O n'a pas changé de forme depuis sa première apparition, dans l'alphabet phénicien, vers 1300 av. J.-C.

Le plus long ■ L'alphabet cambodgien compte 72 lettres, mais certaines sont tombées en désuétude.

Le plus court ■ L'alphabet utilisé pour écrire le rotokas, langue parlée dans le centre de l'île de Bougainville (la plus grande des îles Salomon, en Mélanésie), ne compte que 11 lettres (a, b, e, g, i, k, o, p, r, t et u).

Consonnes ■ L'oubykh, langue du Caucase, ex-URSS, compte 80 ou 85 sons consonantiques. Le rotokas n'en compte que 6.

Voyelles ■ Le sedang, langue du Vietnam central, utilise 55 voyelles. L'abkhaze, langue du Caucase, n'en possède que deux. *Jääääre*, qui veut dire le « bord de la glace » en estonien, s'écrit avec quatre mêmes voyelles consécutives. Le nom de la langue *uoiauai*, parlée dans l'État de Parà, au Brésil, s'écrit avec sept voyelles.

France ■ Le mot oiseau comprend les 5 premières voyelles. Abracadabrant compte 5 « a » ; dégénérescence, 6 « e » ; indivisibilité, 6 « i » ; tumultueux, 4 « u » et odonstomatologie, 5 « o ».

Le son le plus répandu ■ On ne connaît aucune langue qui n'utilise pas la voyelle *A*.

Le traducteur le plus rapide ■ Du 4 au 7 juin 1980, Salim Wakim a traduit 70 000 mots d'anglais en arabe, soit 240 pages dactylographiées en 72 h.

Le pays le plus riche en langues ■ L'isolement de ses nombreuses vallées fait de la Papouasie-Nouvelle-Guinée le pays du monde possédant le plus grand nombre de langues : plus de 10 % du nombre total (5 000). Soit plus de 500 langues.

Snfff ... ■ Le mot géorgien *gvprtskvnis*, qui signifie « il nous sent », a 8 consonnes qui se prononcent toutes.

Roman sans la voyelle « e » ■ La lettre « e » est la voyelle la plus utilisée en français, écrire un texte sans « e » semble être une gageure impossible.
C'est pourtant la règle que s'est fixée l'écrivain français Georges Perec pour rédiger en 1989 un roman de 226 pages : La Disparition.

Georges Perec▽

Le prénom le plus long ■ Le prénom le plus long accepté sur un certificat de naissance est celui de Rhoshandiatellyneshiaunneveshenk Royaanfsquatsiuty Williams, fils de M. et Mme James Williams, domiciliés à Beaumont, Texas, EU, né le 12 septembre 1984.

Un intéressant tableau, présentant les mots les plus longs dans différentes langues du monde, se trouve p.70.

Les lettres les plus grandes ■ Dans la plaine de Nullarbor, dans l'ouest de l'Australie, on peut lire, écrit sur le sol avec des lettres de 183 m, le mot READYMIX. Il s'agit d'une publicité datant de décembre 1971.

Les lettres les plus petites ■ En avril 1990, les lettres i, b, m, composées de 35 atomes de xénon, ont été gravées sur un cristal de nickel à l'aide d'un instrument appelé microscope à balayage. Elles forment un logo de 1,27 nm de long (1 nanomètre vaut 1 milliardième de mètre). Cet exploit, réalisé au centre de recherches d'IBM à San José, Californie, EU, a demandé 22 h à ses auteurs, les physiciens Donald Eigler et Erhard Schweizer.

Mots

Les plus longs ■ Ils sont nés de l'agglutination de plusieurs mots. Ainsi le Grec Aristophane donne-t-il en un seul mot de 182 lettres, dans sa comédie *L'Assemblée des femmes*, écrite en 392 av. J.-C., une recette de fricassée agrémentée de 17 ingrédients doux et amers.
Un « mot » composé de 195 caractères en sanskrit (qui se transcrirait en 428 lettres dans l'alphabet romain) décrit la région près de Kanci, Tamil Nadu, Inde. Ce mot apparaît dans l'œuvre de Tirumallamba, reine de Vijayanagara, au XVIe s.

France ■ Le mot le plus long de la langue française, anticonstitutionnellement, compte 25 lettres.

Palindromes ■ Le palindrome est un mot qui se lit indifféremment de gauche à droite et de droite à gauche. *Saippuakivikauppias*, le mot finnois de 19 lettres qui veut dire « marchand de soude caustique », est le plus long palindrome connu.
Certains fonts baptismaux grecs et turcs portent l'inscription circulaire de 25 lettres NIΨONANOMHMATAMHMONANOΨIN, signifiant : « Ne lave pas seulement (mon) visage, mais aussi (mes) péchés. »
La composition palindromique la plus longue contient 100 000 mots. Elle a été imaginée par Edward Benbow, de Bewdley, GB. Elle commence par : « Al, sign it, lover...! » et se termine, bien entendu, par : « ... revolting, Isla ».
Dr Awkward and Olson in Oslo, le roman palindromique le plus long, contient 31 594 mots. Il a été écrit par le New-Yorkais Lawrence Levine en 1986.

L'abréviation la plus longue ■ SKOMKHPKJCDPWB désigne un organisme malais, le Syarikat Kerjasama Orang-orang Melayu Kerajaan Hili Perak Keran Jimat Cermat Dan Pinjammeminjam Wang Berhad. C'est-à-dire Société coopérative d'épargne et de crédit du gouvernement du peuple malais du Bas-Perak, à Teluk Anson, État de Perak, Malaisie de l'Ouest. En abrégé : Skomk.
Le nom complet de la ville de Los Angeles, Californie, est en réalité : El Pueblo de Nuestra Señora la Reina de los Ángeles de Porciuncula. Il compte 55 lettres, mais on le réduit habituellement à 2, LA, c'est-à-dire à 3,63 % de sa longueur.

Le plus grand nombre de significations ■ Le mot anglais *set* a 58 significations en tant que substantif, 126 en tant que verbe et 10 en tant qu'adjectif participe.

LE MOT LE PLUS LOURD

***Le mot* niapamocitutapapu, *du fidjien (c'est-à-dire de la langue des habitants des îles Fidji), est redoutablement difficile à traduire. Il signifie* « regards sous-entendant que chacun a entendu un bruit et qu'il a compris, et va agir en conséquence pour le bien de son interlocuteur, avec réciprocité ».**

Le plus grand nombre d'accents ■ Le mot hongrois *újjáépítésére*, qui signifie « pour sa reconstruction », s'écrit avec six accents.

France ■ Deux mots comptent cinq accents : hétérogénéité et Héréhérétué, nom d'un atoll situé à 500 km au sud-est de Tahiti, dans le Pacifique.

Noms et prénoms

Le plus ancien ■ C'est celui d'un roi de l'époque prédynastique de Haute-Égypte (avant 3050 av. J.-C.). Ce nom est représenté par l'hiéroglyphe du scorpion. Il devait se prononcer « Sekhen ».

Le nom de famille le plus long ■ Le major L.S.D.O.F. (Leone Sextus Denys Oswolf Fraudatifilius) Tollemache-Tollemache de Orellana-Plantagenet-Tollemache-Tollemache était appelé « Tolly » à l'école. Né le 12 juin 1884, il mourut d'une pneumonie le 20 février 1917.

Les noms de famille les plus courts ■ La simple lettre O est un nom très répandu en Corée. Ce nom figure aussi 52 fois dans les annuaires téléphoniques américains et 12 fois en Belgique. Selon A. Ross Eckler, toutes les autres lettres de l'alphabet sont utilisées comme noms de famille aux États-Unis, sauf le Q.

France ■ Le nom de famille le plus court est la simple lettre O. Le représentant le plus illustre de cette lignée fut le marquis François d'O (1535-1594), favori du roi Henri III, surintendant des Finances.

Les noms de famille les plus répandus ■ Le nom chinois Chang est porté par environ 10 % de la population chinoise. Il y a donc à peu près 104 millions de Chang.

France ■ D'après une étude de l'Insee, parue en juin 1972, le nom de famille le plus courant en France est Martin, devant Lefèvre ou Lefebvre, Bernard et Thomas.

Le plus grand nombre de prénoms ■ John et Margaret Nelson de Chesterfield, GB, ont donné à leur fille Tracy (née le 13 décembre 1985) 138 autres prénoms. En novembre 1986, le service d'état civil accepta d'enregistrer les prénoms de l'enfant sur un document distinct de l'acte de naissance.
Alfonso de Borbón y Borbón (1866-1934), arrière-arrière-petit-fils du roi d'Espagne Charles III, portait 94 prénoms.

Les prénoms les plus répandus ■ D'après une étude de Guy Desplanques et Philippe Besnard, de l'Insee, parue en octobre 1988, le prénom masculin le plus porté aujourd'hui en France est Michel (725 000 personnes, soit 1,3 % de la population totale du pays), devant Jean (677 000 personnes). Chez les femmes, c'est Marie qui l'emporte (440 000, soit 0,78 %), devant Isabelle (380 000).
Les prénoms le plus fréquemment donnés aux enfants nés dans les années en 1990-1991 sont Kevin, Thomas et Julien pour les garçons et Élodie, Laura et Julie pour les filles.

ETRE LE DERNIER

Aux États-Unis, la volonté de figurer le dernier dans l'annuaire a donné lieu à la fabrication de noms étonnants. Un des exemples les plus remarquables se trouve dans l'annuaire de San Francisco, où le dernier recensé est un certain M. Zachary Zzzzzzzzzra.

Noms de lieu

Les premiers ■ Les premiers noms de lieu connus datent de l'époque présumérienne (3500 av. J.-C.). Ce sont par exemple Kish, Ur et Attara, aujourd'hui en Irak.

France ■ Les plus anciens noms de lieu sont antérieurs au peuplement celtique, mais on en perd la trace. Les plus anciens noms attestés par les textes sont d'origine celtique (1500-500 av. J.-C.). On les connaît sous leur forme latine, par exemple Lugdunum (Lyon) ou Virodunum (Verdun).

Les plus longs ■ Bangkok, la capitale de la Thaïlande, s'appelle officiellement Krungthep Mahanakhon, abréviation de Krungthep Mahanakhon Bovorn Ratanakosin Mahintharayutthaya Mahadilokpop Noparatratchathani Burirom Udomraatchanivetmahasathan Amornpiman Avatarnsathit Sakkathattiyavisnukarmprasit (167 lettres, mais la version la plus littéraire en comporte 175).
Le nom le plus long existant désigne un lieu-dit : Taumatawhakatangihangakoauauotamateaturipuukakapikimaungahoronukupokaiwhenuakitanatahu (85 lettres), c'est le nom d'une colline de 305 m, située dans l'île du Nord, Nouvelle-Zélande. En maori, ce mot signifie : « L'endroit où Tamatea, l'homme aux gros genoux, qui a

dévalé, escaladé et avalé des montagnes, connu sous le nom de Mange-Terre, a joué de la flûte pour sa bien-aimée. »

France ■ Saint-Rémy-en-Bouzemont-Saint-Genest-et-Isson, Marne, et Saint-Germain-de-Tallevende-la-Lande-Vaumont, Calvados, comptent chacune 38 lettres.

Les plus courts ■ Le village d'Y, près de Nesle, Somme, France, est ainsi nommé depuis 1241. Le 13 mars 1991, il comptait 76 habitants.
Å est le nom d'un village danois de l'île de Fyn, mais aussi celui d'un village norvégien et celui d'un village suédois.
U se trouve dans les îles Carolines, océan Pacifique. Et le village japonais de Sosei s'appelle aussi Aioi, ou O.
Un 6 a existé dans l'État de Virginie-Occidentale, aux États-Unis.

Les plus petits ■ Surendra Apharaya de Jaipur, Inde, a réussi à graver 1 749 noms de pays et de régions sur un grain de riz le 19 mai 1991.

Le plus grand nombre d'orthographes ■ Leeuwarden, nom d'une ville des Pays-Bas, s'est écrit de 225 façons différentes depuis 1046.

Littérature

Documents les plus anciens

Premières traces d'écriture ■ Sur une poterie yangshao de la région du Paa-t'o, datant de 5000 à 4000 av. J.-C. découverte en 1962 près de Xian, dans la province du Shanxi, Chine, on a déchiffré des idéogrammes symbolisant les chiffres 5, 7 et 8. Il s'agit de la langue écrite la plus ancienne du monde. Les pictogrammes les plus anciens, précisément datés, figurent sur des tablettes d'argile trouvées sur le site sumérien de Nippur, aujourd'hui Nuffar, dans le sud de l'Irak. On détermina leur âge exact en 1979 : 3400 av. J.-C.
Cependant, des « jetons » datant de 8500 av. J.-C. ont été découverts à Tepe Asiab et à Ganji-é-Dareh, Tepe, Iran.
Le rouleau, ou *sutra*, *Dharani* imprimé sur des tablettes en bois fut découvert dans les fondations de la pagode de Pulguk Sa, à Kyongju, Corée du Sud, le 14 octobre 1966. Il date, au moins, de l'an 704.
Le British Museum, à Londres, conserve un fragment du *Dunhuang*, *sutra* découvert en 1907 dans le nord-ouest de la Chine, sur le site dit des « caves des mille bouddhas ». Une partie de ce trésor est un parchemin de 5 m de long, le *sutra Diamond* (« diamant »), qui daterait du « 14e jour de la 4e lune de l'an 9 de Hsien Thung », soit l'an 868. Il serait imprimé avec de la berberine, teinture obtenue en faisant bouillir de l'écorce de chêne-liège.
Le plus ancien document médical connu est une tablette sumérienne en argile découverte à Nippur (actuellement en Irak) et datant de 2100 av. J.-C. Elle est conservée au musée de l'université de Philadelphie, Pennsylvanie, EU. Elle donne des détails sur la fabrication d'onguents et d'emplâtres à partir d'écailles de tortue écrasées, d'une plante appelée *nagasi*, de sel et de moutarde.
Du papier, dont on estime qu'il a été fabriqué entre 71 av. J.-C. et l'an 21, a été découvert dans le nord-ouest de la Chine, cent ans avant la date présumée de son invention.

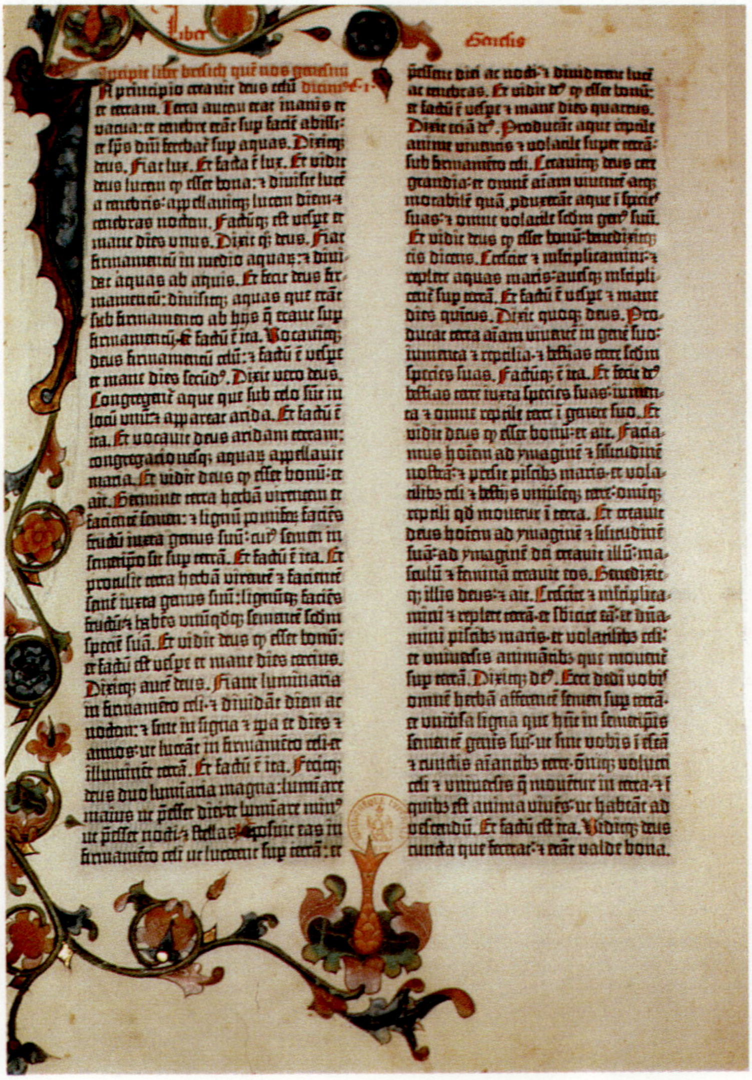

Signatures et autographes ■ Le plus ancien autographe que nous possédions a été relevé sur une tablette d'argile à Tell Abu Sâlâbîkh, Irak. Tracé en caractères cunéiformes, il date de 2600 av. J.-C. Un scribe qui s'appelait A-du avait ajouté « dub-sar » après son nom, ce qui se traduit par « Adu, scribe ».
La première signature sur papyrus est celle du scribe Amen-'aa, 2130 av. J.-C. On peut la voir aujourd'hui dans un musée de Saint-Pétersbourg, Russie.

Cartes géographiques ■ Une tablette en argile représentant le cours de l'Euphrate dans le nord de la Mésopotamie (aujourd'hui Irak) date de 2250 av. J.-C. La première carte imprimée connue date de 1115 et représente l'ouest de la Chine.

France ■ Hormis les schémas qu'on trouve dans des manuscrits dont certains remontent au IXe siècle, les premières cartes utilitaires sont des cartes marines du bassin méditerranéen. La plus ancienne connue, conservée à la Bibliothèque nationale, est d'origine génoise et date de la fin du XIIIe siècle.
Le plus ancien globe occidental connu est celui de Martin Behaim (1492), conservé à Nuremberg, Allemagne. C'est un globe qui ne comprend pas l'Amérique, découverte cette année-là. La meilleure copie se trouve à la Bibliothèque nationale, à Paris.
La plus ancienne carte de France exécutée par un Français est celle d'Oronce Fine. Elle date de 1525.
La plus ancienne carte régionale (1539) est celle du diocèse du Mans, réalisée par Macé Ogier.

Bibles ■ Les plus anciens textes bibliques se trouvent sur deux amulettes en argent datant de 587 av. J.-C. découvertes sous l'église écossaise de Jérusalem en 1979. Il s'agit des versets 22 à 27 du chapitre 6 du livre des Nombres.
Le musée du Vatican, à Rome, conserve le *Codex vaticanus*, écrit en grec avant l'an 350. Il s'agit de la Bible complète la plus ancienne connue.

Premiers documents imprimés mécaniquement ■ Il est admis que la Bible dite « à 42 lignes » (par page) de Gutenberg a été

Le premier texte français ■ *Le Serment de Strasbourg* (842) est le premier texte connu en langue romane (langue d'oïl), qui allait devenir le français. Deux des petits-fils de Charlemagne, Charles le Chauve et Louis le Germanique, font un serment d'assistance mutuelle contre leur frère Lothaire. La Bibliothèque nationale en possède une copie manuscrite du Xe siècle.

Le plus ancien acte officiel français ■ Le plus ancien acte émanant d'un roi de France dont on conserve l'original est un document signé du monogramme de Clotaire II (584-628). Cet acte, en latin, écrit en cursive mérovingienne sur papyrus, confirme une donation faite à l'abbaye de Saint-Denis. Il fut rédigé, à Étrépagny, aujourd'hui Eure, entre le 14 juin et le 15 juillet 625.

La première encyclopédie ■ Elle date de 370 av. J.-C. On la doit au philosophe grec Speusippe (393-339 av .J.- C.), qui était le neveu de Platon.

◁ *Il est mondialement admis que le premier livre imprimé mécaniquement est la Bible de Gutenberg, publié en 1454.*

Le poème le plus populaire ■ *If*... (traduction française : « Pour être un homme... » ou « Si ... »), de Joseph Rudyard Kipling (1865-1936), publié pour la première fois en 1910, a été traduit en 27 langues (en français par André Maurois) et, selon Kipling lui-même, « figure dans assez d'anthologies pour vous en dégoûter ».

le premier livre entier imprimé mécaniquement. Elle fut publiée vers 1454 à Mayence, Allemagne, par Johann Henne zum Gensfleisch zur Laden, dit Gutenberg (v. 1398-1468).
En 1967, un livre de recherches sur les filigranes a signalé l'existence d'un exemplaire de grammaire latine *Donatus* imprimée sur papier vers 1450.
Le premier document imprimé à mentionner une date véritable est une bulle papale de 1454 imprimée par Gutenberg.
Le plus ancien livre imprimé dont nous connaissons de manière certaine la date de fabrication est un psautier achevé le 14 août 1457 par Johann Fust (1400-1466) et Peter Schöffer (1425-1502) — qui fut le principal collaborateur de Gutenberg.

France ■ Le premier livre imprimé publié en France (à Paris), par Ulrich Gering, Martin Krantz et Michael Friburger, date de 1470. Il s'agit des *Epistolae*, en latin, de Gasparino Barzizza.
Le premier livre imprimé en français est les *Chroniques de France*, éditées à Paris par Pasquier Bonhomme en 1476. Cet ouvrage reprenait un livre d'histoire médiévale, les *Chroniques de Saint-Denis*, rapportant les règnes des rois de France depuis le XIIe siècle.

Records de taille

Les plus grandes collections ■ Les 1 112 volumes du *British Parliamentary Papers*, ont été publiés entre 1968 et 1972. La collection complète pèse 3,3 t et coûte 55 000 £. Il faudrait six ans pour la lire, à raison de dix heures par jour. Il fallut utiliser la peau de 34 000 chèvres indiennes pour l'impression des 500 collections.
Les inscriptions gravées sur 729 plaques de 1,50 m x 1,05 m, dans la pagode de Kuthodaw, au sud de Mandalay, Birmanie, contiennent l'intégralité des écritures bouddhistes. Elles furent gravées entre 1860 et 1868.

Encyclopédies les plus grandes ■ L'*Enciclopedía universal ilustrada europeo-americana*, publiée par J. Espasa et fils, Barcelone et Madrid, Espagne, compte 105 000 pages. Depuis 1935 paraît un supplément annuel. La collection, en 1983, comprenait 104 volumes.
La plus grande encyclopédie de l'histoire fut le *Yongle Dadiam* (« lL grand trésor du règne de Yung-lo »). Elle se composait de 22 937 chapitres manuscrits (dont 370 existent encore) en 11 095 volumes. Elle fut écrite par 2 000 lettrés chinois entre 1403 et 1408.

France ■ La plus grande encyclopédie est l'*Encyclopædia universalis*. Elle compte 30 volumes, 31 650 pages, 6 200 entrées dans le corpus et 16 000 notices dans le thésaurus, ce qui représente 256 millions de signes typographiques. Elle a été rédigée par 4 000 auteurs. Le premier tirage de l'édition 1990 a consommé 1 300 t de papier.
De 1968 à 1975, le philosophe et encyclopédiste français Roger Caratini (né en 1924) a rédigé seul les 23 volumes de l'*Encyclopédie Bordas*, soit 200 millions de signes. Ses manuscrits et notes empilés atteindraient la hauteur de la tour Eiffel.

Les plus grands dictionnaires ■ Le *Dictionnaire allemand* des frères Jacob et Wilhelm Grimm, commencé en 1854, ne fut achevé qu'en 1971, soit 117 ans plus tard. Il compte 34 519 pages en 33 volumes.
Quand il sera achevé, le *Dictionnaire des caractères chinois* (Sichuan et Huber), en 8 volumes, contiendra 20 millions de caractères.
Le *Nouveau Dictionnaire Grove de la musique et des musiciens*, publié à Londres, en février 1981, par MacMillan, contient plus de 22 millions de mots et 4 500 illustrations. C'est le dictionnaire spécialisé le plus grand du monde.

France ■ Le *Grand Larousse universel*, en 15 volumes, compte 11 038 pages, 190 000 entrées (100 000 noms communs et 90 000 noms propres), 125 millions de signes et 25 000 illustrations (12 000 photos, 12 000 dessins et 1 000 cartes). La première édition est parue entre 1982 et 1985. Un millier d'auteurs y ont collaboré.
Le plus grand dictionnaire de langue (noms communs seulement) est le *Trésor de la langue française*, ouvrage de l'Institut national de la langue française, laboratoire du CNRS. Il doit compter 16 volumes ; 15 sont déjà parus, le premier en 1971, le quinzième en octobre 1992. Au total, il comprendra 22 000 pages, 90 000 articles et 500 000 entrées. Il réunit plus de 100 millions d'attestations (exemples) tirées du XIXe et du XXe siècles et 80 millions des siècles antérieurs.

L'index le plus long ■ Le dixième index de *Chemical Abstracts* (« Abrégés de chimie »), achevé en juin 1983, compte 23 948 253 entrées en 131 445 pages et 75 volumes. Il pèse 170 kg.

Les romans les plus longs ■ *Les Hommes de bonne volonté*, le roman de Louis Farigoule (1885-1972), dit Jules Romains, a été publié en 27 volumes entre 1932 et 1946.
Le roman japonais *Tokuga-Wa Ieyasu*, de Sohachi Yamaoka, paru en feuilleton dans la presse quotidienne japonaise depuis 1951, est enfin achevé. Il sera publié en 40 volumes.

Poèmes *Les plus longs* ■ *Manas*, l'épopée folklorique kirghize, publiée en 1958, compte plus de 500 000 vers.
Prométhée, dialogue des vivants et des morts, poème du Canadien Roger Brien (né à Montréal en 1910), est composé de 456 047 vers, écrits entre 1964 et 1981. Hormis ce poème, Brien a écrit 497 000 vers en français dans plus de 90 œuvres publiées.

France ■ Le poète Jean-François Rampont, de Scaer, Finistère, avait écrit, au 12 juin 1991, 20 000 alexandrins de son poème *Poème* et dont il continue la rédaction.

Le livre le plus grand ■ Le *Super Book*, un livre d'or fabriqué en 1976 à Denver, Colorado, EU, mesure, ouvert, 2,75 m x 3,07 m ; il a 300 pages et pèse 250 kg.
Le livre le plus « épais » a été fabriqué par Peter Troendle, de Bâle, Suisse. Il a 2,75 m d'épaisseur et ne mesure que 5 cm x 4,5 cm.

France ■ En juin 1988, Christian Lacour, libraire et éditeur à Nîmes, Gard, a fabriqué un livre de 1,04 m x 0,72 m constitué de 1 000 pages et pesant 118 kg.

Le livre le plus petit ■ *Old King Cole*, une histoire pour enfants publiée, en mars 1985, à 85 exemplaires par The Glenifffer Press of Paisley, Écosse, mesure 1 mm x 1 mm. Il faut une aiguille pour en tourner (très soigneusement) les pages.

France ■ En 1880 a été imprimé un livre de messe de 2 cm x 1,2 cm qui appartient aujourd'hui à Alfred Laoureux, de Pépinster, Belgique.
Jacques Delmail, de Moreil, Somme, possède un coran de 2 cm x 1,7 cm. Ce livre écrit à la main au début du XIXe siècle contient sur 571 pages 109 sourates (sur les 114) en arabe.
Les éditions Le Clou, Montpellier, Hérault, produisent et diffusent une série de 12 livres, reliés cuir et façonnés à la main de 120 pages, mesurant 27 mm x 22 mm.

▷▷ *Ce Coran du XIXe s., écrit à la main, mesure 2 cm x 1,7 cm. Il n'est pas plus gros qu'une pièce de 10 F.*

La plus grande carte géographique ■ Le *Paradis en panorama*, carte géante en relief de la Californie réalisée par Reuben Hall, mesurait 13,70 m x 5,50 m et pesait 39 t. Elle fut exposée à San Francisco, Californie, de 1924 à 1960.

France ■ A l'occasion de son cinquantenaire, l'Institut géographique national (IGN) a présenté, du 13 au 19 juin 1990, dans le hall de la gare de l'Est, à Paris, la plus grande carte de France jamais réalisée. Elle a été obtenue par l'assemblage des 2 000 cartes IGN de la « série bleue », à l'échelle 1/25 000, et mesurait 40 m x 40 m. Il a fallu 8 km de double ruban adhésif pour la coller au sol.

Le journal intime le plus long ■ Le colonel Ernest Loftus, de Hararé, Zimbabwe, commença son journal intime le 4 mai 1896, à l'âge de 12 ans, et ne cessa de l'écrire jusqu'au jour de sa mort, le 7 juillet 1987, à l'âge de 103 ans et 178 jours.
L'Américain George C. Edler (1889-1987), de Bethesda, Maryland, tint son journal sans interruption pendant 78 ans, du 20 septembre 1909 à sa mort.

Carte postale ***La plus grande*** ■ A l'occasion du centenaire de la carte postale française, le Club cartophile de Cagnes-le-Loup a fait réaliser par les éditions Gilletta, de Nice, Alpes-Maritimes, une carte postale de 2,03 m x 3,03 m, qui a été affranchie puis acheminée par les services postaux de Cagnes-sur-Mer, le 15 avril 1989.

Lettres ***La plus grande*** ■ Lors du Téléthon 1990, la ville et la poste de Draveil, Essonne, ont organisé l'expédition, par la poste, de la plus grande lettre. Elle mesurait 4 m x 5 m.

La plus longue ■ La lettre personnelle la plus longue du monde a été commencée par Alan Foreman, de New Barn, Kent, GB, le 3 janvier 1982. Quand il l'a envoyée à sa femme Janet, le 25 janvier 1984, elle comptait 1 402 344 mots.
Pendant ses déplacements à l'étranger, Vichi Noda, ancien vice-ministre des Finances et ministre de la Construction du Japon, a écrit 1 307 lettres (50 000 caractères) à sa femme Mitsu, qui était infirme, de juillet 1961 à mars 1985. Les lettres ont été publiées en 25 volumes de 12 404 pages.
L'*Upper Dauphin Sentinel*, de Pennsylvanie, EU, a publié dans huit numéros consécutifs, d'août à novembre 1979, une lettre de 25 513 mots adressée au journal par John Sultzbaugh, de Lykens, Pennsylvanie.

VITE !

En 1862, Victor Hugo (1802-1885), en vacances et pressé de savoir comment son roman *Les Misérables* se vendait, écrivit tout simplement à son éditeur anglais, Hurst and Blackett : « ? ». La réponse fut : « ! ».

Le plus grand nombre ■ En 1974, le joueur de base-ball américain Hank Aaron (né en 1934) reçut environ 900 000 lettres. Il avait battu le record de *home runs* (établi en 1927) du fameux « Babe » Ruth. Un tiers de ses correspondants le couvraient d'injures.

La correspondance la plus longue ■ Ida McDougall, de Tasmanie, Australie, et Mlle R. Norton, de Sevenoaks, Kent, GB, ont échangé des lettres pendant 75 ans, du 11 novembre 1904 au 24 décembre 1979, jour de la mort de Mme McDougall.

Père Noël ■ Chaque année, le père Noël reçoit les 300 000 lettres que lui envoient les enfants français. C'est la Poste qui a organisé ce service, qui connaît un succès croissant. Le père Noël habite Libourne, Gironde, où le courrier lui parvient. Pour répondre à ses correspondants, il se fait aider par une équipe de 29 pères Noël adjoints.

Prix records

Livre ■ Le 6 décembre 1983, chez Sotheby's, à Londres, *Les Évangiles de Henri le Lion*, duc de Saxe, manuscrit de 226 pages mesurant 34,3 cm x 25,4 cm enluminé vers 1170 sur 41 pages par le moine Herimann, de l'abbaye de Helmershansen, ont été vendus 8,14 millions de £.

Manuscrit complet ■ Le manuscrit le plus cher jamais vendu est un bestiaire illustré du XIIIe siècle vendu le 29 novembre 1990 chez Sotheby's à Londres, pour une somme de près de 3 millions de £. Le 12 décembre 1980, le magnat américain Armand Hammer a acheté 2,2 millions de £ chez Christie's, à Londres, le *Codex de Leicester* (1507) de Léonard de Vinci, manuscrit enluminé de 36 pages traitant de cosmologie.

France ■ Un évangéliaire manuscrit en latin en 2 volumes avec enluminures, composé vers 1515, s'est vendu à l'hôtel Drouot, à Paris, le 20 novembre 1985, 8 802 300 F. Il a été acquis par la Bibliothèque nationale.

Livre imprimé ■ C'est l'Ancien Testament de la Bible de Gutenberg, imprimée à Mayence, Allemagne, vers 1454. La société japonaise Maruzen l'a acheté 5,39 millions de $, le 22 octobre 1987, chez Christie's, à New York.
Le livre moderne le plus cher est la reproduction de la série complète de gravures ornithologiques *Les Oiseaux d'Amérique*, de John James Audubon (1785-1851), publié par Abbeville Press. Son prix est de 15 000 $.

France ■ Un volume des *Fleurs du mal* (1857), de Charles Baudelaire, dédicacé au peintre français Eugène Delacroix et illustré de dessins de la main de Baudelaire et d'aquarelles de Lévy-Dhurmer, a été acheté 1,3 million de F par un bibliophile parisien, à Drouot-Montaigne, Paris, le 20 avril 1989.

Document ■ Le 3 mars 1990, chez Sotheby's, à New York, l'un des 23 exemplaires connus de la *Déclaration d'indépendance* des États-Unis, imprimée à Philadelphie, Pennsylvanie, en 1776 par Samuel T. Freeman & Co, a été acheté 1 595 000 $ par Ralph Geoffrey Newman, de Chicago, Illinois, pour le compte d'un client anonyme.

Atlas ■ Un atlas européen de Gerardus Mercator datant de 1571 a été adjugé 340 000 £, le 13 mars 1979 chez Sotheby's, à Londres.

Les lettres les plus chères ■ Si la 7e signature du dramaturge anglais Shakespeare venait un jour à être vendue aux enchères, il a été estimé qu'elle vaudrait plus de 1 million de £. Le 29 octobre 1986, chez Sotheby's, à New York, une lettre datée de 1818, écrite par le président américain Thomas Jefferson pour condamner tout acte préjudiciable aux juifs, a été vendue par Charles Rosenbloom, de Pittsburgh, Pennsylvanie, 360 000 $.

La signature la plus rare ■ Il n'existe qu'un exemplaire connu de la signature du dramaturge anglais Christopher Marlowe (1564-1593). Elle se trouve dans les archives du comté de Kent, GB, sur un testament de 1583.
Le seul document portant les signatures de dix présidents des États-Unis est une lettre adressée originellement par le président F.D. Roosevelt à M. Richard C. Corbyn, de Dallas, Texas, en date du 26 octobre 1932. Par la suite, cette lettre fut signée par Herbert Hoover, Harry Truman, Dwight Eisenhower, Gerald Ford, Lyndon Johnson, Jimmy Carter, Ronald Reagan, et George Bush. Richard Nixon a signé une première fois avec un tampon officiel puis, après une nouvelle demande, il a signé de sa propre main.

Auteurs

Les plus féconds ■ Le dramaturge espagnol Felix Lope de Vega (1562-1635) a écrit notamment quelque 1 800 comédies et 400 drames religieux (seules 500 pièces de lui nous sont parvenues).
Le Polonais Joseph Ignace Kraszewski (1812-1887) a écrit plus de 600 volumes (romans et œuvres historiques).
Le Japonais Soho Tokutomi (1863-1957) a mis 35 ans pour écrire les 42 468 pages des 100 volumes de son histoire du Japon.
Kathleen Lindsay (Mme Mary Faulkner, 1903-1973), de Somerset West, province du Cap, Afrique du Sud, a publié 904 romans. Elle a utilisé dix pseudonymes.
L'Indien Baboorao Arnalkar (né le 9 juin 1907) a publié, de 1936 à 1984, 1 092 nouvelles ainsi que plusieurs livres de littérature non romanesque.
Malgré 743 lettres de refus, le Britannique John Creasey (1908-1973) a publié 564 livres, de 1932 à sa mort. Il a utilisé 25 noms de plume.

LA FUREUR D'ÉCRIRE

Alexandre Dumas père a écrit 260 livres. Honoré de Balzac a créé 2 000 personnages et Émile Zola en a imaginé 1 200. Saint-Simon a fait le portrait de 8 500 personnages.
Sacha Guitry a écrit 125 pièces de théâtre. Voltaire et George Sand ont écrit chacun plus de 20 000 lettres. Victor Hugo a composé 153 837 vers.
Georges Simenon est l'auteur francophone le plus fécond .

Les avances les plus élevées ■ Aux enchères littéraires du 11 janvier 1986, à New York, les éditeurs William Morrow & Co et Avon Books ont offert un à-valoir de 5 millions de $ à James Clavell pour son

L'auteur le mieux payé ■ En 1958, Mme Deborah Schneider, de Minneapolis, Minnesota, EU, participa à un concours destiné à trouver le meilleur slogan publicitaire pour les voitures Plymouth. Elle écrivit un message de 25 mots. Il y eut 1 400 000 participants. Elle gagna un prix de 500 $ payables chaque mois pendant toute sa vie. Si on lui accorde une durée de vie normale, chaque mot devrait lui rapporter 12 000 $. En 1983, elle avait déjà gagné 6 000 $ par mot.

La lettre la plus chère signée par une personne vivante ■ Une lettre de Ronald Reagan, faisant l'éloge de Frank Sinatra, a été vendue aux enchères 12 500 $, le 22 janvier 1981.

▽ Georges Simenon est l'auteur en langue française le plus lu : 500 millions d'exemplaires ont été vendus à travers le monde.

△ *L'auteur britannique Barbara Cartland a vendu 500 millions d'exemplaires de ses 516 romans traduits en 30 langues.*

roman *Whirlwind* (« Ouragan »).

En mai 1992, l'écrivain anglaise Barbara Taylor Bradford a signé avec l'éditeur Harper Collins un contrat de 20 millions de $ pour une série de trois romans dont le premier sera publié en 1994. On estime à plus de 40 millions le nombre de romans de Barbara Taylor Bradford publiés à travers le monde (dans 82 pays, en 26 langues).

Le célèbre écrivain de romans d'horreur, Stephen King, auteur de nombreux bestsellers, a touché le 9 février 1989 une avance de 26 millions de £ pour la publication de ses quatre prochains livres.

Les auteurs les plus lus ■ L'Anglaise Agatha Christie (1890-1976) a vendu environ 2 milliards d'exemplaires de ses 78 romans policiers, traduits en 103 langues. Les droits d'auteur et les droits dérivés de son œuvre sont estimés à 25 millions de F par an.

Le 13 mars 1953, les Soviétiques annoncèrent que 672 058 000 exemplaires des œuvres de Staline (1879-1953) avaient été vendus ou distribués en 101 langues.

L'auteur le plus vendu aujourd'hui est la Britannique Barbara Cartland : 500 millions d'exemplaires de ses 516 romans, traduits en 30 langues, ont été vendus, dont 25 millions en France. Elle a écrit en moyenne 23 romans par an (un tous les quinze jours) durant les quatorze dernières années.

En langue française ■ L'auteur le plus lu en langue française est le Belge Georges Simenon (1903-1989). D'après l'Unesco, 500 millions d'exemplaires de ses ouvrages ont été vendus à travers le monde (en 1988, on comptait 3 500 traductions, en 57 langues), dont 100 millions en France. Sous son nom, Simenon a écrit, de 1928 à 1981, 222 ouvrages (80 Maigret, 117 autres romans et 22 récits autobiographiques) et plus de 150 nouvelles. Sous divers pseudonymes, il a également écrit plus de 200 romans, 950 articles et reportages, 150 contes et nouvelles et près d'un millier de contes galants. Il écrivait un roman populaire de 20 000 lignes au rythme spectaculaire de 80 à 100 pages par jour.

Frédéric Dard (né en 1921) a vendu, sous son nom ou sous le pseudonyme de San-Antonio, environ 200 millions de ses romans, policiers et non policiers.

L'auteur le plus âgé ■ En mars 1971, les éditions Johnson ont publié le roman *Portrait de ma jeunesse victorienne*, d'Alice Pollock (1868-1971) de Haslemere, Surrey, GB. Elle avait 102 ans et 8 mois.

L'auteur le plus jeune ■ Marianne Paulot est la plus jeune écrivain de France de ces dernières années. En novembre 1990, elle a publié chez Belfond, à l'âge de 14 ans, son premier roman *L'envolée*. Marianne avait commencé à écrire à 12 ans. En janvier 1991, âgée de 15 ans et demi, elle publie chez le même éditeur un nouvel ouvrage intitulé *La Bouche d'ombre*.

Les biographies les plus longues ■ Ce sont celles de sir Winston Churchill, par son fils Randolph (4 832 pages) et par Martin Gilbert (16 745 pages).

La gestation littéraire la plus longue ■ Le *Dictionnaire allemand* (*Deutsches Wörterbuch*) commencé par les frères Grimm en 1854 a été achevé en 1971 (voir plus haut *« Les plus grands dictionnaires »*).

Acta sanctorum, commencé par Jean Bolland en 1643, est un livre sur l'histoire des saints, jour après jour, suivant l'ordre du calendrier. Le mois de novembre n'a été écrit qu'en 1925 et une introduction pour le mois de décembre a été publiée en 1940.

Le plus grand nombre de dédicaces ■ En 1988, lors de la foire du livre de Brive, Corrèze, Claude Michelet a dédicacé plus de 1 000 ouvrages en deux jours.

◁ *Le plus jeune écrivain français, Marianne Paulot, a publié son premier roman à l'âge de 14 ans. Son second livre est sorti en janvier 1992.*

LES ROMANS FRANÇAIS LES PLUS LUS

Bien que les chiffres fournis par les maisons d'édition soient parfois approximatifs ou exagérés, on peut établir la liste suivante des romans français les plus lus, toutes éditions confondues, clubs et poche compris.

1. *Caroline Chérie* (1947), de Cécil Saint-Laurent (pseudonyme de Jacques Laurent) : 7 millions.
2. *L'Étranger* (1942), d'Albert Camus : 6,5 millions.
3. *Le Petit Prince* (1946), d'Antoine de Saint-Exupéry : 5,8 millions.
4. *La Peste* (1947), d'Albert Camus : 5,3 millions.
5. *Le Silence de la mer* (1942), de Vercors (de son vrai nom, Jean Bruller) : 4,3 millions.
6. *Le Lion* (1958) de Joseph Kessel : 4,2 millions.
7. *Le Grand Meaulnes* (1913), d'Alain-Fournier : 4 millions.
8. *Vol de nuit* (1931), de Saint-Exupéry : 3,7 millions.
9. *La Condition humaine* (1933), d'André Malraux : 3,5 millions.
10. *Germinal* (1885), d'Émile Zola : 3,2 millions.

Les sept romans qui composent *A la recherche du temps perdu* (1913-1927), de Marcel Proust, se sont vendus à plus de 8 millions d'exemplaires, essentiellement en poche.
La trilogie de Régine Deforges (*La Bicyclette bleue*, *101 avenue Henri-Martin* et *Le diable en rit encore*) s'est vendue au total à 6,3 millions d'exemplaires.

Les œuvres les plus diffusées

L'ouvrage le plus largement diffusé ■ L'ouvrage le plus largement diffusé dans le monde est la Bible, traduite en 314 langues, et même, pour certains passages, en 1 614 langues. (Lénine n'a été traduit qu'en 222 langues.) On estime que, de 1815 à 1984, 2,7 milliards d'exemplaires de la Bible ont été imprimés.
Il semble bien que 800 millions d'exemplaires du *Petit Livre rouge* de Mao Zedong aient été vendus ou distribués entre juin 1966 et septembre 1971. A l'époque, chaque Chinois était tenu d'en posséder un. 106 909 866 exemplaires en 117 langues de *La vérité qui conduit à la vie éternelle*, le livre des Témoins de Jéhovah, ont été distribués jusqu'à avril 1990.

Liste des best-sellers ■ Le livre qui a figuré le plus longtemps sur la liste des best-sellers du quotidien américain *The New York Times* est *The Road Less Travelled*, de Scott Peck, qui y est resté 258 semaines, jusqu'au 2 octobre 1988.

Romans ■ Le roman de Jacqueline Susann (1921-1974) *La Vallée des poupées*, publié en 1966, s'est vendu à 28 712 000 exemplaires dans le monde. Les six premiers mois, les éditions Bantam en avaient vendu 6,8 millions.

France ■ Voir l'encadré ci-contre.

BEST-SELLER DE L'ANNÉE EN FRANCE

Au 17 juin 1992,* Jamais sans ma fille*, de Betty Mahmoody, chez Fixot, s'est vendu à 3 111 000 exemplaires (librairie, clubs, poche).

BETTY MAHMOODY
jamais sans ma fille
document
Dans l'avion qui l'emmène à Téhéran pour deux semaines de vacances avec sa petite fille, Betty Mahmoody se dit qu'elle vient de commettre une terrible erreur. Mais il est trop tard. □ Dès son arrivée, son mari, iranien d'origine, se transforme en musulman fanatique. Humiliée, battue, prisonnière, elle va lutter pendant deux ans avec la force du désespoir pour rentrer chez elle, aux États-Unis. □ À ceux qui lui proposent de s'enfuir seule, elle crie jusqu'à la liberté : "Jamais sans ma fille !" □ Cette terrifiante histoire vraie est aussi la leçon de courage d'une femme devenue héroïne malgré elle.

Non-fiction ■ Le livre le plus régulièrement vendu en France est le *Petit Larousse illustré*, dont les deux éditions (en noir et en couleurs) atteignent chaque année plus de 1 million d'exemplaires.

Roman feuilleton ■ L'écrivain français Georges J. Arnaud a consacré 12 années à l'écriture du roman feuilleton le plus long du monde *La Compagnie des glaces*. C'est une saga de 62 volumes soit 11 000 pages au total, publiée au rythme de 5 à 6 romans par an. Le premier a été publié en 1980, le 62e et dernier est paru le 9 mars 1992.

Jeunesse ■ L'œuvre de la comtesse de Ségur (1799-1874) s'était vendue au total, fin 1990, à 30 millions d'exemplaires dans la Bibliothèque rose.
L'œuvre de Jules Verne (1828-1905), plus de 100 ouvrages, s'était vendue à 13 millions d'exemplaires dans la Bibliothèque verte.

Albums BD ■ *Les Aventures de Tintin*, du Belge Hergé (1907-1983, de son vrai nom Georges Rémi d'où son pseudonyme, tiré de ses initiales, R.G.), ont été vendues à 150 millions d'exemplaires à travers le monde, traduites en 40 langues. Elles se composent de 23 albums, et d'un 24e, inachevé.

Le livre le plus vendu dans le monde ■ Le livre le plus vendu dans le monde (par opposition à la *Bible*, au *Petit Livre Rouge* et autres ouvrages dont la diffusion est en grande partie gratuite) est *Le Livre Guinness des records*. Rédigé par les frères jumeaux (nés en 1925) Norris Dewar McWhirter et Alan Ross McWhirter (assassiné par l'IRA en 1975), il fut publié pour la première fois en octobre 1955. Traduit en 36 langues, il s'était vendu, au 15 juin 1992 à 66 millions d'exemplaires.

△ *Tintin étant belge, c'est Astérix qui détient le record français de ventes de BD.*

Le livre emprunté le plus longtemps ■ Un livre allemand sur l'archevêque de Brême, publié en 1609, fut emprunté au collège Sidney Sussex, à Cambridge, GB, en 1667 ou 1668, par le colonel Robert Walpole. Il fut retrouvé par le Pr John Plumb dans la bibliothèque de la marquise de Cholmondeley, à Houghton Hall, Norfolk, et rendu avec un retard de... 288 ans. Aucune amende ne fut exigée.

***France* ■** L'ouvrage de BD le plus vendu en France est *Astérix chez les Belges* (1979), de René Goscinny et Albert Uderzo, chez Dargaud. A la fin de 1990, il s'en était vendu 3 000 000 exemplaires. Depuis l'origine (1968), les aventures d'Astérix se sont vendues, tous albums confondus, à 60 millions d'exemplaires.

Éditeurs, libraires et imprimeurs

Maisons d'édition *La plus ancienne* ■ Berger-Levrault, dont le siège est à Nancy, Meurthe-et-Moselle, a pour origine une imprimerie fondée à Bâle, Suisse, en 1476, par Bernard Rihel, dont un héritier est encore aujourd'hui P-DG de l'entreprise. On peut consulter tous ses livres de comptes depuis 1676. La maison porte le nom de Berger-Levrault depuis 1866.
Les activités éditoriales de Cambridge University Press ont commencé en 1584.

***La plus productive* ■** Le groupe Livre Hachette comprend 22 maisons d'édition (dont Grasset, Fayard, Stock, etc.). Il a publié, au total, 2 800 nouveautés en 1991 (dont plus de 500 livres d'éducation) et vendu 77 millions de volumes.
Le Livre de poche, filiale de Livre Hachette a vendu, 17 900 000 exemplaires à lui seul.
L'édition française dans son ensemble a publié en 1991, tous genres confondus, 39 492 titres (nouvelles éditions et réimpressions).

Libraires *Les plus anciens* ■ La famille Lacour-Ollé se consacre à la vente des livres depuis 1791, d'abord par le colportage, puis par un commerce de librairie en 1869. A ce jour, 35 personnes de cette famille, sur 8 générations, ont exercé cette activité.

***Les plus grandes librairies* ■** La librairie W. & G. Foyle, de Londres, possède le plus grand nombre de titres en stock et la plus grande longueur de rayonnages (48 km) du monde. Sa superficie est de 7 044 m^2.
La librairie Barnes & Noble, sur la Ve Avenue, à New York, est la plus étendue, avec une superficie de 14 330 m^2. Elle a 20,7 km de rayonnages.

***France* ■** La Fnac possède des librairies dans ses 37 magasins — 32 en France 4 en Belgique et 1 en Allemagne. En France, les livres y occupent une surface totale de vente de 15 000 m^2. La plus grande librairie est celle de la Fnac-Forum des Halles, à Paris, qui s'étend sur 1 846 m^2 ; elle dispose de 180 000 titres et de 800 000 volumes en stock.
Fondé en 1936, le Furet du Nord, à Lille, Nord, couvre 4 800 m^2 et expose 150 000 titres et 600 000 volumes en stock.

Imprimeries *La plus ancienne* ■ On pense que Laurens Janszoon Coster (1370-1450) de Harlem, Hollande, a été le premier à imprimer des ouvrages à l'aide de blocs de bois dès 1440.

***France* ■** L'imprimerie Oudin, de Poitiers, Vienne, n'a jamais cessé de fonctionner, sous différents noms, depuis 1517.
L'imprimerie la plus ancienne aux mains d'une même famille est l'imprimerie Aubanel (également maison d'édition), à Avignon, Vaucluse, fondée en 1744 par Antoine Aubanel et transmise depuis de père en fils. Le P-DG actuel, Laurent Théodore-Aubanel, est le 6e représentant de la lignée.

***La plus grande* ■** La société R.R. Donnelley and Sons, de Chicago, Illinois, EU, fondée en 1864, possède 100 usines, bureaux et centres de distribution à travers le monde. Son chiffre d'affaires annuel est de 3,12 millions de $.
La plus grande imprimerie en un seul lieu est l'imprimerie nationale des États-Unis, fondée en 1861 à Washington. Elle couvre 13,92 ha au sol. On y donne 1 954 bons à tirer chaque jour et 4 500 t de papier y sont utilisées par an.

***Le plus grand composteur typographique* ■** Le 5 décembre 1991, Louis-Joseph Chérasse, de Clermont-Ferrand, Puy-de-Dôme, a présenté un composteur typographique de 3,11 m de longueur, 25,20 m de largeur et d'un poids de 9,9 kg.

Le plus gros tirage ■ Le 1er tirage de l'édition 1990-1991 d'une brochure destinée aux membres de l'Association automobiliste de Grande-Bretagne, a été de 6 153 000 exemplaires. Depuis 1908, 97,6 millions d'exemplaires ont été imprimés.

Bibliothèques

La plus ancienne ■ La première collection d'archives appartenait au roi d'Assyrie Assurbanipal (VIIe siècle av. J.-C.). Il possédait des tablettes d'argile retraçant l'histoire de son peuple depuis la dynastie d'Agode, 23 siècles av. J.-C.

Les plus grandes ■ La bibliothèque du Congrès des États-Unis, fondée le 24 avril 1800, sur la colline du Capitole, à Washington, possède 88 millions de publications diverses, dont 26 millions de volumes imprimés, rangés sur 856 km de rayonnages. Elle s'étend sur 26 ha.
La plus grande bibliothèque municipale du monde se trouve à New York, sur la Ve Avenue. Fondée en 1895, elle couvre 4,8 ha. Dans son bâtiment principal et dans ses 82 annexes, elle abrite 13 887 774 volumes, 18 349 585 manuscrits et 381 645 cartes rangés sur 141 km de rayonnages.

La BN

L'origine de la Bibliothèque nationale remonte au roi Charles V (1338-1380), qui rassembla les manuscrits de ses ancêtres. Longtemps itinérante, elle s'installa définitivement à Paris en 1570 et dans ses locaux actuels en 1721. Aujourd'hui, elle s'étend sur quatre bâtiments à Paris (deux rue Richelieu, un rue Vivienne et un rue Louvois).
Elle possède aussi des annexes à l'Arsenal, Paris IVe, à Versailles, Yvelines, à Provins, Seine-et-Marne, et à Sablé, Sarthe. Elle compte 12 millions de volumes imprimés, sur 110 km de rayonnages, 100 000 volumes manuscrits, 700 000 feuilles de cartes, 10 000 atlas, 44 globes anciens, 20 000 ouvrages de référence géographiques.
Elle est également riche de 15 millions d'images (gravures, estampes, photos), de 500 000 titres de journaux et revues, de 800 000 monnaies, médailles, camées, etc., de 2 millions de documents musicaux, de 900 000 documents sur le son, de 3 millions de documents sur les arts du spectacle.

Académie française

Origines ■ L'Académie française a été créée en 1635 par le cardinal de Richelieu, afin de conserver et d'améliorer la langue française. Elle compte quarante membres, appelés les « Quarante » ou encore les « Immortels », élus (à vie) par cooptation. En 1795, elle a été regroupée, au sein de l'Institut de France, avec quatre autres académies : l'Académie des beaux-arts, l'Académie des sciences, l'Académie des sciences morales et politiques, l'Académie des inscriptions et belles-lettres. Depuis 1806, ces cinq académies ont leur siège au palais de l'Institut, situé quai Conti, sur la rive gauche de la Seine, à Paris. C'est dans la chapelle de ce palais, célèbre pour sa coupole, qu'ont lieu les cérémonies de réception des nouveaux membres de l'Académie française. Celle-ci se consacre surtout à la rédaction et à la mise à jour d'un dictionnaire dont la 1er édition date de 1694. Cet ouvrage en est aujourd'hui à sa 9e édition. En 1991 a été publié le volume de la lettre E et fin 1992 sera publié un volume regroupant A-B-C-D-E. L'Académie française décerne également plusieurs prix littéraires (Grand Prix du roman, Grand Prix Paul-Morand, etc.) et joue un rôle actif dans le développement de la francophonie.

Le plus jeune académicien ■ Le marquis Armand de Coislin (1635-1702) fut élu en 1652 à l'âge de 16 ans et demi. Comme lui, sous l'Ancien Régime, 23 académiciens furent élus à moins de 20 ans. Cependant, il s'agissait d'élections à titre honorifique.

Aujourd'hui ■ L'écrivain et diplomate Pierre-Jean Rémy (de son vrai nom, Jean-Pierre Angremy), élu le 16 juin 1988, a eu 55 ans le 21 mars 1992.

Le plus âgé ■ Le physicien Jean-Baptiste Biot (1774-1862) fut élu en 1856, à l'âge de 82 ans.

Aujourd'hui ■ Le philosophe Henri Gouhier, élu le 15 février 1979, a eu 93 ans le 5 décembre 1991.

Le plus bref séjour ■ Le poète Charles-Pierre Colardeau (né en 1732) ne siégea que 35 jours parmi les Immortels. Élu en mars 1776, il mourut le mois suivant.

Le plus long ■ Le maréchal de Richelieu (1696-1788), neveu du cardinal, siégea 68 ans à l'Académie française, de 1720 à sa mort. Il est vrai qu'il avait été élu à un âge fort précoce : 24 ans.

Femmes ■ La première femme parmi les Immortels fut la romancière d'origine belge Marguerite Yourcenar (1903-1987), élue le 6 mars 1980.
Aujourd'hui, deux femmes siègent à l'Académie française : l'helléniste Jacqueline de Romilly, élue le 24 novembre 1988, et l'historienne Hélène Carrère d'Encausse, élue le 14 novembre 1990.

△ En attendant la future Très Grande Bibliothèque de France, la Bibliothèque nationale est la plus grande bibliothèque de France. Elle aligne 12 millions de volumes imprimés sur 110 km de rayonnages.

◁ Les importantes fonctions diplomatiques de Jean-Pierre Angremy n'ont pas empêché Pierre-Jean Rémy d'être élu à l'âge de 51 ans, pour son œuvre abondante. Il est le plus jeune académicien de France.

Le compositeur plus rapide ■ L'Autrichien Wolfgang Amadeus Mozart (1756-1791) a composé un millier d'opéras, opérettes, symphonies, sonates pour violon, divertissements, sérénades, motets, concertos pour piano et autres instruments, quatuors à cordes et autres pièces de musique de chambre, messes et litanies, dont seulement 70 furent publiés avant sa mort, survenue à l'âge de 35 ans. Mozart écrivit son opéra *La Clémence de Titus* (1791) en 18 jours. Trois chefs-d'œuvre symphoniques, la symphonie n° 39, en *mi* bémol majeur, la symphonie n° 40, en *sol* mineur, et la symphonie n° 1, dite *Jupiter*, en *ut* majeur, auraient été composés en 42 jours, pendant l'année 1788.

▷ *Mozart écrivit l'ouverture de Don Giovanni d'une seule traite, à Prague, en 1787, à la veille de la première.*

Musique classique

Origines ■ A Istállóskö, Hongrie, et en Moldavie, sur des sites du paléolithique supérieur, période aurignacienne (25000-22000 av. J.-C.), on a découvert des phalanges perforées pouvant servir de sifflets ou de flûtes.
On pense que l'histoire de la musique commence au IIIe millénaire av J.-C., période où les cloches jaunes (*huang zhong*) des temples chinois ont pour la première fois des tonalités musicalement harmonieuses.
La plus ancienne notation musicale connue a été découverte en 1966-1967 par le Dr Duchesne-Guillemin, sur le site de Nippur, Sumer (aujourd'hui Irak). Il s'agit d'une gamme heptatonique gravée sur une tablette d'argile datant de 1800 av. J.-C.

Instruments

Les plus grands *Orgues* ■ L'instrument de musique le plus grand et le plus puissant jamais construit est un orgue de 1930 (l'*Auditorium Organ*) qu'on peut entendre à Atlantic City, New Jersey, EU. Il ne fonctionne pas entièrement aujourd'hui. Cet instrument possédait deux consoles (l'une de sept claviers, et l'autre, mobile, de cinq). Avec ses 1 477 jeux et ses 33 112 tuyaux de 5 mm à 19,50 m de longueur, il jouait aussi fort que 25 fanfares, sur une gamme de 7 octaves.
L'orgue le plus grand du monde encore en parfait état est le *Grand Court Organ*. Il se trouve dans le magasin Wanamaker de Philadelphie, Pennsylvanie, EU. Installé en 1911, il a été agrandi jusqu'en 1930. Il possède 6 claviers et 30 067 tuyaux dont un gravissimo de 19,50 m.
Le plus grand orgue d'église se trouve dans la cathédrale de Passau, Bavière, Allemagne. Achevé en 1928 par D.F. Steinmeyer, il possède 16 000 tuyaux et 5 claviers.
Le *Golden Spirit*, un orgue de 7 000 watts (diffusés par 700 enceintes) de Robert A. Nye, conçu par Henry N. Hunsicker, est l'orgue électronique le plus puissant du monde. On l'entendit pour la première fois le 9 décembre 1988 à Trump's Castle, à Atlantic City, New Jersey, EU.

France ■ L'orgue de l'église Saint-Sulpice, à Paris, compte 118 jeux, 7 000 tuyaux et 5 claviers.

Instruments à cordes ■ En 1924, l'Américain Arthur Ferris, d'Ironia, New Jersey, EU, prétendant avoir reçu une commande de l'archange Gabriel lui-même, construisit une contrebasse de 4,26 m de haut. Pesant 590 kg, elle avait une caisse de résonance de 2,43 m de large nécessitant 31,70 m de cordes en cuir. Les notes les plus basses se « ressentaient » physiquement, plus qu'elles ne s'entendaient.
Le pantaléon (sorte de tympanon) de Georges Noël (1767) avait 270 cordes et 4,6 m^2 de surface.

Pianos *Le plus ancien* ■ Construit en 1720, à Florence, par Bartolomeo Cristofori (1655-1731), de Padoue, Italie, le plus ancien pianoforte se trouve actuellement au Metropolitan Museum of Art de New York.

Le plus cher ■ Le 26 mars 1980, chez Sotheby's, à New York, un Steinway de 1888 s'est vendu 390 000 $. L'acheteur n'était pas musicien.

Le plus grand ■ Construit en 1935 par Charles H. Challen & Son, de Londres, ce piano à queue mesure 3,55 m de long et pèse 1,25 t. La force de tension de la corde la plus grave, qui mesure 3 m, est de 30 t.

Le plus petit ■ Une maquette au huitième d'un Knabe de 1910 a été construite par Emil J. Cost. On peut jouer sur cette petite merveille de 19 cm x 8,6 cm x 16,5 cm.

INSTRUMENTS MAJEURS

Le stradivarius* Mendelssohn *(1720) a été vendu 902 000 £ (environ 9 millions de F) chez Christie's, à Londres, le 21 novembre 1990. C'est le prix le plus élevé jamais payé lors d'une vente aux enchères pour un instrument de musique. L'acquéreur serait un musicien professionnel dont l'identité n'a pas été révélée. On dit que le violon* Alard *fabriqué par Stradivarius (1644-1737) a été vendu par contrat privé, au prix de 1,2 million de $, par W.E. Hill à un acheteur de Singapour en 1982.

Violon *Le plus petit* ■ Maurice Brayas, luthier à Saint-Étienne, Loire, a fabriqué en 1945 un violon de 3,2 cm de long qui fut primé au concours international de lutherie de La Haye, Pays-Bas.

Violoncelle *Le plus cher* ■ Le *Cholmondeley*, fabriqué en 1698 par le luthier Antonio Stradivari, dit Stradivarius (1644-1737), de Crémone, Italie, a été vendu 682 000 £ chez Sotheby's, à Londres, le 22 juin 1988.

Le plus grand ■ Le luthier Christian Urbita, de Cordes, Tarn, et les compagnons ébénistes de Saint-Éloi, de Toulouse, Haute-Garonne, ont fabriqué un violoncelle de 8,50 m de haut et 2,64 m de large, pesant environ 1 t.

Le plus petit ■ Christian Urbita a également fabriqué un violoncelle de 2,8 cm de long.

Cuivres *Les plus grands* ■ Un cirque d'Afrique du Sud possède un tuba de 2,28 m de haut, avec 11,80 m de tuyaux et un pavillon de 1 m de diamètre. Ce tuba-contrebasse fut construit pour une tournée mondiale de l'orchestre du compositeur américain John Philip Sousa (1854-1932) vers 1896 ou 1898.
Un cor alpin construit par Peter Wutherich (né en Suisse, mais vivant à Boise, Idaho, EU) mesure 47 m et pèse 103 kg.

Le plus petit ■ Le 6 septembre 1989, à Cœuvre, Suisse, Maurice Bernard a présenté une trompette en *ut* aigu de 15 cm de long, avec une embouchure de 11 cm.

Accordéon *Le plus petit* ■ Le Parisien Pierre Berton possède un accordéon de 20 cm x 20 cm qui pèse 1,1 kg. Il lui a fallu 14 mois pour le fabriquer.

Tambour *Le plus grand* ■ Un tambour de 3,96 m de diamètre construit par la société Supreme Drum, de Londres, a été entendu au Royal Festival Hall, à Londres, le 31 mai 1987.

Compositeurs et œuvres

Les plus féconds ■ L'Allemand Georg Philipp Telemann (1681-1767) fut le compositeur le plus fécond de l'histoire. Il a écrit 12 cycles annuels de cantates et de motets pour tous les dimanches de l'année, 78 pièces religieuses pour des occasions particulières, 40 opéras, 600 ouvertures à la française, 44 passions, ainsi que des concertos et des œuvres de musique de chambre. Fils de pasteur, Telemann était en partie autodidacte.
L'Autrichien Joseph Haydn (1732-1809) composa, entre autres, 104 symphonies, 68 quatuors à cordes, une soixantaine de sonates pour pianoforte, 14 messes, 47 lieder, 13 opéras italiens, 5 ou 6 opéras allemands pour marionnettes.

N°1 MONDIAL

D'après la Sacem le Français Maurice Ravel (1875-1937) grâce à son œuvre le *Boléro* est le compositeur le plus populaire et le plus joué sur la planète ; au moins une fois tous les quarts d'heure.
L'État français a récupéré pour le compte de la Bibliothèque nationale le manuscrit du *Boléro* conservé jusqu'alors par un particulier aux États-Unis, à Drouot, pour 1,8 million de F en avril 1992. ▽

Les symphonies les plus longues ■ La symphonie n° 3, en ré mineur, de l'Autrichien Gustav Mahler (1850-1911), écrite en 1896, requiert, outre l'orchestre au grand complet, un contralto, une chorale de femmes et une chorale de jeunes garçons. L'œuvre entière dure 1 h 40 mn (dont 30 à 36 mn uniquement pour le premier mouvement).
La symphonie n° 2, dite *Gothique*, composée entre 1919 et 1922 par William Havergal Brian (1876-1972), dure 1 h 45 mn. Elle fut jouée par plus de 800 musiciens (4 orchestres de cuivres) au Victoria Hall de Hanley, GB, le 21 mai 1978. Brian a aussi écrit une œuvre fondée sur le *Prométhée délivré* de Shelley qui dure 4 h 11 mn, mais la partition complète a disparu depuis 1961.
La symphonie *Victoire en mer*, écrite par Richard Rodgers et arrangée par Robert Russel Bennett pour la chaîne de télévision américaine NBC, en 1952, durait 13 heures.

La pièce pour piano la plus longue ■ *The Well-Tuned Piano* (« Le Piano bien accordé ») de LaMonte Young, joué pour la première fois à New York le 28 février 1980, dura 4 h 12 mn.

Manuscrit musical ■ Chez Sotheby's, à Londres, le 22 mai 1987, le marchand londonien James Kirkman a acheté pour 2 585 000 £ un volume relié de 508 pages (21,6 cm x 16,5 cm) de neuf symphonies complètes de Mozart écrites de la main du compositeur.
Le record pour un unique manuscrit musical est de 11 millions de F. C'est le prix qu'a atteint, chez Sotheby's, à Londres, le 6 décembre 1991, la copie manuscrite de la sonate pour piano en sol mineur, opus 90, du compositeur allemand Ludwig Van Beethoven (1770-1827).

L'interprétation la plus tardive ■ Il s'est écoulé 191 ans entre le moment où Mozart écrivit (le 3 mars 1791) sa *Pièce d'orgue pour une horloge*, fugue fantaisie en *fa* mineur (K 608), et l'exécution de cette œuvre (le 9 octobre 1982) au festival de Glyndebourne, GB.

Interprètes

Longévité *Claviers* ■ Elsie Maude Stanley Hall (1877-1976) a donné des récitals de piano pendant 90 ans. Le dernier se déroula à Rustenburg, Transvaal, Afrique du Sud. La concertiste avait 97 ans.
Charles Bridgeman (1779-1873) fut nommé organiste de l'église paroissiale de Tous-les-Saints, à Hertford, GB, en 1792. Il jouait encore en 1873, 81 ans après sa nomination.
Le pianiste norvégien Reida Thommesen (1889-1986) jouait dans des cafés plus de 30 heures par semaine alors qu'il était nonagénaire.

Violon ■ Rolland S. Tapley a pris sa retraite de l'orchestre symphonique de Boston après y avoir joué pendant 58 ans : de février 1920 au 27 août 1978.
Yannis Pipis (né en 1889), de Nicosie, Chypre, violoniste folklorique professionnel depuis 1912, continue de jouer à plus de 100 ans.

Le doyen des musiciens ■ Le plus âgé des musiciens encore en activité est une femme, Violet Loader, née le 9 novembre 1889. Elle est depuis 1924 l'organiste de l'église de Lymington, Angleterre.

L'interprète le plus précoce ■ La jeune pianiste Helen Huang s'est produit, au début de l'année 1992, à l'âge de 9 ans, avec l'orchestre de Chambre d'Israël, à Tel-Aviv, sous la direction du violoniste Shlomo Mintz. Au cours de l'année 1991 elle avait déjà donné plusieurs concerts, notamment à New York et à Washington avec le Philadelphia Orchestra. Helen est née au Japon de parents chinois, elle vit aux États-Unis depuis 6 ans où elle prend des cours de piano à la Manhattan School of Music. Elle a remporté le concours Philadelphia Concerto Competition.

Ventes records de disques ■ C'est le compositeur autrichien Mozart qui détient ce record. En effet, à l'occasion de l'anniversaire du bicentenaire de la mort du célèbre compositeur en 1991, Philips Classics a enregistré 180 disques compacts rassemblant toutes les œuvres de Mozart, représentant 200 heures de musique. Il a été vendu, au cours de l'année 1991, 40 000 exemplaires de l'intégrale de Mozart à travers le monde soit au total 8 millions de disques compacts.

▽ *La presse a acclamé Helen Huang, 9 ans, « véritable pianiste, à la maturité d'une joueuse de 20 ans ».*

Le chef d'orchestre ayant enregistré le plus grand nombre de disques ■ L'Autrichien Herbert von Karajan (1908-1989) a dirigé l'orchestre philharmonique de Berlin pendant 34 ans, de 1956 à sa démission, en 1989, peu avant sa mort. Il a enregistré 824 œuvres majeures.

▽ La grande salle de l'Opéra Bastille à Paris, peut accueillir 2 700 personnes assises, mais la largeur de sa scène, 19,5 m au maximum, n'atteint pas la taille de celle de l'Opéra de Paris (Palais Garnier) qui est la plus grande de France : 48,5 m.

Le pianiste le mieux payé ■ L'Américain Wladziu Valentino Liberace (1917-1987) gagnait plus de 2 millions de $ par saison (26 semaines). En 1954, il a touché le cachet record de 138 000 $ pour un concert unique au Madison Square Garden de New York.
Ignace Jean Paderewski (1860-1941), qui fut aussi Premier ministre de Pologne en 1919-1920, amassa, durant sa carrière, une fortune estimée à 5 millions de $. Rien que pendant la saison 1922-1923, il gagna 500 000 $.
De 1937 à 1976, Artur Rubinstein (1887-1982) exigeait 70 % de la recette de ses concerts.

Orchestres et chefs

Le plus ancien toujours existant ■ L'orchestre symphonique de la Gewandhaus de Leipzig, Allemagne, fut fondé en 1743. Il est toujours en activité.

Les plus grands ■ Le 17 juin 1872, Johann Strauss fils (1825-1899) dirigea un orchestre de 987 instruments (dont 400 premiers violons) avec un chœur de 20 000 chanteurs à l'occasion du Jubilé pour la paix dans le monde, à Boston, Massachusetts, EU.
Le 28 juin 1964, un orchestre de 20 100 musiciens s'est produit au stade Ullevaal, à Oslo, Norvège.
Le 4 novembre 1990, un orchestre de 1 500 instruments composé de 13 orchestres du Mexique et du Venezuela a donné un concert classique à Mexico.

Le plus grand orchestre universitaire ■ 4 524 personnes (dont 1 342 majorettes) dirigées par le comédien Danny Kaye se sont produites au stade des Dodgers, à Los Angeles, Californie, le 15 avril 1985.

Chefs d'orchestre *Le plus longtemps en activité* ■ L'orchestre symphonique de Cork, Irlande, a été dirigé par Aloys Fleischmann pendant 54 saisons, de 1935 à 1988.

Le plus grand nombre de spectateurs ■ Le 5 juillet 1986, l'Indien Zubin Mehta a dirigé l'orchestre philharmonique de New York devant 800 000 spectateurs sur la pelouse de Central Park, à New York. Le concert était donné gratuitement à l'occasion des festivités du centenaire de la statue de la Liberté.

Chœurs *Le plus grand* ■ 60 000 personnes ont chanté à l'unisson pour la finale d'un concours de chœurs à Breslau, Allemagne (aujourd'hui Wroclaw, Pologne), le 2 août 1937.

France ■ Le 6 décembre 1989, à Soissons, Aisne, l'association des enfants du Téléthon a organisé une chorale de 1 311 chanteurs, qui ont repris à l'unisson leur chanson *Lève-toi, lève-toi*.

Opéra

Le plus long ■ *Les Maîtres chanteurs de Nuremberg*, de l'Allemand Richard Wagner (1813-1883), est le plus long des opéras du répertoire traditionnel. La compagnie Sadler's Wells l'a interprété en 1968 dans sa version intégrale de 5 h 15 mn. La *Tétralogie* (ou *L'Anneau des Niebelungen*), de Wagner, est un cycle géant, composé de quatre ouvrages, dont la représentation intégrale ne fut possible qu'après la construction du théâtre de Bayreuth, Allemagne, en 1876.
L'opéra *Les Hérétiques*, de l'Américain d'origine hongroise Gabriel von Waydith (1888-1969), dure 8 h 30 mn.

France ■ *Les Troyens* (1864), d'Hector Berlioz (1803-1869), sur un poème de Virgile, dure dans son intégralité 4 h 30 mn. Il est souvent donné en deux parties, *Les Troyens à Carthage* et *La Prise de Troie*.

Le plus court ■ L'opéra le plus court jamais composé est *La Délivrance de Thésée*, de Darius Milhaud (1892-1972). Joué pour la première fois en 1928, il dure 7 mn 27 s.

Le plus long solo ■ Le solo de la scène d'immolation de Brunehilde, dans *Le Crépuscule des dieux*, de Richard Wagner, dure au moins 15 mn.

Les plus grands théâtres lyriques ■ La

salle du Metropolitan Opera, au Lincoln Center, à New York, achevée en septembre 1966 et qui coûta 45,7 millions de $, contient 3 800 places. La scène mesure 71 m de large et 45 m de profondeur.
L'Opéra de Chicago, Illinois, EU, installé dans un immeuble de 42 étages sur Wacker Drive, est le théâtre lyrique le plus haut du monde.
Le théâtre de la Scala, à Milan, Italie, et le Bolchoï de Moscou ont tous deux six étages de balcons.

France ■ La grande salle de l'Opéra de la Bastille, à Paris, a été inaugurée le 13 juillet 1989. Le théâtre, dont l'ouverture a eu lieu le 17 mars 1990, s'élève à 48 m au-dessus du niveau de la rue et s'enfonce à 21 m sous le sol. La construction, qui aujourd'hui n'est pas encore achevée, devrait coûter 2,17 milliards de F. La grande salle compte 2 700 places et l'Opéra possède aussi une salle modulable de 600 à 1 000 places. La scène a une largeur variable de 12 m à 19,50 m et une profondeur de 23 m (50 m avec l'arrière-scène).
La plus grande scène demeure celle du théâtre national de l'Opéra de Paris (dit Palais Garnier) : elle a 48,5 m de large et 26 m de profondeur (ou 45 m si l'on ouvre le foyer de la danse). Le Palais Garnier reste aussi le plus grand théâtre lyrique à l'italienne. Sa création remonte à Louis XIV, qui fonda en 1669 l'Académie royale de musique et de danse. L'édifice actuel, construit par l'architecte Charles Garnier (1825-1898), fut inauguré le 5 janvier 1875. Il s'étend sur 11 237 m^2 (175 m x 125 m). Il comprend 5 dessous de scène et 12 étages de cintres pour une hauteur totale de 60 m. La salle compte 1 970 places sur 5 étages. L'Opéra gère un fonds de plus de 50 000 costumes.

La plus jeune chanteuse d'opéra ■ Ginetta Gloria La Bianca, née à Buffalo, État de New York, EU, le 12 mai 1934, a interprété le rôle de Rosine dans *Le Barbier de Séville*, de Rossini, à l'Opéra de Rome, à 15 ans et 361 jours. Elle avait chanté Gilda, dans *Rigoletto*, de Verdi, à Velletri, 45 jours plus tôt.

Les chanteurs d'opéra les plus âgés ■ Le ténor Giovanni Martinelli interprétait le rôle de l'empereur Altoum dans *Turandot*, de Puccini, à Seattle, État de Washington, EU, à l'âge de 81 ans.
Le chanteur japonais Danshi Toyotake (1891-1984) à l'âge de 91 ans chantait toujours le *Musume Gidaya* (chanson traditionnelle japonaise). Il a commencé sa carrière à 7 ans et l'a exercée pendant 81 années.

Les chanteurs d'opéra les mieux payés ■ La fortune d'Enrico Caruso (1873-1921), le célèbre ténor italien, était estimée à 9 millions de $. Celle d'Amelita Galli-Curci, la soprano coloratura italo-espagnole (1889-1963), à 3 millions de $.

Meilleure vente d'un album classique ■ L'album « *Au concert* » des ténors Placido Domingo, Luciano Pavarotti et José Carreras a réalisé la meilleure vente pour album classique : il a été vendu à plus de 5 millions d'exemplaires à travers le monde.

Danse

L'« entrechat douze » le plus rapide ■ La figure de ballet « entrechat douze », qui consiste à croiser et décroiser cinq fois les pieds au cours du même saut, a été réussie en 0,71 s par Wayne Sleep, pendant l'émission de la BBC *Record Breakers*, le 7 janvier 1973.

Grands jetés ■ Le 28 novembre 1988, Wayne Sleep a exécuté 158 grands jetés en 2 mn à Gateshead, GB.

121 pirouettes

Dans la chorégraphie du Lac des cygnes, *de Piotr Ilitch Tchaïkovski (1840-1893), il faut exécuter 32 fouettés ronds de jambe en tournant. La danseuse néo-zélandaise Rowena Jackson, née en 1925, a exécuté 121 de ces pirouettes à Melbourne, Australie, en 1940.*

Le plus grand nombre de rappels ■ Margot Fonteyn (1919-1991) et Rudolf Noureïev (né en 1938) ont été rappelés 89 fois pour leur interprétation du *Lac des cygnes* à Vienne, Autriche, en octobre 1964.

Le plus grand nombre de danseurs ■ En 1962, une production du Coster Ballet de Londres, sous la direction de Lillian Rowley, au Royal Albert Hall de Londres, a mis sur scène 2 000 danseurs.

Danse sur glace ■ Holiday on Ice, fondé en 1945 par Morris Chalfen, produit le spectacle le plus cher du monde. Parfois, sept spectacles sont donnés simultanément dans plusieurs des 75 pays qui accueillent la troupe. Le 8 mars 1988, le spectacle avait déjà été vu par 250 millions de spectateurs dans le monde. La compagnie emploie 900 personnes.

Théâtre

Salles

Le plus ancien ■ On trouve dans les tragédies grecques jouées en l'honneur des dieux (essentiellement de Dionysos) les origines du théâtre européen. Les premiers théâtres datent du ve siècle av. J.-C.
Le premier amphithéâtre en pierre, construit à Rome en 55 av. J.-C., pouvait accueillir 40 000 spectateurs.

Le bis le plus long à l'opéra ■ Selon le *Dictionnaire Oxford de l'opéra*, à la première du *Mariage secret*, de Cimarosa, en 1792, l'empereur d'Autriche-Hongrie Léopold II fit rejouer l'œuvre entièrement.

Le plus grand nombre de rappels à l'Opéra ■ Le 24 février 1988, l'Italien Luciano Pavarotti (né en 1935) a été rappelé 165 fois : le public de l'Opéra de Berlin l'applaudit pendant 1 h 7 mn pour son rôle de Nemorino, dans *L'Élixir d'amour*, de Gaetano Donizetti.

▽ La danseuse étoile britannique Margaret Fonteyn, dite Margot, a été rappelée 89 fois pour son interprétation du Lac des cygnes, avec son partenaire attitré du Royal Ballet, Rudolf Noureïev, à Vienne, en octobre 1964. Margot Fonteyn a reçu le titre de « Prima ballerina assoluta » en 1979.

▷ *Daniel Auteuil, révélation dans* Les Fourberies de Scapin, *clou du Festival d'avignon 1990.*

Le plus grand succès théâtral français à l'étranger ■ La pièce *Boeing Boeing* de l'auteur français Marc Camoletti a été jouée à Londres, dans les théâtres Duchess et Apollo, totalisant 2 035 représentations consécutives, au 11 avril 1991.

Le spectateur le plus assidu ■ Entre 1956 et 1987, le Dr Howard Hughes (né en 1902), professeur à Fort Worth, Texas, EU, a assisté à 6 136 spectacles.

France ■ De nombreux amphithéâtres de l'Antiquité romaine existent encore, comme ceux de Lyon, Rhône, de Fréjus, Var, d'Orange, Vaucluse, d'Arles, Bouches-du-Rhône, etc.

Le plus grand amphithéâtre antique ■ Avec ses 87 000 places, le Colisée de Rome, construit en l'an 80, couvre 2 ha. De forme elliptique, il mesure 187 m dans sa plus grande longueur et 156 m dans sa plus grande largeur.
Son périmètre était de 524 m et sa hauteur de 48,50 m.

Le plus ancien théâtre couvert ■ Le théâtre olympique de Vicence, Italie, dessiné par Andrea di Pietro dalla Gondola, dit Palladio (1508-1580), est le plus ancien théâtre couvert du monde encore intact. Commencé 3 mois avant la mort de Palladio, il a été achevé en 1583 par son élève Vincenzo Scamozzi (1552-1616).

France ■ L'Odéon (édifié en 1782), l'Opéra-Comique (1783), le théâtre du Palais-Royal (1784) ont été détruits ou incendiés, puis reconstruits sur leur site d'origine. La Comédie-Française, créée en 1680, occupe son théâtre actuel depuis 1799.
Le théâtre le plus ancien existant encore dans son état d'origine est le théâtre des Variétés, à Paris IIe.
Inauguré le 24 juin 1807, il avait été construit en 5 mois par Marguerite Brunet, la Montansier (1730-1820). Il compte 924 places.

Le plus grand ■ Le plus grand bâtiment utilisé comme théâtre est le *rendmin da hui tang* (« palais des congrès du peuple ») qui se trouve sur le côté ouest de la place Tiananmen, à Pékin. Achevé en 1959, il couvre une superficie de 5,2 ha et peut accueillir 10 000 spectateurs.
Le plus grand théâtre (construit dans ce but) est le centre culturel de Perth, Australie (Perth Entertainment Centre). Achevé en 1976, il dispose d'une scène de 1 148 m^{2} et peut accueillir 8 003 spectateurs.

France ■ Le plus grand théâtre classique (à l'italienne) est le Châtelet, à Paris, qui compte 2 003 places. La salle actuelle date de 1862.

Le plus petit ■ Le Piccolo, inauguré en 1970, qui se trouve Juliusstrasse, à Hambourg, Allemagne, n'a que 30 places.

La plus grande scène ■ La scène du Ziegfeld Room, à Reno, Nevada, EU, mesure 53,60 m de large. Elle est équipée de trois ascenseurs pouvant hisser chacun 65,3 t ou 1 200 figurants.

Pièces

La pièce de théâtre la plus longue ■ C'est le dramaturge anglais Shakespeare qui a écrit *Hamlet,* la pièce de théâtre la plus longue : elle totalise 4 042 lignes et contient 29 551 mots.

Le plus grand nombre de représentations ■ *The Mouse-trap* (« La Souricière »), d'Agatha Christie (1890-1976), fut représentée pour la première fois le 25 novembre 1952, au théâtre des Ambassadeurs (453 places), à Londres. Après la 8 862e représentation, c'est le théâtre Saint-Martin, voisin, qui l'accueillit (à partir du 25 mars 1974). Pour la 15 402e représentation, le 25 novembre 1989, on fêta les 37 ans du spectacle. La 15 000e fut donnée le 9 décembre 1988.
A cette date, plus de 8 millions de spectateurs avaient déjà vu *The Mouse-trap.*
Gold in the Hills (« De l'or dans les collines »), de J. Frank Davis, est à l'affiche du théâtre de Vicksburg, Mississippi, EU, au moins une fois chaque saison depuis 1936.

COMME C'EST BIZARRE, COMME C'EST ÉTRANGE, ET QUELLE COINCIDENCE ...

Créée aux Noctambules le 11 mai 1950, *La Cantatrice chauve,* d'Eugène Ionesco, est jouée sans interruption au théâtre de la Huchette, à Paris, depuis le 16 février 1957.
Au même programme se donne également, depuis cette date, *La Leçon,* également d'Ionesco, qui fut créée le 17 février 1951 au théâtre de Poche. On a donné, le 17 juin 1992, 36e année, la 11 416e représentation.

Festival

Festival artistique ■ Le Festival Fringe d'Édimbourg, Écosse, qui se déroule chaque année depuis 1947, est le plus grand festival artistique du monde. En 1990 (du 12 août au 1er septembre), 537 troupes ont donné 9 504 représentations de 1 103 spectacles.

***France* ■** Le Festival d'Avignon 1991 a rassemblé 55 spectacles, 300 représentations et 110 000 spectateurs.

Interprètes

Les acteurs qui tinrent le plus longtemps le même rôle ■ Kanmi Fujiyama (né en 1929) a tenu le rôle principal dans la troupe comique Sochiku Shikigeki pendant 10 288 représentations, de novembre 1966 à juin 1983.

***France* ■** Odette Barrois, Simone Mozet et Nicolas Bataille (également metteur en scène) jouent dans *La Cantatrice chauve*, d'Eugène Ionesco, depuis sa création, le 11 mai 1950. Ils ont fêté le 42e anniversaire de leur rôle le 11 mai 1992, au théâtre de la Huchette.

Le plus grand nombre de rôles ■ Entre 1951 et mars 1989, l'Américaine Jane Leighton a tenu 3 385 rôles au théâtre, au cinéma et à la télévision.

***Au théâtre* ■** Kanzaburo Nakamura (né en 1909) a joué dans 806 pièces de kabuki entre novembre 1926 et janvier 1987. Comme chaque pièce de ce genre (théâtre classique japonais) dure 25 jours, il a donc donné 20 150 représentations.

Les artistes de cabaret les mieux payés ■ Dolly Parton a touché jusqu'à 400 000 $ par représentation. Johnny Carson a demandé un cachet de 1 million de $ pour le gala donné à l'occasion du centenaire des magasins américains Sears & Roebuck en octobre 1984.

Photographie

Origines ■ La première mention d'une photographie sur verre, prise par un appareil photo, apparaît dans une lettre écrite le 19 juillet 1822 par le physicien français Nicéphore Niepce (1765-1833). Il s'agit de la photo d'une gravure sur cuivre du pape Pie VII, prise à Gras, près de Chalon-sur-Saône, Saône-et-Loire. Cette photo fut redécouverte à Londres, en février 1952, par le spécialiste de l'histoire de la photo Helmut Gernstein, après six ans de recherche.
La première photographie aérienne a été prise en 1858 par Félix Tournachon, dit Nadar (1820-1910), à bord d'un ballon volant au-dessus de Villacoublay, aujourd'hui Yvelines.

Appareils photo *Le plus grand* ■ Le plus grand et le plus cher des appareils industriels jamais construits est le Rolls-Royce de 27 t commandé en 1956 et appartenant maintenant à BPCC Graphics, de Derby, GB. Il mesure 2,69 m de haut, 2,51 m de large et 14 m de long. L'objectif est un Cooke Apochromatic f/16, de 1,60 m de focale. Cet appareil fonctionne toujours.

***Le plus petit* ■** En dehors des appareils destinés à la microchirurgie cardiaque et à l'espionnage, le plus petit appareil commercialisé est le Petal japonais. Il mesure 2,9 cm de diamètre et 1,6 cm d'épaisseur. Il a une focale de 1,2 cm.

***Le plus grand objectif* ■** Construit par Pilkington Special Glass, de Saint Asaph, GB, il a 8,45 m de focale, 1,37 m de diamètre et pèse 215 kg. Il permet de lire un texte manuscrit à 12 m de distance. Il se trouve au musée national britannique de la photo, du film et de la télévision, à Bradford.

***Le plus rapide* ■** Un appareil pour la recherche laser, fabriqué par le laboratoire Blackett, de l'université de Londres, peut enregistrer 33 milliards d'images par seconde.

***Les plus chers* ■** La société japonaise Nikon mettait en vente en mai 1990 une gamme complète de matériel photographique, soit 23 appareils, 83 objectifs et 657 accessoires. Elle valait environ 1,3 million de F.
L'appareil photo qui s'est vendu le plus cher aux enchères est un Leica R6, adjugé 26 400 £ chez Christie's, à Londres, le 9 novembre 1989.

La photographie la plus chère ■ La photo de Tina Modotti *Les Roses, Mexico*, 1925, s'est vendue chez Sotheby's, à New York, le 17 octobre 1991, au prix record de 165 000 $, soit près de 1 million de F.

Le négatif le plus long ■ Le 1er juillet 1988, le Canadien Christopher Creighton a photographié les 1 500 habitants de la ville de Port Hope, Ontario, Canada, sous un angle de 355 degrés en une seule prise. Il avait utilisé un objectif Turner-Reich avec une focale de 61 cm et un appareil Kodak 8-Cirkut. Le négatif de cette photo mesure 3,62 m de long et 19,7 cm de haut.

Le plus petit nombre de représentations au théâtre ■ *The Intimate Revue* (« La Revue intime ») a été jouée une seule fois — le 11 mars 1930 — au théâtre Duchess, à Londres.
A cause des changements de décor, prenant jusqu'à 20 mn chacun, la direction dut supprimer sept scènes pour que le final puisse avoir lieu avant minuit.
Le plus grand échec pour un spectacle théâtral fut la comédie musicale *Carrie*, montée par la Royal Shakespeare Company : après cinq représentations sur Broadway, elle dut être retirée de l'affiche le 17 mai 1988. Elle a coûté 7 millions de $.

◁ Le Petal est le plus petit appareil photo commercialisé : 2,2 cm x 1,6 cm.

1. Des dépôts de brevets contiennent parfois des mots composés un peu longs. Un exemple extrême est ce mot de 13 « kana » qui se translittère en 40 lettres : kyûkitsûrohekimenfuchakunenryôsekisanryô, la quantité cumulative de combustible condensé sur le mur en face du passage de l'admission d'air.
2. Les mots composés que l'on invente ne sont limités que par l'imagination. On ne les trouve pas dans les dictionnaires usuels.
3. Le mohawk est une langue indienne d'Amérique du Nord. Des concaténations longues sont très typiques dans cette langue. Ceci en est un excellent exemple.
4. Le plus long mot usuel du dictionnaire allemand est : Rechtsschutzversicherungsgesellschaften (39 lettres), qui désigne les compagnies d'assurances fournissant une protection légale.

▽ *Cette « voiture de pompiers » américaine est le plus ancien jouet à avoir atteint le prix record de 231 000 $ à New York, chez Christie's, le 14 décembre 1991.*

LES MOTS LES PLUS LONGS

JAPONAIS(1)

Chi-n-chi-ku-ri-n (12 lettres). Ce mot d'argot désigne une très petite personne.

ESPAGNOL

Superextraordinarisimo (22 lettres). Très extraordinaire.

FRANÇAIS

Anticonstitutionnellement (25 lettres).

CROATE

Prijestolonasljednikovica (25 lettres). Femme d'un héritier présomptif.

ITALIEN

Precipitevolissimevolmente (26 lettres). Aussi vite que possible.

PORTUGAIS

Inconstitucionalissimamente (27 lettres). Le plus anticonstitutionnellement.

ANGLAIS

Floccipaucinihilipilification (29 lettres). Le fait de juger une chose sans valeur.

ISLANDAIS

Haecstaréttarmalaflutningsmaôur (29 lettres). Avocat à la cour suprême.

RUSSE

Ryentgyenoelyektrokardiografichyeskogo (33 caractères cyrilliques, 38 lettres latines). Radioélectrocardiographe.

HONGROIS

Megszentségtelenithetetlenségeskedéseitekért : (44 lettres). Pour vos actions improfanables.

HOLLANDAIS(2)

Kindercarnavalsoptochtvoorbereidingswerkzaamheden (49 lettres). Activités de préparation d'un défilé de carnaval pour enfants.

TURC(2)

Çekoslovakyalilastirabilemediklerimizlerdenmisiniz (50 lettres). N'appartenez-vous pas à ce groupe de personnes dont on pensait qu'elles ne pouvaient pas être tchécoslovaquisées ?

MOHAWK(3)

Tkanuhstasrihsranuhwe'tsraaksahsrakaratattsrayeri' (50 lettres). L'éloge de la malveillance de la réjouissance du repérage de la maison est bon.

ALLEMAND(2)(4)

Donaudampfschiffahrtselectrizitaetenhauptbetriebswerkbauunterbeamtengesellschaft (80 lettres). Le club des officiels subordonnés du bureau principal de gestion des services électriques des bateaux à vapeur du Danube.

SUÉDOIS(2)

Nordöstersjökustartilleriflygspaningssimulatoranläggningsmaterielunderhallsuppföljningssystemdiskussionsinläggsförberedelsearbeten (130 lettres). Travail préparatoire pour la contribution au débat sur le maintien d'un système de soutien du dispositif de simulateur de vol de l'aviation faisant partie de l'artillerie installée sur la côte nord-est de la Baltique.

ANTIQUITÉS ET OBJETS D'ART DIVERS : RECORDS DE PRIX EN VENTES PUBLIQUES

D'autres objets d'art ne figurant pas dans ce tableau sont classés à leur rubrique. Par exemple : Peinture, Collections, Voitures, Philatélie...

AFFICHE
Une affiche publicitaire réalisée pour l'Exposition universelle de Vienne de 1902 par Koloman Moser (1868-1918) s'est vendue 620 000 F chez Christie's, à Londres, le 1er avril 1985.

ARGENTERIE
Un plat circulaire en argenterie dessiné par Paul de Lamerie en 1736, a été vendu 1,4 million de £ chez Christie's, Londres, le 22 mai 1991.

BIJOUX
La vente des bijoux de la duchesse de Windsor (1896-1986), le 3 avril 1987, chez Sotheby's, Genève, a rapporté 320 millions de F.
Un pendentif constitué d'un diamant bleu, et d'un diamant jaune vendu chez Christie's le 15 novembre, 1990, 15 700 000 F.
Un ornement de corsage de la Belle Époque datant de 1912, de la collection Cartier adjugé le 16 mai 1991 chez Christie's à Genève, 15 524 190 F.
Une bague en or ornée d'un diamant de 16 carats, adjugée à Paris 7 500 000 F.

BAROMÈTRE
Fabriqué pour le roi William III en 1760, a été vendu 341 000 £, chez Christie's à Londres, le 5 décembre 1991.

BOITE À MUSIQUE
Une boîte à musique suisse fabriquée pour un prince persan en 1901 : 20 900 £, Sotheby's, Londres, 23 janvier 1985.

BOUTEILLE
Une bouteille bleu de cobalt, créée vers 1860 par Isabella Glassworks, du New Jersey, EU : 26 400 $, à Bolton, Massachusetts, 7 octobre 1989.

CANNE
Une canne octogonale en ivoire de baleine, décorée par Scrimshanders en 1845 : 24 200 $, Sotheby's, New York, 1983.

CARTES À JOUER
Un jeu acquis par le Metropolitan Museum of Art de New York : 143 352 $, Sotheby's, Londres, le 6 décembre 1983.

CÉRAMIQUE
Un cheval chinois de la dynastie Tang (618-907) : 3,74 millions de £, Sotheby's, Londres, 12 décembre 1989.

COIFFURE
En novembre 1981, le musée d'État de l'Alaska, EU, a acheté pour 66 000 $ un casque de cérémonie des Indiens Tlingits datant de 1600.

COUVERCLE
Un couvercle représentant une « Dame orientale avec serviteur noir » : 3 960 £, Phillips, Londres, 7 janvier 1987.

COUVERTURE
Une couverture des Indiens Navajos (vers 1852) : 115 500 $, Sotheby's, New York, 22 octobre 1983.

CUILLÈRES
Une cuillère en argent fabriquée en 1905 par l'Autrichien J. Hoffmann : 17 600 £, Sotheby's, Londres, 28 avril 1983.
Un ensemble de treize cuillères Henri VIII « apôtre » (manche décoré d'une figure d'apôtre) ayant appartenu à lord Astor of Hever : 120 000 £, Christie's, Londres, 24 juin 1981.

DÉ À COUDRE
Un dé en porcelaine de 1740, de la manufacture de Meissen, Allemagne : 8 000 £, Christie's, Londres, 3 décembre 1979.

DENT
En 1816, une dent ayant appartenu à Isaac Newton (1643-1727) a été vendue à Londres 730 £. L'acquéreur, un gentilhomme, la fit monter sur une bague et la portait tout le temps.

ÉPÉE
L'épée d'officier de la Marine royale du duc de Windsor, qui lui avait été offerte par le roi George V en 1913 : 823 045 £, Sotheby's, Genève, 3 avril 1987.

FUSIL
Un fusil à pierre fabriqué pour Louis XIII, vers 1615, sans doute par Pierre Le Bourgeois (mort en 1627), de Lisieux, Calvados : 125 000 £, Sotheby's, Londres, 21 novembre 1972.

GLOBE TERRESTRE
Un paire de globes terrestres, conçus par Mercator en 1579 pour le roi Mouhrad III, vendue 1,23 milliard de £ chez Christie's, Londres, le 30 octobre 1991. C'est un record mondial.

ICÔNE
Une icône fabriquée à Novgorod, Russie, au XVIe s., *Le Jugement dernier* : 150 000 $, Christie's, New York, 17 avril 1980.

INSTRUMENT SCIENTIFIQUE
Un astrolabe de 1559 en cuivre hollandais doré (34 cm), réalisé par Walter Arsenius : 385 000 £, Christie's, Londres, 29 septembre 1988.

JADE
Une boucle de ceinture et un pendentif en forme de masque d'origine chinoise (époque des Royaumes combattants) : 396 000 $, Sotheby's, New York, 6 décembre 1983.

JOUET MÉCANIQUE
Une reproduction en fer blanc, peinte à la main, d'un dévidoir « Charles » : machine utilisée au siècle dernier par les pompiers pour la lutte contre les incendies. Cette pièce, construite en 1870, a été vendue le 14 décembre 1991 chez Christie's à New York 231 000 $.

LAMPE
Une lampe art nouveau en forme de trois fleurs de lotus, signée Daum et Majorelle : 1 780 000 $, Sotheby's, New York, 2 décembre 1989.

LIT
Un lit de 1930 en laque noire, signé Jean Durand : 49 668 £, Christie's, New York, 2 octobre 1983.

MACHINE À ÉCRIRE
Une Guhl & Harbeck de 1890 : 9 900 £, Christie's, Londres, 10 août 1989.

MOBILIER
Un coffret à bijoux ayant appartenu à Marie-Antoinette (époque Louis XV), en placage de bois rose orné de 9 plaques de porcelaine de Sèvre, estampillé Carlin, a été adjugé le 7 novembre 1991 à Paris 23 687 000 F. C'est le meuble français le plus cher du monde.

OBJET EN OR
Une cuvette de 22 carats fabriquée par Paul Storr en 1797 d'après les dessins de Humphrey Repton : 950 400 £, Christie's, Londres, 11 juillet 1985.

OISEAU EMPAILLÉ
Un grand pingouin empaillé *(Alca impennis)*, 57 cm de haut, en plumage d'été, capturé en Islande vers 1820 : 9 000 £, Sotheby's, Londres, mars 1971, achat du muséum d'histoire naturelle d'Islande. Le grand pingouin était un oiseau de mer coureur de l'Atlantique nord, espèce exterminée par les chasseurs : le dernier individu a été vu à Eldey, Islande, en 1844.

OURS EN PELUCHE
Un ours fabriqué par Steiff, Allemagne, vers 1920 : 55 100 £, Sotheby's, Londres, 19 septembre 1989.

PETIT SOLDAT
Une rarissime figurine de 7 cm représentant le colonel des gardes gallois : 1 200 £, Phillips, Londres, 9 septembre 1987.

POT DE CHAMBRE
Un pot de chambre en argent pesant 935 g, frappé aux armes du deuxième comte de Warrington et signé David Willaume : 9 500 £, Sotheby's, Londres, 14 juin 1984.

POUPÉE
Une poupée en biscuit de Kämmer et Reinhardt datant de 1909 : 90 200 £, Sotheby's, Londres, 16 février 1989.

PRESSE-PAPIERS
Un presse-papiers en verre bleu fabriqué vers 1850 à Pantin, aujourd'hui Seine-Saint-Denis : 143 000 $, Sotheby's, New York, 2 décembre 1983.

REVOLVER
Une paire de Colt calibre 45 vendue 352 000 $, Christie's, New York, 26 janvier 1991.

SCULPTURE
Un ornement de jardin en bronze, *Le faune dansant* sculpté par Adrien de Vries (1545-1626), vendu 6,82 millions de £, le 7 décembre 1991, Sotheby's, Londres.

TABATIÈRE
Une tabatière en chrysoprase vert pâle, or et diamant, ayant appartenu au roi de Prusse Frédéric II le Grand (1712-1786), 764 826 £, Christie's, Genève, 11 novembre 1986.

TAPIS
Un tapis persan, 8 m x 4 m, fabriqué vers 1590 à Tabriz ou Kachan : 1 million de $, achat du Metropolitan Museum of Art de New York en 1946.
Un tapis Louis XV de la Savonnerie : 3,8 millions de F, Christie's, Monte-Carlo, juin 1989.

TAPISSERIE
Un fragment d'une rare tapisserie suisse tissée près de Bâle, vers 1430 : 638 000 £, Christie's, Londres, 3 juillet 1990. Acheté par le marchand suisse P. Kleiner.

VASE
Un vase d'Émile Gallé (47 cm de haut) présenté à l'Exposition universelle de 1900 par le maître verrier de Nancy : 203,4 millions de yens (7,7 millions de F), Tokyo, 20 novembre 1990.

VERRE
Une tasse romaine en verre du IIIe s. (17 cm de diamètre et 10 cm de haut) : 520 000 £, Sotheby's, Londres, 4 juin 1979.

VOITURE
Une Ferrari 250 Gran Turismo Berlinetta Compétition modèle 1962 a été achetée 59 940 000 F (frais compris) le 21 mai 1990, Sotheby's, Monaco, par H. Thulin, propriétaire d'un musée à Stockholm, Suède.

5.

Architecture

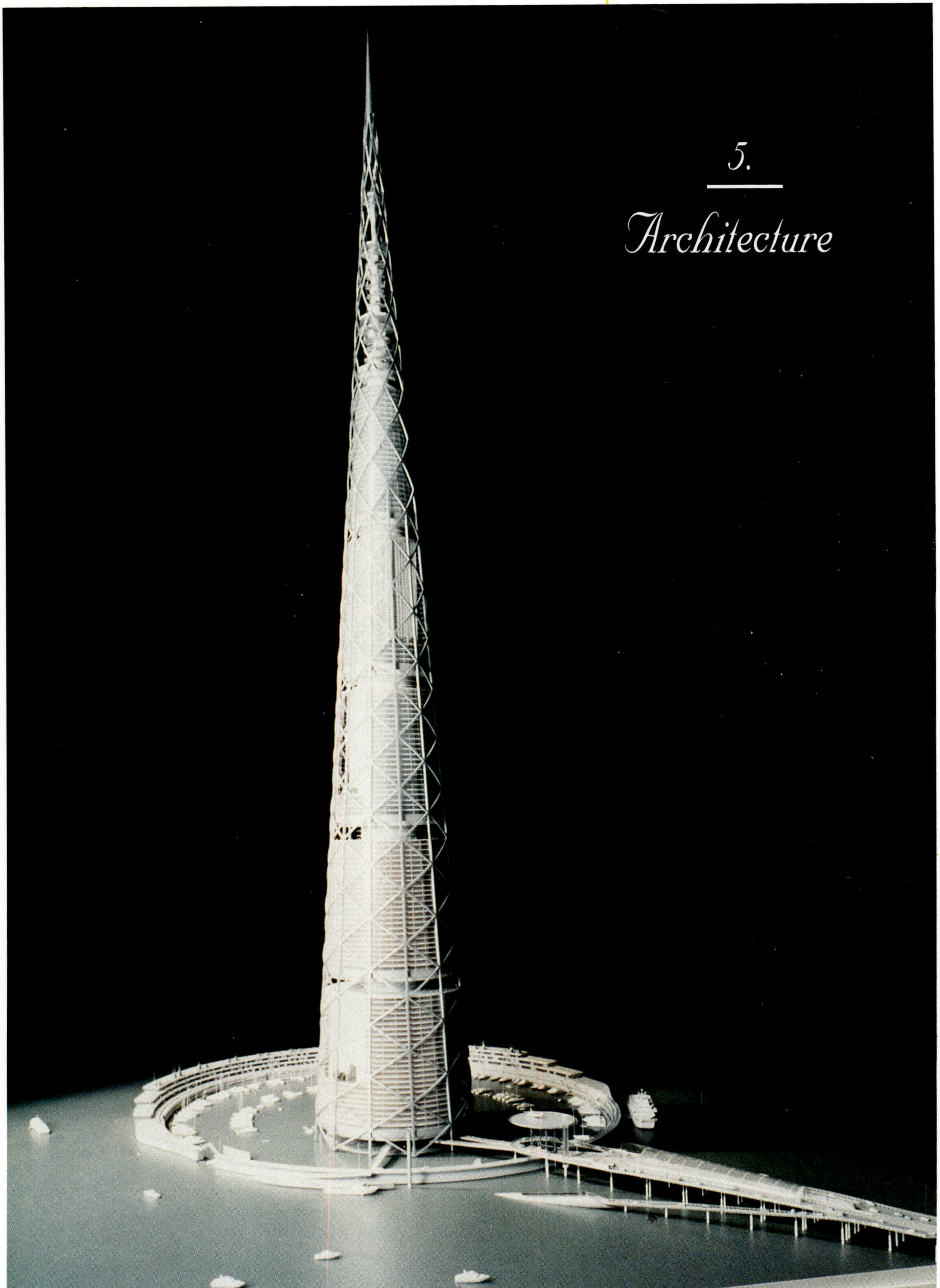

Les plus anciennes constructions

Aire de travail ■ La plus ancienne construction humaine mise au jour est un cercle grossier fait de blocs de lave empilés irrégulièrement. Il fut découvert en janvier 1960 par l'archéologue britannique Mary Leakey, lors des fouilles du dernier niveau du site du paléolithique inférieur des gorges d'Olduvai, en Tanzanie. Si l'on en croit les objets et ossements trouvés aux environs, ce site aurait servi d'aire de travail. Il daterait de 1 750 000 ans.

Habitations *Ruines* ■ C'est en France, sur le site de Terra Amata, près de Nice, Alpes-Maritimes, que furent découverts, en octobre 1965, les vestiges des plus anciennes véritables habitations. Il s'agit de 21 huttes comportant des foyers ou des puits en galet. Les fouilles ont fait apparaître les traces de pieux délimitant les huttes, qui seraient vieilles de 400 000 ans et d'origine acheuléenne. Entre le 28 juin et le 5 juillet 1966, une hutte entourée d'une large palissade de 15 m de long fut dégagée.
On a aussi exhumé les vestiges d'une tour en pierre de 6 m de haut datant de 5 000 ans avant notre ère qui faisait partie des murailles de Jéricho, Israël, dont les fondations remonteraient à 8350 av. J.-C.
On pense que les plus anciennes constructions humaines encore debout sont les temples mégalithiques de Mgarr et de Skorba, à Malte, ainsi que celui de Ggantija, dans l'île méditerranéenne de Gozo (dépendance de Malte), datant de 3250 av. J.-C.

En bois ■ L'ensemble le plus ancien de bâtiments en bois encore debout regroupe la pagode, la porte de Chumanar et le temple d'Horyu, à Nara, île de Honshu, Japon. Commencés en 670, ils furent achevés en 715. Le bois utilisé venait d'arbres de Hinok vieux de 1 000 ans.

La plus vieille maison *Paris* ■ Deux maisons du IIIe arrondissement se disputent le titre de plus ancienne maison de Paris. Celle du 3, rue Volta, aurait été construite vers l'an 1300, au milieu du règne de Philippe le Bel. Elle a 4 étages mais pas de cave. Cependant, son ancienneté est contestée.

LA MAISON DE L'ALCHIMISTE

On a la certitude que la maison du 51, rue de Montmorency, Paris IIIe, fut construite en 1407 pour l'alchimiste Nicolas Flamel. C'est la plus vieille maison de Paris.

Château ■ Le château de Gomdan, qui avait 20 étages, au Yémen, fut construit avant l'an 100.

Donjon ■ Il subsiste à Langeais, Indre-et-Loire, le donjon de la forteresse bâtie au xe siècle par le comte d'Anjou Foulques III Nerra, dit le Noir.

Hôtel ■ L'hostellerie de la Croix d'or, à Provins, Seine-et-Marne, qui compte 7 chambres, date de 1270.

Auberge ■ Selon la tradition japonaise, l'auberge Hoshi, à Komatsu, province d'Ishikawa, aurait été fondée en 718. Elle appartient toujours à la même lignée, dont le propriétaire actuel, M. Zengoro Hoshi, représente la 46e génération. L'auberge compte 100 chambres et peut accueillir 450 voyageurs.

France ■ La Couronne, à Rouen, Seine-Maritime, existe depuis 1345.

Boîtes de nuit ■ Fondé en 1843, Le Bal des Anglais, situé 6, rue des Anglais, à Paris Ve, était jusqu'en 1960, date de sa fermeture, la boîte de nuit la plus ancienne du monde.

Phare ■ Le plus ancien est la tour de Cordouan, îlot rocheux au large de l'estuaire de la Gironde, construit entre 1584 et 1610. Son foyer se trouve à une hauteur de 63 m. Il a une portée de 41 km.

Pyramides *Les plus anciennes* ■ La pyramide à degrés de Djoser, à Saqqarah, Égypte, construite par l'architecte Imhotep vers 2650 av. J.-C., se dresse à 62 m de hauteur ; elle était à l'origine couverte d'un parement de calcaire de Toura.
La plus ancienne pyramide du Nouveau Monde se trouve dans l'île de la Venta, Mexique. Construite par les Olmèques vers 800 av. J.-C., elle se dresse à 30 m de hauteur ; sa base est un carré de 128 m de côté.

Les plus hautes constructions

Des plus grandes aux plus petites dans chaque catégorie.

Tours et antennes

L'antenne la plus haute ■ La structure la plus haute du monde est l'antenne de Radio Varsovie, à Konstantinov, à 96 km au nord-ouest de la capitale de la Pologne. Avant les travaux de rénovations en août 1991, elle mesurait 646 m de hauteur et pesait 550 t. Conçue par Jan Polak, c'est une construction tubulaire en acier, munie de 15 haubans du même métal. Commencé en juillet 1970, l'édifice a été mis en service le 22 juillet 1974. Sa hauteur est telle que quiconque s'élancerait du sommet atteindrait sa vitesse maximale avant même de s'écraser au sol.
Grâce à elle, l'Europe détient à nouveau le record du monde de la construction la plus haute qu'elle avait perdu en 1929, à l'achèvement de la tour Chrysler, à New York, qui dépassait la tour Eiffel (voir plus bas).

Les plus hautes tours ■ La tour la plus haute du monde sans soutien (par opposition aux pylônes de radio) est la tour de Canadian National (CN), la société nationale des chemins de fer canadiens, à Toronto, Canada. Elle s'élève à 553 m. La construction de ce bâtiment de 130 000 t de béton armé, commencée le 12 février 1973, s'est achevée le 2 avril 1975. Il a coûté 44 millions de $. Le restaurant tournant panoramique de 416 places, niché à 347 m, offre une vue portant sur un rayon de 120 km. La foudre frappe le sommet de la tour environ 200 fois par an (30 orages).

France ■ La tour Eiffel fut la plus haute tour jamais construite avant l'avènement des antennes de télévision. Conçue par Gustave Eiffel (1832-1923) pour l'Exposition universelle de 1889, elle a été achevée le 31 mars 1889. Haute de 300 m (321 m aujourd'hui, avec son antenne de télévision), elle pèse 7 340 t. C'est un édifice entièrement en fer qui compte 1 792 marches et peut osciller de 13 cm par grand vent. Construite en 2 ans, 2 mois et 2 jours, elle a coûté exactement 7 799 401,31 F de l'époque.

Tours habitables

Tours de bureaux ■ La tour Sears, siège national de Sears, Roebuck and Co., située sur Wacker Drive à Chicago, Illinois, EU, s'élève à 443 m, sur 110 étages. La tour, commencée en août 1970, dépassa le World Trade Center de New York le 6 mars 1973 à 14 h 35, quand la structure métallique atteignit le 104e étage. Elle fut achevée le 4 mai 1973. Avec les deux antennes de télé, la hauteur totale est de 520 m. 16 700 personnes travaillent dans cette tour, qui compte 104 ascenseurs, 18 escaliers roulants et 16 100 fenêtres.
La Trump City Tower, au bord de l'Hudson, à New York, dont l'achèvement est prévu pour 1999, devrait mesurer 560 m de haut.

Le plus haut immeuble de France

La tour Maine-Montparnasse, à Paris XVe, a 209 m de haut, sur 58 étages, dont une terrasse panoramique, au 56e. La superficie de plancher est de 90 200 m², pour les bureaux. Environ 5 500 personnes y travaillent pour une centaine de sociétés. Il y a 25 ascenseurs, dont le plus rapide a une vitesse de 6 m/s (21,6 km/h). La tour a accueilli 800 000 visiteurs payants en 1991 (plus 181 126 aux restaurants).

Hôtel *Le plus haut* ■ Avec ses 73 étages sur 226 m, le Westin Stramford, à Raffles City, Singapour, est l'hôtel le plus haut. Achevé en mars 1985, il a coûté 235 millions de $.

France ■ L'hôtel Pullman-Part-Dieu, à Lyon, Rhône, occupe les 9 derniers étages de la tour du Crédit lyonnais, entre 145 m et 165 m au-dessus du sol.

◁ Face à la surpopulation que connaissent les villes, ingénieurs et architectes se sont penchés sur cette question brûlante, notamment au Japon : Norman Foster propose comme solution pour l'avenir l'érection d'une tour conique de 800 m de haut. La Millennium Tower peut abriter 17 000 personnes.

LES CONSTRUCTIONS LES PLUS ÉLEVÉES

HAUTEUR (m)	NOM DE L'ÉDIFICE	LIEU	MATÉRIAUX	DATE
62	Pyramide à degrés de Djoser *(la plus ancienne)*	Saqqarah, Égypte	Calcaire de Tura	2650 av. J.-C.
91,7	Pyramide de Meidoum	Meidoum, Égypte	Calcaire de Tura	2600 av. J.-C.
104	Pyramide de Snéfrou	Dahshour, Égypte	Calcaire de Tura	2600 av. J.-C.
146,5(1)	Grande pyramide de Khéops	Gizeh, Égypte	Calcaire de Tura	2580 av. J.-C.
160(2)	Tour centrale de la cathédrale de Lincoln	Lincoln, GB	Bois et plomb	1307-1548
149(3)	Flèche de la cathédrale Saint-Paul	Londres, GB	Bois et plomb	1315-1561
141	Flèche de la cathédrale Notre-Dame	Strasbourg, France	Bois et plomb	1568
153(4)	Flèche de la cathédrale Saint-Pierre	Beauvais, France	Bois et plomb	
144	Flèche de l'église Saint-Nicolas	Hambourg, Allem.	Pierre et fer	1846-1847
147	Flèche de la cathédrale de Rouen	Rouen, France	Fonte	1823-1876
156	Flèche de la cathédrale de Cologne	Cologne, Allem.	Pierre	1880
169(5)	Mémorial de Washington	Washington DC, EU	Pierre	1848-1884
300(6)	Tour Eiffel	Paris, France	Fer	1887-1889
318	Tour Chrysler	New York, EU	Acier et béton	1929-1930
381(7)	Empire State Building	New York, EU	Acier et béton	1929-1930
479	Pylône TV KWTV	Oklahoma City, EU	Acier	Nov. 1954
490(8)	Pylône TV KSWS	Roswell, EU	Acier	Déc. 1956
493	Pylône TV WGAN	Portland, EU	Acier	Sept. 1959
510	Pylône TV KFVS	Cap Girardeau, EU	Acier	Juin 1960
533	Pylône TV WTVM et WRLB	Columbus, EU	Acier	Mai 1962
533	Pylône TV Wbir-TV	Knoxville, EU	Acier	Sept. 1963
628	Pylône TV FTIH-TV	Fargo, EU	Acier	Nov. 1963
646	Pylône de Radio-Varsovie	Plock, Pologne	Acier galvanisé	Juillet 1974

1. Hauteur initiale. Avec perte du sommet de la pyramide : 137 m.
2. Détruite lors d'un orage.
3. Frappée par la foudre et détruite le 4 juin 1561.
4. S'écroula en avril 1573, peu de temps après son achèvement.
5. S'affaisse de 12,7 cm par an depuis 1884.
6. Hauteur initiale. En ajoutant l'antenne TV (1957) : 320,75 m.
7. Hauteur initiale. En ajoutant l'antenne TV (1er mai 1951) : 449 m.
8. Emporté par le vent en 1960.

Jet d'eau ■ Le plus grand est celui de Fountain Hills, Arizona, EU. A pleine pression (26,3 kg/cm^2) et avec un débit de 26 500 litres/mn, la colonne d'eau, haute de 170 m, pèse plus de 8 t. Quand les 3 pompes fonctionnent en même temps cette colonne d'eau peut atteindre 190 m de haut, si toutes les conditions sont réunies (pas de vent par exemple), la vitesse du jet est alors de 236 km/h.

Les plus hauts appartements ■ La tour Metropolitan, 57e rue Ouest, à New York, s'élève à 218 m et compte 78 étages. Les 48 étages supérieurs sont des appartements.

France ■ La tour Défense 2000, à Puteaux, Hauts-de-Seine, a 134 m de haut. Elle comprend 370 appartements sur 47 étages.

Constructions diverses

Cheminées ■ La cheminée de la centrale thermique n° 2 d'Ekibastouz, Kazakhstan, mesure 420 m de haut. Commencée le 15 novembre 1983, elle fut achevée le 15 octobre 1987. Son diamètre est de 44 m à la base et de 14,20 m au sommet. Elle pèse 60 000 t.

France ■ La cheminée de la centrale de Provence de Charbonnages de France, à Meyreuil, Bouches-du-Rhône, est haute de 300 m. Son diamètre extérieur au sommet est de 11 m.

Escaliers ■ Le plus long escalier en spirale descend par 1 520 marches à 336 m sous terre. Il a été construit dans la mine de charbon de Mapco-White County, à Carmi, Illinois, EU, par Systems Control Inc., en mai 1981.
L'escalier de service du funiculaire de la Niesenbahn, près de Spiez, Suisse, monte jusqu'à 2 365 m. Il compte 11 674 marches. L'escalier du temple Tai Chan, avec ses 6 600 marches taillées dans le roc des monts Shantoung, en Chine, s'élève à 1 428 m sur une distance de 8 km.

Arches ■ L'arche monumentale en acier inoxydable Gateway to the West, à Saint Louis, Missouri, EU, a été achevée le 28 octobre 1965 pour commémorer l'expansion vers l'Ouest après l'acquisition de la Louisiane (1803). Elle a la forme d'une parabole renversée large de 192 m à la base et haute également de 192 m. Conçue par l'architecte Eero Saarinen (mort en 1961), elle a coûté 29 millions de $.

France ■ La Grande Arche de La Défense, à Puteaux, Hauts-de-Seine, est un « cube » de 110 m de haut. La première pierre en fut posée en juillet 1985 et l'inauguration eut lieu le 18 juillet 1989, dans le cadre des fêtes du bicentenaire de la Révolution. Elle a coûté 3,4 milliards de F, y compris les « collines » (bâtiments latéraux). Le vide intérieur de l'arche est de 90 m de haut et 70 m de large, ce qui permettrait d'y faire tenir Notre-Dame de Paris et sa flèche, aussi bien que les Champs-Élysées de mur à mur. L'arche repose sur 12 piles, dont les 8 centrales supportent chacune 30 000 t, soit plus de 4 fois le poids de la tour Eiffel. L'édifice pèse au total 300 000 t. Il abrite 100 000 m^2 de bureaux et 3 ha de salles d'exposition ouvertes au public, dont plus de 1 ha pour le toit.

Tour de réfrigération ■ La plus grande, achevée en 1976, est celle de l'usine nucléaire de Uentrop, Allemagne, qui culmine à 180 m.

Colonnes ■ Construite de 1936 à 1939, pour un coût de 1,5 million de $, la colonne diminuée qui commémore la bataille de San Jacinto (21 avril 1836), sur la rive du San Jacinto, près de Houston, Texas, EU, est haute de 173 m. De section carrée de 14 m de côté à la base et de 9 m de côté au niveau de la tour d'observation, elle est surmontée d'une étoile pesant près de 200 t. Construite en béton revêtu de calcaire jaune, elle pèse 32 000 t.

France ■ La colonne de la Grande-Armée, à Boulogne, Pas-de-Calais, a 53 m de haut, soit 2 m de plus que la colonne de la Bastille, à Paris.

Jet d'eau ■ Le jet d'eau du parc de Marly-le-Roi, Yvelines, s'élève à une hauteur de 37 m.
La fontaine de Varsovie, construite dans les jardins du Trocadéro, à Paris, pour l'Exposition universelle de 1937, est dotée de jets d'eau horizontaux d'une portée de 55 m.

◁ A l'extrémité sud de Manhattan, au cœur de Battery Park, à l'ombre des 2 tours du World Trade Center, ont été construites les 4 tours géantes, du World Financial Center. Sur 750 000 m² de bureaux, sur 51 étages, 25 000 personnes travaillent quotidiennement. C'est le nouveau Wall Street.

Laveur de carreaux ■ Keith Witt d'Amarillo, Texas, EU, a nettoyé 3 carreaux de 1 m x 1,2 m avec un essuie-glace de 30 cm et 9 litres d'eau, en 10,5 s, le 21 janvier 1990. Record réalisé à la Convention internationale de l'association des laveurs de carreaux à Orlando, Floride, EU.

Fenêtres ■ La plus grande vitre jamais fabriquée mesurait 50 m^2, soit 20 m sur 2,50 m. Elle a été exposée par Saint-Gobain aux Journées internationales de la miroiterie, en mars 1958.
Les plus grandes baies vitrées du monde sont celles du Centre des nouvelles industries et technologies (CNIT), à La Défense, près de Paris ; elles ont une largeur de 218 m pour une hauteur de 50 m.

Portes ***Les plus grandes*** ■ Les quatre portes du Vehicle Assembly Building, près de cap Canaveral, Floride, EU, ont une hauteur de 140 m.

La plus lourde ■ C'est celle qui mène à la salle de tir au laser du laboratoire national des radiations Lawrence, à Livermore, Californie. Elle pèse 322 t et a 2,43 m d'épaisseur. Elle a été installée par Overly.

Phares ***France*** ■ Le phare le plus haut est celui du cap d'Antifer, Seine-Maritime. Il s'élève à 128 m et a une portée de 53,7 km. Le plus puissant est celui de Créac'h, sur l'île d'Ouessant, Finistère, visible à 200 km de distance.

Mâts de drapeau ■ Le mât érigé devant le pavillon de l'Oregon lors de l'Exposition internationale Panamá-Pacifique de 1915, à San Francisco, Californie, et taillé dans un sapin de Douglas, se dressait à 91 m de hauteur et pesait 47 t.
La plus haute hampe de drapeau non étayée du monde est la hampe d'acier de 86 m de haut pesant 54 t érigée le 22 août 1985 lors de l'Exposition canadienne de Vancouver, Colombie britannique. Elle soutenait une gigantesque crosse de hockey sur glace de 62 m de long. La société Flag Chevrolet Oldsmobile a fait déplacer et réinstaller ce mât dans l'enceinte de son usine, à Surrey, Colombie britannique, Canada.

Statues en béton ***La plus haute*** ■ Une statue en pied de la Mère-Patrie, colossale figure féminine en béton précontraint, se dresse sur la colline Mamaïev, à l'extérieur de Volgograd (ex-Stalingrad). Conçue en 1967 par Ievgueni Vuchetitch, elle commémore la victoire de Stalingrad (1942-1943). Du socle à la pointe de l'épée que la Mère-Patrie brandit de la main droite, elle mesure 82,30 m.

France ■ Érigée en 1938 au Mas Rillier, commune de Miribel, Ain, la statue de Notre-Dame-du-Sacré-Cœur domine la vallée du Rhône et la plaine de l'Ain jusqu'aux montagnes du Bugey et de la Savoie. Haute de 38 m, elle représente la Vierge Marie portant l'Enfant Jésus et écrasant du talon la tête du Serpent.

La plus longue ■ Près de Bamiyan, en Afghanistan, se trouvent les restes d'un Bouddha gisant construit en blocage de plâtre. Cette statue mesurait environ 305 m de long. On estime qu'elle date du IIIe ou du IVe siècle de notre ère.

Château d'eau ■ Le plus grand château d'eau du monde est l'Union, construit en 1965 dans le New Jersey, EU. Il s'élève à 64 m de hauteur pour une capacité de 9 400 hl. Il appartient à l'Elizabethtown Water Company.

Réverbère ■ Les 4 colonnes lumineuses fabriquées par Petitjean & Cie, de Troyes, Aube, et installées par Taylor Woodrow autour du complexe sportif Sultan-Qabous, à Mascate, capitale du sultanat d'Oman, se dressent à 63,50 m de hauteur.

Pyramides ***La plus grande*** ■ La pyramide de Quetzalcoatl (le Serpent à plumes), à Cholula, Mexique, est aussi le plus grand monument jamais construit. Elle est haute de 54 m et sa base couvre une surface de près de 18 ha. Son volume a été estimé à 3,3 millions de m^3, pour 2,5 millions de m^3 à la pyramide de Khéops (voir l'encadré « *Les Sept Merveilles du monde* »). La période de construction se situe entre le IIe et le VIe siècle de notre ère. Ayant servi de carrière, elle ne forme plus aujourd'hui qu'une colline.

Tertres artificiels ■ Un tertre de pierre édifié comme monument funéraire à la mémoire du roi séleucide Antiochos Ier (qui régna de 69 à 34 av. J.-C.) se dresse au sommet du Nemrud Dagi (2 494 m d'altitude), au sud-est de Malatya, Turquie orientale. Il mesure 60 m de hauteur et couvre une étendue de 3 ha.
Le plus grand tertre d'Europe est celui de Silbury Hill, Wiltfordshire, GB. On pense qu'il nécessita le déplacement de 681 000 t de craie et qu'il fallut 18 millions d'heures de travail pour élever ce cône haut de 39 m et d'une superficie de 2 ha à la base. Il daterait de 2900 à 2500 av. J.-C.

Totem ■ Un poteau de 53 m de hauteur a été dressé le 6 juin 1973 à Alert Bay, Colombie britannique, Canada. Il raconte l'histoire des Indiens Kwakiutl. Il a fallu 36 semaines de travail pour le sculpter.

Donjon ***Le plus haut*** ■ Le donjon du château de Vincennes, Val-de-Marne, a 52 m de haut.

Ziggourats ■ La plus grande ziggourat (de l'assyrien *ziggaratu*, sommet, hauteur) fut celle de Tchogha-Zanbil. Elle fut construite par le roi élamite Untash-Hupan vers 1250 av. J.-C., à 30 km de Haft Tepe, Iran. La base de cette pyramide à étages formait un carré de 105 m de côté et le 5e étage un carré de 28 m de côté, à près de 50 m au-dessus du sol.
La plus grande ziggourat conservée se trouve à Our (actuellement tell el-Muqayyar, en Irak). Elle a été construite par le roi sumérien Our-Nammu (vers 2113-2096 av. J.-C.) ; sa base mesure 61 m x 45,70 m. Ses 3 étages étaient surmontés d'un sanctuaire. Ne sont aujourd'hui conservés que le premier et une partie du deuxième étage, qui se dresse à 18 m.
La tour de Babel était une ziggourat.

▷ *Bouddha est grand. Les Japonais lui élèvent près de Tokyo un monument en bronze qui, avec ses 120 m de haut, en fait la plus haute statue du monde. Des ascenseurs achemineront les touristes au sommet de Bouddha dont le coût total est de 80 millions de $ (400 millions de F). Elle sera terminée début 1993.*

△ *Challenger, siège social du groupe Bouygues, s'étend sur 30 ha, dont 24 ha de jardins.*

Obélisques dressés (monolithes) ■ L'obélisque (du grec *obeliskos*, broche) du pharaon Touthmôsis III, rapporté d'Assouan, Égypte, par l'empereur romain Constance II au printemps de l'an 357 de notre ère, a été relevé sur la place Saint-Jean-de-Latran, à Rome, le 3 août 1588. Jadis haut de 36 m, cet obélisque en mesure désormais 33 et pèse 455 t.

L'obélisque inachevé d'Assouan, probablement commandé par la reine Hatchepsout vers 1490 av. J.-C., mesure 42 m et pèse 1 168 t.

L'obélisque d'Héliopolis, près du Caire, détient le record de longévité au même endroit. Il a été érigé sous le règne de Sénousret Ier, vers 1750 av. J.-C.

France ■ L'obélisque de Louxor, érigé à l'entrée du temple d'Amon par le pharaon Ramsès II (XIIIe siècle av. J.-C.), fut offert par le pacha d'Égypte Méhémet-Ali au roi Louis-Philippe Ier, et dressé en 1836 au milieu de la place de la Concorde, à Paris. C'est une colonne de granit haute de 22,83 m et pesant 230 t.

Colonnades ■ Les 36 colonnes cannelées en marbre de la colonnade de l'Education Building, à Albany, État de New York, EU, sont hautes de 27,50 m. Leur diamètre à la base est de 2 m.

Les plus hautes colonnes de soutènement du monde mesurent 21 m de haut. Elles se trouvent dans la salle hypostyle du temple d'Amon, à Karnak, en face de Thèbes, sur le Nil.

Elles ont été construites pendant la XIXe dynastie, sous le règne de Ramsès II, vers 1270 av. J.-C.

Menhirs ■ Le plus haut menhir jamais découvert est le Grand Menhir brisé, de 380 t, actuellement en quatre morceaux, qui se dressait à l'origine à 22 m de hauteur, à Locmariaquer, Morbihan.

Des recherches récentes suggèrent l'existence d'un menhir en trois morceaux de 23 m de haut, pesant 250 t, également à Locmariaquer.

Les constructions les plus vastes

Bâtiments industriels et commerciaux

Ateliers ■ Le volume intérieur de l'atelier de montage principal du constructeur d'avions Boeing, à Seattle, État de Washington, EU, est de 5,6 millions de m^3. Achevé en 1968, c'est le plus vaste du monde.

France ■ Inaugurée le 10 octobre 1990, la nouvelle usine d'Aerospatiale, à Colomiers, Haute-Garonne, couvre 10 ha. Sa hauteur est de 46 m. Avec les quatre bâtiments annexes, l'ensemble s'étend sur 51 ha et a coûté 1 milliard de F. Depuis janvier 1991, on y assemble les futurs Airbus A 330 et A 340.

Le Pentagone

Le bâtiment administratif couvrant la plus grande surface au sol est le Pentagone, à Arlington, Virginie, EU (en face de Washington, sur le Potomac). Il fut achevé le 15 janvier 1943. Il abrite l'état-major général des forces armées et le ministère américain de la Défense. Son coût a été estimé à plus de 83 millions de $. Le bâtiment est un pentagone de 281 m de côté où travaillent 29 000 personnes ; son périmètre est d'environ 1 405 m. Sur 5 étages il couvre une superficie de 604 000 m^2. Il y a 27 km de couloirs et 7 748 fenêtres à nettoyer.

Bureaux ■ Les plus vastes et les plus rentables sont ceux du World Trade Center, à New York. Chacune des deux tours jumelles qui le constituent a une superficie de 406 000 m^2. La plus haute est la tour 2 (anciennement B) qui mesure 420 m. Mais, antenne de télévision comprise, la tour 1 s'élève à 521 m au-dessus du sol, soit 91 cm de plus que la Sears Tower (voir « *Les plus hautes constructions* »). Il y a 99 ascenseurs dans chaque tour, 43 600 fenêtres représentant une surface de 182 880 m^2 de vitres. 50 000 personnes y travaillent et il y a chaque jour 90 000 visiteurs.

France ■ Le siège social du groupe Bouygues, Challenger, à Saint-Quentin-en-Yvelines, Yvelines, s'étend sur 30 ha (140 000 m^2 hors œuvre), dont 24 ha de parcs et espaces verts. Il emploie 2 800 personnes.

Le ministère de l'Économie, des Finances et du Budget, 139, rue de Bercy, Paris XIIe, s'étend sur un site de 5 ha. Il couvre une superficie de plancher de 225 000 m^2 et abrite 5 000 fonctionnaires. Les travaux ont duré 60 mois, entre 1985 et 1988. Le coût de la construction s'éleva à 2 milliards de F. Le bâtiment principal a 375 m de long. La distribution du courrier interne se fait par 400 wagonnets, qui circulent sur 6 km de rails.

Marché ■ Le bâtiment occupant la surface au sol la plus étendue est le marché aux fleurs de la coopérative VBA (Verenigde Bloemenveilingen Aalsmeer), aux Pays-Bas. Ses dimensions sont de 776 m x 547 m. Sa superficie, qui était à l'origine de 343 277 m^2, a été augmentée en 1986 pour atteindre 368 477 m^2.

Centres commerciaux ■ Le plus grand du monde est le West Edmonton Mall, à Edmonton, Alberta, Canada. Inauguré le 15 septembre 1981, achevé 4 ans plus tard, il a coûté 1,1 milliard de $. Il s'étend sur 483 000 m^2, comprend plus de 800 magasins et 11 grandes surfaces. Un parking de 20 000 places permet d'accueillir plus de 500 000 clients par semaine.

Mât d'éclairage

France ■ Un mât en béton de 50 m de haut (47 m hors sol) pesant 32 t a été réalisé à Reims, Marne, pour éclairer l'aire nord du parc des expositions des Essillards.

△ *Le complexe hôtel-salles de spectacles-casino Excalibur de Las Vegas constitue le plus grand hôtel du monde. Alliant l'architecture moderne de sa tour de 28 étages aux constructions féeriques médiévales, il comporte 4 032 chambres, 2 piscines, un amphithéâtre de 890 places. 2 dîners-spectacles sont donnés chaque soir.*

Le plus ancien centre commercial, Roland Park, fut construit en 1896, à Baltimore, Maryland, EU.

France ■ Le centre commercial de la Part-Dieu, à Lyon, Rhône, couvre une superficie totale de plancher de 220 000 m^2, sur 5 niveaux, dont 110 000 m^2 de surface de vente. Ouvert en 1976, il compte 260 commerces et reçoit en moyenne 60 000 clients par jour.
Les Quatre-Temps, à La Défense, près de Paris, ont également une surface de vente de 110 000 m^2. Ouvert en avril 1981, le centre compte 250 commerces et reçoit 70 000 visiteurs par jour.

Hypermarché *France* ■ Le plus grand hypermarché de France est le Carrefour de Portet-sur-Garonne, Haute-Garonne. Il couvre une surface de vente de 24 500 m^2.

Ambassades ■ L'ambassade de l'ex-URSS en Chine, située sur l'avenue Bei Xiao Jie, à Pékin, occupe les bâtiments de l'ancienne mission orthodoxe établie en 1728 à l'angle nord-est de la Cité interdite. Offerte à l'URSS en 1949, elle s'étend sur 18,2 ha.

Hangars ■ Le plus grand hangar du monde est le hangar 375 (appelé Big Texas) de la Kelly Air Force Base, à San Antonio, Texas, EU, terminé le 15 février 1956. Ses dimensions sont 610 m x 92 m x 28 m, pour une superficie de 56 120 m^2 (5,6 ha). Chacune de ses quatre portes mesure 76,20 m de large sur 18,30 m de haut et pèse 608 t.
La base aérienne de Delta Airlines, à l'aéroport international Hartsfield, à Atlanta, Georgie, EU, occupe un site de 56,6 ha, dont 14,5 couverts.

France ■ Le hangar n° 1 de l'aéroport Roissy-Charles-de-Gaulle, près de Paris, mesure 276 m de long et 132 m de large, soit 36 432 m^2 (3,6 ha).
Le hangar aux cotons du port du Havre, Seine-Maritime, partiellement détruit par un incendie en 1982, mesurait 742 m x 113 m, soit une superficie de 83 846 m^2.
Le hangar à fruits du quai de la Gironde, également au Havre, couvre 28 000 m^2 de plain-pied.

En bois ■ Les plus grands sont les deux hangars de l'américaine américaine bâtis en 1942-1943 à Tillamook, Oregon, EU. Ils sont maintenant utilisés comme scierie par la Louisiana-Pacific Corporation. Ils mesurent 305 m de long sur 52 m de large au sommet et 90 m de large à la base.

Silos à grains ■ Le silo de la CGF Grain Company, à Wichita, Kansas, EU, se compose de 3 rangées de 123 réservoirs de stockage entourant le silo principal. L'ensemble mesure 828 m de long et 30 m de large. La hauteur de chaque réservoir est de 37 m pour un diamètre intérieur de 9 m, permettant le stockage de 7,3 millions d'hectolitres de blé.
Les 23 silos de City of Thunder Bay, Ontario, Canada, sur le lac Supérieur, représentent le plus grand complexe de silos du monde. Leur capacité de stockage est de 37,4 millions d'hectolitres.

Stations d'épuration ■ La West-Southwest Treatment Plant de Chicago, Illinois, EU, inaugurée en 1940, s'étend sur 231 ha. Ses réservoirs, dans lesquels se déversent les eaux usées de 2 380 000 personnes, ont une capacité, en moyenne, de traitement de 1,2 million de m^3. En 1990, 3,1 milliards de litres d'eaux usées y furent traités quotidiennement.

France ■ La station d'épuration d'Achères, Yvelines, traite 2,1 milliards de litres d'eaux usées par jour, en provenance de Paris et de la région ouest de Paris.

Hôtels et lieux publics

Les plus grands ■ L'hôtel-casino Excalibur, Las-Vegas, Nevada, EU, s'étend sur un site de 47,3 ha. Ouvert en avril 1990, il comprend 4 032 chambres et 7 restaurants, et emploie 4 000 personnes. Il a coûté

290 millions de $.
L'hôtel Rossia, à Moscou, inauguré en 1967, offrait 3 200 chambres. Cependant, il n'est plus classé parmi les hôtels les plus grands depuis que de nombreuses chambres ont été aménagées en dortoirs.
Le complexe hôtelier d'Ismaïlovo, inauguré en juillet 1980 pour les jeux Olympiques de Moscou, fut conçu pour loger 9 500 personnes.

France ■ Le Méridien, porte Maillot, à Paris XVIIe, ouvert le 12 avril 1972, compte 1 025 chambres et 1 663 lits. En 1991, il a accueilli, en moyenne, 840 personnes par jour.

Le hall de réception le plus vaste ■ Le hall de réception de l'hôtel Hyatt Regency, à San Francisco, EU, mesure 107 m de long, 49 m de large et 52 m de haut, soit la hauteur d'un immeuble de 17 étages.

Le plus petit palace ■ L'hôtel Punta Grande, à Las Puntas, Tenerife, Canaries, a une surface totale de 600 m^{2}. Il n'y a que 4 chambres doubles donnant sur une petite terrasse, un salon, un bar-restaurant et un solarium. Le bâtiment, vieux de plus de 150 ans, a été reconstruit en 1987.

Station thermale ■ La plus grande, compte tenu du nombre de chambres d'hôtel disponibles, est Vichy, Allier, qui en offre 14 000.

L'HOTEL Á ROULETTES

L'hôtel Fairmount, à San Antonio, Texas, EU, bâtiment en brique de trois étages, fut déplacé du 30 mars au 4 avril 1985 d'environ cinq rues à l'aide de 36 chariots sur pneus. Le transport des 1 451 t de l'hôtel fut assuré par l'entreprise Emmert International de Portland, Oregon, EU, pour la somme de 650 000 $. Il fallut franchir un pont, qui dut être renforcé pour l'occasion.

Boîtes de nuit ***La plus grande*** ■ Le Gilley's Club (anciennement Shelly's), construit en 1955 et agrandi en 1971, à Houston, Texas, EU, compte 6 000 places assises pour une superficie de 1,6 ha.
Dans un registre plus traditionnel, la plus grande boîte de nuit du monde est Le Mikado, situé dans le quartier Akasaka, à Tokyo. 1 250 hôtesses veillent sur les 2 000 spectateurs. Il est nécessaire de se munir de jumelles si l'on veut apprécier le spectacle.

France ■ Le Ghostland, à Larçay, Indre-et-Loire, est installé à 35 m sous terre dans des carrières creusées à partir du XIe siècle. C'est un ensemble discothèque, bar, restaurant, traiteur, couvrant une superficie totale de 2 363 m^{2}. La piste de danse s'étend sur 300 m^{2}.

Restaurants ***Le plus grand*** ■ Le restaurant Thump Nak, à Bangkok, Thaïlande, se compose de 65 maisons contiguës occupant une surface de 4 ha. Un millier de personnes servent jusqu'à 3 000 clients.

France ■ La Coupole, à Paris XIVe, compte 450 places et a servi en moyenne 1 400 couverts par jour, pendant l'année 1991, avec un jour record de 1 850 couverts.

Débit de boisson ***Le plus grand*** ■ La brasserie Mathäser située au 5, Bayerstrasse, à Munich, Allemagne, vend quotidiennement 48 000 litres de bière. Fondé en 1829, cet établissement peut accueillir 5 500 personnes. Détruit pendant la Seconde Guerre mondiale, il a été reconstruit en 1955. Mais, dans les débits de bière de la commune bantoue de Soweto, Johannesburg, Afrique du Sud, où l'on boit en moyenne 27 300 litres par jour, le record munichois peut être battu certains samedis d'affluence.

Les comptoirs de bar les plus longs ■ Le comptoir du Lulu's Road House, à Kitchener, Ontario, Canada, ouvert le 3 avril 1984, mesure 104 m de long.
A l'époque de sa prospérité (1883-1920), le bar Erikson's, Burnside Street, à Portland, Oregon, EU, avait un comptoir de 208 m qui faisait le tour de la grande salle. Le videur de l'établissement, Edward Johnson, dit « l'Araignée », était aidé par un certain « Jumbo » Reilly, que l'on comparait à un orang-outan mal luné.
Des bars temporaires plus longs ont été montés à diverses occasions.

Palais et châteaux

Palais non habité ***Le plus vaste*** ■ Le palais impérial (Gu gong) de Pékin couvre 720 000 m^{2} ; il a une forme rectangulaire de 960 m x 750 m. Le tracé de l'ensemble du palais est resté fidèle à la construction d'origine, œuvre du troisième empereur de la dynastie Ming, Yongle (1402-1424). Cependant, par suite de nombreuses restaurations, la plupart des bâtiments intérieurs datent du XVIIIe siècle. Ils se composent de 5 cours et de 17 palais. La dernière impératrice de Chine vécut jusqu'en 1924 dans celui de la Suprême Harmonie. D'après des documents français, les douves qui entourent le palais impérial de Pékin (voir plus haut) ont une largeur de 49 m et une longueur totale de 3 290 m. En tout, 38 km de douves entoureraient la ville de Pékin.

Habité ***Le plus vaste*** ■ Le palais Istana Nurul Iman, à Bandar Seri Begawan, capitale de l'État, appartient au sultan de Brunei. Il fut achevé en janvier 1984. Avec ses 1 788 pièces et ses 257 toilettes, c'est le palais habité toute l'année le plus grand au monde. Le garage souterrain abrite les 110 voitures du sultan. Il aura coûté l'équivalent de 3 milliards de F.

Harem ■ Les 400 pièces du harem d'hiver du grand sérail de Topkapi, à Istanbul, Turquie, furent achevées en 1589. A la destitution du sultan Abdul Hamid II, en 1909, le nombre des serviteurs était passé de 1 200 à 370 odalisques et 127 eunuques.

Château non habité ***Le plus vaste*** ■ Le château de Versailles fut édifié en 1661 par Louis XIV, sur le site d'un ancien pavillon de chasse bâti par son père, Louis XIII, en 1624. L'ouvrage fut terminé en 1682. Le chantier avait mobilisé 36 000 ouvriers et 6 000 chevaux. La façade occidentale, longue de 580 m, est percée de 375 fenêtres. Le parc se prolonge sur 3 km, jusqu'à l'Étoile royale. Il est traversé par le Grand Canal, long de 1,6 km.

Habité ***Le plus vaste*** ■ Le château de Windsor, demeure de la famille royale du Royaume-Uni, date, pour ses parties les plus anciennes, du XIIIe siècle. Il a approximativement la forme d'un parallélogramme de 576 m x 164 m, soit environ 94 500 m^{2}.
Le château Saint-Emmeram, à Ratisbonne, Allemagne, d'une superficie de 21 460 m^{2}, compte 517 pièces. Le jeune prince Albert von Thurm und Taxis (7 ans), qui en est l'actuel propriétaire, depuis la mort de son père, Johannes, en décembre 1990, n'en utilise que 95 avec ses deux sœurs et sa mère, la princesse Gloria.

France ■ Le château de Vaux-le-Vicomte, Seine-et-Marne, propriété du comte Patrice de Vogüé, fut construit de 1656 à 1661 pour le surintendant des Finances Nicolas Fouquet. Il s'élève dans un domaine de 450 ha, dont 70 ha de parcs.

▽ La plus petite maison de Grande-Bretagne est en Écosse. Le droit de visite est de 5 F seulement, car elle n'a que 7 pièces.

STAR HOTEL

Le Star Hotel, à Moffat, Écosse, est l'hôtel le plus étroit. Il n'a que 6 m de largeur, pour 8 chambres et 2 bars.

Murs ■ Le château de Chambord, Loir-et-Cher, construit sous le règne de François Ier (1494-1547), se dresse au milieu d'un domaine de 5 433 ha entièrement ceint par un mur de 33 km de long. Il a été construit avec 250 cheminées pour 440 pièces.

Le château de Brissac-Quince, Maine-et-Loire, propriété du marquis de Brissac, possède le plus grand nombre de fenêtres : 206. Construit au début du XVIIe siècle, il compte 200 pièces et couvre 15 000 m^2 de plancher.

Châteaux forts ■ Le plus vaste château fort ancien est celui du Hradcany, à Prague, Tchécoslovaquie, ancienne résidence royale fondée au IXe siècle et reconstruite aux XVIe-XVIIe siècles. C'est un polygone irrégulier d'environ 570 m de long sur 128 m de large. Il couvre 7,3 ha.
Bâti entre 1748 et 1769, Fort George, à Ardersier, comté d'Inverness, Écosse, mesure 640 m de long et 190 m de large. Il s'élève sur un site de 17 ha.

Les murailles les plus épaisses ■ Les murailles en brique de boue séchée du roi sumérien Ur-Nammu, à Ur (maintenant dénommée tell el-Muqayyar, Irak), qui furent détruites par les Élamites en 2006 av. J.-C., avaient une épaisseur de 27 m.

Murs ■ La Grande Muraille de Chine a, dans sa partie principale, une longueur de 3 460 km. Achevée sous le règne de l'empereur Shih Huang-di, de la dynastie des Chin (221-210 av. J.-C.), elle comprend en outre 2 860 km de tronçons secondaires et de ramifications. Sa hauteur varie de 4,50 m à 12 m et elle a jusqu'à 10 m d'épaisseur. Plus de 300 000 ouvriers l'édifièrent. Le 6 mars 1985, une dépêche de l'agence Chine nouvelle annonçait les résultats de relevés effectués sur 5 ans : la longueur totale de la muraille aurait été de 9 980 km. En octobre 1990, la même source indiquait que Lin Youdian avait parcouru la totalité du mur à pied. Il mit 2 années entières.

Europe ■ Le mur d'Hadrien, entre l'Angleterre et l'Écosse, a 120 km de long. Il fut construit de 122 à 126 par l'empereur romain Hadrien pour défendre la Bretagne d'alors contre les assauts des Pictes.

Terrassements ■ Les plus grands, avant l'ère industrielle, étaient les levées de terre linéaires servant de frontières à l'empire du Bénin, Afrique occidentale. Elles furent mentionnées pour la première fois en 1900 ; on en fit un relevé partiel en 1967. En avril 1973, Patrick Darling estimait que la longueur totale des travaux de terrassement se situait probablement entre 6 400 et 12 800 km pour un volume de terre déplacé compris entre 380 et 460 millions de m^3.

Demeures

Les plus grandes ■ Biltmore House, à Asheville, Caroline du Nord, EU, se compose de 250 pièces. Elle appartient à George et William Cecil, petits-fils de George Washington Vanderbilt II (1862-1914). La maison fut construite entre 1890 et 1895 sur un domaine de 48 160 ha.
Knole, une demeure construite par l'archevêque de Canterbury au XVe siècle et achevée par le duc du Dorset, au début du XVIIe siècle, près de Sevenoaks, Kent, GB, aurait possédé 365 pièces, une pour chaque jour de l'année. Elle appartient aujourd'hui à la compagnie d'assurances National Trust.

L'ensemble d'appartements *Le plus vaste* ■ Les 2 011 appartements du complexe privé de Barbican Estate, dans la City de Londres, occupent une superficie de 16 ha et possèdent un parking couvert de 2 000 places.

IMMEUBLE MEUBLE

Le Cudecom, un immeuble de 8 étages situé à Bogotá, Colombie, fut déplacé de 29 m, intact, le 6 octobre 1974, par l'entreprise Antonio Paez-Restrepo & Cia pour permettre la construction d'une route. Il pesait 7 700 t.

Les lieux les plus chers

Immeubles de bureaux ■ Le record du prix de vente au mètre carré est de 160 000 F, pour l'achat par la société japonaise Mitsukoshi de l'immeuble Lanvin, l'un des « hôtels des maréchaux », place Charles-de-Gaulle, à Paris. Le montant total de la transaction (pour 1 625 m^2) s'élevait, en août 1989, à 260 millions de F.
Le record en masse globale concerne l'immeuble Shell, 29, rue de Berri, Paris VIIIe. Acheté 2,7 milliards de F, en février 1989, par Indosuez et Kaufman and Broad, il a été revendu après rénovation 3,73 milliards de F à un consortium japonais dont le chef de file était Kowa, en septembre 1989. Pour une superficie de 54 100 m^2, le prix au mètre carré était relativement modeste : environ 70 000 F.

Demeures ■ Kenstead Hall, Bishop's Avenue, à Londres, était la propriété du roi d'Arabie Saoudite. Elle fut mise en vente pour 16 millions de £ en août 1982.
La maison individuelle la plus chère à la construction fut le ranch Hearst, à San Simeon, Californie, EU. Le magnat de la presse William Randolph Hearst (1863-1951) servit de modèle à Orson Welles pour son célèbre film *Citizen Kane*. Il fit bâtir son ranch entre 1922 et 1939 pour 30 millions de $. La demeure possède plus de 100 pièces, une piscine chauffée de 32 m, une salle de réunion de 25 m de long et un garage pouvant abriter 25 voitures.

Hôtels ■ Au Ritz, à Paris Ier, la « suite impériale » (deux chambres et un salon donnant sur la place Vendôme) coûte 49 260 F par jour, en mai 1992.
Au Carlton, à Cannes, Alpes-Maritimes, la « suite impériale » (4 chambres, 4 salles de bains) coûte 42 000 F par jour, en mai 1992.

▷ *Au restaurant Jamin, à Paris, il faut réserver 3 mois à l'avance, car son chef Joël Robuchon est le leader des jeunes grands cuisiniers français, son épouse est charmante, son équipe est efficace, ses préparations sont délicates, ses raviolis sont aux langoustines.*

LES SEPT MERVEILLES DU MONDE

■

Les Sept Merveilles du monde ont été citées pour la première fois par Antipater de Sidon au IIe siècle av. J.-C. Elles comprenaient notamment les pyramides de Gizeh, construites par trois pharaons égyptiens de la IVe Dynastie, Khéops, Kha-f-Ra (Khéphren) et Menkaure (Mykérinos), près de El Gizeh, au sud-est de Al Qahira (le Caire), en Égypte.

LA GRANDE PYRAMIDE

■

L'« Horizon de Khufu » fut achevée vers 2580 av. J.-C. A l'origine, sa hauteur était de 146,5 m (actuellement, depuis la perte de ses pierres de faîte et du Pyramidion, elle mesure 137 m). Sa base était un carré de 230 m de côté, couvrant un peu plus de 5 ha. On estime qu'il a fallu 30 ans à 4 000 ouvriers pour empiler les 2,3 millions de blocs de calcaire nécessaires à la construction. Ils pesaient en moyenne 2,5 tonnes chacun, soit au total environ 5,8 millions de t pour un volume de 2,6 millions de m^3. Certains blocs pesaient 15 t. Une estimation de coût publiée en décembre 1974 indiquait qu'il faudrait actuellement 6 ans à 405 hommes pour effectuer ces travaux. Le coût pourrait atteindre 1,13 milliard de $.

MONUMENTS FRAGMENTAIRES

■

Il reste des vestiges du temple d'Artémis (Diane chasseresse), construit vers 350 av. J.-C. à Éphèse, en Turquie (détruit par les Goths en 262).

Il reste des éléments sculptés du Mausolée, le tombeau du satrape de Carie, Mausole, à Halicarnasse (aujourd'hui Bodrum, en Turquie), construit vers 325 av. J.-C.

MONUMENTS DISPARUS

■

Les jardins suspendus de la reine légendaire Sémiramis, à Babylone, en Irak, datant de 600 environ av. J.-C.
La statue de Zeus (Jupiter) sculptée par Phidias, vers le Ve siècle av. J.-C., à Olympie, en Grèce. Cette statue, disparue dans un incendie à Istanbul, était en marbre, or et ivoire ; elle mesurait 12 m de haut.
La statue de 35 m de haut exécutée par Charès, représentant le dieu Hélios (Soleil), appelée le Colosse de Rhodes. Sculptée vers 292-280 av. J.-C., elle fut endommagée par un tremblement de terre en 224 av. J.-C. et définitivement détruite en 672.
Le phare le plus ancien du monde, haut de 122 m, bâti par Sostrate de Cnide (vers 270 av. J.-C.) sur l'île de Pharos (de là vient le mot phare), au large d'Al-Iskandariyah (Alexandrie), en Égypte. Le phare, en forme de tour pyramidale de marbre blanc, fut détruit par un tremblement de terre en 1375.

En mai 1989, l'hôtel Bel-Air, à Los Angeles, EU, fut acquis par la société Sekitei Kaihatsu, de Tokyo, pour la somme record de 1,2 million de $ par chambre.

Villes ■ Corporate Resources Group, de Genève, Suisse, étudie le coût de la vie dans 100 villes du monde (Voir Chapitre *Institutions, « Villes »*). Il étudie aussi le coût des hôtels dans ces mêmes villes, sur la base d'une chambre individuelle dans un hôtel de luxe et en attribuant l'indice 100 à New York.
En septembre 1990, c'est à Milan, Italie (indice 169), que l'hôtellerie était la plus chère. Venaient ensuite Paris (152), Londres (138), Bruxelles (132) et Rome (129). New York (100) était 16e. C'est à Tunis (33) que l'hôtellerie était la moins chère, à critères égaux.

Appartements ■ Le plus grand des 4 appartements situés à Rutland Gate, dans le quartier de Kensington, à Londres, et livrés en 1988, aurait été mis en vente pour une somme avoisinant 6 millions de £. Construit par YRM Architects, cet appartement de 7 pièces possède une piscine privée et donne sur Hyde Park.

Restaurant *Le plus coté* ■ Il faut réserver 3 mois à l'avance pour obtenir une table à dîner chez Jamin-Robuchon, à Paris.

Les constructions les plus éloignées

Voir aussi chapitre Institutions, « Villes ».

Bâtiments scientifiques *Les plus septentrionaux* ■ La station scientifique de recherche danoise établie en 1952 sur la terre de Peary, Groenland, se trouve à plus de 1 450 km au nord du cercle arctique.
Cette station est utilisée et habitée chaque été. Des habitations d'Eskimos de 1000 av. J.-C. ont été découvertes sur ce site en 1969.

Les plus méridionaux ■ La station scientifique de recherche américaine Amundsen-Scott, au pôle Sud, fut achevée en 1957 et remise en service en 1975.

Bâtiments d'habitation *Les plus élevés* ■ On a découvert, en avril 1961, à 6 600 m d'altitude, une habitation de 3 pièces sur le mont Llullaillaco (6 723 m), à la frontière entre l'Argentine et le Chili.
Elle daterait de la fin de la période précolombienne (vers 1480).

France ■ L'observatoire du pic du Midi de Bigorre, Hautes-Pyrénées, à 2 859 m, est également habité.

Les plus septentrionaux ■ Le lieu régulièrement habité situé le plus au nord est la station Alert du ministère canadien de la Défense, sur l'île d'Ellesmere, Arctique, par 82°30' N et 62° O.

Station thermale ■ La plus haute est Barèges, Hautes-Pyrénées, à 1 240 m d'altitude.

Constructions de loisirs

Parcs d'attractions

Parcs d'attractions *Le plus grand* ■ Disney World, situé à 32 km au sud-ouest d'Orlando, Floride, EU, s'étend sur 11 332 ha. Il a nécessité un investissement de 400 millions de $. Inauguré le 1er octobre 1971, il a accueilli, en 1988, le nombre record de 22 millions de visiteurs.

Le plus fréquenté ■ Le parc le plus fréquenté est Disneyland, à Anaheim, Californie, EU, inauguré en 1955. Il a reçu son 250 millionième visiteur le 24 août 1985 à 9 h 52 exactement et son 300 millionième en 1989.

Hôtel ■ L'hôtel Plaza de Mulas au pied de l'Aconcagua, Argentine, a été construit à 4 350 m d'altitude en 1992. Il comporte 150 lits et n'est accessible qu'à pied ou à dos de mule à 8 h de la ville la plus proche.

Restaurant *Le plus haut* ■ Le restaurant de la station de ski de Chacaltaya, en Bolivie, se trouve à 5 340 m d'altitude.

Boîte de nuit *Située le plus bas* ■ Le Minus 206, au bord du lac de Tibériade, en Israël, est situé à 206 m au-dessous du niveau de la mer.

△ *Le grand parc aquatique de Kobé, Japon, est équipé d'un système unique de 48 toboggans.*

▷ *Mickey, Donald, Pluto, la Belle au Bois Dormant, Peter-Pan, Alice au Pays des Merveilles sont tous venus des États-Unis pour animer le plus grand parc de loisirs d'Europe.*

France ■ Euro Disney, ouvert le 12 avril 1992 à Marne-la-Vallée, s'étend sur un site de 1 943 ha soit 1/5e de la superficie de Paris, mais n'est, pour le moment aménagé que sur 600 ha. La fabrication des différents paysages des 5 « pays » enchantés et des montagnes du parc a nécessité 68 000 m^3 de rochers artificiels, 10 450 t de ciment, 500 000 litres de peintures de 250 couleurs différentes, 528 000 briques, 360 000 arbres et arbustes... L'équipe est constituée de 12 000 personnes ayant nécessité la fabrication d'une garde-robe de 400 000 pièces de costumes et 750 créations différentes, soit 1,8 million de mètres de tissu. Selon les estimations, si tous les filets de bœufs vendus chaque année étaient empilés, ils mesureraient 3 fois la hauteur de la tour Eiffel. De même, on pourrait remplir 300 piscines de taille moyenne des boissons non alcoolisées vendues chaque année. Il y a également 6 hôtels de 5 200 chambres et 12 167 lits, un parking de 12 000 places, un trottoir roulant de 1 km, un golf 18 trous.

Grandes roues *La première* ■ Elle fut dénommée roue Ferris, du nom de son constructeur George W. Ferris (1859-1896). Elle fut érigée en 1893 sur le site de Midway, Chicago, EU. Elle coûta à l'époque 385 000 $. Elle mesurait 76 m de diamètre et 240 m de circonférence. Elle pesait 1 087 t. Ses 36 wagonnets pouvaient transporter chacun 60 personnes, soit 2 160 passagers au total. Elle fut transportée et remontée en 1904 à Saint Louis, Missouri, EU, avant d'être vendue à la ferraille pour 1 800 $.

La plus grande ■ La Cosomclock 21, à Yokohama, Japon, a 105 m de haut et 100 m de diamètre. Elle comprend 60 wagonnets, chacun de 8 places.

Montagnes russes *Les plus rapides et les plus vertigineuses* ■ Pour des raisons commerciales, la vitesse des wagonnets sur les montagnes russes a augmenté de façon exagérée. Le circuit appelé Magnum XL-200, inauguré au début de l'année 1989 dans le parc d'attractions de Cedar Point, à Sandusky, Ohio, EU, a une chute verticale de 59,37 m à 60°, où les wagonnets atteignent la vitesse de 115 km/h. Le parc de Cedar Point compte 10 circuits de montagnes russes — aucun parc n'en possède autant.

La plus longue ■ Le circuit le plus long du monde est The Ultimate à Lightwater Valley, près de Ripon, New York, EU. Il mesure 2,29 km.
A Kings Island, près de Cincinnati, Ohio, EU, le circuit The Beast (« la bête »), long de plus de 2 km, comprend 244 m de tunnels et un grand huit de 540°. Au bas de la chute verticale de 43 m, les wagonnets atteignent la vitesse de 104 km/h.

Les plus hautes ■ Le Moonsault Scramble, dans le parc de Fujikyu, près du lac de Kawaguchi, Japon, s'élève à 63 m. Les wagonnets y dévalent à 105 km/h.
Le Texas Giant, à Arlington, Texas, EU, s'élève jusqu'à 44 m. Ce sont les plus hautes montagnes russes en bois du monde.

Le toboggan le plus long ■ Le toboggan Bromley Alpine, à Peru, Vermont, EU, a 1,4 km de long et une dénivellation de 250 m.

△ *Tel le géant Gulliver, on peut visiter les monuments d'une France lilliputienne à Élancourt, Yvelines.*

Balançoire ■ Une escarpolette de 9 m de hauteur a été construite par Kenneth R. Mack, de Langenburg, Saskatchewan, Canada, pour le parc d'attractions Uncle Herb. La balançoire peut emporter ses quatre nacelles à 7,60 m du sol.

Village miniature ■ Ouvert en 1968, le parc d'attractions Legoland, près de Billund, Danemark, reproduit différents sites et monuments à l'aide de 33,5 millions de briques Lego. La statue de la Liberté de New York, par exemple, se compose de 1,4 million de cubes. Le parc s'étend sur 10 ha et accueille 1 million de visiteurs par an. C'est en 1934 que le Danois Ole Kirk Christiansen créa ce qui allait devenir l'entreprise multinationale de jouets Lego.
On a calculé que les enfants européens jouent 5 milliards d'heures par an avec leurs Lego.

France ■ France Miniatures à Élancourt, Yvelines, qui s'étend sur un site de 20 ha, représente la France par une immense carte en relief, bordée de plans d'eau figurant les mers et océans du littoral. Près de 2 000 maquettes à l'échelle 1/30 reproduisent le patrimoine historique et culturel de la France.
Les Alpes culminent à 9 m et Versailles vient sur 40 m^2 avec l'orangerie, les parterres d'eau, ses grilles...

Aménagements de loisirs

La plus longue plage ■ Virginia Beach, en Virginie, EU, longe l'océan Atlantique sur 45 km et un estuaire sur 16 km. En 1991, le front de mer avait une superficie de 803 km^2 ; 157 hôtels et motels y étaient installés, ainsi que 2 230 campings.

Promenades côtières ■ La plus longue du monde est celle de Southend Pier à Southend-on-Sea, Essex, GB, qui s'allonge sur plus de 2 km. Inaugurée en août 1889, elle n'a été réellement terminée qu'en 1929.
La station balnéaire qui compte le plus grand nombre de promenades côtières est Atlantic City, New Jersey, EU. A l'heure actuelle, on en dénombre 7 (dont 5 ont un nom).

Le plus grand camping ■ Au Grau-du-Roi, Hérault, le camping de l'Espiguette couvre 42 ha et peut accueillir 8 000 campeurs simultanément.

★ *Tous tout nus* ★

Le centre naturiste le plus ancien est le Freilichtpark de Klingberg, Allemagne, fondé en 1903.
Le plus vaste du monde est le centre Euronat, en Gironde ; il s'étend sur 375 ha.
Le centre héliomarin du cap d'Agde, Hérault, accueille 100 000 nudistes par an, mais ne couvre que 90 ha.

Le plus grand domaine skiable ■ Les Portes du Soleil, en Haute-Savoie, regroupent 13 stations, dont Avoriaz et Morzine, et offrent 650 km de pistes, avec 220 remontées mécaniques. C'est le plus grand domaine skiable d'Europe.

Foires et expositions

Les plus vastes ■ Le centre international d'exposition de Cleveland, Ohio, EU, occupe un site de 76 ha. Le bâtiment lui-même a une superficie de 23,2 ha.

France ■ Le Parc des expositions de la Ville de Paris, à la porte de Versailles, s'étend sur 40 ha. Ses 8 halls d'exposition couvrent une superficie totale de 22 ha.
Le plus grand hall est celui du parc des expositions de Bordeaux, Gironde. Long de 847 m, il occupe une superficie de 5 ha.

Les plus anciennes *France* ■ Saint-Denis (aujourd'hui en Seine-Saint-Denis) était un important carrefour commercial dès l'époque carolingienne. Au XIe siècle y fut autorisée une foire annuelle (en juin), dite Foire du Lendit.

Encore existante ■ La Foire de Paris, ouverte en 1904 au carreau du Temple, fut transférée en 1924 au Parc des expositions de la porte de Versailles. En 1992, elle a rassemblé 19 salons et 3 425 exposants dans 8 halls couverts (22 ha) et un site extérieur de 5 ha. Elle a accueilli 945 596 visiteurs en 12 jours.

Expositions universelles *La première* ■ Elle fut organisée en 1851 au Crystal Palace, à Hyde Park, Londres. Elle dura 141 jours et attira 6 039 195 visiteurs.

France ■ La première eut lieu à Paris en 1855. Les plus célèbres furent celles de 1878 (édification du palais du Trocadéro), de 1889 (édification de la tour Eiffel, 33 millions de visiteurs), de 1900 (édification du pont Alexandre-III, du Grand et du Petit Palais), de 1937 (édification du palais de Chaillot, sur les fondations du Trocadéro).

▷ *La dernière Exposition universelle du siècle s'est tenue à Séville, Espagne, durant l'été 1992.*

Stade abrité ■ Le stade Aztèque, de Mexico, inauguré en 1968, peut recevoir 107 000 personnes, presque toutes abritées. Le stade de l'équipe de base-ball Blue Jays, de Toronto, Canada, possède le plus grand toit ouvrant du monde, d'un diamètre de 207 m. Il compte 53 000 places assises.

La plus vaste ■ La Louisiana Purchase Exposition, en 1904, fut organisée à Saint Louis, Missouri, EU, pour célébrer le centenaire de l'acquisition de la Louisiane par les États-Unis, qui l'avaient achetée à Napoléon Bonaparte le 30 avril 1803 pour 15 millions de $. L'exposition s'étendait sur un site de 515 ha.

La plus fréquentée ■ L'exposition universelle d'Osaka, Japon, en 1970, qui s'étendait sur 330 ha, a accueilli 64 218 770 visiteurs en 7 mois.

Séville ■ 112 pays, 17 communautés autonomes espagnoles et 23 organisations internationales exposant dans un parc de 215 ha pour la dernière Exposition universelle du siècle. Le thème de Expo'92 : « L'ère des découvertes ».
Le Japon présente un pavillon tout en bois, haut de 25 m, sans vis ni pointes. C'est l'un des bâtiments en bois le plus important jamais construit.

Stades

Le plus grand ■ Le stade en plein air de Strahov, à Prague, Tchécoslovaquie, a été achevé en 1934. Il peut recevoir 240 000 spectateurs et jusqu'à 40 000 gymnastes lors des grandes parades.

France ■ Construit en 1972, en béton précontraint, le parc des Princes, à Paris, peut accueillir 50 000 spectateurs assis sur une superficie totale de 60 300 m^2 (dont 13 500 m^2 de pelouse).

Football ■ Le stade municipal de Maracana, à Rio de Janeiro, Brésil, peut accueillir 205 000 spectateurs dont 155 000 assis. Le 16 juillet 1950, 199 854 spectateurs y ont assisté au match décisif de la Coupe du monde de football, entre le Brésil et l'Uruguay. Un fossé de plus de 2 m de large et de plus de 1,5 m de profondeur sépare les joueurs des spectateurs.

La couverture de stade la plus grande ■ Le « chapiteau » en verre plastifié transparent qui recouvre le stade olympique de Munich, Bavière, Allemagne, a une superficie de 85 000 m^2. Il repose sur un réseau de mailles d'acier maintenu par des mâts.
Le toit présentant la plus grande envergure est le Superdôme de La Nouvelle-Orléans, Louisiane, EU (voir ci-dessous), qui a 207 m de diamètre.
Quant au Texas Stadium d'Irving, Texas, EU, en forme d'ellipse, son grand axe mesure 240 m.

Stade couvert ■ Le Superdôme de La Nouvelle-Orléans, Louisiane, EU, d'une superficie de 5,26 ha, mesure 83 m de hauteur et un diamètre de 207 m. Achevé en mai 1975, il a coûté 173 millions de $. 97 365 personnes peuvent s'y asseoir lors des meetings et 76 791 personnes lors des matches de football.

France ■ Le Palais omnisports de Paris-Bercy, construit en 1984, à Paris, peut accueillir 17 000 spectateurs et a une superficie totale de 50 000 m^2 (hors œuvre).

En tôle d'aluminium ■ Le dôme du Palais des sports, porte de Versailles, à Paris, a 61 m de diamètre.

Lieux de culte

Les plus anciens ■ Les archéologues sont nombreux à penser que les grottes ornées du paléolithique supérieur en Europe (30 000-10 000 ans avant notre ère) servaient de lieux de culte. C'est en Syrie orientale, à Douro-Europos (aujourd'hui Qal'at es-Salihiye), que subsiste la plus ancienne église chrétienne du monde : elle daterait de l'an 232.

France ■ Saint Martin, évêque de Tours, fonda en 361 à Ligugé, Vienne, le premier monastère français, aujourd'hui abbaye bénédictine.

Les temples les plus vastes ■ Angkor Vat (« temple de la cité »), au Cambodge, couvre 162,6 ha. Il fut construit en l'honneur du dieu hindou Vishnou par le roi khmer Suryavarman II, entre 1113 et 1150. Entouré d'un mur de 1 280 m de côté, il pouvait contenir 80 000 fidèles avant d'être désaffecté, en 1432.
Le temple bouddhiste de Borobudur, près de Jogjakarta, Indonésie, fut construit au VIIIe siècle ; il mesure 31,50 m de haut et 123 m de côté.
Le temple mormon de Salt Lake City, Utah, EU, fut inauguré le 6 avril 1893. Sa superficie au sol couvre 23 505 m^2.

Cathédrales *Les plus vastes* ■ La cathédrale St. John the Divine, à New York, couvre une superficie de 11 240 m^2 et son volume est de 476 350 m^3. Sa première pierre fut posée le 27 décembre 1892, et l'édification de ce bâtiment néogothique fut interrompue en 1941. Les travaux ne reprirent réellement qu'en juillet 1979. Les New-Yorkais l'appellent « Saint-Jean l'inachevée ». La nef est la plus longue du monde, elle mesure 183 m de long, avec une voûte de 38 m de haut.
Santa María de la Sede, à Séville, Espagne, cathédrale construite de 1402 à 1519 dans le style gothique espagnol, a une superficie de 10 422 m^2. Elle mesure 126 m de long et 83 m de large ; la voûte de la nef s'élève à 30,50 m.

France ■ La cathédrale Notre-Dame, à Amiens, Somme, mesure 134 m de long ; sa hauteur maximale sous voûtes est de 42,30 m. Pour une superficie de 7 760 m^2, elle a un volume intérieur de 200 000 m^3. Elle a été construite entre 1204 et 1260 par Robert de Luzarches.

La plus haute ■ La cathédrale Saint-Pierre, à Beauvais, Oise, a une hauteur sous voûtes de 48,20 m. Commencée vers 1226 et jamais achevée, elle ne possède qu'un chœur et un transept.

La plus haute flèche ■ La flèche de la cathédrale d'Ulm, Bade-Wurtemberg, Allemagne, culmine à 161 m. La première pierre de la cathédrale fut posée en 1377, mais la flèche ne fut construite qu'en 1890.

La flèche d'église la plus haute est celle du temple méthodiste de Chicago, Illinois, EU. C'est un gratte-ciel de 22 étages, construit en 1924, surmonté d'un presbytère à 100 m, puis d'une « chapelle du ciel » à 122 m sur laquelle vient s'ajouter une flèche à 173 m au-dessus du niveau de la rue.

France ■ La flèche de la cathédrale Notre-Dame, à Rouen, Seine-Maritime, s'élève à 147 m. Elle fut construite de 1823 à 1876. La flèche de la cathédrale de Strasbourg, Bas-Rhin, culmine à 142 m. Achevée en 1439, elle fut, jusqu'au XIXe siècle, la plus haute construction du monde.

Basiliques *Les plus vastes* ■ La nef de la basilique Saint-Pierre de Rome, construite de 1506 à 1614, au Vatican, mesure 187 m de long. L'édifice couvre une superficie de 15 142 m^2. Le diamètre intérieur du célèbre dôme est de 42 m et son centre se trouve à 119 m du sol.
Le point le plus élevé du dôme à l'extérieur est à 132 m du sol.
Notre-Dame-de-la-Paix (achevée en 1989), à Yamoussoukro, Côte-d'Ivoire, réplique exacte de Saint-Pierre de Rome, est encore plus haute. Avec sa croix d'or au sommet, elle s'élève à 158 m.

France ■ La grotte intitulée basilique Saint-Pie-X, à Lourdes, Hautes-Pyrénées, achevée en 1957 et ayant couté plus de 20 millions de F, est longue de 200 m, et peut accueillir 20 000 fidèles.

La plus longue ■ Santa-Cruz-del-Valle-de-los-Caidos, la basilique souterraine dédiée aux morts de la guerre civile, dans la sierra de Guadarrama, à 45 km de Madrid, Espagne, mesure 260 m de long. Sa construction a duré 21 ans (1937-1958).

L'église la plus petite ■ Union Church, à Wiscasset, Maine, EU, couvre une surface de 2,92 m^2 (2,13 m x 1,37 m).

La plus grande synagogue ■ La construction du temple Emanu-El, dans la 5e avenue à New York, fut achevée en septembre 1929. Il est long de 77 m et large de 45 m. Le sanctuaire même peut contenir 2 500 personnes et la chapelle attenante, Bethel, dispose de 350 places.

France ■ La synagogue de la Victoire, rue de la Victoire, à Paris, d'une superficie de 700 m^2, peut accueillir 1 500 personnes. Le plus ancien édifice européen connu de culte hébraïque est la synagogue-yeshiva (école) de Rouen, Seine-Maritime, construite à la fin du XIe siècle.

Mosquées *Les plus anciennes* ■ Aujourd'hui largement en ruine, la mosquée al-Malawiya, à Samarra, Irak, fut construite de 842 à 852. Sa superficie était de 3,72 ha (239 m x 156 m).
Construite sur un site cultuel vieux de 2 000 ans, la mosquée des Umayyades, à Damas, Syrie (du VIIIe siècle), est encore affectée au culte, mais elle est de dimensions plus modestes que la précédente : sa superficie est de 1,52 ha (157 m x 97 m).

La plus vaste ■ La mosquée la plus grande du monde est celle de Shah Faisal, près de Islamabad, Pakistan. La surface totale de cet ensemble est de 19 ha, avec une partie recouverte de 0,5 ha. Il peut accueillir 100 000 fidèles dans la salle des prières et la cour, et à peu près 200 000 dans l'ensemble du complexe.

Minarets *Les plus hauts* ■ Le minaret de la mosquée Hassan-II, à Casablanca, s'élève à 175 m. Le coût de la construction de cette mosquée a été évalué à l'équivalent de plus de 2 milliards de F.
Le minaret ancien le plus haut est celui de Qtub, au sud de New Delhi, Inde. Construit en 1194, il mesure 72 m.

LE 7e MINARET

SOLIMAN 1ER, LE MAGNIFIQUE (1494-1566), OFFRIT UN 7^E^ MINARET À LA MOSQUÉE DE LA MECQUE, LORS DE LA CONSTRUCTION EN 1550 DE LA MOSQUÉE SÜLEYMANIYE D'ISTANBUL. LIMITANT AINSI À 6 LES MINARETS DE SA MOSQUÉE, IL DONNAIT À LA MECQUE LE RECORD MONDIAL.

Les pagodes les plus hautes et les plus anciennes ■ La pagode Phra Pathom Chedi, à Nakhon Pathom, Thaïlande, construite pour le roi Mongkut entre 1853 et 1870, s'élève à 115 m.
La pagode de Shwedagon, à Rangoon, Birmanie, haute de 99 m, est construite sur le site d'une pagode de 8,20 m datant de 585 av. J.-C.
La pagode Sung-Yo Ssu, à Honan, la plus ancienne de Chine, fut édifiée en l'an 523 ; elle s'étage sur 15 niveaux à 12 faces.

L'objet sacré le plus précieux ■ Le bouddha en or du temple Vat Trimitr, à Bangkok, Thaïlande, est sans doute le plus précieux du monde. Datant du XVe siècle, il pèse 5,5 t et mesure 3 m de haut. L'or, caché par une fine pellicule de plâtre, ne fut découvert qu'en 1954. La valeur de la statue a été estimée à quelque 200 millions de F, en mars 1992.

Vitraux *Les plus anciens* ■ On a disposé dans une fenêtre de l'église Saint-Paul, à Jarrow, GB, des morceaux de vitraux, découverts au cours de fouilles, qui datent du VIIIe, voire du VIIe siècle.
Le plus ancien vitrail complet date de la seconde moitié du XIe siècle ; il se trouve à la cathédrale d'Augsbourg, Allemagne, et représente les Prophètes.

France ■ Le plus ancien vitrail connu et conservé représente la tête du Christ (25 cm de diamètre). Daté de 1060, il est conservé au musée de l'Œuvre-Notre-Dame, à Strasbourg, Bas-Rhin. Il aurait

France ■ La mosquée de Paris, rue Geoffroy-Saint-Hilaire, d'une superficie de 1 ha, peut accueillir 25 000 personnes.

◁ *Notre-Dame- de-la-Paix-de-Yamoussoukro, Côte-d'Ivoire, est la réplique presque exacte de la basilique Saint-Pierre de Rome : avec ses 158 m de haut, elle dépasse Saint-Pierre de 26 m.*

appartenu à une baie de l'église Saint-Pierre-et-Saint-Paul de Wissembourg, Bas-Rhin.

Les plus grands ■ Les vitraux de Notre-Dame-de-la-Paix, à Yamoussoukro, Côte-d'Ivoire, couvrent une superficie totale de 7 430 m^2.

France ■ Une verrière de 180 m^2 d'un seul tenant composée de 396 panneaux losangés en dalles de verre, œuvre de Gabriel Loire, a été placée en 1956 dans le chœur de l'église Notre-Dame-au-Cierge, à Épinal, Vosges. Elle représente une « légende des siècles à la gloire de Notre-Dame ».

Les plus hauts ■ Les vitraux du hall de l'hôtel Ramada à Dubaï, Émirats arabes unis, mesurent 41 m de haut.

Cloches

Les plus anciennes ■ Le *tintinnabulum* découvert dans le palais de Nemrod, à Babylone, en 1849, date de 1100 av. J.-C.

France ■ La cloche de l'église romane du XIe s. Saint-Jean-Baptiste de Douzevielle, annexe de Saint-Justin, Landes, porte l'inscription de sa date de fabrication : 1031. Elle bat ainsi la cloche de Fontenailles, Yonne, conservée au musée de Bayeux.

▷ La cloche de l'église de Douzevielle, Landes, est la plus ancienne de France. Elle a été fondue en 1031.

Les plus lourdes ■ La cloche Tsar Kolokol, fondue le 25 novembre 1735 à Moscou, pèse 202 t, mesure 6,60 m de diamètre et 6,10 m de hauteur, et a une épaisseur maximale de 60 cm. La cloche est fêlée et un morceau de 11 t s'en est détaché. Depuis 1836, la Tsar Kolokol, exposée au Kremlin, à Moscou, n'a pas sonné.
La plus lourde cloche encore en service est la Mingun, à Mandalay, Birmanie. Elle pèse 90,5 t et mesure 5 m de diamètre. Cette cloche, que l'on fait sonner de l'extérieur avec un heurtoir en teck, a été fondue à Mingun, pendant le règne du roi Bodawpaya (1782-1819).
La plus lourde cloche suspendue, la Petersglocke, se trouve dans la tour sud-ouest de la cathédrale de Cologne, Allemagne. Fondue en 1923, elle mesure 3,40 m de diamètre et pèse 25,4 t.

France ■ Au Sacré-Cœur de Montmartre, à Paris, la Savoyarde, fondue en 1891, pèse 18,8 t. Elle a 3,06 m de haut et 3,04 m de diamètre à la base.

Le plus grand carillon *France* ■ Les plus grands carillons sont ceux de Dijon, Côte-d'Or (63 cloches), et de Douai, Nord (62 cloches).

Le plus grand carillon
■ Le carillon idéal possède 4 octaves (49 cloches). Le plus grand du monde est celui du mémorial Laura Spelman Rockefeller, à New York. Il est composé de 74 cloches d'un poids total de 102 t. Le bourdon qui donne le do grave pèse 18,6 t et mesure 3,09 m de diamètre. Il s'agit de la plus grande cloche accordée du monde.

Ponts

Les plus anciens

Les plus anciens ■ Les Sumériens connaissaient le principe de la construction de l'arche dès 3200 avant notre ère. On a retrouvé les traces d'un pont sur le Nil qui daterait de 2650 av. J.-C. En Turquie, à Smyrne (maintenant Izmir), subsiste le pont le plus ancien qu'il soit possible de dater. Il remonte à 850 av. J.-C. C'est un pont en pierre à une seule arche qui enjambe la rivière Meles.

France ■ Plusieurs ponts datent de l'époque romaine, vers le Ier siècle ap. J.-C., notamment le pont Flavien, sur le Touloubre, à Saint-Chamas, Bouches-du-Rhône ; le pont Julien, sur le Calavon, à Apt, Vaucluse ; celui de Soumières, Gard, sur le Vidourle ; celui de Vaison-la-Romaine, Vaucluse, sur l'Ouvèze.

Les plus longs

Pont suspendu ■ Le pont de l'estuaire Humber, Humberside, GB, a la plus longue travée du monde. Elle mesure 1 410 m. Les pylônes qui soutiennent le pont mesurent 162 m et s'écartent de 36 mm de la parallèle pour compenser la courbure de la Terre. La longueur totale du pont est de 2,2 km, si l'on compte les deux travées latérales Hessle et Barton.
Achevé le 18 juillet 1980, il a coûté 96 millions de £.
Le pont ferroviaire et routier à deux niveaux Seto-Ohashi, au Japon, a été inauguré le 10 avril 1988. Il a coûté l'équivalent de 49 milliards de F et 17 vies humaines. Les véhicules acquittent l'équivalent de 240 F de péage dans chaque sens. La longueur totale (rampes d'accès et travée) est de 12,306 km, ce qui en fait le plus long pont combiné route-rail du monde.
Le pont suspendu Minami Bisan-Seto, de cette même route a la travée la plus longue du monde, 1 100 m, combinant route et rail.
Le pont routier Akashi-Kaikyo, qui reliera les îles de Honshu et de Shikoku, Japon commencé en 1988 doit être achevé en 1998. Sa travée principale mesurera 1 990 m et, en incluant les deux travées latérales d'accès, il mesurera en tout 3 910 m. Les deux portiques s'élèveront à 297 m au-dessus du niveau de l'eau et les deux câbles principaux auront un diamètre de 1,1 m, ces deux dimensions battant chacune des records du monde.
La construction du pont de Messine reliant la Sicile à la Calabre, en Italie, doit commencer dans les années 90. Il comportera une unique travée de 3,3 km, la plus longue du monde. L'estimation — croissante — du coût d'un tel projet dépasse déjà les 100 milliards de F.

France ■ Le pont d'Aquitaine, sur la Garonne, à Bordeaux, Gironde, édifié en 1967, est long de 1 767 m. Il a une travée centrale de 394 m.
La travée centrale la plus longue est celle du pont de Tancarville, Seine-Maritime. Elle mesure 608 m. Le pont lui-même, inauguré en 1958, est long de 1 410 m.
Le plus long pont à haubans est le pont de Mindin, sur la Loire, qui relie Saint-Nazaire à Saint-Brévin, Loire-Atlantique. Il a une longueur totale de 3 356 m.

Cantilever ■ Le pont de Québec, qui enjambe le Saint-Laurent, au Canada, mesure 987 m et comporte 1 voie de chemin de fer et 2 chaussées. Commencé en 1899, il a été ouvert à la circulation le 3 décembre 1917 au prix de 87 vies humaines.

France ■ Le pont de Tolbiac, à Paris, sur les voies ferrées SNCF (1892-1895), est long de 162 m. Sa plus longue poutre mesure 84 m.
Le pont de Frans, Ain, sur la Saône, édifié en 1902, est long de 161,72 m. La plus grande de ses trois travées mesure 70 m.
Parmi les ouvrages modernes (béton précontraint et métal), le plus long est le pont Mathilde, sur la Seine, à Rouen, Seine-Maritime (1980). Il mesure 480 m et sa plus grande travée est de 145 m.

Pont à arche métallique ■ Le plus long est le New River Gorge Bridge, près de Fayetteville, Virginie, EU. Achevé en 1977, il mesure 518 m.

Pont flottant ■ Le plus long est le Second Lake Washington Bridge, à Evergreen, Seattle, EU. Achevé en août 1963, il mesure 3,8 km de long avec une partie flottante de 2,3 km. Il a coûté 15 millions de $.

Pont couvert ■ Le plus long est celui de Hartland, Nouveau-Brunswick, Canada. Achevé en 1899, il mesure 391 m.

Pont ferroviaire ■ Le plus long est le Huey P. Long Bridge, à Metairie, Louisiane, EU. Achevé le 16 décembre 1935, il mesure 7 km et comporte une travée de 241 m.

France ■ Le plus long pont ferroviaire est celui de Saint-André-de-Cubzac, Gironde, qui enjambe la Dordogne. Il mesure 2 020 m.

Pont d'or

La plus grande antiquité jamais vendue fut le London Bridge en mars 1968. La vente fut réalisée par Ivan F. Luckin du Common Council of the Corporation de Londres à la compagnie McCulloch Oil de Los Angeles, Californie, EU, pour l'équivalent de 1 milliard de F. Les 10 000 t de pierres de façades furent réassemblées moyennant 3 milliards de F à Lake Havasu City, Arizona, EU. Il fut « ré-inauguré » le 10 octobre 1971.

△ *Le pont du port de Sydney, Australie, inauguré le 19 mars 1932, est le plus large du monde. Il porte 2 voies ferrées, 8 voies routières, 1 piste cyclable et 1 voie piétonnière. L'étrange silhouette en pétales de fleurs est celle du grand opéra.*

Le viaduc le plus long ■ Terminé le 23 mars 1969, le Second Lake Pontchartrain Causeway reliant Lewisburg à Mandeville, Louisiane, EU, traverse le lac Pontchartrain et mesure exactement 38,422 km, soit 69 m de plus que le First Causeway, adjacent, achevé en 1956. Il a coûté 30 millions de $.
Le viaduc ferroviaire le plus long est le pont du Grand Lac salé, Utah, EU, inauguré en 1904. Il permet au chemin de fer du Pacifique Sud de traverser les 19 km du lac.

France ■ Inauguré en mai 1988, le pont qui relie l'île de Ré, Charente-Maritime, au continent a une longueur totale de 3 840 m. Il a coûté 385 millions de F.

Les ponts les plus larges ■ Inauguré le 19 mars 1932, le pont du port de Sydney, Australie, a 49 m de largeur. C'est le plus large des ponts de grande envergure (503 m de travée). Il porte 2 voies ferrées électrifiées, 8 voies routières, 1 piste cyclable et 1 voie piétonnière.
Le petit pont de Crawford Street, à Providence, Rhode Island, EU, a une largeur record de 350 m.

VITE, UN PONT

Le 17 octobre 1989, des soldats du 35e régiment d'ingénieurs, basé à Hameln, Allemagne, ont mis 8 mn 31 s pour construire un pont sur piles de 5 travées long de 8 m. Cet exploit a eu lieu à la caserne Québec, à Osnabruck, Allemagne.

Les plus hauts

Routier ■ Le pont le plus haut du monde se trouve à 321 m au-dessus du niveau de l'eau. Il enjambe la Royal Gorge, où coule l'Arkansas, Colorado, EU. Construit en six mois (juin-décembre 1929), ce pont suspendu a une travée principale de 268 m.

France ■ Construit en 1947, le pont de l'Artuby, qui enjambe les gorges du Verdon, Var, est situé à 180 m au-dessus du niveau de l'eau.

Ferroviaire ■ Le viaduc des chemins de fer yougoslaves Mala Rijeka, à Kolasin, sur la ligne Belgrade-Bar, inauguré le 1er juin 1976, a 198 m de haut. C'est un pont sur piles de béton avec des travées en acier.

France ■ Le viaduc des Fades, près de Clermont-Ferrand, Puy-de-Dôme, est construit à 132,5 m au-dessus de la Sioule.

A la plus grande altitude ■ Le pont Bailey, conçu par le lieutenant-colonel S.G. Vombatkere, a été construit par une équipe de l'armée indienne en août 1982. Long de 30 m, il est situé à 5 602 m d'altitude près de Khardung La, au Ladakh, Inde.

France ■ Le pont ferroviaire situé à la plus haute altitude est le viaduc à sept arches qui va de Planès à la station de Mont-Louis, Pyrénées-Orientales, au-dessus du Jardo. Il passe à 1 450 m d'altitude.

Aqueducs

L'aqueduc ancien le plus long ■ L'aqueduc de Carthage, aujourd'hui Tunisie, était le plus grand de l'Antiquité. Il parcourait 141 km, des sources de Zaghouan au djebel Djougar. Il fut construit par les Romains sous le règne de l'empereur Hadrien (76-138). Sa capacité était de l'ordre de 32 millions de litres d'eau par jour.
Construit en 1784, l'aqueduc d'Aguas Livres, à Lisbonne, Portugal, compte 14 arches, dont la plus haute mesure 65 m.

France ■ L'aqueduc à trois niveaux du pont du Gard, près de Nîmes, mesure 48 m de haut. Il date de l'an 19 de notre ère.

L'aqueduc moderne le plus long ■ L'aqueduc le plus long du monde est le California State Water Project. Achevé en 1974, il mesure 1 329 km, dont 619 km sont canalisés. Ce n'est pas un aqueduc au sens classique du terme, puisqu'il sert de conduite d'eau et non de canal d'irrigation.

Canaux

Records généraux

Les plus anciens ■ C'est à Mandali, en Irak, que l'on a découvert, au début de l'année 1968, les restes des plus vieux canaux du monde. Ils dateraient de 4000 av. J.-C.

France ■ Le canal de Bergues, Nord, existe depuis le IXe siècle.

Les plus longs ■ Le canal reliant la Volga à la Baltique a été inauguré en avril 1965. Il parcourt 2 300 km d'Astrakhan à Saint-Pétersbourg, en passant par Kouibichev, Nijni-Novgorod (ex-Gorki) et le lac Lagoda.
Le Grand Canal de Chine était le plus grand canal de l'Antiquité. Il reliait Pékin à Hang-Tchéou. Commencé en 540 av J.-C., il ne fut achevé qu'en 1327. A l'époque, il mesurait 1 781 km, en comptant les tronçons de rivière canalisés. On pense qu'en

Le canal le plus profond ■ Le fossé du canal de Panamá, appelé « le Gaillard », a une profondeur de 82 m entre Gold Hill et Contractor's Hill. Au fond, la largeur du fossé est de 152 m. En 1911, 333 trains ont évacué chacun 363 t de déblais en un seul jour.

600 près de 5 millions d'hommes travaillaient sur la section du Pien. En 1950, l'envasement du canal était tel que sa profondeur ne dépassait nulle part 2 m. Depuis, il a été nettoyé, et des navires de 2 000 tonneaux l'empruntent de nouveau.

Le canal de Suez, en Égypte, est le canal pour gros-tonnages le plus long du monde. Il relie la Méditerranée à la mer Rouge. Conçu par le comte Ferdinand de Lesseps (1805-1894), alors diplomate, il fut mis en chantier le 25 avril 1859 et inauguré dix ans plus tard, le 16 novembre 1869. Il a été fermé à la circulation de juin 1967 à juin 1975. Long de 162 km, du phare de Port Saïd à Suez, il a une largeur de 60 m. Sa construction a mobilisé 8 213 hommes et 368 chameaux. Le plus gros navire à l'avoir emprunté a été le *Settebello*, de 338 m de long et 57 m de large, jaugeant 322 446 tonneaux. Il avait un tirant d'eau de 23 m et se dirigeait vers le sud. Ce record a été établi le 6 août 1986. Dans la nuit du 15 au 16 août 1984, le navire américain *Shreveport* a traversé le canal vers le sud dans le temps record de 7 h 45 mn. 20 000 navires empruntent annuellement ce canal.

France ■ Construit de 1838 à 1853, le canal de la Marne au Rhin, long de 315 km, relie le bassin parisien à l'Alsace. Il commence à Vitry-le-François, Marne, et débouche dans le port de Strasbourg, Bas-Rhin.

Le plus fréquenté ■ Le canal pour gros-tonnages le plus fréquenté du monde est le canal de Kiel, Allemagne. Il relie la mer du Nord à la Baltique. 45 000 navires l'empruntent en moyenne chaque année. Viennent ensuite le canal de Suez, avec plus de 20 000 passages. Si l'on prend en considération le tonnage, c'est le canal de Suez qui arrive en tête : 265 819 000 t en 1989.

La voie maritime artificielle la plus grande ■ Le canal du Saint-Laurent, de 304 km, relie Montréal au lac Ontario, le long de la frontière entre les États-Unis et le Canada. Il permet à des navires pouvant atteindre 220 m de long et 8 m de tirant d'eau, soit 26 400 tonneaux, d'effectuer un parcours de 3 769 km. Venant de l'Atlantique, ils remontent l'estuaire du Saint-Laurent et traversent les Grands Lacs jusqu'à Duluth, Minnesota, EU, sur le lac Supérieur (à 183 m au-dessus du niveau de la mer). Le canal, commencé en 1954, a été inauguré le 25 avril 1959. Il a coûté 470 millions de $.

Le canal d'irrigation le plus long ■ Le canal Karakoumski, s'étend de Haun Khan à Ashkhabad, au Turkménistan. Il a 1 200 km de longueur. En 1991, la longueur navigable est de 800 km.

Écluses

La plus grande ■ L'écluse de Berendrecht, à Anvers, Belgique, a 500 m de long et 68 m de large.

France ■ L'écluse maritime du Havre, Seine-Maritime, mesure 401 m de porte à porte, 67 m de largeur de pertuis et 24 m de profondeur. Inaugurée le 27 octobre 1972, elle est accessible aux navires de 250 000 tonneaux.

L'écluse François-Ier, également au Havre, a le plus grand pont basculant de France, d'une portée de 74 m.

La plus profonde ■ L'écluse de Zaporojïé, sur le canal du Dniepr, permet aux péniches de franchir une dénivellation de 39,20 m. Celle de Carrapatelo, sur le Douro, au Portugal, présente une dénivellation de 35 m.

Le plan incliné le plus grand ■ Le plan incliné de Ronquières, sur le canal reliant Charleroi à Bruxelles, en Belgique, présente un dénivellé de 69 m. Les deux caissons, équipés chacun de 236 roues et pouvant supporter un poids de 1 370 t, mettent 22 mn pour franchir les 1 500 m du plan incliné. C'est le plus grand ascenseur d'écluse au monde.

France ■ Le plan incliné d'Arzviller, Moselle, a été construit sur le canal de la Marne au Rhin, pour remplacer 17 écluses. Il présente une pente à 41 % de 109 m de long. Le bac de 41 m x 5,20 m qui assure le transit le franchit en 20 mn. Autrefois, le passage des 17 écluses faisait perdre toute une journée.

Barrages

Les plus anciens ■ Les barrages les plus anciens connus sont des barrages de terre à revêtement de pierre datant d'environ 3200 av. J.-C. Ils ont été découverts en 1974 à Jawa, Jordanie, par l'École britannique d'archéologie de Jérusalem.

Les plus massifs ■ D'un volume de 238 millions de m^3, le barrage de Pati, construit en blocage de pierre et de terre sur le Paraná, en Argentine, mesure 175 km de long et 36 m de haut. Il sera dépassé par le barrage de Syncrude Tailings, au Canada, qui aura une capacité de 540 millions de m^3.

France ■ Les barrages du Mont-Cenis, Savoie, et de Serre-Ponçon, Hautes-Alpes, ont les plus grands volumes de terre : 14 millions de m^3.

Le plus grand en béton ■ La construction du barrage de Grand Coulée, sur la Columbia, dans l'État de Washington, EU, a commencé en 1933. Mis en service le 22 mars 1941, il a été achevé en 1942, pour un coût de 56 millions de $. Il a une longueur de crête de 1 272 m et une hauteur de 167 m. Il a nécessité 8 millions de m^3 de béton. Son poids avoisine 19,6 millions de t.

France ■ Le barrage de Roselend-la-Bathie, Savoie, a le plus grand volume en béton, 945 000 m^3.

Les plus hauts ■ Une fois achevé, le barrage de Rogounskaïa, en blocage de terre, sur le fleuve Vakhch, au Tadjikistan, ex-URSS, mesurera 335 m de hauteur, pour seulement 602 m de longueur de crête, et aura un volume de 71 millions de m^3. En cours de construction depuis 1981, il devrait être terminé dans le courant de l'année 1992.
Le barrage achevé le plus élevé est celui de Nourek, ex-URSS. Il a une hauteur de 300 m pour un volume de 58 millions de m^3.

France ■ Le barrage en béton le plus haut est celui de Tignes, Savoie, sur l'Isère (180 m). Le plus haut en terre est celui de Serre-Ponçon, sur la Durance (129 m). Le plus haut en terre et en enrochement est celui de Grand-Maison, Isère (160 m).

Les plus longs ■ Le barrage de Kiev, sur le Dniepr, Ukraine, achevé en 1964, a une longueur de crête de 412 km.
Au début du XVIIe siècle, un barrage de retenue de hauteur moyenne fut construit sur le lac Hongze, dans la province de Kiangsou, en Chine. Sa longueur était alors estimée à une centaine de kilomètres.
La plus longue digue maritime du monde est celle d'Afsluitdijk. Construite en 1932, elle ferme le Zuiderzee, mer intérieure des Pays-Bas. Longue de 32,5 km, elle se divise en deux sections, l'une de 2,5 km (des côtes de la Hollande septentrionale à l'île de Wieringen) et l'autre de 30 km (de Wieringen à la Frise). Elle a une largeur de 89 m au niveau de la mer et une hauteur de 7,50 m.

France ■ Le barrage le plus long en béton est celui de Roselend-la-Bathie : il mesure 804 m à son sommet. Le plus long en terre (4,2 km) est la digue située sur le bassin supérieur de Revin, Ardennes. En terre et en enrochement, c'est celui du Mont-Cenis : il mesure 1,4 km à son sommet.

Le plus fort ■ Une fois achevé, ce sera le barrage de Saïano-Tchouchenskaïa, sur l'Iénisseï, ex-URSS. Haut de 242 m, il est conçu pour supporter la pression de 18 millions de t d'un réservoir d'une capacité maximale de 31 milliards de m^3 d'eau.

Les plus grands réservoirs ■ Le réservoir artificiel le plus volumineux est celui de Bratskoïé, ex-URSS, sur le fleuve sibérien Angara ; il a un volume de 169,3 km^3 et s'étend sur 5 470 km^2.
Le plus grand lac artificiel du monde en surface est le lac Volta, au Ghana, formé par le barrage d'Akosombo, achevé en 1965. En 1969, le lac couvrait une surface de 8 482 km^2 pour un périmètre de 7 250 km.
L'achèvement en 1954 du barrage des chutes d'Owen, près de Jinja, Ouganda, sur le Nil Blanc, à la sortie nord du lac Victoria, a augmenté sensiblement le niveau de ce lac naturel en y ajoutant 270 km^3, ce qui l'a transformé en un réservoir d'une surface globale de 70 000 km^2 (12 % de la superficie de la France).
Construit pour un montant de 4 milliards de $, le barrage de Tucurui, au Brésil, de 64,3 millions de m^3, avait dès 1984 transformé le fleuve Tocantins (2 640 km) en un chapelet de lacs long de 1 900 km.

France ■ Le barrage de Serre-Ponçon, sur la Durance, achevé en 1960, est une digue en terre compacte d'une capacité totale de retenue de 1 270 millions de m^3. La retenue couvre 3 000 ha. C'est la plus grande d'Europe.

Barrage fluvial antimarées ■ Le Thames (Tamise) Barrier de Wollwich, près de Londres, comprend 9 digues et 10 ouvertures. Il a 6 secteurs à grille ascendante de 61 m de largeur et 4 grilles radiales descendantes de 31,50 m de largeur.

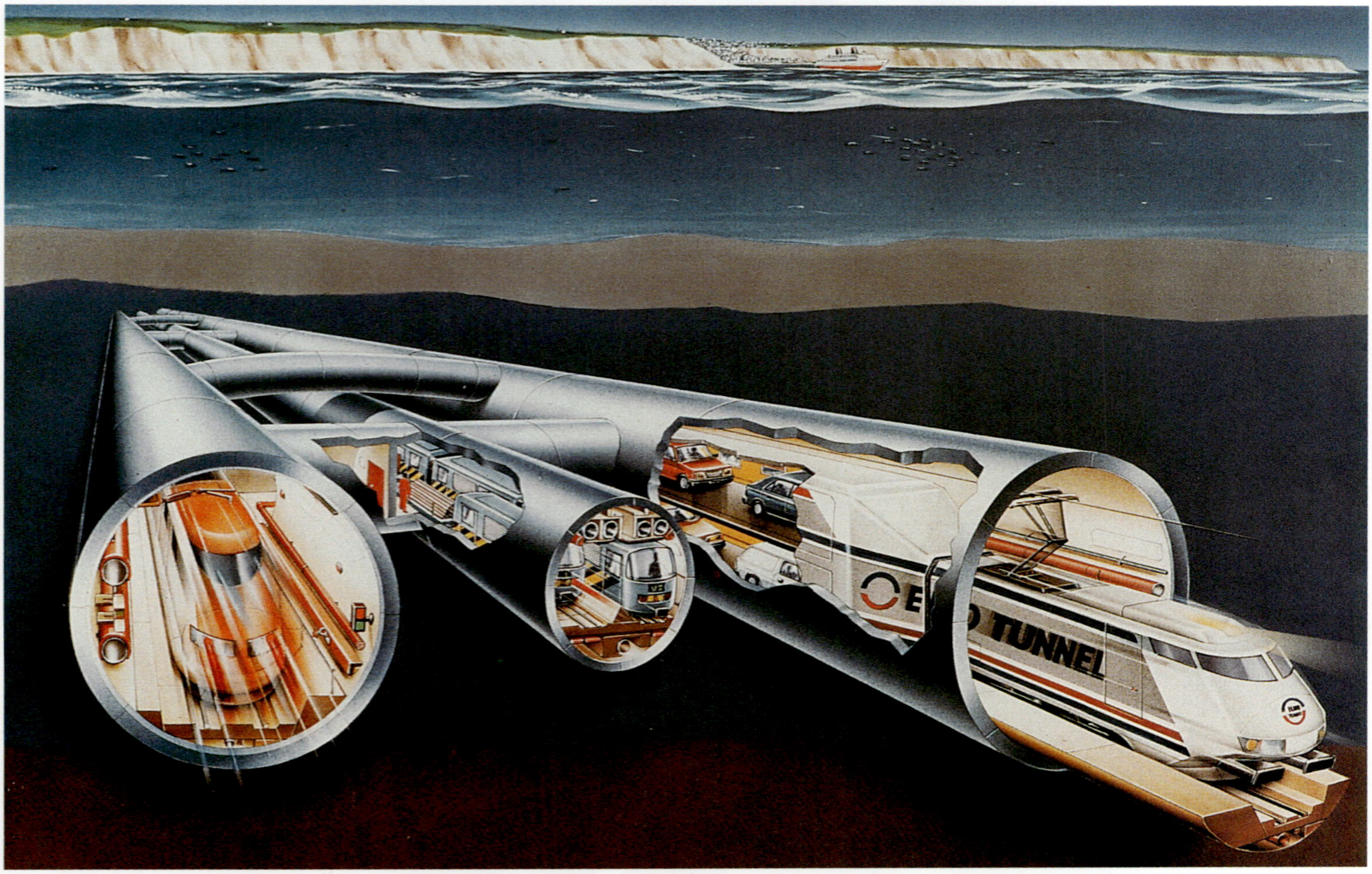

Le plus grand polder (terre prise à la mer) ■ Des cinq grands polders de l'ancien Zuiderzee, aux Pays-Bas, le plus grand est le Markerwaard, d'une superficie de 603 km^2. Le Zuiderzee fut fermé en 1932 par une digue de 32,5 km qui le sépare de la mer des Wadden et l'a transformé en lac d'eau douce, l'Ijselmeer.

Les plus grandes levées de terre ■ Ce sont celles du Mississippi, commencées en 1717 et considérablement agrandies par le gouvernement fédéral des États-Unis après les inondations désastreuses de 1927. Elles s'étendent sur 2 787 km le long du cours principal du fleuve, reliant cap Girardeau, Missouri, au golfe du Mexique. Elles représentent plus de 765 millions de m^3 de terrassement. Le long des affluents, il a fallu pratiquer 3 200 km de levées de terre supplémentaires. Un tronçon continu de 1 046 km relie Pine Bluff, Arkansas, à Venice, Louisiane.

Tunnels

Tunnels routiers ***Les plus longs*** ■ Le tunnel à deux voies du Saint-Gothard, long de 16 km, relie Göschenen à Airolo, en Suisse. Il a été ouvert à la circulation le 5 septembre 1980. Les travaux, commencés à l'automne de 1969, ont coûté 686 millions de francs suisses et 19 vies humaines.

France ■ Le plus long tunnel routier est le tunnel du Mont-Blanc, qui relie sur 11 600 m la vallée de l'Arve, Haute-Savoie, au val d'Aoste, Italie. La partie française mesure 7 640 m.
Le tunnel le plus long entièrement sur le territoire français est le tunnel Maurice-Lemaire, à Sainte-Marie-aux-Mines, Haut-Rhin, à travers les Vosges. Il mesure 6 872 m.

Le plus large ■ Le tunnel routier foré à l'explosif à travers l'île de Yerba Buena, à San Francisco, Californie, EU, mesure 24 m de large, 17 m de haut et 165 m de long. Plus de 90 millions de véhicules l'empruntent sur ses deux niveaux chaque année.

Tunnel ferroviaire ■ Le tunnel ferroviaire de Seikan, Japon, long de 54 km, a été percé à 240 m au-dessous du niveau de la mer et à 100 m au-dessous du fond marin du détroit de Tsugaru, entre Tappi Saki, dans l'île de Honshu, et Fukushima, dans l'île de Hokkaido. Les essais sur la section sous-marine, longue de 23 km, ont commencé en 1964 et la construction en juin 1972. Le percement fut achevé le 27 janvier 1983, après avoir coûté la vie à 34 personnes. Les travaux furent terminés en mars 1988.

France ■ Le plus long tunnel ferroviaire est celui du Fréjus, Savoie. Il passe sous le col du Fréjus (2 542 m), sur la ligne Culoz (Ain)-Modane (Savoie), entre la France et l'Italie. Inauguré le 17 septembre 1871, il constitua la première percée des Alpes. Long de 13 690 m, dont 6 907 m en France, il se situe à environ 1 200 m d'altitude.
Le plus long tunnel ferroviaire entièrement sur le territoire français est celui de Braus, sur la ligne Nice-Breil-sur-Roya, Alpes-Maritimes. Il mesure 5 939 m.
Le plus élevé est le petit tunnel du col de Rigat (121 m), sur la ligne Villefranche-de-Conflent-Latour-de-Carol, Pyrénées-Orientales, à 1 482 m d'altitude.

△ En principe Eurotunnel, le tunnel sous la Manche, sera ouvert au public le 15 juin 1993 après de très nombreuses péripéties. La disparition de la qualité d'« insulaires » des Britanniques va-t-elle modifier les traits historiques de leur caractère : humour, fair-play, self-control, etc.

Le rêve de Napoléon

Le tunnel sous la Manche, dont rêvèrent Napoléon — pour envahir l'Angleterre — et des dizaines d'ingénieurs, sera ouvert à la circulation le 15 juin 1993. Les voitures seront transportées à bord de trains, sur 50 km, le long de deux galeries parallèles de 7,60 m de diamètre, à 40 m sous le fond du détroit du pas de Calais. Le tunnel, qui reliera Sangatte, Pas-de-Calais, à Cheriton, Kent, GB, en 21 à 27 mn, constitue le plus grand chantier de la planète. Les travaux devraient coûter 80 milliards de F. La première jonction matérielle a été établie le 30 octobre 1990, à 20 h 25, dans le tunnel de service (4,80 m de diamètre), qui sépare les deux galeries ferroviaires. Le 1er décembre 1990, à 12 h 12, Philippe Cozette, du côté français, et Graham Fagg, du côté britannique, ont percé les derniers centimètres qui les séparaient et ont pu se rejoindre.

Fumigation ■ Lors de la restauration du complexe de Mission Inn, à Riverside, Californie, du 28 juin au 1er juillet 1987, dans le but de débarrasser les bâtiments des termites, l'entreprise Fume Masters a utilisé 350 bâches pesant jusqu'à 160 kg pour recouvrir totalement les 6 500 m^2 du site et de ses bâtiments, dômes, minarets, cheminées et balcons, dont certains avaient plus de 30 m de hauteur.

Tunnel d'alimentation en eau ■ Le plus long tunnel, toutes catégories confondues, est le tunnel d'alimentation en eau de New York City West Delaware, commencé en 1937 et achevé en 1944. D'un diamètre de 4 m, il s'étend sur 169 km, du réservoir Rondout au réservoir Hillview, à la limite de Yonkers et de la ville de New York.

Tunnel hydroélectrique ■ Le forage du tunnel d'Orange-Fish Rivers, en Afrique du Sud, long de 83 km et d'un diamètre de 5,5 m, a commencé en 1967. Les travaux se sont achevés en avril 1973 pour un coût estimé à 600 millions de F.
Le projet Majes, au Pérou, prévoit le percement de 98 km de tunnels destinés à l'hydroélectricité et à l'alimentation en eau. Le barrage est à 4 200 m d'altitude.

Tunnel d'évacuation ■ Le TARP (Tunnels and Reservoir Plan) de Chicago, Illinois, EU, nécessitera le percement de 209 km de tunnels d'évacuation des eaux. En août 1991, 81 km étaient opérationnels et 40 km étaient en construction. Il devra, à l'avenir, desservir 3,9 millions de personnes dans une zone de 971 km^2. Son coût est estimé à 3,7 milliards de $.

Pont-tunnel ■ Le pont-tunnel de la baie de Chesapeake, en Virginie, EU, long de 28 km, a coûté 200 millions de $. Achevé après 42 mois de travaux, il a été ouvert à la circulation le 15 avril 1964.

LE CANAL SOUS LA MONTAGNE

Le tunnel du Rove, sur le canal de Marseille au Rhône, fut achevé en 1927. Il mesurait 7 120 m de long, 22 m de large et 11 m de haut. Conçu pour la navigation maritime, il fut fermé en 1963 par suite d'un éboulement.
Le tunnel navigable le plus long de France en service est le tunnel de Bony, sur le canal de Saint-Quentin, Aisne. Il a 5 670 m de long.

Le plus ancien tunnel navigable ■ D'une longueur de 160 m, le tunnel de Malpas, sur le canal du Midi, fut achevé en 1680. Il permettait à des bateaux de naviguer de l'océan Atlantique à la mer Méditerranée, via la Garonne jusqu'à Toulouse, et via le canal du Midi jusqu'à Sète.

Métros ■ Voir chapitre *Véhicules, rubrique « Transports ferroviaires ».*

Structures spécialisées

Auvents ■ Sur une surface de 17 500 m^2, la société Deuter, d'Augsbourg, Bavière, Allemagne, a dressé le plus grand auvent pour l'Expo Bienvenue de 1958 à Bruxelles.
Quinze tentes contiguës couvrant 28 400 m^2 ont abrité l'exposition Offshore Europe 1983, à Bridge of Don, dans le comté d'Aberdeen, Écosse.

Caves à vin ■ Les caves coopératives de Wijnbouwers-Vereeniging, connues sous le sigle KWV, se trouvent à Paarl, près du Cap, au centre de la région viticole d'Afrique du Sud. Elles couvrent une surface de 10 ha et ont une capacité de 136 millions de litres.
La Cienega Winery, des Vignes Almadén, à Hollister, Californie, couvre 16 ha et peut loger 37 300 fûts de chêne contenant environ 8 millions de litres de vin.

Caves à vin de restaurants ■ Voir plus loin.

Clôtures ***La plus longue*** ■ La clôture en fil de fer barbelé qui entoure les principales zones d'élevage de moutons en Australie pour les protéger des dingos (mammifères carnivores de la taille d'un grand renard) mesure 1,80 m de haut, s'enfonce à 30 cm dans le sol, et s'étend sur 5 531 km. Le

gouvernement de l'État du Queensland a cessé de l'entretenir régulièrement en 1982, mais une section de 500 km est actuellement en cours de réparation.

La plus haute ■ Les écrans de sécurité de 20 m de hauteur érigés en novembre 1981 par Harrop-Allin, de Pretoria, protègent les dépôts et les raffineries de carburant de Sasolburg, en Afrique du Sud.

Constructions de neige ou de glace ■ Un palais de neige de 26,50 m de hauteur, dont les 4 structures s'étendaient sur 214 m de large, a été inauguré le 7 février 1987 à Asahikawa, île d'Hokkaido, Japon.
La plus grande construction de glace au monde est le palais édifié en janvier 1986 à Saint Paul, Minnesota, EU, lors du carnaval d'hiver. Conçu par Ellerbe Associates Inc., il se dressait à 39 m de hauteur, l'équivalent d'un immeuble de 13 étages. 9 000 blocs de glace furent assemblés pour le construire.

Bonhomme de neige ■ Yukichian, « la Fille des neiges », a été construite, en mars 1991, par les habitants de Sumon et de Niigata, Japon. Elle a 22,20 m de haut.

France ■ Le 27 février 1988, les élèves de l'école des beaux-arts de Pau, Pyrénées-Atlantiques, ont édifié, près du gouffre de la Pierre-Saint-Martin, un bonhomme de neige haut de 15,70 m.

Démolitions à l'explosif ■ L'hôtel Traymore, à Atlantic City, New Jersey, EU, fut démoli le 26 mai 1972 par la Controlled Demolition Inc. de Towson, Maryland. Cet hôtel de 600 chambres sur 21 étages avait un volume intérieur de 181 340 m^3.
La plus haute cheminée d'usine jamais détruite à l'explosif est celle de la centrale de Matla, à Kriel, Afrique du Sud. Elle se dressait à 275 m de hauteur et fut abattue le 19 juillet 1981 par la Santon (Steeplejack) Co. Ltd de Manchester, GB.

France ■ Le 18 février 1986, les 70 000 t de béton de l'immeuble Debussy, à La Courneuve, Seine-Saint-Denis, se sont écroulées en 8 s. L'opération avait demandé 2 mois de travail préparatoire à la Société nouvelle de démolition.

Dômes *En pierre* ■ Le plus large dôme en pierre du monde est celui du Panthéon, construit à Rome au Ier siècle ap. J.-C. : il a 43,50 m de diamètre.

△ Le Debussy dont on ne voulait plus a été soigneusement miné et au bout du compte à rebours s'est écroulé en 8 s.

Caves à vin

La plus grande ■ Le célèbre restaurant La Tour d'argent, à Paris, possède la cave la plus grande et la plus riche du monde.
En août 1991, elle conservait 350 000 bouteilles. Parmi ses vins les plus prestigieux, La Tour d'argent possède 40 bouteilles de château-gruaud-larose 1870, dont le prix est de 10 260 F à la carte, et un cognac grand champagne-café anglais 1830, qui se vend 1 270 F le verre. Parmi les bouteilles exposées au musée du restaurant se trouvent une fine champagne clos-du-griffier 1788 et un château-latour 1845.

La plus cotée ■ Décerné par le journal américain *One Spectator*, le prix international *Awards of Excellence* récompense la meilleure cave de restaurant du monde.
Il a été décerné 3 fois de suite, en 1988, 1989 et 1990 à M. Paul Léaunard, propriétaire de La Côte de bœuf, à Marseille, Bouches-du-Rhône. Sa cave compte 25 000 bouteilles de 1 250 crus différents ; la carte des vins a 60 pages.

Le passionné de vins se reportera à l'encadré « Records de Vins et Spiritueux » dans le chapitre Affaires et Agriculture.

Les dômes de la basilique Saint-Pierre de Rome, de la cathédrale Sainte-Marie-de-la-Fleur, à Florence, Italie, et du British Museum, à Londres, ont chacun 42 m de diamètre.

France ■ Le dôme des Invalides, à Paris, a 28 m de diamètre et celui du Panthéon, à Paris, 20,50 m (voir aussi *Stades*).

Épouvantail ■ Construit le 2 septembre 1989 par la famille Speers de Paris, Ontario, Canada, « Stretch II » mesurait 32 m de haut. Il a fallu l'aide de 15 personnes pour confectionner cet épouvantail exposé à la foire de Paris Fall.

Gares ■ Voir chapitre *Véhicules, rubrique « Transport ferroviaires »*.

Gazomètres ■ Les plus grands sont ceux de Fontaine-l'Évêque, Belgique, où des mines désaffectées ont été adaptées pour stocker jusqu'à 500 millions de m^3 de gaz à pression normale.
Le plus grand gazomètre classique est probablement celui de Wien-Simmering, à Vienne, Autriche. Achevé en 1968, il mesure 84 m de haut et a une capacité de 300 000 m^3.

Ports ■ Voir chapitre *Véhicules, rubrique « Bateaux »*.

Cimetières *Le plus grand* ■ Le cimetière de Rookwood, Nouvelle-Galles du Sud, Australie, s'étend sur 295 ha et abrite 575 536 sépultures. Il existe depuis 1867.

France ■ Le cimetière de Pantin, Seine-Saint- Denis, ouvert le 15 novembre 1886, s'étend sur 107 ha. Il abrite 199 000 sépultures.
Le plus grand cimetière parisien, celui du Père-Lachaise, aménagé en 1804, couvre 44 ha. Il abrite 70 000 sépultures et 25 000 cases de colombarium. Le Père-Lachaise est le quatrième site touristique de Paris. Il accueille entre 3 et 4 millions de visiteurs par an.

Qu'ils reposent en paix.

Le cimetière pour chiens et autres animaux domestiques d'Asnières, Hauts-de-Seine, ouvert en 1899, s'étend sur 9 798 m^2.
Il abrite environ 3 000 tombes. On estime que 55 000 animaux y sont enterrés, parmi lesquels une lionne, une poule, des chevaux, un singe et les chiens de Courteline et de Sacha Guitry.

Le plus haut ■ Illuminé en permanence, le grand cimetière de Santos, proche de São Paulo, Brésil, s'étend sur 10 étages et sur une superficie de 18 000 m^2. Plus de 20 000 personnes pourront y avoir leur sépulture.

Crématorium ■ Le plus grand crématorium du monde se trouve au cimetière de Nikolo-Arkhangelskoïe, à l'est de Moscou. Il comprend 7 doubles incinérateurs de conception britannique. Achevé en mars 1972, il possède plusieurs « salles des adieux » pour les non-croyants.

Sépultures ■ Le tombeau de Zheng, empereur de Chine, date de 221 av. J.-C. Il est situé sur le mont Li, à 40 km à l'est de Xianyang. Les deux murs d'enceinte du tombeau mesurent 2 173 m x 974 m et 685 m x 578 m. On estime que 8 000 soldats en terre cuite grandeur nature sont logés dans certaines cavités du tombeau.
Un tombeau servant de sépulture à 180 000 soldats de la Seconde Guerre mondiale morts dans l'île d'Okinawa, Japon, a été agrandi en 1985 pour abriter 9 000 autres dépouilles retrouvées dans la jungle impénétrable de l'île, et qui étaient restées, depuis 1945, enfouies sous les feuilles et les branches.

▷ *La marque de Citroën installée en 1925 est restée sur la tour Eiffel, pendant 11 ans.*

△ *Tombe du joli mouton Faust, trop bon et trop intelligent, décédé le 3 octobre 1907. Tombe du brave Barry, chien saint-bernard, champion de sauvetage en montagne. Ces deux chefs-d'œuvre de la douleur et des regrets éternels peuvent être visités au cimetière pour animaux d'Asnières, à côté de Paris.*

ENSEIGNES LUMINEUSES ET PANNEAUX PUBLICITAIRES

Enseigne animée ■ La plus grande du monde semble être celle qui décore le Circus Circus Hôtel, à Reno, Nevada, EU. Elle s'appelle « Topsy le Clown », mesure 39 m de haut et pèse plus de 41 t. 2,25 km de tubes au néon l'éclairent. Son sourire s'étale sur plus de 4 m de largeur.

Enseignes au néon ■ La lettre « M » installée sur le Great Mississippi River Bridge s'étend sur 549 m et contient 200 ampoules de haute intensité.
La plus grande enseigne au néon mesure 64 m x 16 m ; elle a été construite pour les cigarettes Marlboro à Hung Hom, Kowloon, Hong Kong, en mai 1986. Elle contient 10,6 km de tubes au néon et pèse environ 113 t.

Enseigne la plus grande ■ L'enseigne la plus visible jamais érigée était la publicité électrique « Citroën » sur la tour Eiffel. Allumée le 4 juillet 1925, elle se voyait à 38 km à la ronde. Elle était en six couleurs et éclairée par 250 000 ampoules alimentées par 90 km de câbles électriques. La lettre « N », qui termine le mot « Citroën », entre le deuxième et le troisième étage, mesurait 20 m de haut. L'enseigne fut démontée en 1936. On n'a jamais fait plus grand depuis.

Enseigne placée le plus haut ■ C'est le sigle « I » (Je, en anglais), au sommet du First Interstate World Centre building, à Los Angeles, Californie, EU, bâtiment de 73 étages et de 310 m de haut.

Panneaux publicitaires ■ Le plus grand panneau publicitaire connu mesure 145 m x 24 m. Il a été érigé pour Ford-Espagne par la société de publicité Bassat-Ogilvy. Il est placé dans les arènes Monumental de Barcelone, Catalogne, Espagne.
L'agence Pile ou Pub, de Toulouse, Haute-Garonne, a installé, sur le sol de la place du Capitole, un panneau de 42 m x 20 m. Le slogan était : « Hermès, bravo Toulouse ! ». Hermès est la navette spatiale européenne.

6. VÉHICULES

La plus longue bicyclette ■ Terry Thessman, de Pahiatua, Nouvelle-Zélande, a conçu et réalisé une bicyclette de 22,24 m de long pesant 154 kg, qui roula le 27 février 1988 sur 246 m.

Bicyclettes

On se reportera aussi aux chapitres L'esprit d'aventure, « Voyages à bicyclette » et Sports, « Cyclisme ».

Les premières ■ On a attribué à Léonard de Vinci (1452-1519) ou à l'un de ses élèves la conception, en 1493, d'une machine mue par des manivelles et des pédales.
Le premier modèle effectivement réalisé (en 1839-1840) est dû à l'Écossais Kirkpatrick Macmillan (1810-1878). Il se trouve actuellement au musée des sciences de Londres.
En mars 1861, Pierre Michaux et son fils Ernest construisirent à Paris le premier vélocipède.

La plus petite ■ Le Français Jacques Puyoou, de Bordes, Pyrénées-Atlantiques, a construit un tandem de 38,5 cm de long et 19 cm de haut dont les roues ont un diamètre de 12 cm. Il le conduit avec sa femme.
Il a également construit un vélo de 11 cm de long et 6,8 cm de haut dont les roues ont un diamètre de 2,4 cm (soit une pièce de 1 F).

Les plus hautes bicyclettes ■ Coventry Machinists, GB, a construit en 1881 une bicyclette classique dont la roue avant avait 1,65 m de diamètre et la roue arrière 45,7 cm.

Le plus haut et le plus long vélo une place ■ Le plus grand vélo le *Frankencycle* a été imaginé et fabriqué par Dave Moore de Rosemead, Californie, EU, le 4 juin 1989. Ce vélo possède une roue avant de 3 m de diamètre et mesure 11 m de long.

Le plus long vélo *France* ■ Le plus long vélo a été conçu par Fred Beauchêne et fabriqué par Henry Vilain, Laurent Jeanjean, Philippe Baby et Pascal Esnon. Équipé de 26 selles, 26 guidons et d'une

chaîne de 38,50 m de long, il mesure 15 m. Sa roue avant a 50 cm de diamètre et sa roue arrière 1,20 m. Le 26 mai 1991, 26 sapeurs-pompiers ont parcouru, avec cet engin, 6,9 km en 1 h 50 mn.

Le vélo le plus cher ■ Le vélo le plus cher du monde est entièrement serti de pierres précieuses et plaqué d'or : la selle est en cuir, le cadre est orné d'émeraudes et de rubis, les pédales sont en or jaune illuminées de 56 rubis, le guidon est décoré d'or, de saphirs et de topazes.
La valeur de cette bicyclette-bijou, imaginée et réalisée par le joaillier suisse Volker Rhenisch, grand amateur de bicyclettes, a été estimée à 5 millions de F.

Rassemblement ■ Le 9 juin 1991, lors de la 5e édition du Tour de Montréal, Québec, Canada, 40 000 cyclistes ont parcouru 68 km.

Roue arrière ■ Xavier Robleda, de Béziers, Hérault, a réussi à parcourir 7,856 km sur la roue arrière de son vélo, sans poser pied à terre, le 30 novembre 1991.

Endurance ■ Les 6 et 7 décembre 1991, à Vigneux-sur-Seine, Essonne, Jacques Rouan a parcouru 527 km en 24 h sur un vélo.
Pendant cette épreuve, il aura bu 20 litres d'eau gazeuse, 8 litres de soupe et mangé 30 kg de pâtes, riz et pâte d'amande.

△ Le Destriero a battu le 9 août 1992 le record de la traversée de l'Atlantique (le Ruban bleu). Voir article dans la rubrique « Traversées océaniques ».

◁ Le Suisse Volker Rhenisch possède un vélo-bijou dont les pédales sont en or.

Ascension à vélo de la tour Eiffel ■ Le 7 mai 1987, Emmanuel Savatier (18 ans) et Christophe Riondet (16 ans) ont gravi à vélo de trial les 747 marches menant au deuxième étage de la tour Eiffel, à Paris, soit une hauteur de 115,80 m, en 47 mn sans jamais mettre pied à terre.

Marche arrière à bicyclette ■ Le 6 juillet 1985, le Français Robert Poggio a gravi successivement les cols du Télégraphe et du Galibier, Savoie, en marche arrière, assis sur le guidon de son vélo. Il a parcouru ainsi 35,36 km avec 2 099 m de dénivelée, sans mettre pied à terre en 3 h 7 mn.

Acrobaties à moto
Escalier ■ Le 12 juin 1987, au Perreux-sur-Marne, Val-de-Marne, Jean-Pierre Goy, champion du monde de trial, a escaladé et descendu 7 663 marches en 34 mn 39 s.

Saut ■ Le 6 février 1977, le cascadeur Alain Prieur a sauté par-dessus 16 autobus, sur une longueur de 64,60 m, à Montlhéry, Essonne. Le 15 février 1981, à Pra-Loup, Alpes-de-Haute-Provence, il a fait un bond de 6 m de haut, par-dessus un chalet. Et, en 1985, il a sauté à moto dans les gorges du Verdon, Alpes-de-Haute-Provence, et a atterri en parachute 635 m plus bas. Il s'est tué dans une cascade aérienne le 4 juin 1991.

Monocycles *Le plus grand* ■ Un monocycle de 31 m de haut fut monté par Steve McPeak (avec un câble de sécurité). Il parcourut 114 m à Las Vegas, Nevada, EU, en octobre 1980.

Sprint ■ Peter Rosendahl, de Las Vegas, Nevada, EU, détient le record des 100 m départ arrêté en 12"74 et des 100 m départ lancé en 12"43 depuis le 1er juillet 1990.

Motos

Le lecteur intéressé par les autres performances motocyclistes se reportera aux chapitres L'esprit d'aventure, « Voyages à moto » et Sports, « Motocyclisme ».

Les premières ■ La première bicyclette équipée d'un moteur à combustion interne à quatre temps, de 264 cm^3, avait un cadre en bois. Construite à Bad Cannstadt en 1885 par l'Allemand Gottfried Daimler (1834-1900), elle fut montée pour la première fois par Wilhelm Maybach (1846-1929). Elle atteignait 19 km/h et développait 0,373 kW (0,5 ch). Connue sous le nom d'*Einspur*, elle fut détruite dans un incendie en 1903.
La première production de motos en série remonte à 1894. Les fabricants étaient Heinrich et Wilhelm Hildebrand et Alois Wolfmüller, de Munich. Les deux premières années, l'usine produisit plus de 1 000 motos de 1 488 cm^3, bicylindres à quatre temps, à refroidissement à eau. Elles développaient 2,5 ch à 600 tours/mn.

France ■ Félix Millet construisit le premier deux-roues à moteur français en 1888. La première moto de série sortit en 1895 sous la marque Duncan et Suberbie. C'était la version française de la Hildebrand-Wolfmüller.

La moto de série la plus rapide ■ La Kawasaki ZZR 1100 peut atteindre la vitesse maximale de 280 km/h.

Records de vitesse ■ L'Américain Donald Vesco (né le 8 avril 1939) a atteint 513 km/h sur sa moto carénée *Lightning Bolt* (« Coup de foudre »), entraînée par deux moteurs Kawasaki de 1 016 cm^3, le 28 août 1978, sur le Grand Lac salé, Utah, EU.
Le record mondial du kilomètre départ arrêté est de 16,68 s (215,8 km/h). Il a été battu par le Néerlandais Henk Vink (né le 24 juillet 1939) sur sa Kawasaki 984 cm^3, à 4 cylindres suralimentés, à Elvington Airfields, GB, le 24 juillet 1977.

Excès de vitesse ■ Le 3 novembre 1990, un motard de Bourgoin-Jallieu, Isère, a été arrêté par les gendarmes alors qu'il pilotait sa Suzuki à 241 km/h sur la RN6.

La moto de série la plus chère ■ La Honda 750 NR coûte en France 367 500 F.

Durée ■ Norberto Naummi, Maurizio Fopiani et Roberto Ghillani ont piloté sans arrêt une Yamaha pendant 560 h, sur 30 370 km, à 54 km/h de moyenne, à Varano, Italie, du 16 août au 8 septembre 1986.

Transportant 12 personnes, cette Vespa a pu parcourir 150 m avant de tomber.

La plus longue ■ Une Vespa de 4,41 m a été construite par les établissements Tracqui de Papeete, le 6 octobre 1991. Cette Vespa est en état de fonctionnement et a permis à 12 personnes d'avancer de 150 m.

La moto la plus petite *Distance* ■ Les 22 et 23 avril 1991, sur le circuit Carole, à Tremblay-en-France, Seine-Saint-Denis, Eric Cendre, Franck Contion et Thierry Krafft se sont relayés sur une pocket-bike (« moto de poche ») de 37,5 cm^3 pendant 24 h et ont parcouru 1 051 km.

Roue avant *Vitesse* ■ Le Français Alain Bour a établi, le 6 mai 1990, sur le circuit d'Albi, Tarn, le record de vitesse sur roue avant, au guidon de sa Yamaha FZR 1 000 cm^3. Il a atteint 163,636 km/h.

Roue arrière *Distance* ■ L'Américain Doug Domokos parcourut sans s'arrêter 233 km sur la roue arrière de sa Honda XR 500, le 27 juin 1984 sur le circuit de Talladega, Alabama, EU, ne terminant que par manque d'essence.

Vitesse ■ Le 5 octobre 1989, sur le circuit Paul-Ricard, au Castellet, Var, Laurent Aubugeau, sur une Yamaha FZR 1 000 cm^3, a battu le record du monde de vitesse sur roue arrière, 246 km/h.

△ Le Français Michel Marquet, après s'être initié au wheeling (roue arrière), a décroché le record du monde de conduite dos au guidon sur une Yamaha Genesis 1 000 avec 202 km/h, le 11 novembre 1990.

◁◁ Laurent Aubugeau a battu le record du monde de vitesse sur roue arrière : 246 km/h.

◁ J.-P. Dienne s'est fait tracter sur des skis par une Suzuki G5XR 1 100 à la vitesse record de 219 km/h.

Tracté par une moto sur des skis ■ Sur le circuit du Castellet, Var, Jean-Paul Dienne, de Pérols, Hérault, a été tracté par une Suzuki G5XR 1 100 à 219 km/h sur des skis (nautiques Reflex de saut), le 15 février 1990.

Conduite à l'envers ■ Le 27 avril 1991, sur l'aérodrome de Chambley-Bussières, Meurthe-et-Moselle, Laurent Aubugeau, né le 20 mai 1967, a atteint 238,16 km/h en conduite à l'envers (de dos), sur sa Yamaha FZR 1000 cm^3. Il détient également le record du 200 m départ arrêté de cette discipline en 7,35 s.

Glissade tractée *Sur le dos* ■ Le 20 décembre 1987, Patrick Polesso, de Marseille, Bouches-du-Rhône, s'est fait tirer, allongé sur le dos sur une planche, par une Suzuki 1100 Katara sur 1,2 km à 240 km/h.

Barefoot ■ Le 6 mai 1990, muni de chaussures à semelles métalliques, Alain Bour a sauté de sa moto pour se faire tracter par elle à la vitesse de 195,652 km/h.

Le plus grand nombre de passagers ■ 46 membres du Mini Bike Training Club d'Illawara, Nouvelle-Galles du Sud, Australie, sont montés sur une moto de 1 000 cm^3 et ont parcouru 1 mile (1,6 km) le 11 octobre 1987.

France ■ Le 25 juin 1984, une Harley Davidson 1 340 cm^3 a porté 32 motards de l'escadron motocycliste de la garde républicaine, à Drancy, Seine-Saint-Denis.

Autos, camions

Production

Production *Voitures particulières* ■ En 1991, on a produit 34 510 000 voitures particulières dans le monde. Le Japon est le premier producteur, avec 9 753 000 voitures, devant les États-Unis (5 438 000), la RFA (4 659 000) et la France (voir ci-dessous).

France ■ La France a produit 3 187 634 voitures particulières en 1991.

Véhicules utilitaires ■ En 1991, on en a produit 11 993 000 dans le monde. Le premier producteur est le Japon (3 492 000), devant les États-Unis (3 366 000) et la France (voir ci-dessous).

France ■ En 1991, la France a produit 423 139 véhicules utilitaires.

Les premières ■ La première maquette (60 cm de long) fonctionnant à la vapeur fut construite par le jésuite belge Ferdinand Verbiest (mort en 1687). Elle est décrite dans son *Astronomia europaea*. Sa maquette de 1668 était sans doute inspirée de la description du moteur à turbine de Giovanni Branca, publiée dans son livre *La Macchina*, en 1629, ou bien des écrits sur les « chars à feu » de la dynastie chinoise Chu (vers 800 av. J.-C.).

La plus ancienne automobile de taille normale fut le premier des deux fardiers militaires à vapeur construits à l'Arsenal de Paris en 1769 par Nicolas-Joseph Cugnot (1725-1804). Il atteignait une vitesse de 3,6 km/h. Le second fardier de Cugnot, plus grand, fut terminé en mai 1771. Il est actuellement exposé au Conservatoire national des arts et métiers, à Paris.

Le premier véhicule routier transportant des passagers fut une auto à vapeur pour 8 personnes construite par Richard Trevithick (1771-1883). Elle fit son premier trajet le 24 décembre 1801 à Camborne, Cornouailles, GB.

Combustion interne ■ En 1805, le Suisse Isaac de Rivaz (mort en 1828) construisit un véhicule commandé par son « moteur à explosion ».

Le premier véhicule à moteur à combustion interne fut construit par le Londonien Samuel Brown en mai 1826. Le véhicule, équipé d'un moteur à gaz atmosphérique de 4 ch, escalada une colline dans le Kent. La première voiture à essence fut construite par l'Allemand Karl Friedrich Benz (1844-1929). Elle effectua son premier kilomètre le 4 juin 1886. C'était un

▷ *La Thrust 2, voiture à turboréacteur, a atteint la vitesse de 1 019,467 km/h, le 4 octobre 1983 sur la piste du désert de Black Rock au Nevada. Record absolu de vitesse pour une voiture.*

LES VOITURES LES PLUS RAPIDES

CATÉGORIE	KM/H	AUTO	PILOTE	LIEU	DATE
Turboréacteur :	1 019,4	Thrust 2	Richard Noble (GB)	Désert de Black Rock, Nevada, EU	4-10-1983
Moteur fusée :	1 001	Blue Flame	Gary Gabelich (EU)	Bonneville, Utah, EU	23-10-1970
Roues motrices :					
Turbine	690	Bluebird	Donald Campbell (GB)	Lac Eyre, Australie	17-12-1964
Moteur à plusieurs pistons	673	Goldenrod	Robert Summers (EU)	Bonneville, Utah, EU	12-11-1965
Moteur à un seul piston	575	Herda-Knapp-Milodon	Bob Herda (EU)	Bonneville, Utah, EU	2-11-1967

Collections de voitures anciennes

Le musée Schlumpf de l'automobile de Mulhouse, Haut-Rhin, qui a officiellement ouvert ses portes en juillet 1982 est le plus grand musée automobile du monde ; il rassemble près de 500 très beaux véhicules de 102 marques différentes dont 105 Bugatti et 1 Jacquot de 1878. Le musée reçoit environ 500 000 visiteurs par an.

△ *La Bugatti Royale, Coupé Napoléon, voiture personnelle de Ettore Bugatti, 8 cylindres, 12 760 cm³, 250 CV.*
La collection William F. Harrah, à Reno, Nevada, EU, compte 1 700 voitures anciennes. Bhagwan Shri Rajneesh, né en 1931, gourou indien, installé aux États-Unis, possédait, en 1985, une collection de 93 Rolls Royce, offertes généreusement par ses disciples.

véhicule à 3 roues de 230 kg atteignant la vitesse de 15 km/h. Il avait une puissance de 0,85 ch.

France ■ Après de multiples essais infructueux, une Panhard et Levassor conçue par l'ingénieur Émile Levassor (1844-1897) effectua 20 km sans s'arrêter, en janvier 1891. C'était une voiture à quatre places disposées dos à dos, pesant 1 t, à moteur central à pétrole Daimler de 2 ch.

Immatriculations ■ Ce sont les services de la préfecture de Paris qui, en 1893, inventèrent les plaques d'immatriculation, également appelées plaques minéralogiques, parce que leurs numéros sont inscrits sur les registres de l'administration des Mines.

Vitesse

Voitures à réaction et fusées ■ Une performance (non officielle) de 1 190 km/h (Mach 1,01) aurait été réalisée le 17 décembre 1979 par l'Américain Stan Barrett sur un véhicule à trois roues propulsé par des fusées, le *Budweiser Rocket*, à la base aérienne Edwards, en Californie.
Le record officiel appartient depuis le 4 octobre 1983 au Britannique Richard Noble, qui, sur sa *Thrust 2*, une Rolls Royce Avon 302 à turboréacteur, a réussi à atteindre la vitesse de 1 019,467 km/h dans le désert de Black Rock, au Nevada, EU.

L'Américaine Kitty Hambleton a établi le 6 décembre 1976 le record féminin de vitesse, 843 km/h, sur un véhicule à trois roues de 48 000 ch, à propulsion par fusée, le *Motivator*, dans le désert d'Alvard, Oregon, EU.

France ■ Le Français Bob Feeler, Gonesse, Val-d'Oise, a atteint la vitesse de 621 km/h à bord de son dragster *Rocket Car* le 9 août 1988.

Turbopropulseur ■ Le 23 octobre 1970, Gary Gabelich, EU, a atteint sur *Blue Flame*, équipée d'un moteur au gaz naturel liquide et au peroxyde d'azote, la vitesse de 1 001,473 km/h, à Bonneville, Utah, EU.

F1

Une F1 peut atteindre en course une vitesse de pointe maximum de 330 km/h. La vitesse moyenne la plus élevée atteinte en Grand Prix est de 236 km/h, cette performance a été réalisée par le coureur britannique Mansell sur le circuit de Monza, Italie, le 8 septembre 1991. Lors des qualifications de ce Grand Prix, le pilote Ayrton Senna a atteint la vitesse moyenne de 257 km/h à bord de sa McLaren.

Voitures à roues motrices *Moteur turbine* ■ Donald Campbell (1921-1967), au volant de sa *Bluebird*, a atteint 690,909 km/h, le 17 juillet 1964, à Lake Eyre, Australie. D'une longueur de 9,10 m, d'un poids de 4 354 kg, sa voiture avait été accidentée le 16 septembre 1960 à la vitesse de 580 km/h.

Moteur multipiston ■ L'Américain Al Teague a atteint 696,331 km/h au volant de sa *Speed-Motive-Spirit 76*, à Bonneville,Utah, EU, le 21 août 1991.

Moteur monopiston ■ L'Américain Bob Herda a réalisé 575,149 km/h, le 2 novembre 1967, à Bonneville, Utah, EU, sur sa *Herda-Knapp-Milodan*.

Moteur Diesel ■ Le prototype Mercedes C 111/3,230 ch, 3 litres, atteignit en octobre 1978 la vitesse de 327 km/h sur le circuit Nardo, Italie.
En avril de cette même année, il avait atteint la vitesse moyenne de 314,5 km/h pendant une durée totale de 12 h, ceci lui a permis de battre le record de distance de 3 774 km en 12 h.

Moteur à vapeur ■ Le 19 août 1985, Robert E. Barber a battu le record de vitesse, vieux de 79 ans, d'une auto à vapeur, sur son *Steamin' Demon* n° 744, en atteignant 234 km/h, sur le Grand Lac salé, à Bonneville, Utah, EU.

Voitures de série ■ La voiture de série la plus rapide du monde est la Jaguar XJ 220

Marques de dérapage
■ Les marques de dérapage laissées par la voiture à réaction *Spirit-of-America*, pilotée par l'Américain Norman Craig Breedlove, après que celui-ci en eut perdu le contrôle, sur le Grand Lac salé, Utah, le 15 octobre 1964, avaient près de 9,5 km de long.

△ *La Jaguar XJ 220 peut atteindre 341 km/h. C'est la voiture de série la plus rapide.*

La plus puissante ■ La Jameson-Merlin, à six roues, propulsée par un moteur d'avion Rolls Royce V12 Merlin de 27 000 cm^3, d'une puissance de 1 310 kW, se limitait à la vitesse de 300 km/h. Elle jouissait d'une autonomie de 480 km, avec des réservoirs totalisant 272 litres, et pesait 2,7 t. Elle n'existe plus aujourd'hui.

▷ *Chaque année la course du World Solar Challenge fait concourir du nord au sud de l'Australie des voitures solaires. Elles peuvent atteindre 100 km/h grâce à des cellules qui captent l'énergie du soleil.*

qui a atteint la vitesse de 341 km/h au cours d'essais aux États-Unis.

France ■ Le cabriolet Transcup-Turbo de Venturi peut atteindre 270 km/h.

Caractéristiques techniques

Les plus grandes ■ La Bugatti Royale de type 41, dont six modèles seulement furent construits à Molsheim, Bas-Rhin, par l'Italien, naturalisé français, Ettore Bugatti, à partir de 1927, avait un moteur à huit cylindres de 12,7 litres. Elle mesurait 6,70 m de long, avec un capot de plus de 2 m.

France ■ Le break 505 Peugeot mesure exactement 4,898 m de long, la Citroën CX Break mesure 4,93 m de long.

Les plus petites ■ Parmi les voitures commercialisées en France, la plus petite 2-portes est la Mini. Elle mesure 3,05 m de longueur hors tout, 1,43 m de largeur et 1,35 m de hauteur.
La plus petite 3-portes est la Fiat 126 bis. Elle mesure 3,107 m de longueur hors tout, 1,377 m de largeur et 1,345 m de hauteur. La plus petite 5-portes est la Maruti, fabriquée à New Delhi, Inde. Ses dimensions sont : 3,30 m x 1,41 m x 1,40 m.

La plus longue ■ Jay Ohrberg, de Burbank, Californie, EU, a conçu une voiture à 26 roues longue de 30 m. Elle comprend une piscine avec plongeoir, un lit à eau géant et une surface où peut se poser un hélicoptère. Elle est destinée au tournage de films.

La plus haute ■ Jean-Pierre Ponthieu, de Paris, a construit, sur un châssis Renault 1956, une voiture, agréée par les Mines, haute de 2,40 m, longue de 7 m et large de 2 m. Elle pèse 2,4 t et peut atteindre 100 km/h.

Les plus gros moteurs ■ La *White Triplex*, commanditée par J.H. White, de Philadelphie, Pennsylvanie, EU, fut terminée au début de 1928, après deux ans de travail. Elle pesait environ 4 t et était propulsée par trois moteurs d'avion Liberty V 12, développant une puissance de 1 120 kW à 2 000 tours/mn.
Elle avait été construite pour battre le record mondial de vitesse mais fut détruite dans un accident le 13 mars 1929, à Daytona, Floride, EU.

Voitures de série ■ La Pierce-Arrow 6-66 Raceabout (EU), fabriquée entre 1912 et 1918, la Peerless 6-60 (EU), construite entre 1912 et 1914, et la Fageol de 1918 avaient chacune des moteurs de 13,5 litres.
La voiture de série la plus puissante aujourd'hui est la Lamborghini Diablo, qui développe 366 kW (492 ch).

Limo-Zil

Il semble que la voiture la plus lourde actuellement construite (quatre ou cinq exemplaires par an) soit la limousine russe Zil, qui pèse 3 t.
La Zil « allongée » de l'ancien président Mikhaïl Gorbatchev pèse 6 t et a un blindage de 8 cm d'épaisseur. Le moteur à 8 cylindres de 7 litres dévore 45 litres de gazole aux 100 km.

La plus endurante ■ Une Mercedes 180 D modèle 1957 appartenant à Robert O'Reilly, d'Olympia, État de Washington, EU, a parcouru 1 906 879 km.

La plus économique ■ Chaque année sur le circuit du Castellet, France, a lieu le Marathon Shell qui récompense la voiture la plus économe. Chaque voiture doit être équipée d'un moteur thermique, de freins, d'un embrayage, d'un démarreur, de 3 ou 4 roues et de 2 rétroviseurs. Le meilleur score enregistré jusqu'à présent est de 7 centilitres aux 100 km.

Autonomie *Diesel* ■ La plus grande distance parcourue avec un seul plein, par un véhicule de série, est de 2 605 km 900 m, avec 178,6 litres de carburant transportés dans des réservoirs additionnels de série.
Le véhicule, un pick-up Tempo Trax diesel, a été conduit par les Indiens Rajendra et Lal Singh, du 17 au 19 juin 1991, pendant 49 h 24 mn 25 s. La consommation moyenne a été de 6,85 litres aux 100 km.

Essence ■ D'après une enquête du magazine automobile *Auto-Plus* réalisée en mai 1992, la voiture capable de parcourir avec un seul plein le plus grand nombre de kilomètres est la Renault Safrane : elle a, en effet, parcouru 890 km avec un plein de 80 litres, soit une consommation moyenne de 8,99 l aux 100 km à une vitesse moyenne de 130 km/h sur autoroute.

Les plus gros pneus ■ Pour des camions-bennes géants, la société Goodyear Tire and Rubber fabriqua des pneus d'un diamètre de 3,65 m. Ils pèsent 5 670 kg et coûtent 74 000 $. On pense qu'il n'est pas possible techniquement de dépasser un diamètre de 5,20 m.

Véhicules divers

Le plus long ■ L'Arctic Snow Train, appartenant au célèbre funambule américain Steve McPeak, est équipé de 54 roues et mesure 174 m de long. Son poids est de 400 t et sa vitesse maximale de 30 km/h.

Autobus *Les plus longs* ■ Ce sont les autobus articulés, d'un poids de 11 t, longs de 23 m, avec 121 sièges et 66 places debout, construits par la société Wayne, de Richmond, Indiana, EU, pour le Proche-Orient.
Le plus long autobus classique mesure 15 m. Construit par Van Hool, Belgique, il transporte 69 passagers.

Le plus grand parc ■ La ville de Rio de Janeiro, Brésil, possède 6 580 autobus.

France ■ Le parc total de la RATP est de 3 800 autobus qui ont parcouru en 1991 142,3 millions de km.
Chaque jour circulent, à Paris, 1 354 autobus, sur 58 lignes (et 521 km), et 2 451 autobus en banlieue, sur 176 lignes (et 1 819 km).

LA PLUS LONGUE LIGNE

La compagnie de bus Group Ormeño a inauguré en août 1978 un service régulier entre Tumbes, Pérou et Buenos Aires, Argentine. Le trajet est de 5 727 km au total et dure 116 heures avec 2 heures d'arrêt à Lima, Pérou, et 12 heures à Santiago, Chili.

Tramways ■ Il reste dans le monde plus de 320 réseaux de tramways, le plus important étant celui de Saint-Pétersbourg, Russie, qui compte 2 500 voitures effectuant 53 trajets. Le trajet le plus long relie Krefeld Sankt Tönis à Witten Annen Nord, Allemagne. Si l'on ne manque aucune correspondance, on peut parcourir les 105 km en 5 h 30 mn.

Taxis ■ Le plus grand parc de taxis est celui de Mexico, qui en compte 60 000.

France ■ En juin 1991, le quota de taxis autorisé à Paris était de 14 700 véhicules.

Trajet ■ Le trajet le plus long officiellement enregistré est de 23 196 km, le compteur marquant la somme de 9 000 £. Mika Lehtonen et Juhani Saramies, plus le chauffeur, ont quitté Nokia, Finlande, le 2 mai 1991, pour rejoindre l'Espagne en passant par la Scandinavie. Ils ont ensuite fait le trajet retour pour rejoindre de nouveau Nokia le 17 mai 1991.

Le camion le plus puissant ■ C'est un Ford LTL 9 000 appartenant à Ken Warby, de Cincinnati, Ohio, EU. D'un poids de 4,4 t, il atteint 338 km/h en 7,7 s sur 400 m, départ arrêté.

France ■ Un camion Mack Renault CS 300, 6 cylindres 9 800 cm^3, a atteint la vitesse record de 201,81 km/h. C'est Jacques Perret qui, le 25 mai 1991, a piloté ce camion sur la piste de l'aérodrome de Montoir de Bretagne-Saint-Nazaire, Loire-Atlantique.

Camion-benne ■ Le Terex Titan 33-19, fabriqué par la division Terex de General Motors, pèse en charge 550 t pour une capacité de 317 t. En position de basculement, sa hauteur est de 17 m. Le moteur de 16 cylindres développe 2 462 kW et le réservoir contient 5 900 litres.

Tracteur ■ Le plus grand est le Wide Tractive Frame Vehicle, du ministère de l'Agriculture des États-Unis, d'une valeur de 459 000 $. Il a été construit par Ag West, de Sacramento, Californie, en 1982. Son espace entre les roues est de 10 m et il pèse 22 t.

Dépanneuse ■ L'International M6-23 *Hulk*, « le Balèze », pèse 20 t et mesure 11 m de long. Elle est basée à Scott City, Missouri, EU. Elle peut soulever plus de 295 t.

Les plus grandes ambulances ■ Ce sont les Jumbulances Alligator destinées à conduire en vacances ou en pèlerinage à travers l'Europe les malades et les handicapés d'Across Trust. Longues de 18 m, elles sont construites en Belgique par Van Hool et équipées de moteurs Fiat. Elles peuvent transporter 44 personnes ainsi que le personnel.

Véhicules à chenilles ■ Le plus massif est le *Marion*, à 8 chenilles, transportant les fusées Saturne V jusqu'à leur aire de lancement de cap Canaveral. Il mesure 40 m x 34,70 m.

Véhicule solaire ■ En novembre 1990, *Spirit of Biel* a gagné la course du World Solar Challenge, 3 000 km du nord au sud de l'Australie, avec 400 km d'avance sur le véhicule classé 2e. *Spirit of Biel* a été construite, pour 1 million de $, à l'université de Biel (Bienne, en français), Suisse. Son énergie est captée par des cellules

Caravanes *Les plus grandes* ■ La plus grande caravane, munie de 2 roues, possède 2 étages, fait 20 m de long, 12 m de large, possède 8 chambres, 8 salles de bains, et 4 garages. Elle a été construite en 1990 par Cheik Hamad Bin Hamdan Al Nahuyan de Abu, Émirats arabes unis.
Les State Super Caravans, construites par Coventry Steel Caravans, GB, mesurent 18 m de long et 3,50 m de large.

◁ *Record d'économie d'essence à battre : 7 centilitres aux 100 km. C'est le défi proposé chaque année, sur le circuit du Castellet, par la compagnie pétrolière Shell.*

△ *La Lamborghini Diablo de 32 CV, 492 ch, 5 800 cm^3, 12 cylindres, valait au 13 avril 1992 1 400 800 F. Elle est la voiture de série la plus puissante aujourd'hui.*

CITROËN, LE CONSTRUCTEUR DU SIÈCLE

Un jury réuni par le magazine *Auto-Moto* a désigné Citroën comme le constructeur du siècle, avec ses fameux modèles Traction Avant, 2 CV, DS, BX, XM, etc. Mercedes arrive en 2e position et Ford en 3e.

Prix des voitures de collection ■ L'amateur de belles voitures anciennes se reportera très vite au chapitre *Art et culture, le tableau « Prix records d'objets d'art »*.

solaires à base de silicium. La voiture peut atteindre une vitesse maximale de 100 km/h.

Kart ■ En circuit fermé, un kart à moteur Honda (5 CV, 140 cm^3) piloté, les 4 et 5 septembre 1983, par une équipe de 4 hommes a parcouru 1 640 km en 24 h sur le circuit d'Erbsville, Ontario, Canada.
Le record pour 48 h, 2 730 km, a été établi par un kart Yamaha RC 100 SE à moteur de 100 cm^3 sur le circuit de Mount Sugarloaf, Australie, du 25 au 27 mars 1983.

Pompe à incendie ■ L'autopompe Oshkosh (60 t) a une puissance de 860 ch. Elle est utilisée contre les incendies d'avion et peut déverser 190 000 litres de mousse en 2 minutes et demie.

Tondeuses à gazon ■ La plus grande (18 m, 5 t) est la *Big Green Machine*, à 27 lames. Utilisée par l'horticulteur Jay Edgar Frick, de Monroe, Ohio, EU, elle fauche 4 000 m^2 à la minute.

Engin autotracté ■ La pelle mécanique *Big Muskie* de Bucyrus Erie pèse 10 890 t. Elle a 148 m de long, 46 m de large et 67 m de haut, avec une benne d'une capacité de 325 t.

Prix et distribution

La production la plus longue ■ La Volkswagen Type 1 (la « voiture du peuple », plus connue sous le surnom de Coccinelle) date de 1938, elle a été construite à la demande d'Adolf Hitler par Ferdinand Porsche. Sa production se poursuit depuis 1981 au Mexique, au rythme de 470 véhicules par jour. La vingt et une millionième Coccinelle est sortie des chaînes mexicaines le 31 décembre 1991.
Les 2 CV Citroën ont été fabriquées à Mangualde, Portugal, jusqu'en juillet 1990.
Morgan a fêté le 27 décembre 1990 son 55e anniversaire, la première fut construite en 1935 par Morgan Motor Car Corporation, GB. Les Morgan 4/4, toujours fabriquées artisanalement, sont très prisées : si vous souhaitez en acquérir une, il faudra être très patient ... le fabricant possède une liste d'attente de 6 à 8 ans !

La voiture la plus vendue ■ Avec 200 786 immatriculations en 1991, soit 9 % du marché, la Peugeot 205 est la voiture la plus vendue en France.

La voiture de l'année ■ La Volkswagen Golf 3 a été élue voiture de l'année 1992 par un jury de 58 journalistes spécialisés de 17 pays européens. La Renault Clio avait été élue voiture de l'année 1991. En 1990, c'est également une voiture française, la Citroën XM, qui avait été désignée.

Les plus chères *Spéciales* ■ La voiture la plus chère jamais construite fut la Lincoln Continental Executive Presidential modèle 1969 du président des États-Unis. Elle a une longueur totale de 6,56 m et un empattement de 4 m. Avec l'addition d'un blindage de 2 t, elle pèse 5,4 t. Les frais de conception, d'études et de fabrication ont été estimés à 500 000 $, mais elle est louée 5 000 $ par an. Même si ses quatre pneus étaient crevés, la voiture pourrait continuer à rouler à 80 km/h sur des disques intérieurs d'acier garnis de caoutchouc.

De série ■ En février 1991, la Rolls Royce limousine Sylver Spirit Touring était commercialisée en France au prix de 2 158 500 F. Il s'en vend 2 ou 3 modèles par an en France, et environ 300 dans le monde.
Pour toute la gamme Rolls Royce, dont la moins chère, la Bentley VIII, vaut 874 900 F, le nombre de modèles vendus dans le monde en 1991 a été de 3 000.
Le coupé Ferrari 512 TR a coûté 1 197 650 F. Il s'en vend une centaine de modèles par an en France et environ 1 100 dans le monde.
La voiture française la plus chère est le cabriolet Turbo Venturi 260 : il vaut 578 500 F. Il s'en vend chaque année une trentaine d'exemplaires en France et environ 135 dans le monde.
Parmi les grandes marques, la voiture la plus chère est la Renault Alpine A-406 Turbo, qui valait en 1991, 401 000 F.

COCCINELLE : LA VOITURE DU SIÈCLE

Réuni par le magazine Auto-Moto, *un jury de 100 journalistes professionnels représentant 37 pays a élu, en janvier 1991, la voiture du siècle. C'est la Volkswagen Type 1, la fameuse Coccinelle (voir article « La production la plus longue ») qui a été désignée. Elle précède la Ford T (née aux États-Unis en 1908) et la Citroën DS 19 (née en France en 1955). Des passionnés personnalisent leur VW.*

Les voitures les moins chères ***Spéciales*** ■ La Red Bug Buckboard de 1922, construite par la société Briggs et Stratton, de Milwaukee, Wisconsin, EU, valait de 125 $ à 150 $. Elle avait un empattement de 1,57 m et pesait 111 kg. Les premiers modèles de la King Midget, ils étaient vendus — jusqu'en 1948 — en kit au prix de 100 $.

De série ■ La Yugo 45 America S (4 CV), de fabrication yougoslave, est commercialisée en France en 1991 au prix de 34 800 F.
La Tavria de fabrication russe est commercialisée au prix de 34 990 F.
La Fiat 126 bis (3 CV) vaut 35 000 F.
La voiture française la moins chère est la Renault 4 Carte Jeune (4 CV), à 43 600 F.

Acrobaties

En marche arrière ■ Charmes Crighton et James Hargis, de Mapplewood, Missouri, EU, pilotèrent leur Ford modèle A 1929 en marche arrière de New York à Los Angeles sur 5 375 km, du 26 juillet au 13 août 1930, sans jamais arrêter le moteur. Ils revinrent en marche arrière à New York, ayant accompli 11 555 km en 42 jours.
Brian Keene et James Wright ont mené leur Chevrolet Blazer sur 14 533 km en 37 jours (du 1er août au 6 septembre 1984) à travers 15 États des États-Unis et au Canada. Bien que le véhicule fût pourvu clairement de la mention « Bloqué en marche arrière », la police routière de l'Oklahoma enjoignit au conducteur de quitter l'État en marche « arrière arrière », autrement dit en marche avant.

Conduite sur deux roues ***Auto*** ■ Le Suédois Bengt Norberg, d'Appelbo, a conduit une Mitsubishi Colt GTI 16-soupapes sur deux roues latérales sans arrêt sur une distance de 370 km, en 7 h 15 mn 50 s.
Le Suédois Sven Erik Soderman a roulé le 2 août 1990 à 164 km/h sur deux roues d'une Opel Kadette.

France ■ Le cascadeur Jean-France Abadie a parcouru, en 8 h 54 mn, 254 km sur deux roues, au volant d'une Ford Escort, le 22 juin 1986.

Camion ■ Le 16 juin 1990, le cascadeur français G. Bataille a parcouru 13,8 km sur deux roues à bord d'un Iveco 190-32 Turbo dans le tunnel du Fréjus, Savoie.
Le 13 mai 1990, à Feurs, Loire, le cascadeur Patrick Bruneton, 28 ans, a parcouru 128,80 m sur deux roues latérales d'un semi-remorque Renault Turbo de 8 t en 13,91 s, soit à la vitesse de 33,334 km/h.

Bus anglais ■ Bobby Ore, GB, a conduit sur 2 roues latérales pendant 246 km un bus à 2 étages, le 21 mai 1988.

Acrobaties ***Saut en longueur*** ■ Le 15 décembre 1984, à Pommevic, Tarn-et-Garonne, le cascadeur Thierry Robin a effectué un saut de 101,17 m au volant de son Alfetta, spécialement équipée. Il a pris son élan sur 1,4 km, abordé un tremplin de 5,60 m de haut et 30 m de long et atterri sur un matelas de cartons.

Tonneaux ■ Le 30 juin 1991, à Villefranche-sur-Saône, Rhône, Christian Buchaille a effectué 68 tonneaux à bord d'une Renault 14 spécialement protégée, ne restant jamais immobilisé.

Freinage ■ Le 18 avril 1987, Jean-Claude Marty, de Narbonne, Aude, a réussi, sur une Audi 200 Quattro, un freinage sur route à 220 km/h sur une distance de 116 m.

Glissades tractées ***En duo*** ■ C'est accro-

△

△ Le Français Christian Buchaille a enchaîné 68 tonneaux sans jamais immobiliser sa Renault 14.

△ Gilbert Bataille a parcouru 13,8 km sur 2 roues latérales d'un Iveco 190-32 Turbo.

◁ Pascal (en noir) et Véronique (en blanc sur son dos) Dragotto, ont célébré leur mariage par une impressionnante glissade tractée à 127 km/h.

▷ *Grégory Riffi s'est fait tracter sur ses baskets à la vitesse de 221,63 km/h, sans tomber.*

Les pires conducteurs ■ A Reno, Nevada, EU, le 29 novembre 1980, Priscilla Ford a volontairement jeté sa voiture sur un trottoir, faisant 5 morts et 25 blessés. Elle a été inculpée d'homicide volontaire.
En 20 mn, le 15 octobre 1966 à McKinney, Texas, EU, un conducteur américain de 75 ans a conduit 4 fois du mauvais côté de la route, commis 4 délits de fuite, provoqué 6 accidents et récolté 10 contraventions.

Stations-service ■ C'est à Djeddah, Arabie Saoudite, que se trouve réuni le plus grand nombre de pompes à essence sur une seule station : 204.
Le poste à essence le plus élevé est exploité par l'Indian Oil Corporation à Leh, Ladakh, Inde, à 3 658 m d'altitude.

chés à plat ventre derrière une voiture sur le circuit du Castellet, Var, à 127 km/h, que Pascal et Véronique Dragotto, de Marseille, Bouches-du-Rhône, ont célébré leur mariage, le 20 août 1991 (voir aussi dans ce chapitre, la rubrique *« Motos »*).

Barefoot ■ Le 12 novembre 1989, Grégory Riffi, de Talloires, Haute-Savoie, s'est fait tracter sur le sable de la plage de Berck-sur-Mer, par une Renault 5 Turbo-II, à la vitesse de 221,63 km/h dans le cadre de l'émission *Ushuaïa*. Seul matériel, une paire de baskets.

Conducteurs records

On se reportera aussi au chapitre Institutions, le tableau « Catastrophes ».

Le conducteur le plus chevronné ■ Weldon C. Kocich, pilote d'essai chez Goodyear, a parcouru 5 millions de km du 5 février 1953 au 28 février 1986, réalisant ainsi une moyenne de 151 000 km par an.

France ■ Du 22 juillet 1935 au 26 juillet 1936, François Lecot (1879-1949) a parcouru 400 000 km en 1 an, au volant d'une 11 CV Citroën 1 900 cm^3, en grande partie sur le trajet Paris-Monte-Carlo.

SUPER CHAUFFEUR

Eugène François, de Charmoy-Migennes, Yonne, a conduit pendant 65 ans, parcourant plus de 3 millions de km sans aucun accident ni contravention.
Au 25 août 1991, à l'âge de 85 ans, il refuse de conduire car, dit-il, « il y a de plus en plus de fous sur les routes de France ».

Les plus vieux conducteurs ■ Né le 10 juillet 1870, Roy M. Rawlins, de Stockton, Californie, EU, reçut en juin 1974 un avertissement pour avoir roulé à 155 km/h dans une zone limitée à 90 km/h. Le 25 août 1974, l'État de Californie lui délivra un permis valable jusqu'en 1978, mais il mourut le 9 juillet 1975, la veille de son 105e anniversaire.
A la mort de son mari, Mrs Maud Tull, d'Inglewood, Californie, EU, eut envie de conduire, et, à 91 ans, passa son permis. On le lui renouvela le 5 février 1976, alors qu'elle avait 104 ans.

France ■ M. Abel Triou, né à Angoulême, Charente, le 9 novembre 1891, a obtenu son « certificat de capacité pour la conduite des voitures à pétrole » le 24 juin 1908. Il conduisait encore le 1er janvier 1988, à l'âge de 96 ans.

Permis de conduire ■ Autrefois, en Égypte, il suffisait de conduire sur quelques mètres, en marche avant et en marche arrière, pour l'obtenir. Mrs Fannie Turner (née en 1903), de Little Rock, Arkansas, EU, a passé l'épreuve écrite de l'examen à sa 104e tentative, en octobre 1978.

Carambolages *Le plus grand nombre de véhicules* ■ Le 19 octobre 1990, près de Muenchberg, Allemagne, un épais brouillard et la vitesse excessive des conducteurs ont provoqué un carambolage de 200 véhicules. Onze personnes ont été tuées et 73 blessées.

France ■ Le 22 novembre 1990, le brouillard a causé une série de collisions entre une centaine de véhicules, dont 15 poids lourds, sur la RN 184, à la hauteur de la zone industrielle de Saint-Ouen-l'Aumône, Val-d'Oise. Le carambolage, qui s'étendait sur 1 km, n'a fait miraculeusement que 8 blessés.

Remorquage ■ En 1927, pour gagner un pari de 1 000 $, Frank J. Elliott et George A. Scott persuadèrent 168 automobilistes de remorquer leur Ford modèle T (en fait dépourvue de moteur) sur une distance de 7 658 km entre Halifax, Nouvelle-Écosse, Canada, et la côte Pacifique de ce pays. Le voyage prit 89 jours.
Sa MGB étant tombée en panne près de Moscou, Eddie McGowan, de Chipping Warden, GB, fut remorqué sur 2 343 km, de Moscou à Berlin-Ouest, par un seul câble en nylon de 2 m, du 1er au 17 juillet 1987.

Stationnement et garages

Parcs de stationnement ■ Le West Edmonton Mall, à Edmonton, Alberta, Canada, peut abriter 20 000 véhicules.

France ■ Le quartier de La Défense, près de Paris, possède 80 ha de parking, pour un total de 24 200 places, dont le plus grand, le PB, qui dessert le centre commercial des Quatre-Temps, compte 3 200 places.
Le plus grand parking séparé est le PO, à l'aéroport d'Orly, qui compte 5 602 places. L'aéroport entier en possède 10 908, réparties en 4 parkings.

Parcmètres ■ C'est dans le quartier des affaires d'Oklahoma City, EU, qu'on installa le premier parcmètre, le 19 juillet 1935. Il avait été inventé par Carl C. Magee.

France ■ Le stationnement payant a fait son apparition à Paris en 1971, et le premier parcmètre a été installé en 1975.

Garages ■ Le plus grand garage privé a été construit près de Bombay pour la collection de 176 voitures appartenant à Pranlal Bhogilal (né en 1939).
Le KMB Overhaul Centre, à Hong Kong, est le plus grand centre de réparation et d'entretien. Conçus pour les autobus à impériale, ses quatre étages occupent plus de 47 000 m^2.

Routes

Réseau routier

Réseau routier *Kilométrage* ■ Au 1er janvier 1991, les États-Unis possédaient 6 244 327 km de routes carrossables.

France ■ Au 1er janvier 1991, la France comptait 824 000 km de routes (29 000 km de routes nationales, 345 000 km de routes départementales et 450 000 km de voies communales).
Elle comptait aussi 7 600 km d'autoroutes (dont 5 700 km à péage).

Les plus anciennes *Route* ■ Il existe partout des voies romaines en France. La plus ancienne est la voie Domitienne (*via Domitia*), qui allait du col du Perthus, à la frontière franco-espagnole actuelle, au Rhône. C'est Cicéron qui le premier a fait connaître son nom, dans son *Pro Fonteio*, plaidoirie en faveur de Fonteius, gouverneur de la Gaule narbonnaise. La RN 9, puis la RN 113, puis la RD 999, entre Nîmes et Beaucaire, Gard, suivent sensiblement son tracé ou le recoupent en divers points.

Borne ■ En 1949, on a découvert près de Leucate, Aude, une borne milliaire romaine installée par le proconsul Domitius Ahenobarbus vers 120 av. J.-C. Cette borne a permis de dater la voie Domitienne (voir ci-dessus). Elle est aujourd'hui conservée au musée de Narbonne, et une réplique a été placée sur l'aire des Cabanes de La Palme, en bordure de la RN 9, au sud de Sigean, Aude.

Autoroute ■ Le premier tronçon d'autoroute (aujourd'hui A13) fut ouvert en 1946, sur 22 km, entre Saint-Cloud, aujourd'hui Hauts-de-Seine, et Orgeval, aujourd'hui Yvelines.

Les plus longues ■ L'autoroute panaméricaine va du nord-ouest de l'Alaska à Santiago, Chili, se prolonge vers l'est jusqu'à Buenos-Aires, Argentine, et se termine à Brasília, Brésil. Il reste cependant des interruptions, au Tapón del Darién, Panamá, et aux marais d'Atrato, en Colombie.

NATIONALE 7 : LA ROUTE DES VACANCES

De Paris à la frontière italienne (près de Menton), la RN 7 s'étend sur 971 km. Cette route, la plus longue de France, rejoint la Méditerranée en passant par les auberges de Bourgogne, les caves du Beaujolais, les « bouchons » lyonnais et les cafés de Provence pour atteindre les pins et les cigales de la Côte d'Azur.

France ■ De Calais, Pas-de-Calais, à Menton, Alpes-Maritimes, on peut parcourir sur 1 245 km le plus long parcours nord-sud pratiquement sans quitter l'autoroute.
La plus longue autoroute portant le même nom est l'A 10 (Aquitaine), de Paris à Bordeaux, sur 579 km.

Les routes les plus élevées ■ Un tronçon de 13 km de piste entre Khaleb et Hsin Chi-fu, au Tibet, Chine, se trouve, en deux points, à plus de 6 000 m d'altitude. La plus haute route carrossable (longue de 1 180 km) relie le Tibet au sud-ouest du Xinkiang, Chine. Achevée en octobre 1957, elle franchit des cols à plus de 5 600 m d'altitude.

Europe ■ La route qui passe par le pic de Veleta, dans la sierra Nevada, Espagne, conduit l'automobiliste à 3 469 m, par une montée de 36 km.

France ■ La route reliant Jausiers, Alpes-de-Haute-Provence, à Saint-Étienne-de-Tinée, Alpes-Maritimes, passe à proximité de la cime de la Bonette, à 2 802 m.

La route la plus basse ■ La route qui longe la mer Morte, en Israël, se trouve à 393 m au-dessous du niveau de la mer.

Les rues ■ Pour connaître tous les records de rues, reportez-vous vite au chapitre *Institutions, « Villes »*.

Circulation

Intensité de circulation ■ L'échangeur de Normandie Avenue, à Los Angeles, Californie, EU, voit passer jusqu'à 18 000 véhicules à l'heure aux horaires de pointe.
Le pont Howrah (457 m), qui traverse la rivière Hooghly, à Calcutta, Inde, est le pont le plus fréquenté du monde. En plus de 57 000 véhicules par jour, il voit passer un nombre incalculable de piétons.
C'est Hong Kong qui connaît la plus forte densité de circulation dans le monde.
Au 1er janvier 1987, elle comptait 300 000 véhicules motorisés pour 1 395 km de voies carrossables, soit un espace de 4,65 m par véhicule.

France ■ Le confluent de l'autoroute A1, de la RN1 et du boulevard périphérique, porte de la Chapelle, à Paris, voit passer plus de 45 000 véhicules par jour (en moyenne annuelle).
A Paris, en 10 ans, le nombre des bouchons a subi la hausse phénoménale de 400 % : 7 millions d'heures sont perdues chaque jour dans les embouteillages, soit une perte économique équivalant la production économique journalière de la ville de Lyon.
En outre, la région parisienne concentre 83 % des embouteillages qui se produisent en France.

Transports ferroviaires

Trains

Les premiers ■ Dès 1550, on utilisait dans les mines d'Alsace et d'Angleterre des wagons roulant sur des rails en bois.
La première locomotive à vapeur fut construite en 1803 par l'ingénieur anglais Richard Trevithick, mais on n'a pas la preuve qu'elle marchait. Son deuxième spécimen fonctionna au pays de Galles, le 22 février 1804.
La première locomotive à vapeur opérationnelle et commercialisée fonctionna à Leeds, GB, en 1812. La première ligne à utiliser régulièrement la traction à vapeur fut ouverte le 27 septembre 1825, de Shildon à Stockton, GB.
Le premier service régulier pour passagers fut inauguré dans le Yorkshire le 3 mai 1830.
La première ligne électrifiée, d'environ 300 m, fut créée par Siemens à l'Exposition de Berlin, le 31 mai 1879.

France ■ C'est en mai 1827 que circula, entre Andrézieux et Saint-Étienne, Loire, sur 21 km, le premier véhicule sur rails, destiné au transport du charbon.
Sur la même ligne, le 1er octobre 1828, toujours pour le transport du charbon, eut lieu la première mise en service officielle d'un convoi tracté par des chevaux sur des rails en fonte.
Le premier essai d'un transport de voyageurs eut lieu en mai 1831, entre Givors et Grand-Croix, sur la ligne Saint-Étienne- Lyon.
Le premier transport officiel de voyageurs eut lieu le 1er mars 1832, sur la ligne Andrézieux-Saint-Étienne, à l'aide de véhicules appelés « cadres » empruntant à la fois le rail avec une traction par locomotive et la diligence.
Le 26 août 1837 fut inaugurée la première ligne ouverte au trafic voyageurs entre Paris et Saint-Germain-en-Laye (terminus en gare du Pecq).
La première traction électrique (en courant continu de 650 V) fut testée en avril 1900 sur la ligne Paris-Invalides-Les Moulineaux.

Les plus rapides ■ La plus grande vitesse jamais atteinte par un véhicule sur rails est de 9 851 km/h (Mach 8). C'est un « train-traîneau » à fusées sans équipage qui l'a réalisée, sur une voie ferrée de 15 km, à White Sands Missile Range, Nouveau-Mexique, EU, le 5 octobre 1982.
Le train pour voyageurs le plus rapide au monde est le TGV-Atlantique français, qui, lors d'essais le 18 mai 1990, a atteint la vitesse de 515,3 km/h, entre Courtalain, Eure-et-Loir, et Tours, Indre-et-Loire. La « rame 325 » est composée de 2 motrices et 3 voitures.

Trains de marchandises ■ Sur le parcours Sishen-Saldanha, en Afrique du Sud, a circulé, les 26 et 27 août 1989, un train de 7,3 km de long pesant 69 393 t (sans les locomotives). Il comprenait 660 wagons, chargés chacun de 105 t, et 7 locomotives diesels réparties sur sa longueur. Il a parcouru 861 km.

La plus puissante locomotive à vapeur ■ La N° 700, équipée d'un moteur de 6 cylindres triplex, réalisée par Baldwin Locomotive Works en 1916 pour les chemins de fer de Virginie, EU, avait une force de traction de 75 434 kg.

Les plus fortes charges ■ Elles n'ont d'autre limite que la capacité du matériel roulant. Le plus gros wagon du monde est le Schnabel, pesant 336 t (capacité de 800 t, 36 essieux, 92 m de long). Il a été construit par Krupp, Allemagne, pour une société américaine de chemins de fer, en mars 1981. La plus forte charge jamais transportée par rail est l'église Notre-Dame (10 860 t), construite en 1548 dans le village de Most, en Tchécoslovaquie, et déplacée en 1975 parce qu'elle se trouvait au milieu d'un gisement de charbon en cours d'exploitation. On la déplaça de 730 m à une « vitesse » de 2 m à l'heure. L'opération dura 4 semaines et coûta 90 millions de F.

La route la plus large ■ La San Francisco-Oakland Bay Bridge Toll Plaza compte 23 voies de circulation desservant le pont d'Oakland, Californie, EU.

Les embouteillages les plus grands ■ Le samedi 2 août 1975, à 11 h du matin, l'ensemble du réseau routier français était bloqué par 600 km de bouchons. Le quart de la RN 10, entre Tours et l'Espagne, était immobilisé. Cette journée mémorable donna naissance à « Bison futé », le plan de coordination de la circulation aux périodes de vacances.
Dans la nuit du 31 octobre au 1er novembre 1990, un embouteillage de 200 km a paralysé l'autoroute Nuremberg-Berlin, Allemagne, entre Schwabach, Bavière, et Hermsdorfer, Thuringe. Depuis l'unification de l'Allemagne, le 3 octobre 1990, la circulation a considérablement augmenté entre l'ouest et l'est du pays.

La plus lourde amende ■ La Française Marie-Edith, 36 ans, doit 2 800 000 F d'amendes impayées à la SNCF pour avoir parcouru 7 300 000 km sans billet (elle parcourt quotidiennement, sur les lignes SNCF, 200 km environ).

▷ *Les quais et les couloirs du métro de Moscou sont célèbres pour la beauté de leur décoration. Les stucs et les lustres rivalisent avec ceux d'un palais.*

La plus longue ligne droite ferroviaire ■ La Trans-Australian, des Commonwealth Railways, en Australie, est rectiligne, mais non plane, sur 479 km.

Le plus grand nombre de pays en train en 24 h ■ Patrick Derkevorkian, de Maisons-Alfort, a traversé entièrement 10 pays européens en 22 h 32 mn, les 19 et 20 mars 1990.
Le 22 septembre 1991 Christian Nau est parti de la gare de Lyon, à Paris, à 12 h, pour y revenir 23 h 35 mn plus tard ayant parcouru la distance record sur rail de 3 682 km.

Parcours complet en métro ■ Le 1er avril 1988, les étudiants Christophe Grouhel et Lionel Laroche ont parcouru l'ensemble des 366 stations du métro parisien en 13 h 42 mn. Ils ont ainsi effectué 300 km, à bord des voitures et à pied, à la vitesse moyenne de 21,9 km/h.

Salles d'attente ■ Les quatre salles d'attente de la gare de Pékin, Chine, inaugurées en septembre 1959, peuvent accueillir 14 000 personnes.

Voies ferrées

Les plus longues ■ Le Transsibérien, qui relie Moscou à Nakhodka, en Sibérie extrême-orientale, parcourt 9 438 km.
Le trajet comporte 97 arrêts et dure 8 jours 4 h 25 mn.
Les travaux de la ligne Baïkal-Amour (3 145 km), commencés en 1938 par des forçats, furent repris en 1974, et la ligne fut mise en service le 27 octobre 1984. Il fallut déplacer 382 millions de m^3 de terre et construire 3 901 ponts.

France ■ La voie ferrée du Paris-Vintimille a 1 121 km de long.

La plus grande altitude ■ Elle est atteinte sur la ligne de Morococha des chemins de fer péruviens, à La Cima, à 4 817 m au-dessus du niveau de la mer.

La plus basse altitude ■ La ligne qui emprunte le tunnel de Seikan, entre les îles de Honshu et de Hokkaido, Japon, passe à 240 m au-dessous de la mer, dans le détroit de Tsugaru. C'est le 13 mars 1988 que fut inauguré ce tunnel, long de 54 km.
En Europe, la ligne de plus basse altitude est celle du tunnel sous la Manche reliant les côtes françaises et anglaises, qui passe à 127,2 m au-dessous du niveau de la mer.

Le réseau le plus fréquenté ■ La société des chemins de fer du Japon oriental a transporté, en 1988, 14 660 000 passagers par jour. Parmi les objets perdus cette année-là, on comptait 377 712 parapluies, 141 200 vêtements, 143 761 livres et 89 799 porte-monnaie.

Le plus long réseau ■ Ces sont les États-Unis qui avec un total de 286 814 km de voies ferrées possèdent le plus long réseau ferroviaire du monde.

France ■ La SNCF exploite 34 647 km de lignes.

Métros

Il y a 67 réseaux dans le monde.

Le plus ancien ■ La première section du métro de Londres (alors à traction à vapeur), entre Farringdon Street et Edgware Road, fut ouverte le 10 janvier 1863.

Le plus long ■ Le métro de Londres compte 408 km de voies pour 273 stations.

Le plus grand nombre de stations ■ Le métro de New York, dont la première section fut mise en service le 27 octobre 1904, compte 468 stations. Il s'étend sur 373 km de voies et transporte 1 milliard de voyageurs par an.

Le plus fréquenté ■ Le métro de Moscou transporte 3,3 milliards de passagers par an. Il compte 227 km de voies et 141 stations. Le prix du billet était de 5 kopecks depuis l'inauguration du métro, en 1935. Il vient d'être porté à 15 kopecks.

Quais ■ Le quai de la station de métro State Street Center, à Chicago, Illinois, EU, mesure plus de 1 km.

Le métro parisien ■ La première section fut inaugurée le 14 juillet 1900 entre Porte-de-Vincennes et Porte-Maillot (ligne électrifiée). Le réseau du métro parisien compte 200 km de voies pour 370 stations réparties sur 13 lignes principales et 2 secondaires. En 1991, le métro a transporté 1,187,7 milliard de voyageurs. Le RER a, lui, transporté 341 millions d'usagers sur un réseau de 113 km et 67 stations.

La station la plus fréquentée ■ En 1991, la station Saint-Lazare a accueilli 32 millions de voyageurs ; 150 000 usagers la fréquentent par semaine, dont 24 700 aux heures de pointe, entre 8 h et 9 h.

La station la plus profonde ■ C'est la station des Buttes-Chaumont à Paris, les rails sont situés à 31,66 m au-dessous du niveau de la chaussée.

Métro automatique ■ Le VAL, à Lille, Nord, inauguré le 25 avril 1983, est le premier métro entièrement automatique du monde. Construit par Matra, il circule sur un réseau de 24 km à la vitesse de pointe de 80 km/h (35 km/h, arrêts compris).
Deux autres VAL sont en service, le premier à Jacksonville, Floride, EU, depuis le 30 mai 1989, et, depuis le 1er novembre 1991, l'Orlyval, qui relie l'aéroport d'Orly à la ville d'Antony, Hauts-de-Seine.
Quatre sont en construction : à Taipei, capitale de Taiwan ; à l'aéroport O'Hare de Chicago, EU et à Toulouse.

Ligne de métro ■ La ligne du métro de Moscou entre Medvedkovo et Bittsevski mesure environ 38 km de long. Elle a été achevée en 1989-1990.

France ■ La ligne 8 (Balard-Créteil-Préfecture) du métro parisien mesure 22 km de long. Elle compte 37 stations.
La ligne 3 bis (Porte-des-Lilas-Gambetta) est la plus courte : 1,3 km et 4 stations.

Gares

Gare *La plus grande* ■ Grand Central Terminal, à New York, construite entre 1903 et 1913, couvre 19 ha sur deux niveaux, avec 41 voies au niveau supérieur et 26 au niveau inférieur. En moyenne, plus de 550 trains, transportant 200 000 voyageurs, l'utilisent chaque jour.

France ■ La gare du Nord, à Paris, est la plus grande gare de voyageurs de France. Elle couvre 13 ha en surface (bureaux non compris) et 2,5 ha de gare souterraine. Elle compte 21 voies grandes lignes et 10 voies banlieue ; 766 trains la fréquentent chaque jour.

La plus ancienne ■ La gare de Liverpool, à Manchester, GB, fut inaugurée le 15 septembre 1830. C'est aujourd'hui en partie un musée.

France ■ L'embarcadère du Paris-Saint-Germain, qui se trouvait entre l'actuelle gare Saint-Lazare et le pont de l'Europe, à Paris, fut inauguré en 1837.
La première gare définitive, celle de Saint-Lazare, fut mise en service en 1841.

La plus fréquentée *France* ■ La gare Saint-Lazare, à Paris, est fréquentée, chaque jour, par 432 000 voyageurs sur le réseau banlieue et 29 000 sur le réseau grandes lignes.

La plus élevée ■ La gare de Condor, en Bolivie, sur la ligne Río Mulato-Potosí, est située à 4 786 m d'altitude.

France ■ La gare de Bolquère-Eyne, Pyrénées-Orientales, se trouve à 1 592 m d'altitude.

Quais ■ Le quai de la gare de Khargpur, Bengale occidental, Inde, mesure 833 m de long.

Tunnels ■ Voir chapitre *Architecture et ponts-et-chaussées*, « *Tunnels* ».

Maquette ferroviaire

A la saline royale d'Arc-et-Senans, Doubs, 8 clubs de modélisme ferroviaire se sont associés pour confectionner les maquettes de presque toutes les gares de Franche-Comté (19 au total).
Le réseau avait 130 modules, 200 m de long et 1 km de rails. Des trains, répliques exactes des convois francs-comtois, ont roulé sur ce réseau pendant 2 jours, les 3 et 4 juin 1989.

Bateaux

Pour plus de records, le lecteur pourra se reporter aux chapitres L'esprit d'aventure, et Sports, « Motonautisme-Voile ».

Les premiers

Origines ■ On pense que les aborigènes étaient déjà en mesure de traverser le détroit de Torres, entre la Nouvelle-Guinée et l'Australie, soit une distance d'au moins 160 km, 60 000 ans av. J.-C. Ils utilisaient vraisemblablement des pirogues doubles, ancêtres de nos catamarans.
La plus ancienne représentation d'un bateau est controversée. On l'attribue à d'éventuels dessins rupestres de bateaux en peaux de bêtes du mésolithique, à Hognipen, Norvège (8 000 à 7 000 av. J.-C.), mais aussi à Minateda, Espagne (7 000 à 3 000 av. J.-C.) et à Kobystan, URSS (8 000 à 6 000 av. J.-C.).
La plus ancienne flotte jusqu'à présent connue date d'environ 3000 av. J.-C., elle a été découverte en 1991 à Abydos, Égypte. Elle est constituée de 12 bateaux funéraires mesurant chacun 18 m de long.
Une pagaie de 45 cm de long a été trouvée en 1948 à Star Carr, site du North Yorkshire, GB. Datée d'environ 7 600 av. J.-C., elle se trouve au musée d'archéologie de Cambridge, GB.

La plus ancienne embarcation ■ C'est une sorte de pirogue creusée dans du bois de pin, découverte à Pesse, Pays-Bas, datant de 6315 av. J.-C. (à 275 années près) et actuellement exposée au musée provincial d'Assen.
Les plus anciennes embarcations d'Europe, découvertes à l'occasion des travaux de fondation de la grande Bibliothèque nationale sur le site de Bercy à Paris, ont 6 500 ans, elles datent de 4300 à 3600 av. J.-C. Les fouilles ont mis à jour 3 pirogues de chêne mesurant 5 m de long.

Le plus ancien bateau existant ■ Il s'agit d'un canoë en bois, destiné à la pêche aux anguilles, de 8 m de long et de 75 cm de large, daté d'environ 4490 av. J.-C. et découvert à Tybrind Vig, sur l'île de Fünen, en mer Baltique.

La plus ancienne épave ■ C'est celle d'un navire de commerce des Cyclades, repéré au large de l'îlot de Dokhos, non loin de l'île grecque d'Hydra. Elle date de 2450 av. J.-C. (à 250 années près). Cette découverte a été faite en 1975.
Une épave d'environ 2 400 ans est en cours d'exhumation dans le cratère d'un volcan en activité de la côte nord de la Sicile. Le cargo renferme une importante quantité de poteries grecques classiques.

La première énergie ■ La propulsion par machine à vapeur fut maîtrisée pour la première fois en 1783, quand le marquis Claude François de Jouffroy d'Abbans (1751-1832) remonta une partie de la Saône, près de Lyon, sur le *Pyroscaphe*, vapeur à aubes de 180 t.
Le remorqueur *Charlotte-Dundas* fut le premier vaisseau à moteur efficace. C'était un bateau à roues à propulsion arrière construit en 1801 pour le canal de Forth and Clyde, en Écosse, par William Symington (1763-1831). Il utilisait une machine à vapeur à condensation et à double action construite par James Watt (1736-1819).
L'hélice fut inventée par l'ingénieur anglais Francis Pettit Smith (1808-1871), le 31 mai 1836.
Le plus vieux bateau à vapeur en activité est le bateau à roues *Skibladner*, qui fait la navette sur le lac Mjosa, Norvège, depuis 1856.

Le premier bateau à turbines ■ Le *Turbinia*, construit en 1894 à Wallsend-on-Tyne, GB, selon les plans de Charles Parsons (1854-1931), avait 30 m de long et un déplacement de 45 t. Ses trois turbines à vapeur développaient une puissance d'environ 2 000 ch. Inauguré en 1897, il atteignit 34,5 nœuds (64 km/h). Il est maintenant conservé à Newcastle-upon-Tyne.

Navires de guerre

Les plus gros cuirassés ■ Le *Missouri* et son jumeau, le *Wisconsin*, de la marine des États-Unis, sont les plus gros navires de ce type actuellement en service. Longs de 270 m, ils ont un déplacement en pleine charge de 58 000 t. Le *Missouri*, doté d'un blindage de 36 cm d'épaisseur, a neuf canons de 406 mm pouvant tirer jusqu'à 40 km des obus de 1 t, à raison de deux coups par minute. Ces canons sont entrés en action dans la nuit du 3 au 4 ; février 1991, pendant la guerre du Golfe. Ils n'avaient plus ouvert le feu depuis la guerre de Corée (1950-1953). Le *Missouri* fut mis en service le 11 juin 1944. C'est sur son pont en teck que fut signée la reddition du Japon, le 2 septembre 1945.
Les cuirassés japonais *Yamato* (achevé le 16 décembre 1941 et coulé au sud-ouest de l'île de Kyushu, Japon, par les avions américains le 7 avril 1945) et *Musashi* (coulé dans la mer des Philippines par onze bombes et seize torpilles le 24 octobre 1944) furent les plus gros cuirassés jamais mis en service. Chacun avait un déplacement en pleine charge de 73 977 t, une longueur totale de 263 m, une largeur au fort de 38,70 m et un tirant d'eau de 11 m en pleine charge.
Ils étaient armés de neuf canons de 460 mm dans trois tourelles triples. Chaque canon, long de 23 m, pesait 165 t et tirait des obus de 1 450 kg.

Les plus grands porte-avions ■ Les bateaux de guerre ayant le plus gros déplacement en pleine charge sont les porte-avions américains de la classe Nimitz : *Nimitz*, *Dwight-D.-Eisenhower*, *Carl-Vinson*, *Theodore-Roosevelt* et *Abraham-Lincoln*, avec 91 847 t. Ils ont une longueur de 323 m et un pont d'envol de 1,8 ha. Leur vitesse atteint les 56 km/h. Ils sont commandés par quatre turbines à engrenages à vapeur à énergie nucléaire, d'une puissance de 260 000 ch. Ils doivent se réapprovisionner au bout d'environ 1 450 000 km.
L'*Enterprise*, avec ses 336 m, est le plus long bateau de guerre jamais construit.

▽ Le Dwight-D.-Eisenhower *peut atteindre une vitesse de 56 km/h.*

△ *Le Redoutable fut le premier sous-marin nucléaire français. Construit à Cherbourg, il fut équipé de missiles le 1er décembre 1971. On peut juger sa taille en observant l'officier en haut de la tourelle. Ces sous-marins partent pour des missions secrètes de 3 mois; tapis au fond des mers, ils peuvent recevoir des ordres mais ne peuvent pas émettre.*

France ■ Excepté les porte-avions (voir plus bas), le plus grand navire de guerre est aujourd'hui le croiseur lance-missiles *Colbert*, 191 m de long, 11 300 t de déplacement en pleine charge. Mis en service en mai 1959, il a été désarmé le 24 mai 1991. Le dernier cuirassé français, le *Jean-Bart*, lancé en 1940, mesurait 244 m de long.

Le plus ancien bateau blindé ■ Le *Warrior*, de la marine royale britannique, restauré et exposé à Portsmouth depuis 1987, fut construit dans les chantiers de la Tamise, à Blackwall, en 1860.
Bâti en métal et en teck, il était propulsé par une machine à vapeur de 932 kW et équipé d'un gréement complet de voiles. Après avoir été mis hors service, le *Warrior* accomplit des fonctions statiques diverses, jouant finalement pendant cinquante ans le rôle de ponton-dépôt d'essence dans le port de Milford. Il fut offert au syndicat maritime en 1978 pour en faire un musée.

Le bateau de guerre le plus rapide ■ Voir, plus loin, la rubrique *« Aéroglisseurs »*.

Le destroyer le plus rapide ■ Le destroyer français le *Terrible*, de 2 830 t, a atteint en 1935 la vitesse de 45,25 nœuds (83,8 km/h). Construit à Blainville-sur-Orne, Calvados, il était propulsé par quatre chaudières Yarrow à petits tubes et deux turbines à engrenages Rateau, développant 100 000 ch. Il fut mis hors service fin 1957.

Les plus grands porte-avions *France* ■ Mis à flot le 23 juillet 1960 et admis au service actif pendant l'été 1963, le porte-avions *Foch* est le plus grand des navires de guerre français de tous types, tout comme le porte-avions *Clemenceau*. Ils mesurent tous les deux 266 m de long et 51 m de large et ont un déplacement en pleine charge de 33 500 t. 40 avions peuvent être transportés par ces deux géants, qui atteignent la vitesse de 60 km/h. Chacun des deux porte-avions est servi par 2 250 hommes.

Le plus grand nombre d'appontages ■ Le groupe aéronaval n° 6 de la flotte américaine du Pacifique a procédé à 602 appontages sur le *Matanikau*, le 25 mai 1945, entre 8 h et 17 h, à la fin de la guerre contre le Japon.

Sous-marins

Les plus grands sous-marins ■ Ce sont les sous-marins nucléaires russe de la classe Typhon, connus sous le nom de code *Oscar*. Le lancement du premier dans le chantier naval camouflé de Severodvinsk, sur la mer Blanche, fut annoncé par l'Otan le 23 septembre 1980. Ils sont censés avoir un déplacement en plongée de 26 500 t. Ils mesurent 170 m hors tout et sont armés de 20 missiles SS NX 20, à sept têtes et de 8 900 km de portée. Fin 1987, deux autres sous-marins, construits à Leningrad, étaient opérationnels, déployant chacun 140 têtes.

France ■ Le premier sous-marin nucléaire, le *Redoutable*, a été lancé à Cherbourg, Manche, le 29 mars 1967 et admis au service actif, avec ses missiles opérationnels, le 1er décembre 1971.
Dernier des six sous-marins nucléaires lanceurs d'engins (SNLE), l'*Inflexible* est le plus impressionnant. Mis en service le 1er avril 1985, il est doté de 16 missiles M4, à têtes multiples, et de 4 tubes lance-torpilles. Long de 128,70 m, large de 10,60 m, il a un déplacement en plongée de 8 940 t et une vitesse supérieure à

20 nœuds (37 km/h). Il peut plonger à plus de 2 000 m.

La plus grande profondeur ■ Les deux bâtiments américains *Trieste-II*, avec son équipage de 3 hommes et ses 303 t (réarmé en novembre 1973), et son jumeau *Alvin* peuvent descendre à 3 600 m. *Trieste-II* fut reconstruit à partir du fameux bathyscaphe *Trieste*, mais sans la construction sphérique de Krupp qui avait permis à celui-ci de descendre jusqu'à la profondeur record de 10 917 m.

Sous-marins civils ■ Le *Saga*, lancé le 16 octobre 1987 par la Comex et l'Ifremer, mesure 28,70 m de long et a une autonomie en plongée de 241 km. C'est le plus grand sous-marin commercial jamais lancé.
Construit à des fins scientifiques en 1986 pour l'Ifremer, le *Nautile* peut plonger à 6 000 m de profondeur. Il mesure 8 m de long, 2,70 m de large et 3,45 m de haut.

Sous-marin le plus profond ■ La plongée la plus profonde a été réalisée dans la fosse des Mariannes, à 400 km au sud-ouest de l'île de Guam (océan Pacifique). Le bathyscaphe de la marine américaine *Trieste*, conçu en Suisse, manœuvré par le Suisse Jacques Piccard (né en 1914) et par le lieutenant américain Donald Walsh, atteignit 10 916 m de profondeur à 13 h 10 le 23 janvier 1960. La pression de l'eau était de 1 183 kgf/cm^2 et la température de 3 °C. La descente a duré 4 h 48 mn et la remontée 3 h 17 mn.

Plongée simulée ■ Le 3 février 1981, Stephen Porter, Len Whitlock et Erik Kramer, de l'université Duke, à Durham, Caroline du Nord, EU, ont effectué une plongée simulée en chambre sèche à 685 m dans un caisson étanche de 2,40 m où ils sont restés 43 jours. Ils respiraient un mélange d'azote, d'oxygène et d'hélium.

France ■ Le 28 février 1988, six plongeurs (4 de la Comex et 2 de la marine française) sont descendus à 520 m dans la fosse de Cassisdaigne, au large de Cassis, Bouches-du-Rhône, pendant 6 jours, dans le cadre de l'expérience Hydra VIII. Ils ont respiré de l'« hydréliox », un mélange synthétique contenant un fort pourcentage d'hydrogène. L'un d'entre eux, Patrick Raude, est sorti du caisson. Son corps a subi une pression de 52 kg au cm^2.
Arnaud de Nechaud de Feral (né en 1956) a battu le record de durée en restant 73 jours, du 9 octobre au 21 décembre 1989, dans un caisson de saturation simulant une profondeur de 300 m et une pression de 30 bars. L'expérience Hydra IX, de portée industrielle, était conduite à Marseille, au centre d'essai de la Comex.

Le sauvetage sous-marin le plus profond ■ Roger R. Chapman, 28 ans et Roger Mallinson, 35 ans, restèrent bloqués 76 h dans le *Pisces III* lorsque celui-ci sombra par 480 m de profondeur, à 240 km au sud-est de Cork, Irlande, le 29 août 1973. Le *Pisces III* fut ramené à la surface le 1er septembre par le *John Cabot*.

Les sauvetages de matériel les plus profonds ■ Le 20 mai 1972, le bathyscaphe américain *Trieste II* a récupéré du matériel électronique par 5 000 m de profondeur, au large d'Hawaï.
Le sauvetage le plus profond réalisé par des plongeurs fut celui de l'épave du croiseur britannique *Edinburgh*, qui avait coulé par 245 m de fond le 2 mai 1942 dans la mer de Barents, au large du nord de la Norvège, à l'intérieur du cercle arctique. Douze plongeurs descendirent à bord d'une cloche du navire *Stephaniturm* (1 446 tonnes) pendant 32 jours, du 17 septembre au 18 octobre 1981 ; 460 lingots d'or (le seul sauvetage de l'intégralité d'une cargaison à ce jour) furent récupérés.

Marine marchande

Tonnage mondial ■ Au 1er juillet 1991, la flotte de commerce mondiale comptait 41 213 navires, représentant au total 436 millions de tonneaux de jauge brute et 680 millions de tonnes de port en lourd.
Au 1er octobre 1991, la plus grande flotte marchande du monde (en tonnage) naviguait sous pavillon du Libéria. Elle comptait 1 605 navires, représentant 52,4 millions de tonneaux de jauge brute et 98,6 millions de tonnes de port en lourd. Néanmoins, c'est le Japon qui comptait le plus grand nombre de navires : 5 753.

France ■ Au 1er janvier 1992, 216 navires de commerce naviguaient sous pavillon français, représentant au total 3 725 000 tonneaux de jauge brute et 5 585 600 tonnes de port en lourd. Au 1er décembre 1991, la France occupait le 25e rang mondial et le 6e rang européen, derrière la Grèce, l'Italie, l'Angleterre, l'Allemagne et le Danemark.

Les plus grands pétroliers ■ Le plus grand bateau en service, tous types confondus, est l'*Hellas-Fos* (ex-*Prairial*, voir l'article *« France »*, ci-dessous) de

Les plus rapides ■ Les sous-marins nucléaires soviétiques de la classe Alfa ont une vitesse maximale de 78 km/h. Grâce à l'utilisation d'un alliage de titane, on estime qu'ils peuvent plonger à 750 m. Un satellite espion américain survolant le chantier naval de Leningrad, le 8 juin 1983, a montré qu'ils avaient été « prolongés » jusqu'à une longueur de 80 m.

▽ Le Saga, *le plus grand sous-marin commercial jamais fabriqué, a une autonomie en plongée de 241 km.*

△ Le Monarch of the Seas, *le plus grand paquebot de croisière du monde, peut accueillir 2 800 passagers. Il a été fabriqué à Saint-Nazaire. Le* France, *aujourd'hui rebaptisé* Norway *par les Norvégiens qui l'ont racheté, peut accueillir 2 400 passagers.*

555 051 t de port en lourd et de 254 582 tonneaux de jauge brute, pétrolier à turbine à vapeur construit en 1979. Il naviguait sous pavillon grec, pour le compte de la Bilinder Marine Corporation d'Athènes jusqu'en avril 1991, date à laquelle il a été désarmé. Il est depuis cette date ancré au port du Pirée à Athènes.

Le *Happy-Giant* (anciennement *Seawise-Giant*), de 564 740 t de port en lourd, a une longueur hors tout de 485 m, une largeur au fort de 68 m et un tirant d'eau de 24 m. Il a été « allongé » (« jumboïsé ») en 1980 par Nippon Kokan, qui y a ajouté une demi-coupe au maître de 81 m. Le bateau fut attaqué le 22 décembre 1987, au large de l'île de Larak, dans le golfe Arabo-Persique, par des Mirage irakiens et fut sévèrement endommagé le 14 mai 1988 au cours d'une autre attaque. Malgré ces dégâts importants, il a été acheté par un armateur norvégien et reprendra du service après sa remise en état, en Corée du Sud. Un nouveau moteur Diesel remplacera ses turbines à vapeur et réduira son port en lourd à 420 000 t.

France ■ Entre 1976 et 1979, les Chantiers de l'Atlantique, à Saint-Nazaire, Loire-Atlantique, livrèrent les quatre plus grands pétroliers du monde (plus de 550 000 t de port en lourd) : deux (le *Batillus* et le *Bellamya*) commandés par Shell-France et deux (le *Pierre-Guillaumat* et le *Prairial*) commandés par la Compagnie nationale de navigation. Depuis, les trois premiers ont été mis à la casse. Le quatrième est devenu l'*Hellas-Fos* (voir ci-dessus).

Aujourd'hui, le plus grand pétrolier battant pavillon français est le *Lanistes*, lancé au Japon en 1975. Long de 344 m, large de 56 m, avec 311 896 t de port en lourd, il appartient à Shell-France.

Marées noires ■ La plus grande marée noire du monde due à un pétrolier s'est produite le 13 mars 1976, sur la côte de l'île d'Ouessant, Finistère. Ce jour-là, l'*Olympic-Bravery*, qui y était échoué depuis deux mois, se cassa en deux et déversa ses 250 000 t de pétrole. Il fallut trois mois pour nettoyer les rivages.

Le 24 mars 1989, l'*Exxon Valdez* a heurté un récif en Alaska et déversé 450 millions de litres de pétrole sur 7 000 km^2.

PORTSALL PROPRE

Le 16 mars 1978, le pétrolier *Amoco-Cadiz* naviguant sous pavillon libérien et appartenant à la société Amoco International Oil, filiale de la Standard Oil of Indiana, s'échoua en face de Portsall, Finistère, et répandit 220 000 t de pétrole brut sur 340 km de littoral breton.

La marée noire détruisit localement 90 % de la faune marine. La procédure qui a suivi la catastrophe s'est conclue en mars 1992 ; la société Amoco International Oil a été condamnée à verser 230 millions de F d'indemnités aux syndicats mixtes bretons et 1 067,5 millions de F à l'État français avant le 30 juin 1992 (voir chapitre *Le monde des affaires l'article « Assurances »*).

Les plus grand paquebots ■ Le *Monarch of the seas* (74 000 tonneaux de jauge brute) livré en 1991 par les Chantiers de l'Atlantique de Saint-Nazaire, France, est le plus grand paquebot de croisière du monde, il peut accueillir 2 800 passagers et vogue dans la mer des Caraïbes pour le compte la *Royal Caribbean Cruise Line*.

Le *Norway* (75 000 tonneaux de jauge brute, longueur totale 316 m) peut accueillir 2 400 passagers. C'est le nouveau nom du célèbre paquebot *France*, construit en 1961, et rebaptisé après son rachat par le Norvégien Knut Kloster, en juin 1979. Ordinairement basé à Miami, Floride, EU, il effectue des croisières aux Caraïbes. Rénové à l'automne de 1990, il a été doté de deux nouveaux ponts.

Le *Queen-Elizabeth* britannique (82 998 tonneaux de jauge brute), de la compagnie Cunard, fut le plus gros paquebot jamais construit. Sa longueur totale était de 314 m, sa largeur de 36 m. Il était propulsé par des turbines à vapeur développant 168 000 ch. Il fit sa dernière croisière le 15 novembre 1968. En 1970, il fut envoyé à Hong Kong pour servir d'école de marine flottante et rebaptisé *Seawise-University*. Il brûla le 9 janvier 1972 à la suite de trois incendies simultanés et vraisemblablement criminels. La coque rainurée fut découpée en 1978.

Le plus grand cargo ■ Le cargo norvégien de marchandises sèches *Berge-Stahl*, de 364 767 t de port en lourd, a été construit en Corée pour l'armateur norvégien Sig Bergesen. D'une longueur de 343 m, d'une largeur au fort de 63,50 m, il a été lancé le 5 novembre 1986.

La plus grande baleinière-usine ■ La *Sovietskaïa-Ukraina* (32 034 tonneaux de jauge brute, 46 738 t de port en lourd) a été terminée en octobre 1959. Elle a une longueur de 218 m et une largeur au fort de 26 m.

Chalands ■ Les plus grands chalands rouliers sont quatre chalands de la classe El Rey, de 16 700 t et de 177 m de long. Construits par FMC, de Portland, Oregon, EU, ils sont affrétés par Crowley Maritime, de San Francisco. Ils fonctionnent entre la Floride et Porto Rico. Leurs trois niveaux peuvent accueillir jusqu'à 376 camions semi-remorques.

Le plus grand porte-conteneurs ■ C'est en 1955 que prit naissance la technique du porte-conteneurs, lorsque le pétrolier *Ideal-X* fut transformé par l'Américain Malcolm McLean. Il ne portait des conteneurs que sur le pont.
Les douze porte-conteneurs construits en Corée pour United States Lines, en 1984-1985, sont à même de transporter 4 480 conteneurs de 6 m de long. Ils ont 57 075 tonneaux de jauge brute. Ils s'appelaient : *American-Alabama*, *American-California*, *Illinois*, *Kentucky*, etc. Suite à l'effondrement financier des United States Lines, leur flotte fut vendue et les douze bateaux se nomment maintenant *Sea-Land-Atlantic*, *Sea-Land-Achiever*, *Commitment*, *Integrity*, etc.

France ■ Construit en 1973 en Allemagne, le porte-conteneurs *Korrigan* peut transporter 2 960 conteneurs standard. Long de 289 m, large de 32 m, avec 57 304 tonneaux de jauge brute et 48 850 t de port en lourd, il appartient à la Compagnie générale maritime.

Remorqueurs ■ Le remorqueur soviétique *Nikolaï-Tchiker* ainsi que le SB-134 ont une puissance de 24 480 ch et une capacité de remorquage de 250 t à pleine puissance.

France ■ Les remorqueurs jumeaux *Abeille-Flandre* et *Abeille-Languedoc* ont une longueur de 63,45 m et une largeur de 14,40 m. Ils pèsent environ 1 600 t et ont une puissance de 23 000 ch. Ils sont affectés à la surveillance de la Manche.

Car-ferries *Le plus grand* ■ Le *Silja-Serenade*, de 56 000 tonneaux de jauge brute, est entré en service, en mer Baltique, entre Helsinki et Stockholm, en 1990. Construit pour Silja Line, il mesure 203 m de long et 31,50 m de large, et peut transporter 2 500 passagers et 450 voitures.

France ■ Le *Danielle-Casanova*, 165 m de long et 27,40 m de large, peut transporter 2 436 passagers et 800 véhicules. Lancé en 1989 par les Chantiers de l'Atlantique, il appartient à la SNCM, filiale de la Compagnie générale maritime, et assure des services en Méditerranée, essentiellement sur la Corse.

Le plus rapide ■ Le *Finnjet* (24 065 tonneaux de jauge brute), à turbine à gaz, construit en 1977, navigue en mer Baltique entre Helsinki, Finlande, et Travemunde, Allemagne. Il peut atteindre la vitesse de 30 nœuds (55,5 km/h).

Le plus grand ferry-boat ■ Le *Klaipeda*, le *Vilnius*, le *Mukran* et le *Greifsvald* sont en service en mer Baltique, entre les ports de Klaipeda, Lituanie, ex-URSS, et Mukran, Allemagne. Ils mesurent chacun 190 m de long et 28 m de large, pour un port en lourd de 11 700 t. Ils peuvent transporter 103 véhicules ferroviaires de 15 m de long.

La plus grande hélice ■ C'est Kawasaki Heavy Industries qui a construit le 17 mars 1982, pour le transporteur de marchandises en vrac *Hoei-Maru* (rebaptisé depuis *New-Harvest*), la plus grande hélice de propulsion à trois pales, de 11 m de diamètre.

Le plus grand hydrofoil (embarcation à ailes portantes) ■ Le *Plainview*, de 65 m de longueur, fut lancé par Lockheed Shipbuilding and Construction, de Seattle, État de Washington, EU, le 28 juin 1965. Sa vitesse de croisière est de 90 km/h. Trois hydrofoils Supramar PTS 150 Mk III, de 165 t, transportent 250 passagers à une vitesse de croisière de 75 km/h entre Malmö, Suède, et Copenhague, Danemark, à travers l'Oresund. Ils ont été construits par Westermoen Hydrofoil, à Mandal, Norvège. On a signalé en ex-URSS un vaisseau à ailes portantes de 500 t pouvant transporter 900 t.

Bateau fluvial ■ Le *Mississippi-Queen*, de 116 m de longueur, dessiné par James Gardner, de Londres, fut armé le 25 juillet 1976 à Cincinnati, Ohio, EU. Il se trouve actuellement en service sur le Mississippi.

Brise-glace ■ Le *Rossiya* soviétique, de 25 375 t et de 140 m de longueur, commandé par des moteurs nucléaires de 7 500 ch, fut terminé à Leningrad en 1985. Un brise-glace polaire de classe 8, de 194 m de longueur et de 100 000 ch, a été commandé par le gouvernement du Canada en octobre 1985.
Le plus grand bateau transformé en brise-glace, par la Humble Oil, fut le *Manhattan*, de 307 m de longueur, qui devint un brise-glace de 152 400 t, avec une proue blindée de 20 m de longueur. Il fit une expédition aller-retour dans l'Arctique canadien à travers le passage du Nord-Ouest, du 24 août au 12 novembre 1969. C'est le Norvégien Roald Amundsen qui franchit le premier ce passage par voie maritime, lors de son expédition sur le sloop de pêche au phoque *Gjöa*, le 11 juillet 1906.

Le dragueur le plus puissant ■ Le *Prins-der-Nederlanden*, de 143 m de longueur et de 10 580 tonneaux de jauge brute, peut draguer 20 000 t de sable jusqu'à une profondeur de 35 m en moins de 1 h.

Bateaux en bois *Le plus lourd* ■ Le *Richelieu*, de 102 m de longueur et de 8 660 t, fut lancé à Toulon, Var, le 3 décembre 1873.

Le plus long ■ Le *Rochambeau*, anciennement baptisé *Dunderberg*, construit à New York entre 1867 et 1872, avait une longueur hors tout de 115 m.

Le plus grand bateau à rames ■ La galère géante de type catamaran *Tessarakonteres*, à trois niveaux, était propulsée par 4 000 rameurs. Elle fut construite par Ptolémée IV vers 210 av. J.-C., à Alexandrie, Égypte. Elle mesurait 130 m, et chaque rame, manœuvrée par 8 hommes, mesurait 38 coudées, soit environ 19 m.

La pirogue la plus longue ■ La pirogue de guerre maori *Nga-Toki-Matawhaorua*, de 35,7 m de long et de 20,3 t, fut creusée dans du bois de Kauri à Kerikeri Inlet, Nouvelle-Zélande, en 1940, pour un équipage d'au moins 70 hommes.
Le « bateau-serpent » *Nadubhagom*, de 41 m de long, construit à Kerala, Inde méridionale, a un équipage de 109 rameurs et 9 barreurs.

Bateaux-phares ■ La plus ancienne station équipée d'un bateau-phare est la Newarp, en mer du Nord, au large de Great Yarmouth, GB, depuis 1791. Un bateau-phare Nore fut installé dans l'estuaire de la Tamise dès 1732.

Si j'étais riche...

L'équipement du yacht royal **Abdul-Aziz**, *appartenant au roi d'Arabie Saoudite, de 143 m de longueur, construit au Danemark, fut terminé le 22 juin 1984 aux chantiers Vosper, à Southampton, GB. En 1987, on estimait sa valeur à plus de 100 millions de $.*

Le yacht privé (non royal) le plus long est le **Nabila**, *de 86 m de longueur, dont le prix initial était de l'ordre de 29 millions de $. Il fut vendu en septembre 1987 par le sultan de Brunei à l'homme d'affaires new-yorkais Donald Trump (né en 1946) à peu près au même prix et rebaptisé* **Trump Princess**. *Son premier propriétaire avait été le magnat saoudien Adnan Khashoggi, qui y installa un pont d'envol d'hélicoptère et une salle d'opération.*

Le yacht privé non royal **Alexander**, *ancien ferry transformé en yacht en 1986 mesure 122 m de long.*

La plus grande épave ■ Le pétrolier *Energy-Determination* (312 186 t de port en lourd) explosa et se cassa en deux dans le détroit d'Ormuz le 12 décembre 1979. On estimait sa valeur à 58 millions de $.
Le plus important transport d'épaves fut effectué en 1979 par Smit Tak International, qui, en 20 mois, évacua de la baie de Bantry, Irlande, les débris du pétrolier français *Bételgeuse* (120 000 t).

La construction navale la plus rapide ■ Le programme de construction de 2 742 liberty-ships, sur 18 chantiers, commença le 27 septembre 1941, en pleine Seconde Guerre mondiale. Les chantiers Kaiser, à Portland, EU, posèrent la quille du liberty-ship n° 440, nommé *Robert-E.-Peary*, le 8 novembre 1942 ; il fut lancé le 12 novembre, 4 jours, 15 h et 30 mn plus tard, et mis en service le 16 novembre. Il fut démoli en 1963.

Bateau en bois ■ On notera que la longueur de l'arche de Noé, selon la Bible, était de 300 coudées, soit environ 150 m.

▽ Le bateau du Club Méditerranée, *Club-Med I*, avec une longueur de 187 m et ses 5 mâts de 50 m de haut est le plus grand paquebot à voile du monde.

Voiliers

Le plus grand ■ *France-II* (5 806 tonneaux de jauge brute), lancé à Bordeaux, Gironde, en 1911, était un cinq-mâts à coque d'acier (gréé en carré sur 4 mâts et à voiles auriques sur le mât arrière). Il mesurait 128 m hors tout. Bien que conçu principalement comme voilier, avec un gréement de perroquet, il fut aussi équipé de deux machines à vapeur. Il fit naufrage au large de la Nouvelle-Calédonie le 13 juillet 1922.
Le seul schooner à sept mâts fut le *Thomas-W.-Lawson*, de 115 m et de 5 218 tonneaux de jauge brute, construit à Quincy, Massachusetts, EU, en 1902. Il s'échoua au large des îles Sorlingues, Cornouailles, le 15 décembre 1907.

Les plus grands en service ■ Le *Sedov*, lancé en 1921 et utilisé en URSS pour l'instruction des marins, a 117 m de long, 15 m de large et une surface de voile de 4 192 m^2.
Le seul très grand vaisseau de ligne survivant est le *Victory*, de la marine royale britannique, armé de 104 canons. Mis en chantier à Chatham, Kent, le 23 juillet 1759, il fut construit avec le bois de quelque 2 200 chênes. Il ramena le corps de l'amiral Nelson de Gibraltar à Portsmouth 44 jours après avoir servi victorieusement comme vaisseau amiral à la bataille de Trafalgar, le 21 octobre 1805. En 1922, on le conduisit au dock n° 2, à Portsmouth, lui-même le plus ancien bassin de radoub au monde. Sa longueur de cordage (gréements dormants et courants) est de 31 km.

Paquebot à voile ■ Livré en 1989 par les Ateliers et chantiers du Havre, Seine-Maritime, *Club-Med I* (14 359 tonneaux de jauge brute) est le plus grand paquebot à voile du monde. Long de 187 m et large de 20 m, il possède 5 mâts en acier de 50 m de haut supportant 2 500 m^2 de voilure en Dacron commandée par ordinateur. Il effectue des croisières en Méditerranée l'été et aux Caraïbes l'hiver et peut accueillir 425 passagers pris en charge par 198 officiers et employés. Son petit frère le *Club-Med II* est aujourd'hui en commande.

Les plus grandes jonques ■ Le *Cheng-Ho*, construit vers 1420, navire amiral de la flotte de 62 galions de l'amiral chinois Cheng Ho, avait un déplacement de 3 150 t. On évalue sa longueur à 165 m et on pense qu'il était équipé de 9 mâts.
En 1161 existait une jonque fluviale de 110 m de longueur équipée de roues à aubes.
Vers 280, une « forteresse flottante » carrée de 183 m de côté, construite par Wang Jun sur le Yang-Tsé-Kiang, prit part aux combats sur le fleuve Chin-Wu.
Les jonques actuelles ne dépassent pas une longueur de 50 m, même pas celles des commerçants du Chiangsu.

Les plus grandes voiles ■ On utilise la voile comme moyen de propulsion depuis 3500 av. J.-C.
La plus grande mâture jamais utilisée fut celle du navire de guerre britannique *Temeraire*, terminé à Chatham, Kent, le 31 août 1877 et démoli en 1921. La grand-vergue et la vergue de misaine mesuraient 35 m de long. La voile de misaine représentait 1 555 m de toile et pesait 2 t. La surface totale de voile était de 2 320 m^2.
Le navire de guerre britannique *Sultan* fut gréé à Chatham, Kent, le 10 octobre 1871. Il portait 3 170 m^2 de voiles et 1 420 m^2 de bonnettes. Il fut démoli en 1946.

Le plus grand mât ■ Le *Velsheda*, voilier britannique de classe J, possède le plus grand mât unique connu dans le monde : de la quille à la pomme de mât, il mesure 52 m. Construit en 1933, il a un déplacement de 145 t et une surface de voile de 1 450 m^2.

Aéroglisseurs

Le premier ■ Le véhicule sur coussin d'air (ou aéroglisseur) fut conçu en 1954 par l'ingénieur britannique Christopher Sydney Cockerell (né le 4 juin 1910).
Le premier vol en aéroglisseur eut lieu sur un appareil de 4 t, le *Saunders-Roe* SR-NI, à Cowes, île de Wight, GB, le 30 mai 1959. Muni d'un moteur turbo Viper de 680 kg de poussée, il atteignit une vitesse de 126 km/h en juin 1961.
Le premier service régulier d'aéroglisseur eut lieu à travers l'estuaire de la Dee, en Écosse, sur un Vickers-Armstrong VA-3 pour 24 passagers, à une vitesse de 110 km/h, entre juillet et septembre 1962.

Le plus grand ■ Le SRN 4 *Mark III*, aéroglisseur civil d'origine britannique, pèse 305 t, est long de 56 m et peut transporter 418 passagers et 60 voitures.

***France* ■** Construit en 1978, l'aéroglisseur *Jean-Bertin* a 49,70 m de long et file 45 nœuds (83 km/h).

Le plus rapide ■ L'aéroglisseur militaire expérimental *SES-100B*, de la marine américaine, de 23,70 m et 100 t, a atteint 91,9 nœuds (166 km/h), le 25 janvier 1980, dans la baie de Chesapeake, Maryland, EU. C'est le navire de guerre le plus rapide du monde.

Traversée de la Manche ■ Un SRN 4 Mark II, *The Swift*, de la classe Mountbatten affrété par Hoverspeed a effectué le trajet Douvres-Calais en 24 mn 8 s le 1er septembre 1984.

Traversées océaniques en paquebot

Les records de traversée avec équipage ou en solitaire, sans passagers, se trouvent aux chapitres L'esprit d'aventure, tableaux «Voile ».

Les premières traversées de l'Atlantique ■ La première traversée de l'Atlantique par un navire à moteur — et non par un navire à voile pourvu d'un moteur auxiliaire — fut un voyage de 22 jours entrepris en avril 1827, de Rotterdam, Pays-Bas, aux Antilles, par le *Curaçao*. C'était un bateau en bois à aubes de 438 t construit à Douvres, GB, en 1826, et acheté par le gouvernement néerlandais pour le service postal des Indes occidentales.
C'est le navire britannique *Rhadamanthus* qui effectua, en 1832, de Plymouth à la Barbade, la première traversée uniquement actionnée par la vapeur (avec des pauses pour dessaler l'eau de la chaudière).
La première croisière d'un paquebot à production continue de vapeur et équipé de distillateurs fut effectuée par le *Sirius* (714 t), de Queenstown (actuellement Cobh), Irlande, à Sandy Hook, New Jersey, EU, en 18 jours et 10 h, du 4 au 22 avril 1838.

La plus rapide traversée de l'Atlantique ■ Elle fut réalisée par l'*United-States* (alors de 52 000 tonneaux de jauge brute, actuellement de 38 200). Lors de son premier voyage, de New York au Havre, puis à Southampton, GB, en 1952, il réalisa une vitesse moyenne de 35,59 nœuds (66 km/h) pendant 3 jours, 10 h et 40 mn (du 3 au 7 juillet) sur un trajet de 5 465 km, entre le phare d'Ambrose, État de New York, et le phare de Bishop Rock, îles Sorlingues, Cornouailles, GB. Durant cette traversée, les 6 et 7 juillet 1952, il parcourut la plus grande distance jamais couverte par un navire en 24 h, à savoir 868 milles (1 609 km), donc à une vitesse moyenne de 36,17 nœuds (67 km/h).
La plus grande vitesse atteinte, avec ses moteurs de 240 000 ch, fut de 38,32 nœuds (71 km/h), lors de pointes réalisées les 9 et 10 juin 1952.

La plus rapide traversée du Pacifique ■ Elle a été effectuée, de Yokohama, Japon, à Long Beach, Californie, EU, 4 840 milles (8 960 km), en 6 jours, 1 h et 27 mn (du 30 juin au 6 juillet 1973) par le porte-conteneurs *Sea-Land-Commerce* (50 315 t), à une vitesse moyenne de 33,27 nœuds (62 km/h).

La plus rapide traversée de la Manche ■ Le 9 février 1982 le ferry-boat *Pride-of-Free-Enterprise*, de Townsend Thoresen, traversa la Manche en 59 mn 49 s, entre Douvres et Calais, par vent de force 7.

Ports

Le plus actif ■ Avec un trafic de marchandises de 292,5 millions de t en 1991, le port de Rotterdam, Pays-Bas, est le premier du monde. Il a une superficie de 100 km^2 et 122 km de quais.
Singapour est le premier port du monde pour le trafic de conteneurs.

France ■ Marseille, Bouches-du-Rhône, avec un trafic de marchandises de 89,5 millions de t en 1991, est le premier port de France et le troisième d'Europe, après Rotterdam et Anvers, Belgique (100 millions de t). Le Havre, Seine-Maritime, est le deuxième port français, avec 57,2 millions de t en 1991.

Les plus grands ■ Le port de New York-New Jersey a 1 215 km de quais navigables (dont 474 km à New Jersey) sur une superficie de 238 km^2. Il peut abriter 391 navires en même temps.

Brise-lames ■ Celui qui protège le port de Galveston, Texas, EU, le South Breakwater, en granit, a 11 km de long.

Cale sèche ■ Avec une capacité de construction navale de 1,2 million de t de port en lourd, la cale sèche n° 1 d'Okpo, dans l'île de Koje, Corée du Sud, mesure 525 m de long et 131 m de large. Elle a été achevée en 1979. Les portes du bassin, d'une hauteur de 14 m et d'une épaisseur de 10 m à la base, sont les plus grandes du monde.

France ■ La forme n° 10 du port de Marseille, Bouches-du-Rhône, mesure 465 m de long et 85 m de large. Elle peut recevoir des navires de 800 000 tonneaux.

Jetée ■ La jetée du port de Damman, en Arabie Saoudite, s'enfonce dans le golfe Arabo-Persique sur une distance de 11 km. Elle a été commencée en juillet 1948 et achevée le 15 mars 1950. Le site fut ultérieurement aménagé pour devenir, en 1980, le Port du roi Abdul-Aziz. 39 postes d'amarrage en eau profonde s'y intègrent. La levée d'origine, considérablement élargie, et le port s'étendent sur 13 km.

Quai ■ Le quai Hermann-du-Pasquier, au Havre, Seine-Maritime, d'une longueur de 1 524 m, fait partie d'un bassin fermé. Celui-ci a une profondeur d'eau constante de 9,80 m.

LA LÉGENDE DU RUBAN BLEU

**Distinction mythique récompensant le navire ayant réalisé la traversée de l'Atlantique la plus rapide entre l'Europe et les États-Unis.
En 1990 l'*Overspeed Great-Britain* a remporté le Ruban bleu après avoir réalisé la traversée dans un temps record : 74 h 9 m. Durant la course sa vitesse moyenne était de 68,461 km/h.
Le bateau italien *Destriero*, dessiné par Donald Blount, concepteur de bateaux ultra-rapides pour la marine américaine, va tenter au cours de l'été 1992 de battre ce record. Le challenger, financé par Giovanni Agnelli et Karim Aga Khan est un bolide de 50 000 ch pouvant atteindre des vitesses de pointe de 130 km/h.
Il sera piloté par l'ancien directeur technique de Ferrari, Cesare Fiorio.**

1 nœud = 1 mille par h / 1 mille = 1 852 m

ANNÉE	BATEAU ET NATIONALITÉ	TEMPS	VITESSE MOYENNE	
1838	*Great Western*, GB	294 h.	10,20 nœuds	19 km/h
1840	*Britania*, GB	240 h.	10,56 "	19,5 km/h
1856	*Persia*, GB	217 h. 45'	13,82 "	26 km/h
1907	*Lusitania*, GB	118 h. 53'	23,61 "	44 km/h
1929	*Bremen*, All.	110 h. 30'	27,92 "	52 km/h
1935	*Normandie*, F	99 h. 28 '	30,31 "	56 km/h
1938	*Queen Mary*, GB	92 h. 42 '	31,69 "	59 km/h
1952	*United States*, EU	82 h. 40 '	35,59 "	66 km/h
1990	*Overspeed GB*, GB	74 h. 09'	36,96 "	68,5 km/h
1992	*Destriero*, Ital.	58 h. 34'	53,07 "	98,3 km/h

Traversées en bateau de l'Atlantique sans passagers ■ L'amateur de records de traversées sans passagers se reportera aux chapitres *L'esprit d'aventure* et *Sports « Motonautisme et Voile »*.

◁ Le port de New York, avec ses 1 215 km de quais navigables, est le plus grand du monde.

Vols transatlantiques ***Le plus grand nombre de vols*** ■ Entre mars 1948 et le moment de sa retraite, le 1er septembre 1984, le commandant de bord de la compagnie américaine TWA Charles M. Schimpf effectua 2 880 vols transatlantiques — environ 6,4 par mois

Premières traversées ■ Voir chapitre *L'esprit d'aventure*.

▽ *Le monoplace F-117 A est invisible sur les écrans des radars. L'armée de l'air américaine l'a gardé secret pendant 7 ans.*

Avions

Le nombre de Mach (du nom du physicien autrichien Ernst Mach, 1838-1916) est le rapport d'une vitesse à celle du son. (La vitesse du son dans l'air, à 0 °C, est de 332 m/s.) Mach 1 est ainsi égal à 1 224,67 km/h au niveau de la mer, par une température de 15 °C, et est censé avoir une valeur constante de 1 061,81 km/h dans la stratosphère, c'est-à-dire au-dessus de 11 000 m.

Les premiers vols

Le premier « plan rationnel » d'une machine volante fut publié en 1717 en Suède par Emanuel Swedenborg (1688-1772).

Le premier vol ■ Le premier vol fut réalisé le 9 octobre 1890 à Gretz-Armainvilliers, aujourd'hui Seine-et-Marne, sur un appareil plus lourd que l'air, baptisé « avion » (d'après le latin *avis*, « oiseau »), par le Français Clément Ader (1841-1925). Il vola, à une dizaine de centimètres d'altitude sur 50 m, à bord de son *Éole* (le dieu des vents chez les Grecs), commandé par un petit moteur à vapeur d'alcool développant 20 ch. L'exploit, controversé, n'eut que deux témoins.
Le premier vol enregistré officiellement d'un avion à moteur fut celui d'Orville Wright (1871-1948), près de Kitty Hawk, Caroline du Nord, EU, le 17 décembre 1903 à 10 h 35. Son avion, le *Flyer I*, avait un moteur de 12 ch à transmission par chaîne. Il vola pendant 12 s sur une distance de 36 m, à une hauteur de 2,50 m à 3,50 m. Son frère, Wilbur, et quatre autres personnes contrôlèrent cet exploit. Orville et Wilbur Wright étaient célibataires, estimant « ne pouvoir entretenir à la fois une femme et un avion ».

Moteur à réaction ■ On attribue sa conception au Français Marconnet (né en 1909), au Roumain Henri Coanda (1886-1972), ainsi qu'au Français Maxime Guillaume qui eut, en 1921, l'idée d'un turboréacteur.
Le premier moteur à réaction fut testé par la société British Power Jets, le 12 avril 1937, selon les plans de Frank Whittle (1907-1988).
Le premier vol en avion à réaction fut réalisé le 27 août 1939 à Marienehe, Allemagne, sur un Heinkel He-178 piloté par le capitaine Erich Warsitz.

Vols supersoniques ■ Le premier fut réalisé le 14 octobre 1947 sur un avion Bell XS-1 (*Glamorous Glennis*) piloté par Charles Elwood Yeager (né en 1923) au-dessus de la base aérienne militaire Edwards, à Muroc, Californie, EU, à une vitesse de 1 078 km/h et à une altitude de 12 800 m.

France ■ Le commandant Roger Carpentier franchit le premier le mur du son, le 12 novembre 1952, aux commandes d'un Mystère 2.

▶▶▶▶▶▶▶▶▶▶▶▶▶▶

LA PREMIÈRE MACH-1

***La Française Jacqueline Auriol, née en 1917, belle-fille de l'ancien président de la République française Vincent Auriol, est la seule femme brevetée pilote d'essai en France (1955) et la première femme à avoir franchi le mur du son. Elle a battu en 1963 le record de vitesse féminin avec une moyenne de 2 030 km/h sur 100 km à bord d'un* Mirage III-R.**

▶▶▶▶▶▶▶▶▶▶▶▶▶▶

Caractéristiques techniques

Le plus long ■ Le Piasecki Heli-Stat, d'une valeur de 34 millions de $, comportant un fuselage en alliage léger et en matériaux composites, fut présenté le 26 janvier 1984 à Lakehurst, New Jersey, EU. Destiné à l'administration forestière américaine, il avait une longueur totale de 105 m et devait transporter jusqu'à 20 t de charge. Il s'écrasa le 1er juillet 1986.

Le plus lourd ■ L'Antonov soviétique An-225 *Mriya* (« Rêve ») pèse 508 t. Il « enleva » le 22 mars 1989 une charge de 156 t jusqu'à une altitude de 12 410 m. L'appareil, piloté par le capitaine Aleksandr Galunenko et un équipage de 7 pilotes, effectua le trajet Kiev-Leningrad-Kiev sans escale, soit 2 100 km, en 3 h 47 mn.

Les plus petits ■ Le *Bumble Bee Two*, conçu par l'Américain Robert H. Starr, avait 2,64 m de longueur, 1,68 m d'envergure et pesait 180 kg à vide. Le 8 mai 1988, il vola à 120 m d'altitude, à la vitesse maximale de 305 km/h, mais s'écrasa et fut totalement détruit.
Le plus petit des avions à réaction est le *Silver Bullet* (« Balle d'argent »). Construit par l'Américain Bob Bishop, il pèse 196 kg, son envergure est de 5,20 m et il atteint 450 km/h.

Bombardiers ***Les plus lourds*** ■ Le Boeing B-52H « Forteresse volante » possède huit réacteurs et une envergure de 56 m. Il mesure 49 m de long et pèse au décollage 220 t. Sa vitesse est supérieure à 1 050 km/h. Il peut porter, sous ses ailes, 12 missiles thermonucléaires d'attaque à courte portée ou 24 bombes de 340 kg et, dans le fuselage, 8 autres missiles ou 84 bombes de 220 kg.

Le chasseur le plus « invisible » ■ Le F-117A, de l'armée de l'air américaine, est invisible sur les écrans des radars chargés de le détecter. C'est un monoplace de 13,20 m d'envergure, de 20 m de long, pesant 24 t. Une soixantaine d'exemplaires ont été construits. Chacun a coûté 43 millions de $. Mis en service en octobre 1983, il n'a été photographié pour la première fois qu'en avril 1990.

Avions de ligne ***Les plus grands*** ■ Le Boeing 747 « Jumbo Jet » effectua son premier vol le 9 février 1969 et entra en service le 22 janvier 1970. Il peut transporter de 385 à 500 passagers, à une vitesse de 970 km/h. Son envergure est de 60 m, sa longueur de 70 m.
Le premier 747-400 entra en service le 26 janvier 1988 pour le compte de Northwest Airlines. Il a une envergure de 65 m, une autonomie de vol supérieure à

12 800 km et peut accueillir 422 passagers. Une version étendue de l'avion de ligne MD-11 de McDonnell Douglas est à l'étude et devrait pouvoir accueillir 515 passagers dans la cabine principale et 96 sur le pont « panoramique », à l'avant des ailes.
Le plus grand nombre de passagers fut accueilli par un avion se rendant de Darwin, dévasté par un cyclone, à Sydney, Australie. Il transporta 674 personnes (306 adultes, 328 enfants et 40 bébés) le 29 décembre 1974.

France ■ L'avion européen Airbus A-330 compte 335 places, sa configuration maximale est de 440 sièges.

Les plus vastes ■ Le *Super Guppy*, d'Aerospacelines, a une soute de 1 410 m^3 (33 m de long et un fuselage cylindrique de 7,60 m de diamètre). Il pèse 80 t au décollage. Son envergure est de 48 m, sa longueur de 43 m.
L'avion soviétique Antonov An-24 *Ruslan* a une soute d'un volume utile de 1 014 m^3 et un poids maximal au décollage de 405 t. Il est propulsé par 4 turboréacteurs assurant une vitesse de croisière de 850 km/h à 12 000 m d'altitude et un rayon d'action de 4 500 km. Une version spéciale « poids lourd », baptisée An-225, a été conçue avec un fuselage plus important donnant un volume utile de 1 190 m^3. Une nouvelle section centrale des ailes supporte deux moteurs supplémentaires, donnant une poussée évaluée à 140 t. Ayant initialement volé le 21 décembre 1988, l'avion a servi au transport de la navette spatiale soviétique *Buran* pour la première fois le 13 mai 1989.

Avion électrique ■ Le MB-E1 est le premier avion à propulsion électrique, à moteur Bosch de 10,7 ch alimenté par des batteries Varta au nickel-cadmium. D'une envergure de 12 m, il a une longueur de 7 m et pèse 400 kg. Il a été conçu par le constructeur de modèles réduits Fred Militky et fit son premier vol le 21 octobre 1973.

Avion à énergie solaire ■ Le *Solar Challenger* (14 m d'envergure), conçu par Paul McCready et son équipe, fit son premier vol le 20 novembre 1980. Le 7 juillet 1981, piloté par l'Américain Steve Ptacek, il fut le premier avion de ce type à traverser la Manche. Décollant de Pontoise, Val-d'Oise, il couvrit le trajet de 262 km jusqu'à Manston, GB, en 5 h 23 mn à une altitude maximale de 3 350 m.

La plus grande hélice ■ L'hélice Garuda de l'avion Linke-Hofmann RII construit à Breslau, Allemagne (actuellement Wroclaw, Pologne), qui volait en 1919, avait 7 m de diamètre. Elle ne tournait qu'à 545 tours/mn.

Autonomie la plus grande ■ L'Airbus A-340-200 a une autonomie de 14 400 km de vol sans escale. C'est l'avion ayant le plus long rayon d'action au monde.

CIRCUMNAVIGATION

Strictement parlant, un tel vol nécessite le passage en deux points situés aux antipodes, avec un trajet minimal de 40 007 km. Des exceptions sont cependant autorisées, à condition que la longueur du vol atteigne au moins celle des tropiques du Cancer ou du Capricorne (36 787 km).

Vols

La circumnavigation la plus rapide sur ligne régulière ■ Le temps le plus court pour un tel vol est de 44 h 6 mn. Il fut réalisé par David Springbett (né le 2 mai 1938), de Taplow, GB, qui partit de Los Angeles et se dirigea vers l'est en passant par Londres, Bahrein, Singapour, Bangkok, Manille, Tokyo et Honolulu. Le voyage de 37 124 km fut effectué entre le 8 et le 10 janvier 1980.

La plus rapide ■ Le Boeing 747 SP *Friendship One* (capitaine : Clay Lacy), parti de Seattle, État de Washington, EU, navigua du 28 au 30 janvier 1988 pendant 36 h 54 mn 15 s, sur 37 216 km, avec 141 passagers à bord. L'avion atteignit la vitesse de 1 292 km/h au-dessus de l'Atlantique et ne refit le plein de carburant qu'à Athènes, Grèce, et à Taipei, Taiwan.

Vols réguliers *Le plus long* ■ Le vol sans escale Los Angeles-Sydney (12 050 km) d'United Airlines et de Qantas (l'une des deux compagnies aériennes nationales australiennes) dure 14 h 50 mn. Il est assuré par un Boeing 747 SP (Special Performance).

Les plus courts ■ Le vol régulier de Loganair entre Westray et Papa Westray (îles Orcades, au nord-est de l'Écosse) est assuré depuis 1967 par un avion bimoteur à 10 places. Bien qu'il soit programmé pour une durée de 2 mn, le capitaine Andrew D. Alsop l'a effectué en 58 s par vent favorable.
United Airlines assure le vol régulier le plus court par avion à réaction, un Boeing 727, entre San Francisco et Oakland, Californie, EU. Trois vols aller-retour sont prévus chaque jour et la durée du vol, pour ce trajet de 20 km, est en moyenne de 5 mn.

△ La forteresse volante B-52H a une vitesse supérieure à 1 050 km/h.

La plus grande envergure ■ Le 2 novembre 1947, l'hydravion Hughes H4 Hercules dénomé *Spruce Goose* (« Oie pimpante ») s'éleva à 21 m sur une distance de 915 m, pendant un vol expérimental, au large de Long Beach, EU. Cet appareil, d'une valeur de 40 millions de $, comportait 8 moteurs, pesait 196 t, avait une longueur de 67 m et l'envergure record de 98 m. Il était piloté par son constructeur, le milliardaire américain Howard Hughes (1905-1976). Ce fut son seul et unique vol. Parmi les avions classiques, l'Antonov An-124 russe a une envergure de 73 m (alors que celle du Boeing 747-400 est de 65 m).

△ *Le Lockheed SR-7,* Blackbird, *détient le record officiel de vitesse pour un avion : 3 529,56 km/h. A l'occasion de son dernier vol – il est aujourd'hui hors service – il a traversé les États-Unis en 1 h 8 mn 17 s.*

Les plus grandes vitesses

Record officiel ■ Il est de 3 529,56 km/h et appartient depuis le 28 juillet 1976 à Eldon W. Joersz et George T. Morgan, sur un Lockheed SR-71 A *Blackbird*, au-dessus de la base aérienne militaire de Beale, Californie, EU, sur une distance de 25 km.

Engins spatiaux propulsés ■ Propulsé par une fusée à oxygène liquide et ammoniaque, le X-15A-2, de North American Aviation, fit son premier vol le 25 juin 1964. Les matériaux du fuselage lui permirent de supporter une température de 1 650 °C. Piloté par William J. Knight (né en 1930), de l'armée de l'air américaine, il atteignit 7 274 km/h (Mach 6,7) le 3 octobre 1967. Une version plus ancienne, pilotée par Joseph A. Walker (1920-1966), atteignit, le 22 août 1963, l'altitude de 107 km. Le programme fut suspendu en octobre 1968.

La navette *Columbia*, de la Nasa, fut lancée de cap Canaveral, Floride, EU, le 12 avril 1981. Elle était commandée par John W. Young, de la marine américaine, et pilotée par Robert L. Crippen. Le coût du programme (entrepris en 1972) avait été de 10 milliards de $. A 26 715 km/h, *Columbia* pulvérisa tous les records. Descendue de l'altitude de 122 km et ayant subi une température de 2 160 °C, elle atterrit, pesant alors 97 t, à la vitesse de 347 km/h. Elle détient le record de durée dans l'espace pour les navettes : 10 jours 7 h 47 mn 23 s depuis sa sixième mission, STS 9 Spacelab 1, avec six hommes d'équipage, le 28 novembre 1983.

Atlantis atteignit l'altitude record pour une navette de 515 km lors de son premier vol, le 3 octobre 1985.

Pour sa part, *Discovery* porta et plaça en orbite une charge record de 118 700 kg le 8 novembre 1984.

Avion à réaction ■ Le Lockheed SR-71, avion de reconnaissance de l'armée de l'air américaine (dit *Blackbird*), fit son premier vol le 22 décembre 1964. Il détient le record de vitesse (voir plus haut l'article *« Record officiel »*). Il pouvait voler à 30 000 m d'altitude. Son envergure était de 17 m, sa longueur de 33 m et il pesait 76 t au décollage. Il avait un rayon d'action de 4 800 km à Mach 3 et à 24 000 m d'altitude. Il fut construit à 32 exemplaires. Il a effectué son dernier vol le 6 mars 1990, après 26 ans de service. L'entretien de la flottille (350 millions de $ par an) était devenu exorbitant. A l'occasion de cet ultime vol, *Blackbird* a battu le record de vitesse de la traversée des États-Unis, côte est à côte ouest (4 500 km), en 1 h 8 mn 17 s, à 3 398 km/h.

Début 1988, on a signalé que l'armée américaine réalisait secrètement un avion atteignant Mach 5 (6 115 km/h) à une altitude dépassant 30 000 m.

Avion de combat à réaction ■ L'avion de chasse soviétique Mig-25 *Mikoïan* fut repéré par radar alors qu'il volait à environ Mach 3,2 (3 395 km/h). Quand il est armé de 4 gros missiles air-air, sa vitesse tombe à Mach 2,8 (2 969 km/h). C'est un monoplace de 83 m de longueur et 14 m d'envergure ; il pèse 37 t au décollage.

Bombardiers ■ Le Mirage IV de Dassault peut voler à Mach 2,2 (2 300 km/h) à 11 000 m d'altitude.

Le FB-111A à géométrie variable de General Dynamics a une vitesse maximale de Mach 2,5.

Le Tupolev Tu-22M, connu par l'Otan sous le nom de « Backfire », est supposé atteindre Mach 2 mais pourrait en réalité approcher Mach 2,5.

Biplan ■ Le Fiat CR42B italien, à moteur Daimler-Benz de 1 000 ch, atteignit 520 km/h en 1941. Un seul exemplaire fut construit.

Avion à moteur à pistons ■ Un avion privé Hawker Sea Fury piloté par Mike Carroll atteignit 836 km/h au-dessus du Texas, EU, en août 1966.

Le record homologué pour un avion de ce type, 833 km/h, a été battu au-dessus du désert Mojave, Californie, EU, par l'Américain Frank Taylor à bord d'un Mustang modifié de 3 000 ch, le 30 juillet 1983.

Le 21 août 1989 à Las Vegas, EU, le *Rare Bear* un F8F2 Grumman Bearcat, piloté par Lyle Shelton, a atteint la vitesse record de 850,24 km/h sur une distance de 3 km. Le record a été approuvé par la FAI.

Avion à hélice ■ L'avion de transport soviétique Tupolev 114 turbopropulsé a atteint la vitesse record de 877 km/h sur

◁ *Le* Dragonfly, *le plus petit hélicoptère du monde, est aisément transportable avec une voiture familiale. Ne volant qu'à basse altitude, il peut être piloté sans brevet.*

des trajets commerciaux. Conçu sur le modèle du bombardier Tu-95 (nom de code de l'Otan : « Ours »), il a 4 moteurs de 15 000 ch.
Le prototype de combat de la marine américaine Republic XF-84H avait une vitesse de pointe programmée de 1 080 km/h. Il vola le 22 juillet 1955, mais sa construction fut abandonnée.

Vols transatlantiques ■ James V. Sullivan et Noel F. Widdifield parcoururent le 1er septembre 1974, sur un Lockheed SR-71A, le trajet New York-Londres (5 570 km) dans le temps record de 1 h 54 mn 56 s. Leur vitesse moyenne — réduite par le ravitaillement en carburant en vol — fut de 2 908 km/h.
Le 12 mars 1978, le capitaine John A. Smith battit le record de vol en solitaire, de Gander, Terre-Neuve, à Gatwick, GB, en 8 h 47 mn 32 s, sur un Rockwell 685. Sa vitesse moyenne était de 426,7 km/h.

Avions de ligne ■ Le supersonique Concorde fit son premier vol le 2 mars 1969. Il avait une capacité de 128 passagers et sa vitesse de croisière pouvait atteindre Mach 2,2 (2 300 km/h). Il vola effectivement à Mach 1,05 le 10 octobre 1969 et dépassa Mach 2 le 4 novembre 1970. Le 21 janvier 1976 il devint le premier avion civil supersonique de ligne. Le 14 avril 1990 il battit le record de vitesse sur le parcours New York-Londres en 2 h 55 mn 15 s.

CHANDELLE

Heinz Frick, de British Aerospace, a atteint l'altitude de 12 000 m en 2 mn 6 s, aux commandes d'un Harrier *GR 5*, le 15 août 1989.
Le Soviétique Alexandre Fedotov a atteint l'altitude de 35 000 m en 4 mn 11 s, aux commandes d'un Mig-25 *Mikoïan*, après avoir décollé de Podmoscovnoe, Russie, le 17 mai 1975.

ULM ■ Le 1er août 1989, à Argentan, Orne, Lionel Gruffaz a battu, avec 123,43 km/h, le record du monde de vitesse sur base 15-25 km, à bord d'un ULM *Must Gachon* amélioré (moteur 42 ch).

◁ *Le record de vitesse en ULM est détenu par le Français Lionel Gruffaz avec 123,43 km/h, à bord de son* Must Gachon *pendulaire.*

Hélicoptères

Voir aussi dans le chapitre L'esprit d'aventure, « Voyages en avion ».

Les premiers ■ Léonard de Vinci (1452-1519) conçut le premier l'idée d'un hélicoptère. On suppose néanmoins que les Chinois avaient fabriqué auparavant des hélicoptères miniatures en tant que jouets. Igor Sikorsky construisit en 1909, en Russie, un hélicoptère, mais le premier appareil à fonctionner réellement fut le Focke-Achgellis, qui effectua son premier vol en 1936.

Le plus rapide ■ John Trevor Eggington avec son copilote Derek J. Clews, a atteint la vitesse de 400 km/h, au-dessus du Somerset, GB, le 11 août 1986, aux commandes d'un hélicoptère de Westland Lynx.

Le plus grand ■ Le Mil M1-12 soviétique (nom de code de l'Otan : « Pigeon voyageur »), également dénommé V-12, est mû par quatre turbopropulseurs de 6 500 ch. Son envergure est de 67 m d'une extrémité à l'autre des pales. Il mesure 37 m de long et pèse 103 t.

Les plus petits ■ Le *Dragonfly*, conçu par les frères Castiglioni et fabriqué par la société italienne CRAE Spa, est le plus petit hélicoptère du monde : il ne pèse que 230 kg (structure en titane et aluminium), mesure 2 m de haut et 5,2 m de long, son moteur de 130 ch lui autorise une vitesse de 110 km/h. Vendu environ 450 000 F, il peut être piloté sans licence de pilotage ni plan de vol car il ne vole qu'à 200 m d'altitude.
Le « minicoptère » monoplace d'Aerospace General, propulsé par une fusée, pèse environ 72 kg et parcourt 400 km à la vitesse de 300 km/h.
Le R22, conçu et produit en série par l'ingénieur californien Frank Robinson, est le plus léger (375 kg à vide) et le moins cher de tous les hélicoptères commercialisés dans le monde. Une centaine de ces appareils biplaces volent en Europe.

La plus grosse charge ■ Le 3 février 1982, à Podmoscovnoe, Russie, un hélicoptère Mil M1-26 souleva à 2 000 m un chargement total de 57 t.

La plus grande altitude ■ Le 21 juin 1972, un SA 315B *Lama* d'Aérospatiale piloté par Jean Boulet a atteint l'altitude de 12 442 m au-dessus de Istres, France.
Le plus haut atterrissage eut lieu à 7 000 m, sur la face sud-est de l'Everest, lors d'un sauvetage, en mai 1971.

Record de vitesse en survol ■ Selon l'Aérospatiale, l'hélicoptère *Le Dauphin* AS 365X a battu, le 25 novembre 1991, sous le contrôle de la FAI, le record du monde de survol en atteignant 371 km/h, brisant ainsi de 31 km/h le précédent record établi par l'hélicoptère américain S67.

SUPER GEORGES

Georges Bertheault, né le 13 janvier 1931 à Vimory, Loiret, a obtenu son brevet d'hélicoptère le 21 décembre 1989, à l'âge de 68 ans, 11 mois et 8 jours. Il est le pilote qui a été breveté le plus tard.

Le plus grand nombre de vols en 24 h ■ Le 13 juin 1990, le Britannique Michael Bartlett a effectué 42 vols en 13 h 33 mn, sur la compagnie Héli Transport, de Nice, Alpes-Maritimes, entre Nice, Sophia Antipolis, Monaco et Cannes.

Le lecteur intéressé par les performances en ballon, montgolfière ou parachute, se reportera au chapitre *L'esprit d'aventure*.

Le plus grand nombre de passagers en dirigeable ■ Le dirigeable *Akron*, de la marine américaine, transporta 207 passagers en 1931. Le record transatlantique est de 117 passagers, en 1937, sur le *Hindenburg* allemand.

Hydravions

Le plus rapide ■ La vitesse la plus élevée enregistrée officiellement, 912 km/h, fut atteinte le 7 août 1961 par l'hydravion soviétique Beriev M-10, propulsé par deux turboréacteurs AL-7. Le M-10 détient les 12 records existants pour des hydravions à réaction, y compris le record d'altitude, de 14 962 m, battu le 9 septembre 1961 au-dessus de la mer d'Azov.

La plus grosse charge ■ En septembre 1946, l'hydravion Martin JRM-2 *Mars*, de la marine américaine, établit un record de chargement, avec 31 t.

Dirigeables

Le premier ■ Il fut inventé en 1851 par l'ingénieur français Henry Giffard (1825-1882). L'appareil était propulsé par une machine à vapeur et un injecteur de vapeur qui porte son nom. Long de 44 m, il vola pour la première fois le 24 septembre 1852.

Les plus grands *Rigides* ■ Le dirigeable allemand *Graf von Zeppelin II* (LZ 130), de 214 t, d'une longueur de 245 m et d'une capacité de 200 000 m^3, effectua son vol inaugural le 14 septembre 1938 et fut démantelé en avril 1940. Son jumeau, le *Hindenburg*, était plus long de 1,70 m.

Non rigides ■ Le ZPG 3-W, de la marine américaine, avait une capacité de 42 937 m^3 et mesurait 123 m de long et 26 m de diamètre. Son équipage se composait de 21 personnes. Il effectua son premier vol le 21 juillet 1958 mais fut perdu en mer en juin 1960.
Le Sentinel 5 000, dirigeable de reconnaissance mis à l'étude par la marine américaine, devrait avoir une capacité de 70 864 m^3.

Air chaud ■ Le record d'altitude, 3 159 m, est détenu par le dirigeable à air chaud Cameron D-38, piloté le 27 août 1982 par l'Australien R.W. Taaffe au départ de Cunderdin, Australie occidentale. Les records de distance (93 km) et de durée (3 h 41 mn) sont détenus par le Suédois Oscar Lindstrom depuis le 20 mars 1988, à bord d'un Colt AS 56.

Records de distance ■ La Fédération aéronautique internationale a homologué le record de distance en ligne droite pour dirigeables de 6 384 km, établi par le *Graf von Zeppelin* allemand, entre le 29 octobre et le 1er novembre 1928.
Le zeppelin L59 allemand vola de Yambol, Bulgarie, à Khartoum, Soudan, et retour, du 21 au 25 novembre 1917, couvrant ainsi au moins 7 250 km.

Record de durée ■ Le vol le plus long enregistré pour un dirigeable flexible (sans escale de ravitaillement) est de 11 jours 12 mn. Il a été réalisé sur un appareil de catégorie ZPG-2 construit par Goodyear pour la marine américaine. L'appareil partit de South Weymouth, Massachusetts, EU, le 4 mars 1957, pour atterrir à Key West, Floride, EU, le 15 mars, après un vol de 15 205 km.

Ballons

La première ascension ■ Elle fut effectuée à bord d'un ballon à air chaud inventé par le père Bartolomeu de Gusmão (1685-1724), qui s'éleva, le 8 août 1709, dans un local clos, la Casa da India, à Terreiro do Paço, Portugal.

Le premier vol captif ■ Les frères Étienne (1745-1799) et Joseph (1740-1810) de Montgolfier firent monter le premier ballon à air chaud le 4 juin 1783 à Annonay. Cette « montgolfière » était dépourvue de panier.

Premier vol humain ■ Pilâtre de Rozier et le marquis d'Arlandes ont effectué le 21 novembre 1783 le premier vol en montgolfière. Partis du château de la Muette ils atteignirent la Butte-aux-Cailles, à l'est de Paris, après un vol de 27 mn.

Records de distance *Hélium* ■ Le ballon expérimental à hélium *Double Eagle V*, d'une capacité de 11 300 m^3, parcourut, du 9 au 12 novembre 1981, la distance de 8 382 km, de Nagashima, Japon, à Covello, Californie, EU. Ce fut le premier vol transpacifique.
La première traversée en ballon de l'Atlantique nord fut accomplie en 5 jours 17 h 6 mn par *Double Eagle II*, du 12 au 17 août 1978.
Joe Kittinger, ex-officier de l'aviation américaine, fut le premier homme à effectuer en solitaire la traversée en ballon de l'Atlantique. Son *Rosie O'Grady* à hélium de 3 000 m^3 s'envola de Caribou, Maine, EU, le 14 septembre 1984 et atterrit le 18 à Montenotte, Italie, ayant parcouru 5 700 km en 86 h.

La plus grande altitude ■ Voir chapitre *L'esprit d'aventure, « Parachute, parapente, deltaplane et montgolfière ».*

Sans pilote ■ Un ballon Winzen, de 1,35 million de m^3, lancé en octobre 1972 à Chico, Californie, EU, atteignit l'altitude de 51 km.

Les plus grands ballons ■ Construits par Winzen Research, Minnesota, EU, ils ont un volume gonflable de 2 millions de m^3 et mesurent 300 m de hauteur. Ils ne sont pas prévus pour des passagers.

Montgolfière ■ C'est sous cette forme qu'en 1961 le ballon a connu son renouveau. Les premiers championnats du monde se sont disputés du 10 au 17 février 1973, à Albuquerque, Nouveau-Mexique, EU.

Parachutisme

Les premiers sauts *Du haut d'une tour* ■ Louis-Sébastien Lenormand (1757-1839) sauta en quasi-parachute, à Montpellier, Hérault, en 1783.

D'un ballon ■ André-Jacques Garnerin (1769-1823) sauta de 680 m au-dessus du parc Monceau, à Paris, le 22 octobre 1797.

D'un avion ■ Albert Berry, funambule américain, sauta le 1er mars 1912 à Saint Louis, Missouri, EU. La première femme

lions d'actionnaires détenaient un portefeuille en actions de 59,4 milliards de $; 20 109 actionnaires assistèrent à l'assemblée générale d'avril 1961, record jamais égalé depuis.
Actuellement, c'est Exxon Corporation, première société pétrolière du monde, qui totalise l'actif le plus élevé : 83,2 milliards de $ au 1er janvier 1989. Elle comptait alors 104 000 employés.
La première firme à avoir atteint le milliard de dollars à son actif est United States Steel Corporation (maintenant USX Corporation). Elle possédait, lors de sa création par fusion en 1902, un actif de 1,5 milliard de $.

Le chiffre d'affaires le plus élevé ■ Aujourd'hui, selon la revue américaine *Fortune*, la société d'automobiles General Motors, de Detroit, Michigan, EU, avec 184 milliards de $ de chiffre d'affaires en 1991, est la première société du monde.
On compte 570 sociétés dans le monde (dont 272 aux États-Unis) ayant un chiffre d'affaires supérieur à 10 milliards de F.
Parmi les 100 premières entreprises mondiales ayant le plus gros chiffre d'affaires, 33 sont américaines, 16 sont japonaises et 12 sont françaises.

***France* ■** Avec un chiffre d'affaires de 175,4 milliards de F en 1990, la société pétrolière Elf-Aquitaine est la première entreprise industrielle de France.

Le bénéfice le plus élevé ■ Le bénéfice net annuel maximal jamais réalisé par une entreprise s'élève à 7,6 milliards de $. C'est la compagnie American Telephone and Telegraph qui a réalisé ces profits, entre le 1er octobre 1981 et le 30 septembre 1982.

***France* ■** En 1990, Elf-Aquitaine a affiché des résultats consolidés de 10,6 milliards de F.

La perte la plus élevée ■ En 1983, la compagnie nationale des pétroles d'Argentine, YPF (Yacimientos Petrolíferos), a enregistré le déficit record de 4,6 milliards de $.
En 1991, la plus grande entreprise mondiale, le société d'automobiles Général Motors a annoncé une perte de 4,45 milliards de $. C'est la plus grosse jamais enregistrée par une société américaine.

***France* ■** En 1986, Usinor-Sacilor a enregistré une perte de 12,5 milliards de F. En 1990, Bull (matériel informatique) a accusé une perte de 6,7 milliards de F.

Le plus grand nombre d'employés ■ Les chemins de fer indiens employaient 1 624 121 personnes en 1989. En Europe, le Service national de santé du Royaume-Uni comptait 1 223 000 fonctionnaires le 30 septembre 1989.

***France* ■** 1 176 052 personnes sont inscrites au budget 1991 du ministère de l'Éducation nationale, dont 892 302 enseignants.
La Poste est l'entreprise française qui totalise le plus grand nombre d'employés : en 1990, 301 826 salariés travaillaient pour son compte à travers toute la France.

Le rachat le plus élevé ■ La société Kohlberg Kravis Roberts a offert 21 milliards de $, le 24 octobre 1988, pour racheter RJR Nabisco (90 $ par action). Le 1er décembre, l'offre atteignit 109 $ par action, soit 25 milliards de $ au total.

La dette la plus importante ■ Le plus grand empire immobilier du monde Olympia and York, celui des frères canadiens Reichmann, supportait en 1992 une dette consolidée record de 18 milliards de $.

Les marques les plus connues ■ Réalisée par la société Landor, filiale du groupe publicitaire américain Young & Rubicam, la première enquête internationale sur la notoriété des marques a demandé un an de travail. Dix mille consommateurs ont été interrogés aux États-Unis, au Japon et dans neuf pays européens. Les résultats, publiés en octobre 1990, font apparaître que les dix marques mondiales les plus connues sont, dans l'ordre, Coca-Cola, Sony, Mercedes, Kodak, Disney, Nestlé, Toyota, McDonald, IBM et Pepsi-Cola. La première marque française, Chanel, n'arrive qu'en 40e position et précède Dior (46e), Bic (60e), Cardin (68e), Michelin (69e), Yves Saint Laurent (74e), Cartier (85e) et Renault (93e).

***France* ■** La même enquête permet également de savoir quelles sont les marques les plus connues dans chaque pays. En France, le palmarès est dans l'ordre : EDF-GDF, Antenne 2, Vittel, la SNCF, La Poste, Sony (première marque étrangère), Peugeot, Philips, Évian et Orangina.

La faillite la plus importante ■ Rajendra Sethia (né en 1950) fut arrêté le 2 mars 1985 à New Delhi, Inde, pour escroquerie. La haute cour de justice de Londres avait déclaré sa société, Esal Commodities, en faillite le 18 janvier 1985, alors que ses dettes atteignaient la somme record de 170 millions de £. Les dettes personnelles de Rajendra Sethia étaient évaluées à 140 millions de £.

△ *C'est au Japon que l'on travaille le plus : 2 165 h par an en moyenne. Les salariés japonais prennent obligatoirement le temps de se délasser.*

Carrière ■ Le Japonais Shigechiyo Izumi, l'homme qui vécut le plus longtemps, 120 ans et 237 jours, (voir chapitre *L'homme, rubrique « Longévité »*) a travaillé pendant 98 ans, de 1872 à 1970, année où il prit sa retraite, à l'âge de 105 ans. Il travaillait dans une plantation de cannes à sucre.

France ■ Henri Biaré a travaillé aux établissements Dalle et Lecomte, de Bousbecque, Nord, du 1er avril 1882 au 30 septembre 1949, soit 67 ans et 6 mois dans la même entreprise.

Monde du travail

Durée du travail ■ Dans les pays développés, c'est au Japon qu'on travaille le plus : 2 165 h par an en moyenne, et c'est en Allemagne que l'année de travail est la plus courte : 1 560 h.

France ■ La durée légale de la semaine de travail est de 39 h (7 h 38 mn par jour, 5 jours par semaine). D'après l'Insee, les non-salariés travaillent en moyenne 8 h 55 mn par jour. La durée annuelle moyenne pour l'ensemble des travailleurs est de 1 626 h.

Le commerçant le plus âgé ■ Madame Laure Bertault, née le 17 juin 1895, est la commerçante toujours en activité la plus âgée. Elle accueille avec le sourire les clients dans sa boutique de vannerie dans le village de Mer dans le Loir-et-Cher, France. Elle est âgée de 97 ans !

Syndicats *Le plus grand* ■ Le syndicat des travailleurs du complexe agro-industriel, en ex-Union soviétique, comptait 36 634 613 membres au 1er janvier 1990. La fédération des syndicats soviétiques comptait, en 1990, 140 millions d'adhérents soit 95 % de la population active.

France ■ Si l'on se réfère aux chiffres officiels communiqués par les organisations syndicales, la CGT est le premier syndicat de France, avec 1 million d'adhérents. D'après un sondage Sofres-Espace social européen de février 1991, environ 11 % de la population salariée est syndiquée. Le taux de syndicalisation est en baisse régulière depuis 1975, date à laquelle il avoisinait 22 %. La France fait figure en Europe de lanterne rouge ; c'est, en 1991, le pays européen ayant le plus petit pourcentage de population active syndiquée.

Le plus petit ■ Le syndicat de la bijouterie Jewelcase and Jewellery Display Makers Union (JJDMU), créé en 1894, fut dissous par son secrétaire général Charles Evans le 31 décembre 1986. La proposition fut acceptée par Fergus McCormack, le seul membre encore vivant.

Les premiers conflits sociaux ■ En 1153 av. J.-C., des ouvriers ont réclamé une amélioration de leur régime alimentaire et de leurs conditions de travail à Thèbes, Égypte.

A MANGER ! A MANGER !

La première grève répertoriée s'est déroulée à Rome vers 309 av. J.-C. : un chef d'orchestre grec nommé Aristos décida de cesser le travail jusqu'à ce qu'il obtienne des pauses-repas au cours de ses concerts, pour ses musiciens et pour lui-même.

La grève la plus longue ■ Elle a duré 33 ans, au Danemark, et prit fin le 4 janvier 1961. Elle concernait l'embauche des employés coiffeurs de Copenhague.
L'usine de matériel de plomberie de la société Kohler, de Sheboygan, Wisconsin, EU, a été paralysée par la plus longue grève industrielle connue. Elle a duré d'avril 1954 à octobre 1962. On pense qu'elle a coûté environ 12 millions de $ au syndicat United Automobile Workers' Union, qui la soutenait.

La grève la plus grande ■ Les événements de mai 1968, en France, qui avaient commencé au sein de l'Université, se propagèrent dans l'ensemble de la société. Le 13 mai, les syndicats décidèrent la grève générale. Les usines furent occupées. A partir du 20 mai, on comptait 10 millions de grévistes. Le travail ne reprit que progressivement, à la mi-juin.

Les pays les plus touchés par les grèves ■ D'après l'Institut de l'économie de Düsseldorf, Allemagne, les États-Unis ont perdu, entre 1981 et 1988, 11 millions de jours de travail pour cause de grève. Dans la même période, c'est l'Italie qui arrive en tête des pays européens, avec 9,5 millions de jours de grève. La France en comptait 1,2 million.

Chômage ■ Le pays industrialisé le moins touché est le Japon, qui enregistre un taux de chômage de 2,8 % de la population active. En décembre 1973, la Suisse ne comptait que 81 chômeurs sur 6,6 millions d'habitants.

France ■ Depuis que les statistiques sur le chômage existent, c'est-à-dire depuis 1955, la meilleure année fut 1957 : on ne comptait alors que 180 000 chômeurs, soit 0,9 % de la population active. La plus mauvaise année fut 1987, avec un taux de 10,7 %. En février 1992, on recensait 2,8 millions de chômeurs, soit 9,8 % de la population active.

◁ *A partir du 20 mai 1968, la grève générale décrétée par les syndicats pour appuyer le mouvement étudiant mobilisa 10 millions de travailleurs. Au cours des violentes manifestations de cette « révolution », on ne déplora aucun mort.*

Secteurs d'activités classés par ordre alphabétique

Aéronautique ■ Boeing, de Seattle, État de Washington, EU, a réalisé, en 1989, un chiffre d'affaires de 20,3 milliards de $. Elle emploie 164 000 personnes à travers le monde.
Cessna Aircraft Company, basée à Wichita, Kansas, EU, a fabriqué, depuis 1911, 177 000 avions.

France ■ La société Aerospatiale a réalisé, en 1991, un chiffre d'affaires de 48,6 milliards de F. Elle employait 39 898 personnes.

Assurances ■ La première compagnie mondiale est Prudential Insurance Company of America, dont le siège se trouve à Newark, New Jersey, EU. Au 31 décembre 1988, elle avait un volume d'assurances de 757 milliards de $. Son actif consolidé s'élevait à 153 milliards de $.
La plus grande association indépendante est Blue Cross and Blue Shield (EU). C'est une assurance hospitalière qui compte 71 millions d'adhérents. En 1990, elle a distribué 56 milliards de $ de bénéfices.

France ■ UAP est le n° 1 de l'assurance, avec un total des primes de 97 milliards de F en 1990 et un effectif de 39 000 personnes.

La plus grosse perte ■ A la suite de l'explosion de la plate-forme pétrolière Piper Alpha, en mer du Nord, le 6 juillet 1988, les assurances ont dû payer 836 millions de $. Une fuite de gaz dans la chambre de compression située sous les dortoirs avait provoqué une série de déflagrations puis l'explosion de toute la plate-forme. Parmi les 232 personnes à bord, il n'y eut que 65 survivants.

La plus forte demande d'indemnités ■ Les communes bretonnes sinistrées par l'échouage du pétrolier *Amoco-Cadiz,* le 16 mars 1978, qui avait répandu 220 000 t de pétrole brut (voir aussi le chapitre *Véhicules, rubrique « Bateaux »*), ont réclamé, à Chicago, en avril 1986, 650 millions de F à la société Standard Oil, pendant que l'État français réclamait 450 millions. De nombreuses polémiques s'ensuivirent. Le montant des indemnités accordées par le juge Frank McGarr augmenta, puis diminua. Le procès s'est enfin conclu en mars 1992, la société Standard Oil a été condamnée à verser 230 millions d'indemnités aux syndicats mixtes bretons et 1 067,5 millions de F à l'État français avant le 30 juin 1992.

Assurance vie ■ En février 1982, Victor T. Uy, promoteur immobilier à Calgary, Canada, a souscrit une police d'assurance-vie de 44 millions de $ auprès de Transamerica Occidental Life Assurance.
Les plus grosses indemnités versées à un seul individu ont été touchées par Mme Linda Mullendore. Elle a reçu 18 millions de $ le 14 novembre 1970, après l'assassinat de son mari, un fermier de l'Oklahoma. Il avait payé, en 1969, 300 000 $ de primes.

Automobile ■ La plus grande firme automobile du monde, et également le premier groupe mondial tous secteurs confondus, est General Motors, de Detroit, Michigan, EU. Ses activités sont internationales. Elle produit non seulement des véhicules et des pièces détachées, ce qui représente son activité principale, mais aussi des matériaux destinés à la défense et à l'industrie aérospatiale. C'est également une société de services en informatique et communication.
En 1991, elle a réalisé, toutes activités internationales confondues, un chiffre d'affaires de 184 milliards de $. La même année, 756 300 employés se sont partagé 28,8 milliards de $ de salaires.

France ■ Renault a longtemps été la première entreprise française, tous secteurs confondus. En 1991, avec un chiffre d'affaires de 133,9 milliards de F, elle est passée au deuxième rang, derrière Elf-Aquitaine, et a produit 1 790 700 voitures. Au total, 106 239 employés travaillaient pour Renault en 1991.

La plus grande usine ■ L'usine Volkswagen de Wolfsburg, Basse-Saxe, Allemagne, est la plus grande du monde. Elle emploie 61 000 salariés et produit 4 600 véhicules par jour. Les bâtiments s'étendent sur 150 ha. L'usine est construite sur un site de 760 ha. Il y a 70 km de voies de chemin de fer.

Les meilleurs vendeurs ■ Larry Merritt, de Sandy Springs, Georgie, EU, a vendu 13 407 voitures au cours de sa carrière. Le record en une année est détenu par Joe Girard, de Detroit, Michigan, EU. Il a vendu 1 425 voitures en 1973, avec un maximum de 174 voitures en 1 mois.

Aviation *La plus grande compagnie aérienne* ■ La compagnie soviétique Aeroflot, créée en 1923, possède 1 650 avions, qui empruntent 1 million de km de voies aériennes et desservent 99 pays. Elle emploie 500 000 personnes. En 1989, elle a transporté 132 millions de passagers et 3,3 millions de t de fret.
La plus grande compagnie aérienne privée est United Airlines, dont le chiffre

Le nom de syndicat le plus long ■ Il s'agit de l'association internationale des marbriers, dont le siège est à Washington. Elle se nomme International Association of Marble, Slate and Stone Polishers, Rubbers and Sawyers, Tile and Marble Setters' Helpers and Marble Mosaic and Terrazzo Workers' Helpers, ou IAMSS-PRSTMSHMMTWH.

La plus petite brasserie en France ■ Au bar O'Neil, rue des Canettes, à Paris, on fabrique sur place une bière pur-malt. De septembre 1991 à mai 1992, elle a produit 52 800 litres de bière.

Les plus grands Grands-magasins de France ■ Le plus vaste est la Samaritaine, à Paris, qui s'étend sur 52 000 m^2. Mais ce sont les Galeries Lafayette-Haussmann, à Paris, qui réalisent le plus important chiffre d'affaires : 4,7 milliards de F en 1991. Il y a 17 Galeries Lafayette à travers la France.

d'affaires, en 1989, était de 8,08 milliards de $. Elle a transporté en 1984 le nombre record de 41 273 000 passagers.

***France* ■** Avec sa prise de participation majoritaire dans le capital d'UTA et d'Air Inter, en janvier 1990, la compagnie nationale Air France est devenue l'une des premières du monde. Le nouvel ensemble compte 197 avions et transporte 30 millions de passagers par an. Son chiffre d'affaires de 56,8 milliards de F, en 1990, la place au premier rang en Europe et au troisième dans le monde.

***La plus ancienne compagnie aérienne nationale* ■** La compagnie néerlandaise KoninklijkeLuchtvaart-Maatschappij NV (KLM), créée le 7 octobre 1919, assura son premier vol régulier (Amsterdam-Londres) le 17 mai 1920.

Avocats ■ Le plus gros cabinet du monde est Baker et McKenzie, de Chicago, Illinois, EU, fondé en 1949. Il emploie 1 428 juristes (478 associés et 950 collaborateurs) dans 30 pays.

***France* ■** Gide, Loyrette et Nouel, de Paris, regroupe 129 juristes (43 associés et 86 collaborateurs).

Bâtiment et travaux publics ■ Le groupe français Bouygues (qui contrôle également TF1) est le n° 1 mondial du secteur des BTP, avec un chiffre d'affaires de 52,9 milliards de F en 1990.

Boissons non alcoolisées ■ La boisson la plus populaire du monde est le Coca-Cola. En 1991, il s'en est vendu plus de 471 millions de bouteilles ou boîtes par jour. Le chiffre d'affaires fut de 11,6 milliards de $. Le Coca fut inventé en 1886 par le Dr John S. Pemberton, d'Atlanta, Georgie, EU. Il le commercialisa d'abord pour ses propriétés fortifiantes.
Cependant, aujourd'hui, la société Pepsico, de Purchase, État de New York, EU, est n° 1 pour le chiffre d'affaires : 19,7 milliards de $ en 1991 et sa production qui est de 492 millions de litres par jour, soit 46 % du marché mondial des boissons non alcoolisées.

Brasserie ■ La brasserie Weihenstephan, à Freising, près de Munich, Bavière, Allemagne, a été fondée en 1040. C'est la plus ancienne du monde.
Anheuser-Busch Inc., dont le siège est à Saint Louis, Missouri, EU, est le plus grand complexe de brasseries à l'échelle mondiale. Il en compte 12 aux États-Unis. En 1991, il a vendu 10,08 milliards de litres de bière, record de production annuelle jamais atteint par une brasserie.
La plus grande brasserie sur un seul site est Coors Brewing, de Golden, Colorado, EU. Elle a vendu 2,29 milliards de litres de bière en 1991.

***France* ■** La brasserie Kronenbourg a été fondée en 1664 par Jérôme Hatt. En 1945, la production de Kronenbourg était d'environ 80 000 hl. En 1991, elle atteignait 1 milliard de litres en France et 2,3 milliards de litres dans le monde.

Cabinets d'audit et de conseil ■ Le cabinet américain KPMG Peat Marwick McLintock est le premier dans le monde, avec, au 30 septembre 1991, un chiffre d'affaires de 6 milliards de $.

***France* ■** Le premier cabinet par le chiffre d'affaires est KPMG-Fiduciaire de France : 2,14 milliards de F en 1991.
Le premier par le nombre de mandats est Befec, membre de Price-Waterhouse : il détenait, en 1989, 203 mandats de commissaire titulaire.

Champagne ■ Les marques françaises de champagne représentent la totalité du marché mondial. La production mondiale a atteint, en 1991, 210 millions de bouteilles.

***Le plus ancien* ■** La maison Ruinart, à Reims, Marne, a été fondée en 1729.

***La plus grande société* ■** Moët et Chandon, d'Épernay, Marne, est le n° 1 mondial. Faisant partie du groupe LVMH, il commercialise 4 marques : Moët et Chandon, Ruinart, Mercier et Dom Pérignon. Son chiffre d'affaires global a été de 3 milliards de F en 1991. Il a vendu 27 millions de bouteilles (soit plus de 20 millions de litres), dont 21 millions de bouteilles pour Moët et Chandon seul.

Chantiers navals ■ 16 095 105 unités de jauge brute ont été produites dans le monde en 1991, sans compter les bateaux de pêche ou de plaisance de moins de 100 unités.
Le Japon était le premier pays producteur, avec 7,2 millions d'unités de jauge brute (45,25 %), devant la Corée du Sud, avec 3,4 millions (21,7 %).
En 1990, les chantiers Hyundai, en Corée du Sud, étaient les premiers producteurs mondiaux. Ils ont livré 35 navires, totalisant 1,8 million d'unités de jauge brute.

***France* ■** En 1991, les chantiers navals français ont livré 142 100 unités de jauge brute, soit 16 navires. Les derniers des grands chantiers navals sont ceux de l'Atlantique, à Saint-Nazaire, Loire-Atlantique. Ils ont livré 114 700 unités en 1991.

Cognac *Le plus ancien* ■ La maison Augier a été fondée en 1643.

***La plus grande société* ■** Hennessy est le premier négociant au monde. Elle a vendu, en 1991, le nombre record de 2,7 millions de caisses, soit 32 millions de bouteilles (98 % sont destinées à l'exportation), ou 24 millions de litres. Son chiffre d'affaires était de 6 milliards de F.

Commissaires-priseurs ■ La plus importante et la plus ancienne société de commissaires-priseurs est Sotheby's, de Londres et New York. Fondée en 1744, elle ne s'intéressa à ses débuts qu'au marché des livres. Son grand rival, Christie's, organisa sa première vente aux enchères d'œuvres d'art en 1766.
En 1991, Sotheby's était n° 1 mondial, avec un chiffre d'affaires (total des ventes publiques) de 638,7 millions de £, devant Christie's, 583,2 millions de £.

***France* ■** L'étude Loudmer, à Paris, est la première société française et la troisième mondiale. Elle a réalisé, en 1990, un chiffre d'affaires (valeur des lots vendus) de 1 062 425 860 F. Avec le chiffre d'affaire de 501 millions de F, le plus élevé de l'année 1991, l'étude Ader-Tajan a pris la place de n° 1 pour l'année 1991.

Communication ■ Le groupe américain Time-Warner est le n° 1 mondial, avec, en 1990, un chiffre d'affaires de 11,5 milliards de $.

***France* ■** Groupe Hachette est n° 2 en Europe et n° 5 dans le monde, après Time-Warner (EU), News Corp (EU), Bertelsmann (Allemagne) et Capital Cities/ABC (EU). Groupe Hachette comprend environ 300 sociétés et édite 76 journaux et magazines (environ 800 millions d'exemplaires par an). En 1991, son chiffre d'affaires a été de 30,4 milliards de F. Il employait 31 210 personnes. Groupe Hachette est le n° 1 mondial pour les encyclopédies.

Cosmétiques ■ Le groupe français L'Oréal est le n° 1 mondial, avec, en 1991, un chiffre d'affaires mondial de près de 6,5 milliards de $ Il précède Unilever (Pays-Bas, 3,8 milliards de $) et Procter & Gamble (EU, 3,1 milliards de $).

Distilleries ■ La plus grande distillerie du monde est Seagram, Canada, avec un chiffre d'affaires de 5,6 milliards de $ en 1989. Le groupe emploie environ 17 600 personnes.
United Distillers, de Glasgow, Écosse, appartenant au groupe Guinness, est la plus grande distillerie de whisky. Elle produit environ 144 millions de bouteilles par an, dont la plus grande partie est exportée.

Distribution ■ Le n° 1 mondial est Sears Roebuck, de Chicago, Illinois, EU. Le groupe possède 206 000 magasins à travers le monde. En 1989, il a réalisé un chiffre d'affaires de 31,6 milliards de $.

***France* ■** Leclerc est le n° 1 français de la distribution, avec un chiffre d'affaires, en 1990, de 100 milliards de F, devant Intermarché (96,3) et Carrefour (81,3). Leclerc est un groupement de commerçants indépendants qui compte 525 centres, 244 hypermarchés et 301 supermarchés. Sa surface totale de vente est de 1 322 000 m^2.

C'EST FOU !

Le groupe Perrier, n° 1 mondial, a produit 2,5 milliards de bouteilles d'eau minérale en 1991, dont 800 millions de bouteilles de Perrier, son chiffre d'affaires s'élevait la même année à 13 milliards de $. Il regroupe 16 marques en France, dont les plus connues sont Perrier, Vichy-Saint-Yorre, Vichy-Célestins, Contrexeville. La marque d'eau minérale Volvic a été cédée au groupe BSN au cours de l'année 1991.

Les Français boivent environ annuellement 72 litres d'eau minérale par personne.

Épicerie ■ La plus grande chaîne d'épicerie du monde est Kroger (EU). Elle a réalisé un chiffre d'affaires de 19 milliards de $ en

△ *Après l'Europe occidentale et Moscou, les Pékinois ont accueilli avec enthousiasme McDonald's, ce fleuron de la culture américaine.*

1988. Kroger possède 1 235 supermarchés et 958 supérettes. Elle emploie 170 000 personnes.

Grands magasins ■ Woolworth a célébré son 100e anniversaire en 1979. La chaîne possède plus de 8 700 magasins dans le monde. Frank Winfield Woolworth a ouvert son premier magasin (The Great Five Cent Store) à Utica, État de New York, EU, le 22 février 1879.
Le grand magasin le plus vaste est Macy's, à New York. Il a une superficie de 203 000 m^2 ; 14 000 employés y vendent 400 000 articles. En 1990, le chiffre d'affaires total de Macy's (qui compte 150 magasins) était de 7,3 milliards de $. Quand Rowland Hussey Macy ouvrit sa boutique d'articles de fantaisie, sur la VIe Avenue, le 27 octobre 1858, il enregistra 11,06 $ de ventes à la fin de la première journée.

France ■ Voir la marge page précédente.

Hôtellerie ■ En achetant Holiday Inns North America en février 1990, le groupe britannique Bass est devenu le n° 1 mondial. Il possède désormais 1 697 hôtels, comptant 326 388 chambres, dans 53 pays.

France ■ Le groupe Accor est le n° 1 de l'hôtellerie, avec un chiffre d'affaires estimé en 1992 après l'acquisition de la compagnie des Wagons-lits à 46 milliards de F. Il emploie 140 000 personnes et possède, dans 127 pays, 47 enseignes (dont Sofitel, Novotel, Mercure, Lenôtre, Courtepaille, la compagnie des Wagons-lits, etc.). Au 31 décembre 1991, Accor comptait 1 675 hôtels en service dont 74 hôtels en construction.

Immobilier ■ La compagnie Olympia and York est le géant mondial de l'immobilier. Les frères Reichmann ont profité de la crise de 1977 aux États-Unis pour fonder un véritable empire immobilier : en 1991 ils possédaient 3,7 millions de m^2 aux États-Unis, 1 million de m^2 au Canada et 419 000 m^2 en Angleterre (voir dans ce chapitre la rubrique *« Généralités », Dette la plus importante*).

Informatique ■ IBM (International Business Machines) est le plus grand constructeur du monde. Son chiffre d'affaires était, en 1991, de 64,7 milliards de $. IBM compte 83 filiales nationales à travers le monde et employait, en décembre 1991, 344 396 personnes.

France ■ IBM-France est le n° 1 de l'informatique en France, avec un chiffre d'affaires de 39,6 milliards de F en 1991. Elle employait alors environ 20 000 personnes.

Luxe ■ On a estimé, en 1991, à 300 milliards de F la part de l'industrie du luxe sur le marché mondial.
Le groupe français LVMH (Louis Vuitton-Moët-Hennessy) est le n° 1 mondial de l'industrie de luxe. Il a réalisé en 1991 un chiffre d'affaires de 22 milliards de F. C'est le groupe français qui a réalisé, en 1991, la marge sur le bénéfice la plus élevée (+ 17 %).

Pharmacie ■ Le n° 1 mondial de l'industrie pharmaceutique est Johnson & Johnson, de New Brunswick, New Jersey, EU. En 1989, le groupe a réalisé un chiffre d'affaires de 9,8 milliards de $.

France ■ Rhône-Poulenc-Rorer, filiale santé de Rhône-Poulenc, est le n° 1 avec un chiffre d'affaires mondial en 1991 de 3,8 milliards de $.

Pompes funèbres ■ SCI (Service Corporation International), de Houston, Texas, possède 551 salons funéraires et 126 cimetières. Les revenus de cette entreprise toujours à l'abri de la récession se sont élevés à 519 millions de $ en 1989.

Publicité ■ Le groupe britannique WPP, de Londres, avec 18,1 milliards de $ d'ordres en 1990, est le premier du monde. La plus grande agence est l'agence Dentsu, de Tokyo, avec 9,7 milliards de $ d'ordres en 1990.
Le plus grand annonceur est Unilever (Pays-Bas), qui a dépensé 1,74 milliard de $ en publicité en 1990, sans compter les frais de catalogues.

France ■ En 1991, Euro-RSCG a réalisé une marge brute de 2,9 milliards de F, ce qui place le groupe en tête du secteur, devant Publicis (956 millions) et BDDP Groupe (780 millions).

La plus vaste campagne ■ Pour promouvoir l'image de la ville de Nantes, Loire-Atlantique, une campagne publicitaire de 80 affiches différentes (1,20 m x 1,76 m) a été menée par la mairie. L'affichage a eu lieu du 5 au 26 décembre 1990, et le coût de cette campagne, « Made in Nantes », s'est élevé à 2 millions de F.

Relations publiques ■ La première agence du monde est Burson Marsteller, dont le siège se trouve à New York. En 1988, elle a touché 154 millions de $ d'honoraires. Hill and Knowlton compte le plus grand nombre de bureaux dans le monde : 68, dont 1 à Pékin.

Restauration ■ Les fameux fast-food McDonald's ont leur siège à Oak Brook, Illinois, EU. Ils ont été créés le 15 avril 1955 par Ray A. Kroc (1902-1984), qui racheta l'affaire des frères McDonald. En 1937, Mac McDonald ouvre avec son frère Dick son premier « restaurant rapide en voiture » à Pasadena, Californie. Il est mort en 1971. En date du 3 avril 1991, la chaîne McDonald's comptait en propre ou sous licence 12 000 restaurants dans 53 pays. La totalité des ventes s'élevaient en 1990 à 18,7 milliards de $.
Le premier McDonald's dans un pays de l'Est s'est ouvert le 31 janvier 1990 à Moscou. Le succès fut tel que les Moscovites endurèrent de bon cœur, sous la protection des soldats, une queue de 3 h. Il est vrai qu'ils y sont habitués...

Pêche ■ Le 28 août 1986, le navire de pêche norvégien *Flömen* à réussi à prendre d'un seul coup de filet plus de 120 millions de poissons, d'un poids total de 2 471 t, en mer de Barents, dans l'Antarctique.
Le chalutier islandais *Videy* a effectué une pêche totale de 37 300 t, à Hull, GB, le 11 août 1986. Ce coup de filet lui a rapporté la somme record de 278 798 £.

La réclamation d'impôts la plus élevée ■ 336 millions de $ de droits de succession ont été exigés sur le patrimoine de Howard Hughes.

France ■ Le fisc français a réclamé 400 millions de F à l'homme d'affaires et marchand d'armes niçois Ahmad Heidari, en octobre 1991.

Les impôts les plus faibles ■ A Tristan da Cuna, archipel britannique de l'Atlantique sud, l'unique impôt existant ne s'adresse qu'aux hommes âgés de 18 à 65 ans et s'élève à 65 pence (6,50 F) par an et par individu. Les habitants de Bahrain et de Qatar ont beaucoup de chance, il n'y a aucun impôt à payer dans ces 2 États souverains.

Collecte pour une œuvre de bienfaisance ■ L'opération Sport Aid, conçue par Chris Long et organisée par Bob Geldof pour collecter de l'argent contre la faim dans le monde, se déroula le 25 mai 1986 dans 277 villes de 78 pays. Elle a rapporté plus de 670 millions de F. Vingt millions de coureurs y ont participé.

McDonald's a en 1992 été la première chaîne de fast-food à ouvrir un restaurant en Chine populaire : il se situe sur la place Tien Anmen à Pékin, se nomme Maldangiano en chinois et a une capacité de 700 places soit 7 fois celle d'un McDonald's ordinaire aux États-Unis.

Sidérurgie ■ Le premier producteur est la firme japonaise Nippon Steel. Elle a produit 28,7 millions de t d'acier brut en 1990 et emploie 54 062 salariés.
Le record pour une seule usine appartient à Pohang Iron & Steel, de Corée du Sud, avec 9 millions de t d'acier brut en 1988.

France ■ Le n° 1, Usinor-Sacilor, est également la 9e entreprise industrielle française. Elle a réalisé 97,1 milliards de F de chiffre d'affaires en 1991. Elle emploie 65 500 personnes. en France et au total 98 000 dans le monde entier.

Tabac ■ Les Grecs sont les plus gros fumeurs de la Communauté européenne. En 1989, ils ont fumé 7,78 cigarettes par habitant et par jour. Les Français, avec 4,64 cigarettes, ne viennent qu'en 6e position.

France ■ La Société nationale d'exploitation industrielle du tabac et des allumettes (Seita) est le seul fabricant français (11 usines). Elle exploite 194 marques, tous produits confondus. Elle a réalisé, en 1991, un chiffre d'affaires de 12,4 milliards de F. Elle a vendu 47 milliards de cigarettes en 1991, soit 48 % du marché en France, le reste étant les 50 milliards de cigarettes importées. Les Français ont donc fumé, en 1991, 97 milliards de cigarettes, dont un tiers de cigarettes légères. Ils ont également fumé 1,4 milliard de cigares (715 millions de la Seita et 762 millions importés).
Il y a 37 500 bureaux de tabac en France.

Télécommunications ■ En reprenant les activités de Fiat dans le domaine des télécommunications, la société française Alcatel-Alsthom est devenue, le 4 octobre 1990, le n° 1 mondial du secteur.

Troc à grande échelle ■ En juillet 1984, l'Arabie Saoudite a troqué 36 millions de barils de pétrole, d'une valeur de 9 milliards de F, contre 10 Boeing 747 destinés à Royal Saudi Airlines.

Finances publiques

Budget ■ Le plus gros budget du monde est celui des États-Unis : en 1991, les recettes s'élevaient à 1054,3 milliards de $ et les dépenses à 1 323 milliards de $, soit un déficit de 268,7 milliards de $. C'est le plus important déficit jamais enregistré aux États-Unis. Les prévisions du budget de l'année 1992 donnent un déficit de 399,7 milliards de $.
Le plus important excédent fiscal a été enregistré aux États-Unis en 1947-1948. Il s'est élevé à 8 419 469 844 $.

France ■ Le budget de la France pour l'année 1991 s'est établi comme suit : les recettes se sont élevées à 1 089,2 milliards de F et des dépenses à 1 278 milliards de F, soit un déficit de 188,8 milliards de F.

Produit national brut ■ Le PNB le plus élevé du monde est celui des États-Unis : 5 521,3 milliards de $ en 1990.

France ■ Le produit national brut était de 6 787 milliards de F en 1991, ce qui place la France en 4e position dans le monde, après les États-Unis, le Japon et l'Allemagne.

Produit national brut par habitant *Les plus élevés* ■ D'après la Banque mondiale, la Suisse avait, en 1989, le PNB par habitant le plus élevé du monde : 30 270 $. Venaient ensuite le Luxembourg (24 860 $), le Japon (23 730 $), la Finlande (22 060 $) et la Norvège (21 850 $). Les États-Unis occupaient la 8e place, avec 21 100 $. La France (voir ci-dessous) se situait à la 13e place dans le monde et à la 9e en Europe, avec 17 830 $.

France ■ En 1991, le produit national brut par habitant était d'environ 117 800 F.

Les plus faibles ■ D'après la Banque mondiale (chiffres disponibles en 1989), le produit national brut annuel par habitant était de 80 $ au Mozambique et de 120 $ en Éthiopie et en Tanzanie. Selon les experts de l'ONU, plus de 500 millions de personnes à travers le monde souffrent de sous-alimentation chronique et 17 millions ont péri, en 1990, de malnutrition ou de famine.

Aide à l'étranger ■ Entre le 1er juillet 1945 et le 1er janvier 1990, le gouvernement américain a octroyé 300,8 milliards de $ de crédits à l'extérieur. En 1989, c'est l'Égypte qui a le plus bénéficié de cette aide : elle a reçu 2,1 milliards de $. C'est en 1812 que les États-Unis ont donné pour la première fois de l'argent à un pays étranger. Le Venezuela, ravagé par un tremblement de terre, reçut 50 000 $.
En 1989, le Japon a devancé les États-Unis. Ses programmes de développement et d'assistance aux pays étrangers s'élevaient à 8,5 milliards de $, pour 7,6 milliards de $ aux États-Unis.

TOUT DOIT DISPARAITRE !

La Norvège arrive en tête des pays où le taux d'imposition est le plus élevé. En janvier 1974, le gouvernement socialiste y a supprimé le plafond des 80 %. D'après la revue *Lignings Boka*, quelque 2 000 citoyens ont ainsi payé en impôts plus de 100 % de leur revenu imposable. Le grand armateur Hilmar Reksten (1897-1980) a même été imposé à 491 %. En 1992, l'imposition sur le revenu est à 65 %.

France ■ Le taux d'imposition de la tranche supérieure de l'impôt sur le revenu des personnes physiques (IRPP) est de 56,8 %.

Balance des paiements ■ Le déficit record pour une année revient aux États-Unis, avec 143,7 milliards de $ en 1987. A l'inverse, le Japon a enregistré, la même année, un excédent record de 87 milliards de $.

France ■ La balance des paiements accusait, en 1991, un déficit de 32,3 milliards de F.

Dette extérieure ■ La dette la plus importante contractée avec l'étranger est celle des États-Unis. Elle s'élevait, en 1990, à 675 milliards de $.
Parmi les pays de moindre puissance économique, la dette extérieure la plus élevée est celle du Brésil : 123 milliards de $ en 1990.

Réserves d'or ■ Les réserves mondiales d'or sont évaluées à 940 millions d'onces d'or fin en 1991. Les États-Unis détiennent la plus grande partie de ces réserves. Fin 1990, elles s'élevaient à 261 millions d'onces d'or fin. L'once d'or fin étant estimée à 400 $, la réserve d'or américaine pourrait être évaluée à 104 millions de $ et la réserve mondiale à 376 millions de $. Le plus grand dépôt d'or américain se trouve à Fort Knox, Kentucky, depuis 1936. L'or y est stocké sous la forme de 446 000 lingots mesurant 17,7 cm x 9,2 cm x 4,1 cm et pesant 12,441 kg chacun.

France ■ En août 1991, la Banque de France détenait 3 181,7 t d'or. Le record fut atteint en 1966, lorsque la France convertit ses dollars en or : les réserves s'élevaient alors à 4 654,9 t.

Banque ■ La Banque internationale pour la reconstruction et le développement (BIRD), ou « Banque mondiale », a été fondée le 27 décembre 1945. Son siège se trouve à Washington, EU. Le 31 décembre 1988, elle avait un capital autorisé de 171,4 milliards de $. A cette date, 151 membres avaient souscrit un capital de 102 milliards de $. La Banque mondiale avait également un fonds de réserve et un revenu accumulé non encore affecté de 9,2 milliards de $.
Le Fonds monétaire international (FMI), dont le siège se trouve également à Washington, compte 155 membres. Son quota total de droits de tirages spéciaux se montait à 131 milliards de $ en février 1991.
La banque japonaise Dai-Ichi Kangyo est la première banque privée mondiale. En mars 1990, son total du bilan s'élevait à 250 milliards de F.

France ■ Le Crédit agricole est la première banque européenne et la septième mondiale (derrière six banques japonaises). En 1991, son total du bilan s'élevait à 1 591 milliards de F ; ses fonds propres étaient de 91 milliards de F. Le Crédit agricole, qui totalise un bénéfice en 1991 de 4,9 milliards de F, emploie environ 73 000 personnes et a 17 millions de clients.

Inflation ■ En juin 1946, la Hongrie a subi une inflation catastrophique. A cette date, le pengö or 1931 était coté à 1,3 x 10^{20} pengös papier (le pengö était l'unité monétaire de l'époque, remplacé depuis par le forint).
Le 6 novembre 1923, il circulait en Allemagne 400 338 326 350 700 millions de marks (plus de 4 x 10^{20}). Les prix étaient

alors 755 milliards de fois plus élevés qu'en 1913.
En 1990, c'est le Brésil qui a subi la pire inflation : 1 800 %.

France ■ Depuis la fin de la Seconde Guerre mondiale, la plus mauvaise année fut 1958, avec une inflation de 15,1 %. La plus faible inflation, en moyenne annuelle, fut enregistrée en 1953, année où les prix baissèrent de 1,2 %. En 1991, l'inflation a été de 2,9 %.

L'inflation la moins importante ■ Dans une période récente, l'Allemagne fédérale détient le record, avec 0,2% d'inflation en 1986.
Le Burkina Faso (ex Haute-Volta) avait en 1990 un taux d'inflation de 0,8%.

◁ *Cette collection de pièces est estimée à 32 millions de F. Ces 9 pièces américaines de 1804 et 1834, furent offertes au roi de Siam. Y figure le dollar en argent 1804 d'une valeur estimée à 2 millions de $. Le 28 mai 1990, cette collection fut acquise Iraj Sayah et Terry Brand.*

Monnaie

Les plus anciens billets de banque ■ Les Chinois inventèrent le papier-monnaie dès 812. Ils en répandirent l'usage à partir de 970. C'est à Stockholm, Suède, qu'ont été émis les premiers billets de banque (*banco-sedler*), en juillet 1661. Le plus ancien billet conservé est un billet de 5 dalers émis le 6 décembre 1662.

Les plus grands et les plus petits ■ Le plus grand billet jamais émis était un billet chinois de 1 guan utilisé sous la dynastie Ming, de 1368 à 1399. Il mesurait 22,8 cm x 33 cm.
Le plus petit billet national mis en circulation était un billet de 10 bani émis, en 1917, par la Banque centrale de Roumanie. La partie imprimée ne mesurait que 2,7 cm x 3,8 cm.
Parmi les *Notgeld* allemands, les plus petits étaient des carrés de 1,8 cm de côté. Il s'agissait des billets de 1 à 3 pfennigs de Passau (1920-1921).

Les coupures les plus grosses ■ Le plus gros billet de banque en circulation est un billet de 10 000 $ à l'effigie de Salmon Portland Chase (1808-1873) émis par la Banque de réserve fédérale des États-Unis. On n'a imprimé aucune de ces coupures depuis juillet 1944, et il n'en reste que 348 en circulation. En 1969, le Trésor américain a annoncé qu'aucun billet d'une valeur de plus de 100 $ ne serait désormais émis.

Les coupures les plus petites ■ L'Indonésie émet des billets de 1 sen, soit un centième de roupie. Le sen peut valoir quelque chose comme 0,0007 F.

La collection de pièces la plus chère ■ La collection de pièces américaines et coloniales de la famille Garrett, qui en avait fait don à l'université John Hopkins, a été vendue pour la somme de 25 235 360 $.

La plus longue chaîne de pièces ■ La plus longue chaîne de pièces alignées les unes derrière les autres fait 43,98 km de long, elle a été réalisée à Cranleigh en Angleterre, le 10 août 1991.

L'hôtel des monnaies le plus grand ■ Celui du Trésor américain, construit entre 1965 et 1969 à Philadelphie, EU, s'étend sur 4,65 ha. Il émet annuellement 15 milliards de pièces. Trois équipes se relaient sept jours sur sept. Une nouvelle machine permet de frapper les pièces à grande vitesse. Elle a porté le rendement à 40 000 pièces par heure.

Le chèque le plus important ■ Un chèque de 1425 millions de £ (environ 14,25 milliards de F) a été signé le 11 juillet 1989 par D. Gareth Jones, trésorier et directeur général adjoint de l'Abbey National Building Society, et par Jonathan C. Nicholls, trésorier adjoint. Ce chèque représentait un paiement par l'Abbey National Building Society, en voie de liquidation, en faveur de la nouvelle société créée, l'Abbey National.
Un chèque plus important, d'un montant de 4 176 969 623,57 $, fut tiré le 30 juin 1954. Mais il s'agissait d'un chèque interne du Trésor américain.

Les trésors les plus importants ■ En 1714, on a découvert à Brescello, près de Modène, Italie, un trésor de 80 000 aurei (pièces d'or romaines). Ces pièces avaient été enfouies vers 37 av. J.-C. Le plus grand nombre de pièces jamais exhumées est de 150 000. Elles constituaient le trésor de Bruxelles, mis au jour en 1908.
Le 27 mai 1905, le cuirassé russe *Amiral-Nakimov*, de 8 524 tonneaux, sombrait par 60 m de fond au large de l'île japonaise de Tsushima. Le trésor que l'on a récupéré s'élève environ à 10 milliards de F en pièces d'or et lingots de platine. Cette découverte est la plus importante de tous les temps.
On estime à la même valeur le trésor du *San-José*, qui coula en 1708 au large de la Colombie. Des plongeurs s'emploient à le récupérer depuis août 1984.

PIÈCES DE MONNAIE

LES PLUS ANCIENNES
Les statères d'électrum du roi de Lydie Gygès, 670 av. J.-C.

LES PLUS ANCIENNES DATÉES
Antiquité : les tétradrachmes d'argent « A » frappées à Messine, Sicile, 494 av. J.-C.
Ère chrétienne : les 6 pièces de l'évêque de Roskilde, Danemark, MCCXXXIV (1234).

LA PLUS LOURDE
La pièce de 10 dalers en cuivre frappée en Suède en 1644 : 19,7 kg.

LA PLUS LÉGERE ET LA PLUS PETITE
La pièce en argent népalaise de 1/4 de jawa, qui date de 1740 : 2 mg.

LES PLUS CHERES
Un ensemble de pièces américaines de 1804 et 1834, dit « du roi de Siam », vendu 3 190 000 $ à Beverly Hills, Californie, le 28 mai 1990.

LES PLUS RARES
Nombreux spécimens uniques, par exemple la pièce en or du royaume d'Aksoum, Éthiopie, qui se trouve à la Bibliothèque nationale, Paris.

La famille la plus riche ■ On pense que la valeur totale des actifs contrôlés par les quelque 1 600 membres de la famille Du Pont est d'environ 150 milliards de $. La famille Du Pont quitta la France pour s'établir aux États-Unis le 1er janvier 1800. Le capital de Pierre Du Pont (1730-1817) permit à son fils Éleuthère Irénée Du Pont de créer sa société américaine d'explosifs.

France ■ La famille Dassault (Madeleine, veuve de Marcel Dassault et ses deux fils, Serge et Claude) est la plus riche de France. A eux trois, ils possèdent 8 milliards de F.

Bourse

Origines ■ C'est au XVe siècle que l'institution de la Bourse prit réellement naissance, dans les villes commerçantes de France, d'Allemagne, d'Italie et des Flandres. Elle trouva son nom, dit-on, à Bruges, Belgique, dans l'hôtel des banquiers Van den Burse, dont l'enseigne était ornée d'un écusson comportant trois bourses. En 1487, Anvers, héritant de la fortune de Bruges, vit sa Bourse devenir la première d'Europe occidentale. En 1561 fut fondée la Bourse d'Amsterdam, qui se substituera à celle d'Anvers.
En France, c'est en 1549 qu'apparurent les Bourses de Lyon — la plus ancienne et longtemps la plus importante — et de Toulouse. La Bourse de Paris fut réglementée le 24 septembre 1724.

Volume des transactions ■ Il y a aujourd'hui 138 Bourses dans le monde. La plus importante est celle de Tokyo (fondée en 1878), qui a enregistré un volume de transactions record de 1 450 milliards de $ en 1989. La Bourse de New York (fondée en 1792), à Wall Street, a enregistré un volume de transactions de 957 milliards de $ la même année.

France ■ Il y a sept Bourses en France, à Paris, Marseille, Lyon, Lille, Bordeaux, Nantes et Nancy, qui recensaient 1 487 émetteurs en 1991, pour une capitalisation boursière globale de 4 846 milliards de F. Le volume de transactions (pour l'ensemble) a été de 3 871 milliards de F en 1991.

Les actions les plus chères ■ Le 17 août 1989, une seule action de Moeara Enim Petroleum valait environ 520 000 F.

France ■ Au 31 décembre 1991, une seule action de la société Grand Marnier valait 64 200 F.

Records de la Bourse américaine *Indice du Dow Jones* ■ Le Dow Jones est l'indice de la Bourse de New York, institué le 8 octobre 1896. Il s'établit sur la moyenne des cours d'une sélection de trente valeurs industrielles à la clôture d'une journée d'échanges.
Le 17 avril 1992 marque un record historique pour le Dow Jones, l'indice a, en effet, franchit pour la première fois la barre des 3 000 points en clôturant la séance à 3 004,16 points.

Actions ■ Le 20 octobre 1987, 608 148 710 actions ont été échangées. L'ancien record du 29 octobre 1929 (le « mardi noir » du fameux krach), où 16 410 030 actions avaient été échangées, n'a pas été battu avant avril 1968. Le Dow Jones, qui était de 381,71 points le 3 septembre 1929, avait chuté de 30,57 points le 29 octobre 1929, avant d'atteindre son taux le plus bas le 2 juillet 1932, soit 41,22 points. On était au plus fort de la dépression.
Du 1er septembre 1929 au 30 juin 1932, 74 milliards de $ furent perdus en titres boursiers.
La perte annuelle des valeurs la plus importante a été de 210 milliards de $, en 1974.
Le record de hausse en un jour a été battu le 21 octobre 1987, avec 186,84 points.
Le record de baisse en une journée est de 508 points (22,6 %), le 19 octobre 1987.
La plus grande transaction de toute l'histoire de la Bourse de New York a porté sur un « paquet » de 48 788 800 actions à 10 $ de Navistar International. Elle eut lieu le 10 avril 1986 et mit en jeu la somme de 487 888 000 $.

Records de la Bourse de Paris ■ Calculé par la Compagnie des agents de change (CAC), l'indice CAC 40 est la moyenne de l'indice de 40 sociétés choisies parmi les 100 premières capitalisations.
L'indice CAC 40 fut mis en vigueur en 1988, avec une base de 1 000 fixée au 31 décembre 1987. Il a enregistré le record de 2 141,13 points le 23 mai 1990.

La perte personnelle la plus lourde ■ Ray A. Kroc, président de McDonald's, a perdu 65 millions de $ le 8 juillet 1974 (voir plus haut l'article *« Restauration »*).

L'émission la plus importante ■ Le 11 décembre 1990, les 12 sociétés régionales d'électricité du Royaume-Uni ont été privatisées et vendues à 5,7 millions d'actionnaires pour un montant total de 5,2 milliards de £.

Le cabinet d'agents de change le plus grand ■ Merrill Lynch, Pierce, Fenner & Smith, fondée le 6 janvier 1914 à New York, était jadis la plus grande association du monde.
Elle comptait 124 associés. Elle s'est transformée en société en 1959. La nouvelle société créée, Merrill Lynch & Co., emploie environ 40 000 personnes.

Fortunes, revenus et salaires

L'estimation de la fortune personnelle des gens très riches se heurte à de multiples difficultés. Ceux-ci ne coopèrent pas volontiers et ne sont pas toujours capables d'évaluer précisément leurs biens. John-Paul Getty (1892-1976) n'a-t-il pas dit : « Qui peut compter ses millions n'est certainement pas milliardaire .» Le terme de millionnaire fut inventé en 1740 et celui de milliardaire en 1861. Le premier multimillionnaire en dollars fut Cornelius Vanderbilt (1794-1877), qui laissa 100 millions de $ à sa mort. Les premiers milliardaires furent John Davison Rockefeller (1839-1937), Henry Ford (1863-1947) et Andrew William Mellon (1855-1937).

Les plus grandes fortunes ■ Il reste 29 monarques dans le monde, mais la plus grande partie de leur fortune se compose de biens nationaux et non de biens personnels. Le plus riche parmi les monarques est Hassanal Bolkiah Muizzaddin Waddaulah, sultan de Brunei, minuscule État (5 765 km^2) de la côte nord-ouest de l'île de Bornéo (né le 15 juillet 1946). Il s'est lui-même nommé Premier ministre, ministre des Finances et ministre de l'Intérieur le 1er janvier 1984. En septembre 1990, le magazine *Fortune* a évalué sa fortune à 31 milliards de $.
Dans son numéro du 22 octobre 1990, *Forbes* indiquait que l'Américain le plus riche est John Kluge, de Charlottesville, Virginie. Sa fortune personnelle s'élève à 5,9 milliards de $. Agé de 77 ans, Kluge

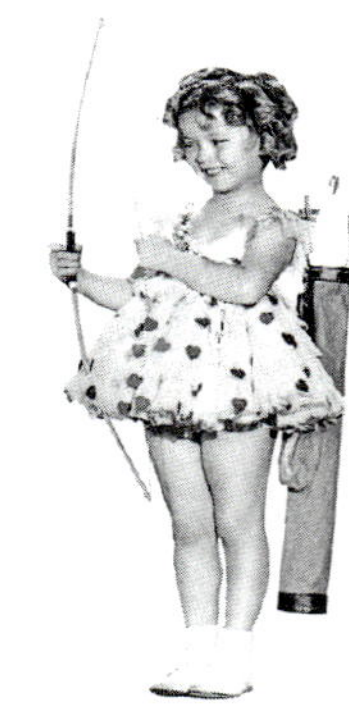

PETITS MONSTRES

L'acteur Jackie Coogan (1914-1984) a été la personne la plus jeune à posséder 1 million de $. Il partageait avec Charlie Chaplin (1889-1977) le rôle principal du film *Le Kid*, réalisé en 1920. Shirley Temple (née le 23 avril 1928) avait accumulé une fortune de plus de 1 million de $ avant l'âge de 10 ans.

L'homme le plus riche du monde

Selon le magazine Forbes (numéro du 22 juillet 1991), l'homme le plus riche du monde est le Japonais Taikichiro Mori, 87 ans, ex-professeur d'économie. Ses biens s'élèvent à 15 milliards de $, il est propriétaire de 80 immeubles au Japon.

◁ Claudia Schiffer est, à 20 ans, le top model le mieux payé du monde. Elle a signé en 1992 le contrat du siècle avec la firme de cosmétique Revlon. Sa recette : dormir 8 heures par jour, et se sculpter un corps aux dimensions suivantes :
Taille : 1,81 m
Tour de poitrine : 95
Tour de taille : 62
Tour de hanches : 92.

est le président de Metromedia (télécommunications). Sa propriété de Charlottesville a coûté 500 millions de $. Le magazine *Town and Country* l'a décrite comme « la plus somptueuse de ce siècle ».

France ■ Propriétaire de 25 % de L'Oréal (n° 1 mondial des cosmétiques), de 20 % de Cosmair (filiale américaine de L'Oréal) et de 4 % de Nestlé, Mme Liliane Bettencourt, héritière d'Eugène Schueller, fondateur de L'Oréal, est la personne la plus riche de France. Sa fortune est évaluée par *L'Expansion* et par *Le Nouvel Observateur* à 10 milliards de F. Mais, à l'échelle mondiale, Mme Bettencourt n'est que 23e.

Les rémunérations les plus élevées ■ Le gouvernement américain a indiqué que Michael Milken, ancien responsable du département investissements à hauts risques de la banque new-yorkaise Drexel-Burnham-Lambert, avait perçu, en traitements et primes, la somme de 550 millions de $ en 1987, soit l'équivalent de 230 millions de F par mois. (Pour un salarié français qui travaille 169 h par mois, cela équivaudrait à 1,3 million de F l'heure.)
Michael Milken était le créateur des *junk bonds*, ces obligations « pourries » à hauts risques et hauts rendements qui ont alimenté la vague des OPA et des restructurations sauvages des sociétés dans les années 80. Il a été condamné, le 21 novembre 1990, à 10 ans de prison ferme et à une amende record de 600 millions de $, sentence la plus sévère jamais prononcée dans le cadre d'un scandale financier. Milken avait plaidé coupable pour six chefs d'accusation, dont ceux de manipulation de titres, complicité de fraude fiscale et délit d'initié. En mai 1989, il avait démissionné de Drexel-Burnham-Lambert, aujourd'hui en faillite, après y avoir travaillé pendant 19 ans.
Le patron américain ayant perçu le salaire le plus élevé au cours de l'année 1991 est Steven Ross, P-DG de la Time Warner, premier groupe mondial de communications. Il a perçu au total 79 millions de $, soit l'équivalent de 400 millions de F.

France ■ D'après *L'Expansion*, le patron le mieux payé de France est Pierre Suard, P-DG d'Alcatel-Alsthom, troisième entreprise industrielle française. Versée par la société mère et par plusieurs de ses filiales, sa rémunération annuelle est de 14 millions de F (1,16 million de F par mois).

Les honoraires les plus élevés ■ Le conseiller le plus cher du monde est Harry D. Schultz. Ses bureaux se trouvent à Monte-Carlo et à Zurich, Suisse. Ses honoraires se montent à 2 400 $ l'heure en semaine et 3 400 $ le week-end. Il donne aussi des consultations par téléphone de 5 mn à 200 $ (40 $ la minute). Il publie une lettre *The international Harry Schultz's letter* qui se vend à 50 $ l'exemplaire, un abonnement à vie vous en coûtera 2 400 $.

Honoraires de conférencier ■ Le Dr Ronald Dante a reçu la somme de 3 080 000 $ pour des conférences sur l'hypnothérapie pendant 2 jours, les 1er et 2 juin 1986, à Chicago, Illinois, EU. Il enseignait 8 h par jour et a ainsi gagné 192 500 $ l'heure.

Gratification de départ ■ Selon le magazine *Business Week* (numéro du mois de mai 1989), F. Ross Johnson aurait reçu 53,8 millions de $ en quittant la présidence du groupe RJR Nabisco, en février 1989. C'est ce que les Américains appellent une *golden handshake* (« poignée de main en or »).

La dot la plus importante ■ En 1929, Elena Patiño, fille du magnat bolivien de l'étain Simón Iturbi Patiño (1861-1947), reçut 8 millions de £ de dot. La fortune de son père était alors évaluée à 125 millions de £.

Restitution d'argent ■ Jim Priceman, 44 ans, caissier adjoint chez Doft & Co Inc., renvoya le 6 avril 1982 une enveloppe contenant 37,1 millions de $ en bons au porteur à A. G. Becker Inc., de New York. Il l'avait trouvée devant le 110, Wall Street. Les Becker lui donnèrent 250 $ de récompense. On les acclama pour leur bon cœur.
Lowell Elliott, 61 ans, trouva dans sa propriété de Peru, Indiana, EU, la somme de 500 000 $, qu'il restitua à ses propriétaires. Cet argent avait été « perdu » en juin 1972 par un pirate de l'air qui s'échappait en parachute.

Les donations les plus importantes ■ Le magnat japonais Ryoichi Sasakawa, président de la Fondation de l'industrie de construction navale japonaise, fit des donations pour un total de 644 milliards de yens (23 milliards de F) au cours des années 1962-1988.

Avarice ■ Si l'on considère l'avarice comme le rapport entre les biens disponibles et les dépenses, alors Henrietta (Hetty) Howland Green, née Robinson (1835-1916), détient le record de tous les temps en la matière. Son compte bancaire présentait un solde positif de plus de 31,4 millions de $. Pourtant, on dut amputer son fils d'une jambe, car elle avait perdu un temps précieux à essayer de trouver une clinique gratuite. Elle mangeait son porridge froid afin d'économiser le combustible. Elle vivait dans une propriété de 95 millions de $.

△ *Le cheval Ourasi, champion de course de trot, champion pour les mises, termina sa carrière en champion des saillies.*

Jeux et paris

Courses de chevaux

Origines ■ En 1865, Joseph Oller inventa en France le principe du pari mutuel ; en 1868, il déposa le brevet d'un totalisateur indiquant le total des enjeux sur chaque cheval. Le 2 juin 1891, le Parlement vota une loi instituant le principe du pari mutuel. Seul le pari mutuel sur l'hippodrome (PMH) était autorisé. Le 16 avril 1930, le législateur autorisa les sociétés de courses à enregistrer les paris hors des hippodromes : le PMU (pari mutuel urbain) était créé. Le 22 janvier 1954, André Carrus inventa le tiercé.
Les sociétés de courses organisent plus de 15 000 courses par an en France.

Paris ■ On évalue à 50 milliards de $ le montant annuel des paris sur les courses de chevaux à travers le monde. La France occupe le 4e rang, après le Japon, les États-Unis et le Royaume-Uni. Mais le PMU français est au premier rang mondial pour le chiffre d'affaires : 34,7 milliards de F de paris traités en 1991.

Le plus grand nombre de gagnants ■ Le tiercé du 31 mars 1984, à Enghien, Val-d'Oise, a été touché, dans l'ordre exact et dans un ordre différent, par un nombre record de 1 400 916 parieurs. L'ordre d'arrivée était 9-6-4.

Tiercés *Non payé* ■ Le 21 avril 1957, personne ne trouva le tiercé couru à Auteuil (20-18-19). S'il y avait eu un gagnant, il aurait touché la somme record de 324 598 F pour une mise de 2 F à l'époque.

Payé ■ Le tiercé d'Évry, le 4 décembre 1991 (14-21-11), rapporta 232 448 F pour une mise de 6 F.

Quarté plus ■ La formule fut créée le 1er juillet 1987. Le gain record est de 3 722 570 F, pour une mise de 8 F, à Vincennes, le 6 décembre 1990. L'ordre d'arrivée était 4-18-1-3. Il y eut 2 gagnants.

Quinté plus ■ Il fut inauguré le 12 septembre 1989. Le gain record est de 9 315 019 F, pour une mise de 10 F. Un seul parieur trouva l'ordre exact d'arrivée (13-5-10-18-14) à Vincennes, le 22 août 1991. Il a expliqué qu'il jouait toujours les mêmes numéros, sans rien connaître au sport hippique.

Gain record ■ Le 3 avril 1990, un parieur de Bordeaux, Gironde, a touché la plus grosse somme jamais versée dans l'histoire du PMU : 14 221 690 F. Il avait trouvé l'ordre exact d'arrivée du quinté plus, à Vincennes (prix Baucis), 17-7-2-10-8, en jouant 100 F.

La plus forte mise sur un cheval *France*

■ Pour le prix d'Amérique à Vincennes en 1989 près de 7,2 millions de F ont été placés sur le cheval Ourasi, vainqueur des 4 précédents prix d'Amérique. C'est la plus forte mise jamais enregistrée sur un cheval dans l'histoire des courses françaises.

Loterie

Loto *France* ■ Il a été créé le 19 mai 1976 par la Loterie nationale qui a fêté le 19 mai 1992 les 16 ans du Loto. Depuis sa création, plus de 18 milliards de bulletins ont été validés, soit 255 bulletins toutes les 15 s. Aujourd'hui, 1 Français sur 2 joue au moins une fois par an au Loto.

Gain record ■ 55 440 520 F : telle est la somme record gagnée par un couple de Toulouse, Haute-Garonne, au second tirage du samedi 20 octobre 1990. Ils furent les seuls à trouver les 6 bons numéros (4-15-22-35-37-39), avec une mise de 32 F. Ils ont gardé l'anonymat.
Depuis la création du Loto, le 19 mai 1976, 73 joueurs ont gagné plus de 10 millions de F (au 30 mars 1991).

Nombre de bulletins gagnants ■ Le 19 septembre 1979, il y eut 96 grilles gagnantes à 6 bons numéros.

Super-cagnotte ■ Le samedi 29 septembre 1990, la super-cagnotte s'élevait à 119 683 665 F. Elle a été gagnée par trois joueurs, qui ont touché environ 40 millions de F chacun.

Loto sportif *Ancienne formule* ■ Pour les pronostics sur 16 matches de football, le record de gain est de 14 464 721 F, touché, le 4 août 1986, par un parieur de Grasse, Alpes-Maritimes, qui avait joué une grille à 1 080 F.

Nouvelle formule ■ Depuis que les pronostics portent sur 13 matches, le record appartient à un joueur de la Guadeloupe : 6 945 144 F, le 22 février 1989.

Casinos

Le plus grand ■ Le Taj Mahal, construit à Atlantic City, New Jersey, EU, par le magnat américain Donald Trump, a été inauguré le 5 avril 1990. Sur une superficie de 1 ha, il compte 167 tables de roulette, blackjack et autres jeux de hasard, ainsi que 3 000 machines à sous. Le casino, servi par 6 000 employés, comprend également 1 250 chambres d'hôte, dont 400 appartements de luxe, un club privé, 12 restaurants, une arène de 5 500 places pour des matches de boxe, de tennis, des concerts, etc.

France ■ Le plus grand casino est celui de Divonne-les-Bains, Ain, créé en 1912 et dont le bâtiment actuel fut inauguré le 3 juillet 1955. Les salles de jeu couvrent une superficie de 2 500 m². Le casino possède 190 machines à sous et 33 tables de jeu (boule, roulette, blackjack, punto banco). Il a réalisé, en 1991, un chiffre d'affaires de 108 millions de F pour les jeux et de 180 millions de F pour les machines à sous. Il a accueilli 909 621 joueurs.

Machines à sous ■ Le 10 juillet 1989, une Parisienne, qui a voulu garder l'anonymat, a gagné le jackpot record de 1 508 617 F au casino de Deauville, Calvados.

▽ Le plus grand casino du monde, contre toute attente, est à Atlantic City. Le Taj Mahal a été construit par le milliardaire américain Donald Trump (qui, depuis, a fait une faillite retentissante). On y compte 167 tables de roulette.

PHILATÉLIE

LE PREMIER TIMBRE
Mis en vente le 1er mai 1840, GB. 1 penny, noir, reine Victoria. 68 158 080 imprimés.
France. Mis en vente le 1er janvier 1849. 20 centimes, noir. 41,5 millions d'exemplaires.

LE PLUS CHER
1,1 million de $. 2 cents rouge-brun Lady McGill, Pittsburgh, Pensylvanie, EU, 1852. Vendu par Marc Rousso's Coach Investments à une banque japonaise, 9 octobre 1987.

LE PLUS CHER AUX ENCHERES
1,1 million de $. Lot de 4 timbres de 24 cents avec l'image inversée d'un avion, EU, 1918. Christie's, New York, 12 octobre 1989.
Pour un seul timbre : 615 000 £. 9 couronnes, 1851, Baden, Allemagne, noir sur bleu-vert par erreur de couleur, collection John R. Boker, vendu à Wiesbaden, Allemagne, 16 mars 1985.

LES PLUS GRANDS TIMBRES
Édition spéciale : 24,7 cm x 7 cm. Chine, 1913.
Format standard : 16 cm x 11 cm. 75 cents, îles Marshall, 30 octobre 1979.

LE PLUS PETIT
8 mm x 9,4 mm. 10 cents et 1 peso, province de Bolivas, Colombie, 1863-1866.

LE PLUS GRAND ACHAT
Collection Marc Haas de 3 000 timbres américains et seings pré-postaux jusqu'en 1869 : 11 millions de $.
Achetée par Stanley Giblons International, Londres, août 1979.

LA PLUS GRANDE VALEUR FACIALE
100 £. George V rouge et noir, Kenya, 1925-1927.

LA PLUS PETITE VALEUR FACIALE
3 000 pengös. Hongrie, 1946.
L'extraordinaire inflation de l'époque faisait que 15 000 milliards de pengös valaient 1 centime français.

LES TIMBRES LES PLUS RARES
Exemplaires uniques : Guyane britannique (aujourd'hui Guyana), 1 cent, noir sur magenta, 1856 ;
Suède, 3 skilling-banco, jaune par erreur, 1855.

▷ *L'Inde a produit, en 1990, 109 millions de tonnes de riz. En raison de la grande variété des modes de culture, en chiffres de rendement présentent selon les régions de très grandes différences : de 10 q à l'hectare en Inde, ils atteignent 50 q et même 60 q à l'hectare en Italie ou en Espagne.*

8. INSOLITE

◁◁ *Réalisé par Claude Dryburgh, cet ensemble minier bat tous les records de construction en allumettes : 13 197 835 allumettes, et 39 038 h de travail (9 années).*

◁ *Michel Favrou du Cerny du Poiré-sur-Vie, Vendée, a édifié une tour Eiffel avec 217 000 allumettes collées. Cet édifice, commencé en 1987, fut terminé en septembre 1991. Il mesure 4,71 m de haut.*

△ Patrice Buchaillat a évolué avec cet attelage de 18 chevaux attelés en paire. Cette mise en place a nécessité 9 timons, 18 palonniers, et 8 maîtres palonniers. Les mains du meneur sont à 33 m des 2 chevaux de tête.

△ Patrick Gambier a attelé à une seule ligne de trait 213 chiens « siberian huskyes ». Cet attelage a tracté le petit train de Fort-Mahon rempli d'enfants et de quelques adultes, charge estimée entre 8 et 9 t.

mettes, 30 kg de colle, 11 kg de vernis, en 39 038 h de travail, soit 9 années.

Amplificateur ■ Le plus grand amplificateur de guitare en état de marche mesure 2,75 m de haut, pèse 325 kg et comprend 32 haut-parleurs de 25,4 cm qui transmettent une puissance de 600 W. Il a été présenté par St Louis Music, de Saint Louis, Missouri, EU.

Ampoule électrique ■ La société Hamaï, de Tokyo, a fabriqué une ampoule de 3 mm de long et de 0,5 mm de diamètre, la plus petite du monde.

Applaudissements ■ V. Eyaraman, du Tamil Nadu, Inde, a applaudi 58 h 9 mn sans s'arrêter entre le 12 et le 15 février 1988.
Il a maintenu une moyenne de 160 applaudissements à la minute, audibles à 100 m de distance.

Arbre de Noël ■ Le plus grand arbre coupé du monde a été érigé en 1950 dans un centre commercial de Seattle, État de Washington, EU. C'était un sapin de Douglas de 67 m.

Assiette ■ Le 29 septembre 1989, à Limoges, Haute-Vienne, Gaz de France et la société Porcelaine de Limoges ont présenté une assiette en porcelaine de 85,3 cm de diamètre et de 2,67 m de circonférence pesant 19,3 kg.

Attelage de chevaux ■ Une calèche ancienne a été tirée par 50 chevaux conduits par Jacques Wautier de Ittre, Belgique, le 16 septembre 1990. L'attelage mesurait 120 m de long.

France ■ Le 17 janvier 1991, sur l'hippodrome de Longchamp, Paris, Patrice Buchaillat, 18 ans, a mené un attelage de 18 chevaux, d'une longueur totale de 33 m. L'attelage a nécessité 300 m de rênes.

Attelage de chiens ■ Patrick Gambier a réalisé un attelage de 213 chiens sur la plage de Fort-Mahon Plage, Somme, le 21 avril 1991. Cet attelage traînait un petit train touristique.

Autocollants ■ Le 22 mai 1990, Pascal Maridat, de Chantery, Corrèze, possédait une collection de 21 126 autocollants, tous différents.

Autographes ■ Au 30 décembre 1990, Robert Levieuge, de Château-du-Loir, Sarthe, possédait plus de 5 000 autographes personnalisés de célébrités du showbiz.

Automate ■ Les 26 et 27 mai 1990, au palais des congrès de Saint-Jean-de-Monts, Vendée, le mime Joselito a exécuté des gestes d'automate, regard fixe, pendant 24 h en ne prenant que 5 mn de repos par heure.

B

Baguettes ■ Les Japonais utilisent 25 milliards de paires de baguettes par an pour manger. Pour une population de 123 millions d'habitants, cela représente une moyenne annuelle de 203 paires de baguettes par personne.

Baisers ■ Alfred Wolfram, de New Brighton, Minnesota, EU, a embrassé 8 001 femmes en 8 h, au Minnesota Renaissance Festival, le 15 septembre 1990.
Les 17 et 18 septembre 1988, à Soignies, Belgique, 20 personnes, plutôt jeunes, se sont relayées en équipe de 5 pour se donner 114 110 baisers.
Toshiaki Shirai et Yukiko Nagata se sont embrassés sous l'eau pendant 2 mn 12 s, le 2 avril 1980, battant ainsi le record pour les caméras de Fuji TV, à Tokyo, Japon (voir aussi le chapitre *Top Stars*).

Record de Distance et de Vitesse en Baignoire

Trois gardiens, Riri Taylor, Fifi Smith et Lou Rogers de la prison d'Algington, GB, détiennent le record de distance en pagayant à la main : 145 km en 24 h, les 28 et 29 mai 1983. Ces mêmes gardiens avaient battu, le 26 mai 1983, le record de vitesse sur 100 m, départ arrêté, en 55 s 45, soit 8 km/h environ. La taille de la baignoire est limitée à 1,90 m.

Balance ■ Claude Gendreau et Louis Jaud ont fabriqué et présenté au festival des records d'Aubigny, Vendée, une balance de Béranger longue de 2 m et large de 80 cm qui peut peser jusqu'à 200 kg.

Balles de golf ■ Le 9 février 1980 à Charlotte, Caroline du Nord, EU, Lang Martin a maintenu 7 balles de golf en équilibre à la verticale sur la tête.

Ballon de football ■ Le plus grand mesure 2,30 m de diamètre et pèse 36,2 kg. Pour coudre ses 8 640 points, il a fallu 129,50 m de fil. Il a été confectionné par la société Mitre Sports, à Huddersfield, GB.

Ballons de baudruche *Lâcher* ■ Le 26 juin 1983, à Aubigny, Vendée, un lâcher de 212 000 ballons a été organisé, sous le patronage de la Ligue contre le cancer.

Parcours ■ Un ballon lâché au collège Saint-Trémeur à Carhaix, Finistère, a été retrouvé à Iokku, à 150 km au nord d'Oslo, Norvège, le 30 octobre 1990 après un parcours de 2 000 km.

Gonflage ■ Lors du festival Grains de folie, organisé le 14 mai 1989 par le patronage laïque du Relecq-Kerhuon, Finistère, 1 000 personnes, adultes et enfants, ont gonflé avec la bouche 13 061 ballons en 13 mn.

Guirlande ■ A l'occasion du centenaire de la CFDT, le 1er mai 1990, 600 militants de Nancy, Meurthe-et-Moselle, ont confectionné une guirlande de 20 000 ballons sur un fil électrique de 6 km de long.

Grappe ■ La commune de Gaillan-en-Médoc, Gironde, a réalisé une grappe de 4 565 ballons gonflés à l'hélium, le 28 avril 1991.

Bande dessinée *La plus grande* ■ Le 27 janvier 1990 a été réalisée, au festival de la bande dessinée de Nancy, Meurthe-et-Moselle, une BD de 23,43 m^2 composée, en 2 panneaux de 2,90 m x 4,04 m chacun, d'un patchwork des œuvres de quinze dessinateurs professionnels.

Banquets ■ Le menu le plus cher fut servi lors du banquet de Persépolis, le 2 octobre 1971, à l'occasion du 2 500e anniversaire de l'Iran. Le repas, présidé par le shah, dura 5 h 30 mn. On y mangea des œufs de caille au caviar d'Iran, une mousse de queues d'écrevisses sauce Nantua, de l'agneau rôti, du paon farci au foie gras et des sorbets à la framboise et au champagne. Parmi les vins figurait un château-lafite-rothschild 1945.

Mazel tov

Le grand rabbin Moses organisa le 5 décembre 1984 un banquet à Uniondale, Long Island, État de New York, à l'occasion du mariage de son petit-fils Menachem Teitelbaum et de sa petite-fille Brucha Sima Melsels, tous deux âgés de 18 ans. On estime que 19 000 convives y furent invités. On leur servit 2 t de carpe farcie préparées par un traiteur kasher, Meal Mart, de Brooklyn.

France ■ Le 18 août 1889, pour le premier centenaire de la Révolution française, 18 000 élus municipaux prirent part à un banquet au Palais de l'industrie, à Paris.
L'Association des Restaurateurs de Métier des Provinces Françaises a organisé le 19 mai 1992 à la Grande Halle de la Villette, Paris, un buffet de 288,80 m de long, avec 720 plats et spécialités du terroir réalisés par 295 chefs cuisiniers. Il y avait exactement 9 492 parts, que des milliers de personnes ont dégustés.

Bilboquet ■ Le 28 juillet 1989, au festival des records de Beslon, Manche, Stéphane Letellier a présenté un bilboquet en bois haut de 1,63 m dont la boule a 90 cm de diamètre.

Performance ■ Laurent Bigot de Maisoncelles, Sarthe, a réussi 2 269 coups en 1 h, le 28 septembre 1989.

Blouson ■ Un blouson géant style Perfecto d'une hauteur de 3,10 m et d'une envergure de 8,90 m a été réalisé par le lycée professionnel Riess, Mazamet, Tarn, le 22 mai 1991. ce blouson est en tout point identique au modèle original.

Boîte à suggestions ■ L'exemple le plus prolifique d'utilisation d'une boîte à suggestions est celui de John Drayton (1907-1987), de Newport, GB. Il submergea les chemins de fer britanniques de 31 400 suggestions de 1924 à août 1987. Plus d'une idée sur sept fut adoptée et une centaine furent acceptées par les transports londonniens. En 1983, les Chemins de fer britanniques lui offrirent une pendule à carillon pour célébrer près de 60 ans de suggestions.

Boîtes d'allumettes ■ Depuis 1925, Teiichi Yoshizawa (né en 1904), de Chiba, Japon, a réuni 712 118 étiquettes de boîtes d'allumettes (étiquettes publicitaires comprises) provenant de 150 pays.

France ■ Le 29 mars 1990, Françoise Franchi, de Troyes, Aube, possédait une collection de 1 444 boîtes d'allumettes françaises, toutes différentes.

Boomerang ■ Le 15 avril 1989, sur l'aérodrome de Lyon-Corbas, le Français Christian Jabet a battu le record du monde de longue distance, avec 149 m avant retour et franchissement de la ligne de base. Son boomerang avait une envergure de 43 cm et pesait 135 g.
Dans le cadre du Téléthon 1990, Signorino Léonardi, de Villeurbanne, Rhône, a rattrapé son boomerang 1 117 fois de suite.
Bob Burwell a lancé un boomerang qui resta 28,9 s en l'air avant d'être rattrapé, le 7 avril 1984, à Alberg, Australie.

Bouchon de champagne ■ Le 5 juin 1988, à New York, Heinrich Medicus a fait sauter le bouchon d'une bouteille non traitée, non chauffée, à une distance de 54 m.

Sabrage ■ Le 24 février 1990, à Vancouver, Canada, Luke Harms a sabré 16 bouteilles de champagne en 1 mn.

Bougies ■ Une bougie de 24,30 m de hauteur et d'un diamètre de 2,60 m fut exposée par la firme Lindahls, à Stockholm, en 1897.

France ■ Une bougie cylindrique de 30 m de haut et 0,72 m de diamètre a été érigée devant la mairie de Villeurbanne, Rhône, à l'initiative d'Amnesty International, le 28 octobre 1991. La bougie, maintenue verticalement par une grue, a brûlé pendant plus de 5 h.

△ Les Nord-Médocains, paysans, ouvriers agricoles, retraités, enfants, ont tous participé pour monter cette grappe de ballons gonflés à l'hélium. Le lancer de ces 4 565 ballons a permis de récolter une somme de 30 000 F qui a été remise à la Ligue contre le cancer de la Gironde.

◁ Amnesty International fêtant en 1991 son 30e anniversaire, les 7 groupes de l'agglomération de Villeurbanne ont offert au public cette bougie de 30 m de haut, symbole d'espoir et emblème du mouvement.

△ Le personnage à gauche de la photo mesure 1,76 m et n'est là **que** pour comparer sa taille à celle de la bouteille la plus haute du monde : 2,72 m.

▽ Michel Houche collectionne les bouteilles de Coca-Cola (inférieures à 1/2 litre). Sa collection compte 1 155 bouteilles différentes, pleines, provenant de 136 pays.

Bouillotte ■ Au Festival des records 1985 de Pépinster, Belgique, il n'a fallu que 19,56 s à Luc Van Lierde pour faire éclater une bouillotte en soufflant dedans. Il a ensuite fait éclater 10 bouillottes en 4 mn 15 s.

Bouteilles ***Collections*** ■ Le 1er mars 1988, George E. Terren, de Southboro, Massachusetts, EU, possédait une collection de 29 508 bouteilles miniatures d'alcool et de liqueur.
David L. Maund, d'Upham, GB, possède 8 732 bouteilles de whisky miniatures, toutes différentes.
Le 29 mai 1990, Ted Shuler, de Germantown, Tennessee, EU, avait une collection de 2 248 bouteilles de bière, toutes différentes, de 97 pays.

France ■ Michel Houche, d'Avignon, Vaucluse, possédait, au 13 avril 1990, une collection de 1 155 petites bouteilles de Coca-Cola de 136 pays.

La plus grande ■ La bouteille de vin Divin Primeur fabriquée par le Comité régional de promotion du Languedoc-Roussillon et présentée à Montpellier, Hérault, le 16 octobre 1986, mesurait 2,72 m de haut et 1,81 m de circonférence. Elle contenait 750 litres et pesait, pleine, 850 kg

La plus petite ■ Le 13 avril 1989, le groupe Halloween de l'École supérieure de commerce de Reims, Marne, a présenté une bouteille de champagne Marie-Stuart de 5 cm de haut et d'une contenance de 2,6 cl.

Brancards ■ Deux brancardiers militaires de Calgary, Alberta, Canada, ont porté en courant, sans le renverser, leur malade de 63,5 kg sur 200 km, soit la distance de Paris-Deauville, en 40 h 12 mn, le 18 mai 1988.
Le record du 100 m a été battu en 33 s 25, au cours d'une course, par les brancardiers Bruno « Speedy » Fomster et Antoine « Gonzales » Budert, de Paris, le 23 mai 1992 lors du festival des records du Fresne. Leur malade, lest compris, pesait 80 kg.

Briques ***Pose*** ■ Tony Gregory, GB, a posé 747 briques de 2 kg, en 1 h, le 18 avril 1987. Cette performance a été réalisée grâce à l'aide de la Brick Development Ass.

Portage ■ Jean-Michel Longe, de Paris, a transporté une pile de 30 briques de 2 kg, soit 60 kg, sans en faire tomber aucune, sur une distance presque rectiligne, de 100 m, en 2 mn 12 s, le 12 avril 1992.

Brouette ■ Le 6 août 1989, les membres du foyer rural de Saint-Laurent-la-Roche, Jura, ont présenté une brouette en bois longue de 14,07 m, large de 3,50 m, haute de 5 m et pesant 1 756 kg.

Charge ■ Le 24 juillet 1988, au festival de La Madeleine, Loire-Atlantique, le Français René Lucas a poussé une brouette contenant 10 personnes, soit 683 kg sur 25,40 m.

Course ■ Le Français Henri Deuil de Bordeaux, Gironde, a parcouru les 100 m sur terrain plat et goudronné, en poussant son coéquipier Alain Delachaux, pesant 80 kg lest compris, dans une brouette à pneu, en 21 s 10, le 23 mai 1992.

Endurance ■ Les gagnants des « 3 h de la brouette de Laas », Pyrénées-Atlantiques, ont parcouru, en 3 h, 45,375 km, à la vitesse de 15 km/h, le 24 août 1987.

Bruitages ■ Le Français Philippe Pujolle, bruiteur, imitateur et comique, a un répertoire de 72 bruits différents. Il a battu le record de vitesse de bruitage, 25 bruits en 15,88 s, le 28 décembre 1990. Son cri de Tarzan record a duré 41,78 s.

Briquets ■ Un briquet en or à 18 carats pesant 1,6 kg et représentant un phare sur une île d'améthyste fut vendu 37 500 £ par Alfred Dunhill, à Londres, en 1986.
Depuis 1970, Bent Hansen, de Praesto, Danemark, a collectionné 7 564 briquets du monde entier.

France ■ Le 28 avril 1991, Franck Velut, de Mesnil-Saint-Loup, Aube, possédait 5 034 briquets, tous différents.

Bûcheronnage ■ L'Américain Guy Germen est monté au sommet d'un sapin de 30,5 m et en a scié le faîte en 1 mn 10 s, escalade comprise, en juillet 1987, à Albany, Oregon, EU.
José Archambeau de Sprimont, Belgique, a scié 53 rondelles à la main en 5 mn, dans un tronc d'épicéa, d'un diamètre de 15 cm. Lors du festival de Pépinster de 1987, Raymond Kockelman a découpé dans un tronc d'épicéa 51 rondelles empilées les unes sur les autres.

Bubble-gum ■ En juin 1985, Susan Montgomery Williams, de Fresno, Californie, a obtenu une bulle de 55,8 cm de diamètre.

Buuuulle

Le 6 juin 1988, David Stein, de New York, a soufflé dans un bâtonnet à bulles avec du liquide à vaisselle et de l'eau et a obtenu une bulle de 15 m de long.

C

Canapé ■ Le 4 juillet 1991, la société Martin Décoration, Genève, Suisse, a réalisé un canapé en cuir de 8,11 m de long, 1,63 m de haut et 1,77 m de profondeur.

Canettes de bière ■ La collection de F. Ahrens, de Mount Laurel, New Jersey, EU, est riche de 15 000 canettes.

Canevas ■ Le plus grand canevas au demi-point du monde fait 4,20 m de longueur et 1,45 m de largeur. Ce travail a été réalisé par François Jorge, Paris, France, en février 1992 à l'aide de 7 184 m de fil de laine de 61 coloris différents, en 2 200 h.

Canif ■ Le Year Knife de Joseph Rodgers & Sons, à Sheffield, GB, couteliers depuis 1682, fut fabriqué en 1822 et comprenait 1 822 lames. Une lame supplémentaire fut ajoutée chaque année jusqu'en 1973, date à laquelle les couteliers renoncèrent, faute de place.

Capsules de bouteille ■ Depuis 1950 (jusqu'en mai 1990), Helge Friholm (née en 1910), de Söborg, Danemark, a réuni 59 180 capsules provenant de 167 pays.
Du 10 au 17 juin 1990, 12 étudiants de l'institut de technologie de Nanyang, Singapour, ont construit une pyramide de 263 810 capsules.

Caricatures ■ Le 17 octobre 1989, Émile Robin, de Genève, Suisse, a réalisé, en public, 106 caricatures en 1 h.

Carrousel ■ 32 chevaux de trait bichonnés, crinières tressées, sabots passés au noir, ont été dirigés, attachés en ligne, le 12 août 1990, par Abel Bizouard de Liernais, Côte-d'Or.

◁ *Pour illustrer son partenariat avec le tour cycliste du Limousin, la direction de la Poste de Limoges a réalisé une carte postale géante de 4 m x 2,8 m qui a été expédiée à son destinataire par camion après avoir été exposée à Aubusson.*

Cartes à jouer ■ Le Luxembourgeois Georges Christen a déchiré un paquet de 120 cartes à jouer, au festival des records de Pépinster, Belgique, en juin 1989.

Le plus grand jeu ■ Le 9 mars 1989, les élèves de l'École nationale des travaux publics de l'État, à Vaulx-en-Velin, Rhône, ont réalisé un jeu de 32 cartes de 1 m x 64,5 cm, qui a nécessité 15 jours de travail.

Lancer ■ Le 12 juin 1979, sur le campus de l'université Henry-Ford, à Dearborn, Michigan, EU, Kevin Saint Onge a lancé une carte à jouer d'un modèle courant à 56,40 m.

Cartes de crédit *Collection* ■ La plus grande collection de cartes de crédit utilisables comprenait 1 212 exemplaires différents en mai 1990. Elle appartient à Walter Cavanagh (né en 1943), de Santa Clara, Californie, EU, surnommé « Monsieur Plastique fantastique ». Il range ses cartes dans le plus long portefeuille du monde : 76,20 m de long, d'une valeur en crédit de plus de 1,6 million de $.

La plus grande ■ La société AJC Associés a fait réaliser une carte de crédit de 3,44 m x 2,16 m et de 3 cm d'épaisseur pesant 163 kg. La carte, qui comportait une piste magnétique de 50 cm de large, a fonctionné dans un distributeur automatique de billets construit à son échelle, en septembre 1989.

Carte de vœux ■ La plus grande carte de vœux du monde mesure 14,30 m x 8,80 m. Elle a été confectionnée par des étudiants de l'université Drake, à Des Moines, Iowa, EU. Elle fut adressée le 27 septembre 1988 à Michael Ferrari, président de l'université.

France ■ Le 19 décembre 1990, l'association d'éducation permanente du hameau de La Wattine, Pas-de-Calais, a réalisé et fait acheminer par les services postaux français et britanniques une carte de vœux de 3,20 m x 1,03 m. Elle est arrivée à son destinataire, l'école de Selsted, Kent, GB, en 1 h 45 mn.

Cartes postales *Collection* ■ Les collections de cartes postales arrivent en troisième position dans l'échelle de popularité, après les collections de timbres et de pièces. Les premières cartes postales virent le jour en Autriche en 1869.
Le petit Craig Shergold, de Carshalton, Surrey, GB, atteint de leucémie, a manifesté le désir de figurer dans *Le Livre Guinness des records*. Son vœu a été exaucé : il a reçu 16 250 692 cartes du monde entier lui souhaitant une prompte guérison.

La plus grande ■ La direction régionale de la Poste du Limousin a fait réaliser par Jacques Cinquin, artiste peintre, une carte postale de 2,80 m x 4 m. Le verso comporte un affranchissement de 100 timbres à 5 F, oblitérés à la date du 2 décembre 1991 à Aubusson, ainsi que l'adresse du destinataire : monsieur Robert Savy, président du conseil régional du Limousin.

Cave à s'arracher les cheveux

La cave la plus insolite au monde est très certainement celle du potier Galip à Aurnos, Cappadoce, Turquie.
Celui-ci, depuis 30 ans environ, demande une mèche de cheveux à toutes les femmes qui viennent visiter son magasin de poteries afin de les suspendre au plafond de sa cave.
Les cheveux de 80 000 femmes y sont déja suspendus.

Cercle sans support ■ Le 23 octobre 1982, afin de démontrer qu'on peut s'asseoir sans chaise, paradoxe physique, 10 323 employés de la firme automobile Nissan se sont assis en un cercle sans support, au stade Komazawa de Tokyo.

Cerfs-volants *Le plus grand* ■ Le 18 novembre 1990, Anne Vieu, Michel Trouillet, François et Philippe Bertron et Pierre Agniel ont présenté un cerf-volant de 1 034,45 m de long qu'ils ont fait voler pendant 4 mn 3 s, à l'aérodrome de Millau-Larzac, Aveyron.

Le plus grand nombre ■ Le 18 octobre 1990, à Sakurajima, Japon, Sadao Harada et son équipe ont fait voler en ligne 11 284 cerfs-volants.
En France, lors du 50e anniversaire de l'aérodrome de Meaux, Seine-et-Marne, le 31 mai 1986, des enfants ont fait voler 5 000 cerfs-volants.

Durée de vol ■ Un cerf-volant construit par les élèves du collège Edmonds, à Long Beach, Californie, EU, a volé durant 180 h 17 mn.

Altitude ■ Une escadrille de 8 cerfs-volants a atteint 9 740 m d'altitude, le 1er août 1979, à Lindenberg, Allemagne.

Vitesse ■ Pete Di Giacomo a fait voler un cerf-volant à 193 km/h à Ocean City, Maryland, EU, le 22 septembre 1989.

CHAPEAU POUR GROSSES TÊTES

Dans le cadre du Festival du nouveau rire organisé au casino de Trouville, du 4 au 12 août 1990, un chapeau de paille de 8,14 m x 0,98 m, d'une circonférence de 14,20 m, a été réalisé par 245 enfants. Il a nécessité 360 h de travail.

Charbon ■ Le record individuel d'extraction est de 221,5 t en une semaine, soit 5 descentes à la houillère d'East Walbottle, GB. Il appartient à Jim Marley (né en 1914), qui a extrait notamment 48,3 t en 6 h en 1949.
Une équipe de 48 hommes a extrait 32 333 t en une semaine du plus grand puits de la houillère de Kellingley, GB, en décembre 1982.

Château de cartes ■ En mai 1984, John Sain, 15 ans, de South Bend, Indiana, EU, a construit un château de cartes de 68 étages, soit 5,40 m de haut.

Chant ■ Du 7 au 15 novembre 1985, Jorge Antonio Hidalgo Chamorro a effectué un marathon de chant solo de 200 h 20 mn au Piano-Bar de Barcelone, Espagne.
Du 8 au 12 février 1991, la chorale du lycée de Danville, Illinois, EU, a chanté pendant 80 h 32 mn.
Acharya Prem Bhikshuji (mort le 18 avril 1970) a commencé à psalmodier la prière de l'Akhand Rama-Dhoon, à Jamnagar, Inde, le 31 juillet 1964, et les adeptes de sa religion continuaient encore en mai 1990.

Chaise de bébé ■ Une chaise de bébé haute de 6,40 m a été réalisée par le décorateur Benoît Roy, de la Tronche, Isère.

CUISINE

ANDOUILLETTE ■ 49 m de long, 50 kg (non cuite), Michel Soulié, de Jargeau, Loiret, 11-6-1989.

BANANA SPLIT ■ 7,32 km de long, habitants de Selingsgrove, Pennsylvanie, EU, 30-4-1988.

BARBE À PAPA ■ 3,62 m de circonférence, 1,64 m de haut, réalisée en 56 mn, Jean-Baptiste Huyard, de Gevry, Jura, 21-4-1990.

BARBECUE ■ 35 072 personnes à Des Moines, Iowa, EU, 21-6-1988. On a mangé 9 130 kg de porc en 5 h. New Port Richey, Floride, EU, 7-3-1986, 9 576 kg de bœuf.

BEIGNET ■ (au citron) 952 kg, 6,70 m de diamètre, Ed Sanderson, de Crystal River, Floride, EU, 10-12-1988.

BŒUF ■ 608 kg entier à la broche, Association GAHBLE, Blanquefort, Gironde, 26-5-1989.

BEURRE ■ Plaquette de 600 kg, coopératives d'Aubigny, Vendée, 9-7-1988.

BONBON ■ 823,5 kg, 2,10 m de long, 85 cm de large, sucre d'orge parfumé à la menthe, Confiserie Afchain SA, Cambrai, Nord, 31-5-1990.

BOUDIN *Blanc* ■ 1 350,61 m de long, J.-M. de Blaton, Belgique, 27-9-1987.
Noir ■ 587,40 m de long, l'Étalon d'Or, Liège, Belgique, 12-6-1988.

BOUILLABAISSE[1] ■ 1,8 t, 11 poissons différents, Prud'homie des patrons pêcheurs de Sanary-sur-Mer, Var, 24-6-1990.

BRETZEL ■ 10,52 m, association des boulangers du canton de Genève, Suisse, 5-2-1986.

BRIOCHE[2] ■ 136,6 kg, 260 œufs, Jean-Claude de Brauwer, Chemille, Maine-et-Loir, 5-12-1991.
Tressée ■ 22,22 m de long, Zogg, Genève, Suisse, 5-4-1987.

BROCHETTE ■ 325 m de long, George Psarias, Olive Tree Greck Restaurant, à Leeds, GB, 26-8-1990.

BÛCHE DE NOËL *La plus longue* ■ 2 877 m, 1,37 t, Gelaucourt, Meurthe-et-Moselle, 13-6-1988.
La plus lourde ■ 2,47 t, 3,60 m de long, M. Lapennec, Centre Leclerc Dammarie-les-Lys, 13-6-1988.

CAKE ■ 18,04 m, Lemarié, Chaumont-en-Vexin, Oise, 9-9-1988.

CALISSON ■ 3,75 m, 180 kg, pâtissiers d'Aix-en-Provence, Bouches-du-Rhône, 20-6-1988.

CASSOULET ■ 2 t, salon de la restauration, Toulouse, Haute-Garonne, 11-8-1985.

CHARCUTERIE[3] *Plateau* ■ 223,6 kg, 11,28 m², 18 variétés différentes, société Delhaise, Ottignies, Belgique, 22-9-1989.

CHAUSSON AUX POMMES ■ 2,06 m, C. Derennes, Nuile-sur-Vicoin, Mayenne, 2-7-1988.

CHOCOLAT ■ (tablette) 10 m x 5 m x 0,73 m, école de pâtisserie de Barcelone, Espagne, 11-1985.

CHORIZO[4] ■ 150,21 m, 120 kg, Les Roches Blanches, Cany-Barville, Seine-Maritime, le 10 juin 1991.

COCKTAIL[5] ■ 1 486 litres de « piña colada », Kai Wulf, Ivano Birello, Axel Bornemann, à Göttingen, Allemagne, 26-8-1988.

COCA CATALANE ■ (brioche fourrée) 2,45 m x 1,07 m, J.-M. Houillon de Villelongue, Pyrénées-Orientales, 23-6-1991.

COUSCOUS ■ 1,5 t de semoule, 200 poulets, 20 moutons, 750 kg de légumes, comité provincial du tourisme, à Agadir, Maroc, 17-2-1990. Ce couscous a été servi à 4 000 personnes.

CRÊPES ■ 9 m de diamètre et 2,50 m d'épaisseur, Lions Club de Lefaivre, Canada, 26-6-1988. La crêpe pesait 900 kg, on a pu la faire sauter.
France ■ 7,02 m de diamètre, 110 kg, association Les Métais, de La Madeleine, Loire-Atlantique, 23-7-1989.

CROISSANTS ■ 15 848 croissants cuisinés en 60 h, Rocco D'Aranno, à Córdoba, Argentine, du 8 au 10-10-1988.
France ■ 8,70 m de long, 78,5 kg, association Gâteau club de l'ouest parisien, au Vésinet, Yvelines, pour le 4e anniversaire de la série « Pas de pitié pour les croissants » du club Dorothée, sur TF1, 5-2-1991.

ÉCLAIR ■ 54,38 m, Sainte-Marie-aux-Mines, Haut-Rhin.

FONDUE SAVOYARDE ■ 306 kg de fromage, 228 litres de vin, 45 000 morceaux de pain, Thonon-les-Bains, Haute-Savoie, 11-11-1986.

FOUGASSE ■ 2,95 m, Doire, Lunel, Hérault, 5-10-1985.

FROMAGES *Cheddar* ■ 18 t, Simon, Littlechute, Wisconsin, EU, 13-3-1988.
Chèvre ■ 380 kg, Couturier, Pouligny-Saint-Pierre, Indre, 13-4-1990.
Fromage blanc ■ 61,40 m, Le Chartrousin, Saint-Laurent-du-Pont, Isère, 28-8-1988.
Rondelet ■ 485 kg, comité des fêtes d'Olemps, Aveyron, 4-11-1988.
Emmenthal ■ 360 kg, R. Charbonnier, Barmance, Suisse.
Plateau ■ Un plateau de fromages de 40 m² composé de 479 variétés, fromagerie Les Alpages, à Grenoble, Isère, 2-11-1989.

FRUITS DE MER *Plateau*[6] ■ 4 027 kg, 121,10 m², 12 variétés, Table ronde française, Club de Marennes d'Oléron, Marennes, Charente-Maritime, 17-5-1991.

GALANTINE ■ 6,40 m, 141,2 kg, Poubeau, Duchassoin, Monnet, Nevers, Nièvre, 14-3-1987.

GALETTE DES ROIS ■ 6 m de diamètre, commerçants de Grigny 2, Au doux Palais, Essonne, 28-1-1989.

GARBURE[7] ■ 1291 l, 300 kg de pommes de terre, 120 kg de manchons confits, etc., Association des joueurs du stade Gerois, Pyrénées-Atlantiques, 29-7-1991.

GÂTEAU *Le plus long*[8] ■ (forêt noire) 200,73 m, 643,12 kg, hypermarché Jumbo, La Chaux-de-Fonds, Suisse, 27-4-1991.
Le plus haut et le plus lourd ■ 22,50 m de haut, 17,8 t, 50 000 œufs, Miralda, Beghin-Say, Démosthène pour le centenaire de la tour Eiffel, à Paris, 17-6-1989.

GLACE ■ 20,2 t de glace, 4,3 t de sirop, 244 kg de garniture, laiterie Palm, à Edmonton, Canada, 24-7-1988.
Cornet ■ 1,42 m, 39,8 kg, Gelsa, Lorraine glaces, Dieue-sur-Meuse, Meuse, 20-10-1989.

GRATIN DAUPHINOIS[9] ■ 29,40 m², 1,4 t de pommes de terre, 700 l de lait, 300 l de crème, Union commerciale et artisanale, Montalieu-Vercieu, Isère, 6-10-1991.

HAMBURGER ■ 2,2 t, société Spur Steak Ranches, Le Cap, Afrique du Sud, 13-10-1985. Le hamburger (7 m de diamètre) fut partagé en 15 750 portions.

JAMBON PERSILLÉ ■ 357,1 kg, association des Fabricants bourguignons de jambon persillé, Dijon, Côte-d'Or, 9-11-1911.

LAIT FRAPPÉ ■ Milk-shake au chocolat, 7 166 litres, laiterie Smith, à Orville, Ohio, EU, 20-10-1989.

MILLEFEUILLES ■ 504,40 m de long, 26 boulangers-pâtissiers de Romans et Bourg-de-Péage, Drôme, 19-6-1988.

NOUGAT ■ 12,45 m, 150 kg, Boyer, Sault, Vaucluse, 3-7-1987.

ŒUF DE PÂQUES ■ 3,4 t, 3 m de haut, pâtisserie Macopa, à Leicester, GB, 7-4-1982.
France ■ 5,87 m de haut, 8,32 m de circonférence, 1,51 t, par les élèves du lycée hôtelier régional de Marseille, Bouches-du-Rhône, 25-3-1989.

OMELETTE ■ 12,52 m de diamètre, école municipale d'éduction spéciale, Opwijk, Belgique, 10-6-1990.
France ■ 10,20 m de diamètre, 70 080 œufs, 100 litres d'huile, Claude Lahontan, de Bédoin, Vaucluse, 2-4-1989.

OMELETTE NORVÉGIENNE ■ 25 m, J. Savatier, Esvres, Indre-et-Loire, 1-1-1987.

PAËLLA ■ 16 m de diamètre, Josep Gruges, à Gérone, Espagne, 25-8-1987. La paëlla contenait 3,7 t de riz, 3 t de viande, 1,5 t de moules, 700 kg de poivrons, 200 kg d'ail et 400 litres d'huile. Elle a été dégustée par 40 000 personnes.

PAIN *Artisanal* ■ 14,58 m de long, cuit au feu de bois en un seul morceau, Maison de la culture et des loisirs de Gauchy, Aisne, 27-5-1990.
De seigle ■ 130 kg, G. Rochegaude, Vernoux-en-Vivarais, Ardèche, 22-8-1983.

PAIN AU CHOCOLAT ■ 2,60 m, 63 kg, J. Martin, Pont-d'Ovilly, Calvados, 8-6-1988.

PAIN AUX RAISINS ■ 2,33 m de diamètre, Saint-Jean-Brévelay, Morbihan, 1-5-1987.

PAIN D'ÉPICES ■ 2,01 m, 22 kg, Fun radio, Dijon, Côte-d'Or, 6-11-1988.

PAIN SURPRISE ■ 23 kg, Laurent Donsbeck, Caours, Somme.

PÂTÉ ■ 692,70 kg, 3,94 m, foire de printemps de Vichy, Allier, 23-4-1987.

PÂTÉ EN CROÛTE ■ 9 t, Denby Dale, GB, 3-9-1988.
France ■ 43,38 m, 114 kg, L. Frelat, Châteauroux, Indre, 19-7-1988.

PÂTES ■ 750 kg cuites et remuées avec des pelles à neige, comité des fêtes de Noves, Bouches-du-Rhône, 29-8-1989.
Spaghetti ■ un spaghetti de 184,42 m, J. Meyer, Stein-Am-Rhein, Suisse, 17-4-1984.

PELLA OU TARTIFLETTE[10] ■ 400 kg, 3,50 m de diamètre, commune du Grand-Bornand, Haute-Savoie, 15-8-1991.

PAUPIETTE ■ 89,70 kg, 1 300 escalopes, Union commerciale de Sablé, Sarthe, 17-9-1988.

PIÉCE MONTÉE ■ 3,4 t, 50 065 choux, 10,20 m de haut, G. Auzet, Cavaillon, Vaucluse, 6-5-1990.

PIZZA ■ 37,40 m de diamètre, Norwood Hypermarket, à Norwood, Afrique du Sud, 8-12-1990.
France ■ 10,07 m de diamètre, 78,5 m², association Coup de cœur et Royale Franchising, à Poitiers, Vienne, 13-5-1990.

PLAT ■ Le chameau rôti préparé par les bédouins pour les cérémonies nuptiales est le plus gigantesque repas du monde. Le chameau, cuit entier, est farci d'un mouton, lui-même farci de poulets qui contiennent des poissons bourrés d'œufs.

PURÉE ■ 8,2 t de pommes de terre, Grand Forks, Dakota du Nord, EU, 4-9-1982. La purée fut préparée dans une bétonneuse.

RACLETTE ■ 2 fromages de 100 kg et de 1 m de diamètre, Téfal, Praz-de-Lys, Haute-Savoie, 20-4-1987.

ROTI DE CHATAIGNES ■ 1,17 t dans une poële à châtaignes géante, Aubenas, Ardèche, 5-1-1989.

ROTI DE VEAU[11] ■ 435,60 kg, 49,85 m de long, farci d'une seule pièce, chambre syndicale de la boucherie de Loire-Atlantique, Reze, 10-3-1991.

SALADE ■ (laitue) 57 t, 45 000 salades, 500 litres de vinaigrette, saladier de 12 m x 7 m, fermiers de King City, Californie, EU.
Pied de veau ■ 278,50 kg, Groupement des commerçants et artisans ricamandois, Loire, 7-12-1991.

SALAMI ■ 18,70 m de long, 61 cm de circonférence, 545 kg, société Bologna, à Kutztown, Pennsylvanie, EU, 13-8-1989.

SAUCISSE[12] ■ 21 km d'un seul tenant, Keith Boxleg, à Wombourne, GB, 18-6-1988. La saucisse fut préparée en 15 h 33 mn.
France ■ 2,61 km d'un seul tenant, comité d'animation commerciale d'Aubin, Aveyron, 2-6-1991.

SAUCISSON ■ 150 m, 100 kg, Roches Blanches, Cany-Barville, Seine-Maritime, 31-8-1988.

SAUCISSON DE FIGUES[13] ■ 164,65 m, Académie de cuisine, Draguignan, Var, 11-4-1991.

SOUPES *Au choux* ■ 5 570 kg, Comité des fêtes de Chandon, Loire, 31-8-1986.
Au pistou ■ 2 230 litres, ville de Sainte-Maxime au profit du laboratoire du Pr Israël, 4-6-1988.
A l'oignon[14] ■ 1 000 litres, Foyer rural de Chauffourt, Haute-Marne, 4-8-1991.

SUCETTE[15] ■ (cerise) 3,98 m (manche non compris), 127 kg, Manuel Lopez, Royan, Charente-Maritime, 20-4-1991.
■ (Pêche et banane) 378,78 kg, 2,99 m de long (manche non compris), les Amis de la sucette des Berciats-Chaptes et le Comité des fêtes, Beauregard-Vendon, Puy-de-Dôme, 17-6-1990.

SUCRE D'ORGE ■ 305 kg, 3,60 m de long, confiserie Carchalton, à St-Annes-on-Sea, GB, 21-5-1987.
France ■ 823,5 kg, 2,10 m de long, Bêtises de Cambrai, Nord, 31-5-1990.

TARTES *Aux pommes* ■ 12,33 m de diamètre, Festival de la pomme à Rougemont, Québec, 25-8-1991.
Aux framboises ■ 6 m², 135 kg, Y.-M. Fromentin, Le Coudray, Eure-et-Loir, 30-6-1991.
Flambées ■ 187,769 kg, 36,24 m², A. C. A. de Sainte-Marie-aux-Mines, Haut-Rhin, 10-5-1992.
Tropézienne[16] ■ 2,40 m de diamètre, 190 kg, Géant Casino la Foux, Gassin, Var, 29-6-1991.

TUILE ■ (type amiénoise, en chocolat mélangé d'amandes) 4 m x 4,03 m, 146 kg, Artisans chocolatiers d'Amiens, Somme, 15-9-1991.

TRUFFE AU CHOCOLAT ■ 123 kg, 1,83 m de circonférence, BCN, La Talaudière, Loire, 7-6-1989.

1

2

3

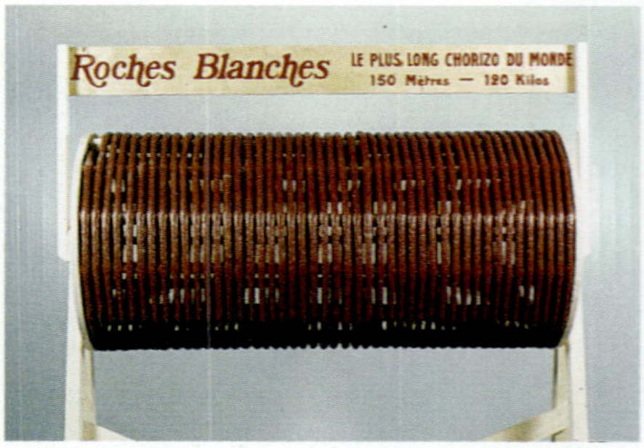

4

5

6

7

9

10

8

12

13

14

11

15

16

Chewing-gum
Endurance ■ Les 23 et 24 août 1986, le Belge Alexis Baujot de Thiméon a mâché un chewing-gum pendant 32 h 4 mn.

▷ *Fort comme Popeye, le Canadien Bernard Rouleau a tiré un petit hydravion de 909 kg amarré solidement à ses cheveux.*

▽ *Il a fallu 150 heures de travail aux orphelins apprentis d'Auteuil pour réaliser cette chaussure géante. Pointure : 350.*

France ■ Maurice Guegen a construit un château de cartes de 56 étages haut de 4,50 m.

Château de sable *Le plus long* ■ Le 4 juillet 1990, à Myrtle Beach, Caroline du Sud, EU, plus de 8 000 personnes ont sculpté un château de sable de 16,8 km de long.

Le plus haut ■ Le 26 juillet 1989, à Kaseda, Japon, 2 000 personnes ont élevé un château de sable haut de 17,12 m.

Chaussette ■ Le 20 mai 1990, à Liège, Belgique, le club de basket BC Saint-Louis a réalisé une chaussette tricotée à la main de 131 m de long.

Chaussures ■ James Smith, fondateur de la firme James Southall, à Norwich, GB, a inventé les chaussures sur mesure en 1792.

LA PERLE DES PAIRES

Jean-Bedel Bokassa commanda des chaussures incrustées de perles d'une valeur de 85 000 $ à la maison Berluti, Paris, pour son couronnement en tant qu'empereur de Centrafrique, le 4 décembre 1977. Ce sont les chaussures les plus chères jamais vendues.

Collection ■ Monika Crausaz-Endres, d'Estavayer-le-Lac, Suisse, possédait une collection de 391 chaussures miniatures, toutes différentes, le 4 avril 1991.

LA MILLE-PATTES PHILIPPINE

Imelda Marcos, la veuve du dictateur philippin, aime par-dessus tout les chaussures. Elle a laissé aux Philippines plus de 12 000 paires de chaussures qui ne représentent qu'une partie de sa collection.

Les plus petites ■ Salvatore Mobilia, né en 1927, cordonnier à la retraite, de Saint-Nicolas, Belgique, a réalisé 400 chaussures miniatures, cousues à la main. Les plus petites mesurent 8 mm de long et 4 mm de large.

Les plus grandes ■ Les élèves et le professeur de cordonnerie des orphelins apprentis d'Auteuil, Paris, ont fabriqué une chaussure pied gauche en cuir de 2,40 m de longueur (7 peaux de vachette), le 12 septembre 1991.
La société Task Force, de Bruxelles, Belgique, a réalisé une sandale en cuir de 2,72 m de long (pointure 385).

Chenille ■ Le 5 mai 1988, à Southampton, GB, 50 personnes, les chevilles attachées à celles du participant de devant et de derrière, ont parcouru, sans chute, 152 m.

Chèque ■ Le 28 septembre 1990, à Londres, l'association Christmas Cracker a présenté un chèque de 50 £ mesurant 16 m x 8 m.

France ■ Le 21 mai 1990, les élèves de l'École nationale supérieure des arts et métiers de Lille, Nord, ont présenté un chèque paysager du Crédit lyonnais de 3,30 m x 1,51 m. Ce chèque comportait toutes les mentions obligatoires.

Cheveux ■ Le 24 octobre 1991, Bernard Rouleau de Matane, province du Québec, Canada, a attaché ses cheveux à une corde, reliée à un avion de 909 kg, qu'il a tiré sur 68 m.

Chope de bière ■ Le 29 juin 1981, lors d'un concours télévisé à Königssee, Allemagne, la serveuse Rosie Schedelbauer a parcouru une distance de 15 m en 4 s en portant 5 chopes pleines de bière dans chaque main.

La plus grande ■ Elle a été fabriquée en 1985 à Selangor, Malaisie. Elle mesure 2 m de hauteur et peut contenir 2 796 litres.

Cigares ■ En février 1983, un cigare de 5 m, pesant 262 kg, a été fabriqué en 243 h par Tinus Vinke et Jan Weijmer, Pays-Bas. Ils ont utilisé 3 330 feuilles de tabac entières.
Le plus grand cigare en vente dans le monde est le Váldez Emperador de 35,5 cm, produit par Puros Santa Clara de San Andrés Tuxtla, à Veracruz, Mexique.
Joseph Hruby, de Lyndhurst, Ohio, EU, possède la plus grande collection de bagues de cigare : 202 434 spécimens remontant jusqu'à 1895.

France ■ Aldébaran, le dernier-né de la gamme Pléiades, est le plus grand et le plus cher des cigares de la Seita. Il mesure 21,5 cm de long, 2 cm de diamètre et pèse 25 g. Il vaut 52 F pièce, ou 832 F en coffret (en cèdre massif) de 16.

Cigarettes ■ Les plus longues sur le marché (28 cm) étaient les Head Plays, dans les années 30, aux États-Unis. Elles étaient vendues en paquet de 5 afin d'éviter la taxe fiscale. Les plus courtes étaient les Lilliput (3,2 cm de long, 3 mm de diamètre) fabriquées en Grande-Bretagne, en 1956.
Robert E. Kaufman, de New York, détient la plus grande collection du monde. En avril 1989, il possédait 8 320 spécimens, fabriqués dans 172 pays. La plus vieille marque en sa possession est la Lone Jack, fabriquée aux États-Unis vers 1885.
Le plus ancien paquet encore existant est un paquet de 25 cigarettes finlandaises Petit Canon fabriqué en 1860 par Tollander et Klärich. Il appartient à la collection Ventegodt, de même que le plus rare, le paquet letton Riga (1901), dont on ne connaît qu'un exemplaire.
La plus grande collection (62 837 paquets, de 150 pays) appartient à Vernon Young, de Farnham, GB.

Les plus fortes ■ Les cigarettes américaines Capstan Full Strength contiennent 24 mg de goudrons et 2,4 mg de nicotine.

France ■ Les Gauloises contiennent 19,8 mg de goudrons et 1,37 mg de nicotine.

Cintre ■ Le 30 novembre 1989, Gilles Soulard, ébéniste à Cholet, Maine-et-

Loire, a présenté un cintre en bois et métal de 4,65 m de long et 2,68 m de haut pesant 112 kg.

Classeurs ■ Le 15 septembre 1990, la société Esselte Dymo, Paris, a réalisé un classeur géant de 3,20 m de hauteur et 2,83 m de largeur sur une épaisseur de 0,84 m.
Le 2 septembre 1991, les sociétés Gaspard et Modling ont réalisé une chemise à rabats et élastiques de 2,40 m de largeur et 3,20 m de hauteur.

RECORDS DE COLLECTIONS

Catégorie	Quantité	Nom	Date
Autocollants	21 126	Pascal Maridat, France	mai 1990
Autographes	5 000	Robert Levieuge, France	décembre 1990
Bagues de cigares	198 525	Joseph Hruby, EU	
Boîtes d'allumettes (1)	1 444, de France	Françoise Franchi, France	mars 1990
(étiquettes)	712 118, de 150 pays	Tüchi Yoshizawa, Japon	depuis 1925
Boîtes de bière	15 000	F. Ahrens, EU	
Boîtes de soda	14 258	Paul et Tom Bates, EU	
Bouteilles de bière	2 248, de 97 pays	Ted Shuler, EU	mai 1990
Bouteilles de Coca-Cola	1 155, de 136 pays	Michel Houche, France	février 1992
Bouteilles miniatures	29 508	Georges E. Terren, EU	mars 1988
	8 732 whisky miniatures	David L. Maund, GB	
	1 622	Michel Lewandowski, France	
Briquets publicitaires	7 564	Bent Hansen, Danemark	
	5 034	Franck Velut, France	avril 1991
Capsules	59 180, de 167 pays	Helge Friholm, Danemark	mai 1990
	710 000, formant une chaîne de 18,020 km	Arthur Jordan, EU	
	973	Eric Frénois, France	décembre 1991
Cartes de crédit	1 212	Walter Cavanagh, EU	mai 1990
Cartes postales	1 000 265	Mario Morby, GB	
Chaussures	8 320, de 172 pays	Robert E. Kaufman, EU	avril 1989
Chaussures miniatures	391	Monika Crausaz-Endres, Suisse	avril 1991
Cigarettes (paquets de)	1 000 000	Edward Wharton, GB	
Cravaches	633	Jacques Dunoguiez, France	
Cravates	1 200 du monde entier	Charles Wingen, Belgique	
Étiquettes de bière	322 200	Jan Solberg, Norvège	
Étiquettes de vin (2)	72 000	Yves Jault, Suisse	
Gommes	1 300, de toutes formes	Jenny Roy, Canada	août 1990
Lampes de mineur	149, de 9 pays	Pierre Pronir, France	janvier 1992
Médailles	1 662	Jacques Corvaisier, France	avril 1991
Papier de cigarettes	2 336 blocs	Peter Emmens, GB	
Petites cuillères	3 500, de 40 pays	René Martin, Québec, Canada	
Photos dédicacées	2 500	Philippe Ploix, France	
Quilles	1 230	Lin Kessler, France	
Rondelles de hockey	2 320	Pierre Riopel, Canada	janvier 1992
Serviettes à thé	5 967	Tony Judkin, GB	
Sous-bocks	126 700, de 152 pays	Leo Pisker, Vienne, Autriche	
Tasse	516	Aldéa Gaudréault, Canada	
Taille-crayons	1 407	Agathe Burelle, Canada	décembre 1991
Trèfles	15 455 à 4 feuilles, 2 758 à 5, 198 à 6, 27 à 7 et 1 à 8, soit 18 439 trèfles	Pierre Schwartz, France	mars 1992
Vidéoclips	5 434, sur 170 cassettes	Fabrice Omont, France	

(1) Les collectionneurs d'étiquettes sont des cumyxaphistes, les collectionneurs de boîtes d'allumettes, des piluménistes.
(2) Les collectionneurs d'étiquettes de vin sont des œnosémiophilistes.
Toutes les collections supposent que chaque exemplaire est différent.

Clé ■ Le 30 juin 1989, 15 élèves des sections métallerie du lycée professionnel régional de Montigny-lès-Metz, Moselle, ont présenté une clé de 10,20 m x 2,86 m pesant 1 t.
Sa fabrication a demandé 1 200 h de travail.

Plate mixte ■ Théophile Boué a fabriqué, le 5 mai 1990, une clé mixte en aluminium de 1,65 m de long, de 20 cm de large et d'un poids de 26 kg.

Cloche-pied ■ Mark Harrisson et Tony Lunn ont sauté à cloche-pied pendant 101 h 15 mn au Night Club Studio de Leicester, GB, du 30 septembre au 4 octobre 1985.

Clou ■ Le 18 mars 1989, au casino de Mondorf-les-Bains, Luxembourg, Georges Christen a plié en « U » 368 clous de 7 mm de diamètre et de 21 cm de long en 1 h.
A la fête des records de Piennes, Meurthe-et-Moselle, il a plié 10 clous de 7 mm de diamètre et de 21 cm de long en 19,27 s.
Le 1er juin 1986, au festival des records de Pépinster, Belgique, Luc Van Lierde a mis 9 mn 57 s pour briser à la force des mains un clou de 7,2 mm de diamètre et de 18 cm de long.

Le plus long ■ Pour l'ouverture du musée de la Clouterie, à Saint-Didier-en-Velay, Haute-Loire, Jeannot Rascle a créé un clou de 1,80 m de long, identique en tout point au modèle original.

◁◁ En 1 heure, Georges Christen a plié 368 clous de 7 mm d'épaisseur, au Casino 2000 de Mondorf-les-Bains, Luxembourg.

◁ A partir du modèle original d'un ancien clou de mine de 8 cm de long, le talentueux cloutier Jeannot Rascle a forgé un clou géant de 1,80 m qui allie l'amour du passé au talent toujours présent des artisans.

Crayon *Pelure* ■ Didier Herlin d'Antibes, Alpes-Maritimes, a réalisé, le 12 mai 1985, une pelure de crayon de 34,6 cm.

Crêpes ■ Le 27 février 1990, au centre commercial Merry Hill, à Dudley, GB, Judith Aldridge a fait sauter une crêpe 281 fois en 2 mn.

France ■ Le 24 juillet 1988, au festival des records de Beslon, Manche, Didier Dairou a lancé une crêpe à 8,20 m de haut. Elle est retombée dans la poêle à plat et sans se casser.

Cracheur de feu ■ Le 29 octobre 1986, le Britannique Reg Norris a craché une flamme d'une taille de 9,40 m.

Cocktail ■ Le 18 mars 1990, Jacky Vignal et 14 barmen ont réalisé 24 757 cocktails en 24 h non-stop, à Bordeaux, Gironde. Patrice Millet, de Vichy, Allier, en a réalisé 871 en 1 h, le 8 octobre 1989.

Coiffeurs ■ Elie Algranti a coupé, coiffé et mis en plis des cheveux sans arrêt durant 415 h, du 4 au 21 février 1989, à Mossel Bay, Afrique du Sud.
Le record de vitesse est détenu par le Français Arnaud Élalouf, du Havre, Seine-Maritime, qui a réalisé 150 coupes de cheveux personnalisées en 10 h 15 mn, le 9 décembre 1985, soit une coupe toutes les 4 mn 6 s.

Coiffure *La plus large* ■ Paul Suissa, de Paris, a réalisé une coiffure de 2,04 m de large, d'un diamètre de 1,54 m, d'une hauteur de 1,65 m et d'un poids total de 13 kg, le 26 septembre 1985.

La plus haute ■ Gérard Castel, de Manosque, Alpes-de-Haute-Provence, a réalisé une coiffure de 4,10 m de haut, le 25 juin 1984.

Perruque ■ Présentée le 23 juin 1983, la perruque confectionnée par E. et J.-F. Thurher, Biel, Suisse, mesurait 2,80 m de haut.

Stylites

Les stylites sont des personne qui s'installent au sommet d'une colonne pour se livrer à une méditation plus intense. Les stylites étaient vénérés par la foule. Les records modernes ne peuvent être comparés à celui de saint Siméon le Stylite (v. 390-459), un ascète chrétien qui passa 37 ans de sa vie assis sur une colonne près d'Antioche, Syrie.
Melissa Sanders vécut dans une cabane au sommet d'un pilier pendant 516 jours, du 26 octobre 1986 au 24 mars 1988, à Indianapolis, Indiana, EU.
Pat Bowen est resté 40 jours, du 28 mai au 7 juillet 1986, dans un tonneau, au sommet d'un pilier de 5 m de haut devant l'hôtel Bull, à Ludlow, GB.

Combinaisons ■ Les combinaisons portées depuis 1982 par les équipages des navettes spatiales américaines pour travailler hors du vaisseau coûtent 3,4 millions de $ pièce.

Commerçant *Le plus malchanceux* ■ Inscrit au registre du commerce depuis le 13 novembre 1989, pour exercer l'activité de vente de livres, Henri George, de Paris (né en 1935), n'avait pas trouvé un seul client à la date du 20 mai 1991.

Confection ■ Le 24 juin 1982, 65 membres de l'école de textile de Melbourne, Australie, ont confectionné un costume trois-pièces en 1 h 34 mn 33 s, de la tonte du mouton au produit fini. 2 mn 21 s ont suffi pour attraper et tondre le mouton. Le cardage, le filage, le tissage et la confection elle-même occupèrent le reste du temps.

France ■ L'équipe du festival 1984 d'Aubigny, Vendée, a fabriqué un ensemble deux-pièces pour femme en 1 h 27 mn.

Contorsionniste ■ En décembre 1989, à Londres, le contorsionniste argentin Hugo Zamoratte, 1,75 m, a réussi à s'introduire, par une porte latérale, dans une bouteille de 66 cm de haut et de 45 cm de diamètre. Il appartient depuis quinze ans à la troupe du cirque Getty Cottle.

France ■ Simon Lempereur, alias Teddy Lord's, de Roncq, Nord, a réussi à entrer dans une boîte de 45 cm de côté contenant déjà 13 bouteilles de champagne.

Coquillages ■ Un collier de 1,482 km a été confectionné par les membres des fédérations artisanales du marché de Papeete, Tahiti, le 6 octobre 1991, avec plus de 300 000 coquillages polynésiens.

Couette ■ 7 000 habitants du Dakota du Nord, EU, ont fabriqué, en 1989, une couette géante de 26 m x 41 m, afin de célébrer le centenaire de leur État.

France ■ En octobre 1989, la Manufacture de plumes et duvets de Tournus, Saône-et-Loire, a fabriqué une couette en duvet d'oie de 13,80 m x 8,93 m (123,23 m^2) dont la fabrication a nécessité 62 kg de duvet, 275 m^2 de tissu et 120 h de travail.

Courses à reculons *100 m* ■ L'Américain Ferdie Adoboe a couru un 100 m à reculons en 14 s, le 28 juillet 1983 à Amherst, EU.

France ■ Le Parisien Emmanuel Javal a couru à reculons la distance de 100 m en 28 s, le 24 janvier 1992 à Val d'Isère, Savoie.

Marathon ■ Le record du monde de marathon (42,195 km) à reculons est détenu par Anthony « Scott » Weiland, qui a couru le marathon de Detroit, Michigan, EU en 4 h 7 mn 54 s, le 3 octobre 1982.

France ■ Le Français Yves Pol a parcouru les 42,195 km du 11e marathon de Paris à reculons le 4 mai 1986, en 4 h 34 mn 12 s.

La plus longue distance ■ Plennie Wingo, né le 24 janvier 1895, d'Abilene, Texas, EU, a effectué à reculons les 12 875 km de la course transcontinentale de Santa Monica, Californie, EU à Istanbul, Turquie, du 15 avril 1931 au 24 octobre 1932.

En 24 h ■ Le record de distance parcourue à reculons, en 24 h, appartient à l'Américain Anthony Thornton, qui couvrit 135,2 km à Minneapolis, Minnesota, EU, les 31 décembre 1985 et 1er janvier 1986.

Couverture ■ Les amis de l'hôpital Sainte-Catherine de Crawley, GB, ont confectionné une couverture de 3 492 m^2, pesant 1,5 t et ayant coûté 200 000 F.

Cravate ■ Le 9 mai 1990, la société Ranson Industrie, de Linselles, Nord, a fabriqué une cravate en polyester longue de 124,88 m, large de 2 m et pesant 118 kg.

Crèche de Noël *La plus grande* ■ La crèche réalisée par Émile Holdrinet et Frédéric Juven à Lyon, Rhône, en décembre 1990, couvre une superficie de 1 000 m^2. Sa construction a nécessité 6 t de maté-

Crachers

Les résultats, dans les championnats de cracher, dépendent de la qualité de la salivation, de l'absence de vent de travers, de la position des bras et de la coordination des mouvements du cou et du dos. Un élan de 2 m est autorisé. En cas de vent arrière, le record ne peut être homologué.

Tabac ■
Le 4 avril 1982, lors du 5e championnat annuel de chique, à Barstow, Californie, Randy Ober, de Bentonville, Arkansas, EU, a craché une bourre de tabac à 14,50 m.

Pépin de melon ■
Lee Wheelis a projeté une graine de melon à 20,96 m à Luling, Texas, EU, le 24 juin 1989.

Noyau de cerise ■
La plus grande distance pour un noyau de cerise est de 22,14 m, record battu par Rick Krause, à Eau Claire, Michigan, EU, le 2 juillet 1988. Au festival des records d'Aubigny, Vendée, les 9 et 10 juillet 1988, Serge Fougère a craché un noyau de cerise à 17,88 m.

Noyau d'abricot ■
Le Français Serge Fougère a réussi un jet de 15,52 m, au festival de la Tour-Blanche, Dordogne, le 22 août 1987.

Châtaignes ■
A l'occasion du rallye de la châtaigne organisé par la ville de Villefranche-du-Périgord, Dordogne, Bruno Rabot, avec un élan de 2 m, a propulsé une châtaigne à 7,95 m, le 11 août 1991 à 14 h.

Grain de raisin ■
A l'occasion de la fête des vendanges de Vosne-Romanée, Bourgogne, la Française Lydie Pescayre a craché un grain de raisin pinot noir à la distance de 4,25 m, le 6 octobre 1991.

◁ *Lors de la journée « Le Défi polynésien-festival des records », en présence de Maco Tevane, ministre de la Solidarité, de l'Emploi, de la Formation professionnelle et des Lois du travail et président du syndicat d'initiative Pare Nulli, les fédérations artisanales du marché de Papeete ont réalisé un collier de 1,482 km à partir de 300 000 coquillages polynésiens.*

▽ *Cette couverture géante a été confectionnée à partir de 1 450 couvertures qui ont, ensuite, été distribuées au tiers-monde. Elle mesure 3 492,4 m^2.*

Debout ■ Swami Maujgiri Maharij est resté sans s'asseoir pendant 17 ans pour accomplir un acte de pénitence, de 1955 à novembre 1973, à Shahjahanpur, Inde. Pour dormir, il s'adossait à une planche. Il mourut en septembre 1980, à 85 ans.

Débat ■ Des étudiants de l'université de Dublin ont débattu la motion suivante : « On devrait instaurer la journée des chiens » pendant 503 h 45 mn, du 16 novembre au 7 décembre 1988.

Éventail ■ En janvier 1987, Wang Xianbao, de Changhaï, Chine, a fabriqué un éventail en bois finement ciselé qui mesure 3,30 m une fois déplié et 1,80 m de haut. Gil Doyon, Québec, Canada, a fabriqué un éventail de 8,48 m d'envergure et de 4,27 m de hauteur, le 10 mars 1991.

riaux divers et plus de 3 000 h de travail.

La plus petite ■ En décembre 1988, le Luxembourgeois Yves Géraud a confectionné, sur un dé à coudre, une crèche de 1 cm^2. Elle comprend 40 santons, 10 maisons et un sapin de Noël avec musique et éclairage incorporés.

Crochet ■ Le 13 janvier 1981, Barbara Jean Sonntag (née en 1938), de Craig, Colorado, EU, a réalisé 4 412 points de crochet en 30 mn, soit une moyenne de 147 points à la minute. Le 14 juillet 1986, Ria Van der Honing, de Wormerveer, Pays-Bas, a achevé au crochet une chaîne de 62,5 km.

France ■ Le 13 septembre 1987, Ghislaine Dewule, d'Aubergenville, Yvelines, a tricoté une pelote de laine de 49 m en 26 mn 5 s.
Bernard Cherreau, de Vannes, Morbihan, a réalisé un tricotin de 590 m de long, le 24 janvier 1988.

Cuillère *Maintien* ■ Le 13 septembre 1991, Véronique Bonifassi de Nice a maintenu une petite cuillère en équilibre transversal, partie creuse vers le haut, sur son nez pendant 17 mn.

Cuisine ■ Une cuisine de campagne installée par le gouvernement indien en avril 1973 à Ahmadnagar, dans le Maharashtra, où régnait la famine, préparait quotidiennement 1,2 million de repas de subsistance.

D

Dactylographie ■ Du 29 mars au 9 avril 1985, à Sydney, Australie, Violet Gibson Burns a tapé à la machine électrique pendant 264 h.
Le plus long marathon de frappe sur une machine mécanique a duré 142 h 50 mn ; il a été remporté par M. Kanagasundaram, de Dindigul, Inde, du 25 au 31 juillet 1990. Il a tapé près de 916 000 signes.
Les records de vitesse atteints sur une machine mécanique (avec une pénalité de 10 mots par erreur) sont :
- en 5 mn : 176 mots/mn, par Carole Forristall Waldschlager Bechen, à Dixon, Illinois, EU, le 2 avril 1959 ;
- en 1 h : 147 mots/mn, par Albert Tangora, EU, sur une Underwood Standard, le 22 octobre 1923.

Le record officiel en 1 h sur une machine électrique est de 9 316 mots (40 erreurs) sur une IBM, avec une moyenne de 155 mots/mn, par Margaret Hamma, à Brooklyn, New York, EU, le 20 juin 1941.

Déménagement ■ A l'initiative du club Progrès de Sherbrooke Inc., à Rock Forest, Québec, Canada, 100 personnes ont déménagé une maison et un appartement de 4 pièces chacun en 27 mn 27 s, le 25 novembre 1989. Les déménageurs ont utilisé 10 camions pour effectuer les 2,5 km entre le point de départ et le point d'arrivée.

Démolition ■ Le 13 juin 1982, 15 membres du club de karaté Le Léopard noir ont démoli à coups de pied et à mains nues une ferme en bois de 7 pièces près d'Elnora, Canada, en 3 h 18 mn.

Descente aux flambeaux ■ L'École de ski des Ménuires, Savoie, a organisé, le 22 février 1990, une descente aux flambeaux réunissant 2 607 personnes qui ont parcouru 20,8 km.

Diabolo ■ Le 7 avril 1990, Olivier Spinelli, 13 ans, de Rennes, Ille-et-Vilaine, a joué au diabolo pendant 10 h 1 mn, réalisant une moyenne de 7 200 impulsions à l'heure.

Dîners en ville

Fred E. Magel, critique gastronomique de Chicago, Illinois, EU, a mangé au restaurant 46 000 fois dans 60 pays depuis 1928. Il affirme que l'hôtel Zehnder de Frankenmuth, Michigan, EU, sert les plus grosses portions. Les plats préférés de Magel sont la langouste d'Afrique du Sud et la mousse de fraises fraîches anglaise.

Doigts *Tractions* ■ Francis Lewis, USA, a établi en 1914 un record qui n'a jamais été égalé depuis. Se tenant à une barre fixe par le majeur de la main gauche, il a effectué 7 tractions de suite, touchant à chaque traction la barre avec le menton.

Claquements ■ Le Français André Decouty, Saint-Junien, Haute-Vienne, a réussi à faire 50 claquements en 18 s 50 en les secouant.

Dominos ■ David Coburn a empilé 291 dominos en équilibre sur un seul le 19 août 1988, à Miami, Floride, EU.
Le 27 janvier 1984, à Fürth, Allemagne, Klaus Friedrich, 22 ans, aligna 320 236 dominos en 31 jours, à raison de 10 h de travail par jour, puis en fit tomber 281 581 en 12 mn 57 s.
Le 2 janvier 1988, 30 étudiants des universités de Delft, d'Eindhoven et de Twente, Pays-Bas, ont aligné 1,5 million de dominos, dessinant les douze pays membres de la CEE. Une poussée a suffi à en faire tomber 1 382 101.

Dompteurs ■ En 1925, le « capitaine » Alfred Schneider domptait et nourrissait seul 40 lions en cage.
Clyde Raymond Beatty s'occupait de plus de 40 tigrons simultanément. Beatty (né à Bainbridge, Ohio, EU, le 10 juin 1903 et mort à Ventura, Californie, le 19 juillet 1965) fut le clou des spectacles dans lesquels il apparut pendant plus de 40 ans.
Plus de 20 dompteurs de fauves sont morts de leurs blessures depuis 1900.

Dossier suspendu ■ Le 15 septembre 1990, la société Esselte Dymo, Paris, a réalisé un dossier suspendu de 2,75 m de hauteur, 3,30 m de largeur et de 0,30 m d'épaisseur.

Dragon dansant ■ Des écoliers de Saint Helens, GB, ont fabriqué, au printemps 1989, un dragon de 300 m de long en soie, bambou et papier mâché.

Drapeaux *Les plus anciens* ■ L'Autriche, le Danemark, Malte, le Japon, Sri Lanka et le Mali possèdent les drapeaux nationaux les plus anciens.

Les plus grands ■ Le plus grand drapeau du monde — 126 m x 84 m — a été déployé le 9 avril 1989 à Kaohsiung, Taiwan. Il pèse 820 kg.
Le plus grand étendard accroché au sommet d'une hampe est à Brasília. Il s'agit du drapeau national brésilien, mesurant 70 m x 100 m.

France ■ En juin 1990, le funambule Henry's, la société Coquard et le peintre Gilles Ranc ont réalisé un drapeau tricolore de 144 m x 70 m. Ce drapeau a nécessité 10 080 m^2 de tissu (640 kg), 3,6 km de couture et près de 130 kg de peinture pour les différents logos qui y figuraient.
Le peintre Bernard Romain et la société Lancelin ont déployé un drapeau tricolore de 28 000 m^2 sur la plus haute falaise d'Europe, au Tréport, Seine-Maritime, en avril 1989, pour commémorer le bicentenaire de la Révolution française. Sur une longueur de 300 m et une hauteur de 100 m, ils ont déroulé des filets de pêche et y ont fixé 10 000 petits fanions de couleur, matérialisant ainsi le drapeau français.

E

Échasses *Les plus hautes* ■ Même munies d'un fil de fer de sécurité, ou fil Kirby, les très hautes échasses sont extrêmement dangereuses. Il faut réussir à marcher 25 pas pour être consacré « maître » des échasses.
Avec ses échasses en aluminium de 12,36 m de long et de 25 kg, le 9 mars 1986, au Dreamland Park de Yokohama, Japon, Eddy Wolf (« Eddy l'équilibriste »), de Loyal, Wisconsin, EU, a marché 27 pas sans se tenir aux fils de sécurité.

Les coureurs les plus rapides ■ Le plus rapide des coureurs sur échasses est le Japonais Masaharu Tatsushiro qui, le 30 mars 1980, à Tokyo, a parcouru 100 m en 14,15 s sur des échasses de 30 cm de haut.
Sur une très longue distance, c'est le Basque Garizoain qui, en 1892, parcourut les 8 km qui séparent Bayonne de Biarritz en 42 mn, soit à la moyenne de 11,42 km/h.

Les plus endurants ■ L'Américain Joe Bowen a parcouru 4 804 km (de Los Angeles, Californie, à Bowen, Kentucky) sur des échasses, du 20 février au 26 juillet 1980. En 1891, le Français Sylvain Dornon avait marché sur des échasses de Paris à Moscou, via Vilnius, Lituanie, soit 2 945 km, en 50 étapes. Bien que Bowen ait franchi une plus longue distance, Dornon marchait plus vite.

Écharpe ■ Les habitants d'Abbeyfield Houses, GB, ont tricoté une extraordinaire écharpe de 32 km, le 29 mai 1988.

Épluchage

Pommes de terre ■ Le 15 septembre 1990, à Emmeloord, Pays-Bas, Lia Sombroek, Marlene Guiamo, Ria Grol, Yvonne Renting et Nguyet Nguyen ont épluché 377 kg de pommes de terre en 45 mn dans les règles de l'art culinaire, avec des couteaux de cuisine de modèle courant.
Le 29 mai 1987, lors de la fête du 350e anniversaire de la ville de Sillery, Canada, Frédéric Laroche en a épluché seul 500 kg en 4 h 30 mn.
A l'occasion du 20e anniversaire du MIN de Rungis, Val-de-Marne, le 15 avril 1989, 5 personnes de la société Clair frites fraîches ont épluché 160 kg de pommes de terre en 45 mn.

Pommes ■ Le 16 octobre 1976, Kathy Wafler, de Wolcott, New York, EU, a épluché une pomme de 567 g en 11 h 37 mn, obtenant une pelure d'un seul tenant de 52,51 m.
Le Français Maurice Delafosse, Condé-sur-Noireau, Calvados, a pelé une pomme de 504 g, en 10 h 53 mn 32 s pour obtenir une épluchure de 51,35 m, le 26 octobre 1986.
La Française Muriel Peravon a obtenu, dans le temps limite de 5 mn, une pelure de 4,25 m, à partir d'une pomme de 253 g, le 23 mai 1992 à Champigny, Val-de-Marne.

Oignons ■ Le 23 avril 1971, Harold Witcomb et Gerald Harding, aides-cuisiniers aveugles, ont épluché en 15 mn 40 kg d'oignons, à Bowyers, Trowbridge, GB.

Familles médicales ■ Les 4 fils et les 5 filles du Dr Antonio B Vincencio, de Los Angeles, Californie, EU, ont été tous nommés docteurs en médecine, de 1964 à 1982. Huit fils de John Robertson, de Benview, Dumbarton, GB, ont été reçus médecins entre 1892 et 1914.
La famille Maurice, de Marlborough, GB, se consacre à la médecine depuis 1792.

Écriture miniature ■ En 1926, Alfred McEwen écrivit la version anglaise du Notre-Père (56 mots) avec une pointe en diamant sur un morceau de verre de 0,04 mm x 0,02 mm.
Le 24 janvier 1968, Frederick C.Watts, de Felmingham, Norfolk, GB, écrivit 34 fois le Notre-Père (9 452 lettres) sur une surface de 2,1 cm x 1,8 cm, à peine un timbre-poste.
Le 20 mai 1990, l'Indien Dipak Syal a réussi à écrire 813 caractères sur un seul grain de riz.

Élastique ■ La plus longue chaîne d'élastiques au monde mesurait 1 820 m de long. Elle avait été faite par Cathy Ushler, de Redmond, État de Washington, EU, en octobre 1987.

Enterrement vivant ■ L'enterrement volontaire d'une personne vivante doit, pour être valable, être effectué dans un cercueil situé à 2 m sous terre. L'orifice unique permettant de se nourrir et de communiquer ne dépasse pas 10 cm. Bill White, un paysan de 50 ans, fut enterré ainsi du 31 juillet au 19 décembre 1981 (141 jours) à Killeen, Texas, EU.

Équilibre ■ Les 17 et 18 avril 1982, N. Ravi est resté 34 h en équilibre sur un pied à Sathyamangalam, Inde. L'autre pied ne doit pas reposer sur la jambe d'appui, et on ne peut s'aider d'un objet pour maintenir l'équilibre.
Le célèbre funambule Henry's a réussi, le 1er juillet 1992, un équilibre par temps de brouillard, sur les 2 pieds arrière d'une chaise, eux-mêmes en équilibre sur des verres posés sur une 2e chaise. Le tout sur l'extrême bord de la falaise de 600 m du Prekestolen, à Rogaland en Norvège .

Escalade ■ Le 26 juin 1986, le Californien Daniel Goodwin, 30 ans, a escaladé 343 des 553 m de la façade de la plus haute tour du monde, la CN, à Toronto, Canada. Il n'a utilisé aucun matériel de sécurité.

France ■ Le 21 juillet 1980, Jean-Claude Droyer, de Paris, premier de cordée (né le 8 mai 1946), et Pierre Puiseux, de Pau, Pyrénées-Atlantiques (né le 2 décembre 1953), ont escaladé les 300 m de la tour Eiffel sans assistance mécanique en 2 h 18 mn 15 s.
Le 4 mai 1989, Jean-Michel Casanova, 23 ans, grimpeur professionnel, a escaladé, à mains nues, les 150 m qui séparent le 2e du 3e étage de la tour Eiffel en 20 mn.

QUATRE A QUATRE

Dennis W. Martz a grimpé les 100 étages de l'hôtel Plaza de Detroit, Michigan, EU, le 26 juin 1978, en 11 mn 23 s.
Le record de vitesse pour grimper les 1 760 marches (342 m de hauteur) de la tour CN, à Toronto, Canada, a été établi par Brendan Keenoy, le 29 octobre 1989, en 7 mn 52 s.
Pendant ses quinze ans de service, de 1968 à 1983, Bill Stevenson a grimpé 4 000 fois 334 des 364 marches de la tour du Parlement de Londres. Cela équivaut, en hauteur, à 25 ascensions de l'Everest.
Le 25 octobre 1989, le Britannique Mike Short a gravi l'escalier du funiculaire du Niesen, en Suisse, en 58 mn 11 s. Cet escalier, le plus long du monde (voir chapitre Architecture), compte 11 674 marches pour une dénivellation de 1 600 m.

France ■ Alain Guilloteau, de Versailles, a gravi les 1 710 marches de la tour Eiffel en 8 mn 46 s, le 8 décembre 1990. Le record féminin a été établi par Isabelle Désert en 11 mn 38 s.
Le 2 février 1991, Pascal Balducci a gravi les 656 marches de la tour du Crédit lyonnais, à Lyon, Rhône, en 3 mn 15 s, soit 201 marches à la minute.
René Beauvais, 31 ans, a monté et descendu pendant 16 h l'escalier qui longe le funiculaire de Montmartre, soit 102 000 marches (106 marches à la minute).

Escalier mécanique ■ Du 17 au 21 juillet 1989, David Beattie et Adrian Simons ont monté et descendu l'escalier mécanique du Top Shop, à Londres, parcourant une distance totale de 214,34 km.

Étiquettes de bière ■ Jan Solberg, d'Oslo, Norvège, possède une collection de 322 200 étiquettes du monde entier. Leo Pisker, de Vienne, Autriche, possède 126 700 sous-bocks de bière, de 152 pays.

F

Faluche ■ La plus grande faluche (béret d'étudiant) a été réalisée par l'association générale des étudiants de Montpellier, Hérault, le 26 avril 1989. En velours noir, avec quatre crevets (tresses) en taffetas, elle mesure 6 m de diamètre.

Familles séparées ■ Une enquête menée par l'Armée du Salut, qui dura à peine quinze jours, a permis à William James Pring (né le 4 avril 1904), de Clacton-on-Sea, GB, de retrouver, le 20 novembre 1988, après 81 ans de séparation, sa sœur Elsie May (née le 7 novembre 1897), de Southampton.

France ■ Deux frères, Éléonor Michon (né en 1915) et René Michon (né en 1917) se sont retrouvés à Longny-au-Perche, Orne, le 25 novembre 1990, après 70 ans de séparation. Ils avaient été pris en charge par l'Assistance publique à la mort de leur père, bûcheron, alors qu'ils avaient respectivement 5 et 3 ans. Ce sont les enfants d'Éléonor qui l'avaient incité à tenter de retrouver ses nombreux frères et sœurs.

Fermeture à glissière ■ Le 5 septembre 1989, une fermeture à glissière en acier de 2 851 m de long et de 2 565 900 dents, créée

▽ *Être en équilibre sur 600 m de vide n'est pas pour effrayer Henry's, titulaire du nombre record de records enregistrés dans* Le Livre Guinness des Records. *Celui-ci est le 18e. Agé de 61 ans, et grâce à une vie équilibrée, Henry's a conservé une forme parfaite qui lui permet de continuer son métier.*

▷ *Sur un filin tendu du parvis du palais de Chaillot, place du Trocadéro, jusqu'au 2e étage de la tour Eiffel, Philippe Petit a traversé la Seine à 200 m d'altitude pour célébrer le Bicentenaire de la Révolution française. Deux cent mille spectateurs, la tête en l'air, ont assisté à cette performance.*

Force basque ***Lever de pierre*** ■ Le Basque Inaki Perrurena, Leiza, Espagne, a battu le record mondial de lever de pierre, le 6 mars 1987, en soulevant une pierre de 301 kg au POPB.
Au même endroit, le même jour, Joseph Goïcoextea de Biriatou, Pyrénées-Atlantiques, a soulevé 3 fois successivement une pierre de 250 kg.

par la société Yoshida, a été posée dans le centre-ville de Sneek, Pays-Bas.

Fêtes ■ La famille royale britannique ainsi que 160 000 enfants ont assisté à la fête donnée à Hyde Park, Londres, pour l'année internationale de l'enfant, les 30 et 31 mai 1979.
La plus grande fête de Noël du monde fut organisée par la société Boeing dans la salle de 65 000 places du Kingdome, à Seattle, État de Washington, EU, le 15 décembre 1979 : 103 152 personnes assistèrent aux deux spectacles présentés.
La plus grande fête d'anniversaire du monde a été donnée le 8 septembre 1979 à Louisville, Kentucky, EU, pour célébrer le 89e anniversaire du colonel Harland Sanders, un industriel de la région. Environ 35 000 personnes y assistèrent.

Feux d'artifice ■ Le plus grand feu d'artifice fut Univers I, tiré le 15 juillet 1988, lors du festival du lac Toya, île d'Hokkaïdo, Japon. La fusée du bouquet final pesait 700 kg et avait un diamètre de 1,40 m. Elle explosa en un bouquet de 1,2 km.
Le 20 février 1988, au jardin Pelangi, à Johor Bahru, Malaisie, fut donné le plus long spectacle de feu d'artifice du monde, 9 h 27 mn. On utilisa 3 338 777 fusées et 666 kg de poudre à canon.

Feu de joie ■ Allumé à Espel, dans le polder du Nord-Est, Pays-Bas, le 19 avril 1987, il se dressait sur une hauteur de 28 m. Les fagots s'empilaient sur une circonférence de 84 m à la base.

Ficelle ■ La plus grosse pelote mesurait 3,80 m de diamètre et 12 m de circonférence et pesait 10 t. Elle avait été enroulée par Francis A. Johnson, de Darwin, Minnesota, EU, entre 1950 et 1978.

Flèche ■ Jérome Comar, de Paris, détient le record du nombre de vols européens en un an. Comme une flèche, il s'est rendu dans plus de 3 pays différents par semaine, du 30 juillet 1991 au 30 juillet 1992, soit 156 vols dont 75 pour Londres, 30 pour Lisbonne...

Fontaine de champagne ■ Le 18 mars 1988, au pavillon Baltard, à Nogent-sur-Marne, Val-de-Marne, Pascal Leclerc-Briant a utilisé 14 444 flûtes traditionnelles pour construire une fontaine de 50 étages et de 8,50 m de hauteur.

Fossoyeur ■ Johann Heinrich Karl Thieme, fossoyeur d'Aldenburg, Allemagne, a creusé 23 311 tombes durant ses 50 ans de carrière. En 1826, son remplaçant creusa sa tombe.

Foudre ■ Le seul homme au monde à avoir été frappé par la foudre 7 fois est l'ancien garde forestier américain Roy C. Sullivan. Son attirance pour la foudre commença en 1942 (il perdit l'ongle de son gros orteil), se renouvela en juillet 1969 (il perdit ses sourcils), en juillet 1970 (il fut blessé à l'épaule gauche), le 16 avril 1972 (ses cheveux s'enflammèrent), le 7 août 1973 (ses cheveux s'enflammèrent de nouveau et il fut blessé aux jambes), le 5 juin 1976 (il fut blessé à la cheville). Le 25 juin 1977, on l'emmena à l'hôpital de Waynesboro, poitrine et abdomen brûlés : il avait été frappé par la foudre alors qu'il pêchait. En septembre 1983, il se donna la mort, suite, paraît-il, à une déception amoureuse.

LA PLUS GRANDE FRESQUE DU MONDE

La plus grande fresque multicolore sur tissu au monde mesure 3 160 m de long et 1,20 m de large.
Elle a été achevée le 14 août 1991 par les 3 000 enfants de la plage de Villers-sur-Mer, Calvados, qui pendant 3 journées entières ont laissé libre cours à leur imagination en peignant à l'aide de pinceaux, de brosses, leurs pieds ou leurs mains. Pour la confection de cette fresque, 50 bâches de 4 x 5 m en guise de godets et 600 kg de peinture ont été nécessaires. Ce record a été battu à l'instigation de Villers Animation et de l'association Arlequinades.

FOLKLORE ET TRADITIONS

Course, lancer, porter, pousser...
Voir aussi tableau des crachers

Courses de baignoires (sur l'eau)	100 m	70 s 45	Pragier et Salloch	Vaucluse	24-05-89
Course de cochons	50 m	3 mn 15 s	B. Compagnon	Aveyron	21-07-91
Course en sac (2 dos à dos)	50 m	2 mn 40 s	B. « Rabbit » Mouque A. « Jumper » Furet	Le Fresne	23-05-92
Debout sur mobylette (freinage)	à 50 km/h	arrêt en 3 m	O. de Cornois	Paris	01-05-91
Épluchage de pomme (fruit)	51,35 m		M. Delafosse	Calvados	26-10-86
Echasses 2 m (avec agneau vivant 10 kg)	50 m	5 mn 25	C. Voituriez	Pyrénées-Atl.	17-07-88
Ouverture d'huîtres	100 huît.	2 mn 20 s	M. Racz	N.-Zélande	16-07-90
	1 024 huît.	1 h	P. Martin	Val-d'Oise	24-11-90
Lancer de béret basque	52,70 m		J. Cormier	Paris	14-01-92
Lancer de botte caoutchouc (taille 42)	52,75 m		T. Rodgers	GB	9-10-78
Lancer de botte de foin (à la fourche, 5 kg)	15,20 m		J. Comar	Nord	16-06-91
Lancer de boule de neige (150 g)	61 m		P. Berod	France	03-04-88
Lancer de bouse de vache (100 % organique)	81,07 m		S. Urner	EU	14-08-81
Lancer de camembert et sa boîte	40,80 m		J. Guéaida	France	10-08-85
Lancer de camembert sans sa boîte	34,05 m		C. Schneck	Calvados	22-08-90
Lancer de carte à jouer	56,40 m		K. St. George	EU	12-06-82
Lancer de crêpe (hauteur)	8,20 m		D. Dairou	France	24-07-88
Lancer d'œuf cru (sans le casser)	97 m		Antikenen (lanceur) et Korkonn	Finlande	6-09-82
Lancer de pneu en hauteur (6 kg)	7,52 m		M. Sinan	France	03-07-88
Lancer de piolet	81,30 m		R. Cretton	Haute-Savoie	04-04-92
Lancer de sous-bock	31,75 m		E. Gardes	France	07-07-85
Lacher de grain raisin (rattrapé dans la bouche)	93,43 m		A. Chapman	EU	18-06-80
Porter de cantal (40 kg)	50 m	2 mn 31 s	L. Lavolé	Loire-Atlantique	01-03-92
Porter d'emmenthal (70 kg)	50 m	2 mn 45 s	G. Cini	Italie	01-03-92
Pousser de brouette (charge : 80 kg)	100 m	21 s 10	H. Deuil	Gironde	23-05-92
Rouler de tonneau (50 kg)	50 m	4 mn 12 s	H. Bergeron	Gironde	15-10-91
Sac de blé (80 kg)	200 m	58 s 3	E. Rosenberg	Le Fresne	23-05-92
Sac de charbon (50 kg)	1 000 m	3 mn 12 s	Dougoud et Ripert	Paris	22-02-92
Souffler de petit pois (sur carrelage)	4,94 m		E. Brouillard	Calvados	25-10-89

Funambules ***Le plus célèbre*** ■ Le plus grand funambule du XIXe siècle fut le Français Jean-François Gravelet, alias Charles Blondin (1824-1897), qui traversa le premier les chutes du Niagara, sur une corde de 7 cm de diamètre longue de 335 m et suspendue à 49 m au-dessus des chutes, le 30 juin 1859. Il fit également une traversée en portant Harry Colcord sur les épaules le 15 septembre 1860. Bien que d'autres artistes aient encore du mal à le croire, Colcord était son agent artistique.

Le plus âgé ■ William Ivy Baldwin (1866-1953), traversa le Canyon South Boulder, Colorado, EU, sur un câble de 98 m tendu à 38 m de hauteur, le jour de son 82e anniversaire, le 31 juillet 1948.

Endurance ■ Le Français Henri Rochatain (né en 1926) a marché sur un câble de 120 m situé à 25 m au-dessus d'un supermarché, à Saint-Étienne, Loire, pendant 185 jours, du 28 mars au 29 septembre 1973. Sa faculté de dormir sur le câble surprenait les médecins.

Camping aérien ■ Le funambule charentais Janick Roy, 26 ans, est resté pendant 67 jours, du 1er novembre 1990 au 6 janvier 1991, sur une plate-forme accrochée à un câble tendu à 50 m du sol, à Albert, Somme.

Distance ■ Le 1er novembre 1985, Ashley Brophy, de Neilborough, Australie, a parcouru 11,5 km en 3 h 30 mn sur un câble de 45 m tendu à une hauteur de 10 m.

Altitude ■ Le Français Michel Menin a marché sur le plus haut fil du monde, à 1 000 m d'altitude, au-dessus des chutes Angel, au Venezuela (voir chapitre *Le ciel et la Terre*), le 1er mars 1988. Il réitéra cet exploit le jour suivant.

Spectateurs ■ 200 000 personnes ont assisté au spectacle Tour et fil donné, le 26 août 1989, dans le cadre des festivités du Bicentenaire, par le Français Philippe Petit. Celui-ci a rallié sur 700 m le parvis de Chaillot au deuxième étage de la tour Eiffel, à Paris.

G

Gaffe ■ La gaffe qui a eu les conséquences financières les plus importantes est celle du jeune multimillionnaire James Gordon Bennett, le 1er janvier 1877. Bennett arriva dans la propriété familiale de sa timide fiancée, Caroline May, sur la Ve Avenue, à New York, à bord d'un traîneau tiré par deux chevaux. Il était en retard et visiblement aviné. En titubant, il atteignit le portail et pénétra dans le salon, où il devint le point de mire de tous les regards. Par erreur, il prit la cheminée pour un meuble sanitaire habituellement réservé à un autre usage. La famille May rompit les fiançailles, et Bennett (1841-1918) passa le reste de sa vie en vadrouille et aventures à Paris, ce qui coûta au Trésor américain un manque à gagner de plusieurs millions de dollars d'impôts.

Gant ■ Le 2 février 1991, au Plessis-Tré-

Gladiateurs ■ L'empereur romain Trajan (53-117) organisa un combat de 4 941 couples de gladiateurs qui dura 117 jours. Publius Ostorius, esclave affranchi, survécut à 51 combats, à Pompéi.

Homme-obus ■ Le premier homme-obus fut Emilio Onra, dit maître Jean, du Cirque d'hiver, à Paris, le 21 novembre 1875. Emmanuel Zacchini, fils du pionnier en la matière, Hugo Zacchini, fut propulsé à 55 m par un canon au cirque Barnum de New York, en 1940. Sa vitesse initiale a été estimée à 87 km/h.

Huîtres ■ Le 16 juillet 1990, à Invercargill, Nouvelle-Zélande, Mike Racz a ouvert 100 huîtres en 2 mn 20 s.

France ■ Le 24 novembre 1990, Philippe Martin, de Montmorency, Val-d'Oise, a ouvert 1 224 huîtres en 1 h (soit 20,4 huîtres à la minute).

▷ La dimension de la poche à monnaie du jean le plus grand du monde mesure 1,60 m x 1,60 m.

vise, Val-de-Marne, la société Troc-Service a présenté un gant long de 2,06 m, large de 86 cm et pesant 1,220 kg.
Anne-Marie Dubreuil a présenté au festival des records d'Aubigny, Vendée, en juillet 1989, un gant en laine de 5 cm de long qu'elle a tricoté avec des cure-dents.

Courses de garçons

Lors des 24 heures de Niort, Deux-Sèvres, organisées les 11 et 12 novembre 1989, Francis Yard, en tenue de garçon de café et muni d'un plateau, d'une bouteille pleine et de deux verres vides, a couru sur 150,752 km en 19 h 26 mn.

A reculons, du 10 au 20 avril 1992, Didier Prud'Homme, 28 ans, de Trouville-sur-Mer, Calvados, a parcouru les 265 km de Zagora à Foumguid, Maroc, muni d'un plateau, de quatre verres et d'une bouteille.

Gommes ■ Le 12 août 1990, Jenny Roy, 13 ans, de Saint-Esprit, Québec, Canada, possédait une collection de 1 300 gommes de formes et de couleurs différentes. Parmi elles, des gommes en forme de microscope, de perceuse électrique, de gramophone, de trompette, etc.

Gouttière ■ Le 11 octobre 1987, Yves Lulé, de la société Dal'Alu, à Fougères, Ille-et-Vilaine, a réalisé une gouttière, sans raccord et sans soudure, de 405,75 m de long.

Grill ■ Le 25 août 1990, le comité de la foire de Bernos Beaulac, Gironde, a réalisé un grill de 18,12 m de longueur, 1 m de largeur, constitué de 1 354 soudures, 588 barreaux de 8 mm de diamètre et de 1 176 trous percés.

Grimper ■ Le 3 juillet 1988, à Albany, Oregon, EU, Guy German, de Sitka, Alaska, a escaladé un poteau de 30 m et est redescendu au sol en 24,8 s.
Le 22 août 1980, à Sukuna Park, îles Fidji, Fuataï Solo, 17 ans, a escaladé pieds nus un cocotier de 9 m en 4,9 s.

Guirlande ■ A l'occasion du Téléthon 1989, les élèves des écoles primaires de Périgueux, Dordogne, ont réalisé une guirlande en papier de 1 815 m de long.

Guitare ■ La guitare la plus grande a été réalisée par les élèves du lycée de Jasonville, Indiana, EU, en 1991. Elle mesure 12 m de haut et 5 m de large et pèse 446 kg. Cette guitare nécessite pour être utilisée la présence de 6 joueurs et 6 amplis.

H

Hamac ■ En juillet 1988, des artisans d'Aboland, Finlande, ont tissé un hamac de 44,40 m de long, tendu entre deux grands chênes, pour accueillir 21 personnes.

HISTOIRES DRÔLES

Du 30 août au 3 septembre 1990, le Péruvien Felipe Carbonell a raconté des histoires drôles pendant 100 h à l'hôtel Sheraton de Lima. Le record en duo est de 60 h. Il revient à Derek Denniss et John Evans, à Sandton City, Johannesburg, Afrique du Sud, du 8 au 10 septembre 1988.

Du 29 janvier au 3 février 1990, dans le cadre d'Eurowitz 90, festival européen du rire organisé par le cabaret La Choucrouterie, à Strasbourg, Bas-Rhin, 12 531 histoires drôles ont été racontées dans 6 villes d'Alsace pendant 6 jours, entre 20 h et minuit. Un nombreux public a suivi ces spectacles.

Homme-orchestre ■ Eugeni Soler, de Barcelone, Catalogne, Espagne, a conçu un tricycle à éléments mobiles surnommé « Tricimelotocus orchestralis », sur lequel il peut jouer de 50 instruments en même temps. Il en a fait la démonstration le 21 juin 1988, lors de la fête internationale de la musique.
Le 27 mai 1985, à Dawlish, GB, Rory Blackwell a joué de 314 instruments en 1 mn 23 s.
Kalyararaman Swaminathan, d'Eraiyur, Inde, a fait l'homme-orchestre (au moins trois instruments simultanément) pendant 244 h, du 21 août au 1er septembre 1989.
Le record féminin appartient à Nicki Clarke, de Chester, GB, qui a joué pendant 100 h 20 mn, du 24 au 28 mars 1986, à l'hôtel Leofric, à Coventry, GB.

France ■ A Marseille, Bouches-du-Rhône, Christian Mondésir a joué de 61 instruments différents, le 21 novembre 1986.

I-J

Immersion ■ Du 14 au 23 février 1986, à Birmingham, GB, Michael Stevens est resté 212 h 30 mn dans une cuve de la marine royale britannique. Il était équipé d'un scaphandre autonome.

Immobilité ■ Le fakir indien silencieux Mastram Bapu (« le père satisfait ») demeura à la même place, sur le bord de la route, dans le village de Chitra, Inde, pendant 22 ans, de 1960 à 1982.

Jouet ■ En 1982, cinq employés de la société Dessoy Jura Castor, à Moirans-en-Montagne, Jura, ont construit un jouet baptisé « Le cheval de Troie » avec des Casto Buggy. 2 000 cubes, 12 000 lamelles à trous, 2 000 triangles, 54 000 écrous et autant de boulons ont été nécessaires à sa construction, qui a duré 800 h.
Haut de 7,20 m, long de 6,30 m, large de 1,90 m, il pesait 1 800 kg et pouvait abriter 25 enfants.

Jeans ■ La société Lee Europe a exposé, le 30 janvier 1992, à Bruxelles, Belgique, une paire de jeans, réplique exacte du modèle 101 z, d'une hauteur totale de 23 m, d'un tour de taille de 16,80 m.
Cette paire de jeans, qui a nécessité plus de 10 km de fil et 380 m x 1,50 m de tissu, d'un poids de 370 kg, a été levée à l'aide de 2 grues de manière à être présentée dans toute sa longueur.

L

Lâcher de pigeons ■ Le plus grand lâcher de pigeons a eu lieu à Beachy Head près de Eastbourne, Sussex, GB, le 11 mai 1991. 42 500 oiseaux ont été lâchés pour l'association Save the children d'Eastbourne.

Lancer ■ Le lancer le plus long jamais authentifié d'un objet inerte plus lourd que l'air est de 383 m. Il s'agit d'un anneau lancé par Scott Zimmerman le 8 juillet 1986 à Fort Funston, Californie, EU.

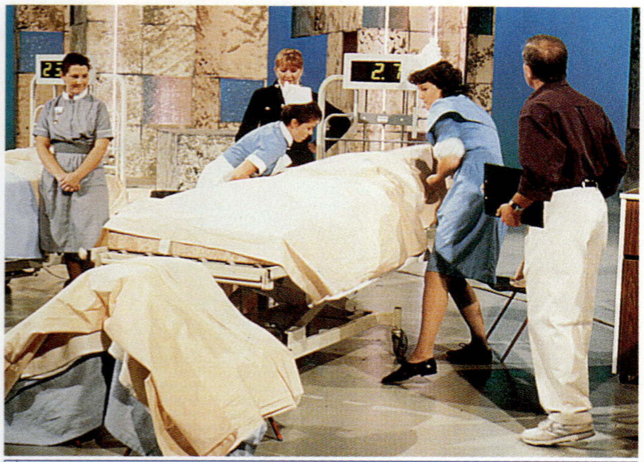

Lit-au-carré-à-deux

La sœur Sharon Stringer et l'infirmière Michelle Benkel du Royal Masonic Hospital de Londres ont battu le record du lit-au-carré-à-deux en 17,3 s le 19 septembre 1990 sur le plateau de l'émission de la BBC *Record Breakers*.
Le lit-au-carré réglementaire se compose d'une alèse, d'un drap de dessous, d'un drap de dessus, d'un traversin, de 2 oreillers, d'une couverture et d'un couvre-lit.

Lancer de disque volant (anciennement frisbee) ■ Les records du monde appartiennent aux américain Sam Ferrans (190 m) et Amy Bekken (130 m).

France ■ Le record de France de lancer de disque volant appartient au Parisien Alain Bernard qui a atteint la distance de 125 m sur la pelouse de Bagatelle, le 8 juillet 1988.

Lanterne ■ En avril 1989, des membres du Centre international bouddhiste de la Lanterne du lotus et le personnel de l'hôtel Hilton de Séoul, Corée du Sud, ont fabriqué une lanterne de 3,70 m de haut et de 12 m de circonférence.

Lavage de vitres ■ Le 5 avril 1989, à Edmonton, Alberta, Canada, Gordon Perrott a lavé trois vitres de bureau de taille standard (1 m x 1,15 m) en exactement 13,41 s. Il a utilisé un balai en caoutchouc de 30 cm et 9 litres d'eau.

France ■ A Blois, Loir-et-Cher, François Vermond a lavé 60 m^2 de vitres de la tour Saint-Gobain en 6 mn 49 s, le 22 juin 1988.
En juillet 1985, P. Charbonne et B. Tesson ont lavé 17 500 m^2 de vitres en 32 h.

Lego ■ La plus grande tour en Lego, construite au Portugal le 16 octobre 1991, mesurait 19,5 m de haut; Elle a été construite en 17 h.

France ■ Pascal François, 27 ans, de Valras-Plage, Hérault, a construit et présenté, le 3 mars 1989, une ville fortifiée de 60 000 pièces de Lego et 45 000 briques. 2 592 h de travail ont été nécessaires à sa construction.

Le Livre Guinness des records ■ Au festival des records de Mahalon, Finistère, le 14 juillet 1988, Jean-Philippe Priol a tenu à bout de bras *Le Livre Guinness des records* pendant 1 h 12 mn 50 s.

Géraldine Gaspard-Bospeint détient le record féminin en 32 mn 30 s, remporté au festival du Fresne, le 23 mai 1992.

Limbo ■ Le 24 juin 1973, à Toronto, Canada, Marlene Raymond, 15 ans, est passée sous une barre enflammée placée à 15,5 cm du sol. Junior J. Renaud (né le 7 juin 1954 en Australie) devint le premier champion officiel de limbo lors de la compétition internationale inaugurale de ce sport, le 19 février 1974, à Port of Spain, Trinité.
Le record en patins à roulettes (13 cm) a été battu pour la première fois par Denise Culp, de Rock Hill, Caroline du Sud, EU, le 22 janvier 1984.

Lit *Le plus grand* ■ A Bruges, Belgique, le duc Philippe de Bourgogne possédait un lit large de 3,80 m et long de 5,70 m qu'il avait fait construire pour sa nuit de noces « officielle » avec Isabelle du Portugal, en 1430.

◁ *Il n'a fallut que 17 h pour ériger la tour de Lego la plus haute sans armature ni soutien : 19,5 m.*

▽ *Dans le cadre d'une campagne annuelle de sensibilisation et d'information auprès des jeunes sur la paix dans le monde, 6 000 enfants ont été rassemblés pour former le plus grand logo humain jamais réalisé.*

▷ Le 27 juillet 1991, les quatre frères et sœurs Gibon (Serge, Bénédicte, Marie-José et Hervé) ont convolé en justes noces à La Pallu, Mayenne.

Marche sur les mains ■ En 1900, l'Autrichien Johann Hurlinger a parcouru 1 400 km sur les mains, de Vienne, Autriche, à Paris. Il fit le trajet en 55 étapes quotidiennes de 10 h, atteignant une moyenne de 2,5 km/h.
Le 14 novembre 1986, au club sportif de Toda, Japon, le Coréen Shin Don-Mok a sprinté pendant 50 m sur les mains en 17,4 s.

France ■ La société Viart, de Montbrison, Loire, a présenté, le 28 mai 1987, un lit de 7,52 m x 5,52 m. Le lit est composé d'un matelas de 12 cm d'épaisseur et d'un sommier épais de 16 cm reposant sur 128 pieds en bois.

Lit-au-carré solo ■ Le 30 novembre1978, Wendy Wall, de Sydney, Australie, a fait un lit-au-carré, seule, en 28,2 s. Elle avait 34 ans.

LIT DE CLOUS

KEN OWEN, 48 ANS, DE PONTYPRIDD, GB, EST RESTÉ COUCHÉ SUR UN LIT DE CLOUS PENDANT 300 H, DONT 132 H 30 MN SANS PAUSE, DU 3 AU 14 MAI 1986. CERTAINS FAKIRS NON SURVEILLÉS ONT, SELON LEURS DIRES, BATTU CE RECORD. LE CAS LE PLUS EXTREME EST CELUI DE SILKI, QUI DIT ETRE RESTÉ 111 JOURS, JUSQU'AU 24 AOUT 1969, SUR UN LIT DE CLOUS À SÃO PAULO, BRÉSIL.

Logo ■ Le 22 avril 1990, sur l'esplanade du Trocadéro, à Paris, la chambre syndicale des verreries mécaniques de France a réalisé le logo du « jour de la Terre » (un œil dont la pupille représente la Terre) avec 37 000 bouteilles de champagne vides récupérées à cet effet. Le logo avait une surface de 2 500 m^2.

Logo humain ■ Le 11 mai 1991, à l'initiative du Club 2/3, Montréal, Québec, Canada, 6 000 marcheurs se sont placés sur un terrain de base-ball de façon à former un logo de paix de 48,75 m.

Lustre ■ La société Kookje Lighting, de Séoul, Corée du Sud, a fabriqué un lustre de 12 m de haut pesant 10 t et muni de 700 ampoules.

M

Machine à écrire ■ Le premier brevet de machine à écrire fut déposé par Henry Mill en 1714, mais la première machine opérationnelle fut fabriquée par Pellegrine Turri, Italie, en 1808.

Machine en bois ■ Romain Corbeil a réalisé, pour son atelier d'ébénisterie, 16 machines entièrement en bois. Cet atelier d'ébénisterie détient le plus grand nombre de machines en bois.

Mâchoire ■ Le 7 avril 1979, lors de l'émission télévisée *The Guinness Spectacular Show*, à Los Angeles, Californie, EU, John Massis, dit « Hercule » (1940-1988), d'Oostakker, Belgique, a empêché un hélicoptère de décoller en utilisant uniquement un harnais avec un mors.
Le 7 mai 1981, à Rosny-sous-Bois, Seine-Saint-Denis, lors du festival des exploits incroyables, il a empêché une montgolfière de s'envoler en bloquant le câble avec sa mâchoire.
Le 27 juin 1984, il a tiré sur 13 m un semi-remorque portant 3 voitures d'un poids total de 16,15 t.
Le 2 juillet 1989, à Esch-sur-Alzette, Luxembourg, Georges Christen a tiré un autobus de 12,38 t sur une distance de 28,50 m.
Le 23 août 1987, il a empêché, par la force de ses dents, le décollage d'un avion Cessna de 110 CV (moteur à pleine puissance).
Le 31 mars 1990, à Paris, le Belge Walter Arfeuille a soulevé avec les dents à 17 cm du sol des charges d'un poids total de 281 kg.

Magicien ■ Le plus rapide est Eldon D. Wigton, alias « Dr Eldoonie », qui a réalisé 118 tours distincts en 2 mn, à Kilbourne, Ohio, EU, le 1er mars 1990.

Manège ■ Du 21 septembre au 7 octobre 1990, à Meridan, Mississippi, EU, 14 personnes ont effectué 3 962 km sur un manège.

Marche à reculons ■ Anthony Thornton, vendeur de journaux de 39 ans, de Minneapolis, a parcouru à l'envers 153,12 km en 23 h 45 mn dans le campus de l'université du Minnesota, du 31 décembre 1989, 12 h 30, au 1er janvier 1990, 12 h 15, afin de bien commencer l'année.

Mariages ■ Le record de mariages monogamiques est de 27. Il est détenu par Glynn « Scotty » Wolfe, né le 25 juillet 1908 à Blythe, Californie, EU. Cet ancien pasteur anabaptiste s'est marié pour la première fois en 1927. Sa dernière femme est Daisy Delgado, née le 29 décembre 1970, dans l'île de Cebu, Philippines. La plus âgée de ses 27 épouses avait 38 ans. Il affirme avoir eu 41 enfants.
Le record féminin de mariages monogamiques appartient à Linda Lou Essex, d'Anderson, Indiana, EU. Elle s'est mariée 21 fois, avec 15 hommes différents depuis 1957. Elle a divorcé pour la dernière fois en 1988.
Le record de mariages bigames appartient à Giovanni Vigliotto. Sous 50 identités, il a épousé 104 femmes entre 1949 et 1981, dans 27 États américains et 14 autres pays. Il a emprunté notamment les pseudonymes de Fred Jipp, né à New York le 3 avril 1936, et celui de Nikolaï Peruskov, né à Syracuse, Sicile, le 3 avril 1929. Quatre de ses victimes se trouvaient à bord du même navire, en 1968. Le 28 mars 1983, il a été condamné à 28 ans de prison pour escroquerie, à 6 ans pour bigamie et à une amende de 336 000 $ par le tribunal de Phoenix, Arizona, EU (voir aussi les chapitres *L'homme et Institutions*).

France ■ Eddie Barclay, né le 26 janvier 1921, s'est marié 8 fois, la première fois le 9 juillet 1945 et la dernière le 3 juin 1988. Le 1er juillet 1989, il a confirmé son

8e mariage, avec Mlle Giganti, en renouvelant la cérémonie. Eddie Barclay est père de 2 enfants.

MOONERIE

Sun Myung Moon, le célèbre « révérend » Moon, né en 1920, fondateur de l'Association du Saint-Esprit pour l'unification du monde chrétien, a uni 6 516 couples le 30 octobre 1988, à Séoul, Corée du Sud.

Témoin ■ Le champion mondial des témoins de mariage est Ting Ming Siong, de Sibu, Malaisie, qui, en mars 1990, a rempli cette fonction pour la 561e fois depuis 1976.

Le mariage le plus cher ■ Le mariage de Mohammed, fils du cheikh Rachid Ben Saïd al-Maktoum, avec la princesse Salima, à Dubaï, Émirats arabes unis, en mai 1981, dura 7 jours et coûta environ 220 millions de F. Un stade de 20 000 places fut construit pour l'occasion.

Entre deux mêmes familles ■ Entre 1882 et 1901, les 5 fils et l'unique fille de la famille Bouffard, du Petit-Matane, Québec, Canada, ont tous épousé un membre de la famille Durette.
En 1977, à la mairie de Bures-sur-Yvette, Essonne, les trois sœurs Sztuka ont épousé les trois frères Willmouth.

Le même jour, dans la même famille ■ Le 27 juillet 1991, à La Pallu, Mayenne, Serge, Bénédicte, Marie-José et Hervé Gibon se sont mariés.

Matelas ■ Le 13 octobre 1989, la société Benoist et les Litiers de France ont confectionné un matelas en laine de 13,20 m x 8,72 m pouvant accueillir 80 personnes.

Médailles ■ Le 8 avril 1991, Jacques Corvaisier, de Château-du-Loir, Sarthe, possédait une collection de 1 662 médailles historiques, commémoratives et artistiques de 1493 à nos jours. De nombreux maires et présidents de conseil général lui ont fait cadeau de leurs médailles d'honneur.

MESSAGE DANS UNE BOUTEILLE

Le 9 juin 1910, un message fut lancé à la mer dans une bouteille de lotion capillaire depuis le navire *Arawatta*, au large de Cairns, Queensland, Australie. Il fut retrouvé 73 ans plus tard, le 6 juin 1983, dans la baie Moreton, 1 375 km plus au sud. Ce message d'un naufragé indiquait que celui-ci était échoué sur une île dont il ne donnait pas les coordonnées, qu'il était en bonne santé et qu'il avait un bon moral en attendant les secours avec confiance.

Meuble ■ Le 9 mars 1987, 800 personnes ont achevé la construction du plus grand meuble du monde, un banc en bois de 461 m où peuvent s'asseoir 1 400 personnes. Il longe la plage de Masuhoura, au Japon.

Mille-pattes humain ■ Le plus long était composé de 1 148 étudiants et professeurs de l'université de Dublin, Irlande, qui ont parcouru 30 m avec les chevilles fermement attachées, le 20 février 1991. Aucun d'entre eux n'est tombé.

Mineur ■ Le plus endurant fut George Stephenson, né le 21 avril 1833, qui travailla au puits William, dans une houillère de Whitehaven, GB, de 1840 (il avait alors 7 ans) jusqu'à sa retraite, 82 ans plus tard, en 1922.

Miss Monde et Miss Univers ■ Le premier concours de beauté international a été organisé par P. T. Barnum (le public était juge) aux États-Unis en juin 1855.
Le concours de Miss Monde a été créé en 1951 et celui de Miss Univers en 1952.
Les États-Unis ont gagné le concours de Miss Univers le plus grand nombre de fois (6) : 1954, 1956, 1960, 1967, 1980, 1982.
Le record de pays participants est de 81 (en 1983).
En 1991, c'est Miss Mexique, Lupita Jones, 23 ans, qui a été élue Miss Univers parmi 73 candidates.
Le Royaume-Uni détient le record de victoires (5) pour le concours de Miss Monde. Le plus grand nombre de candidates a été de 84, en novembre 1988.

Miss France ■ La première élection de Miss France fut organisée en 1928 par le journaliste et écrivain Maurice de Waleffe (1874-1946). Le titre fut attribué en 1930 à Yvette Labrousse (Miss Lyon), qui devait devenir la bégum Aga Khan III. Aujourd'hui, l'élection est organisée par le Comité Miss France, présidé par Geneviève de Fontenay.
Depuis 1947, c'est Miss Paris qui a été élue le plus souvent Miss France : 6 fois, en 1948, 1949, 1955, 1970, 1972, 1986. Miss Normandie a obtenu le titre 4 fois, en 1958, 1967, 1981 et 1984.
En 1991, c'est Mareva Georges (Miss Tahiti), 21 ans, 1,76 m, qui a été élue.
Les plus grandes Miss France furent Pascale Taurua (Miss Calédonie), en 1978, et Suzanne Iskandar (Miss Alsace), en 1985. Elles mesuraient toutes les deux 1,78 m.
Les plus petites (1,66 m) furent Sabrina Belleval (Miss Côte-d'Azur), en 1982, et Sylvie Bertin (Miss Bresse-Bugey), en 1988.

Moissonneuse-batteuse ■ Christian Hurault, d'Ingré, Loiret, a traversé le Sahara en moissonneuse-batteuse. Parti d'Orléans le 28 décembre 1989, il est arrivé à Tessalit, Mali, le 25 janvier 1990, ayant roulé à la vitesse moyenne de 16 km/h.

Monoski ■ Dans le cadre des championnats du monde d'OGNI (Objets glissants non identifiés), le Club des Aigles à Orcières Merlette, Hautes-Alpes, a fabriqué un monoski de 5,02 m. Lors de cette manifestation, 5 personnes ont procédé à la descente d'une piste de ski en nocturne de 350 m, le 3 mars 1992.

△ Miss Tahiti, Mareva Georges, a été élue Miss France 1991. Cette compétition, qui existe depuis 1928, a été remportée en 1930 par Miss Lyon qui devait épouser l'Aga-Khan et devenir la bégum.

▽ Cinq moniteurs de l'ESF ont descendu la piste de la Draille à Orcières, sur un monoski long de 5,02 m.

△ *Le marbrier Michel Altovitti, de Carpentras, a fabriqué un mortier géant réalisé en pierre d'estaillade.*

Montagnes russes ■ Le record d'endurance pour un parcours sur des montagnes russes est de 503 h, par Daniel Gladu et Normand Saint-Pierre, au parc Belmont de Montréal, Canada, du 18 juillet au 10 août 1983.

Morse ■ Le 2 juillet 1939, lors d'un tournoi à Asheville, Caroline du Nord, EU, Ted R. McElroy a enregistré un message en morse à la vitesse record de 75,2 mots à la minute — soit plus de 17 signes à la seconde.
La vitesse record de transmission d'un message en morse est de 175 signes à la minute, atteinte par Harry A. Turner, du corps de transmission de l'armée américaine, à Camp Crowder, Missouri, EU, le 9 novembre 1942.

Mortier ■ Le 28 octobre 1991, la société Sémovim, Martigues, Bouches-du-Rhône, a fait réaliser, par le marbrier Michel Altovitti, un mortier géant de 1,35 m de large et 70 cm de haut.

Mots croisés ■ René Lenghart de Cartignies, Nord, France, a mis en chantier le 16 août 1987 un mot croisé géant et l'a achevé le 22 mai 1989. Celui-ci comporte 129 600 cases, 37 601 définitions et couvre 3,46 m^2.

Mur de la mort ■ Le 14 août 1980, à Rüsselsheim, Allemagne, Hugo Dabbert (né le 24 septembre 1938) a effectué, en 6 h 7 mn 38 s, 6 841 tours sur un mur cylindrique de 10 m de diamètre, soit 215 km, au volant d'une Honda CM 400 T, à la moyenne de 35,2 km/h.

N

Nappe ■ Le 17 octobre 1990, Artex International, de Highland, Illinois, EU, a fabriqué une nappe de 457 m de long et 1,37 m de large.

Nœuds ■ Clinton R. Bailey, 52 ans, de Pacific City, Oregon, EU, a noué les 6 nœuds scouts sur une corde en 8,1 s, le 13 avril 1977.

Nœud papillon ■ Au festival des records d'Aubigny, Vendée, le 8 juillet 1990, Marie-Gabrielle Chiron a présenté un nœud papillon en tissu satiné noir long de 1,60 m et haut de 63 cm.

O

Œufs ***Décortiqués*** ■ Le 23 avril 1971, à Bowyers, Trowbridge, GB, deux aides-cuisiniers, Harold Witcomb et Gerald Harding, ont décortiqué 1 050 douzaines d'œufs (12 600 œufs) en 7 h 45 mn, soit un œuf toutes les 2,2 secondes. Ils étaient tous les deux aveugles.

Lancer ■ Le 6 septembre 1981, à Siilinjarvi, Finlande, Risto Antikainen a lancé un œuf de poule frais à son ami Jirki Korhonen à une distance de 97 m sans le casser.

France ■ Au festival des records d'Aubigny, Vendée, le 7 juillet 1985, Jean-Yves Arnaud, lanceur, et Christophe Grellier, receveur, ont réussi un lancer de 82,82 m.

Course ■ Le 19 janvier 1989, lors d'une manifestation au profit des « Restos du cœur », Henri Péreira, Albert, Somme, a parcouru une distance de 50 km en 4 h 28 mn, en tenant une petite cuillère sur laquelle était posé un œuf frais.
Le 23 mai 1992, au festival du Fresne, Isabelle van Grozier, de Tours, a parcouru, en marchant sur terrain plat et régulier, une distance de 412 m avec, dans la bouche, une cuillère à café contenant un œuf frais, avant que celui-ci ne tombe.

OMNIVORE

Michel Lotito, né le 15 juin 1950 à Grenoble, Isère, surnommé « Monsieur Mangetout », mange du métal et du verre depuis 1959. Après une radiographie de son estomac, des gastro-entérologues ont qualifié d'unique sa capacité à ingurgiter 1 kg de métal par jour.
Au menu depuis 1966 : 10 bicyclettes, 1 chariot de supermarché en 4 jours et demi, 7 postes de télévision, 6 lustres et un avion léger Cessna avalé à Caracas, Venezuela. C'est, paraît-il, la première fois dans l'histoire qu'un cercueil avec ses poignées finit dans le ventre d'un homme.

Or ■ Le cercueil en or du pharaon Toutânkhamon (1354-1343 av. J.-C.), découvert le 16 février 1923 dans la vallée des Rois, en Égypte, pèse 110,4 kg.

Orateurs ■ S.E. Jeyaraman, de Madras, Inde, a parlé pendant 360 h du 8 au 23 juin 1989. Le record féminin appartient à Mary E. Davis, qui a parlé pendant 110 h 30 mn 5 s. Elle a commencé le 2 septembre 1958 sur une station de radio de Buffalo, État de New York, EU, et n'a repris son souffle que le 7 septembre, à Tulsa, Oklahoma.

P

Passager clandestin ■ Le plus intrépide fut Socarras Ramírez, qui fuit Cuba le 4 juin 1969 en se cachant dans la cavité non pressurisée du train d'atterrissage d'un DC8 Douglas de la compagnie Iberia. Il voyagea ainsi de La Havane à Madrid, soit 9 010 km.

Patchwork ■ Du 4 au 12 mai 1991, un patchwork constitué de carrés de tissus, long de 248,20 m, large de 4,80 m (1 191,36 m^2) a été confectionné par l'association Cocktail surprise pour la foire du Soissonnais.

Pâtes ■ Mark Pi, du restaurant China Gate, à Columbus, Ohio, EU, a confectionné 2 048 spaghettis de plus de 1,50 m en 34,5 s, le 12 février 1983.

Patinage sous glace ■ Équipée d'un équipement de plongée autonome et d'une paire de patins à glace, Lise Desbiens, de Val-d'Or, Québec, Canada, a patiné tête en bas sous la glace au lac Wyeth pendant 65 mn.

Patinette ■ A l'occasion de la fête des vendanges, le 24 septembre 1989, à Garchizy, Nièvre, Daniel Malleret a présenté une patinette longue de 7,77 m. Accompagné de 11 Garchizois, il a parcouru 20 km.

Patins à roulettes ***Distance*** ■ Du 6 juillet au 6 septembre 1986, 5 jeunes Français, Benoît Boyer, Jean-Pierre Le Boedec, Guillaume Rossignol, Vincent Blévin et Christophe Ratinet, ont parcouru 4 524 km sur patins à roulettes, entre Olympie, Grèce, et Saint-Brieuc, Côtes-d'Armor.
Partis de Saint-Sébastien-sur-Loire, Loire-Atlantique, le 1er août 1988, 29 jeunes Français âgés de 8 à 18 ans et Jean-Claude Hesse, 41 ans, ont parcouru 1 500 km sur patins à roulettes. Ils sont arrivés le 15 août 1988 à Glinde, près de Hambourg, après avoir traversé la France, la Belgique, les Pays-Bas et une partie de l'Allemagne. Ce « raid de l'amitié » a été organisé par l'amicale laïque et le comité de jumelage de Saint-Sébastien-sur-Loire.

Saut en hauteur ■ Le 13 mai 1990, à Metz, Moselle, Laurent Nunenthal a effectué sur patins à roulettes un saut en hauteur sans tremplin de 1,22 m. Avec tremplin, il a sauté à 1,43 m.

Pédalo ■ Le plus long voyage en pédalo a duré 103 jours. A la force des pieds, Mick Sigrist et Brad Rud ont descendu le Mississippi sur 3 582 km, de sa source, au Minnesota, jusqu'au golfe du Mexique, du 4 août au 11 novembre 1979.

France ■ Guy Verneuil et Jacques Ringeissen ont réalisé la traversée Cap-d'Ail - Calvi en 20 h 26 mn, le 27 juillet 1991.

◁◁ *Le comité d'organisation de la foire du Soissonnais a décidé la constitution d'un patchwork de 17 100 rectangles de tissu qui a été déroulé sur l'avenue du Mail à Soissons, le 12 mai 1991.*

◁ *Le record de Guy Verneuil et de Jacques Ringeissein a consisté à rallier sans assistance Cap d'Ail à Calvi, à bord d'un engin à propulsion musculaire, le 27 juillet 1991.*

▽ *C'est grâce à sa flottabilité positive que Lise Desbiens a pu patiner, collée sous la glace, comme à la surface, mais avec un peu de résistance à cause de l'eau.*

Peintre ■ André Roger, né en 1934, de Mascouche, Québec, Canada, est considéré comme le peintre paysagiste le plus rapide du monde. Le 1er avril 1986, à New York, EU, il a peint 60 toiles de 50 cm x 60 cm en 57 mn. Le 9 septembre 1987, il réalisa une toile de 2,74 m x 1,82 m en 4 mn 34 s. En septembre 1988, il réussit à peindre 1 201 toiles en 7 jours, et, entre 1988 et 1990, il transforma le boulevard traversant Terre-Bonne, Mascouche, La Plaine et Lachenaie, Québec, Canada, en un véritable musée de peintures murales en recouvrant les murs de 500 paysages différents sur une surface totale de 2 220 m^2.
Son record de peinture à l'envers est de 5 toiles de 61 cm x 1,10 m en 12 mn, au Japon, le 13 mai 1985.

***France* ■** En décembre 1990, Paul Lomré, artiste peintre, a réalisé en 10 mn, à l'aide d'éponges et de plumeaux, un paysage de 2,40 m x 1,40 m. Le 26 janvier 1991, il a peint à l'envers un tableau de 2,40 m x 1,40 m en 14 mn. Ce tableau a été mis aux enchères et a rapporté 7 000 F au profit de l'orphelinat mutualiste de la police nationale.

Pension ■ Miss Millicent Barclay naquit le 10 juillet 1872. Elle était la fille du colonel William Barclay, mort juste avant sa naissance. Elle eut droit à une pension, versée par la caisse militaire de Madras, Inde, jusqu'à son mariage. Elle mourut célibataire le 26 octobre 1969, ayant touché la pension chaque jour de sa vie, soit 97 ans et 3 mois.

Père Noël *Le plus grand* ■ En décembre 1989, la société Art Production et quatre habitants de Vannes, Morbihan, ont construit un père Noël en bois, polystyrène et plastique haut de 16,39 m dont la fabrication a demandé 1 mois de travail.

***Les plus fidèles* ■** Depuis le 17 mai 1954, date de création du club récréatif Volcano Inc., à Saint-Hyacinthe, Québec, Canada, Raymond Picard se déguise tous les ans en père Noël.
En France, Pierre Rousset en fait de même tous les ans, à Graçay, Cher, depuis 1966.

PPPFFFFFUUUUUUUuuu

Au festival de Condé-sur-Noireau, Calvados, de 1989, Éric Brouillard a établi le record du plus long trajet d'un petit pois en un seul souffle, sur carrelage horizontal : 4,94 m.

Photocopies *La plus grande* ■ Pour le lancement d'un modèle de photocopieur, le Canon à bulle d'encre A1, la société Copy Service System, de Nantes, Loire-Atlantique, a réalisé une photocopie couleurs de 10,08 m x 7,20 m à partir d'un document de 84 cm x 60 cm.

***Le plus grand nombre* ■** Du 16 au 18 octobre 1990, à l'initiative de la société Canon, Fort-de-France, Martinique, 265 062 photocopies ont été produites en 60 h sur un copieur Canon NP8580.

Pièces ■ Le 28 avril 1990, 250 jeunes de l'ASBL, foyer familial de Charleroi, Belgique, ont réalisé un tapis de 1 137 015 pièces de monnaie anciennes couvrant une surface de 449 m^2.
Un tapis fait de 1 945 223 pièces de 1 franc belge de 40,9 km de long a été étalé à Geel, Belgique, le 25 juin 1988 par les membres de Mepp-Stegeta.
Le 16 mars 1985, au Central City Park d'Atlanta, Georgie, EU, un alignement de 662 353 pièces de 25 cents, d'une valeur totale de 165 588,25 $, long de 16 km, était sponsorisé par la Fondation nationale du rein de l'État de Georgie.

Pipe ■ William Vargo a gardé une pipe allumée (3,3 g de tabac) pendant 2 h 6 mn 39 s en n'utilisant qu'une seule allumette, lors des 27e championnats mondiaux, à Swartz Creek, Michigan, EU, en 1975.

Pistolets ■ En décembre 1983, Ray Bily, EU, aurait possédé un pistolet en or fabriqué pour Hitler et gravé à ses initiales. Il était assuré 375 000 $.
Le pistolet 22LR-M100P, fabriqué par Calico, de Bakersfield, Californie, EU, possède le chargeur le plus grand : il peut tirer 103 coups de feu consécutifs.

Planche à roulettes *Vitesse* ■ La vitesse la plus élevée enregistrée sur une planche à roulettes (*skate-board*) est de 115,5 km/h sur piste, à Mount Baldy, Californie, EU. Elle a été atteinte le 17 juin 1979 par Richard K. Brown, 33 ans, en position couchée. Le record debout est de 86 km/h, par John Hutson, 23 ans, à Signal Hill,

△ Le limbo à vélo est une discipline extrêmement délicate, à tel point que aucun record n'a pu être homologué à ce jour. La grossière tricherie de la tentative de ce document ne nous a pas échappé : la pédale de gauche est équipée d'une petite roue interdite.

△ Philippe Cridelauze s'est fait tracter par une Renault R18 à la vitesse de 110 km/h contrôlée par chrono-tachymètre sur un skate-board Schmittstix Chin Saw, de 84 cm x 25 cm.

Long Beach, Californie, EU, le 11 juin 1978.
La vitesse maximale debout tracté par une voiture est de 110 km/h réussie le 13 août 1989 par Philippe Cridelauze, de Caumont-sur-Garonne, Lot-et-Garonne.

Saut ■ Le record de saut en hauteur est de 1,67 m, par l'Anglais Trevor Baxter (né le 1er octobre 1962).

LE ROI DES POMPES

Jérôme Henry, de Fagnières, Marne, a effectué 149 pompes en 1 mn, le 10 octobre 1991. C'est le record du monde.

Pompon ■ Le 22 décembre 1990, Carrouges Animation, Orne, a présenté un pompon de laine de 1,60 m de diamètre, d'un poids de 121 kg et ayant nécessité 2 412 pelotes.

Poignées de mains ■ Le 15 mai 1988, lors de la foire de printemps de Turku, Finlande, Rainer Virkström a serré 19 592 mains en 8 h.
Le record de mains serrées par un personnage public lors d'une cérémonie officielle est de 8 513. Il a été établi par le président américain Theodore Roosevelt (1858-1919), le 1er janvier 1907, lors de la cérémonie du Nouvel An, à la Maison-Blanche.

Puzzles ■ Les premiers puzzles étaient des « cartes découpées », créées par John Spilsbury (1739-1769), à Londres, en 1762.

Le plus vaste ■ Robert Longstaff Workshops, de Longworth, GB, a fabriqué un puzzle de 920 m^2 et de 187 220 pièces qui fut assemblé à Londres du 22 au 26 octobre 1990.

Le plus grand nombre de pièces ■ Le 12 juin 1989, au Mont-Saint-Aignan, Seine-Maritime, l'association Les Nids et Cætera a réalisé un puzzle de 26,50 m x 18,06 m, soit une superficie de 478,59 m^2, avec 297 000 pièces.

R

Raquette alimentaire ■ Pascal Hue et Huberty Belot, de Longeville-lès-Metz, Moselle, ont réalisé, le 4 décembre 1990, une raquette entièrement comestible faite de pâtisserie génoise recouverte de pâte d'amande, mesurant 6,77 m de long et 2,56 m de largeur de tamis.

Rasage ■ Le 19 juin 1988, à Herne Bay, GB, Denny Rowe a rasé 1 994 hommes en 1 h avec un rasoir de sûreté rétractable, passant 1,8 s avec chaque volontaire et ne faisant couler le sang que quatre fois.
Le 13 août 1984, Gerry Harley, de Gillingham, GB, a rasé, en 1 h, 235 volontaires encore plus courageux avec un rasoir à main, établissant une moyenne de 15,3 s par visage. Il ne fit couler le sang qu'une fois.

France ■ Lors d'une émission télévisée, Achille Clo d'Airoll a rasé avec les pieds un spectateur en 4 mn 10 s.
Gérard Burges, coiffeur à Prades, Pyrénées-Orientales, a impeccablement rasé un client les yeux bandés, le 12 août 1985.

Repassage ■ En octobre 1988, Nigel Towning, de Grantham, GB, a repassé pendant 128 h.
Le record de rapidité est détenu par la Française Éliane Léveillé, qui a repassé et plié 100 mouchoirs en 17 mn 30 s (10,5 s par mouchoir) au festival de Beslon, Manche, le 26 juillet 1987.

Reptation ■ Le 29 juillet 1988, Reg Morris, de Wasall, GB, a rampé sans s'arrêter (progression avec un des deux genoux en contact constant avec le sol) pendant 9 h 30 mn sur une distance de 45,8 km.

L'homme serpent

Pendant 15 mois, jusqu'au 9 mars 1985, Jagdish Chander, 32 ans, a rampé sur 1 400 km, d'Aligarh à Jamma, Inde, afin de s'attirer les bonnes grâces de Mata, sa déesse favorite. Mata a ri.

Rideaux ■ Le 10 août 1971, le sculpteur bulgare Christo (né Javacheff) a suspendu un rideau d'un rouge vif orangé de 4 064 kg, de 56 m de haut et de 411 m de large à travers le ravin Rifle, à Grand Hogback, Colorado, EU. Il se déchira 27 h plus tard, emporté par une rafale de vent de 80 km/h. Cette « œuvre d'art » a coûté 750 000 $. Christo a également « emballé » le pont Neuf, à Paris.
Le plus grand rideau fonctionnel mesure 167 m de long et 20 m de haut. On l'utilise dans le hangar Brabazon de British Aerospace, à Filton, GB, pour protéger le matériel des projections lorsqu'on peint un avion à la bombe.

Rivets ■ En juin 1918, John Moir a rivé 11 209 rivets en 9 h au chantier naval Workman Clark, à Belfast, Irlande du Nord. Son heure de pointe fut la septième, lorsqu'il riva 1 409 rivets, soit une moyenne de 23,5 rivets à la minute.

Robe ■ La robe la plus chère, présentée à Paris le 23 mars 1989, a été créée par Hélène Gainville. C'est une robe de mariée brodée de diamants montés sur platine. Elle aurait été vendue 7 301 587 $ exactement (36,5 millions de F).

S

Sabot ■ Lors de la fête de la forêt, le 12 août 1990, à Saint-Quirin, Moselle, Emmanuel Kubler, bûcheron, a présenté un sabot en bois, taillé à la tronçonneuse, de 4,76 m de long, pesant 1,8 t.

Sacs ■ Le 8 juillet 1989, à Aubigny, Vendée, Marcel Mercier a présenté un sac de voyage en cuir long de 2,55 m, large de 1,50 m et haut de 2,92 m dont la confection a nécessité 30 m^2 de cuir (7 vachettes).
Au festival de Pépinster, Belgique, Anita Drapier-Lafrate a présenté un sac à main en cuir de 2 m de long et 1 m de haut ayant nécessité 12 m^2 de cuir.
A Mimet, Bouches-du-Rhône, Frédéric Deschamps a réalisé un sac en cuir de 1,62 m de haut, 1,45 m de large, le 5 mars 1990.

Savon ■ Le 22 septembre 1991, à Arles, Bouches-du-Rhône, la Savonnerie du Forum et l'association L'Oustan-Moulesen ont fabriqué une savonnette de 142 m de long et d'un poids de 153 kg.

Saut de tonneaux ■ Le record de saut en patins à glace est de 8,97 m, par-dessus 18 tonneaux, par le Québecois Yvon Jolin, de Terrebonne, le 25 janvier 1981. Le record féminin, appartenant à Marie-Josée Houle, de Saint-Bruno, Québec, est de 6,84 m, par-dessus 13 tonneaux, le 2 mars 1987.

Scoubidou ■ Le 15 avril 1989, Sandrine Muller, Hermaille-sous-Argenteau, Belgique, a présenté un scoubidou de 165,55 m de long dont la confection a nécessité 400 h de travail et 2 904 m de ruban d'emballage.

Short ■ Cinq étudiants du lycée Saint-Stanislas, à Carcassonne, Aude, ont fabriqué un short tricolore de 8,30 m de large à la ceinture et 12 m de haut.

Siège ■ Un transatlantique haut de 12,70 m et large de 7,26 m a été fabriqué en 1987 par Luigi Bernasconi, de Mendrisio, Suisse.

Sifflements *Puissance* ■ Le 19 décembre 1983, dans les studios de la BBC, à Manchester, GB, Roy Lomas a émis un sifflement d'une puissance de 122,5 dB.

Endurance ■ David Frank, de Toronto, Ontario, Canada, a effectué un marathon de 35 h non-stop à Washington, EU, les 17 et 18 juillet 1987.

SIFFLETTE

Alain Gil, Paris, réussit en 1981 à émettre un sifflement clair et mélodieux par le nez. Il a renouvelé cet exploit au cours de nombreuses émissions de télévision et de radio.

Signatures ■ Dans le cadre du Téléthon, les 7 et 8 décembre 1990, 4 310 signatures ont été recueillies en 22 h par le service municipal de la jeunesse de Draveil, Essonne, ce qui a permis une collecte de 43 100 F au profit de l'Association française contre la myopathie. Ces signatures étaient portées au bas d'une lettre de 4 m x 5 m envoyée à l'Aquaboulevard, à Paris.

Sténographie ■ Les records de vitesse atteints dans les conditions d'un championnat sont de 300 mots/mn (99,6 % d'exactitude) pendant 5 mn et 350 mots/mn (99,7 % d'exactitude, soit 2 erreurs insignifiantes) pendant 2 mn, par l'Américain Nathan Behrin, en décembre 1922. Behrin (né en 1887) utilisait le système Pitman, inventé en 1837.

Stylos ■ Le stylo Caran d'Ache en or massif à 18 carats, incrusté de diamants blancs de 6,35 carats, se vend 21 950 £. Il est distribué exclusivement par Jakar International, de Londres.
En février 1988, un collectionneur japonais offrit la somme de 1,3 million de F pour le stylo-plume français Anémone, créé par Réden. Il fallut plus d'un an à des artisans qualifiés pour réaliser cet objet incrusté de 600 pierres précieuses et semi-précieuses — émeraudes, améthystes, rubis, saphirs et onyx.

Surf des neiges ■ Le 8 janvier 1989, à Fontcouverte, Savoie, cinq jeunes Savoyards, les Kiwicoco's, ont présenté un surf des neiges de 4 m de long équipé de 4 paires de fixations et pesant 27 kg.

T

Table ■ Le 20 juin 1988, à Pesaro, Italie, une table de 3 km pouvant accueillir 12 000 personnes fut dressée par l'équipe de basket-ball américaine Libertas Scavolini.

Tapis ■ Le 13 février 1982, Allied Corporation a déroulé un tapis rouge de 4 851 m^2 (28 t) le long de l'avenue des Amériques, à New York, du Radio City Music Hall à l'hôtel Hilton.

Tapis roulant ■ Les 28 et 29 septembre 1991, à Saint-Étienne, Loire, Alain Poyer a parcouru 233,026 km en 24 h sur un tapis roulant.

Tapisseries ■ L'artiste yougoslave Frane Delale a dessiné une tapisserie de 1 242 m^2, l'*Histoire de l'Irak*, fabriquée par l'atelier Zivtex Regeneracija, de Zabok, Yougoslavie. Achevée en 1986, elle décore à présent le mur d'un amphithéâtre de l'université de Bagdad, Irak.

Semaine de travail ■ En juin 1980, le Dr Paul Ashton, 32 ans, interne anesthésiste à l'hôpital de Birkenhead, GB, a travaillé 142 h en 1 semaine (avec une moyenne de 3 h 42 mn 51 s de sommeil par jour). Cette semaine fut, selon lui : « particulièrement difficile, mais pas inhabituelle ».

Soutien-gorge ■ La boutique Danielle lingerie, de Lyon, Rhône, a confectionné un soutien-gorge à balconnets en satin blanc de 21,20 m de tour de poitrine, le 15 juin 1990. Au festival des records de La Tour-Blanche, Dordogne, Mme Mandeix a présenté un soutien-gorge de 5,45 m de tour de poitrine, le 25 août 1985.

◁ *A l'instigation du Syndicat d'initative de Saint-Quirin, en présence du député de la Moselle, du président des maires de l'arrondissement de Sarrebourg, de l'ingénieur de l'Office national des forêts et de deux maires, le bûcheron Emmanuel Kubler a sculpté à la tronçonneuse un sabot dans une bille de peuplier de 3,8 t en 176 h.*

▷ *La plus grande flûte de champagne a une hauteur totale de 1,66 m et a nécessité 70 magnums de 1,5 litre chacun pour la remplir à ras bord. Elle est en verre transparent d'une seule pièce.*

A

Abdominaux ■ Le 30 septembre 1989, à Marseille, Bouches-du-Rhône, Christian Bosc a effectué, en 1 h, 3 796 relevés de buste à l'horizontale sans l'aide des mains, les pieds maintenus suspendus à un espalier.

Abeilles ■ Jed Shaner s'est laissé recouvrir d'un manteau d'environ 343 000 abeilles pesant 36,3 kg, le 29 juin 1991, à Staunton, Virginie, EU.

Accordéon ■ Le Français William Milliot, de Dunkerque, Nord, a joué pendant 225 h, du 10 au 19 avril 1991.

Allumettes ***La plus grande*** ■ Le 6 octobre 1991, la Société tahitienne des Services Publics a fabriqué une allumette de 21,28 m de long et large de 31 cm.

Constructions ■ Du 10 décembre 1987 au 30 juin 1988, René Heng, de Mulhouse, Haut-Rhin, a construit, avec exactement 455 608 allumettes, une maison haute de 2 m.
De juin à décembre 1989, 70 enfants de la paroisse de Vence, Alpes-Maritimes, ont construit, à l'initiative d'Horace Di Maggio, la maquette de Vence avec 306 000 allumettes.
Pour l'association, « Les Éléments du Temps Passé », Claude Dryburgh a réalisé à Souchez, le 2 novembre 1990, un ensemble minier avec 13 197 835 allumettes, 30 kg de colle, 11 kg de vernis, en 39 038 h de travail, soit 9 années.

Amplificateur ■ Le plus grand amplificateur de guitare en état de marche mesure 2,75 m de haut, pèse 325 kg et comprend 32 haut-parleurs de 25,4 cm qui transmettent une puissance de 600 W. Il a été présenté par St Louis Music, de Saint Louis, Missouri, EU.

Ampoule électrique ■ La société Hamaï, de Tokyo, a fabriqué une ampoule de 3 mm de long et de 0,5 mm de diamètre, la plus petite du monde.

Applaudissements ■ V. Eyaraman, du Tamil Nadu, Inde, a applaudi 58 h 9 mn sans s'arrêter entre le 12 et le 15 février 1988.
Il a maintenu une moyenne de 160 applaudissements à la minute, audibles à 100 m de distance.

Arbre de Noël ■ Le plus grand arbre coupé du monde a été érigé en 1950 dans un centre commercial de Seattle, État de Washington, EU. C'était un sapin de Douglas de 67 m.

Assiette ■ Le 29 septembre 1989, à Limoges, Haute-Vienne, Gaz de France et la société Porcelaine de Limoges ont présenté une assiette en porcelaine de 85,3 cm de diamètre et de 2,67 m de circonférence pesant 19,3 kg.

Attelage de chevaux ■ Une calèche ancienne a été tirée par 50 chevaux conduits par Jacques Wautier de Ittre, Belgique, le 16 septembre 1990. L'attelage mesurait 120 m de long.

France ■ Le 17 janvier 1991, sur l'hippodrome de Longchamp, Paris, Patrice Buchaillat, 18 ans, a mené un attelage de 18 chevaux, d'une longueur totale de 33 m. L'attelage a nécessité 300 m de rênes.

Attelage de chiens ■ Patrick Gambier a réalisé un attelage de 213 chiens sur la plage de Fort-Mahon Plage, Somme, le 21 avril 1991. Cet attelage traînait un petit train touristique.

Autocollants ■ Le 22 mai 1990, Pascal Maridat, de Chantery, Corrèze, possédait une collection de 21 126 autocollants, tous différents.

Autographes ■ Au 30 décembre 1990, Robert Levieuge, de Château-du-Loir, Sarthe, possédait plus de 5 000 autographes personnalisés de célébrités du showbiz.

FILS NATUREL DE PAGANINI ET DE COUSTEAU

Pour prouver qu'il était possible de jouer du violon sous l'eau, Mark Gottlieb a interprété *Water Music* de Haendel, dans la piscine du State College d'Olympia, Washington, EU, le 15 mars 1975.

Automate ■ Les 26 et 27 mai 1990, au palais des congrès de Saint-Jean-de-Monts, Vendée, le mime Joselito a exécuté des gestes d'automate, regard fixe, pendant 24 h en ne prenant que 5 mn de repos par heure.

B

Baguettes ■ Les Japonais utilisent 25 milliards de paires de baguettes par an pour manger. Pour une population de 123 millions d'habitants, cela représente une moyenne annuelle de 203 paires de baguettes par personne.

Baisers ■ Alfred Wolfram, de New Brighton, Minnesota, EU, a embrassé 8 001 femmes en 8 h, au Minnesota Renaissance Festival, le 15 septembre 1990.
Les 17 et 18 septembre 1988, à Soignies, Belgique, 20 personnes, plutôt jeunes, se sont relayées en équipe de 5 pour se donner 114 110 baisers.
Toshiaki Shirai et Yukiko Nagata se sont

Tralala itou ■
L'Anglais Jim Whitman a chanté une tyrolienne pendant 30 h, les 16 et 17 novembre 1989.
Le 16 novembre 1990, il a réussi à changer 10 fois de tonalité (entre le grave et l'aigu) en 0,88 s.

CIRQUE

CIRQUES LES PLUS GRANDS ■
Le cirque permanent Circus Circus, à Las Vegas, Nevada, EU, inauguré le 18 octobre 1968 a coûté 15 millions de $ et s'étend sur 12 000 m^2 recouverts d'un chapiteau en plexiglas de 28 m de haut.
Le plus grand cirque itinérant est le cirque Vargas, aux États-Unis, qui peut accueillir 5 000 personnes sous son grand chapiteau.

TRAPÈZE VOLANT ■
Tournoiements tête en bas : 1 350 par l'Américaine Sarah Denu, 14 ans, 21 mai 1983. Appuis sur un seul talon sur une barre en mouvement, Angela Revelle (Angélique), Australie, 1977.

EXERCICES À HAUTE ALTITUDE ■
Le 16 mai 1986, le Britannique Ian Ashpole a effectué des exercices au trapèze suspendu à une montgolfière, à 5 000 m d'altitude.
En France, Jean-Pierre Mercier en a réalisé à 2 500 m d'altitude, au-dessus de Reims, Marne, le 31 juillet 1989. Jacky Beaudière dirigeait la montgolfière.

DOUBLE SAUT PÉRILLEUX AVEC TRIPLE VRILLE ■
Tom Robin Edelston et le rattrapeur John Zimmerman, Circus World, Floride, EU, 20 janvier 1981.

QUADRUPLE SAUT PÉRILLEUX ■
Troupe Vázquez. Miguel Vázquez avec comme rattrapeur Juan Vázquez, à Chicago, Illinois, EU, en novembre 1981.

TRIPLE SAUT PÉRILLEUX ARRIÈRE AVEC UNE VRILLE ET DEMIE ■
Terry Cavaretta Lemus, au Circus Circus, Las Vegas, en 1969.

TRAMPOLINE ■
Septuple saut périlleux arrière vrillé, réception sur trampoline ; quintuple saut périlleux arrière vrillé, réception sur épaules : Marco Canestrelli, au Madison Square Garden, New York, 5 janvier et 28 mars 1979 (rattrapeur Belmonte Canestrelli).
Le Français Richard Tison a effectué un triple saut périlleux arrière avec triple vrille à Berchtesgaden, Allemagne, le 30 juin 1981.

PERCHE SOUPLE ■
Double saut périlleux vrillé sur une perche de 5 cm de diamètre : Roberto Tabak, 11 ans, à Sarasota, Floride, EU, en 1977.
Triple saut périlleux vrillé : Corina Colonelu Mosoianu, 13 ans, au Madison Square Garden, New York, 17 avril 1984.

PYRAMIDE HUMAINE ■
12 personnes (3 niveaux, 771 kg) sur un seul porteur : Tahar Douis, de la troupe Hassani, à Birmingham, GB, le 17 décembre 1979. 9 personnes l'une sur l'autre (12 m), avec tout en haut Josep Joan Martínez Lozano, 10 ans, à Valls, Espagne, 25 octobre 1981.

LE PLUS VIEUX CLOWN ■
L'Espagnol Charlie Rivel (de son vrai nom José Andreu, 1896-1983) s'est produit pendant 82 ans, de 1899 à 1981.

JONGLAGE

7 MASSUES ■
Albert Petrovski (ex-URSS), 1963 ; Sorin Munteanu (Roumanie), 1975 ; Jack Bremlov (Tchécoslovaquie), 1985 ; Albert Lucas (EU), 1985 ; Anthony Gatto (EU), 1988.

Durée ■
Anthony Gatto, EU, 5 massues pendant 45 mn 2 s, 1985.

8 ASSIETTES ■
Enrico Rastelli (Italie), 1896-1931 ; Albert Lucas (EU), 1984.

10 BALLES ■
Enrico Rastelli (Italie), 1896-1931 ; Albert Lucas (EU), 1984.

12 ANNEAUX ■
Albert Lucas (EU), 1985.

3 OBJETS EN COURANT ■
Owen Morse (EU), 100 m en 11 s 68 et 400 m en 57 s 32, 1989.
Kirk Swenson (EU), 1 mile (1 609 m) en 4 mn 43 s, 1986, et 5 km en 16 mn 55 s, 1986.

5 OBJETS EN COURANT ■
Owen Morse (EU), 100 m en 13 s 8, 1988.

7 BALLES DE PING-PONG AVEC LA BOUCHE ■
Tony Ferko (Tchécoslovaquie), 1987.

5 BALLES TÊTE EN BAS ■
Bobby May (EU), 1953.

DURÉE : 3 OBJETS SANS LES LAISSER TOMBER ■
Le Britannique Jas Angelo, pendant 8 h 57 mn 31 s, 1989.

Danse

Les marathons de danse doivent se distinguer de la « dansomanie », qui est une affection pathologique. Le cas le plus grave fut observé à Aix-la-Chapelle, Allemagne, en juillet 1374 : des hordes d'hommes et de femmes se mirent à danser frénétiquement dans les rues sans pouvoir s'arrêter. Cela dura plusieurs heures, jusqu'à ce que les danseurs tombent d'épuisement.

PLUS GRANDES ET PLUS LONGUES DANSES

Environ 25 000 personnes ont assisté à une soirée dansante, une « sérénade au clair de lune », à Buffalo, État de New York, EU, le 20 juillet 1984, sur la musique de Glenn Miller.
Environ 200 000 personnes ont participé à l'Assemblée nationale de square dance (quadrille), à Louisville, Kentucky, EU, le 26 juin 1983.
Le plus terrible marathon de danse de l'histoire fut remporté par Mike Ritof et Edith Boudreaux, qui dansèrent pendant 5 148 h 28 mn 30 s (pour gagner 20 000 $) au Merry Garden Ballroom de Chicago, Illinois, EU, du 29 août 1930 au 1er avril 1931. Vingt minutes de repos par heure leur étaient accordées, puis 10, puis 5, et finalement aucune. Les danseurs devaient faire des pas d'au moins 25 cm et ne pouvaient fermer les yeux que 15 secondes par heure.
Le film *On achève bien les chevaux*, de Sydney Pollack (1969), évoque leur calvaire.

DANSE DE SALON

Les plus grands champions professionnels de danse de salon sont les Britanniques Bill et Bobbie Irvine, qui ont gagné 13 titres mondiaux entre 1960 et 1968.
Le compétiteur le plus âgé fut le Britannique Albert J. Sylvester (1889-1989), qui prit sa retraite à l'âge de 94 ans.
Le Français Antoine Sillyni plus connu sous le nom de SuperTony a, le 23 mai 1992, dansé un paso doble pendant 23 mn 43 s.

DANSE DU VENTRE

Le plus long marathon a duré 106 h. Il a été gagné par Eileen Foucher à Romford, GB, du 30 juillet au 3 août 1984.

CHARLESTON

Le record de 110 h 58 mn est détenu par Sabra Starr, de Lansdowne, Pennsylvanie, EU, du 15 au 20 janvier 1979.

DISCO

Du 7 au 27 avril 1990, V.R.P. Raman, de Chandigarh, Inde, a dansé 481 h 30 mn.

FLAMENCO

Solero, de Jérez de la Frontera, Espagne, est le danseur de flamenco le plus rapide du monde. En septembre 1967, à Brisbane, Australie, alors qu'il avait 17 ans, comme pris de transe, a donné 16 coups de talon en 1 seconde.

CLAQUETTES

Le record de vitesse (28 claquettes à la seconde) a été établi par Michael Flatley, de Palos Park, Illinois, EU, le 9 mai 1989. Les 31 octobre et 1er novembre 1985, à la présentation du *Livre Guinness des records*, à Londres, Roy Castle a réalisé 1 million de claquettes en 23 h 44 mn.
Le plus grand nombre de danseurs de claquettes réunis pour un numéro est de 5 271, devant le magasin Macy's, à New York, le 12 août 1990.

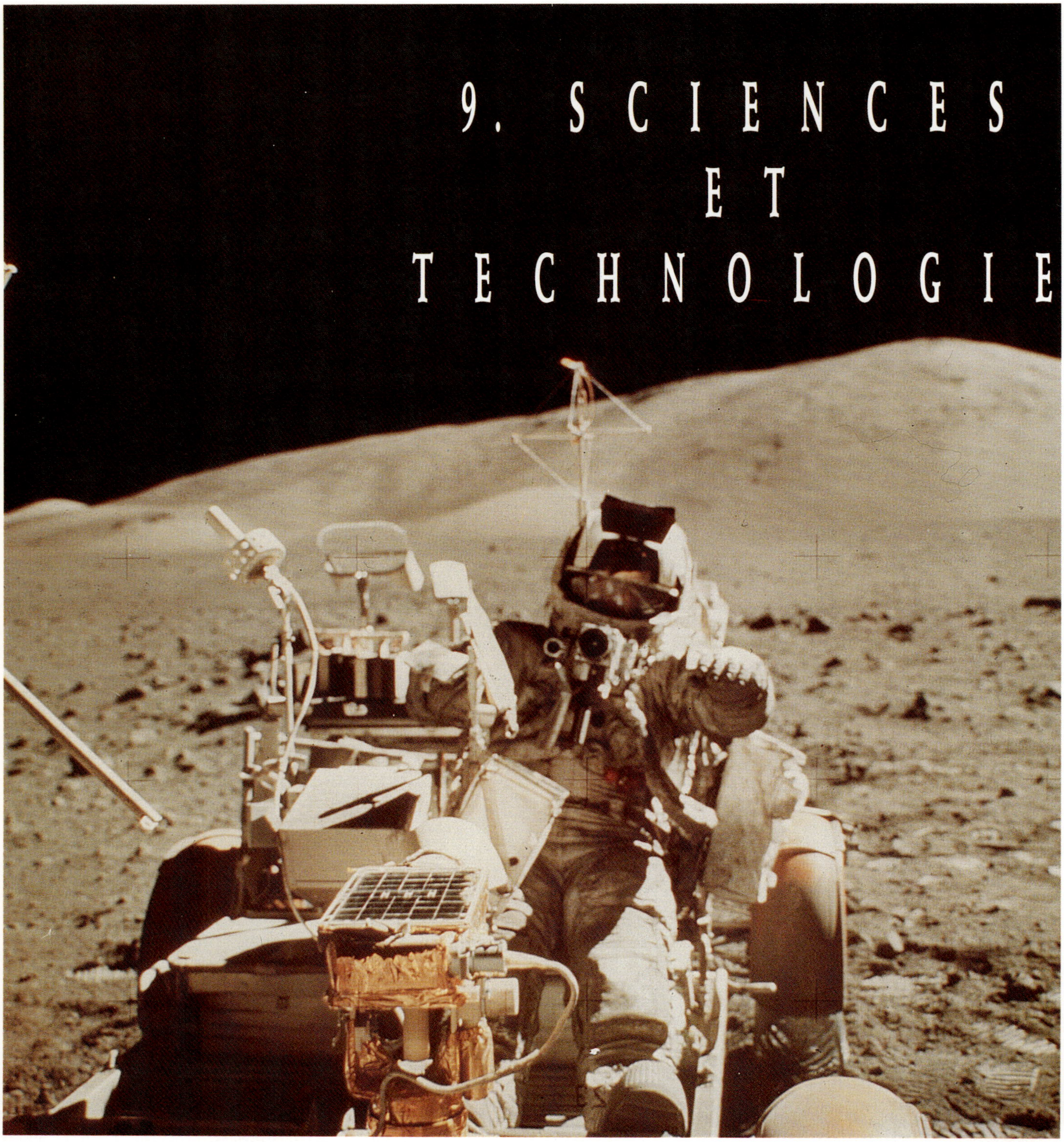

△ *Ce véhicule Rover envoyé sur la Lune par la fusée Apollo 16 a parcouru 33,8 km et atteint la vitesse de 18 km/h.*

Le 4e état de la matière, baptisé plasma, est composé d'électrons chargés négativement et d'ions positifs. Il représente 99 % de toute la matière visible.

9. SCIENCES ET TECHNOLOGIE

Chimie

Toute la matière connue sur, à l'intérieur et au-delà de la Terre est constituée d'éléments chimiques. On estime qu'il y a 10^{87} électrons dans l'Univers connu. Le nombre total d'éléments existant naturellement est de 94, comprenant, à la température ordinaire, 2 liquides, 11 gaz et 81 solides (parmi lesquels 72 métaux).

L'Univers, la matière, la chimie ■ L'Univers entier est constitué de matière qui évolue de manière assez diverse, dans des formes tout aussi diverses et dans des états également divers dans un immense espace vide. La science de base qui s'occupe de la matière est la chimie qui a des branches spécialisées et fait appel à d'autres sciences.

L'atome, la molécule ■ La matière est parfois composée d'éléments différents les uns des autres comme pourraient l'être les fruits divers collectés dans un verger et mis ensemble dans un panier. On dit alors qu'il s'agit d'un corps composé. L'air est un mélange d'oxygène et d'azote. L'eau n'est pas un mélange, elle est parfaitement pure, on dit qu'il s'agit d'un corps pur.
On ne peut pas partager indéfiniment une quantité d'eau. La plus petite quantité non divisible est la molécule. Si je divise 1 g d'eau en 1 milliard de parties et si je prends chacune de ces infinies parties je peux y trouver 350 000 milliards de molécule. Une molécule est en fait l'assemblage d'éléments de nature différente qui n'existent que dans des compositions. Ce sont donc les atomes qui sont l'élément le plus petit à l'état composé.
Dans l'air, il y a des molécules d'oxygène constituées de 2 atomes d'oxygène mélangées à des molécules d'azote constituées de 2 atomes d'azote. La molécule d'eau est composée de 2 atomes d'hydrogène et d'un atome d'oxygène. Dans l'infime partie d'eau évoquée auparavant il y a donc environ 1 million de milliards d'atomes.
L'Univers connu est composé de 94 atomes

différents. On a fabriqué des atomes artificiels (exemple : le plutonium).

L'atomistique, les isotopes ■ C'est une partie de l'étude de la matière qui porte sur la nature de l'atome.
L'atome est constitué de 3 types de particules qui sont : le proton, le neutron, l'électron. Le proton est chargé d'électricité positive, le neutron n'est pas chargé d'électricité, l'électron est chargé d'électricité négative. Dans l'atome, les protons et les neutrons sont réunis dans une partie de l'atome qui est très dense et qui est le noyau. Les électrons, beaucoup plus légers, tournent autour du noyau vite et loin, ce qui leur évite d'être attirés par lui. Cela est analogue au satellite autour de la Terre. Il doit tourner vite et loin pour ne pas tomber.
L'électron ne représente pas grand-chose dans la masse de la matière. Il constitue autour du noyau une barrière de garde et empêche les noyaux de s'approcher. Ce sont les protons et les électrons qui, par leur nombre, confèrent aux atomes des propriétés spécifiques et des réactivités différentes qui permettent de les différencier les uns des autres, par exemple : l'or, le fer, le soufre, l'hydrogène.
Les neutrons contribuent à augmenter la masse de l'atome. Deux atomes qui ont les mêmes structures en protons et électrons, mais qui ont un nombre différent de neutrons, sont appelés des isotopes. L'hydrogène lourd qui entre dans la composition de l'eau lourde est un isotope de l'hydrogène. Les atomes sont numérotés de 1 à 94 en fonction de leur nombre de protons dans le noyau. L'hydrogène n°1 n'en a que 1, et l'uranium, n° 94, en a donc 94.

Fission, température, fusion ■ Si on imagine un très gros atome avec beaucoup de protons et de neutrons, et si on le bombarde avec de petites particules rapides assez grosses toutefois pour posséder de l'énergie, certaines vont parvenir à tromper la garde des électrons et peuvent faire éclater le noyau en noyaux plus petits avec une très grosse libération d'énergie. On dit alors que l'on a désintégré le noyau de base. C'est ce qui se produit dans les bombes atomiques et les réacteurs nucléaires. C'est la fission nucléaire. Le gros atome naturel utilisé initialement est l'atome d'uranium.
La température d'un corps n'est pas autre chose que la conséquence de la vitesse des différents atomes et de leurs éléments. S'il n'y a aucun mouvement, la matière est solide et la température est le zéro absolu (273 °C en-dessous de zéro).
Avec peu de mouvement la matière reste solide, un peu plus et elle devient liquide, avec beaucoup de mouvement la matière est gazeuse. Lorsqu'il y a énormément de mouvement on parle de plasma. La température dépasse alors ce que l'on peut imaginer. Imaginons un plasma de petites molécules, comme l'hydrogène, par exemple, la vitesse est très grande. Les particules se heurtent et, au lieu de se désintégrer, elles s'unissent. Comme les particules de graisse de la crème dans une baratte donnent le beurre, ces particules en s'unissant donnent des atomes plus gros en libérant une quantité colossale d'énergie. C'est la fusion nucléaire de la bombe à hydrogène. La température très élevée indispensable est obtenue par la chaleur de l'explosion d'une bombe à fission. On ne sait pas aujourd'hui domestiquer ce type d'énergie dite énergie thermonucléaire.

Autres particules ■ Des atomes éventuels possédant des protons négatifs et des électrons positifs seraient de l'antimatière. Il y a de très nombreuses particules autres que celles décrites ci-dessus. Leur étude est du domaine de la physique nucléaire. Les savants en découvrent régulièrement : 256 ont été identifiées.

Les éléments les plus stables et les moins stables ■ La théorie de « grande unification » des forces électromagnétiques faibles et fortes prédit que le proton n'est pas stable. Néanmoins, des expériences effectuées en 1986 montrent que la durée de vie du mode de désintégration le plus probable a une limite inférieure de 3,1 x 10^{32} années.
Les particules les moins stables observées (ou de plus courte durée de vie), durent 1,6 x 10^{-24} s.

Le gaz de combat le plus puissant ■ Le VX, environ 300 fois plus toxique que le phosgène ($COCl_2$) employé pendant la Première Guerre mondiale, a été mis au point par l'organisme de défense chimique expérimentale, à Porton Down, GB, en 1952. Les brevets, pris en 1962 et publiés en février 1974, indiquent qu'il s'agit de l'éthyl S-2 diisopropylaminoéthyl-méthyl-phosphonothiolate. La dose mortelle est de 10 mg-mn/m^3 en aérosol ou 0,3 mg/m^3 par voie orale.

TOUJOURS SEC

Le service de recherche du ministère de l'Agriculture des États-Unis a mis au point le 16 août 1974 le « H-span » ou Super-Absorbant, composé de 50 % d'amidon, 25 % d'acrylamide et 25 % d'acide acrylique, qui peut, lorsqu'il est traité avec du fer, retenir une quantité d'eau égale à 1 300 fois son propre poids.

La substance chimique artificielle la plus toxique ■ Le TCDD (2,3,7,8-tétrachlorodibenzo-p-dioxine) est 150 000 fois plus mortel que le cyanure, à raison de 3,1 x 10^{-9} moles/kg.

Senteur la plus chère ■ La société Jovan de Chicago a mis sur le marché en 1984 une eau de Cologne baptisée Andron qui contient une trace d'androsténol, phéromone dont le prix est de 97 $ le gramme.

Parfum le plus cher ■ Les prix de vente dépendent plus des coûts commerciaux que de celui des ingrédients.
Le parfum le plus cher est Joy de Patou : le flacon en baccarat de 30 ml vaut 5 200 F.
Le flacon en verre de 76 ml, vaut 3 900F, à Paris en 1992.

Les substances à l'odeur la plus écœurante ■ Parmi les 17 000 odeurs recensées jusqu'ici, la plus désagréable peut se discuter, mais l'éthylmercaptan (C_2H_5SH) et le butylsélénomercaptan (C_4H_9SeH) se disputent la première place, chacune ayant une odeur rappelant un mélange de chou pourri, d'ail, d'oignon, de toast brûlé et de sueur.

◁ *Une particule Z°, la plus lourde, a une existence trop courte pour être visible elle est déduite de la marque laissée par le couple électron-positron, couleur dorée, que l'on aperçoit ici, émergeant de la collision d'un proton avec un antiproton.*

Nombres parfaits ■ Un nombre est appelé parfait s'il est égal à la somme de ses diviseurs autres que lui-même, par exemple : $1 + 2 + 4 + 7 + 14 = 28$. Le plus petit nombre parfait est 6 $(= 1 + 2 + 3)$. Le plus grand connu, et 31e découvert jusqu'ici, est $(2^{216091} - 1) \times (2^{216090})$.

Carré magique ■ Le 22 janvier 1991, Yves Charotte, 43 ans, de Vertus, Marne, a réalisé un carré de 1 m de côté, de 91 x 91 cases numérotées de 1 à 8 281, disposées de telle façon que la somme des nombres de chacune des lignes, colonnes ou diagonales, soit toujours la même.

Nombres

Lorsqu'ils ont affaire aux grands nombres, les scientifiques utilisent les puissances de 10 pour éviter de trop nombreux zéros. Par exemple, 19 160 000 000 000 km s'écrit $1{,}916 \times 10^{13}$ km. De même, un très petit nombre, par exemple 0,0000154324 g, s'écrit $1{,}54324 \times 10^{-5}$ g.
De tous les préfixes utilisés devant les nombres, le plus petit est atto (du danois ou norvégien *atten* pour 18), symbole a, indiquant 10^{-18} d'une unité.
Le plus grand est exa (du grec *hexa*, six), c'est-à-dire 6 groupes de 3 zéros, symbole E, indiquant 10^{18}.

Les plus grands nombres ■ Le plus grand nombre accepté en lexicographie dans le système des puissances de 10 est le centillion, utilisé pour la première fois en 1852. Il s'agit de la centième puissance de 1 million, soit 1 suivi de 600 zéros. Le plus grand nombre en dehors du système décimal est le nombre bouddhiste asankhyeya, qui vaut 10^{140} et a été mentionné dans des travaux jaïns aux environs de 100 av. J.-C.
Le nombre 10^{100} est appelé un googol. Le terme a été suggéré par le neveu, âgé de 9 ans, du mathématicien américain Edward Kasner, mort en 1955. Le nombre 10 élevé à la puissance d'un googol est appelé un googolplex. On peut se faire une idée de la taille de ces grands nombres lorsqu'on sait que le nombre d'électrons de l'univers observable, dans certains modèles, n'excède pas 10^{87}.
Le plus grand nombre jamais utilisé dans une démonstration mathématique est une borne supérieure publiée en 1977 et connue sous le nom de nombre de Graham. Il concerne les hypercubes bichromatiques et ne peut être exprimé sans faire appel à la notation « flèche », introduite par Knuth en 1976.

Le plus grand nombre factorisé ■ Des scientifiques utilisant 400 calculateurs connectés ont trouvé les facteurs d'un nombre de 100 chiffres. Le calcul a pris 26 jours et met en danger la sécurité de nombreux systèmes modernes de cryptage.

Nombres premiers ■ Un nombre premier est un entier positif (autre que 1) qui n'est divisible, en donnant comme résultat un nombre entier, que par 1 et par lui-même par exemple 2, 3, 5, 7 ou 11. Le plus petit nombre premier est donc 2.
Le plus grand nombre premier connu est composé de 227 832 chiffres remplissant 32 pages de papier ordinateur. Découvert en 1992 par une équipe de mathématiciens du centre de recherche Cray de Chippewa Falls, Wisconsin, EU. Ce nombre, divisible seulement par 1 ou par lui-même commence par 174 135 906 820 087 097 325... et se termine 227 811 chiffres plus loin.
Le plus petit nombre non premier, ou nombre composite — en dehors de 1—, est 4.

La constante mathématique la plus récente ■ L'étude de la turbulence de l'eau, du temps et d'autres phénomènes chaotiques a révélé l'existence d'une nouvelle constante universelle, le nombre de Feigenbaum, du nom de son inventeur. Il vaut « environ » 4,669201609102990.

Le théorème le plus démontré ■ Un livre publié en 1940 contient 370 démonstrations du théorème de Pythagore, dont l'une est due au président des États-Unis d'Amérique, James Abram Garfield (1831-1881).

La démonstration la plus longue ■ La preuve de la classification de tous les groupes simples finis s'étend sur plus de 14 000 pages dans environ 500 articles de journaux mathématiques auxquels ont contribué plus de 100 mathématiciens sur une période de plus de 35 ans.

Un bonnet d'âne pour Eddington

ARTHUR EDDINGTON ANNONÇA EN 1938 QU'IL Y A EXACTEMENT : **15 747 724 136 275 002 577 605 653 961 181 555 468 044 717 914 527 116 709 366 231 425 076 185 631 031 296,00** PROTONS DANS L'UNIVERS ET LE MÊME NOMBRE D'ÉLECTRONS. MALHEUREUSEMENT POUR ARTHUR EDDINGTON, PERSONNE N'A JAMAIS ACCEPTÉ CE CALCUL BIEN TROP PRÉCIS, QUI EST MAINTENANT DISCRÉDITÉ.

Le plus long calcul d'ordinateur pour une réponse « oui ou non » ■ Le vingtième nombre de Fermat, $2^{2^{20}} + 1$, a été testé en 1986 avec un superordinateur Cray-2 pour savoir s'il s'agit d'un nombre premier. Après 10 jours de calculs, la réponse fut non.

La plus grande multiplication sur ordinateur ■ En juillet 1989, Michel Fadda, de Genviller, Moselle, a mis au point un programme informatique grâce auquel il a pu multiplier deux nombres de 2 200 chiffres chacun ; le résultat obtenu, après un calcul de 25 h, est un nombre de 44 000 chiffres. Il aurait fallu à un être humain 150 ans de calcul et une dizaine d'heures pour lire le résultat.

Les plus anciennes mesures ■ La première mesure de poids connue est le *bequa* de la période Amratian de la civilisation égyptienne, aux environs de 3800 av. J.-C. Elle a été trouvée à Naquada, Égypte. Les poids sont cylindriques, avec des extrémités rondes, de 188,7 à 211,2 g.
L'unité de longueur utilisée par les constructeurs de tombes mégalithiques du nord de l'Europe de l'Ouest, environ 3 500 ans av. J.-C., semble valoir 83 cm. C'est le Pr Alexandre Thom (1894-1985) qui est l'auteur de cette découverte.

Mesure du temps ■ Par suite des variations de la durée du jour, dont on estime

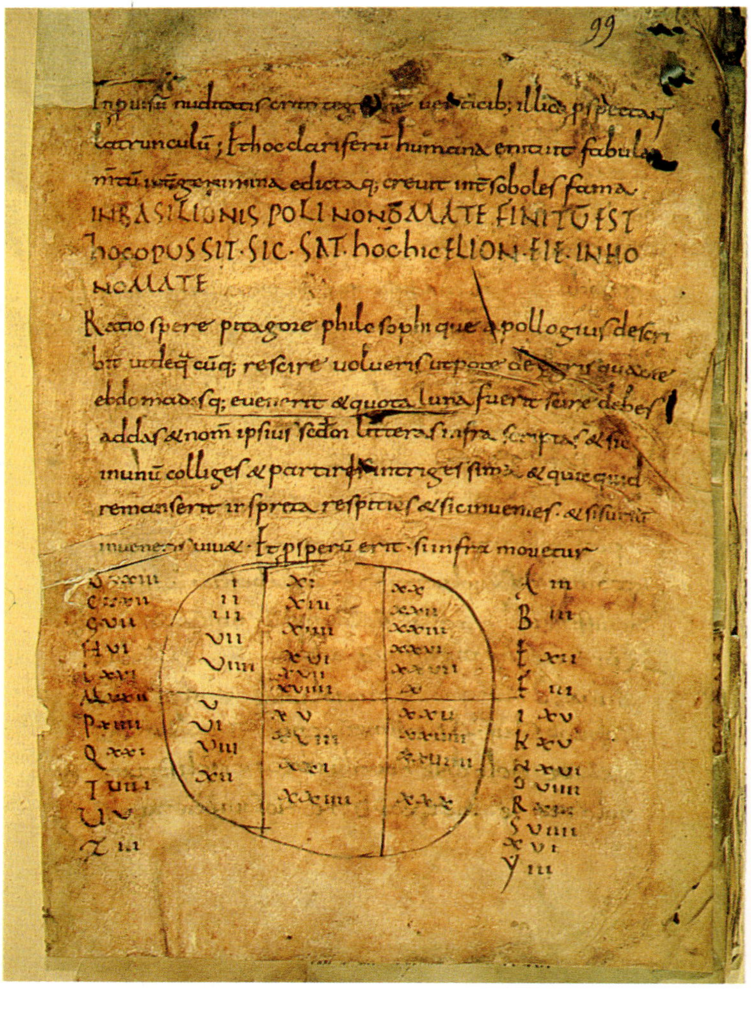

▷ *Détail du manuscrit du philosophe et mathématicien grec Pythagore (580 à 500 av. J.-C.) dont le théorème a 370 démonstrations différentes connues et répertoriées.*

qu'il croît de façon irrégulière au taux moyen d'une milliseconde par siècle à cause de l'effet de marée lunaire, la seconde a été redéfinie. Au lieu d'être la 86 400e partie du jour solaire moyen, on prend, depuis 1960, la 31 556 925 974e partie du jour solaire (ou tropical) de l'année 1900 ap. J.-C., le 1er janvier à midi, temps éphéméride.
En 1958, la seconde de temps éphéméride fut calculée comme étant équivalente à 9 192 631 770 ± 20 cycles de la transition hyperfine de l'atome de césium 133 non perturbé par des champs externes.
La plus grande variation diurne observée a été de 10 millisecondes, le 8 août 1972, par suite du plus violent vent solaire enregistré en 370 ans d'observations.
L'exactitude du standard de fréquence à césium approche 8×10^{-14}, à comparer avec 2×10^{-13} pour le laser hélium-néon stabilisé sur le méthane et 6×10^{-13} pour le maser à hydrogène.
La plus grande mesure de temps est le *kalpa*, dans la chronologie hindoue. Elle équivaut à 4 320 millions d'années.
En astronomie, une année cosmique est la période de rotation du Soleil autour de la Voie lactée, c'est-à-dire 225 millions d'années.
Au crétacé inférieur, il y a 85 millions d'années, la Terre tournait autour du Soleil plus vite qu'aujourd'hui, en 370,3 jours par an, alors qu'à l'ère cambrienne, il y a 600 millions d'années, on estime que l'année comprenait 425 jours.

π = ?

Le plus grand nombre de décimales avec lequel π a été calculé est de 1 011 196 691. Ce nombre a été obtenu par David et Gregory Chudnovsky, de l'université Columbia, à New York, qui utilisaient un IBM 3090 et un superordinateur Cray-2.
En 1897, l'Assemblée d'Indiana prit la décision légale n° 246 décrétant que π vaut de jure 4.
En 1853, William Shanks a publié son calcul de π avec 707 décimales. Quatre-vingt-douze ans après, en 1945, on a découvert qu'en fait les 180 derniers chiffres étaient tous faux.

◁ Seymour Cray, le génial informaticien américain qui mit au point, en 1979, l'ordinateur le plus puissant du monde, qui porte son nom, le Cray-1.

◁ La chambre à bulles de Batavia, Illinois, EU, a été désaffectée après 19 ans de service. Elle était la plus grande chambre cryogénique opérationnelle du monde.

Grandeurs *physiques extrêmes*

La température la plus élevée ■ Les températures produites au centre d'une bombe à fusion thermonucléaire sont de l'ordre de 300 à 400 millions de degrés Celsius. Parmi les températures contrôlables la valeur la plus élevée obtenue en laboratoire est d'un peu plus de 200 millions de degrés Celsius, dans le réacteur tokamak du JET (Jet European Torus) à Abingdon, Oxfordshire, GB, lors de la plus puissante réaction de fusion jamais réalisée, obtenant une puissance de 1,8 MW avec un débit de $6{,}3 \times 10^{17}$ neutrons/s, le 15 novembre 1991.

La température la plus basse ■ Le zéro absolu sur l'échelle de Kelvin, 0 K, correspond à – 273,15 °C. (La température de fusion de la glace, 0 °C, vaut 273,15 K.) La plus basse température, 2×10^{-9} kelvins, soit 2 milliardièmes de degré au-dessus du zéro absolu, a été obtenue, à l'université de technologie d'Helsinki, Finlande, à l'aide d'un cryostat à désaimantation nucléaire.
La plus basse température cynétique (température du mouvement des atomes) est égale à 2,5 millionièmes de degré. Elle a été obtenue par une équipe de l'École normale supérieure de la rue d'Ulm, à Paris.

Le plus petit thermomètre ■ Frederich Sachs, biophysicien à l'université de l'État de New York, a mis au point un ultramicrothermomètre pour mesurer la température d'une seule cellule vivante. La pointe a un diamètre de 1 micron, environ 1/50 du diamètre d'un cheveu humain.

Les pressions les plus élevées ■ Une pression continue de 1,7 Mbar (170 GPa) a été atteinte dans la presse hydraulique géante à faces en diamant du laboratoire de géophysique de l'Institut Carnegie, à Washington, en juin 1978. Ce laboratoire a annoncé la solidification de l'hydrogène à une pression de 57 kilobars, le 2 mars 1979. Si l'on réussit à l'obtenir, l'hydrogène métallique est censé être blanc argent, mais mou, avec une densité de 1,1 g/cm^3. La pression nécessaire pour atteindre cettte transition est estimée, par H. K. Mao et P. M. Bell, à 1 Mbar à 25 °C. En utilisant des méthodes dynamiques et des vitesses de choc atteignant 29 000 km/h, des pressions momentanées de 75 millions d'atmosphères (7 000 GPa) ont été obtenues en 1958.

Le plus grand baromètre ■ Un baromètre à eau de 12 m de hauteur a été construit, en 1987, par Bert Bolle, conservateur du musée du baromètre, à Maartendijk, Pays-Bas.

La plus grande machine à mesurer ■ La société italienne DEA, le numéro un mondial des systèmes et des équipements de mesure tridimensionnel, a réalisé, pour la société américaine d'aéronautique Lockheed, une machine de 40 m de long destinée à effectuer le contrôle tridimensionnel des fuselages et des ailes d'avion. Baptisée Bêta 2416, cette machine a coûté 800 000 $.

La balance la plus sensible ■ Le modèle 4108 de la société Sartorius fabriqué à Göt-

Absence de système de numérotation ■ Les Nambiquaras du Mato Grosso, au Brésil, n'ont aucun système de numérotation.
Ils possèdent néanmoins un verbe qui signifie « ils sont identiques ».

L'écho le plus long ■ L'écho le plus long dans un bâtiment dure 15 s. On l'entend quand on ferme la porte de la chapelle du mausolée de Hamilton, Lanarkshire, Écosse, construite entre 1850 et 1855.

La vitesse la plus élevée ■ La vitesse la plus élevée à laquelle un objet solide visible a été projeté est de 150 km/s. Il s'agissait d'un disque en plastique, au laboratoire de recherches navales, à Washington.

La note la plus élevée ■ Un faisceau laser frappant un cristal de saphir a produit un son de 60 GHz (gigahertz, soit 60 milliards de hertz), en 1964, à l'Institut de technologie du Massachusetts, EU.

Le lieu le plus tranquille ■ La « chambre morte » du laboratoire Bell Telephone System, à Murray Hill, New Jersey, EU, mesure 10,6 m x 8,5 m.
Cette chambre, la plus anéchoïque du monde, élimine 99,98 % du bruit réfléchi.

tingen, Allemagne, peut peser des objets jusqu'à 0,5 g avec une précision de 0,01 µg, soit 0,00000001 g, à peine un peu plus du soixantième du poids de l'encre de ce point final.

La plus grande chambre à bulles ■ L'installation de 7 millions de $, mise au point en 1973 à Weston, Illinois, EU, a environ 4,50 m de diamètre. Elle contient 33 000 litres d'hydrogène liquide à la température de – 247 °C et possède un aimant supraconducteur de 3 teslas.

La centrifugeuse la plus rapide ■ Les ultracentrifugeuses ont été inventées par Theodore Svedberg (1884-1971) en Suède en 1923. La vitesse de rotation la plus élevée obtenue par l'homme et la vitesse la plus élevée pour un objet sur Terre est de 7 250 km/h. Elle a été atteinte en 1975 par une fibre de carbone tournante de 15,2 cm, sous vide, à l'université de Birmingham, GB.

La coupe la plus fine ■ La machine tournante à diamants du laboratoire national Lawrence, à Livermore, Californie, a coûté 13 millions de $. On a annoncé en juin 1983 qu'elle est capable de diviser un cheveu humain 3 000 fois dans le sens de la longueur.

Le courant électrique le plus puissant ■ Si l'on déclenchait simultanément les 4 032 capacitifs constituant le dispositif capacitif Zeus, au laboratoire scientifique de Los Alamos, Nouveau-Mexique, EU, on produirait, pendant quelques microsecondes, deux fois plus de courant qu'il ne s'en produit partout ailleurs sur Terre.

La flamme la plus chaude ■ Le subnitrure de carbone (C_4N_2) peut produire une flamme de 4 988 °C à la pression atmosphérique.

La fréquence la plus élevée ■ La fréquence la plus élevée mesurée directement est celle de la lumière jaune-vert à 520,2068085 THz (un térahertz correspond à 1 million de millions de cycles par seconde) pour la composante O de la transition 17-1 P (62) de l'iode 127.
La fréquence mesurée la plus élevée dans la métrologie de précision est celle de la lumière verte à 582,491 703 THz pour la composante b_{21} de la transition R(15) 43-0 de l'iode 127.
Néanmoins, depuis la décision du 20 octobre 1983 de la Conférence générale des poids et mesures (CGPM) de définir exactement le mètre (m) en fonction de la vitesse de la lumière (c) de telle façon que « le mètre est la distance parcourue par la lumière dans le vide pendant un intervalle de temps égal à 1/299 792 458 de seconde », la fréquence (f) et la longueur d'onde l sont parfaitement interchangeables par la relation $f\lambda = c$.

Le coefficient de frottement le plus faible ■ Le coefficient de frottement statique et dynamique le plus faible de tous les solides est de 0,02. C'est celui du polytétrafluoroéthylène ($[C_2\,F_4]_n$) appelé PTFE, équivalant à celui de la glace fondante sur de la glace fondante. Produit en quantité industrielle pour la première fois par E. I. Du Pont de Nemours et Cie en 1943, il est commercialisé aux États-Unis et en France sous le nom de Téflon.
Dans la centrifugeuse de l'université de Virginie, EU, un rotor de 13,6 kg, suspendu magnétiquement, a tourné à 1 000 tours/s dans un vide de 10^{-5} mm de mercure. Il ne perd qu'un tour par seconde par jour, continuant à tourner pendant des années.

Des petits trous
Des petits trous

Un trou de 40 Å (4×10^{-6} mm, il y en aurait 250 000 dans 1 mm) a été visualisé en utilisant un microscope électronique JEM 100 C et des instruments Quantel Electronics au département de métallurgie d'Oxford, GB, le 28 octobre 1979. Localiser un tel trou revient à chercher une aiguille dans une meule de foin de 2 km. Le faisceau d'un microscope électronique a percé accidentellement dans un échantillon de β-alumine-sodium un trou de 2×10^{-6} mm (20 Å) de diamètre.

Les faisceaux laser les plus puissants ■ La première illumination d'un autre corps céleste que la Terre a été réalisée le 9 mai 1962, lorsqu'un faisceau de lumière a été réfléchi, avec succès, par la Lune, en utilisant un laser (amplification de la lumière par émission stimulée de rayonnement) relié au télescope de 122 cm de l'Institut de technologie du Massachusetts, EU.
La tache lumineuse mesure environ 6,4 km de diamètre sur la Lune. Ce dispositif laser a été suggéré en 1958 par l'Américain Charles Townes (né en 1915, prix Nobel de physique). Un tel éclair de flash de 1/5 000 de seconde peut percer un trou à travers un diamant, par vaporisation à 10 000 °C.
Le laser Nova, au laboratoire Lawrence de Livermore, Californie, EU, a obtenu une énergie de 100 kJ à 1,06 micron et une énergie de 40 kJ à 0,35 micron.

La lumière la plus brillante ■ Les sources artificielles les plus brillantes sont des impulsions « laser » créées, en 1987, au laboratoire national de Los Alamos, Nouveau-Mexique, EU, par Robert Graham.
Un flash ultraviolet durant une picoseconde (10^{-12} s) est amplifié jusqu'à une énergie de 5×10^{15} watts.
De toutes les sources brûlant de façon continue, la plus puissante est un arc à argon sous haute pression de 313 kW, produisant une lumière équivalant à 1,2 million de bougies. Il a été réalisé par la société Vortek Industries de Vancouver, Canada, en mars 1984.
Le projecteur la plus puissant a été fabriqué pendant la Seconde Guerre mondiale par la société General Electric au centre

▷ *Section intérieure de l'anneau de stockage d'électron-positron de l'accélérateur de particules du Cern.*

de recherches Hirst, à Wembley, Londres. Il produisait 600 kW et son arc avait une luminance de 46 500 candelas/cm^2 et une intensité maximale de 2,7 milliards de bougies à partir de son miroir parabolique de 3 m de diamètre.

L'impulsion lumineuse la plus courte ■ Charles Z. Shank et ses collègues des laboratoires AT & T dans le New Jersey, EU, ont réussi en 1985 à produire une impulsion lumineuse de 8 femtosecondes (8×10^{-15} s).

La plus ancienne ampoule ■ C'est en 1901 qu'une ampoule de 5 watts à filament de carbone fabriquée par la société Shelby Electric, à Livermore, Californie, EU, a fourni pour la première fois de la lumière. (Une ampoule électrique dure en moyenne 750 à 1 000 h.)

L'aimant le plus lourd ■ L'aimant de l'Institut de physique nucléaire de Dubna, près de Moscou, utilisé pour le synchrophasotron de 10 GeV, mesure 60 m de diamètre et pèse 36 000 t.

Champs magnétiques ■ Le champ magnétique continu le plus intense atteignait 35,3 ± 0,3 teslas au laboratoire de l'aimant Francis Bitter, à l'Institut de technologie du Massachusetts, EU, le 26 mai 1988. Il a nécessité l'usage d'un aimant hybride avec des pièces polaires en holmium.
Le champ magnétique le plus faible mesure 8×10^{-15} teslas dans la chambre fortement blindée du même laboratoire. Il est utilisé par David Cohen dans ses recherches sur les très faibles champs magnétiques engendrés dans le cœur et le cerveau.

Le microscope le plus puissant ■ Le microscope à balayage à effet tunnel, inventé au laboratoire de recherches IBM de Zurich, Suisse, en 1981, a un pouvoir d'agrandissement de 100 millions. Il peut résoudre au centième le diamètre d'un atome (3×10^{-10} m). La quatrième génération de ce microscope à effet tunnel est censée être de la « taille du bout d'un doigt ».
En utilisant la microscopie à effet de champ, les pointes des sondes des microscopes à effet tunnel ont été dessinées en forme pour se terminer par un seul atome, les trois dernières couches constituant la plus petite pyramide artificielle, avec 7,3 et 1 atomes.

Le bruit le plus violent ■ Le bruit le plus violent produit en laboratoire atteignait 210 décibels ou 400 000 watts acoustiques. Ce record appartient à la Nasa, qui testait un lit de béton et d'acier pour la fusée *Saturne V*, avec des fondations de 18 m de profondeur, au centre de vol spatial Marshall, à Huntsville, Alabama, EU, en octobre 1965. Ce bruit pouvait percer des trous dans des matériaux solides et s'entendait à 150 km de distance.

Le plus petit microphone ■ Le Pr Ibrahim Kavrak, de l'université Bogazici, à Istanbul, Turquie, a mis au point en 1967 un microphone pour une nouvelle technique de mesure de la pression dans un écoulement fluide. Ce micro répond à des fréquences s'étendant entre 10 Hz et 10 KHz et mesure 1,5 mm x 0,7 mm.

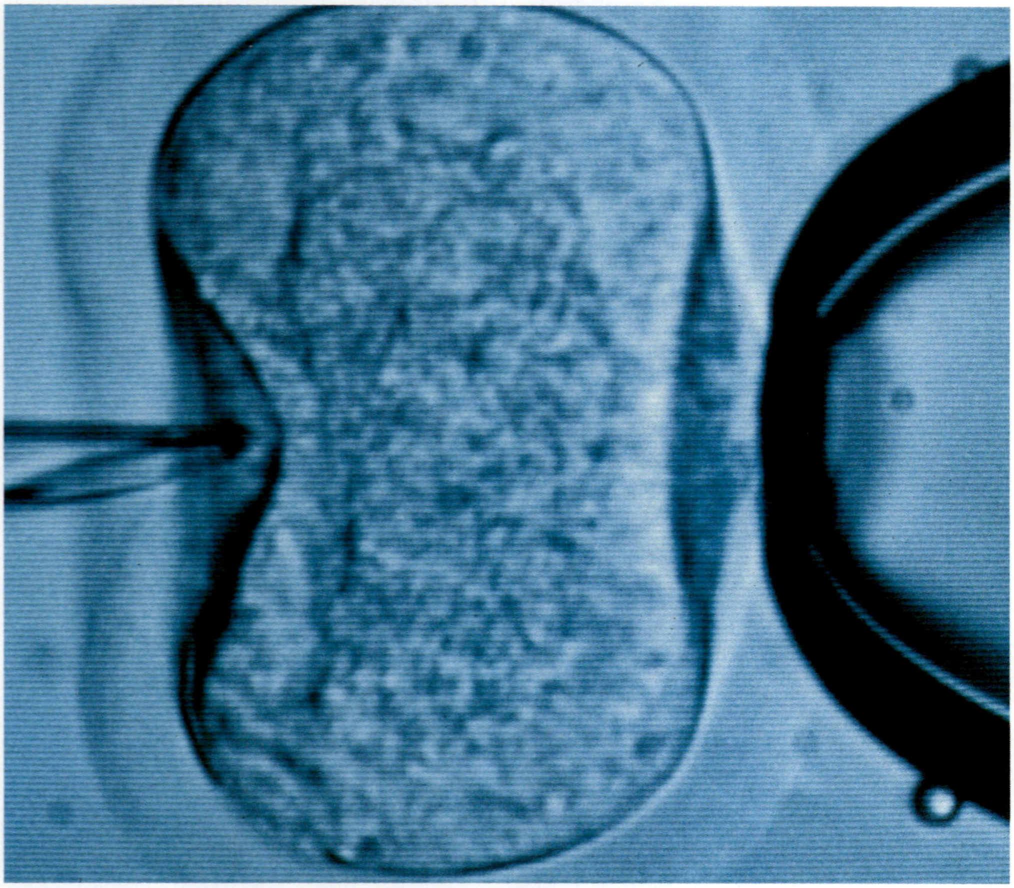

Les accélérateurs de particules les plus puissants ■ Le synchrotron à protons de 2 km de diamètre du laboratoire national Fermi, à Batavia, Illinois, EU, est le « briseur d'atomes » à l'énergie la plus élevée du monde. Le 14 mai 1976, une énergie de 500 GeV (gigaélectronvolts) a été atteinte pour la première fois.
Le 13 octobre 1985, une énergie dans le repère du centre de masse de 1,6 TeV ($1{,}6 \times 10^{12}$ eV) a été obtenue en faisant entrer en collision des faisceaux de protons et d'antiprotons.
Il a fallu 1 000 aimants supraconducteurs maintenus à la température de – 268,8 °C par la plus grande usine de liquéfaction d'hélium. Cette usine, opérationnelle depuis avril 1980, débite 4 500 litres d'hélium liquide à l'heure.
Le Cern a réussi à faire entrer en collision des faisceaux de protons et d'antiprotons dans son supersynchrotron à protons, près de Genève, Suisse, le 10 juillet 1981. Cela revenait à bombarder une cible fixe avec des protons ayant une énergie de 150 TeV (ou 150 000 GeV).

Le plus petit objet artificiel ■ Texas Instruments, à Dallas, Texas, a réussi, le 8 février 1988, à fabriquer des « points quantiques » en indium et arséniure de gallium ayant un diamètre de 1 millionième de millimètre.

Le vide le plus poussé ■ Les vides obtenus par la société IBM au centre de recherches Thomas J. Watson, à Yorktown Heights, New York, en octobre 1976, dans un système cryogénique avec des températures descendant jusqu'à – 269 °C, sont de l'ordre de 10^{-14} torr. Si l'on compare les molécules à des balles de tennis, c'est comme si ces balles, placées pour commencer à 1 m les unes des autres, se retrouvaient distantes de 80 km.

MICROPIPETTE

Les objets les plus pointus sont des tubes de micropipettes en verre utilisés pour des travaux intracellulaires sur des cellules vivantes. Kenneth T. Brown et Dale G. Flaming, du département de physiologie de l'université de Californie, à San Francisco, ont réalisé des pointes biseautées d'un diamètre extérieur de 0,02 micron et d'un diamètre intérieur de 0,01 micron. Elles sont 340 fois plus petites que le plus petit tube de nickel et 6 500 fois plus fines qu'un cheveu humain.

La tension la plus élevée ■ La différence de potentiel la plus grande jamais atteinte en laboratoire a été de 32 ± 1,5 millions de volts, par National Electrostatics, à Oak Ridge, Tennessee, EU, le 17 mai 1979.

△ *La pointe biseautée, d'un diamètre intérieur de 0,01 µm, est utilisée sur ce document pour injecter des cellules de sperme directement dans un ovule, lors d'une intervention in vitro.*

Forage dans la banquise ■ En atteignant le 12 juillet le socle rocheux du Groenland, à 3 028,8 m de profondeur, le forage profond de la calotte glaciaire du Groenland va fournir aux glaciologues des archives inestimables du climat de la Terre au cours des 200 000 dernières années.

Forages et mines

Le forage le plus profond ■ La pénétration humaine la plus profonde de la croûte terrestre est un forage d'exploration géologique près de Zapolarny, péninsule de Kola, ex-URSS, commencé en 1970. En avril 1990, une profondeur de 12 124 m était dépassée. L'avancement s'est ralenti, de façon compréhensible, jusqu'à 500 m par an au fur et à mesure que l'objectif de 15 000 m en 1995 se rapprochait. La tête de forage est montée sur une turbine commandée par une pompe à boue. La température à 12 km de profondeur était déjà de 210 °C.
Les Allemands ont entrepris en octobre 1986 le forage du trou Erbendorf, en haute Bavière. La profondeur prévue est de 14 km pour un projet de 1,5 milliard de F.

France ■ Le gisement de gaz d'Ucha, Pyrénées-Atlantiques, découvert en 1970, se trouve à 4 460 m de profondeur. Le gisement de pétrole de Lavergne, Lot, découvert en 1962, se trouve à 3 190 m de profondeur.

Puits creusé ■ En mars 1962, à la mine de Buffelsfontein, Afrique du Sud, on creusa un puits de 381 m aux dimensions standard de 8 m de diamètre dans le temps record d'un mois (31 jours).

Forage maritime ■ Le forage le plus profond dans le lit marin, réalisé par le *Glomar-Challenger* du Projet de forage profond américain, a été de 1 740 m, au nord-ouest de l'Espagne, en 1976.
Le site le plus profond est maintenant à 7 034 m sous la surface, atteints en mai 1978 dans la fosse des Mariannes, océan Pacifique.

Pétrolier ■ Petrobras, la compagnie nationale brésilienne des pétroles, a mis en exploitation, le 14 mars 1991, le puits n° 6 du champ pétrolifère de Marlim, à 720 m de profondeur, dans l'Atlantique.

France ■ Entre le 8 novembre 1982 et le 4 janvier 1983, le navire américain *Discoverer-Seven-Seas* a effectué, pour le compte d'une association des compagnies pétrolières Total, Elf-Aquitaine et Esso-France, un forage destiné à améliorer la connaissance des fonds marins de la Méditerranée. Il a atteint la profondeur de 1 714 m, au sud-ouest de Marseille, Bouches-du-Rhône.

Plates-formes pétrolières *La plus lourde* ■ Gullfaks C, en mer du Nord, pèse 846 000 t. C'est une plate-forme de type Condeep, munie d'un pont en acier et d'une base de béton, d'une hauteur de 380 m. Elle a été construite et mise en service par la sociéé norvégienne Statoil.

La plus haute ■ La plate-forme de Conoco et de Texas and Occidental Petroleum, à 160 km au large de la Louisiane, EU, mesure 536 m de haut.

Jaillissement de pétrole ■ Le 26 août 1956, le puits n° 5, à Alborz, près de Qom, en Iran, explosait. Un jaillissement de pétrole non contrôlé s'éleva jusqu'à une hauteur de 52 m, libérant l'équivalent de 120 000 barils par jour, à une pression de 62 055 kPa. Il fut obturé au bout de 90 jours de travail par B. Mostofi et Myron Kinley, du Texas.
Le forage de pétrole Lake View n° 1, en Californie, aurait fourni 125 000 barils pendant ses 24 premières heures de fonctionnement, le 15 mars 1910.

Mina minée

L'explosion, en janvier 1991, pendant la guerre du Golfe, des réservoirs du terminal pétrolier de Mina al-Ahmadi, au Koweït, et de trois pétroliers ancrés à proximité a déversé dans le golfe Arabo-Persique de 350 000 à 700 000 t de pétrole.

Marées noires ■ L'éruption du puits mexicain Ixtoc 1, le 3 juin 1979, a déversé dans le golfe du Mexique au moins 500 000 t de pétrole (et même 1 million de t, d'après certaines estimations). L'écoulement n'a pu être colmaté qu'au bout de 9 mois et demi, le 24 mars 1980.

Dues à un accident de pétrolier ■ Le lecteur intéressé se reportera utilement au chapitre *Véhicules, rubrique « Bateaux »*.

Flamme ■ La plus grande flamme de gaz a brûlé à Gassi Touil, Sahara algérien, du 13 novembre 1961 au 28 avril 1962. Le jet montait à 137 m et la fumée à 182 m. Il finit par être éteint par le célèbre « pompier volant » américain « Red » Adair (né en 1932), qui utilisa 245 kg de dynamite. Ses honoraires se seraient élevés à 1 million de $, plus les frais.

Puits d'eau ■ Le forage aquifère le plus profond du monde est le Stensvad Water Well 11-W1 de 2 331 m percé par Great Northern Drilling dans le comté de Rose-

▷ La plus haute plate-forme pétrolière, dont le pont est en acier posé sur les pieds de béton, mesure 536 m de haut.

◁ *La France possédait avec la mine de Salsigne, dans l'Aude, la seule mine d'or d'Europe occidentale. Sa production de 1,5 tonnes annuelle d'or ne suffisait pas à la rentabiliser. Elle a dû fermer en 1992.*

bud, Montana, EU, en octobre et novembre 1961.
Le puits de vapeur géothermique de la société Thermal Power, dont le forage a commencé dans le comté de Sonoma, Californie, atteint 2 752 m.

France ■ Le plus ancien puits artésien d'Europe peut se voir à Lillers, Pas-de-Calais. Découvert accidentellement par les moines de l'ancien couvent dominicain, il date de 1126. La source qui l'alimentait est aujourd'hui épuisée. Les puits artésiens doivent leur nom à la province de l'Artois, où l'on trouve les premiers puits de l'Occident.

Gisements

Le plus ancien ■ On peut dater d'au moins 40 000 ans le gisement d'hématite (minerai de fer rouge, le plus répandu) de la caverne du Lion, près de Ngwenya, au Ngwane (ou Swaziland).

Le plus profond ■ A Western Deep Levels, près de Carletonville, Afrique du Sud, on extrait l'or à une profondeur de 3 700 m, par une température de 55 °C.

Le forage le plus rapide ■ Pendant le forage de quatre puits dans le comté de McMullen, Texas, EU, la société Harkins a réussi à creuser sur 10 477 m en un mois (juin 1988).

La plus grande carrière ■ S'étendant sur 7,2 km^2, la carrière de Bingham Canyon, Utah, EU, a produit 3,3 milliards de t de pierres depuis l'origine.

Le plus ancien code minier ■ Octroyée le 27 février 1227 aux mineurs de la terre d'Hierle (aujourd'hui répartie entre les départements du Gard et de l'Hérault), cette charte, conservée aux archives de la ville de Nîmes, fut rédigée par Raymond de Peyraube, notaire à Ganges, Hérault. Elle précisait les droits du seigneur, les droits et les devoirs du mineur, dans une région où, dès l'époque gallo-romaine, on exploitait le cuivre (à Arrigas, Gard).

Argent ■ Les plus anciennes mines d'Europe se visitent à Melle, Deux-Sèvres. Elles étaient activement exploitées à l'époque carolingienne et peut-être dès le IIe siècle. L'activité minière s'arrêta vers l'an 1000, puis les mines, abandonnées et oubliées, furent redécouvertes en 1830.

Charbon *Le puits d'exploration le plus profond* ■ En août 1983, on a atteint 2 042 m près de Thorez, dans le bassin houiller du Donbass, ex-URSS.

Mine à ciel ouvert ■ A Fortuna-Garsdorf, près de Bergheim, Allemagne, le gisement de lignite couvre une superficie de 21 km^2 en surface et atteint 325 m de profondeur.

France ■ Le charbon fut exploité dès le XIIIe siècle, dans les affleurements de Saint-Étienne, du Creusot, d'Alès, de Graissessac et de Carmaux, par des galeries à flanc de coteau ou par des puits équipés d'un treuil en bois.
La dernière mine encore en exploitation, située à Oignies, Pas-de-Calais, a fermé définitivement le 21 décembre 1990.

Cuivre *Le puits à l'air libre le plus profond* ■ A Bingham Canyon, près de Salt Lake City, Utah, EU, le puits atteint 800 m.

Fer ■ La plus grande mine du monde est celle de Lebedinski, dans la région de Koursk, ex-URSS. Elle a déjà produit 20 milliards de t d'un minerai à 45-60 %.

Or *La plus grande mine* ■ Rand Proprietary Mines, à Boksburg, Transvaal, Afrique du Sud, s'étend sur 4 900 ha.

La plus riche ■ Crown Mines, au Transvaal, Afrique du Sud, a produit 49,4 millions d'onces d'or fin (1 400 t) depuis le début de son exploitation.

La plus productive ■ La mine du Muruntau, en Ouzbékistan, produit, selon des estimations occidentales, 80 t d'or par an.

France ■ La plus ancienne et la plus importante est la mine de Salsigne, Aude. Découverte en 1908 et fermée en 1992 elle produisait 2 t par an. La France possèdait les seules mines d'or d'Europe occidentale, pour une production annuelle de 2 à 3 t.

L'étoile de l'espoir

La pépite Holtermann, trouvée le 19 octobre 1872 dans la mine Star of Hope, à Hill End, Nouvelle-Galles du Sud, Australie, contenait environ 100 kg d'or et était encastrée dans une dalle d'ardoise de 285 kg.

La plus grosse pépite pure ■ La pépite Welcome Stranger, découverte en 1869 à Moliagul, Victoria, Australie, a produit 70 kg d'or pur.

Platine ■ Les mines de Rustenburg, au Transvaal, Afrique du Sud, produisent 28 t par an.

Plomb ■ Le plus grand gisement (10 % de la production mondiale) est celui de Viburnum Trend, dans le sud-est du Missouri, EU.

Talc ■ Le groupe des Talcs de Luzenac, Ariège, est le premier producteur mondial, avec plus de 500 000 t par an. Il exploite le gisement de Trimouns, à 1 800 m d'altitude.

Tungstène ■ La plus grande mine du monde est celle d'Union Carbide, à Mount Morgan, Californie, EU. Elle produit 2 000 t par jour.

Uranium ■ Le puits à ciel ouvert de Rio Tinto Zinc, à Rossing, Namibie, a permis l'extraction de 5 000 t d'oxyde d'uranium.

Le plus grand souterrain ■ La mine de San Manuel, Arizona, EU, appartenant à la société Magma Copper, comprend 570 km de tunnels.

△ *Dans la nuit du 9 au 10 novembre 1965, 30 millions de personnes furent plongées dans le noir pendant 13 h. Cette impressionnante photo de satellite permet de constater que toute la partie ouest des États-Unis se trouve dans l'obscurité complète.*

Énergie

La plus grande ■ La plus grande machine à vapeur à un seul cylindre a été conçue par Matthew Loam, de Cornouailles, GB, et réalisée par la fonderie Hayle en 1849, pour une installation de drainage du sol à Haarlem, Pays-Bas. Le cylindre a un diamètre de 3,65 m, si bien que chaque passage, également de 3,65 m, élève 60 t d'eau.

La plus économique ■ La machine de Taylor, construite par Michael Loam pour United Mines, Gwennap, Cornouailles, GB, en 1840, n'employait que 1,7 livre de charbon par cheval-vapeur de puissance par heure.

Pétrole ■ En 1990, le premier producteur du monde était l'URSS, qui a produit 569,3 millions de t, devant les États-Unis, 409,6 millions de t.

France ■ En 1990, la France a produit 3,017 millions de t de pétrole.

Gisement ■ Le plus grand champ pétrolifère du monde est celui de Ghawar, en Arabie Saoudite. Il s'étend sur 240 km x 35 km et renferme 6,5 milliards de t de réserves.

France ■ Le gisement le plus productif est celui de Chaunoy, Seine-et-Marne, découvert en 1983. Il a fourni 645 463 t en 1990.

Les rois du pétrole

L'Arabie Saoudite a des réserves de pétrole, les plus grandes du monde, estimées à 35 milliards de t. Ce pays ayant produit 320,7 millions de t en 1990, ces réserves équivalent à environ 100 ans de production au rythme actuel.

Gaz ■ Le premier producteur mondial est l'ex-URSS, qui a produit 815 milliards de m^3 en 1990.

France ■ En 1990, la France a produit 4,3 milliards de m^3 de gaz.

Gisement ■ Le plus grand gisement de gaz naturel du monde est celui d'Ourengoï, Sibérie occidentale. Ses réserves sont estimées à 7 000 milliards de m^3, soit trente fois celles de Lacq (voir ci-dessous).

France ■ Le gisement de Lacq-Profond, Pyrénées-Atlantiques, découvert en 1951, a produit 2,6 milliards de m^3 en 1990.

Centrales d'énergie ■ La plus grande station d'énergie en fonction est celle du barrage de Grand Coulée, sur la Columbia, État de Washington, EU. Elle fournit une puissance hydroélectrique de 7 400 MW (mégawatts). Elle est entrée en service en 1942.

La centrale d'Itaipu, sur le Paraná, à la frontière du Brésil et du Paraguay, a commencé à fournir de l'énergie le 25 octobre 1984. Le cours du Paraná a été dévié sur 2 km pour édifier le barrage, haut de 180 km. L'électricité produite sert à l'approvisionnement en énergie du sud-est du Brésil.

La plus grande centrale thermique du monde est le complexe d'Ekibastouz, Kazakhstan, qui fonctionne depuis mai 1982.

France ■ La plus grande centrale thermique est celle de Cordemais, Loire-Atlantique. Mise en service en 1970, sa puissance est de 2 479 MW.

La plus grande centrale hydraulique est celle de Serre-Ponçon, Hautes-Alpes, construite sous le barrage du même nom. Elle produit 1 670 millions de kWh par an.

Le plus grand générateur d'énergie éolienne est le prototype de Corbières, Aude. Sa puissance est de 750 kW.

Pile nucléaire ■ La première pile nucléaire a été construite sur un court de squash désaffecté à Stagg Field, université de Chicago, Illinois, EU. Elle « divergea » à 15 h 25 le 2 décembre 1942.

Centrales nucléaires ■ La première centrale nucléaire produisant de l'électricité

◁ *Avec un vent de 50 km/h les éoliennes modernes peuvent développer des puissances de plusieurs milliers de kW.*

fut ERR-1, aux États-Unis, le 20 décembre 1951.
La centrale de Fukushima, Japon, est la plus grande du monde. Elle possède 10 réacteurs pour une puissance de 9 096 MW.

France ■ La première centrale nucléaire fut G 1 Marcoule, à Chusclan, Gard. Sa construction commença en janvier 1956, et elle fut mise en service deux ans plus tard.
La plus grande est celle de Gravelines, Nord, mise en service le 13 mars 1980. Sa puissance utile est de 2 785 MW, mais elle peut développer une puissance maximale de 5 460 MW.

Réacteur nucléaire ■ Le plus grand réacteur nucléaire isolé appartient à la centrale d'Ignalina, Lituanie. Mis à pleine puissance en janvier 1984, il développe 1 450 MW.

Énergie de fusion ■ Au JET (Joint European Torus), à Culham, GB, on a atteint, le 10 octobre 1988, une température de 100 millions de degrés Celsius.

Énergie solaire ■ Le plus grand four solaire du monde est Luz, dans le désert Mojave, Californie, EU. Il comprend les neuf plus grands systèmes d'électricité solaire du monde et produit 354 MW.
Le système d'énergie solaire de Packerland Packing, usine de Bellevue, Green Bay, Wisconsin, EU, terminé en janvier 1984, possède 9 750 collecteurs de 1,21 m x 2,43 m couvrant 28 985 m². Il produit une énergie qui peut s'élever à 8 000 milliards de joules, soit 27 MW de puissance.

France ■ Le four solaire d'Odeillo, Font-Romeu, Pyrénées-Orientales, achevé en 1968, a une puissance de 1 MW. La température maximale au centre est de 3 800 °C. Son grand miroir parabolique se compose de 9 500 glaces et couvre 2 000 m².

Usine marémotrice ■ La première et la plus grande usine marémotrice du monde est celle de la Rance, Ille-et-Vilaine, mise en service le 26 novembre 1966, sur l'estuaire de ce fleuve de 100 km qui se jette dans la Manche. Construite en cinq ans pour 420 millions de F, elle produit 550 millions de kWh par an. Le barrage, de 804 m de long, contient 24 turboalternateurs. Elle fonctionne dans les deux sens de la marée.

Chaudière ■ Les plus grandes chaudières, commandées aux États-Unis à la société Babcock et Wilcox, ont une puissance de 1 330 MW, mettant en jeu l'évaporation de 4,2 millions de kg d'eau par heure.

Turbines *Hydrauliques* ■ Prévues pour une puissance de 815 MW, les plus grandes turbines hydrauliques ont été mises en place par Allis-Chalmers à la troisième centrale de Grand Coulée, État de Washington, EU. Elles ont un diamètre de 9,70 m, un rotor de 407 t et un arbre de 317 t.

A gaz ■ La plus grande turbine à gaz est le modèle GT 13 E de Brown Boven, dont la puissance de sortie maximale est de 140 MW. La première machine de ce type a été installée aux Pays-Bas pour augmenter de plus de 46 % la puissance (500 MW) fournie par la centrale d'énergie à vapeur Hemweg 7.

Turbopompe ■ La plus grande pompe réversible a été réalisée par Allis-Chalmers pour le projet du comté de Bath, Virginie, EU. Elle atteint une puissance maximale de 457 MW en turbine. Elle peut refouler sur une hauteur de 393 m. Le rotor a un diamètre de 6,3 m et une vitesse de rotation de 257 tours/mn.

Coupure de courant ■ La plus importante panne de courant de l'histoire a touché 7 États du nord-est des États-Unis et l'Ontario, au Canada, les 9 et 10 novembre 1965. Environ 30 millions de personnes, réparties sur 270 000 km², étaient plongées dans le noir. On ne dénombra que deux victimes. A New York, le courant cessa à 17 h 25 et ne fut pleinement rétabli qu'au bout de 13 heures. Une autre panne de courant, de 52 mn, à New York, le 13 juillet 1977, a coûté 1 milliard de $, pillage compris.

Moulins à vent *Les plus anciens* ■ Les premiers moulins à vent de l'histoire servaient à moudre le grain en Mésopotamie au VIIe siècle av. J.-C.

Le plus haut ■ Le moulin à vent De Noord, à Schiedam, Pays-Bas, est le plus haut d'Europe. Il mesure 33 m.

Le plus grand ■ La première éolienne de 3 000 kW était une turbine de 150 m de haut, construite par la société Grosse Windenergie-Anlage en 1982 sur la côte frisonne de l'Allemagne.
Commencée en mars 1984 sur la côte nord d'Oahu, Hawaï, EU, l'installation GEC MOD-5A développera avec ses hélices de 122 m une puissance de 7 300 kW lorsque le vent atteindra 50 km/h.

Moulins à eau ■ Il existe des moulins à eau pour moudre le grain à Priston Mill, près de Bath, Avon, GB, depuis des temps antérieurs à l'invasion de l'Angleterre par les Normands. Le plus ancien connu date de 931.

Moulin à marée ■ Le 12 novembre 1989, le moulin à marée d'Eling, GB, a fait tourner sa roue à eau pendant 16 h 7 mn en une journée. C'est le seul moulin encore en état de marche à utiliser la puissance des marées pour la production régulière de farine complète.

Ingénierie

Les plus anciens mécanismes ■ Les *dâlu* sont des systèmes d'élévation d'eau dont on sait qu'ils étaient déjà en usage chez les Sumériens, 3 500 ans av. J.-C. Ils sont donc encore plus anciens que les *saqiyas*, sur le Nil.

ASCENSEUR POUR L'ÉCHAFAUD

C'est bien involontairement que Graham Coates a établi son record du monde, en restant coincé 62 h dans un ascenseur de Brighton, Sussex, GB, du 24 au 26 mai 1986.

Six personnes (trois hommes et trois femmes) sont restées enfermées 18 h, du samedi 20 janvier 1990, 21 h, au dimanche 21 janvier, 15 h, dans un ascenseur de Saint-Brieuc, Côtes-d'Armor. Ils quittaient un vernissage lorsque l'ascenseur est tombé en panne dans l'immeuble vide.

Ascenseurs ■ Les ascenseurs les plus rapides du monde sont les « express » se hissant jusqu'au 60e étage de l'immeuble Sunshine 60 (240 m), à Tokyo, Japon. En service depuis le 5 avril 1978, ils ont été

Machines à vapeur *La plus ancienne* ■ Denis Papin (1647-1714) discerna le premier la force de la vapeur d'eau. Il réalisa en 1690 sa fameuse « marmite », ancêtre de notre Cocotte-Minute.
La plus vieille machine à vapeur en état de marche est la machine Boulton et Watt 1812, de 26 ch, avec une chambre de 1 066 mm de diamètre, installée sur le canal Avon, à Great Bedwyn, GB. Elle fut restaurée par la compagnie Crofton en 1971 et fonctionne depuis de temps à autre.

▽ *Louis Joseph Gay-Lussac physicien et chimiste français (1778-1850), outre sa découverte du bore (voir tableau ci-contre), effectua deux ascensions en ballon, battant le record d'altitude, et vérifiant la constance de la composition de l'air (1804).*

Escalier roulant ■ Un record d'absurdité a été atteint au centre commercial de Kawasaki, Japon. Les clients fatigués y disposent d'un escalier roulant de 83 cm de haut.

construits par la société Mitsubishi. Ils atteignent une vitesse de 10 m/s, soit 36 km/h.
Des vitesses verticales beaucoup plus élevées sont atteintes dans les puits de descente des mines. Un monte-charge, dans un puits de 2 072 m de profondeur, appartenant à Western Deep Levels, en Afrique du Sud, fonctionne à la vitesse de 65 km/h.

France ■ L'ascenseur de la tour Eiffel, à Paris, mis en service en juin 1889, s'élève jusqu'à 276 m. Il faut cependant changer de cabine au 2e étage de la tour (à 115 m).
Le plus rapide des 25 ascenseurs de la tour Montparnasse, à Paris, celui qui dessert la terrasse panoramique, s'élève d'une traite au 56e étage (200 m) en 33 s, à la vitesse de 6 m/s (21,6 km/h).

Câbles ■ British Ropes, à Wallsend, Northumberland, GB, a fabriqué les 4 câbles les plus long du monde, chacun mesurant 24 km. Ces câbles ont un diamètre de 3,5 cm et pèsent chacun 108,5 t. Ils ont été commandés par CEGB (l'équivalent britannique d'EDF) pour être utilisés dans la construction de la ligne de 2 000 MW qui traverse la Manche.
Les câbles les plus gros sont des câbles de grue à épissure tressés de 28,2 cm de diamètre, formés par la réunion de 2 392 câbles individuels. Ils furent fabriqués en mars 1979 par British Ropes pour lever des charges atteignant 3 000 t.
Les câbles les plus lourds du monde, pesant chacun 130 t, sont utilisés dans les puits des mines d'or de Western Deep Levels, Afrique du Sud.

Camion-benne ■ Le camion-benne géant fabriqué pour l'exploitation des mines de charbon à ciel ouvert en Australie par le consortium japonais SMEC a 16,80 m de long et pèse 180 t. Ses pneus ont un diamètre de 3,50 m. La benne a une capacité de 19 m^3.

Chaîne de convoyage ■ La plus grande chaîne de convoyage d'un seul tenant est longue de 29 km. Installée par Cable Belt, de Camberley, GB, elle se trouve en Australie.
Le convoyeur le plus long du monde relie sur 100 km la mine de phosphate de Bucraa au port d'El-Aiun, au Maroc. Construit par Krupps, il fut terminé en 1972. Composé de 11 chaînes successives, il fonctionnait à 4,5 m/s, mais est aujourd'hui arrêté.

Chariot élévateur ■ La société suédoise Kalmar LMV a fabriqué, en 1985, dix chariots élévateurs capables de soulever des charges de 80 t. Ils furent conçus pour manœuvrer le grand oléoduc libyen.

Chasse-neige ■ Un chasse-neige dont la lame mesure 9,80 m de longueur a été conçu et réalisé par la société Thomas Sedgwick, de Syracuse, État de New York, EU, pour être utilisé à l'aéroport international Hancock. Si la neige tombait sur 15 cm, il pourrait en dégager 6 500 m^3 à l'heure.

Concasseur ■ Conçu et construit par la société Dragon-Babbitless, de Fontaine, Isère, le concasseur en service à la mine de charbon à ciel ouvert de Sainte-Marie, près de Carmaux, Tarn, est l'un des plus grands du monde. Il est constitué de trois modules d'une capacité de 3 000 t/h, acceptant des blocs de 1,6 m de diamètre. Chaque module, haut de 20 m, pèse environ 400 t.

Craqueur catalytique ■ La raffinerie Bayway, de la société Exxon, à Linden, New Jersey, EU, possède le plus grand craqueur catalytique du monde. Sa capacité journalière est de 19 millions de litres.

Drague ■ Les Ateliers de l'Oural, à Sverdlovsk, ex-URSS, possèdent une drague d'une portée de 100 m et un chariot d'une capacité de 24 m^3.
La drague mobile la plus grande du monde est Big Muskie, une Bucyrus-Erie de 4 250 W, d'un poids total de 11 820 t munie d'un chariot de 168 m^3 de capacité sur une portée de 94 m. Il s'agit de la plus grande machine terrestre mobile du monde. Elle est actuellement en service sur le site de Muskingum, dans la mine de charbon Central Ohio, aux États-Unis.

Écrous ■ Les plus gros écrous jamais fabriqués pèsent 4,8 t. Ils ont un diamètre extérieur de 1,32 m et un filetage de 63,5 cm. Connus sous le nom d'« écrous Pilgrim », ils sont fabriqués par Pilgrim Moorside, à Oldham, Lancashire, GB, pour être utilisés sur les montants d'une grande presse de forge.

Ça roule

Le terme d'escalier roulant (escalator) a été enregistré aux États-Unis le 28 mai 1900, mais le premier « escalier incliné » mobile fut installé sur la jetée de Coney Island, New York, en 1896, par Jesse W. Reno.

L'escalier roulant du métro de Saint-Pétersbourg, Russie, à la station Place-Lénine, a 729 marches et une dénivellation de 60 m.

Le plus long du monde est un escalier extérieur en quatre parties, à Ocean Park, Hong Kong. Il a une longueur totale de 227 m et une dénivellation de 115 m.

Le plus grand escalier roulant français relie le quartier industriel de la plaine de l'Eure aux quartiers d'habitation du Haut-Graville et de Frileuse, au Havre, Seine-Maritime. Il se compose de 356 marches profondes de 0,96 m et larges de 1,06 m, pour une longueur totale de 178 m sur une pente à 38 %. La durée de l'ascension est de 4 à 6 mn. Mis en service le 27 mai 1928, l'escalier peut transporter 600 passagers à l'heure.

Excavateur ■ L'excavateur à roues à godets de la mine à ciel ouvert de lignite de Hambach, Allemagne, pèse 13 000 t. Long de 210 m et haut de 82 m, il débite 200 000 m^3 par journée de travail de 20 h. Sa roue maîtresse a une circonférence de 68 m, avec des godets de 5 m^3.

Forgeage ■ La plus grande pièce jamais forgée est un arbre de générateur de 16,80 m de longueur et de 204 t construit par Bethlehem Steel Corporation, Pennsylvanie, EU, en octobre 1973.

Grues ■ Les deux grues les plus puissantes se trouvent à bord du navire semi-submersible *Micoperi-7000* (190 m de longueur et 89 m de largeur). Elles sont en service pour la société italienne Officine Meccaniche Reggiane. Chacune a une capacité de levage de 6 895 t.

Grue mobile ■ La grue Rosenkranz K 10001 de 810 t, dont la capacité de levage est de 1 000 t, mesure, flèche comprise, 202 m. Dix camions sont nécessaires à son déplacement, chacun étant limité à un poids par essieu de 118 t et à une longueur de 23 m.
Le bateau-grue *Taklift-4* de la compagnie maritime Smit International, de Rotterdam, Pays-Bas, a une flèche de 95 m.

Grue-portique ■ La grue-portique Rahco, construite par R.A. Hanson Disc, au barrage de Grand Coulée, EU, pour la troisième centrale, a une portée de 28 m. Lors d'un test en 1975, elle a pu soulever une charge de 2 200 t. Elle a hissé le rotor d'un générateur, d'un poids de 118 t, avec une précision de 0,8 mm.

Haut fourneau ■ Le plus grand haut fourneau du monde a une contenance de 5 245 m^3 et un diamètre au creuset de 15 m. Il est installé aux usines sidérurgiques d'Oita, île de Kyushu, Japon, et a été terminé en octobre 1976. Sa capacité de production annuelle est de 4 341 300 t.

France ■ Le haut fourneau n° 4 des usines sidérurgiques Solac, à Dunkerque, Nord, a un volume intérieur de 4 615 m^3 et un volume utile de 3 850 m^3. Sa hauteur est de 86 m et son diamètre au creuset de 14,20 m. Sa production annuelle est de 3 650 000 t.

Imprimante ■ L'imprimante la plus rapide du monde est le système électrosensible de Radiation Inc., au laboratoire des radiations Lawrence, de Livermore, Californie. Elle peut imprimer 30 000 lignes de 120 caractères alphanumériques chacune à la minute.

Levage ■ La plus grande opération de levage de l'histoire industrielle est le relèvement du complexe pétrolier off-shore Ekofisk, en mer du Nord, par suite du tassement du fond de la mer. Long de 1,6 km, Ekofisk compte 8 plates-formes pesant 40 000 t. Les 17 et 18 août 1987, ce complexe a été surélevé de 6,50 m par 122 vérins hydrauliques commandés par ordinateur.

Lignes à haute tension *La plus grande portée* ■ La ligne à haute tension qui possède la plus grande portée traverse le fjord

LES 109 ÉLÉMENTS

Il y a 94 éléments naturels. A l'heure actuelle, on a découvert 15 éléments transuraniens (éléments 95 à 109) parmi lesquels 10 seulement sont incontestés.

LES PLUS COURANTS

Lithosphère ■ Oxygène (O) 46,6 % en poids, découvert en 1771 par Scheele (Allemagne-Suède).

Atmosphère ■ Azote (N), 78,09 % en volume, découvert en 1772 par Rutherford (GB).

Extraterrestre ■ Hydrogène, 90 % de toute la matière dans l'univers, découvert en 1776 par Cavendish (GB).

LE PLUS RARE (des 94)

Astate (At), 0,16 g dans la croûte terrestre, découvert en 1940 par Corson (EU). L'isotope naturel astate 215 n'existe qu'à raison de 4,5 nanogrammes.

LES PLUS LÉGERS

Globalement ■ Hydrogène (H), 0,00008989 g/cm^3.

Métal ■ Lithium (Li), 0,5334 g/cm^3, découvert en 1817 par Arfwedson (Suède).

LE PLUS DENSE

Osmium (Os), 22,59 g/cm^3, découvert en 1804 par Tenant (GB).

LE GAZ LE PLUS LOURD

Radon (Rn), 0,011005 g/cm^3, découvert en 1900 par Dorn (Allemagne).

LE PLUS RÉCENT

Unniloctium ou élément 108 (Uno). Nom provisoire : IUPAC. Découvert en 1984 par G. Munzenberg (Allemagne) et à l'Institut de recherches Dubna, à Moscou.
Un seul atome d'unnilennium a été fabriqué en bombardant du bismuth par des ions de fer, au laboratoire GSI de Darmstadt (RFA), le 29 août 1982. Il possède la plus haute masse atomique (266) et le plus haut numéro atomique (109).
Les Soviétiques prétendent avoir observé la formation d'un isotope de masse 276 de l'élément 110 (nom provisoire « Ununnilium », symbole Uun).

LE PLUS PUR

Hélium 4 (^{4}He), 2 pour 10^{15} (1978). Découvert en 1868 par Lockyer (GB) et Janssen (France). Identifié sur Terre par Ramsay (GB) en 1895.

LE PLUS DUR

Carbone (C), variété allotrope diamant, valeur de dureté Knoop : 8000. Découverte préhistorique.

LE PLUS TOXIQUE

Radium 224 (^{224}Ra), isotope naturel 17 000 fois plus toxique que le plutonium 239. Découvert en 1898 par P. et M. Curie et G. Bémont (France).

LE PLUS DUCTILE

1 g d'or (Au) peut être étiré sur 2,4 km. Connu avant 3000 av. J.-C.

LE PLUS CHER

Californium (Cf), vendu en 1970 au prix de 10 $ le microgramme. Découvert par Seaborg (EU) en 1950.

STABILITÉ

Le plus stable ■ La désintégration double bêta du tellure 128. Durée de demi-vie de 1,5 x 10^{24} ans. Découvert en 1782 par Reichenstein (Autriche).
Le record de désintégration alpha est détenu par le samarium 148, avec 8 x 10^{15} ans, et celui de désintégration bêta par le cadmium 113, avec 9 x 10^{15} ans.

Le moins stable ■ Le lithium 5 a une durée de vie de 4,4 x 10^{-22} s. Découvert en 1817 par Arfwedson (Suède).

ISOTOPES

Le plus grand nombre ■ 36 : Xénon (Xe), découvert en 1898 par Ramsay et Travers (GB). Césium (Cs), découvert en 1860 par Bunsen et Kirchoff (Allemagne).

Le plus petit nombre ■ 3 (vérifié) : hydrogène (H) découvert en 1776 par Cavendish (GB).

LA PLUS GRANDE RÉSISTANCE À LA TRACTION

Bore (B) : 26,8 GPa. Découvert en 1808 par Gay-Lussac et Thénard (France) et H. Davy (GB).

POINT DE FUSION ET D'ÉBULLITION

Le plus bas *Non métallique* ■ Hélium 4 (4He), – 272,375 °C sous une pression de 24,985 atmosphères (2532 kPa) et – 268,928 °C. Découvert en 1868 par Lockyer (GB) et Janssen (France).
Le gaz monoatomique hydrogène (H) est supposé être un gaz superfluide non liquéfiable.

Métallique ■ Mercure (Hg), – 38,836 °C/356,661 °C. Connue depuis la préhistoire.

Le plus élevé *Non métallique* ■ Carbone (carbyne 6) (C), 3530 °C/3870 °C. Connu depuis la préhistoire.
Les formes carbyne du carbone ont été découvertes en 1968 par G. Donnay (EU) et A.M. Sladkov et Y.-P. Koudraïastev (ex-URSS).

Métallique ■ Tungstène (W), 3420 °C/5860 °C. Découvert en 1783 par J.-J. et F. d'Elhuyar (Espagne).

POINTS DE DILATATION

Le plus élevé *Négatif* ■ Plutonium (Pu), – 5,8 x 10^{-5} cm/cm/°C, entre 450 °C et 480 °C (allotrope découvert en 1953). Découvert en 1940 par Seaborg (EU).

Le plus bas *Positif* ■ Carbone sous forme diamant, 1,0 x 10^{-6} cm/cm/°C (à 20 °C).

Le plus élevé *Métal* ■ Césium (Cs), 9,7 x 10^{-5} cm/cm/°C (à 20 °C).

Solide ■ Néon (Ne), 1,94 x 10^{-3} cm/cm/°C (à – 248,59 °C). Découvert en 1898 par Ramsay et Travers (GB).

La machine la plus lente ■ Une machine pour l'industrie nucléaire, permettant de tester la corrosion sous contrainte, a été construite par Nene Instruments, à Wellingborough, GB. Elle peut être contrôlée à la « vitesse » de 1 milliardième de millimètre par minute (10^{-15} m/mn), soit l'équivalent de 1 m en 2 milliards d'années.

Trottoir roulant ■ Le plus grand du monde est celui du Neue Messe Center, à Dusseldorf, Allemagne. Il a 225 m de long.

France ■ Le plus grand trottoir roulant est celui de la station de métro Montparnasse-Bienvenüe 3, à Paris. Il est long de 181,78 m et large de 1,12 m. Circulant à 3,096 km/h, il peut transporter jusqu'à 11 000 personnes à l'heure. Il fut mis en service le 25 juillet 1968.

Le plus petit traitement de texte ■ L'Easi-Text 1350 a été présenté en avril 1986 par Minimicro, Huntington, GB. Il est construit à partir du calculateur Sharp PC-1350, qui mesure 18,2 x 7,2 x 1,6 cm. Le système entier tient dans un porte-documents, y compris une imprimante Epson P-80, de format A4.

Sogne, Norvège, entre Rabnaberg et Fatlaberg. Fournie en 1955 par Whitecross, de Warrington, Cheshire, GB, et mise en place par A. S. Betonmast, d'Oslo, Norvège, elle est longue de 4 888 m et pèse 12 t. En 1967, deux autres lignes à grande résistance à la traction, en acier et aluminium, d'une longueur de 4 878 m et pesant 33 t, fabriquées par Whitecross et BICC, ont été mises en place au même lieu.

La plus haute ■ La ligne à haute tension la plus haute du monde traverse le détroit de Messine, Italie. Elle est supportée par un pylône de 205 m, côté sicilien, et par un pylône de 224 m, côté calabrais, séparés de 3 627 m.

France ■ Le pylône le plus haut, 120 m, se trouve, sur la ligne longeant la Seine, entre Le Havre, Seine-Maritime, et Rougemontier, Eure, à 2 km en amont du pont de Tancarville.

Les voltages les plus élevés ■ Les tensions transportées les plus élevées sont de 1,33 million de volts sur 1 970 km dans la liaison Pacific Inter, aux États-Unis.
Les lignes à haute tension d'Ekibastuz, au Kazakhstan, sont prévues pour 2 400 km de distance, avec une capacité de 1,5 million de volts.

France ■ La tension maximale transportée en France est de 400 000 volts.

Moteurs Diesel ■ Cinq moteurs Diesel du modèle 12 RTA 84 ont été construits par Sulzer et frères, Winterthur, Suisse, pour des bateaux porte-conteneurs de la compagnie American President Lines. Chaque moteur de 12 cylindres fournit un maximum de puissance de 41 920 kW (57 000 ch) à 95 tours/mn.

Pelleteuse ■ La pelleteuse Marion 6360, d'une portée de 72 m, peut charger à 46 m de hauteur. Son godet a une capacité de 160 m^3. Fabriquée par Marion Power Shovel Company, Ohio, EU, en 1964, elle pèse 11 000 t et nécessite 20 moteurs électriques fournissant une puissance de 45 000 ch pour faire fonctionner son bras de 67 m de long. Elle est utilisée dans la mine de charbon à ciel ouvert située près de Percy, Illinois, EU, par Arch Mineral Corporation.

Pipelines *Oléoducs* ■ Le premier oléoduc du monde, de 5 cm de diamètre, fut posé à Oil Creek, Pennsylvanie, EU, en 1863. Il fut saccagé par des « luddites » (groupes d'ouvriers qui détruisaient les machines, qu'ils accusaient de provoquer le chômage).
Le plus long oléoduc pour pétrole brut relie Edmonton, Alberta, Canada, à Buffalo, État de New York, EU, sur une distance de 2 850 km. Treize stations de pompage entretiennent un flux de 31 millions de litres par jour.
Le pipeline transsibérien reliant Tuimazy à Irkoutsk, via Omsk et Novossibirsk, devrait mesurer finalement 3 700 km. La première section, de 48 km, a été ouverte en 1957.

Gazoducs ■ Le plus long gazoduc terrestre traverse le Canada, depuis 1974, sur une distance de 9 100 km. Son diamètre est de 1,07 m.
Le gazoduc européen Tinmen-Tchéliabinsk-Moscou-Brandebourg couvre 4 330 km.
Commencé en novembre 1982 et achevé en juillet 1983, le gazoduc de gros calibre reliant Ourengoï-Ouzgorod à l'Europe de l'Ouest s'étend sur 4 450 km. Sa capacité est de 32 milliards de m^3 par an.
Le pipeline sous-marin le plus long du monde, pour le gaz naturel, relie sur 425 km la plate-forme de l'Union Oil à Rayong, Thaïlande. Il fut inauguré en septembre 1981.

Eau ■ La plus longue conduite d'eau du monde couvre une distance de 560 km, de Perth aux gisements aurifères de Kalgoorlie, Australie. Construite en 1903, elle a progressivement été rallongée de 5 fois sa dimension initiale.

Le plus cher ■ De Prudhoe Bay à Valdez, le pipeline de l'Alaska couvre 1 280 km. A la fin de la première tranche de travaux, en 1977, il avait coûté au moins 6 milliards de $. D'un diamètre de 1,20 m, il transporte jusqu'à 2 millions de barils de brut par jour.

Presse ■ Les deux machines de production les plus puissantes du monde sont deux presses de forge américaines. La presse Loewy, dans une usine louée par la société Wyman-Gordon à l'US Air Force, pèse 9 300 t et s'élève à 35 m, dont 20 sont enfouis sous le niveau de travail. Opérationnelle depuis octobre 1955, elle a une capacité de 43 900 t.
L'autre presse similaire se trouve à l'usine de l'Aluminum Company of America, à Cleveland, Ohio, EU.
En janvier 1986, ASEA a fourni à BMW AG, Munich, Allemagne, la plus puissante presse de mise en forme pour feuilles de métal. C'est une Quintus Fluid Cell Press dont la force de pressage est de 106 000 t.

Radar ■ La plus grande des trois installations du système américain d'alerte précoce Ballistic Missile Early Warning System (BMEWS) est située près de Thulé (Groenland), à 1 500 km du pôle Nord. Achevée en 1960, elle a coûté 500 millions de $. Ses stations sœurs sont, l'une au cap Clear, Alaska, EU, terminée en 1961, l'autre à Fylingdales Moor, North Yorkshire, GB, terminée en juin 1963.
La plus grande installation à vocation scientifique est le réseau au sol de 84 000 m^2 de Jicamarca, Pérou.

Réservoirs de pétrole ■ Les cinq réservoirs de stockage de 1,5 million de barils construits pour Aramco à Ju'aymah, Arabie Saoudite, ont 22 m de hauteur et 117 m de diamètre.

Roulement ■ Le roulement le plus lourd, pièce circulaire en acier monobloc, a été fabriqué par la société RKS, filiale SKF, d'Avallon, Yonne, le 1er juillet 1991. Il pèse 37,35 t et mesure 6,13 m de diamètre.

Soufflerie ■ La plus grande soufflerie du monde fonctionne au centre de recherches Ames de la Nasa, à Moutain View, Palo Alto, Californie, EU.
Son tunnel de 12 m x 24 m est alimenté par 6 moteurs de 22 500 ch qui produisent un vent de 555 km/h.

TÉLÉPHÉRIQUES

Le téléphérique le plus long du monde est celui de la Compagnie minière de l'Ogooué, ou Comilog, construit de 1959 à 1962 pour la mine de manganèse de Moanda, au Gabon. Long de 76 km, il possède 858 pylônes, 2 800 chariots et 155 km de câble passant sur 6 000 poulies.

Pour les passagers, c'est le téléphérique de Merida, au Venezuela, qui détient le record. De Merida (1 640 m d'altitude) au sommet du pic Espejo (4 768 m), il franchit une dénivellation de 3 128 m. Il se divise en 4 sections, comprenant 3 changements de voiture pendant la montée de 12,8 km, qui s'effectue en 1 heure. Les deux bennes travaillent selon le principe des pendules. Le câble porteur est fixe et les bennes sont tractées par trois câbles mus par un moteur de 230 ch. Elles ont une capacité de 45 passagers et se déplacent à 9,7 m/s (35 km/h).

Le téléphérique d'une seule portée le plus long relie sur 4 km la vallée de Coachella au mont San Jacinto (3 300 m), Californie.

France ■ Le téléphérique de l'aiguille du Midi, à Chamonix, Haute-Savoie, a été mis en service en 1957. Il relie Chamonix, sur 5 093 m, en deux tronçons, au sommet de l'aiguille, à 3 845 m d'altitude.

Tour ■ Le plus grand tour a 38 m de long et pèse 416 t.
Construit par Waldrich Siegen, Allemagne, en 1973, pour la Compagnie d'électricité d'Afrique du Sud, à Rosherville, il peut produire des pièces de 300 t et de 5 m de diamètre (hauteur équivalente à deux étages).

Transformateurs ■ Les plus grands transformateurs monophasés du monde sont prévus pour 1,5 million de kVA (kilovolt-ampères). Huit sont en service à l'American Electric Power Service Corporation.

France ■ Les plus grands transformateurs en service ont une puissance de 600 000 kVA.

Vanne ■ La plus grande vanne papillon du monde a un diamètre de 9,75 m et pèse 170 t. Conçue par Boving and Co., Londres, elle fonctionne sur le banc d'essai de moteur de l'Air Force Base du Tennessee, EU.

◁ *Montre de gousset suisse Antima, de la taille d'une rétine, pour laquelle il est recommandé d'avoir une chaîne car elle ne pèse que 6 g.*

Ordinateurs

Les plus anciens ■ Le premier calculateur électronique programmable comportait 1 500 tubes. Le Colossus, conçu par Max H. A. Newman (1897-1985), fut construit par T.H. Flowers. Il fut mis en service en 1943, à Bletchley Park, GB, pour décrypter la machine à coder allemande Enigma. Il dérivait du concept de machine programmable d'Alan Turing (1912-1954) publié en 1936. Le secret entourant la machine Colossus fut levé le 25 octobre 1975.
Le premier calculateur à programme enregistré fut le Mark I de l'université de Manchester, GB, qui contenait le tube cathodique à mémoire Williams (breveté le 11 décembre 1946). Son premier programme a fonctionné pendant 52 mn le 21 juin 1948.
Les ordinateurs progressèrent énormément avec l'invention du transistor à contact ponctuel par John Bardeen et Walter Brattain, en juillet 1948, et du transistor à jonction par R. L. Wallace, Morgan Sparks et William Bradford Shockey, au début de l'année 1951. Le concept de circuit intégré qui a conduit à la microminiaturisation a été publié pour la première fois par Geoffrey W. A. Dummer le 7 mai 1952, à Washington. Le microcalculateur fut réalisé entre 1969 et 1973 par M. E. Hoff, de la société Intel, grâce à la production du microprocesseur 4 004.

Le plus puissant et le plus rapide ■ C'est le Y-MP C 90, de Cray Research, Minneapolis, Minnesota, EU. Il est à refroidissement liquide et sa mémoire a une capacité de 256 millions de mots de 64 bits. Il atteint la vitesse de 16 000 millions d'opérations à virgule flottante par seconde. Le prix d'une installation de milieu de gamme est de 30 millions de $.

Un calculateur « massivement parallèle » en hypercube comportant 1 024 processeurs en parallèle a été mis au point par le Sandia National Laboratory, Nouveau-Mexique, EU, le 18 mars 1988. Il permet de résoudre des problèmes en les fractionnant en plusieurs parties dont il cherche les solutions simultanément. Il est 1 019 fois plus rapide qu'un ordinateur conventionnel.
En mai 1988, NEC (Nippon Electric Company) a annoncé un programme de recherches de l'équivalent de 16 milliards de F dont l'ambition est de créer un ordinateur de 5e génération capable de lire l'écriture manuelle et de comprendre la parole dans plusieurs langues.

France ■ Seize entreprises utilisent un système Cray, notamment EDF, Aerospatiale, Renault, Peugeot, Michelin.

Mémoire en circuit intégré ■ La barrière du mégabit en un seul circuit intégré a été franchie en février 1984 avec la fabrication d'un circuit intégré de 1 024 kilobits (1 million de circuits élémentaires) pas plus grand qu'une tête d'épingle et aussi fin qu'un cheveu humain. Il a été conçu par quatre sociétés japonaises : Hitachi, NEC, NTT Atsugi Electrical Communications et Toshiba. Toshiba a entrepris la fabrication de circuits à large échelle d'intégration (VLSI) en arséniure de gallium, commutant en 80 picosecondes (8×10^{11} s).

La plus grande calculatrice ■ En 1989, la société Texas Instruments France, à Villeneuve-Loubet, Alpes-Maritimes, a réalisé une calculatrice de démonstration et de promotion de 1,40 m de long, 75 cm de large et 13 kg, réplique exacte des calculatrices Galaxy 10 et Galaxy Junior, toutes deux vendues dans le commerce.

Horlogerie

Horloges *Les plus anciennes* ■ La première horloge mécanique dotée d'un mécanisme d'échappement a été construite en Chine, en 725.
L'horloge en état de marche sans cadran la plus ancienne du monde, celle de la cathédrale de Salisbury, GB, date d'au moins 1386. Elle a été restaurée en 1956 après avoir donné l'heure pendant 498 ans et fait tic-tac plus de 500 millions de fois.
On a supposé que l'horloge à poids de la cathédrale de Wells, GB, pouvait dater d'environ 1335, mais seul le cadre en fer est d'origine.

L'horloge de Beauvais

L'horloge astronomique de la cathédrale Saint-Pierre, à Beauvais, Oise, fut construite entre 1865 et 1868. Composée de 90 000 pièces, elle mesure 12,10 m de haut, 6 m de large et 2,70 m de profondeur.

Les plus grandes ■ L'horloge *Timepiece*, un cube de 15,50 m de côté, est suspendue au sommet des 5 étages du bâtiment International Square, à Washington. Commandée par ordinateur, précise au centième de seconde, elle pèse 2 t. Elle est illuminée par 122 m de tubes au néon et utilise 460 m de câblage. Douze tubes à sa base s'allument pour donner les heures et les minutes. L'horloge, conçue par le sculpteur John Safer, indique également la position du Soleil à son zénith dans 12 villes du monde.
La grande aiguille de l'horloge florale de 21 m de diamètre du Rose Building, à

Les montres les plus plates ■ Les montres Delirium IV de Swiss Concord n'ont que 1 mm d'épaisseur.

Le transistor le plus rapide ■ Un transistor capable de commuter 230 milliards de fois par seconde a été mis au point par l'université d'État d'Illinois, EU, le 5 octobre 1986.

Annuaires ■ Le plus vite lu serait celui de Knippa, Texas, qui recense 221 abonnés sur 2 pages. L'annuaire d'Anguilla (île britannique des Petites Antilles du Nord) n'avait, en 1972, que 26 numéros.
L'annuaire 1992 de Paris (petit format) est le plus gros du monde, mais il se compose de trois volumes. Il a 4 063 pages blanches. Les trois volumes des pages jaunes (professions) de Paris comptent au total 2 897 pages. L'ensemble de ces 5 volumes comporte donc 6 960 pages.

▷ *Cette Calibre 89 de Patek Philippe détient le record de vente aux enchères pour une montre : 16 millions de F, soit 1,6 milliard de centimes.*

Hokkaido, Japon, mesure 8,50 m. Fabriquée par Seiko, elle a été installée en juin 1988.
L'horloge à quatre faces la plus grande du monde est placée sur l'immeuble de la société Allen-Bradley, à Milwaukee, Wisconsin, EU. Le cadran de chaque face a un diamètre de 12,30 m. L'aiguille des minutes mesure 6 m.
La plus grande horloge à une seule face est l'horloge octogonale de l'usine Colgate, à Jersey City, New Jersey, EU. Elle a un diamètre de 15,20 m et une grande aiguille de 8,30 m.

La plus précise ■ L'horloge Olsen, façonnée en 10 ans pour l'hôtel de ville de Copenhague, Danemark, comprend plus de 14 000 pièces. Son mécanisme fonctionne de 570 000 façons. Le mouvement du pôle céleste mettra 25 753 ans à effectuer une révolution complète. C'est le mécanisme le plus lent du monde. Sa précision est d'une demi-seconde en 300 ans.

Balancier ■ Le balancier le plus long du monde est celui de l'horloge à eau de l'immeuble Shinjuku NS, à Tokyo. Il mesure 22,50 m.

Montres *La plus ancienne* ■ La montre en fer de Peter Henlein fut fabriquée à Nuremberg, Allemagne, vers 1504.
Les premières montres-bracelets, celles de Jacquet-Droz et Leschot, à Genève, Suisse, datent de 1790.

Les plus grandes ■ Une montre Swatch de 162 m de long et de 20 m de diamètre fabriquée par Tomàs Feliu, a été exposée sur l'immeuble de la Banque de Bilbao, à Madrid, du 7 au 12 décembre 1985.
La montre Eta du pavillon de la Suisse, à l'Expo 86 de Vancouver, Canada, mesurait 24 m de haut et pesait 35 t.

Les plus petites ■ Les montres fabriquées par Jaeger-Lecoultre, Suisse, sont équipées d'un mouvement à 15 rubis et ne mesurent que 1,2 cm de long et 5 mm de large. Le mouvement et le boîtier pèsent moins de 5 g.
Les Montres Antima SA, Bienne, Suisse, ont fabriqué une montre de poche en or, avec mouvement analogique à quartz, de 12,73 mm de diamètre, 4,73 mm d'épaisseur et d'un poids de 6 g.

LA *PLANETARIUM COPERNICUS*

La seule montre-bracelet qui indique l'heure, le jour, les phases de la Lune, les positions astronomiques du Soleil, de la Terre et des planètes connues à l'époque de Copernic est baptisée Planetarium Copernicus. Fabriquée par Ulysse Nardin, Suisse, de façon entièrement mécanique, elle représente l'univers de Ptolémée et indique les « coordonnées astrologiques » à n'importe quel moment.
Une version spéciale de la montre Planetaria 65 a été fabriquée dans une coupe de la météorite trouvée par l'explorateur américain Robert Edwin Peary au cap York, Groenland, en 1897.

Les montres les plus chères ■ La montre de poche la plus prestigieuse est Heaven at Hand (« le paradis à portée de main »), connue des spécialistes sous le nom de Packard. Fabriquée en 1922 par Patek Philippe pour le magnat de l'automobile James Packard, c'est la plus extraordinaire montre « complexe » du monde. Elle fut rachetée par la société Patek Philippe en septembre 1988 pour l'équivalent de 7,5 millions de F. Pour satisfaire les désirs excentriques de Packard, Patek Philippe avait réalisé une carte céleste en émail qu'il logea dans l'un des boîtiers en or. Elle montrait les mouvements du ciel lorsqu'il se déplaçait au-dessus de la maison de Packard, à Warren, Ohio, EU.
Le record de prix de vente aux enchères pour une montre est de 16 millions de F (4,5 millions de francs suisses) : il s'agit d'une Patek Philippe baptisée Calibre 89, composée de 1 728 pièces, acquise chez Habsburg Feldman, de Genève, Suisse, par un acheteur sud-américain anonyme, le 9 avril 1989.

Commercialisée ■ Présentée en décembre 1990, la montre-bracelet 1735 de Blancpain vaut 3,8 millions de F. Elle tient son nom de l'année de naissance de la célèbre fabrique horlogère suisse. Bien que dépourvue de diamants ou de pierres précieuses, la 1735 doit son prix au fait que, pour la première fois, elle réunit dans un seul boîtier en platine de 4 cm de diamètre et de 1,4 cm de hauteur les six mouvements de maîtrise de l'horlogerie. Entièrement fabriquée à la main, en série très limitée, elle se compose de 740 pièces.

La mesure du temps la plus précise ■ Les garde-temps les plus précis du monde sont deux masers à hydrogène installés en 1964 au laboratoire de recherches navales, à Washington. Ils fonctionnent à la fréquence de transition de l'atome d'hydrogène, soit 1 420 450 751 694 Hz. Leur exactitude est de 1 s pour 1,7 million d'années.

Cadran solaire ■ Le plus grand cadran solaire du monde est le Samrat Yantra, à l'observatoire de Jaipur, Inde. Construit en 1724, son gnomon a une hauteur de 27 m.

Téléphone

Nombre de lignes ■ Les États-Unis possédaient, au 1er janvier 1989, 118 400 662 lignes téléphoniques, soit 48 lignes pour 100 habitants. Il y en avait environ 423 millions dans le monde. Tokyo est la ville du monde la mieux pourvue en lignes. Elle en possédait 5 511 000 à la même date.

***France* ■** Au 1er janvier 1991, on comptait 28,1 millions de lignes téléphoniques, soit 48 lignes pour 100 habitants.

Minitel ■ Au 1er janvier 1991, la France était équipée de 5 607 000 Minitels, qui ont enregistré 1,5 milliard d'appels en 1990.

Le plus long câble ■ Anzcan mesure 15 151 km. Il relie, sous les mers, Port Alberni, Canada, à Auckland, Nouvelle-Zélande, et Sydney, Australie, via les îles Fidji et l'île de Norfolk. Il a coûté l'équivalent de 2,3 milliards de F.

Allô, Londres ?... Ici, Londres.

Un appel téléphonique autour de la Terre, sur une distance estimée à 158 845 km, a été effectué le 28 décembre 1985, depuis la Royal Institution à Londres et retour, pendant une conférence de Noël donnée par David Pye, professeur de zoologie au Queen Mary College de Londres.
Le règlement international des télécommunications veut qu'un seul satellite de communications soit utilisé à la fois. Cette règle a été temporairement suspendue, si bien que les deux satellites géostationnaires Intelsat, l'un au-dessus de l'océan Indien, l'autre au-dessus du Pacifique, ont pu être employés.
Les deux standardistes, Anieka Russell et Alison Risk, durent subir un retard de 530 millisecondes pendant leur conversation.

Le plus grand appareil ■ Il a été présenté aux Pays-Bas, le 16 septembre 1988, à l'occasion du 80e anniversaire de Centraal Beheer, une compagnie d'assurances dont le siège se trouve à Apeldoorn. Parfaitement opérationnel, il mesure 2,70 m de haut et 6 m de long ; il pèse 3,5 t. L'écouteur, long de 7,10 m, doit être hissé par une grue.

Le plus grand standard ■ Celui du Pentagone, le siège des services de défense américains, à Washington, possède 25 000 lignes recevant plus de 200 000 appels journaliers par l'intermédiaire de 160 000 km de câble téléphonique.

◁ *L'équipage spatial le plus nombreux, composé de 7 hommes et 1 femme, qui fut particulièrement bien traitée et respectée, fut celui de la navette* Challenger 9, *qui décolla le 30 octobre 1985.*

Fusées

Les plus anciennes ■ Des fusées à usage militaire, propulsées par de la poudre à canon, sont décrites en Chine par Tseng Kung Liang en 1042. Cette forme primitive de fusée fut connue en Europe vers 1250.
Le premier lancer de fusée à carburant liquide (brevetée le 14 juillet 1914) fut effectué par R. H. Goddard (1882-1945) à Auburn, Massachusetts, EU, le 16 mars 1926. Sa fusée atteignit une altitude de 12,50 m et parcourut une distance de 56 m.

Les plus longues portées ■ Le 16 mars 1962, Nikita Khrouchtchev, alors président du Conseil des ministres d'URSS, annonça à Moscou que l'URSS possédait une fusée « totale » d'une portée de 30 000 km, soit les trois quarts de la circonférence de la Terre, et, par conséquent, capable d'atteindre n'importe quelle cible dans n'importe quelle direction.

Les plus grandes vitesses ■ Le premier véhicule spatial capable d'atteindre la troisième vitesse cosmique, nécessaire pour quitter le système solaire, fut *Pioneer 10*. Il fut lancé, le 2 mars 1972, par une fusée porteuse Atlas SLV- 3C avec un deuxième étage Centaure D modifié et un troisième étage Thiokol Te-364-4. Il quitta la Terre à la vitesse sans précédent de 51 682 km/h.

La fusée la plus puissante ■ A pleine charge, la fusée soviétique *Energia* pèse 2 400 t. Sa poussée est de plus de 4 000 t. Elle a été lancée pour la première fois du cosmodrome de Baïkonour le 15 mai 1987. Capable de placer une charge de 140 t en orbite basse autour de la Terre, elle mesure 59 m de haut pour un diamètre maximal de 16 m. Elle est composée d'un étage central possédant 4 moteurs à oxygène et à hydrogène liquides.
Il s'agit des premiers moteurs cryogéniques utilisés par les Soviétiques. Quatre fusées d'appoint (« boosters ») utilisent 170 moteurs à oxygène liquide et à kérosène. Une version est également prévue avec 6 fusées d'appoint, qui pourrait mettre en orbite basse 180 t ou emporter 32 t sur la Lune ou bien encore 27 t vers Vénus ou vers Mars.

La fusée la plus proche du Soleil ■ L'engin spatial destiné à la recherche *Helios B* s'est approché, le 16 avril 1976, à 43,4 millions de km du Soleil. Il transportait des instruments américains et allemands.
La distance de la Terre au Soleil est de 150 millions de km. Mercure, la plus proche planète est à 60 millions de km.

Le premier cosmonaute ■ Le premier vol homologué par la FAI fut celui de Youri Alexeïevitch Gagarine (1934-1968) sur *Vostok 1*, le 12 avril 1961.
Le décollage eut lieu à Baïkonour à 6 h 7 TU et l'atterrissage, près d'Engels, dans la région de Saratov, Russie, 1 h 48 mn plus tard. Ce vol atteignit l'altitude maximale de 327 km pour une distance parcourue de 40 868 km et une vitesse maximale de 28 260 km/h.
Le colonel Gagarine a trouvé la mort dans un accident d'avion le 27 mars 1968.

△ *Youri Gagarine (1934-1968).*

La première femme dans l'espace ■ La première femme en orbite autour de la Terre fut la Soviétique Valentina Vladimirovna Terechkova (née le 6 mars 1937), qui prit son envol à bord de *Vostok 6*, à 9 h 30 TU, le 16 juin 1963.
Elle atterrit à 8 h 16 le 19 juin, après un vol de 2 jours 22 h 50 mn.
Elle avait effectué 48 orbites (1 971 000 km).

PROGRESSION DES RECORDS D'ALTITUDE

ALTITUDE (en km)	FUSÉE OU VÉHICULE SPATIAL	LIEU DU LANCEMENT	DATE
1,4	Une fusée de 7,6 cm	Hackney, Londres, GB	Avril 1750
2	Fusée à carburant solide, Reinhold Tiling (Allemagne)	Osnabruck, Allemange	Avril 1931
5	Gird-X à carburant semi-liquide (ex-URSS)	Moscou, Russie	25/11/1933
13	Fusée stratosphérique (ex-URSS)	ex-URSS	1935
84,4	Fusée A4 (Allemagne) ou « V2 »	Peenemünde, Allemagne	3/10/1942
environ 136	Fusée A4 (Allemagne)	Heidelager, Pologne	Début 1944
190	Fusée A4 (Allemagne)	Heidelager, Pologne	Milieu 1944
392	Bumper n 5 (EU)	White Sands, EU	24/02/1949
512	Fusée de recherches géophysiques V-5-V (ex-URSS)	Tiuratam, ex-URSS	1950-1952
1 097	Jupiter C (EU)	Cap Canaveral, EU	20/09/1956
plus de 1 300	Test de missile intercontinental R-7 (ex-URSS)	Tinratam, URSS	Août 1957
plus de 4 345	Farside n 5 (4 étages) (EU)	Atoll d'Eniwetok	20/10/1957
113 770	Pioneer 1-B, test lunaire (EU)	Cap Canaveral, EU	11/10/1958
346 480 000 (1)	Luna 1 ou Mechta (ex-URSS)	Tiuratam, URSS	2/01/1959
389 450 000 (1)	Mars 1 (ex-URSS)	ex-URSS	1er/01/1962
5 900 000 000 (2)	Pioneer 10 (EU)	Cap Canaveral, EU	2/03/1972

(1) Apogée en orbite solaire.
(2) Distance au moment du croisement de l'orbite de Pluton.

L'engin spatial le plus éloigné ■ Lancée de cap Canaveral, Floride, la sonde *Pioneer 10* a croisé, le 17 octobre 1986, l'orbite moyenne de la planète Pluton, alors distante de 5,9 milliards de km. Elle file dans l'espace à 49 000 km/h. En l'an 34593, elle passera au plus près de l'étoile Ross 248, située à 10,3 années-lumière de la Terre. *Voyager 1*, qui se déplace plus vite, sera un jour encore plus éloigné de la Terre que *Pioneer 10*. Cet engin transporte une plaque destinée à une communication éventuelle avec des êtres extraterrestres. Elle représente un homme et une femme, ainsi que, d'une façon imagée, la provenance de l'engin spatial dans notre système solaire. Elle montre comment notre Soleil se situe par rapport à des pulsars dont la vitesse de rotation est indiquée par un code numérique binaire.

Vols spatiaux

Les lois de la physique gouvernant les trajectoires des satellites artificiels ont été énoncées par Isaac Newton (1642-1727) dans son ouvrage *Philosophiae naturalis principia mathematica* (*Principes mathématiques de la philosophie naturelle*). Cet ouvrage, commencé en mars 1686, fut publié en juillet 1687.
D'après la définition de la Fédération aéronautique internationale (FAI), fondée en 1905, l'espace commence à une altitude de 100 km.

Le premier satellite artificiel ■ Il fut envoyé dans l'espace à partir du cosmodrome de Baïkonour, Kazakhstan, dans la nuit du 4 octobre 1957. Ce satellite de forme sphérique, *Spoutnik 1* (« Camarade voyageur »), officiellement baptisé *Satellite 1957 alpha 2*, d'un diamètre de 58 cm, pesait 83 kg. Il tourna à une altitude variant entre 228 et 946 km, à 28 500 km/h. Sa durée de vie, jusqu'au 4 janvier 1958, ne fut que de 92 jours. Son lanceur de 29,50 m, le SS-6, avait été conçu sous la direction d'un ancien prisonnier du goulag, Sergueï Pavlovitch Koroliov (1907-1966).

Catastrophe spatiale ■ Sur 136 tentatives de vols spatiaux, jusqu'à décembre 1990, on compte de nombreux accidents. Le plus tragique entraîna la disparition de 7 astronautes (5 hommes et 2 femmes) à bord de *Challenger*, le 28 janvier 1986. La navette explosa 1 mn 13 s après le décollage, à 14 300 m d'altitude.

La première « marche » dans l'espace ■ Le premier homme à se livrer à une « activité extra-véhiculaire », c'est-à-dire à travailler en dehors d'un vaisseau spatial, fut le Soviétique Alexis A. Leonov (né le 20 mai 1934), à bord de *Voskhod 2*, le 18 mars 1965.
Le capitaine Bruce McCandless (né le 8 juin 1937), de la marine américaine, fut le premier à effectuer une sortie dans l'espace sans être relié au vaisseau. Il se trouvait à bord de la navette *Challenger*, à 264 km au-dessus de Hawaï, le 7 février 1984.

Le plus âgé et le plus jeune astronaute ■ L'Américain Vance Brandt avait 59 ans quand il commandait la navette *Columbia* lancée le 2 décembre 1990.
Le Soviétique German Stepanovitch Titov avait 25 ans et 329 jours lorqu'il s'envola à bord de *Vostok 2*, le 6 août 1961.

Le plus long vol spatial habité ■ Vladimir Titov et Musa Manarov se sont envolés vers la station spatiale *Mir*, à bord de *Soyouz TM 4*, le 21 décembre 1987. Ils ont atterri à bord de *Soyouz TM6*, le 21 décembre 1988, en compagnie du Français Jean-Loup Chrétien, près de Djezkazgan, Kazakhstan. Leur vol a duré 365 jours 22 h 39 mn 47 s.
Le voyageur de l'espace qui a la plus longue expérience est le Soviétique Youri Romanenko (né en 1944). Il a volé pendant 430 jours 18 h 20 mn en trois missions successives, en 1977-1978, 1980 et 1987.

Le plus grand nombre de vols ■ L'Américain John Watts Young (né en 1930) accomplissait son sixième vol spatial, le 8 décembre 1983, lorsqu'il renonça à commander le laboratoire STS 9 de *Columbia*, après une carrière dans l'espace de 34 jours 19 h 42 mn 13 s.

L'équipage le plus nombreux ■ Huit astronautes (dont une femme) ont pris part à la 22e mission de la navette spatiale, sur *Challenger 9*, le 30 octobre 1985. Ce vol transportait le laboratoire allemand D1. La mission, commandée par Hank Warren Hartsfield, dura 7 jours 44 mn 51 s.

Le plus grand nombre simultanément dans l'espace ■ 12 hommes se sont trouvés simultanément dans l'espace le 2 décembre 1990 : 7 astronautes américains à bord de la navette *Columbia*, lancée ce jour-là, plus 3 cosmonautes (dont un journaliste japonais) dans le vaisseau soviétique *Soyouz TM-11*, qui allaient rejoindre 2 autres cosmonautes sur la station orbitale *Mir*.

Conquête de la Lune ■ Le premier homme à marcher sur la Lune fut l'Américain Neil Alden Armstrong (né le 5 août 1930). Il commandait la mission Apollo 11. Quittant le module lunaire *Eagle*, il posa le pied sur la mer de la Tranquillité à 2 h 56 TU, le 21 juillet 1969. Il fut suivi par Edwin Eugene Aldrin (né le 20 janvier 1930). Pendant ce temps, Michael Collins (né le 31 octobre 1930) restait en orbite dans le module de commande *Columbia*.
Le module *Eagle* alunit à 20 h 17 TU le 20 juillet et redécolla à 17 h 54 TU le 21 juillet après être resté sur la Lune pendant 21 h 36 mn. Ce vol Apollo 11 avait pris son départ de cap Canaveral, Floride,

◁ *Le plus grand télescope spatial pèse 11 t et mesure 13 m de long. Il fut placé sur orbite à une altitude de 613 km, par la navette spatiale* Discovery, *le 24 avril 1990. Ce Edwin P. Hubble Space Telescop a coûté à la Nasa 1,55 milliard de $.*

le 16 juillet 1969 à 13 h 32 TU. Il marquait l'apogée du programme spatial américain. Ce programme de la NASA employa 376 600 personnes et atteignit en 1966-1967 un budget record de 5,9 milliards de $.
A la même époque, l'Union soviétique avait sélectionné le cosmonaute Pavel Ivanovitch Belaïev pour effectuer une mission autour de la Lune à bord de *Zond 7* le 9 décembre 1968, soit 12 jours avant *Apollo 8*, mais ce vol n'eut jamais lieu.

Le plus long séjour sur la Lune ■ L'équipage d'*Apollo 17* (Eugene Cernan et Harrison Schmitt) a travaillé sur le sol lunaire pendant 22 h 5 mn. Il a recueilli la quantité record de 114,8 kg de roches et de sol. Cette mission, la plus longue des missions lunaires, a duré 12 jours 13 h 51 mn, du 7 au 19 décembre 1972.

Le premier véhicule extraterrestre ■ Le premier véhicule muni de roues à atterrir sur la Lune fut *Lunokhod 1*, le 17 novembre 1970.
Piloté depuis la Terre, il parcourut 10,5 km sur des pentes pouvant atteindre 30° dans la mer des Pluies. Il ne cessa de fonctionner que le 4 octobre 1971.
Les records de distance et de vitesse sur la Lune sont détenus par le véhicule Rover du vol Apollo 16, qui a parcouru 33,8 km et atteint 18 km/h en descente.

Altitude ■ *Apollo 13*, dont la mission faillit mal tourner, s'approcha le 15 avril 1970, à 1 h 21, à 254 km de la surface lunaire, soit 400 187 km de la Terre. L'équipage était composé de James Arthur Lovell Jr (né le 25 mars 1928), de Fred Wallace Haise Jr (né le 14 novembre 1933) et de John L. Swigert (1931-1982).
La plus grande altitude atteinte par une femme est de 531 km. L'astronaute américaine Kathryn Sullivan (née le 3 octobre 1951) se trouvait à bord de STDS 31, le 24 avril 1990.

Vitesse ■ La vitesse la plus élevée à laquelle aient voyagé des êtres humains est de 38 897 km/h. Le module de commande d'*Apollo 10* voguait alors à 122 km d'altitude, le 26 mai 1969. L'équipage était composé de Thomas Patten Stafford (né le 17 septembre 1930), de John Watts Young (né le 24 septembre 1930) et d'Eugene Andrew Cernan (né le 14 mars 1934).
La vitesse la plus élevée atteinte par une femme est de 28 115 km/h. La Soviétique Valentina Vladimirovna Terechkova (née le 6 mars 1937) se trouvait à bord de *Vostok 6* le 16 juin 1963.

Le plus lourd et plus grand objet dans l'espace ■ Le troisième étage de la fusée *Saturne V* du vol Apollo 15 pesait 140 512 kg avant de rallier son orbite d'attente autour de la Terre.
Explorer 49 (*Radio Astronomy Explorer*), lancé le 10 juin 1973, ne pesait que 200 kg mais déployait des antennes de 415 m d'une extrémité à l'autre.

Le projet le plus cher ■ Le coût total du programme américain de vols habités, jusqu'à la mission lunaire Apollo 17, a été estimé à 25,5 milliards de $.
Le coût des 15 premières années du programme spatial soviétique, de 1958 à septembre 1973, a été estimé à 45 milliards de $.

Le premier cosmonaute français ■ Jean-Loup Chrétien, né le 20 août 1938, fut le premier Français à effectuer un vol spatial, à bord d'un vaisseau soviétique *Soyouz*, du 24 juin au 2 juillet 1982. Il est aujourd'hui général de l'armée de l'air. Jean-Loup Chrétien est l'Européen non soviétique qui détient le record de durée dans l'espace : il y a séjourné du 26 novembre au 21 décembre 1988 (26 jours) lors de la mission franco-soviétique Aragatz. Patrick Baudry, né le 6 mars 1946, fut le second Français dans l'espace, sur la navette américaine *Discovery*, du 17 au 24 juin 1985.

△ *Jean-Loup Chrétien.*

10. LE CIEL ET

△ Clair de Terre.

L'*Univers*

Définitions

Année-lumière ■ Distance parcourue par la lumière (à une vitesse de 299 792,458 km/s ou 1 079 252 848,8 km/h dans le vide) pendant une année tropicale (365,24219878 jours solaires en temps moyen). Cette distance équivaut à 9 460 milliards de km, exactement 9 460 528 405 000 km. On utilisa cette unité pour la première fois en mars 1888 et sa valeur précise fut arrêtée en octobre 1983.

Magnitude ■ Mesure de la lueur stellaire telle que la lumière d'une étoile de magnitude donnée ait un rapport de 2,511886 avec celle d'une étoile de la magnitude supérieure. Dans le cas de corps célestes exceptionnellement brillants, tels que Sirius, Vénus, la Lune (magnitude – 12,71) ou le Soleil (magnitude – 26,78), on donne à la magnitude une valeur négative.

Mouvement propre ■ Composante du mouvement d'un astre dans l'espace qui, à angle droit avec la ligne de vision, révèle un changement apparent de la position de l'étoile dans la sphère céleste.

Galaxies

Notre galaxie, la Voie lactée (bande blanche formée d'étoiles qui forme une trace sur la voute céleste de notre galaxie) est seulement l'une des 10 milliards de galaxies existantes. Elle fait partie du Groupe local de galaxies, qui se déplace à 2,3 millions de km/h dans une direction de 44° par rapport au centre de l'amas de la Vierge. Les galaxies ont tendance à se rassembler en amas dans l'Univers, elles forment à elles toutes un Groupe local. Le nôtre est composé de notre galaxie ainsi que de 23 autres.

Le plus grand ensemble galactique ■ Observée par des astrophysiciens de l'université du Michigan, EU, à partir de l'observatoire de Kitt Peak, Arizona, la galaxie centrale du groupe Abel 2029 a une taille de 80 fois supérieure à la Voie lactée.
Situé à 1 milliard d'années-lumière de notre système solaire, cet amas galactique a un diamètre de 8 millions d'années-lumière et regroupe plus de 2 000 milliards d'étoiles, soit 600 fois plus que notre propre galaxie.

Les corps célestes les plus lointains ■ L'existence de galaxies extérieures à notre Voie lactée fut suggérée en 1789 par William Herschel (1738-1822). On les définit d'abord comme des « univers-îles ». C'est en 1838 qu'on mesura pour la première fois un objet extérieur à notre système solaire. Il s'agissait de 61 du Cygne, dont la distance fut alors évaluée à 6 années-lumière de la Terre par l'astronome allemand F. Bessel. Les distances ne cessèrent d'augmenter au fil du temps. Aujourd'hui le corps céleste le plus lointain identifié se nomme QSO 0051-279. Il se trouve à 13,1 milliards d'années-lumière de notre planète. C'est l'équipe de l'observatoire de Siding Spring, Australie, qui l'a détecté, en novembre 1987.

L'objet le plus lointain visible à l'œil nu ■ La galaxie d'Andromède (magnitude 3,47), ou Messier 31, fut repérée d'Allemagne par Simon Marius (1570-1624). C'est une galaxie spirale en rotation, distante de la Terre d'environ 2,3 millions d'années-lumière (2,18 x 10^{19} km). Cependant, il est possible qu'un œil excellent, dans des conditions d'observation optimales, puisse apercevoir Messier 33, dans la constellation du Triangle (magnitude 5,79), une nébuleuse spirale distante de 2,4 millions d'années-lumière.

Quasars ■ Une occultation de 3C-273 observée d'Australie le 5 août 1962 a permis à Maarten Schmidt (né aux Pays-Bas en 1929) de déduire l'existence de sources radio quasi-stellaires (appelées « quasars »). Ces quasars sont des points lumineux dans le ciel qu'on ne peut observer avec des moyens optiques simples. Ils forment de véritables galaxies. Le décalage vers le rouge du spectre d'émission s'est avéré être de z = 0,158, plus on s'éloigne plus le quasar se déplace vers le rouge. Les quasars ont une luminosité extrêmement élevée pour des corps si lointains et d'un si petit diamètre. On a annoncé en mars 1983 que le quasar S5 0014 + 81 avait une luminosité visuelle 1,1 x 10^{51} fois supérieure à celle du Soleil. Détecté par le télescope spatial GRO, le quasar 3C-279 à 7 millions d'années-lumière, dans la constellation de la Vierge, rayonne comme 10 millions de Voies lactées. L'existence du premier double quasar (0957 + 56) fut annoncée en mai 1980 ; on connaissait alors 1 500 quasars.

Pulsars ■ Ils sont constitués des résidus d'une étoile après son explosion. Ils tournent à une vitesse phénoménale et engendrent des ondes radio qui balayent l'espace. Jocelyn Burnell (née en 1943) a la première observé une source radio émettant des pulsations ou « pulsar », à laquelle on donna d'abord le nom de CP 1919, puis le nom actuel de PSR 1919 + 21. Cette découverte fut annoncée le 24 février 1968 à l'observatoire de radioastronomie Mullard, en Grande-Bretagne.

Parmi les pulsars dont on a pu calculer la vitesse de rotation, le plus rapide est le pulsar PSR 1937 + 214, découvert en novembre 1982. Il se trouve dans la constellation mineure de *Vulpecula* (« Petit Renard »), à 16 000 années-lumière, et possède une période de pulsation de 1,557806449 millisecondes (soit une vitesse de rotation de 642 tours par seconde).

Des observations préliminaires suggèrent que le nouveau pulsar apparu après l'explosion en 1987 d'une supernova (étoile super massive de plus de 3,5 fois la masse solaire) dans le Grand Nuage de Magellan (voir article *« La supernova la plus brillante et la plus ancienne »*) a une vitesse de rotation initiale de 1 968,629 tours par seconde.

Le pulsar dont le taux de décélération est le plus lent est PSR 1855 + 09, avec seulement 2,1 x 10^{-20} s/s, ce qui en fait l'horloge stellaire la plus précise.

L'objet le plus lointain ■ Il demeure une controverse quant à l'interprétation de la vitesse d'évasion des quasars. On arrive à des vitesses supérieures à celle de la lumière (théorie dite de la vitesse lumière finie). En août 1989, des observations faites grâce au télescope de l'observatoire du mont Palomar, Californie, EU, ont permis d'annoncer que le quasar PC 1158 + 4635 a un décalage vers le rouge record de z = 4,73. En posant le principe d'un « horizon observable », où la vitesse de régression est très proche de la vitesse de la lumière, à 14 milliards d'années-lumière, soit 1,32 x 10^{23} km, ce quasar serait distant de plus de 13,2 milliards d'années-lumière.

Il apparaît que le rayonnement fossile à 3 K (encore appelé « sifflement primordial »), découvert en 1965 par Arno Penzias et Robert Wilson, des laboratoires Bell, se déplace à une vitesse égale à 99,9998 % de la vitesse de la lumière. Ces deux astronomes ont fait une étude sur une antenne de radioastronomie. Quelle que soit l'orientation de l'antenne, ils obtenaient une onde radio correspondant à une

ON EST DES NAINS

Un consensus s'est établi aujourd'hui pour fixer l'âge de l'Univers à 14 ± 3 éons (1 éon = 1 milliard d'années).

Les galaxies sont des structures de l'Univers composées d'environ 100 milliards d'étoiles. Il en existe 10 milliards.

La Voie lactée est la partie visible de notre galaxie. Cette dernière fait partie du Groupe local de galaxies, qui se déplace à 2,3 millions de km/h dans une direction de 44 ° par rapport au centre de l'amas de la Vierge (un amas est un groupe stable d'étoiles).

▷ *L'étoile Bételgeuse est 500 fois plus grosse que le Soleil. La lumière que nous percevons d'elle a été émise en 1680. dessous l'appareil qui a servi à photographier Bételgeuse.*

Les étoiles sont des astres qui brillent de leur propre lumière. Elles sont indépendantes du Soleil et produisent elles-mêmes leur énergie. La luminosité des astres est calculée en magnitude.

▷ *L'objet le plus lointain visible à l'œil nu est la galaxie d'Andromède. Cette image a été obtenue en combinant des observations du satellite astronomique à infra rouges. Le bleu marque les matériaux les plus chauds, le rouge, les plus froids. Les anneaux jaunes et brillants sont les zones de formation d'étoiles.*

température de 2,7 kelvins (unité de mesure de la température qui fait référence au 0 absolu. C'est la température la plus basse concevable dans notre physique actuelle correspondant à – 273° centigrades). Le rayonnement lié à cette température est le rayonnement fossile du Big Bang.

L'étude du spectre infrarouge rapproché réalisée par Richard Elston, George H. et Marcia J. Rieke, à partir d'avril 1987, à l'observatoire Steward de l'université de l'Arizona, a révélé l'existence de deux protogalaxies floues et très sombres. Ces protogalaxies se trouvent apparemment situées au-delà des quasars les plus éloignés. On a suggéré en février 1988 qu'elles pourraient avoir un décalage vers le rouge de z = 6, mais cela n'a pas encore été confirmé.

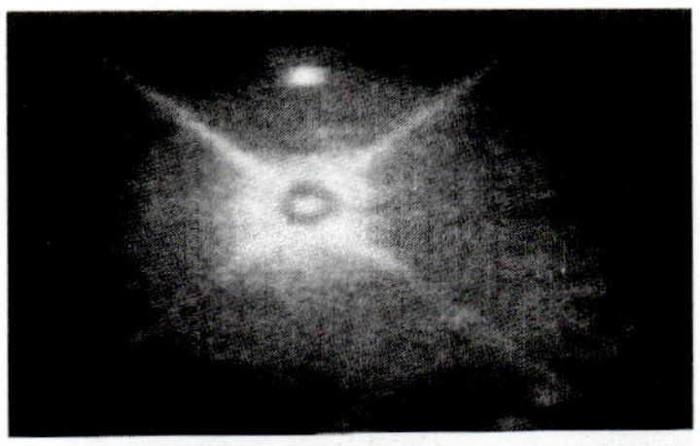

Étoiles

La plus grande et la plus massive ■ L'étoile variable Êta de la Carène, qui se trouve dans la nébuleuse Carina de notre galaxie, à 9 100 années-lumière, a une masse au moins 200 fois supérieure à celle du Soleil.

L'étoile Bételgeuse (dans la partie supérieure gauche de la constellation d'Orion) a un diamètre de 700 millions de km, 500 fois supérieur à celui du Soleil. On a découvert en 1978 qu'elle était entourée non seulement d'une « coquille » de poussières, mais également d'un halo gazeux ténu de 8,5 x 10^{11} km de diamètre, 1 100 fois plus grand que celui de l'étoile elle-même. La lumière qui nous provient de Bételgeuse fut émise en 1680.

La plus petite et la plus légère ■ L'étoile naine blanche L 362-81 a un diamètre évalué à 5 600 km, soit 0,4 % de celui du Soleil.

La très pâle étoile RG 0058,8-2807, découverte en avril 1983, a une masse de 1,4 % de celle du Soleil.

La plus brillante ■ Sirius A (*Alpha canis majoris*), également baptisée l'étoile du Chien, est apparemment la plus brillante des 5 776 étoiles visibles dans le ciel à l'œil nu. Sa magnitude apparente est de – 1,46 et se trouve dans la constellation du Grand Chien ; elle est visible en hiver dans l'hémisphère Nord. Distante de 8,64 années-lumière, Sirius brille 26 fois plus que le Soleil. Son diamètre est de 2,33 millions de km et sa masse de 4,26 x 10^{27} t. Sa sœur de faible luminosité, la naine blanche Sirius B, a un diamètre de seulement 10 000 km, mais est 350 000 fois plus lourde que la Terre. La magnitude de Sirius devrait atteindre un maximum de – 1,67 vers l'an 61000.

La plus faible ■ Découverte par les astronomes de la Royal Astronomical Society, BRI 0021-0214, à 30 années-lumière dans la constellation des Poissons, est 10 000 fois moins brillante que le Soleil et 3 fois plus froide.

Les plus éloignées ■ Le système solaire, avec ses neuf principales planètes, ses 61 satellites, ses astéroïdes et ses comètes, est situé à la périphérie de notre galaxie, la Voie lactée. Il orbite à une distance moyenne de 29 700 années-lumière, avec une excentricité orbitale de 0,07 (dans une élipse l'excentricité orbitale est égale au rapport entre le petit et le grand axe). Il est actuellement distant du centre de la galaxie de 27 700 années-lumière et atteindra la distance minimale (périgalacticon) de 27 600 années-lumière dans environ 15 millions d'années.

La galaxie a un diamètre de quelque 100 000 années-lumière. Ainsi, l'étoile la plus éloignée se trouvera à 66 700 années-lumière quand le système solaire sera le plus loin du centre de la galaxie (apogalacticon). Actuellement, les étoiles les plus éloignées se trouvent à 62 700 années-lumière de nous.

La vitesse orbitale du Soleil et d'un grand nombre d'étoiles avoisinantes est en moyenne de 792 000 km/h.

Un nuage de sodium entourant Jupiter s'étendant sur 400 fois le rayon de cette planète (soit 285 000 km) représente la plus grande structure du système solaire.

Les plus proches ■ La très faible Proxima du Centaure, découverte en 1915, se trouve à 4,22 années-lumière de la Terre.

L'« étoile » la plus proche visible à l'œil nu est Alpha du Centaure (à 4,35 années-lumière), qui a une magnitude apparente de – 0,29. Elle fut découverte en 1752 par N.-L. de Lacaille (1713-1762). En l'an 29700, cette étoile binaire atteindra la distance de 2,84 années-lumière et devrait alors être la deuxième étoile par sa luminosité, avec une magnitude de – 1,20.

La plus jeune ■ Découvert à Hawaï dans NGC 1 333 de la constellation de Persée, à 1 000 années-lumière, l'embryon d'étoile Iras 4 serait né il y a seulement quelques millions d'années.

La plus ancienne de la Voie lactée ■ CS 22 876-32, située dans le halo globulaire à 1 700 années-lumière, dans la constellation du Sculpteur, aurait 15 milliards d'années.

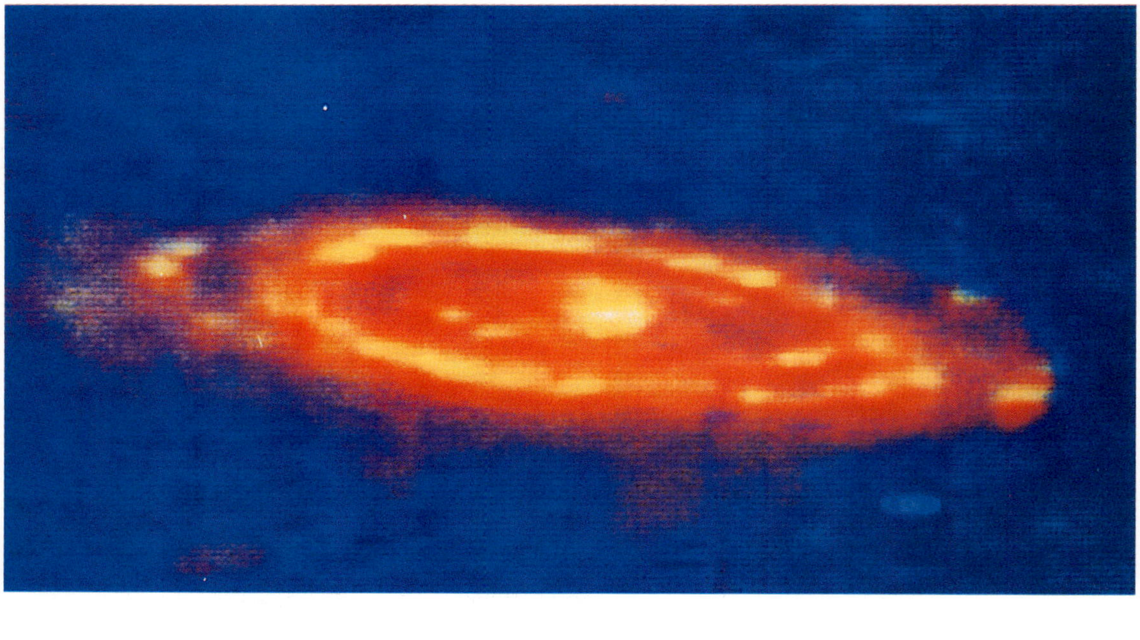

Luminosité ■ Si l'on pouvait observer toutes les étoiles à la même distance, la plus lumineuse serait l'étoile variable Êta de la Carène (voir l'article *« La plus grande et la plus massive »*), qui a aujourd'hui une luminosité 6,5 millions de fois supérieure à celle du Soleil, mais qui était encore 10 fois plus lumineuse lorsqu'elle atteignit sa luminosité maximale, en 1843.
L'étoile observable la plus lumineuse est l'étoile hypergéante Cygnus OB2 n° 12, avec une magnitude absolue de – 9,9, et qui est donc, absolument, 810 000 fois plus lumineuse que le Soleil.
Il est possible que l'étoile supergéante IV b 59, située dans la galaxie voisine de Messier 101, ait autant d'éclat.
L'étoile la plus pâle détectée à ce jour est RG 0058,8-2807, récemment découverte (voir l'article *« La plus petite et la plus légère »*) : elle a une luminosité seulement égale à 0,00021 fois celle du Soleil et une magnitude absolue de 20,2. Sa brillance, telle qu'on peut l'observer, n'atteint que le millionième de celle du Soleil.

Astre le plus lumineux ■ Il a été découvert en mars 1991 par les astronomes de l'université de Cambridge et de l'Observatoire royal de Greenwich, GB. La distance a été mesurée par le télescope de 2,50 m de Las Palmas, aux Canaries. Le quasar BR 1 202-07 rayonne comme un million de milliards de Soleils à 12 milliards d'années-lumière.

La supernova la plus brillante et la plus ancienne ■ SN 1006 fut observée, croit-on, en avril 1006, près de *Beta lupi*. Elle brilla pendant deux ans et atteignit une magnitude de – 9 à – 10. On pense que son résidu est la source radiomagnétique G.327,6 + 14,5, distante de 3 000 années-lumière. Cette source est un phénomène d'ondes radio lié au magnétisme engendré par les astres en rotation.
D'autres supernovae sont apparues en 1054, en 1604, en 1885 et, le plus récemment, le 23 février 1987, lorsque Ian Shelton aperçut la supernova appelée – 69 202, dans le Grand Nuage de Magellan, à 170 000 années-lumière. Cette supernova était visible à l'œil nu lorsqu'elle atteignit son éclat maximal en mai 1987.

Constellations ■ La plus grande des 88 constellations est la constellation de l'Hydre, qui couvre 6,3 % de l'hémisphère et contient au moins 68 étoiles visibles à l'œil nu (à la magnitude 5,5).
La constellation du Centaure, neuvième par la surface, embrasse cependant 94 étoiles visibles.
La constellation de la Croix du Sud est la plus petite, avec une surface égale à seulement 0,16 % de la totalité du ciel.

La plus fantastique éruption stellaire ■ Détectée en Chine puis au mont Hopkins, Arizona, EU, sur l'étoile binaire V 711 Tau, elle a été 100 millions de fois plus intense qu'une éruption solaire classique, dispersant 10 fois plus d'énergie qu'un Soleil entier.

Planètes stellaires ■ On doit examiner avec précaution toutes les « découvertes » de systèmes planétaires. En effet, on semble confondre ces systèmes avec d'autres corps stellaires sombres et de petite taille connus sous le nom de « naines brunes ». Ce sont des étoiles avortées, trop froides pour déclencher la fusion de l'hydrogène. Parmi les neuf candidates possibles présentées en août 1988 par Bruce Campbell, Gordon Walker et Stephenson Yang, de l'université de Victoria, Colombie britannique, Canada, le cas le plus prometteur semble être celui d'une planète d'une masse égale à une fois et demie celle de Jupiter gravitant autour de l'étoile lumineuse 36 *Ursae majoris* A, dont la période orbitale est de trois ans.

TROU NOIR

L'astronome, mathématicien et physicien français Pierre Simon de Laplace (1749-1827) a, le premier, ébauché le concept de corps extrêmement dense. Le terme de « trou noir », appliqué aux étoiles qui, par la gravité, se sont complètement effondrées sur elles-mêmes, fut utilisé pour la première fois le 29 décembre 1967 par le Pr John Archibald Wheeler.
La première identification probante d'un trou noir fut annoncée en décembre 1972 dans l'étoile binaire Cygnus X-1, source de rayons X. Le cas le plus représentatif fut signalé en janvier 1983 : il s'agit de LMC X-3, dont la masse est 10 fois celle du Soleil, avec un diamètre de seulement 5,9 km.
On a calculé, en octobre 1983, la masse du trou noir NGC 4151, au centre de la galaxie de Seyfert : plus de 2 x 10^{35} t, soit de 50 à 100 millions de fois la masse du Soleil.
NGC 6240 dans la constellation d'Ophiucus est le plus gros trou noir jamais suspecté. Il concentre une masse équivalente à 100 milliards de Soleils, comparable à la masse de toutes les étoiles de la Voie lactée, mais dans un volume 10 000 fois plus petit. Il se situe à 300 millions d'années-lumière.

Comètes

Les plus anciennes observations ■ Les documents attestant de l'existence des comètes datent du VIIe siècle av. J.-C.
On estime à 2 millions le nombre des comètes, dont la vitesse varie de 1 125 km/h dans l'espace lointain à 2 millions de km/h à proximité du Soleil. On a pu observer réellement 700 orbites de comètes se déplaçant dans l'espace.
Les apparitions successives de la comète de Halley sont avérées depuis 467 av. J.-C. Elle fut décrite pour la première fois dans la *Chronique de Nuremberg*, en l'an 684 de notre ère.
Edmund Halley (1656-1742) fut le premier à annoncer son retour, ce qui advint effectivement le jour de Noël de l'année 1758, seize ans après la mort de l'astronome anglais. Dans la nuit du 13 au 14 mars 1986, la sonde européenne *Giotto* (lancée le 2 juillet 1985) s'approcha à 540 km du noyau de la comète de Halley. *Giotto* a pu établir qu'il mesurait 15 km de long et qu'il avait la teinte du velours noir.

La plus grande approche ■ Le 1er juillet 1770, la comète de Lexell, filant à une vitesse de 38,5 km/s (par rapport au Soleil), s'approcha à moins de 1,2 million de km de la Terre. Chaque année, à chaque rotation sur son orbite, du 11 au 30 octobre, la Terre traverse la traînée laissée par la comète de Halley.

Les plus souvent observées ■ De toutes les comètes du système solaire dont on enregistre périodiquement la venue, la comète d'Encke, identifiée pour la première fois en 1786, est celle qui revient le plus fréquemment : tous les 1 206 jours (3 ans et 111 jours). Un seul de ses 53 retours a échappé aux astronomes : celui de 1944. Son intensité est de plus en plus faible et on attend son « extinction » vers février 1994.
Les comètes le plus fréquemment observées sont celles de Schwassmann-Wachmann I, de Kopff, et d'Oterma, que l'on peut voir chaque année entre Mars et Jupiter.

La moins fréquemment observée ■ Le parcours de la comète de Delavan de 1914 n'a pu être précisément déterminé. Son retour n'est pas attendu avant 24 millions d'années.

Les comètes sont des corps célestes très petits qui gravitent autour du Soleil.

Les plus grandes comètes ■ La queue de la comète la plus brillante, la Grande Comète de 1843, s'étirait sur 330 millions de km. La chevelure de la comète de Holmes de 1892 avait un diamètre de 2,4 millions de km.

△ *Edmund Halley (1656-1742), astronome anglais.*

▽ *La première comète dont on prévit le retour fut la comète de Halley.*

▷ L'activité solaire se manifeste par bien des phénomènes. Entre la chromosphère et la couronne se produisent de spectaculaires jets de gaz qui dessinent d'immenses boucles s'élevant à des altitudes de plusieurs centaines de milliers de kilomètres.

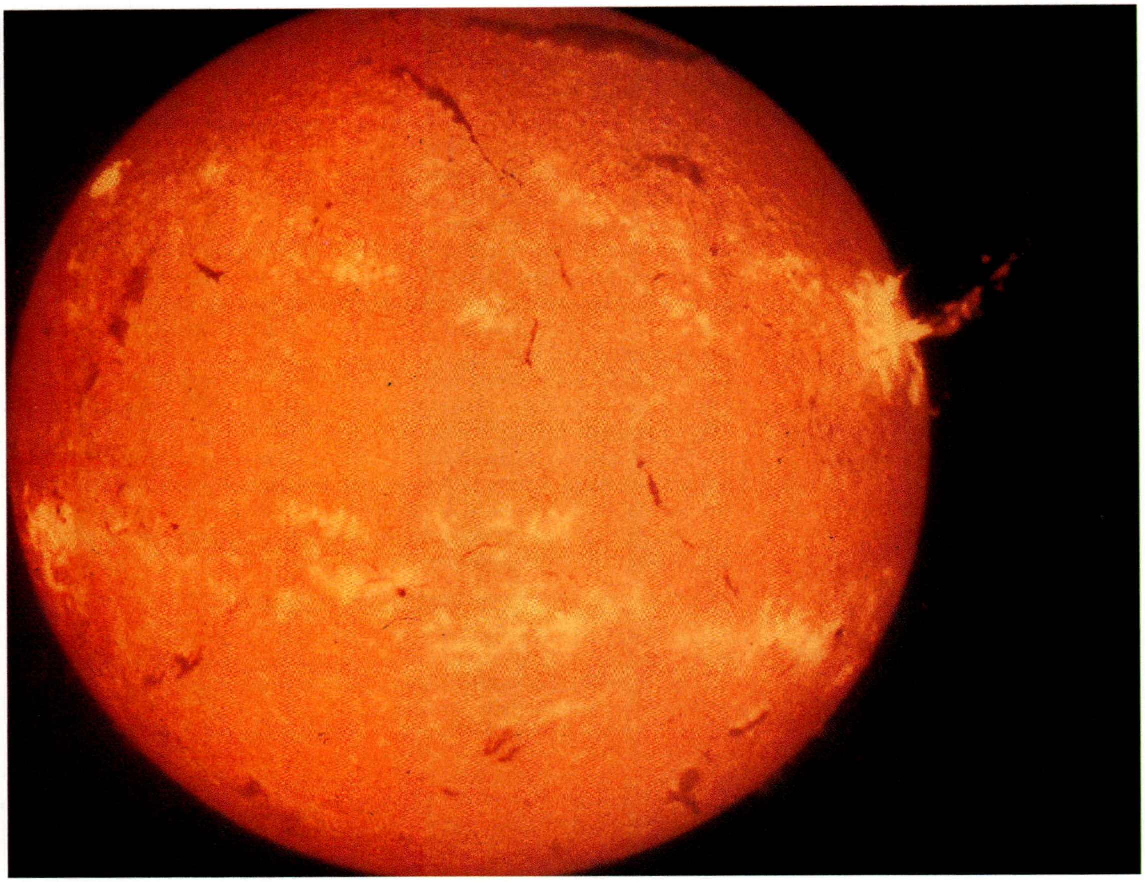

La plus grande vitesse ■ Le 4 août 1972, des vents solaires ont atteint une vitesse de 7,8 millions de km/h.

Les neuf planètes principales (y compris la Terre) sont des corps qui gravitent autour du Soleil selon des orbites déterminées. On cherche toujours la dixième planète.

Le Soleil

Distances extrêmes ■ La Terre tourne autour du Soleil selon une orbite elliptique, entre 147 097 800 km de distance (périhélie) et 152 098 200 km (aphélie). La distance moyenne est de 149 598 020 km. Sur la base d'une circonférence orbitale de 939 886 400 km et d'une période orbitale (année sidérale) de 365,256366 jours, on peut fixer la vitesse orbitale moyenne à 107 210 km/h. Elle varie entre 105 450 km/h (à l'aphélie) et 109 030 km/h (au périhélie).

Température et dimensions ■ Dans la classification des étoiles, le Soleil est une naine jaune de type G2, bien que sa masse de 1,9889 x 10^{27} t soit 332 946 fois plus grande que la masse de la Terre et qu'elle représente plus de 99 % de la masse du système solaire. Le diamètre du Soleil — 1 392 140 km — induit une densité d'à peine 1,408 fois celle de l'eau. Le Soleil a une température d'environ 15 400 000 K (kelvins) en son centre et une pression de 25,4 kPa dans le noyau ; il brûle 564 millions de t d'hydrogène par seconde pour les transformer en 560 millions de t d'hélium, ce qui représente une production d'énergie de 3,85 x 10^{26} watts. Il perd ainsi, chaque seconde, 4 millions de t de sa masse, transformés en énergie. Mais, à ce rythme, il ne perd qu'un cinq millième de sa masse en 3 milliards d'années.

Taches solaires ■ Pour être visible à l'œil nu protégé, une tache solaire doit avoir une étendue d'au moins 100 000 km (environ 10 fois la Terre). La plus grosse tache solaire fut observée le 8 avril 1947 dans l'hémisphère austral. Elle avait une superficie de 18 milliards de km², une longueur maximale de 300 000 km et une hauteur maximale de 145 000 km. Les taches solaires paraissent plus sombres car elles ont une température inférieure de 1 500 °C à la température de surface du reste de l'astre solaire, qui est de 5 500 °C. En octobre 1957, on parvint à dénombrer 263 taches, record absolu depuis le début de l'observation systématique de ces phénomènes, en 1755 (le précédent record était de 239 taches observées en mai 1778). En 1943, une tache solaire persista pendant 200 jours, de juin à décembre.

Planètes

La plus grosse ■ La plus grosse des neuf est Jupiter, dont le diamètre à l'équateur est de 142 984 km et le diamètre aux pôles de 133 708 km. Sa masse vaut 317,828 fois et son volume 1 323,3 fois ceux de la Terre. Elle a également la période de rotation la plus courte : le jour jupitérien ne dure en effet que 9 h 50 mn 30 s dans la région équatoriale.

La plus petite et la plus lointaine ■ Pluton fut découverte le 18 février 1930 à l'observatoire Lowell, à Flagstaff, Arizona, EU, par Clyde William Tombaugh (né en 1906), à partir de photographies qu'il avait prises les 23 et 29 janvier.
Son satellite Charon fut observé pour la première fois le 22 juin 1978 à l'observatoire de la marine américaine, à Flagstaff. Pluton a une masse égale à 0,2 % de la masse terrestre et un diamètre de 2 300 km. Charon a un diamètre de 1 150 km. Leur distance moyenne au Soleil est de 5 913 514 000 km, et leur révolution de 248,54 ans. A cause de l'excentricité de leur orbite, elles auront été momentanément plus proches du Soleil que Neptune du 23 janvier 1979 au 15 mars 1999.

La plus proche de la Terre ■ Vénus gravite parfois à seulement 41 360 000 km de la Terre, alors que Mars s'en trouve au mieux éloignée de 55 680 000 km.

La plus rapide ■ Mercure, qui gravite autour du Soleil à une distance moyenne de 57 909 200 km, accomplit sa révolution en 87,9686 jours, ce qui lui donne la vitesse moyenne en orbite de 172 248 km/h.

La plus chaude ■ Grâce aux mesures effectuées par des sondes de surface soviétique (*Venera*) et américaine (*Pioneer*), on a calculé que la température à la surface de Vénus est d'environ 460 °C.
La température sur Mars varie entre 30 °C et – 120 °C.

Montagnes et profondeurs ■ Le mont Olympe (anciennement *Nix Olympica*), dans la région Tharsis de la planète Mars, a un diamètre de 500 ou 600 km et culmine à environ 26 km (à 3 km près) au-dessus de la plaine avoisinante. C'est le plus grand volcan connu du système solaire.
Vénus a un canyon (à 1 600 km de son équateur) long de 400 km et profond de 6,4 km.
La montagne de glace de Miranda, l'une des lunes d'Uranus, est haute de 5 200 m.

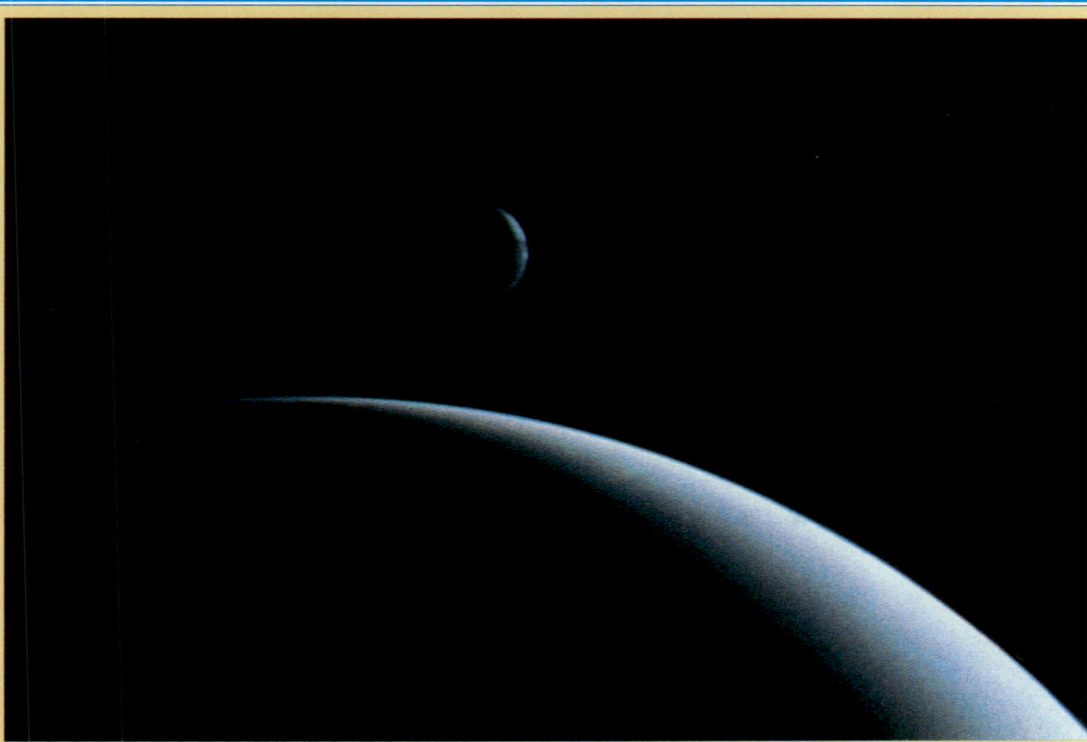

Vents violents sur Neptune

Selon l'analyse à l'ordinateur des photos prises par la sonde américaine *Voyager 2*, fin août 1989, c'est sur Neptune que les vents soufflent le plus fort. Ils y atteignent des vitesses de 2 500 km/h.

Conjonctions ■ La conjonction (rencontre) la plus spectaculaire des sept autres principaux astres du système solaire, en dehors de la Terre (le Soleil, la Lune, Mercure, Vénus, Mars, Jupiter et Saturne) eut lieu le 5 février 1962, lorsqu'ils se trouvèrent tous les sept dans un espace réduit de la voûte céleste.
Cette conjonction fut visible lors d'une éclipse de soleil dans la région du Pacifique. C'est le 5 mai 2000 que se reproduira une telle conjonction.

La plus brillante et la plus pâle ■ Des 5 planètes observables à l'œil nu de la Terre, la plus brillante est de loin Vénus (qui est également la plus proche), dont la magnitude maximale est de – 4,4. Pluton a le plus pâle éclat, avec une magnitude de 15.

Densité ■ La densité de la Terre vaut en moyenne 5,515 fois celle de l'eau.
La densité de Saturne est égale à 1/8 de celle de la Terre, soit 0,69 fois celle de l'eau, ce qui veut donc dire que si l'on avait un aquarium suffisamment grand et qu'on y plongeait Saturne, elle flotterait.

La plus grande maquette à l'échelle ■ Elle fut inaugurée le 29 novembre 1986 par le musée du Futur, à Falun, Suède. On installa dans le musée une maquette de la Terre de 1,3 cm de diamètre. On plaça le Soleil (diamètre 1,5 m) et les autres planètes (dont le diamètre variait de 3,5 mm à 14 cm) dans la ville voisine de Borlange, à 15 km de là. Le musée Victoria, à Melbourne, Australie, accueillit Proxima du Centaure, l'étoile la plus proche du Soleil.

Astéroïdes

Nombre ■ On estime qu'il y a environ 7 000 astéroïdes dans le système solaire, bien qu'on ait calculé l'orbite de seulement 5 000 d'entre eux. La plupart orbitent entre Mars et Jupiter dans une ceinture que l'on appelle la ceinture d'astéroïdes.

Distances extrêmes ■ Leur distance du Soleil varie entre 116,3 millions de km, pour l'astéroïde 1954 XA, proche de Vénus, et 2 milliards de km, pour 2 060 Chiron, entre Saturne et Uranus.

Le plus grand ■ L'astéroïde 1 Cérès (le premier découvert, le 1er janvier 1801) a un diamètre de 1 003 km.

Le plus petit ■ L'astéroïde 1991 BA a un diamètre de 9 m. Le 17 juin 1991, il est passé à 170 000 km de la Terre (soit la moitié de la distance Terre/Lune).

Le seul visible à l'œil nu ■ L'astéroïde 4 Vesta (découvert le 29 mars 1807) a un diamètre de 520 km. Sa magnitude apparente vue de la Terre est de 5.

Satellites

Le plus grand nombre ■ Sauf Vénus et Mercure, toutes les planètes ont des satellites. Saturne en possède 18. La Terre et Pluton n'en ont qu'un. Tout le système solaire en compte 61.

Le plus froid ■ La température à la surface de Triton, satellite de Neptune, est de –235 °C. C'est le corps le plus froid de tout le système solaire. Cependant, la température de Pluton et de son satellite Charon n'a pas encore été mesurée.

Distances extrêmes ■ La distance d'un satellite avec sa planète mère varie des

Les astéroïdes sont de petites planètes.
Les satellites gravitent autour des planètes.

◁ *Jusqu'à connaissance de la température de Pluton, Triton a, à sa surface, la température la plus froide du système solaire : - 235 °C.*

▷ *La Lune, seul satellite naturel de la Terre, est son plus proche voisin. Ces images ont été obtenues par le vaisseau spatial Galilée en décembre 1990.*

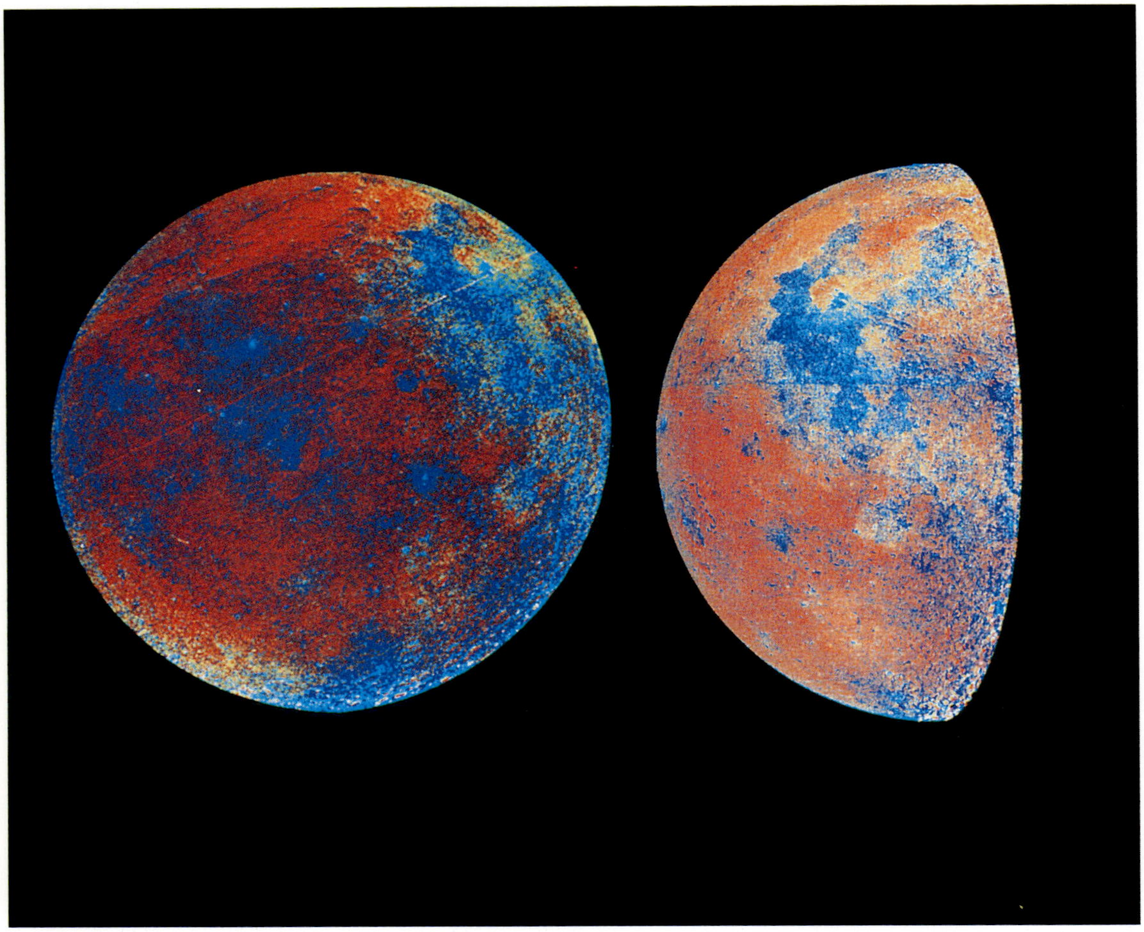

9 377 km séparant Phobos du centre de Mars aux 23,7 millions de km séparant Jupiter de Sinope, son neuvième satellite.

Le plus grand et le plus petit ■ Ganymède, troisième satellite de Jupiter, est 2 fois plus lourd que notre Lune et a un diamètre de 5 262 km.
Deïmos, satellite de Mars, bien que de forme irrégulière, a un diamètre moyen de 12,5 km.

La Lune

Définitions ■ La Lune est la plus proche voisine de la Terre dans l'espace et son seul satellite naturel. Elle a un diamètre moyen de 3 475 km et une masse de 7,348 x 10^{19} t, soit 0,0123 fois la masse de la Terre. Sa densité est donc égale à 3,344 fois celle de l'eau. La Lune tourne en orbite autour de la Terre à une distance moyenne de 384 399 km séparant leurs centres respectifs. Toutefois, le centre de la masse est décalé de 1,8 km en direction de la Terre par rapport au centre théorique.
Les deux astres furent les plus proches l'un de l'autre au cours de ce siècle (plus petit périgée) le 4 janvier 1912 (356 375 km). Ils ont été les plus éloignés l'un de l'autre (plus grande apogée) le 2 mars 1984, à une distance de 406 711 km.
La période orbitale (ou mois sidéral) est de 27,321661 jours, ce qui donne une vitesse orbitale de 3 683 km/h.
La théorie de l'« impact géant », qui prévaut actuellement pour expliquer l'origine de la Lune, expose que celle-ci fut formée au bord extérieur de la « limite rocheuse de la Terre » (à environ 18 500 km du centre de la Terre) à partir des débris provenant de la collision fulgurante entre la Terre et une planète de la taille de Mars.
Les échantillons de roches et de sols lunaires les plus anciens rapportés sur Terre par les astronautes des programmes américains *Apollo* ont le même âge que les plus vieilles météorites (4,5 milliards d'années) et laissent donc à penser que cette collision a eu lieu au tout début de la formation du système solaire.
La sonde spatiale soviétique *Luna II* toucha le sol lunaire pour la première fois dans l'histoire le 14 septembre 1959, à 0 h 2 mn 24 s, près de la mer de la Sérénité.
Les premières images de la face cachée de la Lune furent prises par la fusée soviétique *Luna III*, le 7 octobre 1959 à partir de 6 h 30 du matin, d'une altitude de 70,4 km au-dessus de la Lune. Elles furent transmises à la Terre d'une distance de 470 000 km *(voir aussi « Conquête de la Lune », chapitre Sciences et technologie).*

Le plus grand et le plus profond cratère ■ 59 % seulement de la surface lunaire est visible directement de la Terre du fait de sa « rotation captive », c'est-à-dire de l'égalité entre la période de rotation et la période orbitale.
Le plus grand cratère visible en totalité est la plaine de Bailly, ceinturée de murs, orientée vers le pôle Sud de la Lune. Il a un diamètre de 295 km et ses parois s'élèvent à environ 4 000 m.
La mer Orientale, qui se trouve en partie sur la face cachée, a un diamètre de presque 1 000 km.
Le cratère le plus profond est celui de Newton : on estime que son plancher se trouve entre 7 000 et 8 850 m au-dessous de sa ceinture extérieure et 2 250 m au-dessous du niveau de la plaine environnante.

Les plus hautes montagnes ■ En l'absence d'un « niveau de la mer », les altitudes lunaires sont mesurées par rapport à une sphère de référence convenue de 1 738 km de rayon. Sur cette base, la plus grande hauteur escaladée par l'un des douze astronautes américains qui posèrent le pied sur la Lune fut atteinte dans les collines de Descartes, à 7 830 m, le 27 avril 1972, par John Watts Young et Charles M. Duke Jr., au cours de la mission *Apollo 16*.

Nuits froides

Lorsque le Soleil se trouve à la verticale de l'équateur de la Lune, à midi en été, la température y atteint 117 °C. Au coucher du Soleil, la température chute à 14 °C, et elle descend à – 162 °C après la tombée de la nuit.

Éclipses

La plus ancienne ■ On aurait observé des éclipses de Lune dès 3450 av. J.-C. et des éclipses de Soleil dès 4200 av. J.-C. La plus ancienne éclipse solaire totale est mentionnée sur une tablette d'argile retrouvée en 1948 dans les ruines de l'ancienne ville d'Ougarit (aujourd'hui en Syrie). De nouveaux calculs faits en 1989 laissent à penser qu'elle témoigne de l'éclipse du 5 mars 1223 av. J.-C.

La plus longue ■ La durée maximale possible d'une éclipse du Soleil est de 7 mn 31 s. La plus longue éclipse mesurée eut lieu le 20 juin 1955 (7 mn 8 s) et fut observée des Philippines. Une éclipse de 7 mn 29 s devrait se produire le 16 juillet 2186 au milieu de l'Atlantique et sera alors la plus longue éclipse observée en 1 469 ans.
La durée d'observation d'une éclipse peut être prolongée par son observation d'un avion qui se déplace en même temps que l'éclipse. Ce fut le cas le 30 juin 1973, à partir du Concorde, une éclipse fut observée pendant 72 mn. La plus longue durée pour une éclipse de Lune est de 104 mn, et l'événement s'est produit plusieurs fois.

Météorites

Définitions ■ Un météoroïde se compose de fragments de comètes ou d'astéroïdes de tailles variables, allant de la poussière fine à des corps de plusieurs kilomètres de diamètre. Lorsque ce résidu, qui peut être de nature aérolite (pierreuse) ou sidérite (métallique), arrive sur la surface de la Terre ou d'une autre planète, il est alors appelé météorite. De tels événements se produisent environ 150 fois par an sur toute la surface émergée du globe. Un météore (communément appelé étoile filante) est le phénomène lumineux dû à l'entrée d'une météorite dans l'atmosphère terrestre.
Le seul cas répertorié dans l'histoire d'une personne blessée par une météorite est celui d'Ann Hodges, de Sylacauga, Alabama, EU. Le 30 novembre 1954, une pierre de 4 kg, longue de quelque 20 cm, traversa le toit de sa maison, la blessant au bras et à la hanche.

La plus grande apparition de météores ■ Elle eut lieu dans la nuit du 16 au 17 novembre 1966. Cette pluie d'étoiles filantes, appelée léonides, était associée au passage de la comète Temple-Tuttle dont le retour survient tous les 33 ans. Le maximum de météores dénombrés fut visible entre la partie occidentale de l'Amérique du Nord et la partie orientale de l'ex-URSS. On a calculé que le 17 novembre 1966, à partir de 5 h du matin, il est passé 2 300 météores par minute dans le ciel de l'Arizona, EU, pendant une période de 20 mn.

La plus ancienne météorite ■ En 1981, T. Kirsten entreprit de réévaluer l'âge des météorites restées pratiquement intactes après leur formation. Cette étude laisse apparaître que la plus vieille météorite datée avec précision est la météorite Kranenberg, âgée de 4,6 milliards d'années (à plus ou moins 20 millions d'années près). Elle précéderait le système solaire d'environ 70 millions d'années. On a annoncé, en août 1978, que les grains de poussière de la météorite Murchison (qui tomba en Australie en septembre 1969) étaient aussi très probablement antérieurs au système solaire.

La plus grosse ■ Le 30 juin 1908, à 0 h 17 mn 11 s, temps universel, se produisit une mystérieuse explosion d'une puissance de 12,5 mégatonnes dans le bassin de la Podkamennaïa Tunguska, à 40 km au nord de Vanavar, Sibérie (par 60°55' N et 101°57' E). On en attribua successivement la cause à une météorite (1927), à une comète (1930), à une explosion nucléaire (1961) et enfin à l'antimatière (1965). L'explosion dévasta une région d'environ 4 000 km^2 et le choc fut ressenti jusqu'à 1 000 km de distance. La théorie aujourd'hui en faveur suggère qu'il s'agissait de la désintégration finale des débris rocheux d'une comète (peut-être la comète d'Encke), à une altitude de 6 000 m.
La plus grosse météorite, conservée en un seul morceau, répertoriée fut découverte en 1920 à Hoba West, près de Grootfontein, Namibie : il s'agit d'un bloc d'environ 60 t, mesurant 3 m de long et 2,5 m de large.
La plus grosse météorite exposée dans un musée (le planétarium Hayden, à New York), est la météorite Tent, pesant 30,4 t. Elle fut découverte en 1897 par l'expédition Robert Edwin Peary (1856-1920), près de Cape York, sur la côte ouest du Groenland. Elle était connue des Eskimos sous le nom d'Abnighito.
Le plus gros fragment de météorite rocheux retrouvé à ce jour pèse 17,7 t et provient d'une pluie de météorites qui s'abattit sur Jilin (Kirin), Chine, le 8 mars 1976.
6 tonnes de masses météoriques, sous forme de micrométéorites, parviennent sur le sol terrestre par jour. Mais, à ce rythme, il faudra 2 milliards d'années pour obtenir une couche de 6 cm.

Cratères ■ On a calculé que quelque 2 000 collisions d'astéroïdes avec la Terre se sont produites lors des 600 derniers millions d'années. On a répertorié 102 impacts de collisions, ou astroblèmes.
Le cratère de 240 km de diamètre et de 800 m de profondeur, à Wilkes Land, Antarctique, serait dû à une météorite de 13 milliards de t entrée en collision avec la Terre à une vitesse de 70 000 km/h.
En décembre 1970, des savants soviétiques on signalé l'existence d'un astroblème de 100 km de diamètre et d'une profondeur maximale de 400 m dans le bassin de la Popigaï.
Sur la côte est de la baie de Hudson, Canada, en face des îles Nastapoka, se trouve une sorte de cratère ou d'astroblème de 440 km de diamètre.
L'un des cratères les plus grands et les mieux conservés est le cratère de Coon Butte (*meteor crater*) ou de Barringer, découvert en 1891 près du canyon du Diable, à Winslow, nord de l'Arizona, EU. Il a un diamètre de 1,2 km et une profondeur de 175 m, avec un parapet surplombant de 50 m la plaine avoisinante. On estime qu'une masse de 2 millions de t de fer et de nickel et de 70 m de dia-

Une éclipse est l'occultation d'un astre par un autre. On a une éclipse de Lune lorsque la Lune passe dans la pénombre de la Terre et une éclipse de Soleil lorsque la Lune passe entre le Soleil et la Terre et l'occulte.

Fréquences ■ Le plus grand nombre d'éclipses potentielles pendant une année est de 7, comme ce fut le cas en 1935, où se produisirent 5 éclipses du Soleil et 2 de la Lune, et en 1982 (4 solaires et 3 lunaires). Le plus petit nombre possible est de 2 éclipses — toutes deux du Soleil — ce qui se produisit en 1944 et en 1969.

◁ *L'un des cratères météoriques les plus grands et les mieux conservés est le cratère de Coon Butte, ou de Barringer, au nord de l'Arizona : il mesure1,2 km de diamètre. Il est la marque d'une masse de 2 millions de t qui heurta la Terre il y a 25 000 ans.*

La boule de feu la plus lumineuse ■ Le Dr Zdenek Ceplecha a photographié le 4 décembre 1974, au-dessus de Sumava, Tchécoslovaquie, une boule de feu de magnitude temporaire – 22, donc 10 000 fois plus brillante que la pleine lune.

Le plus ancien planétarium ■ L'ancêtre des planétariums est le globe pivotant de Gottorp, construit vers 1660 au Danemark par Andreas Busch, sur les directives d'Olearius, mathématicien à la cour du duc Frédéric III de Holstein. D'une circonférence de 10,50 m, il pèse environ 3,5 t. Il est aujourd'hui conservé à Saint-Pétersbourg.

mètre creusa ce cratère il y a 25 000 ans. Le cratère cryptovolcanique de Vredefort Ring (diamètre 42 km), au sud-ouest de Johannesburg, Afrique du Sud, est également d'origine météoritique.
Le cratère Nouveau-Québec (anciennement cratère Chubb), au Canada, signalé la première fois le 20 juin 1943, a une profondeur de 404 m et une circonférence de 11 km.

Tectites ■ La plus grosse tectite (fragment de météore) dont on ait publié les caractéristiques pèse 3,2 kg. Elle fut découverte en 1932 à Muong-Nong, dans la province de Saravane, Laos. Elle se trouve aujourd'hui à Paris, au musée du Louvre.
On pense que les huit tectites SNC, ainsi nommées d'après les lieux où on les trouva (à Shergotty, Inde ; Nakla, Égypte ; et Chassigny, Haute-Marne), proviendraient de la planète Mars.

Aurores polaires

Les plus fréquentes ■ Les lueurs polaires sont connues depuis 1560 dans l'hémisphère Nord sous le nom d'aurores boréales (ou lumières septentrionales), et depuis 1773 dans l'hémisphère Sud, sous le nom d'aurores australes. Elles sont causées par des décharges électriques libérées par le Soleil dans la haute atmosphère et interviennent le plus souvent sous les grandes latitudes. Les aurores polaires sont parfois visibles toutes les nuits par temps clair, dans les zones polaires à moins de 20 degrés des pôles magnétiques. La hauteur maximale des aurores polaires ne dépasse pas 1 000 km, alors que leur hauteur minimale est de 70 km. On ne dispose de chiffres fiables que depuis 1952, lorsqu'on enregistra aux îles Shetland le plus grand nombre de nuits boréales (203 en 1957) et le plus petit (58 en 1965).
La plus récente manifestation similaire de grande ampleur dans le nord-ouest de l'Europe eut lieu les 4 et 5 septembre 1958.

Nuages luminescents ■ Ces nuages, du fait de leur présence en haute altitude, restent longtemps éclairés par le Soleil après que celui-ci s'est couché ; on pense qu'ils se composent de cristaux de glace ou de poussières météoritiques. Les observations régulières effectuées à des altitudes de 85 km en Europe occidentale ne datent que de 1964 : le phénomène fut observé 43 nuits en 1979 (maximum) et 15 nuits en 1970 (minimum).

Observation

Le plus ancien télescope ■ Bien qu'on ait la preuve que les savants arabes avaient compris très tôt le pouvoir grossissant des lentilles, ces dernières furent employées pour la première fois à la fabrication d'un télescope en Angleterre par Roger Bacon (1214-1292).

Le plus grand réflecteur ■ Il s'agit d'un télescope monté en altazimut (c'est-à-dire qu'un des axes de rotation est la verticale du lieu) de 6 m de diamètre situé sur le mont Semirodniki, près de Zelentchoukskaïa, dans le Caucase, à une altitude de 2 080 m. Achevé en 1976, il n'a jamais donné les résultats escomptés.

NANÇAY : UN DES PLUS GRANDS INSTRUMENTS RADIOASTRONOMIQUES DU MONDE

Le plus grand radiotélescope décimétrique de Nançay, Cher, se compose de deux surfaces indépendantes. La première est un miroir plan mobile autour d'un axe horizontal constitué de 10 panneaux indépendants de 20 m de large et 40 m de haut pesant chacun 40 t. La seconde est un miroir « sphérique » de 300 m de long et 35 m de haut qui reçoit et concentre l'énergie captée par le miroir plan. La superficie totale des deux surfaces est de 7 000 m^2.
C'est l'un des plus grands instruments radioastronomiques du monde. Il fonctionne 24 heures sur 24, 365 jours par an.

France ■ Le télescope du pic du Midi de Bigorre, Hautes-Pyrénées, à 2 877 m d'altitude, a un miroir de 2 m de diamètre. Il a été mis en service en 1979.

Le télescope le plus performant ■ Le télescope (NTT) de l'Observatoire européen austral ESO, à la Silla dans les Andes chiliennes, a un diamètre de 3,50 m et pèse 110 t. Sa résolution est de 0,7 s à 0,3 s (0,3 s correspond à un détail de 500 m sur la Lune). Il atteint la magnitude 20 pour 10 s de pose.

Le plus ancien radiotélescope parabolique ■ Karl Jansky, des laboratoires Bell, à Holmdel, New Jersey, EU, a détecté pour la première fois des ondes radioélectriques émises par les corps célestes en 1931 à l'aide d'une antenne pivotante à ondes courtes de 30 m de long.

Le plus grand radiotélescope parabolique ■ Le système ionosphérique partiellement orientable d'Arecibo, à Porto Rico, a été achevé en novembre 1963, il a coûté 9 millions de $. La parabole a un diamètre de 300 m et couvre une superficie de 7,48 ha. Sa sensibilité fut multipliée par 1 000 et sa portée étendue à la limite de l'univers observable (15 milliards d'années-lumière) grâce à l'adjonction de nouvelles plaques d'aluminium, pour un coût de 8,8 millions de $. Il fut de nouveau mis en service le 16 novembre 1974.

La plus grande antenne orientable ■ Le plus grand du monde est un système de 3 000 t et de 100 m de diamètre, à l'Institut Max-Planck de Bonn, Allemagne. Il fut achevé en 1971.

La plus grande installation terrestre ■ La plus grande installation radiotélescopique sur Terre est le télescope VLA (« very large array » : très grand déploiement) de la Fondation scientifique nationale américaine, à 80 km de Socorro, dans la plaine de San Agustín, Nouveau-Mexique, EU. Il a la forme d'un Y dont chacune des branches, longue de 21 km, est pourvue de 27 antennes mobiles (de 25 m de diamètre) montées sur rail. Inauguré le 10 octobre 1980, il a coûté 78 millions de $.

La plus grande installation radioastronomique ■ En octobre 1986, des radioastronomes ont pour la première fois relié le centre d'études spatiales de la Nasa, à Tidbinbilla, Australie, les stations suiveuses d'Usuda et de Kashima, au Japon, et le satellite TDRS en orbite géostationnaire. Ce système engendre un radiotélescope d'un diamètre efficace de 27 523 km (soit 2,16 fois le diamètre de la Terre).

Le plus puissant radiotélescope ■ Le Pico Veleta en Andalousie, Espagne, radiotélescope d'origine allemande, pèse 800 t, les parties mobiles ne pesant que 500 t. Son antenne a un diamètre de 30 m. Elle est constituée de 420 panneaux d'aluminium sur monture azimutale. Sa résolution est de 11 s à 1,3 mm.

Le plus ancien observatoire ■ A Athènes, vers 100 av. J.-C., la « tour des vents » d'Andronicus était un bâtiment octogonal (toujours debout) muni de huit cadrans solaires visibles de loin dans toutes les directions. Au sommet de la tour, une statue de Triton tournait au gré du vent.

L'observatoire le plus haut ■ L'observatoire de l'université de Denver, Colorado, EU, est situé à 4 300 m. Il comprend principalement un télescope réflecteur de 60 cm.

Le plus grand planétarium ■ Celui de Miyazaki, au Japon fut achevé le 30 juin 1987. Il possède un dôme de 27 m de diamètre.

Télescope spatial ■ Le télescope spatial Hubble a été placé sur orbite à 600 km d'altitude par la navette américaine *Discovery*, le 25 avril 1990. Ce télescope, le plus coûteux de tous les appareils scientifiques jamais construits (3 milliards de $) mesure 13 m de long, 4,20 m de diamètre et pèse 11 t. Il possède un miroir de 2,40 m de diamètre et de 826 kg. Un défaut de son miroir limite pour le moment les performances du télescope. A l'occasion d'une mission de navette spatiale (vers 1995), une « lentille correctrice » sera posée par les astronautes sur l'œil malade de Hubble afin de lui rendre la vision qui permettra d'atteindre les confins de l'Univers, à 14 milliards d'années-lumière.

La Terre

La Terre n'est pas une sphère parfaite, mais un sphéroïde aplati aux pôles. Son diamètre aux pôles, 12 713,505 km, est inférieur de 42,769 km à celui de l'équateur (12 756,274 km). Elle est légèrement en forme de poire, le rayon du pôle Nord mesurant 45 m de plus que celui du pôle Sud. L'équateur a également une forme légèrement elliptique, son grand axe (situé à environ 37° O) mesurant 159 m de plus que son petit axe. Les grands écarts de cet ellipsoïde sont dus à une protubérance de 73 m en Papouasie-Nouvelle-Guinée et à une dépression de 105 m au sud de Sri-Lanka (ex-Ceylan), dans l'océan Indien.

La plus grande circonférence de la Terre est de 40 075,020 km à l'équateur, sa circonférence au méridien étant de 40 007,860 km. On estime la superficie de la Terre à 510 065 600 km^2. Sa période de rotation axiale, c'est-à-dire le jour sidéral, est de 23 h 56 mn 4,0996 s en temps moyen.

La masse de la Terre a été calculée pour la première fois en 1774 par l'Écossais Nevil Maskelyne (1752-1811). On pense aujourd'hui qu'elle est de l'ordre de 5,974 x 10^{21} t et que sa densité vaut 5, 515 fois celle de l'eau. Son volume est d'environ 1 083 207 000 000 km^3.

La Terre attire des poussières cosmiques dans des proportions très variables pouvant aller jusqu'à 30 000 t par an.

Les théories scientifiques actuelles supposent que la Terre possède une coquille extérieure ou lithosphère (80 km d'épaisseur) recouvrant un manteau rocheux (2 809 km d'épaisseur) qui se compose d'une couche extérieure et d'une couche intérieure. Sous ce manteau se trouve un noyau riche en fer d'un rayon de 3 482 km. Si la thèse du noyau ferrugineux est exacte, le fer serait l'élément le plus abondant à l'intérieur du globe terrestre. Au centre du noyau, où la température s'élève à 4 500 °C, on estime la densité à 13,09 g/cm^3 et la pression à 364 GPa (gigapascals, soit 364 milliards de pascals).

La Terre primitive

De nombreux faits scientifiques laissent à penser que, durant l'une des périodes de son histoire, la Terre avait une surface émergée qui se composait d'un seul et même continent primitif de 200 millions de km^2 appelé aujourd'hui Pangée. Il se serait divisé, il y a environ 190 millions d'années (pendant la période jurassique), en deux énormes continents : l'un, appelé Laurasie, comprenait l'Eurasie, le Groenland et l'Amérique du Nord ; l'autre, appelé Gondwana, comprenait l'Afrique, l'Arabie, l'Inde, l'Amérique du Sud, l'Océanie et l'Antarctique. Ce dernier se sépara il y a 120 millions d'années. Le pôle Sud se trouvait apparemment dans la région du Sahara jusqu'à la période ordovicienne, il y a 450 millions d'années. Par conséquent, le Sahara, à présent l'une des régions les plus chaudes du monde, était à l'époque l'une des plus froides.

Structures et dimensions

Mers et océans

Le plus grand océan ■ Le Pacifique représente 45,9 % de tous les océans du globe, sans compter les mers voisines, et couvre une surface de 166 241 000 km^2. La profondeur moyenne y est de 4 188 m. La distance navigable la plus longue entre deux points sur cet océan est de 17 550 km, de Guayaquil, Équateur, à Bangkok, Thaïlande.

Le plus petit océan ■ L'océan Arctique couvre une surface de 14 millions de km^2. Il est constitué d'un ensemble de mers qui s'étendent du pôle Nord au cercle polaire arctique (66° 33', latitude nord).

Le point océanique le plus éloigné de la terre ■ Il se trouve dans le Pacifique Sud à environ 48° 30' S et 125° 30' O ; il est à 2 670 km de la terre la plus proche, c'est-à-dire les îles Pitcairn et Ducie et le cap Dart, dans l'Antarctique. Ce point est au milieu d'un cercle liquide de 22 421 500 km^2, soit 18 000 km^2 de plus que le pays le plus grand du monde, l'ex-URSS.

Le point océanique le plus méridional ■ Il se trouve à 85° 34' S et 154° O, à la pointe du glacier Robert Scott (à 490 km du pôle Sud).

Le point océanique le plus septentrional ■ C'est le pôle Nord à 90° nord.

A 11 KM DE PROFONDEUR DANS LA FOSSE DES MARIANNES

Le point océanique le plus profond de la planète fut localisé pour la première fois en 1951 par le vaisseau hydrographique britannique Challenger*, dans la fosse des Mariannes, océan Pacifique. La mesure, obtenue par sondage à spectre large, fixa la profondeur à 10 863 m.*
Des expéditions ultérieures ont donné des profondeurs légèrement plus importantes.
Celle du vaisseau hydrographique soviétique Vitiaz*, en 1957, révéla une profondeur de 11 034 m.*
Le 23 janvier 1960, le bathyscaphe Trieste *de la marine américaine descendit au fond de la fosse des Mariannes, à 10 916 m.*
Un objet en métal, comme par exemple une boule en acier de 1 kg, jeté dans l'eau au-dessus de cette fosse, mettrait environ 64 mn pour toucher le fond, où la pression hydrostatique est supérieure à 1 250 bars.

France ■ *La profondeur au large d'Antibes, Alpes-Maritimes, atteint 1 500 m en un endroit situé dans la zone des 4 milles marins (environ 7 à 8 km) bordant le territoire métropolitain.*

La mer la plus petite ■ La mer Morte mesure 75 km sur 15 km de large. Cette mer fermée se trouve sur la frontière entre Israël et la Jordanie. Ses eaux se situent au fond de la dépression de Ghor à environ 500 m au-dessous du niveau de la mer.

La baie la plus grande ■ La baie de Hudson, dans le nord du Canada, s'étend sur 12 268 km, pour une superficie de 1 233 000 km^2. La superficie de la baie du Bengale a une superficie de 2 974 600 km^2.

Le fjord le plus long ■ Le fjord Nordvest, qui forme un bras du Scoresby Sund dans la partie est du Groenland, pénètre de 313 km à l'intérieur des terres.

Le plus long fjord norvégien est le fjord Sogne, qui pénètre à l'intérieur des terres sur une distance de 204 km, de l'île de Sogneoksen à la pointe du bras de mer de Lusterfjord, à Skjolden. Sa largeur varie de 2,3 km à 5 km et son point le plus profond est à 1 296 m.

On évalue la surface terrestre recouverte par les eaux (hydrosphère) à 362 033 000 km^2, soit 70,98 % de la surface totale. La profondeur moyenne de l'hydrosphère était autrefois estimée à 3 795 m, mais des recherches récentes tendent à ramener ce chiffre à 3 554 m.
Le poids total de cet élément liquide est de l'ordre de 1,32 x 10^{18} t, soit 0,022 % du poids total du globe terrestre.
On pense que le volume des océans occupe 1 349 900 000 km^3, alors que le volume des réserves d'eau douce est de 35 millions de km^3.

La mer la plus grande ■ C'est la mer de Chine du Sud, qui couvre une superficie de 2 974 600 km^2, juste avant la Méditerranée, 2 969 000 km^2.

La montagne sous-marine la plus haute ■ Elle fut découverte en 1953 près de la fosse des Tonga, entre les îles Samoa et la Nouvelle-Zélande. Elle s'élève à 8 690 m au-dessus du fond marin et son sommet culmine à 365 m au-dessous de la surface.

▷ *Le golfe du Mexique, le plus grand du monde, a une superficie de 1,544 millions de km² et 4 999 km de rivages. Le Gulf Stream le traverse. Le continent nord-américain et le golfe sont facilement reconnaissables sur cette photo satellite.*

Les marées exceptionnelles sont dues aux forces de gravitation de la Lune et du Soleil sous l'influence de leur périgée, de leur périhélie et de leur syzygie. L'influence des vents et de la pression atmosphérique peut superposer un élément supplémentaire de « houle ». La configuration de la côte et celle du fond marin peuvent accentuer ces forces. L'intervalle normal entre les marées est de 12 h 25 mn.

On peut également affirmer que Hardangerfjorden s'étend sur environ 183 km, si on le mesure en longeant le Bomlafjord, à partir de Huglo jusqu'à la pointe du bras de mer de Sorfjord, à Odda.

Le bras de mer le plus long ■ Le loch Fyne, sur la côte occidentale de l'Écosse, pénètre de 60,5 km à l'intérieur des terres.

Le golfe le plus grand ■ Le golfe du Mexique a une superficie de 1 544 000 km² et un littoral s'étirant sur 4 990 km, de Cape Sable, Floride, EU, à Cabo Catoche, Mexique.

Température ■ La température de l'eau à la surface de la mer varie de – 2 °C dans la mer Blanche à 35,6 °C en été dans les parties peu profondes du golfe Arabo-Persique. La température normale de la mer Rouge est de 22 °C.
La plus haute température relevée, en 1985, dans un océan, est de 404 °C, pour une source à environ 480 km au large de la côte occidentale des États-Unis. Des sondes opérant à distance ont pu relever la température de la source, l'eau de celle-ci ne se transformant pas en vapeur grâce au poids du liquide qui la surplombe.

L'eau la plus limpide ■ La mer de Weddell, par 71° S et 15° O, au large de l'Antarctique, possède les eaux les plus limpides du monde.
Le 13 octobre 1986, on a pu voir un disque « Secchi » à une profondeur de 80 m, d'après les mesures effectuées par des chercheurs néerlandais de l'Institut allemand Alfred-Wegener. Une telle clarté correspond à ce que les scientifiques considèrent comme la clarté caractéristique de l'eau distillée.

Détroits

Le plus long ■ C'est le détroit de Tartarie, entre l'île de Sakhaline et la côte de Sibérie extrême-orientale. S'étirant sur 800 km, il est donc légèrement plus long que le détroit de Malacca, entre la Malaisie et Sumatra (780 km).

Les plus larges ■ Le détroit de Drake, entre les îles Diego Ramírez, Chili, et les îles Shetland du Sud, Antarctique, a 1 140 km de largeur maximale.
Le détroit de Davis, entre le Groenland et la terre de Baffin, Canada, a une largeur minimale de 338 km.

Le plus étroit ■ Le détroit navigable le plus étroit se trouve entre l'île égéenne d'Eubée et le continent grec. La distance entre les deux rives n'est que de 40 m à Chalcis.

***France* ■** Les bouches de Bonifacio, entre la Corse et la Sardaigne, sont larges de 10 km en leur point le plus étroit.

Vagues

Les plus hautes ■ Dans la nuit du 6 au 7 février 1933, alors qu'il se trouvait à bord du navire américain *Ramapo* se rendant de Manille, Philippines, à San Diego, Californie, et qu'un ouragan faisait rage, le lieutenant Frederic Margraff a calculé qu'une vague qu'il avait observée mesurait 34 m.
La plus grande vague mesurée à l'aide d'instruments avait 26,20 m de haut ; elle fut observée le 30 décembre 1972 par le navire britannique *Weather-Reporter* dans l'Atlantique nord, par 59° N et 19° O.
Le 9 juillet 1958, un glissement de terrain a provoqué une vague haute de 500 m, déferlant à 150 km/h le long de la baie Lituya, Alaska, EU.

La plus haute vague sismique ■ Le tsunami (souvent appelé par erreur raz de marée) le plus haut aurait mesuré 85 m, au large de l'île d'Ishigaki, Japon, le 24 avril 1771. Il projeta un bloc de corail de 750 t à plus de 2,5 km. Le tsunami (mot japonais signifiant vague — *nami* — et inondation — *tsu*), selon les observations, déferle à une vitesse de 800 km/h.
On a avancé des preuves d'après de savants calculs de l'existence d'une vague océanique de 300 m de haut qui se serait formée il y a 100 000 ans.
Elle se serait brisée sur la côte sud de Lanai, dans les îles Hawaï, et aurait été causée par un météorite, une éruption volcanique ou un glissement de terrain sous-marin.

Courants

Le plus grand ■ Le courant circumpolaire antarctique, ou courant des vents d'ouest, fut mesuré en 1982 dans le détroit de Drake, entre l'Amérique du Sud et l'Antarctique.
Son débit est de 130 millions de mètres cubes par seconde. Sa largeur varie de 300 à 2 000 km et la vitesse de son débit d'écoulement en surface a été mesurée à 0,75 km/h.

Les plus forts ■ Les courants les plus puissants du monde sont les rapides de Nakwakto, dans le Slingsby Channel, Colombie britannique, Canada (51° 5' N et 127° 30' O). Ils peuvent se déplacer à 30 km/h.

***France* ■** Le courant le plus fort qui traverse le raz Blanchard, détroit large de 16 km séparant le cap de La Hague, au nord-ouest de la presqu'île du Cotentin, et l'île anglo-normande d'Aurigny, au nord de Jersey, atteint une vitesse de 10 nœuds (18 km/h).

Marées

Les plus grandes ■ Elles se produisent dans la baie de Fundy, qui sépare la péninsule de Nouvelle-Écosse, Canada, du Maine (l'État situé à l'extrême nord-est des États-Unis) et de la province canadienne du Nouveau-Brunswick. La pointe de Burncoat, dans le bassin de Minas, Nouvelle-Écosse, enregistre l'écart moyen entre marée haute et marée basse de 14,50 m.
On a observé en 1953 un écart de 16,60 m pour des sources situées dans le bassin de Leaf, baie d'Ungava, Québec, Canada.

France ■ D'après le SHOM (Service hydrographique et océanographique de la Marine), on a observé des écarts de 14,53 m entre marée haute et marée basse à Cancale, Manche, les 3 mars 1900 et 14 mars 1918. Le 9 septembre 1991, à Cancale toujours, on a pu observer un écart de 13 m.

Les plus faibles ■ Les marées sont pratiquement inexistantes à Tahiti, dans le Pacifique, de même qu'en beaucoup d'endroits de la mer Baltique et en mer Noire.

Icebergs

Le plus grand et le plus haut ■ Le plus grand iceberg antarctique répertorié était un iceberg de forme tabulaire de plus de 31 000 km^2 (335 km de long, 97 km de large, et donc plus grand que la Belgique). Il fut repéré, le 12 novembre 1956, par le navire américain *Glacier*, dans le Pacifique Sud, à 240 km à l'ouest de l'île de Scott.
L'île de glace T 1, d'une épaisseur de 61 m et d'une superficie de 360 km^2, découverte en 1946, fut suivie pendant 17 ans.
Le plus haut iceberg jamais étudié mesurait 170 m ; il fut signalé en 1958 au large du Groenland occidental par l'équipage du brise-glace américain *East-Wind*.

L'iceberg arctique le plus méridional ■ Il fut signalé en avril 1935 dans l'Atlantique par un navire météorologique de la marine américaine, par 28° 44' N et 48° 42' O.

L'iceberg antarctique le plus septentrional ■ Ce fut un résidu d'un iceberg plus important repéré le 30 avril 1894 dans l'Atlantique par le navire *Dochra* par 26° 30' S et 25° 40' O.

Roches

Les plus vieilles ■ Des roches découvertes en mai 1984, à 300 km au nord de Yellowknife, Canada, ont été scientifiquement datées à 3,962 milliards d'années.
Des minéraux encore plus anciens ont été identifiés, qui ne sont cependant pas des roches.
C'est le cas de cristaux de zircon découverts en août 1984 à 700 km au nord de Perth, Australie, et vieux, exactement, de 4,276 milliards d'années. Ce sont les plus anciens fragments de la croûte terrestre jamais découverts.

France ■ La plus ancienne zone de subsidence (affaissement lent d'une partie de l'écorce terrestre sous le poids des sédiments) se trouve dans l'est du pays. Ses dépôts affleurent en Lorraine.
Les mouvements de subsidence successifs qui ont constitué le sol français actuel se sont dirigés par la suite de l'est vers le centre et le sud-ouest.

La plus grande ■ Le célèbre rocher monolithique d'Uluru (Ayers Rock) s'élève à 348 m et mesure 2,5 km x 1,5 km. Il se trouve à 400 km au sud-ouest d'Alice Springs, Territoire du Nord, Australie.
On a calculé en 1940 que la Gran Piedra (« Grande Pierre »), un culot volcanique situé dans la sierra Maestra, à Cuba, pesait 61 355 t.

Continents

Le plus grand ■ 41,25 % de la surface du globe terrestre, ou 210 400 000 km^2, sont recouverts par des masses continentales dont environ les deux tiers (148 021 000 km^2, soit 29 % de la surface terrestre) sont émergés avec une hauteur moyenne de 756 m au-dessus du niveau de la mer. La masse continentale euro-asiatique est la plus vaste, avec une superficie de 53 698 000 km^2, y compris les îles. La masse continentale afro-eurasienne, artificiellement séparée par le canal de Suez, couvre une superficie de 84 702 000 km^2.

Le plus petit ■ Le continent australien a une superficie de 7 618 493 km^2. Ce continent, lorsqu'on y ajoute la Tasmanie, la Nouvelle-Zélande, la Papouasie-Nouvelle-Guinée et les îles du Pacifique, est parfois appelé Océanie.

Péninsule ■ La plus grande péninsule du monde est l'Arabie, avec une superficie de 3 250 000 km^2.

Le point du globe le plus éloigné de la mer ■ Il se situe par 46° 16,8' N et 86° 40,2' E, dans le désert de Dzoosotoyn Elisen, au nord du Xinjiang, la province chinoise à l'extrême nord-ouest du territoire. Localisé en 1986 par des chercheurs britanniques, ce point se trouve à 2 648 km de la mer ouverte la plus proche.

Le centre de l'Europe des Douze ■ L'unification de l'Allemagne a donné un nouveau centre géographique à l'Europe des Douze. Selon les calculs de l'Institut géographique national (IGN), ce point central est maintenant localisé au lieu-dit La Bruyère, sur le territoire de la commune de Saint-Clément, Allier, France, un village de 332 habitants.

On évalue généralement l'âge de la Terre à 4,5 milliards d'années (à 20 millions d'années près). Aucune roche ayant atteint ce grand âge n'a toutefois été trouvée jusqu'ici, les évolutions géologiques les ayant probablement toutes détruites.

△ En dérivant, les grands icebergs fondent. Une falaise apparente de 60 m laisse supposer une hauteur sous l'eau de 500 m.

▽ La roche australienne d'Ayers Rock est le plus grand rocher d'un seul bloc du monde. Il a 2,5 km de long.

Une Bretagne flottante

L'iceberg A 24, appelé Druzhana, grand comme la Bretagne avec 13 000 km^2, s'est séparé du glacier oriental de l'Antarctique en 1986 et dérive.
Il se déplace de 5 km par jour et, après 6 ans, a déjà parcouru plus de 2 000 km, passant au large des Orcades et de la Géorgie du Sud, avant de se diriger vers l'est et l'Afrique du Sud.
Il a fondu et ne mesure plus que 6 000 km^2 (superficie à peu près égale à celle de la Corse). Sa hauteur est de 500 m dont seulement 60 m émergent de l'eau.

▷ *Le plus petit continent est l'Australie qui a une surface de 7 618 493 km².*

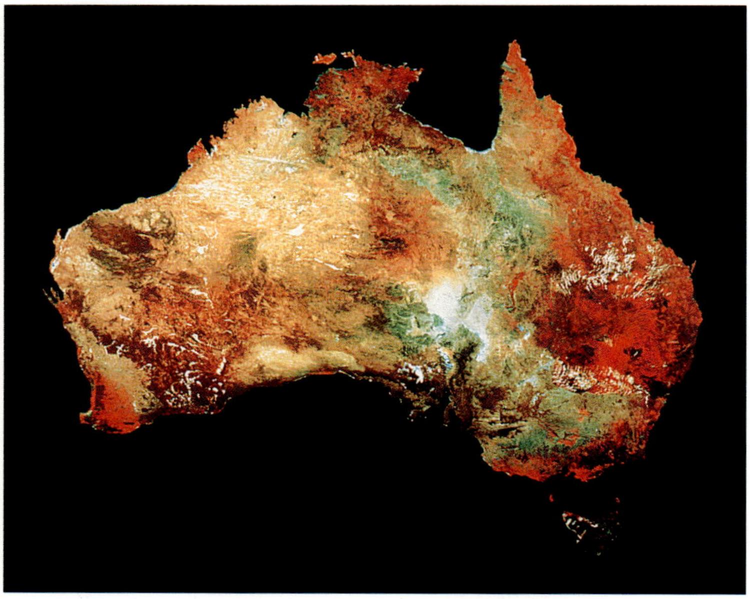

Le centre de la France ■ L'IGN le situe à Nassigny, Allier, exactement au lieu-dit La Brande-de-Murat, en incluant la Corse dans les calculs. Si l'on exclut la Corse, le centre se trouve au lieu-dit La Coucière, sur la commune de Vesdun, Cher.

Avant l'unification allemande, le centre géographique de l'Europe des Douze se trouvait à Saint-André-le-Coq, Puy-de-Dôme.

Le centre de l'Europe géographique ■ L'IGN situent le centre de l'Europe physique — celle qui s'étend de l'Atlantique à l'Oural — de Purnuskis, village de Lituanie, à 20 km au nord de Vilnius.

Iles

La plus grande ■ Si l'on exclut l'Australie, généralement considérée comme une masse de terre continentale, la plus grande île du monde est le Groenland, avec une superficie d'environ 2 175 000 km². Le Groenland se compose en fait de plusieurs îles recouvertes d'un manteau de glace sans lequel il aurait une superficie de 1 680 000 km².
La plus grande île de sable du monde est l'île de Fraser, dans le Queensland, Australie, qui a une dune de sable longue de 120 km.

France ■ La Corse, dite l'île de beauté, est la plus grande île française. Longue de 185 km et large de 85 km, elle a une superficie de 8 720 km².

La plus grande entourée d'eau douce ■ C'est l'île de Marajo (48 000 km²), dans l'embouchure du fleuve Amazone, Brésil. La plus grande île du monde à l'intérieur des terres (c'est-à-dire une île entourée de rivières) est l'île de Bananal, Brésil (18 130 km²).
La plus grande île à l'intérieur d'un lac est l'île de Manitoulin (2 766 km²), dans la partie canadienne (État d'Ontario) du lac Huron.

La plus éloignée de la terre ■ C'est l'île Bouvet (presque entièrement recouverte par une calotte glaciaire), découverte le 1er janvier 1739 dans l'Atlantique sud par le Français Bouvet de Lozier. Elle se trouve par 54° 26' S et 3° 24' E. Cette dépendance norvégienne inhabitée est à environ 1 700 km de la terre déserte de la Reine-Maud, dans l'Antarctique est.
L'archipel habité le plus éloigné de la terre est Tristan da Cunha, découvert en mars 1506 dans l'Atlantique sud par l'amiral portugais Tristão da Cunha. L'île principale a une superficie de 98 km², mais la partie habitable se limite à 31 km². Elle fut annexée par le Royaume-Uni le 14 août 1816. Après son évacuation en 1961 (à cause de son activité volcanique), 198 insulaires revinrent en novembre 1963. La terre habitée la plus proche est l'île de Sainte-Hélène (où mourut Napoléon qui y était prisonnier des Anglais - voici la réponse à « Pourquoi Sainte-Hélène? »), à 2 120 km au nord-est. Le continent le plus proche, l'Afrique, est distant de 2 735 km.

Le plus grand archipel ■ L'Indonésie a la forme d'un croissant de 5 600 km de long. Elle comprend plus de 13 000 îles.

Le pic rocheux le plus haut ■ La pyramide de Ball, près de l'île de Lord Howe, dans le Pacifique, a 561 m de hauteur, mais sa longueur n'est que de 200 m. Elle fut escaladée pour la première fois en 1965.

NOUVEAU TERRITOIRE

L'île la plus récente est l'îlot de lave de Fukuto Kuokanoba, qui fut signalé, en janvier 1986, près de l'île japonaise d'Iwo-Jima, dans le Pacifique. Il mesure 650 m x 450 m et se trouve à 12 m au-dessus du niveau de la mer.

▷ *Une île est née d'une éruption volcanique. En 1986, l'îlot, aussitôt baptisé Fukuto Kuokanoba, émergea de 12 m au-dessus du niveau de la mer.*

La terre la plus septentrionale ■ Uffe Petersen, de l'Institut danois de géodésie, a observé le 26 juillet 1978 l'îlot d'Oodaq, d'un diamètre de 30 m, au large de la terre de Perry, Groenland. Il se trouve à 706 km du pôle Nord, par 83° 40' N et 30° 40' O.

La terre la plus méridionale ■ Le pôle Sud, à la différence du pôle Nord, repose sur une surface terrestre. La station sud-polaire Amundsen-Scott y fut construite en 1957 à une altitude de 2 855 m. Elle se déplace, faisant corps avec le manteau de glace, de 8 à 9 m par an suivant une direction de 43° O. Elle fut remplacée en 1975 par une nouvelle installation.

L'atoll le plus grand ■ L'atoll de Kwajalein, dans les îles Marshall, Pacifique central, est formé d'une barrière de corail, longue de 283 km, enserrant un lagon de 2 850 km^2. L'atoll possédant la plus grande surface terrestre est l'atoll Christmas, dans les îles de la Ligne, Pacifique central. Il couvre une surface de 642 km^2, dont 323 km^2 de terre. Sa colonie principale, baptisée Londres, n'est qu'à 4 km d'un autre campement baptisé Paris.

Le récif le plus long ■ La grande barrière de récifs au large du Queensland, nord-est de l'Australie, a une longueur de 2 027 km. Une grande partie située entre Cooktown et Proserpine fut détruite, de 1959 à 1971 puis de 1979 à 1991, par l'étoile de mer couronne d'épines (*Acanthaster planci*).

Dépressions

Les plus profondes ■ La fosse des Mariannes, située à – 11 034 m n'étant pas considérée comme une dépression, le lit rocheux situé dans la fosse sub-glaciale de Bentley, Antarctique, se trouve à 2 538 m au-dessous du niveau de la mer.
La plus grande dépression sous-marine est une partie du fond marin de la région nord-ouest du Pacifique où la profondeur moyenne est de 4 570 m.

La dépression la plus profonde visible de la terre ferme est formée par le rivage de la mer Morte, qui se trouve maintenant à 406 m au-dessous du niveau de la mer. Le niveau de ce lac très salé baisse à raison de 35 cm par an.
La partie la plus profonde du lit du lac Baïkal, en Sibérie, se trouve à 1 485 m au-dessous du niveau de la mer.

La plus grande ■ Le bassin de la mer Caspienne, située dans les républiques d'Azerbaïdjan, de Russie, du Kazakhstan et du Turkménistan et dans le nord de l'Iran, couvre une superficie de plus de 518 000 km^2, dont 371 800 km^2 pour le lac lui-même.
La Prikaspiskaïa Nizmennost, qui se trouve autour du tiers septentrional du lac et qui s'étend à l'intérieur des terres sur une distance allant jusqu'à 450 km, constitue la partie terrestre la plus importante de cette dépression.

Cavernes et grottes

(Voir aussi à « spéléologie » dans le chapitre Esprit d'aventure.)

La plus longue ■ Le réseau de grottes le plus étendu dans le monde se trouve sous le parc national de la Grande Caverne (Mammoth Cave), Kentucky, EU. Il fut découvert en 1799. Le 9 septembre 1972, une équipe d'exploration menée par le Dr. John P. Wilcox réalisa la jonction entre le réseau Mammoth Cave et le réseau Flint Ridge Cave. L'ensemble est maintenant long de 560 km.

***France* ■** Le réseau Félix-Trombe, également appelé système de la Coume d'Hyouernède, au sud-ouest de Toulouse, Haute-Garonne, s'étend sur 90 km.

La grotte la plus profonde ■ Le gouffre Jean-Bernard, à proximité de Samoëns, Haute-Savoie, dans le massif du Folly, est le plus profond du monde. Il n'a pas encore été exploré entièrement. En 1990, le groupe Vulcain avait atteint la profondeur de 1 602 m.

DÉLIRE DE SCIENCE-FICTION

La plus vaste salle souterraine du monde est la salle Sarawak, au parc national de Gunung Mulu, État de Sarawak, Malaisie. Elle fut découverte et explorée en 1980 par l'expédition anglo-malaise Mulu. Longue de 700 m, elle a une largeur moyenne de 300 m et une hauteur en tout point supérieure à 70 m. On pourrait y construire une ville d'une vingtaine de blocs d'immeubles.

***France* ■ La salle de La Verna, au gouffre de la Pierre-Saint-Martin, Pyrénées-Atlantiques, a 270 m de longueur, 250 m de largeur et une hauteur de 180 m.**

Montagnes

La plus élevée ■ Dans une région appelée tout d'abord Chu-mulang-ma sur une carte de 1717, à la frontière entre le Tibet et le Népal, un sommet de 8 848 m au-dessus du niveau de la mer, dans la partie orientale de l'Himalaya, fut longtemps considéré comme le plus haut sommet du monde. Il avait été mesuré par théodolite en 1850. On le baptisa mont Everest, du nom du colonel sir George Everest (1790-1866), contrôleur général des Indes.
Le statut de l'Everest comme montagne la plus haute du monde demeura inchangé

La plus longue stalactite ■ C'est une stalactite soutenue par un mur et tombant du plafond jusqu'au sol sur 59 m dans la caverne de Nerja, près de Málaga, Espagne.
La plus longue stalactite du monde tombant dans le vide sans aucun support mesure 6,54 m et se trouve dans la grotte Poll an Ionain, comté de Clare, Irlande.

La plus grande stalagmite ■ Dans l'aven Armand, gouffre du causse Méjean, Lozère (ouvert au public depuis 1927), se dresse une stalagmite haute de 32 m.
On considère que la plus grande stalagmite dans une grotte est le pilier du Dragon volant (39 m) dans la grotte des Neuf Dragons (Daji Dong), à Guizhou, Chine.

△ Sir George Everest (1790-1866).

◁ La vallée de Kali Gandaki, a 4 400 m de profondeur entre les chaînes népalaises de Dhaulagiri et de l'Annapurna. Les sommets de Tukuche (6 920 m) et Nilgiri nord (7 061 m) de chaque côté de la vallée sont distants de 18,2 km. Voir article « Canyons ».

La paroi la plus abrupte ■ Au-dessus de la vallée de Hunza, Pakistan, le mont Rakaposhi (7 788 m) s'élève de 5,99 km sur une distance horizontale de 10 km, avec une dénivellation de 31°.
La face nord-ouest du Half Dome, d'une largeur de 960 m, dans le parc national de Yosemite, en Californie, se dresse sur une hauteur de 670 m sans jamais s'écarter de plus de 7° par rapport à la verticale.

▷ *L'Annapurna, 8 070 m, un des sommets de l'Himalaya, fut conquis le 3 juin 1950 par une équipe d'alpinistes français, dirigée par Maurice Herzog, premier 8 000 m gravi par l'homme (voir chapitre «L'esprit d'aventure »).*

Les plus longues perspectives ■ On a pu voir, grâce au réfléchissement de la lumière, la ville de Vatnajökull (2 118 m), Islande, depuis les îles Féroé, Danemark, distantes de 550 km.
En Alaska, on a pu voir le mont McKinley (6 193 m) du mont Sanford (4 949 m), distant de 370 km. Le mont McKinley, qui reçut ce nom en 1896, était appelé Denali (le « Grand ») dans la langue indienne athabascane d'Amérique du Nord : c'est la plus haute montagne des États-Unis.

pendant 135 ans (de 1852 à 1987), mais il fut remis en question par l'existence du K2 (anciennement Godwin Austen), également connu sous les noms de Dapsang ou de Chogori, dans le nord du Cachemire, au Pakistan. Le 6 mars 1987, l'expédition américaine K2 annonça que ses mesures par satellite indiquaient une altitude comprise entre 8 858 m et 8 908 m, en contradiction avec le chiffre de 8 611 m (datant du XIXe siècle, et seul chiffre officiel jusqu'alors), d'une part, et avec l'altitude de 8 760 m avancée au XXe siècle d'autre part. Le 13 août 1987, pourtant, les Chinois réaffirmèrent leurs hauteurs de 8 848 m pour l'Everest et de 8 611 m pour le K2. Le 23 octobre 1987, le Conseil pour la recherche à Rome a annoncé que de nouveaux relevés par satellite avaient rendu sa première place à l'Everest, avec 8 863 m, et avaient rétrogradé le K2 à 8 607 m.
La montagne dont le sommet est le plus éloigné du centre de la Terre est le pic de Chimborazo, Équateur, dans les Andes (6 267 m). Il est éloigné du centre de la Terre de 2 150 m de plus que le sommet de l'Everest.
La montagne la plus élevée sur l'équateur est le volcan Cayambe (5 878 m), en Équateur, à 77° 58' O. Un alpiniste se tenant au sommet se déplace à 1 671 km/h par rapport au centre de la Terre, du fait de la rotation du globe terrestre.
La plus haute montagne insulaire du monde est le pic Jaya (anciennement appelé pyramide de Carstensz, puis pic Sukarno), dans l'île d'Irian Barat, Indonésie. Il s'élève à 4 884 m.

France ■ Le mont Blanc, Haute-Savoie, dont l'altitude est très précisément de 4 808,4 m, est également le plus haut sommet d'Europe. En effet, si l'Elbrous culmine à 5 642 m, dans la chaîne du Caucase, les géographes ne sont pas d'accord entre eux pour décider si cette partie de l'ex-URSS se trouve en Europe ou en Asie.
Dans les Pyrénées, le pic de Vignemale, Hautes-Pyrénées, culmine à 3 298 m.
Le plus haut col, celui du Géant, à 3 369 m, est une dépression du massif du Mont-Blanc entre la vallée de l'Arve (Chamonix) et la vallée de la Doire (Courmayeur). Le tunnel routier du Mont-Blanc est creusé sous le col.
Le point culminant de la Corse est le Monte Cinto, 2 710 m, avec des neiges éternelles.

Belgique ■ Le Signal de Bautrange, 694 m, dans les Ardennes belges est le point culminant de la Belgique.

Suisse ■ Le mont Rose (Dufourspitze), 4 634 m, est le plus haut sommet de Suisse.

Canada ■ Le mont Logan, 6 054 m, dans les monts Saint-Elias, au sud-ouest du Yukon est le plus haut sommet du Canada. Dans les montagnes Rocheuses canadiennes, le plus haut sommet est le mont Robson, 3 956 m.

Les plus grandes chaînes montagneuses ■ Sur la terre ferme, c'est l'Himalaya-Karakoram (« pierre noire »), qui abrite 96 des 109 sommets dépassant 7 300 m. Le mot Himalaya vient du sanskrit *him*, neige, et *alaya*, maison.

La plus grande des chaînes montagneuses est cependant la cordillère sous-marine de l'océan Indien et du Pacifique est, qui s'étend sur 30 900 km du golfe d'Aden au golfe de Californie, à une altitude moyenne de 2 400 m au-dessus du fond de l'océan.

PLUS HAUTES QUE L'EVEREST

Mauna Kea « montagne blanche », point culminant de l'île d'Hawaï, est la plus « haute » montagne du monde si on la mesure de sa base sous-marine (6 000 m), dans la fosse hawaïenne, à son sommet. Elle totalise alors 10 205 m de hauteur dont 4 205 m au-dessus du niveau de la mer.
Une autre montagne dont les dimensions, mais non l'altitude, dépassent celles de l'Everest est le pic volcanique hawaïen de Mauna Loa « montagne longue », à 4 170 m d'altitude.
L'Aconcagua (6 960 m), un volcan des Andes (Argentine) qui est le plus haut sommet d'Amérique, est situé à environ 11 800 m au-dessus de la plaine abyssale du Pacifique, profonde de 4 800 m, ou à 13 000 m au-dessus de la fosse Pérou-Chili, qui se trouve à une distance de 290 km dans le Pacifique sud.

Le plus grand plateau ■ Le plateau tibétain, en Asie centrale, couvre une superficie de 200 000 km^2, à une altitude moyenne de 4 800 m.

Chutes d'eau

Les plus hautes ■ Le Salto Angel, au Venezuela, sur un bras de la rivière Carrao (affluent du río Caroni), présente une chute mesurant au total 979 m. Les chutes Angel reçurent leur nom du pilote américain Jimmy Angel (décédé le 8 décembre 1956), qui les consigna dans son livre de bord le 14 novembre 1933. C'est Sánchez de La Cruz, en 1910, qui le premier signala ces chutes, connues jusqu'alors des Indiens sous le nom de Cherun-Meru.

France ■ On trouve dans le cirque de Gavarnie, Hautes-Pyrénées, des chutes atteignant une hauteur de 422 m.

Les plus grandes ■ En fonction du débit annuel moyen, ce sont les chutes Inga sur le bas Zaïre, un ensemble de rapides représentant une chute de 96 m, pour un débit moyen de 43 000 m^3/s et dont le débit maximal peut être de 81 000 m^3/s.
On a calculé qu'il y a quelque 5,5 millions d'années, lorsque le bassin méditerranéen commença à se remplir des eaux de l'Atlantique, via le détroit de Gibraltar, il se forma une chute d'eau 26 fois plus importante que les chutes d'Inga et peut-être haute de 800 m.

Les plus larges ■ Les chutes Khône (d'une hauteur de 15 m à 20 m), au Laos, s'étendent sur une largeur de 10,8 km.

surface de l'eau. En 1959, elle fut découverte lors du remplissage du lac artificiel Kariba, sur le Zambèze, Afrique centrale. En l'espace de onze mois elle avait étouffé 200 km^2, et en 1963 elle couvrait 1 000 km^2.
Les mauvaises herbes terrestres les plus redoutables sont la laîche, l'herbe des Bermudes, l'herbe de Barnyard, le riz de la brousse, le gratteron, les herbes de Johnson, de Guinée et de Cogon.

La plus envahissante ■ La plus grande surface couverte par un ensemble d'organismes provenant de la reproduction végétative d'un même individu, une airelle sauvage (*Gaylussacia brachyera*, du nom du physicien français Louis Joseph Gay-Lussac), a été observée pour la première fois en 1796. On a découvert le 18 juillet 1920 une surface de 40 ha envahie par cette plante près de la rivière Juniata, en Pennsylvanie, EU.

La plus petite plante à fleurs et à fruits ■ La lentille d'eau (*Wolffia angusta*) d'Australie, connue depuis 1980, flotte à la surface de l'eau et mesure 0,6 mm de longueur et 0,3 mm de largeur. Elle pèse environ 0,15 mg.

La croissance la plus rapide ■ Certaines des 45 espèces de bambou peuvent grandir de 90 cm par jour.

La floraison la plus lente ■ Le rare *Puya raimondii*, découvert en 1870 à 4 000 m d'altitude en Bolivie, est la plante la plus lente à fleurir, et la plus grande des herbacées. La panicule apparaît lorsque la plante atteint l'âge de 80 à 150 ans. En 1958, on a planté dans le jardin botanique de l'université de Californie un spécimen de *Puya raimondii*, près du niveau de la mer. Elle n'a fleuri qu'en 1986, à l'âge de 28 ans ; elle mesurait alors 7,60 m. Elle est morte aussitôt après la floraison.

La plus grande collection de plantes vivantes ■ Le Dr Julian A. Steyermark (mort le 15 octobre 1988), du jardin botanique du Missouri, à Saint Louis, EU, possédait une collection sans égale de 138 000 espèces.

La floraison la plus ancienne ■ Le plus vieux fossile d'une plante à fleurs (65 millions d'années) présente des empreintes ressemblant à celles du palmier. Il a été trouvé en 1953 au Colorado, EU.

Les plus grands cactus ■ Le saguaro (*Cereus giganteus* ou *Carnegiea gigantea*), que l'on trouve en Arizona, dans le sud-est de la Californie et dans l'État de Sonora, Mexique, a une verte colonne cannelée surmontée de branches qui font penser à des candélabres.
Un spécimen, mesuré près du monument national de Saguaro, Arizona, a des branches s'élevant à une hauteur de 16 m. Cette plante produit des fleurs blanches cireuses qui donnent ensuite des fruits pourpres comestibles.
En avril 1978, on a mesuré à Cave Creek, Arizona, un cactus sans piquant de 24 m. En juillet 1986, une tempête l'arracha alors qu'il devait être âgé de 150 ans.

◁ *La croissance extrêmement rapide des plantes aquatiques est démontrée par la culture dans des lacs artificiels de* Salvinia auriculata. *Cette algue a couvert 500 km^2 du lac Kariba 10 % de sa superficie) en exactement 13 mois.*

Mousses ■ La plus petite mousse est la microscopique « mousse pygmée » (*Ephemerum*). La plus grande est la mousse des ruisseaux (*Fontinalis*), dont les filaments mesurent jusqu'à 90 cm de long.

Algues longues, algues sombres

La plus grande espèce d'algue est le varech géant du Pacifique (*Macrocystis pyrifera*). Si cette algue ne dépasse jamais 60 m, elle peut cependant pousser de 45 cm par jour.

En octobre 1984, les Américains Mark et Diane Littler ont trouvé au large de l'île de San Salvador, aux Bahamas, une algue brune poussant à - 270 m, profondeur record à laquelle les rayons du Soleil sont filtrés à 99,9995 %.

Vignes

La plus productive ■ Plantée en 1842 à Carpinteria, Californie, elle produisait 7 t de raisin par an, voire 9 t certaines années. Elle est morte en 1920.
En mai 1984, à Santiago, Chili, une seule grappe de raisin noir sans pépin (thomson rouge) a été pesée au poids de 9,4 kg.

Le plus grand vignoble ■ Il s'étend le long de la Méditerranée, entre Rhône et Pyrénées, dans les départements de l'Hérault, du Gard, de l'Aude et des Pyrénées-Orientales, sur une surface de 891 633 ha.
En 1990, la France a connu une production record de 65 438 790 hl pour une superficie totale de 891 633 ha.
L'Hérault, premier producteur pour l'ensemble des départements, a produit 11 365 789 hl en 1987, année record, sur 127 900 ha. En 1990, il a produit 8 860 042 hl pour une superficie de 106 928 ha.
Pour le vignoble d'appellation d'origine contrôlée, la Gironde détient le record, avec 6 077 100 hl produits en 1990 sur 99 872 ha.
Le premier propriétaire récoltant de France, la Compagnie des salins du Midi et des salines de l'Est, possède 1 700 ha de vignoble dans le Languedoc. Son vin le plus connu est le listel.

Le vignoble le plus septentrional ■ C'est celui de Sabile, Lettonie, à la latitude de 57° N.

Le vignoble le plus méridional ■ C'est celui de la région d'Otago, île du Sud, Nouvelle-Zélande, à la latitude de 45° S.

Fleurs

Dimensions ■ Les plus grandes fleurs sont celles du lys parasite nauséabond (*Rafflesia arnoldii*), qui s'accroche aux vignes sauvages de la jungle du Sud-Est asiatique.
Elles ont 90 cm de diamètre et 2 cm d'épaisseur et peuvent peser jusqu'à 7 kg. Elles portent bien leur nom : elles sentent vraiment mauvais.
Certaines orchidées peuvent atteindre des dimensions records.

***France* ■** La plus grande fleur est le nénuphar blanc à l'état sauvage, qui mesure 15 cm de diamètre.

La plus vieille plante en pot ■ Aux jardins botaniques royaux de Kew, Surrey, GB, vit encore un exemplaire unique d'*Encephalartos altensteinii* rapporté d'Afrique du Sud en novembre 1775.

△ ▷ *Marcel-Maurice Grandchamps, grâce à un engrais miraculeux de la société Algoflash, de Château-Renault, Indre-et-Loire, accumule les records : un chrysanthème de 8,32 m de circonférence, un philodendron de 2,87 m de haut (photo ci-dessus), un géranium zonale de 5,06 m de haut (photo ci-contre), un géranium lierre de 6,4 m de circonférence (photo ci-contre à droite).*

Inflorescence ■ La plus grande inflorescence connue est celle de *Puya raimondii*, un rare membre monocarpien bolivien de la famille des broméliacées. Sa panicule se dresse à plus de 10 m de hauteur et mesure 2,5 m de diamètre. Chacune des inflorescences porte 8 000 fleurs blanches (voir plus haut *« La floraison la plus lente »*).
Un épi d'agave, à Berkeley, Californie, EU, mesurait, en 1974, près de 16 m de long.

Plantes à fleurs ■ La plus grande, la glycine géante de Chine (*Wisteria sinensis*) plantée à Sierra Madre, Californie, EU, en 1892, a maintenant des branches de 150 m de long. Elle couvre 0,4 ha et pèse 230 t. Pendant sa floraison, qui dure cinq semaines, elle se couvre de 1,5 million de fleurs que 30 000 visiteurs viennent admirer.

Croissance la plus rapide ■ Un spécimen d'*Hesperoyucca whipplei*, de la famille des liliacées, a grandi de 3,65 m en 14 jours (en 1978) à Tresco Abbey, îles Scilly (ou Sorlingues), petit archipel britannique de la Manche.

Le plus grand rhododendron ■ Sur le mont Japfu, Nagaland, Inde, certains rhododendrons arborescents écarlates (*Rhododendron arboreum*) atteignent une hauteur de 20 m.
Un *Rhododendron giganteum*, de Yunnan, Chine, aurait mesuré 27,5 m de haut. Seul est conservé un morceau du tronc.

Le plus grand chrysanthème ■ M. Grandchamps, de la société Algoflash, de Château-Renault, Indre-et-Loire, a fait pousser, en 1991, un chrysanthème de 8,32 m de circonférence possédant 815 fleurs.

Le plus grand géranium ■ M. Grandchamps a fait pousser, en 1991, un géranium zonale de 5,06 m de haut et un géranium lierre d'une circonférence de 6,40 m.

Le plus grand philodendron ■ Toujours chez M. Grandchamps se trouve un philodendron de 2,87 m de haut et de 10,38 m de circonférence. Une feuille prise au hasard mesurait, le 17 octobre 1989, 1,41 m de long et 96 cm de large.

La plus grande azalée ■ Paulette Baudoin, de Montcoutant, Deux-Dèvres, possédait une azalée qui, en mai 1991, atteignait 3,36 m de circonférence et un diamètre de 1,08 m.

Le plus grand rosier ■ Un rosier arborescent, Lady Banks, de Tombstone, Arizona, EU, possède un tronc de 1 m de diamètre ; il mesure 2,8 m de haut et couvre une surface de 500 m^2. Il est soutenu par 68 tuteurs. Cent cinquante personnes peuvent s'asseoir sous sa tonnelle. L'origine de ce rosier est une bouture importée d'Écosse en 1884.

Le plus grand dahlia ■ Le 21 novembre 1990, le dahlia d'André Guéry, employé au service des espaces verts de Nantes, Loire-Atlantique, mesurait 8,23 m de haut.

PAQUERETTE DE NOVEMBRE

Jean-Claude Giordan, de La Colle-sur-Loup, Alpes-Maritimes, a cueilli dans la nature, le 15 novembre 1990, une pâquerette dont la tige mesurait 66 cm de long.

***Les plus grands* ■** Le 1er octobre 1985, le tournesol de Joseph Aye, de Plan-du-Var, Alpes-Maritimes, mesurait 5,15 m de haut. Sa fleur avait un périmètre de 1,10 m et sa tige un diamètre de 21 cm.
Le tournesol le plus fleuri appartient à Sylvain Le Roch, de Cholette, Loiret : il possède 60 fleurs sur une tige de 2,10 m de haut.

***Le plus petit* ■** En 1985, Michael Lenke, de Lake Oswego, Oregon, EU, a fait pousser, grâce aux techniques de culture des bonzaïs, un tournesol de 5,6 cm de haut.

Le plus grand fuchsia ■ Le 12 septembre 1989, le service municipal des espaces verts de La Courneuve, Seine-Saint-Denis, a présenté 3 pieds de fuchsia (variété Beacon) d'une hauteur de 4,55 m et d'une circonférence totale de 5 m.

La plus grande composition florale ■ Constituée d'une seule variété de fleurs, elle a été créée, du 23 au 25 septembre 1986, par Johan Weisz, décorateur floral d'Amsterdam, et ses 15 assistants, à l'hôtel de ville d'Aalsmeer, Pays-Bas. Elle comptait 35 000 roses Zurella et mesurait 21,8 m de long, 7,7 m de large et 7,6 m de haut.

***France* ■** Fin mai 1991, la ville de Sainte-Geneviève-des-Bois, Essonne, a réalisé

RECORDS DE FRUITS, LÉGUMES ET FLEURS

Fruit/Légume	Poids/Taille	Cultivateur	Lieu	Année
Ail	**1,19 kg**	**R. Kirkpatrick**	**Eureka, Californie, EU**	**1985**
Ananas	**10 kg**	**R. Simete**	**Mata Utu, îles Wallis**	**1990**
Asperge	**1,22 m**	**A. Weber**	**Village-Neuf, Haut-Rhin**	**1987**
Betterave potagère	**6 kg**	**R. Mourat**	**Allex, Drôme**	**1985**
Carotte	**7 kg**	**I. Scott**	**Nelson, Nouvelle-Zélande**	**1978**
	3,1 kg	R. Drochon	Thouarce, Maine-et-Loire	1987
Céleri	**20,9 kg**	**B. Lavery**	**Llanharry, Mid Glam, GB**	**1990**
Chou	**56 kg**	**B. Lavery**	**Llanharry, Mid Glam, GB**	**1989**
	22 kg	M. Eonet	Orbec, Calvados	1981
Chou-fleur	**6,02 kg**	**B. Mathevet**	**Lot-et-Garonne**	**1988**
Chou rouge	**19 kg**	**R. Straw**	**Staveley, Derbys, GB**	**1925**
Citrouille	**370,36 kg**	**E. R. Gancarz**	**Wrightstown, N.-Jersey, EU**	**1990**
Citron	**3,88 kg**	**C. et D. Knutzen**	**Whittier, Californie, EU**	**1983**
Concombre	**9,1 kg**	**B. Lavery**	**Llanharry, Mid Glam, GB**	**1991**
Courge	**250,24 kg**	**L. Stellphlug**	**Rush, New York, EU**	**1990**
	2 m	M. Toth	Tarn	1985
Courgette	**80 kg**	**B. Kawucha**	**Lorris, Loiret**	**1986**
Fève	**59,3 cm**	**T. Currie**	**Jedburgh, Borders, GB**	**1963**
	59,3 cm	M. Adrian	Irvine, Strathclyde, GB	1982
Fraise	**231 g**	**G. Anderson**	**Folkestone, Kent, GB**	**1983**
Haricot d'Espagne	**100,3 cm**	**J. Taylor**	**Shifnal, Shrops, GB**	**1986**
Haricot	**87 cm**	**L. Chambon**	**Gerzat, Puy-de-Dôme**	**1989**
Melon cantaloup	**28,12 kg**	**G. Daughtridge**	**Rocky Mt., N.-Caroline, EU**	**1991**
Oignon	**4,93 kg**	**V. Throup**	**Silsden, W. Yorks, GB**	**1990**
Olive	**10 g**	**K. Ripoll**	**Villeneuve-lès-Av., Gard**	**1986**
Olive noire de Nice	**5,3 g**	**C. Bonifassi**	**Nice, Alpes-Mar.**	**1992**
Pamplemousse	**2,97 kg**	**J. et A. Sosnow**	**Tucson, Arizona, EU**	**1984**
Pastèque	**118,84 kg**	**B. Carson**	**Arrington, Tennessee, EU**	**1990**
Poire	**1,4 kg**	**M. Malou**	**Garonne**	**1981**
Poireau en pot	**5,5 kg**	**P. Harrigan**	**Linton, Northumberland, GB**	**1987**
Poireau	**4,7 kg**		**Fontenay-le-Comte, Vendée**	**1975**
Pomme	**1,36 kg**	**V. Loveridge**	**Ross-on-Wye, Hereford, GB**	**1965**
	563,2 g	P. Poitiers	Maurepas, Seine-et-Oise	1988
Pomme de terre	**13,5 kg**	**O. Ben Salad**	**Kurayyat, Jordanie**	**1992**
Pomme de terre (pied)	**2,73 m**	**M. Lesein**	**Paris**	**1982**
Potiron	**43 kg**	**C. Fourquet**	**Woippy, Meurthe-et-Moselle**	**1991**
Radis	**12,73 kg**	**B. Lavery**	**Llanharry, Mid Glam, GB**	**1990**
Rhubarbe	**2,67 kg**	**E. Stone**	**Woodyates, Wilts, GB**	**1985**
Rutabaga	**22,11 kg**	**A. Foster**	**Alnwick, Northumb, GB**	**1980**
Tomate	**3,51 kg**	**G. Graham**	**Edmond, Oklahoma, EU**	**1986**
	1,06 kg	J. Bellanger	St-Jean-sur-Erve, Mayenne	1990
Tomate (pied)	**16,3 m**	**G. Graham**	**Edmond, Oklahoma, EU**	**1985**

Fleur	Poids/Taille	Cultivateur	Lieu	Année
Azalée (circ.)	**3,36 m**	**P. Baudoin**	**Montcoutant, Deux-Sèvres**	**1991**
Chrysanthème	**8,32 m**	**Grandchamps**	**Chât.-Renault, Indre-et-Loire**	**1991**
Dahlia	**8,23 m**	**A. Guéry**	**Nantes, Loire-Atlantique**	**1990**
Fuchsia	**4,55 m**	**Municipalité**	**La Courneuve, S.-St-Denis**	**1989**
Géranium	**5,06 m**	**Grandchamps**	**Chât.-Renault, Indre-et-Loire**	**1991**
Jonquille	**52,5 cm**	**E. Romantchouk**	**Champigny, Val-de-Marne**	**1992**
Lilas blanc	**3,6 m**	**A.-M. Pescayre**	**Quétigny, Côte-d'Or**	**1992**
Pâquerette (tige)	**66 cm**	**J.-C. Giordan**	**La Colle-sur-Loup, Alp.-M.**	**1990**
Pétunia	**4,16 m**	**B. Lawrence**	**Windham, New York, EU**	**1985**
Philodendron	**339,5 m**	**F. Francis**	**Univ. Massachusetts, EU**	**1984**
	13,86 m	L. Grandchamps	Chât.-Renault, Indre-et-Loire	1992
Rosier	**500 m^2**	**Municipalité**	**Tombstone, Arizona, EU**	**1992**
Rosier grimpant	**4,2 m**	**M. Janos**	**Argentière, Haute-Savoie**	**1991**
Tournesol	**7,76 m**	**M. Heijms**	**Oirschot, Pays-Bas**	**1986**
	5,15 m	J. Aye	Saint-Martin-du-Var, Alp.-Mar.	1986

▷ *La plus grande composition florale de France a été réalisée par la ville de Sainte-Geneviève-des-Bois. La surface fleurie était composée de 130 107 fleurs.*

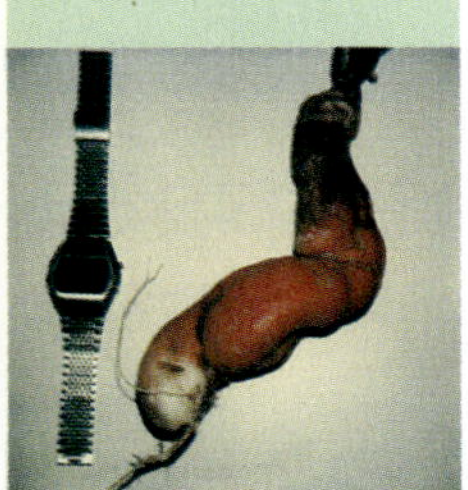

△ *Le très beau radis de Christian Petit mesurait 24 cm de long. Ce record de 1982 ne fut battu qu'en 1990 par B. Lavery, GB.*

L'ORCHIDÉE LA PLUS CHÈRE

Une orchidée appelée Rosanna Pinkie a été vendue 4 500 $ aux États-Unis en 1952.

---

une composition florale de 11,05 m de haut, 25,60 m de long, 14,60 m de large, soit 453,50 m^2 de surface fleurie composée de 130 107 fleurs.

Les plus grands bouquets ■ Le 27 mai 1988, la société Castorama, à Mérignac, Gironde, a réalisé un bouquet de 51 908 œillets, haut de 7 m et large de 6 m.
Au parc des expositions de la porte de Versailles, à Paris, la société Lauraflor, de Rungis, Val-de-Marne, a réalisé, le 22 janvier 1989, un bouquet de 10 000 fleurs exotiques, haut de 9 m et large de 9 m.

La plus longue guirlande ■ Le 27 mai 1985, les habitants du village de Good Easter, Essex, GB, ont construit en 7 h une guirlande de 2,12 km de long.

France ■ Le 11 septembre 1988, le Club des riopontins, à Riorges, Loire, a réalisé une tresse fleurie de 4,14 m.

Orchidées

La plus grande ■ Certains spécimens de *Grammatophyllum speciosum*, originaire de Malaisie, peuvent atteindre 7,60 m de haut. Un spécimen de *Galeola foliata*, de la famille de la vanille, fleurs poussant dans la forêt de Queensland, Australie, mesurait 15 m.

La plus haute tige ■ L'orchidée Mary Waldraff (*Luddemania pescatorei*) a une tige pendulante de 60 cm sous la plante. Il n'en existe qu'un exemplaire en Europe.

La plus grande fleur ■ L'orchidée qui possède la plus grande fleur est *Paphiopedilum sanderianum* qui fut découverte en 1886 en Malaisie. A l'état sauvage, ses pétales peuvent mesurer 91 cm de long. Une plante de cette espèce, qui pousse dans le Somerset, GB, a eu en 1991 3 fleurs, dont certains pétales mesurent 122 cm.

La plus petite ■ Les fleurs de *Platystele jungermannoides*, d'Amérique centrale, mesurent 1 mm de diamètre.

La plus rare ■ On ne connaît qu'un seul exemplaire vivant de *Denbrobium bronckartii*, originaire du Vietnam. Le jardin botanique qui l'abrite préfère rester dans l'anonymat.

▷ *L'extraordinaire beauté de l'orchidée Pantoufle de Rothschild explique qu'elle soit l'une des plus convoitées par les collectionneurs et les marchands.*

Fruits et légumes

Le plus nourrissant ■ L'analyse de 38 sortes de fruits crus (et non secs) régulièrement consommés a révélé que l'avocat (*Persea americana*) était le plus riche, avec 163 calories pour 100 g. L'avocat, probablement originaire d'Amérique centrale et du Sud, contient les vitamines A, C et E, ainsi que 2,2 % de protéines.

Le moins nourrissant ■ Le concombre ne contient que 16 calories pour 100 g.

Graines

La plus grosse ■ C'est la noix de coco de mer, ou noix des Seychelles (*Lodoicea seychellarum*), qui ne pousse qu'aux îles Seychelles, océan Indien. Le fruit est une graine unique pouvant peser 18 kg.

La plus petite ■ Chez l'orchidée épiphyte, plus de 1,2 million de graines ne pèsent que 1 g.

Les plus résistantes ■ Les graines de lupin arctique (*Lupinus arcticus*), trouvées en juillet 1954 dans la boue gelée de Miller Creek, au Yukon, Canada, sont sans doute les plus anciennes. On les a fait germer en 1966 et, grâce aux méthodes de datation par le carbone 14, on a évalué leur âge à 10 000 ans, voire 15 000.

Fougères

La plus grande ■ La famille des fougères comprend plus de 6 000 espèces, dont la plus grande est la fougère arborescente (*Alsophila excelsa*) de l'île de Norfolk, dans le Pacifique sud, qui peut atteindre 18 m de hauteur.
Le 10 janvier 1991, à Atéou, Nouvelle-Calédonie, J.-P. Laclau, forestier, a découvert une fougère arborescente (*Cyathea novae caledoniae*) de 28 m de haut.

Les plus petites ■ *Hecistopteris pumila*, d'Amérique centrale, et *Azolla caroliniana*, des États-Unis, possèdent des frondes de 1,2 cm de long.

Graminées

Les plus courantes ■ La graminée la plus courante est le chiendent (*Cynodon dactylon*). L'hybride Callie, sélectionné en 1966, peut pousser de 15 cm par jour, et ses stolons peuvent mesurer 5,5 m de long.

Feuilles

Les plus grandes ■ Ce sont celles du raphia (*Raphia raffia*) des îles Mascareignes (Maurice et la Réunion), dans l'océan Indien, et celles du palmier d'Amazonie (*Raphia toedigera*), qui pousse en Amérique du Sud. Elles peuvent mesurer 20 m de long, avec des pétioles qui atteignent parfois 4 m.
Les plus grandes feuilles sans division sont celles d'*Alocasia macrorrhiza*, que l'on trouve à Sabah, dans l'est de la Malaisie. En 1966, on a découvert un spécimen dont une feuille mesurait 3 m de long et 2 m de large, pour une surface de 3,2 m^2.

Le plus grand nombre de feuilles ■ On ne s'est guère employé à dénombrer les feuilles des arbres afin d'établir lequel en possède le plus. Un grand chêne devrait en compter 250 000 et un cyprès de 45 à 50 millions.

PORTE-BONHEUR

Le 16 juin 1975, près des chutes Sioux, Dakota du Sud, EU, Randy Farland a découvert un trèfle blanc (*Trifolium repens*) à 14 folioles.
Un trèfle rouge à 14 folioles a été trouvé le 22 juin 1987 par Paul Haizlip (12 ans) à Bellevue, État de Washington, EU.
L'amateur de trèfles à 4 feuilles (ou plus) se reportera au chapitre « Insolite ».

◁ *Le fermier Billy Carson du Tennessee, avec beaucoup de persévérence et de soins a obtenu une pastèque de 118,84 kg en 1990.*

◁ *Le Gallois Philip Vowles est un spécialiste en concombre. Il a produit en septembre 1991 dans sa ferme de Llanharry, Glamorgan, GB, un spécimen de 68,5 cm de long et de 48 cm de circonférence. Lui aussi, lorsqu'on lui demande son secret, parle d'amour.*

◁◁ *Bruxelles, Belgique, est une fois par an la reine des fleurs. Il a fallu la patience et le talent de 150 experts en arrangements floraux de la ville spécialisée de Lochristi pour réaliser cette œuvre de bégonias et d'iris dont on a oublié de compter le nombre.*

◁◁ *A Woippy, Meurthe-et-Moselle, Claude Fourquet a réussi un prodige de potiron de 43 kg en septembre 1991.*

△ *Le plus gros arbre est le séquoia,* Sequoiadendron giganteum, *que l'on trouve principalement en Californie et en Oregon.*

Paris possède (bois de Boulogne et bois de Vincennes compris) 486 500 arbres, en juillet 1991, dont 43 % de platanes. C'est la capitale européenne la plus boisée.
Le bois de Boulogne recouvre 848 ha et le bois de Vincennes 995 ha, en juillet 1991. Dans ce dernier, il y a 145 000 arbres.
L'espèce prédominante est le chêne.

Arbres et bois

Le plus gros ■ Le plus gros de tous les arbres est un séquoia géant (*Sequoiadendron giganteum*), connu sous le nom de « General Sherman», du parc national des Séquoias, en Californie. Il culmine à 84 m et la circonférence de son tronc (à 1,40 m du sol) était de 25 m en 1989. On a calculé qu'on pourrait fabriquer avec son bois 5 milliards d'allumettes. Son feuillage est bleu-vert ; son écorce brun-rouge peut atteindre 60 cm d'épaisseur. Il doit peser, racines comprises, environ 2 500 t, bien que son bois soit relativement léger (288 kg/m^3).
La graine d'un séquoia ne pèse que 5 mg. L'arbre adulte se développe donc 1 300 milliards de fois par rapport au poids de sa graine.

France **■** Un platane du parc Monceau, à Paris, est le plus gros arbre de la capitale. Il a 7 m de circonférence, pour une hauteur de 35 m.

La plus grande circonférence ■ El Árbol del Tule, dans l'État d'Oaxaca, Mexique, est un cyprès de Montezuma (*Taxodium mucronatum*) qui mesure 41 m de haut et avait, en 1982, une circonférence de 35,80 m à 1,50 m du sol.
Un châtaignier (*Castanea sativa*) appelé Castagno dei cento cavalli (« châtaignier aux cent chevaux »), sur les pentes de l'Etna, en Sicile, avait 58 m de circonférence en 1770 et 1780. Il est aujourd'hui fendu en trois parties.
Certains baobabs (*Adansonia digitata*) pourraient mesurer 55 m de circonférence.
Le baldaquin formé par les 1 175 racines aériennes du figuier banian (*Ficus benghalensis*) du jardin botanique de Calcutta, Inde, a 410 m de circonférence. L'arbre couvre une surface de 1,2 ha. Il fut planté avant 1787.

La croissance la plus rapide ■ Hormis le bambou, qui est non pas un arbre mais une graminée à tige ligneuse, la plus rapide croissance connue est celle du spécimen d'*Albiia falcata* planté le 17 juin 1974 à Sabah, Malaisie, qui a poussé de 10,80 m en 13 mois. Un arbre de la même espèce planté le 24 février 1975, également à Sabah, est l'arbre qui a atteint le plus rapidement 30 m : en 5 ans et 4 mois.
La forêt la plus prolifique du monde est une plantation d'eucalyptus (*Eucalyptus grandis*) à Aracruz, Brésil. Chaque année, la forêt croît de 70 m^3 par hectare.

La croissance la plus lente ■ La rapidité de croissance dépend largement des conditions climatiques, mais certaines espèces telles que l'if ou le buis ont une croissance toujours lente. Charles M. Peters, qui a mesuré au Mexique chaque année entre 1981 et 1986 un spécimen de *Dioon edule*, a constaté qu'il ne grandissait que de 0,75 mm par an. Il a également observé un spécimen de 120 ans qui mesurait 10 cm.

Le plus haut ■ Le Dr A. C. Carder estime que le plus grand arbre mesuré jusqu'à présent fut un eucalyptus australien (*Eucalyptus regnans*) de Watts River, Victoria, Australie. En 1872, il était haut de 132 m. On suppose qu'un eucalyptus de la même espèce aurait atteint plus de 140 m en 1885, également dans l'État de Victoria.

France **■** Au Russey, Doubs, trois sapins pectinés mesurent respectivement 53 m, 51 m et 50,5 m de haut. Ils ont vraisemblablement été plantés vers 1694 et seraient donc âgés de 298 ans.
Le plus grand arbre de Paris est un platane de l'avenue Foch, XVIe arrondissement, qui mesure 42 m de haut.

Les plus vieux ■ Le plus vieil arbre connu fut un pin bristlecone (*Pinus longaeva*) qui poussait à 3 300 m d'altitude sur le versant nord-est du mont Wheeler, Nevada, EU. Il avait 5 100 ans.
Le plus vieil arbre vivant est un pin bristlecone surnommé Mathusalem. Il vit depuis 4 700 ans sur la face californienne des montagnes Blanches.
Les spécialistes estiment qu'un pin bristlecone a une vie potentielle de 5 500 ans et un séquoia de Californie de 6 000 ans. (Aucune cellule ne vit plus de 30 ans.)

LE VIEUX D'ALLOUVILLE

Le chêne d'Allouville-Bellefosse, Seine-Maritime, au centre du village, devant l'église, aurait 1 200 ou 1 300 ans. Il a donc été planté à l'époque de Charlemagne. Haut de 25 m, il a un tronc creux de 15 m de circonférence qui abrite deux chapelles.

TOUT SEUL

On suppose que l'arbre le plus isolé est un épicéa, arbre unique de l'île de Campbell, Antarctique. Son voisin le plus proche se trouve à 145 km, sur les îles Auckland, Nouvelle-Zélande.

Le plus rare ■ Il ne reste plus qu'un caféier de l'espèce *Ramosmania heterophylla*, au jardin botanique royal de Londres. Il mesure 13 cm.

Le plus cher ■ En 1959, un pépiniériste du Missouri a acheté 51 000 $ un pommier starkspur-golden-delicious venant de Yakima, État de Washington, EU.

Les plus grandes forêts ■ Ce sont les forêts de conifères du nord de l'ex-URSS. Entre la latitude 55° N et le cercle polaire, elles s'étendent sur 1,1 milliard d'ha (soit 25 % des forêts de la planète).
Les mélèzes sibériens occupent 38 % de cette surface. La forêt couvre 34 % du sol soviétique. La plus grande forêt tropicale est celle d'Amazonie, qui s'étend sur 330 millions d'ha.

France ■ La forêt recouvre, en 1991, 13,9 millions d'ha sur une superficie totale de 55 millions d'ha.
Le plus grand massif forestier est celui des Landes, qui s'étend sur 1 million d'ha. Cette forêt artificielle, plantée au XIXe siècle, est également la plus grande d'Europe. Le chêne pédonculé y est l'espèce la plus répandue car il recouvre 55 % de la surface.
Orléans, Loiret, possède la plus importante forêt domaniale, près de 35 050 ha. L'espèce qui y est dominante est le chêne (45 % de la surface).
En moyenne, 35 000 ha de forêt sont détruits par le feu chaque année en France. En 1976, année de la grande sécheresse, plus de 88 000 ha ont brûlé. En 1990, 5 877 feux ont détruit 72 696 ha de forêt.

Essence la plus répandue *France* ■ En 1991, le chêne recouvre 5 452 000 ha. Son essence domine les autres car 31 % des arbres en France sont des chênes.

Le bois le plus lourd ■ Le bois de fer (*Olea laurifolia*), appelé aussi sidéroxylon, a une densité de 1,49 et pèse 1 490 kg/m^3.

Les bois les plus légers ■ *Aeschynomene hispida*, de Cuba, a une densité de 0,044 et pèse seulement 44 kg/m^3.
Le balsa (*Ochroma pyramidale*), un bois très léger utilisé pour les maquettes, a un poids variant de 40 à 380 kg/m^3.
La densité du liège est de 240 kg/m^3.

Les bois les plus chers ■ On brûle du garou de Thaïlande acheté 3 000 F le kg dans certaines mosquées des Émirats arabes.
Dans l'océan Indien, les îles d'Amboine produisent un bois très recherché en ébénisterie : la loupe d'Amboine, qui vaut entre 1 000 F et 1 200 F le kg.

Le règne des *protistes*

Les protistes sont des organismes vivants unicellulaires, soit végétaux (protophytes), soit animaux (protozoaires). Ils ont été découverts au microscope en 1676 par le naturaliste hollandais Antonie Van Leeuwenhoek, de Delft (1632-1723).

Les plus grands ■ Les protozoaires les plus volumineux furent des foraminifères calcaires. A l'éocène moyen, en Turquie, ils pouvaient mesurer 22 cm de diamètre. Le plus grand protozoaire vivant, une espèce de *Stannophyllum* en forme d'éventail, peut atteindre 25 cm de long, mais il est moins volumineux que le précédent.

Les plus petits protophytes ■ Le diamètre d'une algue microscopique à flagelles, *Micromonas pusilla*, est de 2 microns (2 millièmes de mm).

Le plus rapide ■ Le protozoaire *Monas stigmatica* peut parcourir 40 fois sa longueur en 1 s. Le plus rapide des humains (Carl Lewis, 100 m en 9 s 92) parcourt un peu plus de 5 fois sa taille en 1 s.

La reproduction la plus rapide ■ Le protozoaire *Glaucome*, qui se reproduit par scissiparité, se dédouble toutes les trois heures. En une journée, il peut engendrer 8 générations et avoir 256 descendants.

La plus vieille espèce d'arbre ■ La plus ancienne espèce encore vivante est *Ginkgo biloba*, arbre apparu en Chine il y a 160 millions d'années, au jurassique.
Sur le mont Fulaï, en Chine, un gingko de plus de 3 000 ans continue à produire des fruits.

△ *Platane,* Platanus orientalis, *planté par Buffon, en 1785 au jardin des Plantes à Paris. Il a aujourd'hui 207 ans.*

◁ *Les habitants d'Allouville, étant désormais plus écologistes que pieux, ont décidé de sauver ce chêne vieux de 1 300 ans dans lequel leurs ancêtres avaient installé des lieux de culte pour les prêtres et les druides. En juillet 1992, un budget de 2 millions de F a été voté pour les soins de première urgence.*

▷ *Personne ne savait, avant la découverte de Guy Richard de Montréal, le 24 août 1987 à 13 h 30, qu'une vesse-de-loup, Langermania gigantea, de 2,64 m de circonférence pouvait exister.*

△ *Le plus dangereux des champignons est l'amanite phalloïde que l'on peut trouver en France. Les victimes souffrent de violents symptômes, douleurs et vomissements, menant au coma et à la mort dans plus de 50 % des cas.*

Les procaryotes sont des organismes dont le noyau cellulaire n'est jamais entouré d'une membrane nucléaire mais est mêlé au cytoplasme.

Le règne des champignons

Les plus gros ■ Le 24 août 1987, Jean-Guy Richard, de Montréal, Canada, a trouvé une vesse-de-loup (*Langermania gigantea*) de 2,64 m de circonférence et pesant 22 kg.
Le plus grand champignon trouvé sur un arbre est un spécimen de *Rigidoporus ulmarius* poussant sur un orme mort, près de Kew, Surrey, GB. Le 28 décembre 1989, il a été mesuré à 1,47 m x 1,21 m, pour une circonférence de 4,09 m. Il pousse encore.

France ■ Le 16 octobre 1990, René Ackermann, de Munster, Haut-Rhin, a trouvé sur le versant nord du Solberg, dans les Vosges, un polypore de 2,30 m de circonférence.
Ce géant de 16 kg avait poussé au pied d'un arbre.

Le plus vénéneux ■ C'est l'amanite phalloïde (*Amanita phalloides*), commune en France. De 6 h à 15 h après son absorption, on observe des vomissements, des délires, des évanouissements et enfin la mort. Le pape Clément VII (1478-1534) fut l'une de ses victimes.

Procaryotes

Les plus anciens ■ En Europe, la première trace de vie est datée de 4 milliards d'années. C'est un micro-organisme en forme de quartier d'orange, *Kakabekia barghoorniana*, découvert au pays de Galles en 1964.

Bactéries

Le premier homme à avoir observé une bactérie fut, en 1675, le naturaliste hollandais Antonie Van Leeuwenhoek (1632-1723). La bactérie du soufre (*Beggiatoa mirabilis*) mesure de 16 à 45 microns de largeur et peut former des filaments de plusieurs millimètres.

Les plus petites des entités indépendantes ■ L'organite *Mycoplasma laidlawii*, découvert en 1936 dans des égouts, a un diamètre de 0,1 micron.
La souche H 39 a un diamètre maximal de 0,3 micron et pèse environ 10^{-16} g. Ainsi une baleine bleue de 200 t pèse-t-elle 2×10^{24} fois plus.

Les bactéries les plus lointaines ■ En 1967, la Nasa a annoncé que des bactéries avaient été découvertes à 41 km d'altitude.

Les plus anciennes ■ Les Soviétiques ont annoncé qu'ils avaient extrait des bactéries de dépôts de sel vieux de 600 millions d'années. Mais cette découverte laisse sceptiques un certain nombre de scientifiques internationaux. Des bactéries, vieilles de 3 à 4 millions d'années, ont été découvertes en 1991 dans la mer du Japon.

Vivantes ■ En 1991, des bactéries vivantes ont été découvertes dans la carcasse d'un mastodonte (ancêtre de l'éléphant) dans l'Ohio, EU, certainement mort il y a plus de 12 000 ans. D'après certaines marques de lances dans les côtes, ce squelette constitue, de plus, la première preuve qu'un animal préhistorique ait été tué de la main de l'homme.

La plus rapide ■ Le bacille (bactérie en forme de bâtonnet) *Bdellovibrio bacteriovorus* effectue 100 rotations par seconde. Il peut parcourir 50 fois sa longueur (2 microns) en 1 s. Un sprinter accomplissant le même exploit devrait courir à 320 km/h, ou un nageur traverser la Manche en 6 mn.

La plus résistante ■ La bactérie *Micrococcus radiodurans* peut supporter des radiations atomiques de 6,5 millions de röntgens, soit 10 000 fois la dose suffisante pour tuer un homme.

Virus

Le plus long ■ Dimitri Ivanovsky (1864-1920) observa le premier des virus filtrants en 1892, mais c'est Martinus Willem Beijerink (1851-1931) qui en confirma la nature en 1898. Ils sont maintenant définis comme l'agrégat infectieux et potentiellement pathogène de deux ou plusieurs composants chimiques.
Le plus long est *Citrus tristeza*, en forme de bâtonnet, dont les particules mesurent 0,02 mm.

Les plus petits ■ Ceux des nucléoprotéines, telles que le satellite du tabac, *Necrosis virus*, ont des particules sphériques de 17 nm de diamètre (le nanomètre vaut 1 milliardième de mètre). En février 1982, l'université de Californie a annoncé l'existence possible d'un nouvel organisme submicroscopique infectieux, mais ne contenant pas d'acide nucléique, le prion.
Les viroïdes (noyaux d'ARN non recouverts d'une enveloppe protéinique) sont encore beaucoup plus petits que les virus. Ils ont été découverts en 1972 par l'Américain Theodor O. Diener.

Le poison le plus violent ■ La rickettsiose, maladie également appelée fièvre Q,

peut être inoculée par un seul organisme appelé rickettsi, obligatoirement inoculé par un parasite (par exemple une tique), bien qu'elle ne soit fatale que dans 1 cas sur 1 000.
Environ 10 germes de *Francisella tularensis* (appelée auparavant *Pasteurella tularensis*) peuvent provoquer la tularémie, également surnommée maladie alcaline, maladie de Francis ou fièvre de la mouche du cerf. Cette maladie est mortelle 1 fois sur 100.

Jardins, parcs, zoos delphinariums et aquariums

Parcs et jardins

Labyrinthes ■ La plus ancienne représentation d'un labyrinthe que l'on puisse dater se trouve sur une tablette en argile provenant de Pylos, en Grèce. Elle remonterait à environ 1200 av. J.-C., époque où la cité fut détruite par les Doriens.

MÊME NAPOLÉON

Le plus grand labyrinthe de haies d'arbustes au monde est celui de Longleat, près de Warminster, Wiltfordshire, GB. Il offre 3 km de sentiers bordés de 16 180 ifs. Inauguré le 6 juin 1978, il mesure 116 m x 57 m.

« Il labirinto » de la villa Pisani, à Stra, Italie, dans lequel Napoléon se perdit en 1807, s'étendait sur 6,4 km de sentiers.

Le plus grand parc ■ Le parc national de Wood Buffalo, Alberta, Canada, inauguré en 1922, couvre une superficie de 45 500 km^2.

***France* ■** Le parc naturel national des Écrins (créé en 1973), à cheval sur l'Isère et les Hautes-Alpes, s'étend sur 918 km^2. Celui des Cévennes (créé en 1970), sur 910 km^2.
Le parc des volcans d'Auvergne (créé en 1977) s'étend sur 3 480 km^2. C'est un parc naturel régional, où la réglementation est moins stricte.

La plus haute haie ■ La haie de hêtres de Meikleour, plantée en 1746 dans le Perthshire, GB, est taillée à 26 m de hauteur. Elle a une longueur de 550 m.

La plus grande haie d'ifs ■ Elle se trouve dans le parc d'Earl Bathurst, GB. Plantée en 1720, elle mesure 155 m de long, atteint 11 m de haut et sa base a une épaisseur de 4,5 m. Il faudrait vingt jours de travail à un homme seul pour la tailler.

La plus grande réserve de chasse ■ C'est le parc national d'Etosha, en Namibie. Créé en 1907, il couvre de nos jours une superficie de près de 100 000 km^2.

Le plus petit parc national ■ Le parc national de Port-Cros recouvre 694 ha de zone terrestre et 1 800 ha de zone maritime.

Zoos

Les premiers zoos ■ La plus ancienne collection d'animaux avait été constituée par Shulgi, dignitaire de la IIIe dynastie sumérienne d'Ur (vers 2100 av. J.-C.), à Puzurish, dans le sud-est de l'Irak actuel.
Le zoo le plus ancien que l'on connaisse fut construit en 1752 par l'empereur d'Allemagne François Ier (1708-1765) pour sa femme Marie-Thérèse, à Schönbrunn, près de Vienne, Autriche.

***France* ■** Le plus ancien zoo français est celui du Muséum national d'histoire naturelle, au jardin des Plantes, à Paris, dont la ménagerie a été créée en 1793. En 1992, elle compte environ 1 000 animaux répartis en 222 espèces.

Les plus grands ■ Le zoo de Berlin est le plus grand d'Europe : il abritait 1 488 espèces et 10 887 spécimens au 1er janvier 1990.

***France* ■** Le parc zoologique de Paris, dit « zoo de Vincennes », compte 1 204 animaux, au 31 décembre 1991, dont 563 mammifères (de 81 espèces) et 641 oiseaux (de 82 espèces). Il couvre 17 ha et a accueilli 707 866 visiteurs en 1991.
Parmi les parcs de semi-liberté, la réserve africaine du château de Thoiry, Yvelines, créée en 1967, s'étend sur 450 ha, où vivent 800 animaux.
Celle de Sigean, Aude, abrite 1 600 spécimens de 135 espèces sur 205 ha.

Prison dorée

Le premier zoo qui n'exposait pas ses animaux derrière des barreaux fut celui de Stellingen, près de Hambourg, Allemagne, créé en 1907. Des fosses profondes et de grands enclos y remplacent les cages traditionnelles.

Delphinariums

Le plus ancien ■ Le Marineland de Floride, EU, créé en 1938, se trouve à 30 km au sud de Saint Augustine. 26,3 millions de litres d'eau de mer approvisionnent quotidiennement les deux réservoirs principaux, l'un rectangulaire (30 m de long sur 12 m de large et 5,5 m de profondeur), l'autre circulaire (71 m de circonférence et 3,6 m de profondeur). Ils contiennent au total 3,2 millions de litres. Ces réservoirs sont des reconstitutions parfaites du milieu marin. On y trouve même des récifs coralliens et une épave de navire.

***France* ■** Le Marineland d'Antibes, Alpes-Maritimes, avec ses deux bassins de 8 500 et 1 800 m^3, pour 7 ha de superficie totale, est le plus grand d'Europe. Créé en 1970, il a accueilli 850 000 visiteurs en 1991, qui peuvent y admirer 50 mammifères marins.

Aquariums

Le plus grand ■ Ouvert en 1986 au Centre Epcot, en Floride, EU, le Living Seas Aquarium contient au total 23,6 millions de litres d'eau. Il présente 3 000 poissons de 90 espèces.
Ouvert en 1984 en Californie, EU, le Monterey Bay Aquarium présente 6 500 spécimens de 525 espèces (flore et faune) dans ses 95 réservoirs. Il contient au total 3,3 millions de litres d'eau.

***France* ■** Les aquariums et viviers Coutant, à La Rochelle, Charente-Maritime, possèdent un bassin à requins de 250 m^3 et, au total, 550 m^3 de bassins répartis dans plusieurs salles. Plus de 1 000 espèces y sont représentées.

D'après la banque internationale des espèces ISIS, Minnesota, EU, 800 à 1 000 zoos jalonnent notre planète. 350 millions de personnes les visitent chaque année.

◁ Bien que leur réputation historique en fasse des monstres terrifiants et mangeurs d'homme, les orques semblent être dotées d'une intelligence et d'une sensibilité tout à fait exceptionnelles. Elles peuvent, en effet, comprendre et communiquer, de manière étonnante et encore mystérieuse, avec l'homme. L'orque est le mammifère qui a le cerveau le plus gros.

12. ANIMAUX

△ *Grenouille* Discophus antongilli, *au maximum de sa rougeur.*

Records généraux

Le plus bruyant ■ L'animal le plus bruyant du monde est le singe hurleur (*Alouatta*) d'Amérique centrale et du Sud. Les mâles ont une structure osseuse élargie au niveau du haut de la trachée qui permet au son de se répercuter. Leurs cris effrayants ont été décrits comme intermédiaires entre l'aboiement d'un chien et le braiment d'un âne, mais d'une intensité mille fois supérieure. Ils peuvent se faire entendre jusqu'à 16 km de distance.

Lorsqu'elles communiquent entre elles, les baleines bleues émettent des vibrations à basse fréquence de 188 décibels. Elles peuvent s'entendre à 850 km de distance. Ce sont les sons les plus puissants émis par une créature vivante.

L'ouïe la plus fine terrestre ■ Grâce à leur faculté d'entendre les ultrasons, les chauves-souris ont l'ouïe la plus développée de tous les animaux terrestres. Les vampires (*Desmodontidae*) et les chauves-souris frugivores (*Pteropodidae*) perçoivent des fréquences allant de 120 à 210 kHz (la limite de perception d'un humain adulte est de 20 kHz, mais celle du dauphin — *Delphinus delphis* — est de 280 kHz).

Le plus fécond ■ De longs et rigoureux calculs ont démontrés qu'un seul puceron du chou (*Brevicoryne brassica*) peut donner naissance en un an à une masse de descendants pesant 822 millions de t, soit plus de trois fois le poids total de la population humaine.

Heureusement, leur taux de mortalité est tout aussi considérable.

Le plus fort ■ Les animaux les plus forts (en fonction de leur taille) sont les plus grands scarabées, que l'on trouve principalement sous les tropiques. Lors d'une expérience, un scarabée rhinocéros (*Dynastinae*) a supporté sur son dos 850 fois son poids, alors qu'un éléphant ne peut transporter que 25 % du sien. Un hanneton (*Geotrupes stercorosus*) a réussi à déplacer une charge de 80 g (400 fois son poids) et à en soulever une de 100 g.

La morsure la plus forte ■ Le laboratoire d'études marines de Birmini, Bahamas, a montré qu'un requin noir de 2 m de long (*Carcharhinus obscurus*) peut exercer une force de 60 kg entre ses mâchoires, soit une pression de 3 t/cm^2 au bout des dents.

La croissance la plus lente ■ La palourde des hautes mers (*Tindaria callistisormis*), de l'Atlantique nord, met un siècle à atteindre une longueur de 8 mm. Aucune espèce animale n'a une croissance plus lente.

Mort apparente ■ En 1846, deux spécimens d'escargots du désert (*Eremina desertorum*) ont été exposés comme morts au British National Museum, GB, collés sur un présentoir. Quatre ans plus tard, en 1850, le personnel du musée, ayant l'impression que l'un des escargots était toujours vivant, le retira de son présentoir et le plaça dans un bac d'eau tiède. L'escargot se mit à bouger et finit par se nourrir. Cette résistante petite créature vécut encore deux années avant de retomber dans une profonde torpeur et de finalement trépasser...

Régénération ■ L'éponge (*Porifera*) possède le pouvoir de régénération le plus extraordinaire de tout le règne animal : elle peut recréer la totalité de son corps à partir d'un minuscule fragment de celui-ci. Si une éponge est pressée à travers une gaze très fine, chaque partie de son corps revit de façon autonome.

L'espèce la plus dangereuse ■ Le plus dangereux des animaux (hormis l'homme) est le moustique porteur de la malaria, du genre *Anopheles*. Si l'on exclut les guerres et les accidents, il est sans doute directement ou indirectement responsable de la moitié des décès humains depuis l'âge de pierre. De nos jours encore, et malgré les campagnes d'éradication, au moins 200 millions de personnes sont frappées chaque année par le paludisme (malaria), et plus de 1 million d'enfants ou de bébés en meurent chaque année, rien qu'en Afrique.

La plus grande concentration ■ La plus grande concentration animale jamais observée a été un incroyable essaim de sauterelles des montagnes Rocheuses (*Melanoplus spretus*) qui traversa le Nebraska, EU, entre le 15 et le 25 août 1875. D'après un scientifique local, qui observa leur mouvement pendant cinq jours, les sauterelles couvraient une surface de 500 000 km^2. Même en supposant que ce scientifique ait multiplié son estimation par deux (une grande partie des sauterelles ne volent pas la nuit), les sauterelles se seraient déployées sur 250 000 km^2, soit approximativement la superficie de la Grande-Bretagne. On a calculé que l'essaim contenait au moins 12 500 milliards d'insectes, représentant un poids de 25 millions de t. Ce fléau disparut mystérieusement en 1902 et n'est jamais réapparu depuis.

Goinfre

La larve du papillon de nuit polyphemus d'Amérique du Nord (*Antheraea polyphemus*) consomme l'équivalent de 86 000 fois son poids de naissance dans les quarante-huit premières heures de sa vie. Ce qui équivaudrait, pour un bébé humain de 3 kg, à la consommation de 258 t de nourriture.

La championne de l'amaigrissement ■ Pendant les sept mois qu'une mère baleine bleue (*Balaenoptera musculus*) passe à allaiter son petit, elle perd 25 % de son poids.

Les plus chers ■ Les animaux les plus coûteux sont les chevaux élevés pour la course (voir la rubrique *« Hippisme », chapitre Sports*).

La plus grande différence de taille ■ La différence la plus étonnante entre un mâle et une femelle de la même espèce a été relevée chez un ver marin (*Bonellia viridis*). La femelle peut mesurer jusqu'à 1 m, tandis que le mâle le plus petit mesure 1 mm.
Le polymorphisme sexuel est très accentué chez les pinnipèdes, notamment chez les éléphants de mer. Le mâle mesure 4 à 5 m alors que la femelle ne mesure que 2 à 3 m.

L'intestin le plus long ■ Le lion de mer de Steller (*Eumetopias jubatus*) possède l'intestin le plus long. Un intestin a été mesuré à 80,5 m, soit 36,5 fois la longueur de l'animal.

L'espèce la plus nombreuse ■ Sur les 1 390 992 espèces connues dans le monde, d'après le Fonds mondial pour la nature, en 1989 les insectes et autres arthropodes étaient divisés en 874 161 espèces. Cependant, on estime qu'il y aurait 30 millions d'espèces d'insectes.

Animaux disparus

C'est en 1824 que le premier dinosaure fut scientifiquement décrit comme un grand lézard fossile (*Megalosaurus bucklandi*). Les ossements de ce carnivore bipède avaient été découverts avant 1818 par des ouvriers, dans une carrière d'ardoise, près de Woodstock, Oxfordshire, GB. Ils avaient ensuite été transportés au muséum d'Oxford. Ce n'est qu'en 1841 que ces géants récemment exhumés furent baptisés dinosauriens (littéralement « terribles lézards », du grec *deînos* : terrible et *saura* : lézard).

Le plus ancien dinosaure ■ *Herrerasaurus*, que l'on connaît par un squelette presque complet découvert en 1989 dans les contreforts des Andes, en Argentine, est censé dater de 230 millions d'années. Il doit son nom à Victorino Herrera, un « chasseur de fossiles » qui avait découvert des fragments d'os quelques années auparavant. *Herrerasaurus* était un carnivore de 2 m à 2,50 m de haut, pesant plus de 100 kg.
D'autres dinosaures primitifs, du jurassique, sont connus à partir de restes incomplets trouvés au Brésil, en Argentine, au Maroc, en Inde et en Écosse.

Poids limites ■ Les plus gros sauropodes semblent avoir pesé de 50 à 100 t, ce qui n'est pas forcément le poids maximal d'un vertébré terrestre. Des calculs théoriques laissent penser que certains dinosaures ont

Les plus grandes hordes ■ Les chiens de prairie à queue droite (*Cynomys ludovicianus*) de l'ouest des États-Unis et du nord du Mexique forment les plus grandes hordes. Une unique colonie découverte en 1901 se déployait sur une surface de 380 km de long et de 160 km de large. Elle regroupait environ 400 millions d'individus.

Animaux en voie de disparition *Monde* ■ D'après les dernières estimations du Fonds mondial pour la nature, il y avait, au début de l'année 1991, 5 011 espèces animales connues menacées de disparition :
698 mammifères,
1 047 oiseaux,
191 reptiles,
63 amphibiens,
762 poissons et
2 250 invertébrés.

France ■ Selon le Fonds mondial pour la nature, une soixantaine d'espèces animales sont aujourd'hui menacées de disparition : une dizaine de mammifères (chauves-souris non comprises), environ 25 oiseaux, 9 reptiles et 7 amphibiens.

◁ *La baleine bleue, le plus gros et le plus lourd mammifère, est titulaire de nombreux records. Ainsi, par exemple, elle perd 25 % de son poids à allaiter son petit.*

La théorie des pluies acides

Aucune des théories expliquant la disparition des dinosaures n'est pleinement satisfaisante. L'une d'elles avance qu'il y a 65 millions d'années un astéroïde heurta la Terre, déclenchant une activité volcanique intense qui produisit des pluies acides mortelles pendant 10 000 ans.

△ *Tyrannosaurus rex régnait sur la Terre il y a 70 millions d'années, notamment en Amérique du Nord.*

LES PLUS GRANDS DINOSAURES

Les plus grands vertébrés de tous les temps ont été les brachiosaures (« lézards à bras »). Ils vivaient il y a 150 millions d'années en Afrique et en Amérique du Nord. L'espèce la plus grande et la plus grosse dont nous possédions un squelette entier est le gracile *Brachiosaurus* (*Giraffatitan*) *brancai* du célèbre site de Tendaguru, en Tanzanie. Ses restes furent exhumés entre 1909 et 1911 par une expédition allemande. Il est aujourd'hui exposé au muséum d'histoire naturelle de Berlin. Il mesure 22,20 m de longueur totale et 6 m de hauteur au garrot. La tête dressée se trouve à 14 m du sol. Il devait peser entre 30 et 40 t. *Brachiosaurus altithorax*, de l'ouest du Colorado, EU, était de taille semblable, mais plus massif : il devait peser entre 35 et 55 t. Une description, cependant incomplète, a été faite des trois grands sauropodes du plateau d'Uncompahgre, ouest du Colorado. Le corps de *Dystylosaurus edwini*, découvert en 1979, est soutenu par une unique et énorme vertèbre. C'est sans doute un brachiosauridé, comme *Ultrasaurus macintoshi*, découvert la même année. Ce dernier avait, semble-t-il, un corps de 35 m de long et devait peser 190 t. *Supersaurus vivianae,* découvert au même endroit en 1986, a des épaules et des vertèbres qui suggèrent une hauteur de 16,50 m, une longueur totale de 42 m et un poids d'environ 50 t. Ce « super-lézard » est sans doute un diplodocus. Les empreintes donnent également une indication sérieuse de la taille de l'animal. L'empreinte trouvée à Taghbalout, au Maroc, de plus de 1 m de long, ainsi que celles du brachiosaure *Pleurocoelus*, du fleuve Paluxy, au Texas, suggèrent aussi des poids avoisinant les 50 t.

Titanosaures

Un petit nombre de titanosaures (« lézards géants ») sont aussi décrits comme des animaux gigantesques. En termes de poids, *Antarctosaurus giganteus* (« lézard géant antarctique »), d'Argentine et de l'Inde, fait une vive concurrence au plus gros des brachiosaures. Les squelettes de titanosaures sont généralement incomplets. Un fragment de fémur, provenant d'Argentine, mesure 2,30 à 2,40 m de long.

Diplodocus

En 1985, les ossements du « plus gros dinosaure connu » furent déterrés près d'Albuquerque, Nouveau-Mexique, EU. Selon un paléontologue du muséum d'histoire naturelle du Nouveau-Mexique, ce sauropode officieusement surnommé « lézard séisme » (*Seismosaurus*) mesurait de 39 à 47 m de longueur totale et pesait au moins 50 t, mais il est peu probable que cette nouvelle espèce ait été aussi lourde que *Supersaurus vivianae*.

△ *Combat titanesque de tyrannosaures, monstrueux dinosaures carnivores qui mesuraient plus de 10 m de haut soit 3 étages d'une maison d'aujourd'hui. On a pu reconstituer leur taille grâce à un os de mâchoire qui mesurait 90 cm.*

pu approcher les 120 t. Au-dessus de ce poids, les membres auraient dû être tellement massifs pour soutenir l'animal qu'il n'aurait pu se déplacer.

Les plus longs ■ Jusqu'à très récemment on pensait que les plus grands dinosaures étaient certains rares diplodocus. Le spécimen baptisé *Diplodocus carnegii*, découvert dans le Wyoming, EU, en 1899, entièrement reconstitué au muséum d'histoire naturelle Carnegie de Pittsburgh, Pennsylvanie, EU, mesure 26,60 m de longueur totale ; sa hauteur au bassin — le point le plus élevé du corps — est de 3,60 m. Mais, comparé à certains autres, ce géant était un poids plume, pesant entre 5,8 et 18,5 t.
Supersaurus vivianae (voir tableau) mesurait environ 48 m de longueur totale, alors que *Breviparopus* atteignait la taille incroyable de près de 50 m, ce qui fait de lui le plus long vertébré répertorié ! N'oublions cependant pas que ces estimations sont seulement fondées sur des empreintes.

***France* ■** Les premiers dinosaures sont apparus à l'ère jurassique, il y a 160 millions d'années, et se sont éteints il y a environ 65 millions d'années. On a trouvé une vingtaine d'espèces dans notre pays.
Les fragments d'un sauropode découverts en 1969, près de Melun, Seine-et-Marne, ont permis d'estimer sa hauteur à 4 m.
Un seul spécimen de cœlurosaure, *Compsognathus corallestris*, a été découvert en France. C'est le plus petit des dinosaures, 1,10 m de long pour 70 cm de haut.

Le plus grand prédateur terrestre ■ Le plus grand dinosaure carnivore est *Tyrannosaurus rex*, qui régnait il y a 70 millions d'années sur des terres devenues maintenant le Montana, le Wyoming et le Texas (EU), l'Alberta et le Saskatchewan (Canada). Un spécimen reconstitué à l'aide de plusieurs squelettes de ce monstrueux bipède nocturne, au muséum d'histoire naturelle de New York, mesure 5,60 m de hauteur. Sa longueur totale est de 10,60 m, et il devait peser 5,7 t. Il n'était pourtant peut-être pas complètement adulte. En effet, l'os de la mâchoire supérieure d'un autre tyrannosaure, au musée de paléontologie de l'université de Californie, est de 29 % plus long (90 cm). Cette mâchoire devait appartenir à un théropode de 14 m pouvant peser 12 t !
Son cousin de Mongolie, *Tarbosaurus bataar*, connu actuellement par 13 squelettes, avait une boîte crânienne plus longue que celle du tyrannosaure.
Dynamosaurus imperiosus, de la province de Shan-tung, Chine, avait une longueur du même ordre, environ 14 m (bipède, il mesurait 6 m de haut). Ces deux tyrannosauridés n'étaient pourtant pas aussi lourds que leur cousin nord-américain.

***Allosaures* ■** Certains allosaures (« autres lézards ») d'Amérique du Nord, d'Afrique, d'Australie et de Chine atteignent aussi des tailles impressionnantes. Un individu bipède exhumé en 1934 près de Kenton, Oklahoma, EU, mesurait 13 m de longueur totale et 5 m de haut. Bâti encore plus massivement que les tyrannosauridés, il fut baptisé le « mangeur de lézards » (*Saurophagus maximus*). Quelque temps plus tard on réexamina les ossements, pour constater qu'il s'agissait en fait d'un gros allosaure, *Acrocanthosaurus*, de 12 m. Depuis 1950, sept squelettes de ce carnivore terrifiant ont été découverts en Oklahoma.
Un autre allosaure de Chine, *Yangchuanosaurus magnus*, est le plus gros dinosaure carnivore non tyrannosauridé connu. Son crâne est encore plus imposant que celui de *Tyrannosaurus rex*, et il mesurait 10,50 m de longueur totale.
Spinosaurus aegyptiacus, du Niger et d'Égypte, était encore plus long que le plus gros des tyrannosauridés connus : il mesurait 15 m de long, avec une épine dorsale en lame de couteau. Il était cependant plus léger et ne devait peser que 4 t.

***Ornithomimosaures* ■** La plupart des ornithomimosaures (« lézards ressemblant à des oiseaux ») étaient de taille modeste. Cependant l'un d'entre eux, *Deinocheirus mirificus* (« main terrible »), de Mongolie, possédait des bras de 2,50 m de long. Le corps du géant devait mesurer 8 m ou plus.
Les mégalosauridés comptaient aussi quelques espèces gigantesques. *Megalosaurus ingens*, du site de Tendaguru, en Tanzanie, et *Bahariasaurus*, d'Égypte et d'Algérie, étaient tous les deux presque aussi gros que *Tyrannosaurus rex*.

Les plus petits ■ *Compsognathus* (« jolie mâchoire »), du sud de l'Allemagne, et un fabrosauridé herbivore du Colorado, EU, mesuraient chacun 75 cm de la gueule au bout de la queue, et pesaient environ 7 kg.

Le plus long cou ■ Le sauropode *Mamenchisaurus*, du Sichuan, province de la Chine centrale, vivait à la fin du jurassique. Aucun vertébré n'a jamais eu un si long cou : il mesurait 11 m, soit la moitié de la longueur totale de l'animal.

Les plus rapides ■ Les empreintes peuvent donner une indication de la vitesse à laquelle se déplaçaient les dinosaures. Une série de traces de la fin du morrison, au Texas, découverte en 1981, établit qu'un dinosaure carnivore « galopait » à 40 km/h. Certains ornithomimidés (« dinosaures-autruches ») étaient encore plus rapides. *Dromiceiomimus*, de la fin du crétacé, trouvé au sud de l'Alberta, Canada, pouvait probablement, malgré ses 100 kg, vaincre une autruche à la course, avec une vitesse maximale de plus de 70 km/h.

Les plus grandes empreintes ■ En 1932, on a découvert près de Salt Lake City, Utah, EU, les empreintes gigantesques d'un hadrosaure (ou dinosaure bipède à bec de canard). Elles mesuraient 1,36 m de long et 80 cm de large. D'autres empreintes, de 1 m de large, ont été mesurées dans le Colorado et en Utah.
Les plus grandes empreintes de brachiosaures mesurent parfois 1 m de large pour les pattes de derrière.

Les plus longues pistes ■ En 1983, on a découvert, sur plus de 200 m, les traces de quatre chemins parallèles d'un spécimen d'*Apatosaurus* (= *Brontosaurus*). Les traces étaient incrustées dans une strate morrison vieille de 145 millions d'années, au sud-est du Colorado, EU.

LE PETIT POIS DU LÉZARD PLAT

Stegosaurus (« lézard plat »), qui parcourait en courant le Colorado, l'Oklahoma, l'Utah et le Wyoming il y a environ 150 millions d'années, mesurait 9 m de longueur totale et pesait 1,75 t.
Cependant, il avait un cerveau de 70 g, de la taille d'une noix, à peine 0,004 % de son poids total.
Le cerveau d'un éléphant représente 0,074 % de son poids total, et celui d'un homme 1,88 %.

Les plus gros œufs ■ *Hypselosaurus priscus* (« lézard à hautes crêtes »), un titanosaure de 12 m de long qui vivait il y a 80 millions d'années, a sans doute pondu les plus gros œufs de tous les temps. Certains exemplaires trouvés, en octobre 1961, dans la vallée de la Durance, en Provence, auraient mesuré, reconstitués, 30 cm de long et 25 cm de diamètre, soit une capacité de 3,3 litres.

Les serres les plus grandes ■ Les thérizinosauridés (« lézards faucheurs ») de la fin du crétacé, qui vivaient dans le bassin du Nemegt, au sud de la Mongolie, possédaient les plus grandes griffes de tous les animaux ayant existé. Celles de *Therizinosaurus cheloniformis* mesuraient jusqu'à 90 cm de long. (Les griffes de *Tyrannosaurus rex* ne mesuraient que 20 cm.) Ces griffes en faucilles étaient probablement destinées à attraper et à déchiqueter des victimes massives. Pourtant, ces créatures dotées d'un petit crâne et se nourrissant de termites n'avaient presque pas, voire pas du tout de dents.
En janvier 1983, William Walker, un collectionneur de fossiles, a découvert dans une carrière d'argile, près de Dorking, Surrey, GB, un os de serre de 30 cm de long. Une équipe du muséum d'histoire naturelle de Londres a poursuivi les fouilles et révélé que l'animal devait être un spinosaure de 3 m à 4 m de haut. Une caractéristique le distinguait des autres thérapodes : il avait 128 dents, au lieu de 64. Cet animal étrange est considéré comme la plus importante découverte du siècle faite en Europe. Il a été baptisé *Baryonyx walkeri* (« griffe lourde »).

La plus grande créature volante ■ Il y a 70 millions d'années, la plus grande créature volante, le ptérosaure *Quetzalcoatlus northropi* (« serpent à plumes ») hantait le ciel du Texas, du Wyoming et du New Jersey (EU), de l'Alberta (Canada), du Sénégal et de la Jordanie. Des ossements découverts en 1971 au parc national Big Bend, dans l'ouest du Texas, indiquent que ce reptile volant devait avoir une envergure de 11 à 12 m et peser plus de 100 kg.

△ Les plus grands vertébrés de tous les temps ont été les brachiosaures, lézards à bras, très répandus en Afrique il y a 150 millions d'années.

Le plus grand crâne ■ Ce fut celui des grands iguanes cératopsidés. Le grand iguane *Torosaurus* (« lézard taureau »), était un herbivore de près de 8 m de longueur totale et qui pouvait peser jusqu'à 8 t ; son crâne mesurait 3 m de long et pesait 2 t. Il arpentait des terres qui vont du Montana au Texas, EU.

Le plus grand poisson ■ Aucun poisson préhistorique découvert jusqu'à présent ne surpasse le plus grand des poissons actuels. Pourtant, on a longtemps pensé, d'après des études sur les dents fossilisées, que le grand requin (*Carcharodon megalodon*) qui abondait dans les mers à l'ère du miocène, il y a 15 millions d'années, mesurait 24 m. Les estimations modernes ne lui accordent plus que 13 m.

Le plus grand reptile marin ■ *Kronosaurus queenslandicus*, un pliosaure à petit cou du début du crétacé (il y a 135 millions d'années), qui vivait en Australie, avait un crâne de 3 m de long et une gueule dans laquelle étaient plantées 80 grosses dents. L'animal mesurait plus de 15 m de long.

Siam le grand ■ Le plus gros mammifère terrestre vivant actuellement en France est Siam, un éléphant d'Asie pesant 5,5 t, haut de 3,50 m au garrot. Ses défenses pèsent entre 35 et 40 kg chacune, et mesurent environ 1,70 m. Il est arrivé au zoo de Vincennes, à Paris, à l'âge de 17 ans. Il a aujourd'hui 45 ans. Siam est sûrement un des plus beaux spécimens vivant en captivité du monde.

Les plus grands oiseaux ■ *Dromornis stirtoni*, une énorme créature ressemblant à un émeu, vivait il y a 11 millions d'années dans le centre de l'Australie. Des os de pattes fossilisés découverts près d'Alice Springs en 1974 indiquent que cet oiseau coureur devait mesurer 3 m de haut et peser 500 kg.
Le grand moa (*Dinornis maximus*) de Nouvelle-Zélande était encore plus grand (3,5 m), mais ne pesait qu'environ 230 kg.

Oiseaux volants ■ Le gigantesque vautour *Argentavis magnificens* vivait il y a environ 6 millions d'années en Argentine. Des restes fossilisés ont été découverts en 1979 dans un site à 160 km de Buenos Aires. L'oiseau avait une envergure de 7 m à 7,5 m et pesait 120 kg.

Oiseaux marins ■ En 1987, une expédition du muséum de Charleston, Caroline du Sud, EU, a découvert les restes fossilisés d'un oiseau marin géant (*Pseudodontornis*) apparenté aux pélicans et aux cormorans qui vivait il y a 30 millions d'années. Il avait une envergure de 6 m et pesait 40 kg.

L'oiseau le plus vieux ■ Découvert en Bavière, Allemagne, un oiseau fossile a été daté de 175 millions d'années. L'*Archeopteryx lithografica* avait sans doute des dents.

CROCOLION

Deinosuchus riograndensis (« terrible crocodile ») vivait il y a 75 millions d'années dans les lacs et les marais du Texas actuel. Des fragments de squelette trouvés au parc national Big Bend, Texas, indiquent que l'animal devait mesurer 16 m de long.
L'énorme gavial Rhamphosuchus du nord de l'Inde mesurait 15 m, il y a 2 millions d'années ; Sarcosuchus imperator, du Niger, mesurait lui 14 m.

Les plus gros chéloniens ■ La tortue marine *Stupendemys geographicus* vivait il y a environ 5 millions d'années. Des paléontologues de l'université Harvard ont découvert en 1972, dans le nord du Venezuela, des restes fossilisés révélant que cette tortue mesurait 3 m, avec une carapace de 2,20 m ou 2,30 m, et pesait 2 t.

La plus grande tortue terrestre ■ *Geochelone* (= *Colossochelys*) *atlas* vivait il y a environ 2 millions d'années dans ce qui est maintenant le nord de l'Inde, la Birmanie, Java, les îles Célèbes et Timor. En 1923, des restes fossilisés de cette tortue préhistorique furent découverts près de Chandigarh, dans les monts Siwalik, Inde. L'animal mesurait environ 2,50 m et pesait plus de 800 kg.

Les serpents les plus longs ■ *Gigantophis garstini*, une sorte de python, habitait il y a 38 millions d'années l'Égypte actuelle. Des fragments de sa colonne vertébrale et un morceau de mâchoire découverts au Fayoum, Haute-Égypte, indiquent une longueur de 11 m.
Un autre fossile d'un serpent gigantesque datant de l'éocène moyen a été découvert au Mali. Les premières estimations, de 23 m de longueur, étaient probablement exagérées. On pense aujourd'hui que ce serpent mesurait 9 m.

Le plus grand amphibien ■ *Prionosuchus plummeri*, une sorte de gavial, vivait il y a 270 millions d'années. En 1972, on a découvert au Brésil les fragments de l'ossature d'un spécimen. En 1991, sa longueur totale a été estimée à 9,30 m d'après les 1,6 m de longueur de son crâne.

L'insecte le plus long ■ La libellule *Meganeura monyi* vivait il y a 300 millions d'années. Des restes fossilisés (empreintes des ailes) découverts en France, à Commentry, Allier, attestent une envergure de 70 cm.

Le plus grand mammifère ■ C'était un rhinocéros à long cou et sans corne, *Paraceratherium* (= *Baluchitherium*), qui vagabondait il y a 35 millions d'années dans l'ouest de l'Asie et en Europe (Yougoslavie). Une reconstitution de cet animal, exposée au muséum d'histoire naturelle de New York, mesure 5,4 m de hauteur au garrot et 11,3 m de longueur totale. Ce spécimen devait peser environ 20 t. Les os de ce gigantesque herbivore furent découverts en 1907-1908 dans les collines de Bugti, est du Baluchistan, Pakistan.

Le plus grand mammifère marin ■ Le serpentiforme *Basilosaurus* (*Zeuglodon*) *cetoides* vivait il y a 50 millions d'années dans des mers qui couvraient alors l'Arkansas et l'Alabama, EU. Il mesurait jusqu'à 20 m de long.

Le plus grand mammouth ■ L'éléphant des steppes *Mammuthus* (*Parelephas*) *trogontherii* errait, il y a 1 million d'années, sur des terres qui correspondent à l'Europe centrale. Des fragments de squelette ont été trouvés à Mosbach, Allemagne. Ils indiquent que l'animal mesurait 4,5 m au garrot.

Le plus grand primate ■ Le gigantopithèque (*Gigantopithecus*) vivait au pléistocène moyen dans le Vietnam du Nord et la Chine méridionale actuels. Les mâles mesuraient environ 2,80 m de haut et pesaient 270 kg. Il est aventureux cependant de supputer la taille d'un primate à partir de la taille de ses dents et de ses mâchoires. Le gigantopithèque aurait très bien pu avoir une tête, des mâchoires et des dents démesurées par rapport au reste du corps. Les seuls restes découverts jusqu'à présent sont trois fragments de mâchoire inférieure et un millier de dents.

Bois ■ Le cerf géant préhistorique (*Megaloceros giganteus*) qui vivait 8 000 ans av. J.-C. dans le nord de l'Europe et de l'Asie, avait les plus longs bois de tous les animaux connus. Ceux d'un spécimen découvert dans un marais irlandais avaient plus de 4 m d'envergure, ce qui suppose une taille au garrot de 1,80 m et un poids de 500 kg. (Voir aussi « *Trophées de chasse, défenses, cornes et bois* », dans le même chapitre.)

Défenses ■ L'éléphant *Palaeoloxodon antiquus germanicus* vivait il y a 300 000 ans dans le nord de l'Allemagne. Les défenses d'un mâle adulte mesuraient 5 m de long.
La plus lourde défense fossilisée pèse 150 kg, avec une circonférence maximale de 90 cm. Elle est conservée au muséum d'histoire naturelle de Milan, Italie. Le spécimen (en deux fragments) mesure 3,60 m de long.
La plus lourde paire de défenses fossilisées appartenait à un grand mammouth de Colombie (*Mammuthus columbi*) qui mesurait 4 m de hauteur. Conservée au muséum de Lincoln, Nebraska, EU, elle pèse 226 kg. Les défenses mesurent 4,20 m pour l'une et 4,15 m pour l'autre. (Voir aussi « *Trophées de chasse, défenses, cornes et bois* », dans le même chapitre ainsi que le tableau du classement par points.)

Mammifères

Le plus gros et le plus lourd ■ La baleine bleue (*Balaenoptera musculus*), appelée également rorqual, est le mammifère le plus gros et le plus lourd de la planète. Le plus grand spécimen connu était une femelle de 33,58 m échouée en 1909 à Grytviken, Georgie du Sud (une île dépendant des Malouines). Une autre femelle, de 190 t et 27,60 m de long, a été capturée le 20 mars 1947 par des baleiniers soviétiques. Sa langue pesait 4,3 t et son cœur 700 kg.
Les nouveau-nés mesurent entre 6,5 m et 8,6 m de longueur et peuvent peser jusqu'à 30 t. L'ovule fécondé d'une baleine est à peine visible. D'une fraction de milligramme au tout début, son poids atteint 26 t en un peu moins de deux ans (les onze mois de gestation et les douze premiers mois de la vie du baleineau), soit 30 milliards de fois le poids initial.
Les baleines habitent les mers les plus froides et migrent l'hiver vers les eaux les plus chaudes pour se reproduire. Des observations effectuées en 1947 et 1948 dans l'Antarctique ont prouvé qu'une baleine bleue effrayée peut maintenir pendant 10 mn une vitesse de 20 nœuds (37 km/h). On a calculé qu'une baleine bleue de 27 m qui voyage à 20 nœuds développerait 527 ch.
La pêche a dramatiquement décimé l'espèce. Elles étaient environ 200 000 à 300 000 avant la chasse industrielle. En mars 1991, il n'en restait plus que 1 000 dans l'Atlantique nord et environ 10 000 dans l'hémisphère Sud. On estime qu'au début du siècle il devait y en avoir 220 000. Depuis 1967, les baleines sont théoriquement protégées par un décret de la Commission baleinière internationale. Mais les pays n'appartenant pas à cette commission (comme Panamá, Taiwan, la Corée du Sud et les Philippines) font fi de cet accord. Un

embargo assez vague a été instauré au début de la saison 1985-1986 sur les produits dérivés des baleines, mais le Japon, la Norvège et l'Islande continuent de massacrer certaines espèces (*Balaenoptera acutorostrata*, *Balaenoptera physalus* et *Balaenoptera borealis*) sous prétexte de recherches scientifiques. En 1988, l'Islande a capturé 78 baleines, et le Japon 300 dans les mers du Sud.

Terrestre ■ L'éléphant d'Afrique (*Loxodonta africana*) mâle pèse en moyenne 5,7 t pour une taille à l'épaule de 3,20 m.
Le plus lourd spécimen connu était un mâle abattu le 7 novembre 1974 à 40 km au nord-est de Mucusso, dans le sud de l'Angola.
Couché sur le flanc, il mesurait 4,16 m du sommet de l'épaule à la base du pied avant, soit environ 4 m debout. Dans sa longueur totale (queue et trompe allongées) il mesurait 10,70 m. La circonférence de sa patte antérieure était de 1,8 m et son poids total de 12,24 t.
Le plus grand éléphant mâle connu a été tué le 4 avril 1978 par le chasseur néerlandais J. M. A. Oosterveen, au sud de Sesfontein, Damaraland, Namibie. L'animal aurait tué onze personnes et endommagé une grande étendue de cultures avant d'être mis hors d'état de nuire. Couché sur le flanc, il mesurait 4,42 m du sommet de l'épaule à la base du pied avant, soit environ 4,20 m debout. Sa longueur totale était de 10,38 m et la circonférence de sa patte antérieure de 1,57 m. Ce spécimen pesait environ 8 t.
Les éléphants du désert de Damaraland sont les plus grands de tous, leurs pattes étant proportionnellement plus longues que celles des autres espèces. Ils pèsent en moyenne 8 t. Malheureusement en voie de disparition, ils n'étaient plus que 84 en août 1981.

Le plus haut mammifère terrestre ■ La girafe (*Giraffa camelopardalis*) ne fréquente plus que les régions des savanes arides et des semi-déserts du sud du Sahara.
La plus grande girafe jamais identifiée était un mâle du Kenya (*G. camelopardalis tippelskirchi*) surnommé George. Elle fut accueillie au zoo de Chester, GB, le 8 janvier 1959. Ses « cornes » touchaient le toit du bâtiment des girafes, à 6 m de hauteur, lorsqu'elle eut atteint l'âge de 8 ans. George mourut le 22 juillet 1969.
Certains chasseurs se flattent d'avoir tué en Afrique des mâles de 7 m, ce qui paraît peu vraisemblable.

France ■ Liouc, girafe mâle de 23 ans, née au zoo de Vincennes, à Paris, le 7 juin 1969, mesure 4,90 m.
Une girafe mâle, de race masaï, entrée en 1929 au zoo de Vincennes et morte en 1935 mesurait 5,50 m.

Les plus petits mammifères *Marins* ■ Le plus léger mammifère entièrement marin est probablement le dauphin de Commerson (*Cephalorhynchus commersonii*), connu aussi sous le nom de jacobite. Il vit au large de la pointe méridionale de l'Amérique du Sud.
D'un échantillon de six spécimens adultes, on a pu déduire que le poids de ce dauphin varie entre 23 et 35 kg.
La loutre de mer (*Enhydra lutris*), qui séjourne dans le Pacifique nord, a une taille et un poids similaires (de 25 à 38 kg).

Kitti et pachyures minuscules

Les chauves-souris de Kitti (Craseonycteristhonglongyai), en voie de disparition, également appelées chauves-souris bourdons, sont confinées dans 21 grottes de calcaire bordant la rivière Kwae Noi, près de Kanchanaburi, Thaïlande. Elles forment une population totale de 2 000 individus. Adultes mâles et femelles ont une envergure de 16 cm et pèsent de 1,75 g à 2 g.
Les pachyures étrusques (Suncus etruscus), également appelées musaraignes étrusques, vivent le long des côtes méditerranéennes et, plus au sud, dans la province du Cap, Afrique du Sud. Elles mesurent de 3,6 cm à 5,2 cm sans la queue, cette dernière ayant une longueur de 2,4 cm à 3 cm. Leur poids varie de 1,5 à 2,5 g.

Les mammifères les plus rares *Marins* ■ La baleine à bec de Longman (*Indopacetus pacificus*) n'est connue que par deux crânes, l'un découvert en 1922 près de MacKay, Queensland, Australie, l'autre en 1955 près de Mogadishu, Somalie.
Le marsouin (*Phocoena sinus*) n'a été vu dans aucune mer du monde depuis 1980 ; il est possible qu'il se soit éteint. Des centaines de milliers d'individus ont été involontairement tués par la pêche au filet durant les quarante-cinq dernières années.

Terrestres ■ Un certain nombre de mammifères ne sont connus que par un seul spécimen. Ainsi, parmi les 200 espèces de chauves-souris, la chauve-souris frugivore (*Neopteryx frosti*), qui a été identifiée en 1938 à Tamalanti, îles Célèbes, Indonésie.
Le thylacine, loup marsupial de Tasmanie (*Thylacinus cynocephalus*), est probablement éteint depuis la mort, le 7 septembre 1936, du dernier spécimen en captivité, au zoo de Beaumaris, à Hobart, Tasmanie, Australie. Il est possible qu'en juillet 1982 un garde forestier ait aperçu l'un de ces marsupiaux carnivores dans la lumière des phares de sa voiture. Depuis, cependant, aucun spécimen de cette espèce n'a été repéré.
Le loup rouge (*Canis rufus*) du sud-est des États-Unis s'est éteint dans son milieu naturel au début des années 70. Cependant, l'US Fish and Wild-life Service en détient encore 50 spécimens, dont certains ne sont pas génétiquement purs. En juin 1988, deux couples de loups relâchés en Caroline du Nord, après avoir été protégés par un vaste programme de reproduction en captivité, ont eu des petits.
Le furet à gants noirs (*Mustela nigripes*) s'est également éteint dans son milieu naturel. Néanmoins, en 1988, les furets en captivité (25 têtes) dans un centre spécialisé de Cheyenne, Wyoming, EU, virent leur nombre doubler, au cours de la deuxième saison des amours, par la naissance de 38 petits. On espère réintroduire le furet au début des années 90 dans le Wyoming.

Les mammifères les plus rapides *Marins* ■ L'orque (*Orcinus orca*) est le plus rapide de tous les mammifères marins. Le 12 octobre 1958, dans le Pacifique est, on a estimé à 30 nœuds (55 km/h) la vitesse d'un mâle de 6 à 7 m de long.
On a enregistré une vitesse similaire pour le marsouin de Dall (*Phocoenoides dalli*).

Terrestres ■ Sur une courte distance, le guépard, ou léopard chasseur (*Acinonyx jubatus*), des grandes plaines de l'Afrique de l'Est, de l'Iran, du Turkménistan et de l'Afghanistan, atteint, lorsqu'il court sur un terrain qui s'y prête, une vitesse maximale approchant les 100 km/h. On a évoqué pour les guépards des vitesses de 115, 135 et même 145 km/h, mais elles sont très probablement exagérées. En 1937, à Londres, on a chronométré sur une piste ovale de 345 yards (316 m), destinée aux courses de lévriers, la vitesse d'un guépard femelle. Sur trois tours (près de 1 km), elle a atteint, sans être à sa vitesse maximale, 70 km/h (contre 72 km/h pour le cheval de course le plus rapide). Elle avait pourtant du mal à négocier les virages.
L'animal terrestre le plus rapide sur des distances de plus de 1 km est l'antilope américaine à cornes (*Antilocapra americana*), qui vit dans l'ouest des États-Unis. On a observé chez certains spécimens des vitesses moyennes de 56 km/h sur 5 km, de 67 km/h sur 1 500 m et de 88,5 km/h sur 800 m.

Les mammifères les plus lents ■ L'aï, ou paresseux (*Bradypus tridactylus*), de la forêt brésilienne, a une vitesse moyenne au sol de 2 m/mn (soit 120 m à l'heure). Mais il est plus rapide dans les arbres, où il peut foncer jusqu'à 4,50 m/mn (270 m à l'heure). Par comparaison, l'escargot de jardin peut parcourir 50 m en 1 heure, et la tortue, 250 m.

◁ Liouc, né au zoo de Vincennes a eu 23 ans le 7 juin 1992. Ce mâle hautain, mais non antipathique, nous toise du haut de ses 4,90 m.

D'après le Fonds mondial pour la nature, en mars 1991, il ne restait environ que 600 000 éléphants en Afrique centrale et de l'Est. Pour l'année 1991, 360 éléphants ont été tués chaque jour, soit 1 toutes les 4 mn. Si leur destruction avait continué au même rythme, ils auraient totalement disparus en l'an 2000. L'éléphant d'Asie a disparu d'Asie mineure, d'une partie de la Chine et de l'Inde. Il n'en resterait que 4 200 et son espèce reste menacée par le braconnage et sa capture pour les zoos et les cirques.

△ On ne présente plus Loxodonta africana. *L'éléphant d'Afrique le plus grand que l'on ait connu mesurait 10,70 m de long.*

▷ *L'aï,* Bradypus tridactylus, *ou paresseux, ne se déplace que 2 fois plus vite que l'escargot. En réalité, il dort presque tout le temps.*

La plus longue hibernation ■ Le petit écureuil de Point Barrow, Alaska (*Spermophilus parryi barrowensis*), hiberne neuf mois sur douze. Les trois autres mois, il se nourrit, se reproduit et fait des provisions dans son terrier.

La gestation la plus longue ■ L'éléphant d'Asie (*Elephas maximus*) a une gestation qui dure de 609 jours (un peu plus de 20 mois) à 760 jours, soit plus de 2 fois et demie la durée d'une grossesse humaine.

Les gestations les plus courtes ■ La gestation de l'opossum de Virginie (*Didelphis marsupialis*), celle du crabier (*Chironectes minimus*), également appelé opossum d'eau, vivant dans la moitié nord de l'Amérique du Sud, et celle du chat marsupial d'Australie (*Dasyurus viverrinus*) durent habituellement 12 ou 13 jours, et parfois 8.

Les mammifères qui dorment le plus ■ Certains tatous (*Dasypodidae*), certains opossums (*Didelphidae*) et certains paresseux (*Bradypodidae*) passent jusqu'à 80 % de leur vie à dormir ou à somnoler. A l'inverse, le marsouin de Dall (*Phocoenoides dalli*), paraît-il, ne dort jamais.

La plongée la plus profonde ■ Le 14 octobre 1955, un cachalot (*Physeter catodon = macrocephalus*) mâle a été trouvé à 1 134 m de profondeur, sa mâchoire prisonnière d'un câble sous-marin reliant Santa Elena, Équateur, à Chorillos, Pérou. A cette profondeur, la pression exercée sur la surface du corps du cétacé était de 11 583 kPa. En 1970, des scientifiques ont mesuré, en localisant les claquements émis par les cachalots, qu'ils pouvaient descendre jusqu'à 2 500 m de profondeur.
Cependant, le 25 août 1969, un cachalot fut abattu à 160 km au sud de Durban, Afrique du Sud, après être resté sous l'eau pendant 1 h 52 mn. On trouva dans son estomac deux petits requins avalés une heure plus tôt. Ces requins étaient des *Scymnodon*, une espèce que l'on ne trouve qu'au fin fond de la mer. Or, à cette distance des terres, la profondeur de l'Océan est de 3 200 m sur un rayon de 50 à 70 km, ce qui conduit à penser que le cachalot peut descendre jusqu'à 3 000 m lorsqu'il cherche une proie, et qu'il est alors plus pressé par le temps que par la pression elle-même.

Le mammifère vivant le plus haut ■ Le yak du Tibet et du massif du Sichuan, en Chine (*Bos grunniens*), grimpe parfois jusqu'à 6 100 m d'altitude pour paître.

Les plus grands troupeaux ■ Des troupeaux de springboks, une espèce d'antilope d'Afrique du Sud (*Antidorcas marsupialis*), se formèrent au XIXe siècle pendant la migration qui traversa les grandes plaines de l'ouest de l'Afrique du Sud. En 1848, John Fraser observa l'un de ces troupeaux nomades, qui mit trois jours à traverser Beaufort West, dans la province du Cap.
Un autre troupeau qui aurait compté 10 millions de têtes a été aperçu en 1888 près de Nels Poortje, dans la même région.
En juillet 1886, on a observé à Karree Kloof un troupeau qui se déployait sur une zone de 25 km de large et 160 km de long.

La plus grande portée ■ La plus grande portée connue d'un mammifère sauvage est celle d'un tanrec sans queue (*Tenrec ecaudatus*) découvert à Madagascar. Cette femelle a mis bas une portée de 31 petits, dont 30 survécurent. La portée moyenne normale du tanrec est de 12 à 15 petits. Les femelles peuvent en allaiter jusqu'à 24.

La maternité la plus précoce ■ Le tanrec moucheté (*Hemicentetes semispinosus*) de Madagascar sèvre ses petits lorsqu'ils ont 5 jours, et les jeunes femelles peuvent engendrer à l'âge de 3 ou 4 semaines.

Izumi, Modoc, Prem Prosad et les autres

L'homme (*Homo sapiens*) est le seul mammifère à pouvoir atteindre l'âge de 120 ans (voir chapitre *L'Homme*).
L'éléphant d'Asie (*Elephas maximus*) le suit, avec une longévité maximale de 80 ans. Une femelle dénommée Modoc est morte à l'âge de 79 ans, le 17 juillet 1975, au parc zoologique de Santa Clara, Californie. Elle était arrivée d'Allemagne en 1898, alors qu'elle avait 2 ans.
On prétend que Prem Prosad, éléphant royal du Népal, mort le 27 février 1985, était âgé de 81 ans, mais il est probable qu'il n'en avait que 65 ou 70.
Le célèbre Rajah, éléphant mâle de Sri Lanka qui, depuis 1931, ouvrait la procession annuelle de Perahera, à travers Kandi, transportant la dent sacrée de Bouddha, est mort le 16 juillet 1988 au même âge supposé de 81 ans.

Carnivores

Le plus grand ■ L'ours de Kodiak (*Ursus arctos middendorffi*) vit dans les îles Kodiak, Afognak et Shuyak, dans le golfe de l'Alaska, EU. Un mâle adulte mesure en moyenne 2,40 m de la tête à la queue. Il mesure 1,32 m au garrot et pèse entre 470 kg et 530 kg. En 1894, un mâle de 751 kg fut abattu à English Bay, dans l'île de Kodiak. Sa peau tannée mesurait 4,11 m de la tête au bout de la queue. Le poids de cet animal a été surpassé par celui d'un gros mâle en captivité au parc zoologique de Cheyenne Mountain, Colorado Springs, EU, qui pesait à sa mort, le 22 septembre 1955, 757 kg.
En 1981, l'ours géant de la péninsule d'Alaska (*Ursus arctogyas*) exposé au parc zoologique Space Farms, à Beemerville, New Jersey, EU, aurait pesé, sans certitude, 900 kg. On a annoncé des poids encore supérieurs chez certains ours polaires (*Ursus maritimus*), mais le poids moyen d'un mâle de cette espèce varie de 380 à 410 kg, pour une taille de 2,40 m. En 1960, l'Américain Arthur Dubs, de Medford, Oregon, a abattu dans la région polaire de Kotzebue Sound, au nord-ouest de l'Alaska, un ours polaire mâle qui aurait pesé 1 t. En avril 1962, ce spécimen de 3,38 m de hauteur (empaillé debout sur ses pattes arrière) a été exposé à la Foire internationale de Seattle, État de Washington, EU, mais on manque de détails sur cet animal.
D'après le Fonds mondial pour la nature, il y aurait environ 25 000 ours blancs autour du pôle Nord.

◁ *Le mandrill,* Mandrillus sphinx, *grand singe d'Afrique équatoriale de l'Ouest, est le plus grand singe non anthropoïde.*

Ours bruns *France* ■ Il y aurait actuellement 8 ou 9 ours bruns encore en France vivants dans les vallées d'Aspe et d'Osseau, Pyrénées occidentales, entre 1 500 et 1 700 m. En 1957, ils étaient encore 70.

Le plus vieil ours ■ En 1991, un ours brun d'Amérique, baptisé Ourson, est mort à l'âge de 69 ans au zoo du Jardin d'essai du Hamma d'Alger, a indiqué le responsable du zoo, le Dr Fayçal Haffaci. Un ours normal vit deux fois moins longtemps (30 ans environ).

Le plus petit ■ La belette polaire (*Mustela rixosa*), appelée aussi belette naine, se divise en quatre espèces qui habitent les régions polaires. La plus petite est *Mustela rixosa pygmaea*, de Sibérie. Un adulte mesure en moyenne de 18 à 21 cm et pèse de 35 à 70 g.

Les plus grands félins ■ Le tigre de Sibérie (*Panthera tigris altaica*), un fauve protégé également connu sous le nom de tigre de Mandchourie, est l'espèce la plus grande de la famille des chats (*Felidae*). Un mâle ordinaire mesure 3,15 m de longueur de la tête au bout de la queue étirée, environ 1 m de hauteur au garrot, et pèse environ 265 kg. En 1950, un mâle de 384 kg a été abattu dans les montagnes de Sikhote Alin, en ex-URSS septentrionale.
En novembre 1967, l'Américain David Hasinger, de Philadelphie, Pennsylvanie, a abattu dans le nord de l'Uttar Pradesh, Inde, un tigre du Bengale (*Panthera tigris tigris*) gigantesque. De la tête au bout de la queue, et en tenant compte des courbes du corps, cet animal mesurait 3,37 m de long et pesait 389 kg (un mâle de cette espèce mesure habituellement 2,80 m et pèse 190 kg). Il est aujourd'hui exposé à Washington, à l'Institut Smithsonian, le musée d'histoire naturelle américain.
Un tigre de Sibérie de 9 ans appelé Jaipur est le plus grand tigre en captivité et le plus lourd spécimen parmi les félins. Son maître est la dompteuse Joan Byron-Marasek, de Clarksburg, New Jersey, EU. Jaipur mesure 3,32 m de long et a battu son record de poids en octobre 1986, avec 423 kg.
Un lion d'Afrique (*Panthera leo*) mesure en moyenne 2,70 m de long et 1 m de hauteur au garrot et pèse 180 kg. Le spécimen le plus lourd de cette espèce a été abattu en 1936 à Hectorspruit, Transvaal, Afrique du Sud, par Lennox Anderson. Il pesait 313 kg.
Simba, un lion à crinière noire né au zoo de Dublin en 1959, pensionnaire du zoo de Colchester, Essex, GB, était censé peser 375 kg en juillet 1970.
Cubanacan, un tigron (croisement d'un tigre et d'une lionne) adulte mâle du parc zoologique d'Alipore, à Calcutta, Inde, pèserait au moins 360 kg. Il mesure 1,32 m de hauteur au garrot (1,10 m pour le lion Simba) et 3,50 m de longueur totale.

France ■ Baïkal, tigre de Sibérie né au zoo de Ravensden, GB, et arrivé à l'âge de 6 mois, le 7 novembre 1985, au parc zoologique de Saint-Martin-la-Plaine, Loire, mesure 3,25 m de long de la tête à l'extrémité de la queue et 1,25 m au garrot.

Le plus petit félin ■ Le chat moucheté (*Felis rubiginosa*) du sud de l'Inde et de Sri Lanka est le plus petit membre de la famille des chats. La longueur moyenne d'un mâle adulte varie de 65 à 75 cm (sa queue mesurant entre 23 et 25 cm), pour un poids moyen d'environ 1,3 kg.

Singes

Les plus grands ■ Le gorille des plaines (*Gorilla gorilla graueri*), que l'on trouve dans les forêts de l'est du Zaïre et du sud-ouest de l'Ouganda, mesure 1,75 m de haut et pèse 165 kg.
Le gorille des montagnes (*Gorilla gorilla beringei*), qui vit dans les chaînes de montagnes volcaniques de l'ouest du Ruanda, du sud-ouest de l'Ouganda et de l'est du Zaïre, a des proportions similaires. Il mesure en moyenne 1,72 m et pèse 155 kg. La plupart des plus grands spécimens capturés sont de cette espèce. D'après le Fonds mondial pour la nature, cette espèce serait la plus menacée, il n'en resterait que 400 individus.
Le plus grand gorille sauvage jamais observé était un mâle des montagnes qui mesurait 1,88 m du sommet de la tête aux talons. Il fut abattu en 1920 à l'est du Congo belge (aujourd'hui Zaïre) par T. Alexander Barns.
Colossus (né en 1966), le plus grand gorille en captivité, vit au zoo de Gulf Breeze, Floride, EU. Il mesurerait 1,88 m de haut et pèserait 261 kg, mais ces chiffres n'ont pas été vérifiés.
Le gorille des plaines de l'ouest du Zaïre appelé Baltimore Jack avait des jambes particulièrement longues pour un gorille. Il était arrivé en 1956 au zoo de Baltimore, Maryland, EU, et fut ensuite vendu à celui de Phoenix, Arizona. On a longtemps prétendu qu'il mesurait 1,91 m de haut, mais sa taille réelle était d'environ 1,75 m ; il pesait 126 kg. Il est mort en 1972.
Le gorille en captivité le plus lourd fut un mâle des montagnes appelé N'gagi, mort le 12 juillet 1944, à l'âge de 18 ans, au zoo de San Diego, Californie. Son poids maximal fut, en 1943, de 310 kg. A sa mort, il pesait 288 kg. Il mesurait 1,72 m et était très fier de son tour de poitrine record de 1,98 m.

France ■ Platon, un gorille de 230 kg et 1,80 m, est né en 1972, au Congo. Il a été sauvé de la mort et transféré à l'âge de 5 ans, en 1977, au parc zoologique de Saint-Martin-la-Plaine, Loire.

Le plus grand singe non anthropoïde ■ Le mandrill, grand singe d'Afrique équatoriale de l'Ouest (*Mandrillus sphinx*), pèse couramment plus de 45 kg.

△ *Moi, un singe ?*

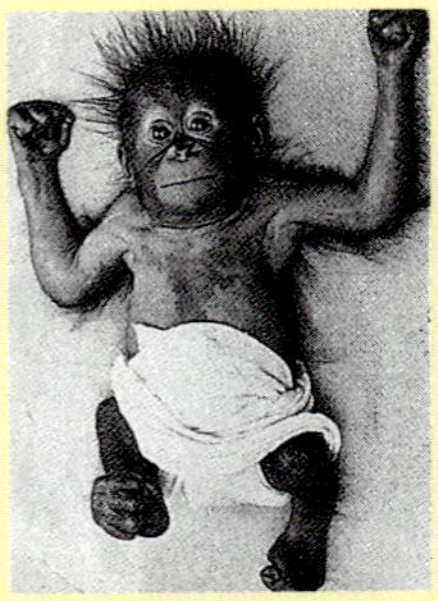

△ *Ouistiti mignon,* Cebulla pygmaea *en colère.*

▷ *Les ouistitis mignons,* Cebuella pygmaea, *originaires des forêts tropicales s'accoutument malheureusement très mal à nos climats.*

Les singes les plus forts ■ En 1924, Boma, un chimpanzé de 75 kg du Bronx Zoo de New York, exerça une traction de la main droite de 384 kg sur le dynamomètre (un homme de poids semblable atteint 95 kg). Dans le même zoo, le chimpanzé femelle Suzette, pesant 61 kg, réussit à exercer une traction du bras droit de 572 kg. Il est vrai qu'elle était en pleine crise de colère.
Le record de 270 kg soulevés par un chimpanzé de 45 kg porte à croire qu'un gorille mâle pourrait, avec de l'entraînement, soulever près de 1 t.

△ *Pierre, très beau, très fort et très orgueilleux gorille blanc.*

Les plus petits ■ Le ouistiti mignon ou marmouset (*Cebuella pygmaea*) du bassin amazonien supérieur et le lémure-souris (*Microcebus murinus*) de Madagascar mesurent environ 25 cm de long et pèsent de 50 à 70 g pour les ouistitis mignons et de 45 à 80 g pour les lémures-souris.

Les plus rares ■ Alors que l'on croyait, en 1970, que le lémurien à nez large de Madagascar (*Hapalemur simus*) avait disparu, un groupe de 60 à 80 individus a été découvert en 1986 dans une forêt isolée près de Ranomafana, au sud-est de l'île, par une expédition de l'université Duke de Durham, Caroline du Nord, EU.
Le singe-lion doré (*Leontopithecus chrysopygus*), qui ne survit plus que dans deux zones de la forêt de l'État de São Paulo, Brésil, est aussi sur le point de disparaître. On ne comptait plus, en 1986, qu'une centaine de survivants.

Les plus vieux ■ Le plus vieux primate non humain dont l'âge ait été vérifié était un orang-outan (*Pongo pygmaeus*) dénommé Guas, mort à l'âge de 59 ans, le 9 février 1977, au parc zoologique de Philadelphie, Pennsylvanie, EU. Quand il y arriva le 1er mai 1931, il avait déjà au moins 13 ans.
Le plus vieux chimpanzé (*Pan troglodytes*) connu était un mâle dénommé Jimmy, mort à l'âge de 55 ans et 6 mois, le 17 septembre 1985, au zoo de Rochester, État de New York, EU.
Le plus vieux gorille femelle connu était Carolyn, née en 1939, qui a vécu au parc zoologique de New York (Bronx Zoo) et qui est morte le 27 septembre 1986, à l'âge de 47 ans.

France ■ Le gibbon baptisé Yoyo, arrivé en 1937 au zoo de Vincennes alors qu'il était déjà adulte, est mort en 1981. Il a donc vécu plus de 50 ans.

Phoques, otaries et morses

Les plus grands phoques ■ L'éléphant de mer austral (*Mirounga leonina*), qui habite les îles australes subantarctiques, est la plus grande des 34 espèces connues de pinnipèdes. Un mâle adulte mesure en moyenne 5 m du bout du museau à l'extrémité des nageoires caudales. Sa circonférence peut atteindre plus de 3,5 m et son poids est d'environ 2,3 t. Le plus grand spécimen mesuré avec précision était un mâle tué le 28 février 1913 à Possession Bay, Georgie du Sud (île dépendant des Falklands). Il mesurait 6,5 m après dépeçage (sa taille initiale devait être de 6,85 m) et pesait environ 5 t. Les femelles adultes sont bien plus petites : leur taille moyenne est de 3 m et leur poids d'environ 680 kg.

Les plus petits phoques ■ Le phoque marbré (*Phoca hispida*) des régions polaires, ses cousins le phoque du lac Baïkal (*Phoca sibirica*) et le phoque de la mer Caspienne (*Phoca caspica*), en ex-URSS, sont les pinnipèdes les plus petits. Les mâles adultes mesurent environ 1,70 m de longueur pour un poids maximal de 130 kg. Les femelles atteignent à peu près deux tiers de ces mensurations.

La plus grande colonie de phoques ■ En 1978, le nombre total des phoques crabiers (*Lobodon carcinophagus*) de l'Antarctique était estimé à 15 millions d'individus.

Phoque moine rare

La dernière fois que l'on a aperçu un phoque moine des Caraïbes (Monachus tropicalis), c'était en 1952, le long du banc de sable de Serranilla, au large de la côte de la presqu'île du Yucatán, Mexique.
En 1974, on a aperçu deux de ces phoques près des bancs de Cay Verde et de Cay Burro, au sud des Bahamas, mais des recherches entreprises en 1979 sont restées infructueuses.
Les phoques signalés pourraient n'avoir été que des lions de mer de Californie (*Zalophus californianus*), échappés de leur captivité, déjà entraperçus dans le golfe du Mexique en plusieurs occasions.
D'après le Fonds mondial pour la nature, il ne resterait que 500 à 600 phoques moines d'Hawaï (*Monachus schauinslandi*).

Les phoques les plus rapides ■ Un lion de mer de Californie a réussi à atteindre une vitesse de pointe de 40 km/h dans l'eau.
Sur terre, le plus rapide des pinnipèdes est le phoque crabier, qu'on a chronométré à près de 20 km/h.

La plongée de phoques la plus profonde ■ En mai 1988, une équipe de l'université de Californie observa, au large d'Año Nuevo Point, Californie, les capacités de plongée de l'éléphant des mers du nord (*Mirounga anguistirostris*). Une femelle a plongé jusqu'à 1 250 m, une autre est restée 48 mn sous l'eau.
Des expériences similaires entreprises par des scientifiques australiens sur les éléphants des mers du Sud enregistrèrent une plongée de 1 135 m et des périodes sous l'eau de presque 2 h.
Le mieux adapté à la plongée est le phoque de Weddell (*Leptonychotes weddelli*). Il effectue régulièrement des plongées de plus de 1 h à moins de 600 m, chaque plongée profonde étant précédée d'une plongée exploratoire de 15 mn. Ses globules rouges sont les plus riches en hémoglobine,

laquelle possède la plus grande capacité à transporter de l'oxygène. C'est son sang qui possède le meilleur taux d'utilisation de ce gaz.

Les plus vieux phoques ■ On a estimé à 46 ans l'âge d'un phoque femelle gris abattu le 23 avril 1969 à Shunni Wick, dans les îles Shetland, GB.
Jacob (1901-1942), un phoque gris du zoo de Skansen, à Stockholm, Suède, fut le plus vieux phoque vivant en captivité.

La plus grande colonie d'otaries ■ Les otaries à fourrure des îles Pribilof, appelées aussi otaries à fourrure d'Alaska (*Callorhinus ursinus*) sont au nombre de 1,7 million.

Les otaries les plus rares ■ Il ne resterait, en 1992, plus que 500 otaries à fourrure des îles Galapagos (*Arctocephalus galapagoensis*) et 500 otaries à fourrure des îles de Guadalupe (*Arctocephalus townsendi*).

Les plus gros morses ■ Ils appartiennent aux populations du Pacifique nord (*Odobenus rosmarus divergens*). Ils pèsent de 900 kg à 1,5 t pour les mâles et de 600 kg à 1 t pour les femelles. Ceux de l'Atlantique nord (*Odobenus rosmarus*) ont un poids inférieur de 10 %.

La plus grande colonie de morses ■ Dans le Pacifique nord, il y a environ 200 000 individus. La population mondiale de morses est estimée, en 1992, à 250 000 têtes.

La plus faible colonie de morses ■ Il n'y aurait que 5 000 morses dans la mer des Laptev, mer de l'océan Arctique située entre la côte de la Sibérie, la presqu'île de Taïmyr et l'archipel de la Nouvelle-Sibérie.

Rongeurs

Le plus grand ■ Le cabiai (*Hydrochoerus hydrochaeris*) des régions tropicales de l'Amérique du Sud, également nommé « cochon d'eau », mesure près de 1 m de long et pèse jusqu'à 115 kg (pour un gros spécimen gardé en cage).

Le plus petit ■ La souris pygmée d'Amérique (*Baiomys taylori*), qui vit au Mexique, dans le sud de l'Arizona et au Texas, ne mesure guère plus de 10 cm de long et pèse 7 ou 8 g.

Le plus rare ■ Le hutia de Garrido (*Capromys garridoi*), qui habite l'îlot Cayo Maka, Cuba, et le petit hutia terrestre (*Capromys sanfelipensis*), qui vit sur l'îlot de Juan García, au sud de Cuba, sont les rongeurs les plus rares du monde. Depuis sa découverte, en 1970, le second n'a plus été aperçu nulle part.

Le plus précoce ■ Le campagnol, ou rat des champs (*Microtus agrestis*), se reproduit à partir de l'âge de 25 jours. Les femelles ont plus de 17 portées de 6 à 8 petits par an.

Marsupiaux

Le plus grand ■ Les kangourous rouges mâles (*Macropus rufus*) du centre, du sud et de l'est de l'Australie mesurent adultes 2,45 m de l'extrémité de la tête à celle de la queue, 2,10 m de haut et pèsent jusqu'à 85 kg.

Le plus petit ■ Le planigale d'Ingram (*Planigale ingrami*) est une souris rare, à tête plate, qui vit dans le nord et le nord-ouest de l'Australie. Un mâle adulte mesure environ 6 cm de long, sans la queue — également de 6 cm. Il pèse de 4 à 5 g.
Le planigale nain mesure 1 cm de moins.

Le plus vieux ■ Un wombat (ou phascolome) à narines poilues (*Vombatus ursinus*) est mort le 20 avril 1906, au zoo de Londres, à l'âge de 26 ans et 22 jours.

Le plus vieux rongeur ■ Un porc-épic de Sumatra (*Hystrix brachyura*) détient le seul record plausible de longévité, avec 27 ans et 3 mois. Il est mort le 12 janvier 1965 au parc zoologique de Washington.

△ *Le planigale d'Ingram est une souris rare, à tête plate, néanmoins marsupial.*

◁ *Les plus grands kangourous peuvent mesurer, adultes, 2,10 m de haut, surtout s'ils boivent beaucoup de lait lorsqu'ils sont bébés.*

Le saut le plus long d'un kangourou ■ Au cours d'une chasse, en 1951, en Nouvelle-Galles du Sud, Australie, un kangourou rouge femelle a fait une série de bonds dont l'un a atteint 12,80 m de longueur.

▽ On a connu un vieux tanrec qui naquit à Amsterdam et mourut à Jersey à l'âge record, pour un tanrec (Echinops telfairi), de 16 ans.

Les plus rapides ■ Un kangourou géant femelle adulte a battu le record de vitesse des marsupiaux, avec 64 km/h. Un gros kangourou rouge mâle est mort d'épuisement après avoir parcouru 1 500 m à 56 km/h de moyenne. Il était de toute évidence trop lourd pour maintenir une telle vitesse sur cette distance.

Les sauts les plus hauts ■ Un kangourou géant en captivité surpris par une pétarade de voiture a sauté sans mal une barrière de 2,40 m de hauteur. Un kangourou rouge poursuivi par des chasseurs a sauté pardessus un tas de bois haut de 3,10 m.

Insectivores

Les plus grands ■ Le gymnure (*Echinosorex gymnurus*), également connu sous le nom de gymnure de Raffles, que l'on trouve en Birmanie, en Thaïlande, en Malaisie, à Sumatra et à Bornéo, a une longueur de corps qui varie entre 25 et 45 cm, plus une queue de 20 cm. Il peut peser jusqu'à 1,4 kg.
Le hérisson européen (*Erinaceus europaeus*) est bien plus court (entre 20 et 30 cm), mais certains spécimens bien nourris et à qui on a pu imposer des repos réguliers, ont pesé jusqu'à 1,9 kg.

Le plus petit ■ Le plus petit insectivore est le pachyure étrusque (*Suncus etruscus*). (Voir « *Les plus petits mammifères terrestres* ».)

Le plus âgé ■ Un hérisson tanrec (*Echinops telfairi*), né au zoo d'Amsterdam en 1966, puis envoyé au zoo de Jersey, îles Anglo-Normandes, y est mort le 27 novembre 1982, à plus de 16 ans.

Chauves-souris

Les plus grandes ■ Les chauves-souris sont les seuls mammifères volants. Elles appartiennent à l'ordre des chiroptères, dont on connaît 950 espèces. Celle qui a la plus grande envergure est la chauve-souris de Bismarck (*Pteropus neohibernicus*), que l'on trouve dans l'archipel Bismarck, Mélanésie, et en Nouvelle-Guinée. Un spécimen de 1,65 m d'envergure est empaillé au muséum d'histoire naturelle de Washington. Certaines chauves-souris, non mesurées, ont probablement une envergure de 1,80 m.

La plus petite ■ C'est la chauve-souris de Kitti (voir « *Les plus petits mammifères terrestres* »).

Les plus rares ■ Ces trois espèces ne sont connues que par un seul spécimen : la chauve-souris frugivore (*Neopteryx frosti*), de Tamalanti, archipel des Célèbes (1938-1939) ; *Paracoelops megalotis*, de Vinh, au Vietnam (1945) ; et *Latidens salimalii*, du sud de l'Inde (1948).

La plus rapide ■ Il n'est évidemment pas facile de mesurer la vitesse d'une chauve-souris. Une expérience a eu lieu aux États-Unis dans un tunnel artificiel, avec 17 espèces ; 4 seulement réussirent à dépasser les 20 km/h.

La plus vieille ■ Il a été rapporté qu'une petite chauve-souris brune femelle (*Myotis lucifugus*) est morte aux États-Unis, en 1987, à l'âge de 32 ans.

L'ouïe la plus fine ■ Se reporter aux records généraux, en début de chapitre.

Le rendez-vous de Bracken

*La plus grande concentration de chauves-souris se trouve dans la grotte de Bracken, à San Antonio, Texas, où 20 millions de chauves-souris du Mexique (*Tadarida brasiliensis*) se rassemblent après leur migration annuelle.*

La descente sous terre la plus profonde ■ Une petite chauve-souris brune a été vue dans une mine de zinc de l'État de New York, à 1 160 m sous terre. La mine sert de refuge à un millier de membres de cette même espèce, qui se contente généralement de descendre à 200 m de profondeur.

Antilopes

La plus grosse ■ L'élan géant ou élan de Derby (*Taurotragus derbianus*) est très rare. On ne le trouve qu'en Afrique de l'Ouest et en Afrique centrale. Il peut dépasser les 900 kg.
L'élan du Cap (*Taurotragus oryx*), d'Afrique australe et de l'Est, a la même hauteur au garrot, 1,80 m, mais n'est pas tout à fait aussi lourd. Un élan de 1,65 m, tué en 1937 au Malawi, pesait cependant 943 kg.

Les plus petites ■ L'antilope royale adulte (*Neotragus pygmaeus*), d'Afrique de l'Ouest, ne mesure au garrot que 25 ou 30 cm et pèse environ 3,5 kg, soit la taille d'un gros lièvre brun (*Lepus europaeus*). Le dik-dik du sel (*Madoqua saltina*), du nord-est de l'Éthiopie et de Somalie, ne pèse que 2,5 kg adulte et mesure environ 35 cm au garrot.

La plus rare ■ Il n'existe apparemment plus d'oryx d'Arabie (*Oryx leucoryx*) à l'état sauvage, les sept derniers ayant été soit abattus, soit capturés, en 1972, sur le plateau de Jiddat al-Harasis, au sud d'Oman. De mars 1980 à août 1983, 17 antilopes élevées au zoo de San Diego, Californie, ont été remises en liberté dans le désert d'Oman. Des tribus nomades les protégeant, elles ont depuis mis au monde au moins 43 petits et la horde sauvage comptait 60 têtes au début de 1989. L'oryx d'Arabie a également été réintroduit dans la réserve de Shaumari, en Jordanie, où vivent actuellement 90 individus.

La plus vieille ■ Un addax (*Addax nasomaculatus*) a atteint l'âge de 25 ans et 4 mois. Il est mort le 15 octobre 1960 au zoo de Brookfield, Chicago, Illinois.

Cervidés

Le plus grand ■ Le plus grand cerf est l'élan d'Alaska (*Alces alces gigas*). Un mâle adulte mesure 1,80 m au garrot et pèse 500 kg. En septembre 1987, un mâle mesurant 2,34 m de la tête au bout de la queue et pesant environ 800 kg fut abattu dans le territoire du Yukon, Canada. Certains cerfs auraient atteint, sans certitude, un poids de 1,2 t et une taille de 2,60 m au garrot.

Les plus petits ■ Le poudou du nord (*Pudu mephistopheles*), que l'on trouve en Équateur et en Colombie, mesure adulte de 33 à 35 cm au garrot et pèse 7 ou 8 kg.
Le plus petit ruminant est le chevrotin (*Tragulus javanicus*), que l'on trouve en Asie du Sud-Est, à Sumatra et à Bornéo. Il n'a pas de bois, mesure adulte de 20 à 25 cm au garrot et pèse en moyenne 3 kg.

Le plus rare ■ Jusqu'à très récemment, le muntjac de Féa (*Muntiacus feae*) ne comptait que deux spécimens, capturés à la frontière entre la Birmanie et la Thaïlande. En décembre 1977, le zoo de Dusit, à Bangkok, a reçu une femelle, puis deux autres en 1981 et, enfin, trois mâles et trois femelles importés du Tibet, entre février 1982 et avril 1983.

Le plus vieux ■ Un cerf rouge (*Cervus elaphus scoticus*) nommé Bambi, appartenant à la famille Fraser, de Kiltarlity, Écosse, est né le 8 juin 1963. Il a aujourd'hui 28 ans.

Trophées de chasse, défenses, cornes et bois

Chasse ■ En 1987, l'Europe comptait 6 400 000 chasseurs dans les 12 pays de la Communauté. La France arrivait en tête avec 1 800 000 chasseurs. En 1992, ils ne sont plus que 1 689 183.

Défenses les plus grandes ■ Les défenses d'éléphant les plus longues (à l'exception des éléphants préhistoriques) appartenaient à un éléphant du Zaïre. Elles sont conservées à Bronx Park, le zoo de New York. La défense droite mesure 3,49 m, en tenant compte de la courbe, et la gauche 3,35 m. Elles pèsent ensemble 133 kg.

***Les plus lourdes* ■** Le British Museum d'histoire naturelle expose une paire de défenses ayant appartenu à un vieil éléphant mâle abattu en 1897 au pied du mont Kilimandjaro, Kenya. A l'origine, les défenses pesaient l'une 109 kg pour 3,11 m de long, l'autre 102 kg pour 3,18 m, ce qui donnait un poids total de 211 kg. Elles ne pèsent plus aujourd'hui que 200 kg.
Une défense présentée à l'Exposition universelle de 1900, à Paris, pesait 117 kg.

***Éléphant d'Asie* ■** Obtenues lors d'une chasse du roi George V aux Indes, en 1921, elles pèsent 73 et 72,6 kilos.

***Hippopotame* ■** La plus longue défense d'hippopotame connue mesure 1,63 m. Elle provient d'un spécimen du Kenya, par F. J. Jackson en 1909.

Cornes les plus longues ■ L'animal terrestre doté des plus longues cornes est l'arni (buffle d'Asie) de l'Inde (*Bubalus arnee = Bubalus bubalis*). Un gros mâle tué en 1955 avait des cornes d'une taille totale de 4,24 m, d'une pointe à l'autre, en tenant compte de la courbe extérieure du front.

TROPHÉES

On nomme trophées les parties non consommables des grands mammifères que les chasseurs conservent à titre de souvenir. Il s'agit principalement des cornes, des bois, des crânes et des peaux. La qualité des trophées est évaluée selon différents critères qui prennent en compte certaines mesures de longueur, épaisseur, envergure, poids, etc.
On remarquera que ces records sont pour la plupart historiques.
En effet, tous ces animaux « de chasse » décimés au cours du XXe siècle par l'inconscience de l'homme, sont aujourd'hui protégés.

La plus longue corne isolée, mesurant 2,06 m, appartenait à un bœuf d'Ankole (*Bos taurus*) vivant au lac Ngami, Botswana.
La plus grande envergure des cornes atteint 1,63 m. Il s'agit du trophée d'une femelle obtenu en Tanzanie en 1946 par M. H. Cabrera.

***Grand Koudou* ■** La plus longue corne, chez cette grande antilope africaine, atteint 1,76 m. Originaire d'Afrique du Sud, 1916, trophée de P. G. Rous.

***Élan de Derby* ■** Longueur record de 1,33 m pour une corne d'un trophée obtenu en 1985 en Centrafrique par L. Casey.

***Oryx géant* ■** Longueur record de 1,23 m pour une corne d'un trophée obtenu en 1981 au Bostwana par W. J. Ray.

***Rhinocéros noir* ■** Le plus grand trophée appartient au Service de la Faune de Tanzanie. Longueur de la corne de devant : 1,20 m.

Bois les plus grands ■ Les bois sont des os ramifiés du front des cervidés mâles qui tombent et repoussent un peu plus chaque année. Les plus grands mesurent 2 m et pèsent avec le crâne 40 kg. Ils appartenaient à un cerf abattu, en octobre 1987, en amont de la rivière Stewart, au Yukon. Ils sont actuellement exposés au Field Museum de Chicago, Illinois. (Voir aussi *Bois et défenses des animaux disparus,*

Le commerce international de l'ivoire, cause essentielle du massacre des éléphants d'Afrique et de leur disparition, a été suspendu en octobre 1989 par la Convention internationale sur le commerce des espèces menacées. Mais cette interdiction n'est pas unanimement respectée. Plusieurs pays ont, en effet, refusé de signer la convention et la bafouent ouvertement.

RECORDS DE TROPHÉES DE CHASSE
en Europe et en France

TROPHÉE	DATE	LIEU	CHASSEUR	POINTS[1]
Cerf	**1988**	**Bulgarie**	**C. Ivanov**	**273,60**
	1987	Aube	F. de Compiègne	226,81
Chevreuil	**1982**	**Suède**	**C. J. Stejernwärd**	**246,96**
	1984	Oise	M. Fournier	197,72
Mouflon	**1986**	**Tchécoslovaquie**	**-**	**245,40**
	1980	Hérault	J. Antomattei	226,85
Daim	**1972**	**Hongrie**	**-**	**220,31**
	1984	Haute-Saône	A. Bourdin	196,29
Sanglier	**1986**	**Bulgarie**	**T. Jivkov**	**158,20**
	1960	Meurthe-et-Moselle.	J. Vuillaume	130,40
Chamois	**1934**	**Roumanie**	**N. Hesshaimer**	**141,10**
	1984	Isère	G. Penin	125,55
Isard	**1926**	**Hautes-Pyrénées**	**G. Sarrat**	**114,47**

1. Pour les grands animaux d'Europe, on utilise la méthode du Conseil international de la chasse et de la conservation du gibier, qui attribue, en fonction des mesures, des points dits « points CIC » et permet donc de déterminer des records pour chaque espèce.

RECORDS DU MONDE DE PÊCHE A LA LIGNE
en eau douce et en eau de mer

POISSON	NOM LATIN	POIDS EN KG	PÊCHEUR	LIEU	DATE
Barracuda	*Sphyraena barracuda*	37,64	Hackett	Niger	1952
Bar	*Dicentrarchus labrax*	9,40	Bayle	Stes-Maries-de-la-Mer	1986
Black Bass	*Micropterus salmooides*	10,09	Perry	Georgie, EU	1932
Bonefish	*Albula spp.*	8,61	Batchelor	Afrique du Sud	1962
Brochet	*Esox lucius*	25	Louis	Allemagne	1986
Dorado	*Salminus spp.*	23,30	Giudice	Argentine	1984
Espadon	*Xiphias gladius*	536,15	Marron	Chili	1953
Espadon voilier	*Istiophorus platypterus*	100,24	Stewart	Santa Cruz, Équateur	1947
Esturgeon	*Acipenseridae tran.*	212, 28	Pallotta III	Californie, EU	1983
Liche	*Lichia amia*	17,10	Matthews	Afrique du Sud	1988
Mahseer	*Barbus tor*	43,09	Howitt	Inde	1984
Marlin noir	*Makaira indica*	707,61	Glassell, Jr.	Pérou	1953
Marlin bleu Pac.	*Makaira nigricans*	624,14	Beaubien	Hawaï, EU	1982
Marlin bleu Atl.	*Makaira nigricans*	581,51	Martin	Iles Vierges	1977
Marlin rayé	*Tetrapturus audax*	224,10	Boniface	Nouvelle-Zélande	1986
Marlin blanc	*Tetrapturus albidus*	82,50	Coser	Brésil	1979
Muskellonge	*Esox masquinongy*	31,72	Lawton	New York, EU	1957
Permit	*Trachinotus falcatus*	23,35	Kenney	Floride, EU	1978
Poisson-Tigre	*Hydrocyon spp.*	44	Houtmans	Kinshasa, Zaïre	1988
Requin blanc	*Carcharodon carcharias*	1 208,38	Dean	Australie	1959
Saumon Atl.	*Salmo salar*	35,89	Henriksen	Norvège	1928
Saumon Chinook	*Oncorhynchus tshawytscha*	44,11	Anderson	Alaska, EU	1985
Saumon Chum	*Oncorhynchus keta*	14,51	Thynes	Alaska, EU	1985
Saumon Coho	*Oncorhynchus kisutch*	15,08	Lifton	New York, EU	1989
Saumon pink	*Oncorhynchus gorbuscha*	5,69	Lee	Alaska, EU	1974
Saumon Sockeye	*Oncorhynchus nerka*	6,88	Roach	Alaska, EU	1987
Tarpon	*Megalops atlanticus*	128,36	Salazar	Venezuela	1956
Truite Fario	*Salmo trutta*	16,30	Cavaglia	Argentine	1952
Truite arc-en-ciel	*Oncorhynchus mykiss*	19,10	White	Alaska, EU	1970
Thon rouge	*Thunnus thynnus*	679	Fraser	Canada	1979
Truite de lac	*Salvelinus namaycush*	29,5	Daunis	Canada	1970

Sélection de records ratifiés par l'IGFA (International Game Fish Association).

◁ Présentation comparative de chevaux Falabelle. Certains poulains ne dépassent pas 35 cm.

dans le même chapitre, ainsi que le tableau de classement par points.)

Caribou ■ Le bois le plus long mesure 1,67 m et provient d'un trophée chassé au Québec en 1980 par J. Campnell.

Élan géant ■ Envergure extérieure de 2,29 m pour un trophée obtenu par N. W. Garwood en 1964 en Alaska.

Chevaux

La plus ancienne domestication ■ Les premières domestications de chevaux remontent à 6 500 ans dans l'actuelle Ukraine. Les chasseurs du néolithique apprivoisaient les chevaux pour leur viande et leur lait.

Les plus lourds ■ Brooklyn Supreme (1928-1948), un étalon pur sang belge (brabant), appartenant à C. G. Good, d'Ogden, Iowa, EU, a pesé au maximum 1 450 kg en 1938 ; il avait un tour de taille de 2,59 m. Chacun de ses sabots mesurait 35 cm de diamètre et pesait 3,4 kg.
En avril 1973, Wilma du Bos, une jument pur sang belge (brabant) née le 15 juillet 1966, pesait 1 459 kg et mesurait 1,88 m de haut. Elle était pleine à l'époque (circonférence maximale 3,65 m) et sur le point de quitter Anvers pour aller chez sa nouvelle propriétaire, Mme Virgie Arden, de Reno, Nevada, EU. A son arrivée à New York, elle ne pesait plus que 1 399 kg, et, après avoir mis bas, elle retrouva son poids habituel d'environ 1 100 kg.

France ■ Le cheval de la race boulonnaise peut peser jusqu'à 1 150 kg. Sa taille maximale est de 1,80 m au garrot.

Le plus grand ■ Ce fut un hongre shire appelé Sampson, puis Mammouth, élevé par Thomas Cleaver, de Toddington Mills, GB. Ce cheval, né en 1846, mesurait 2,19 m ; on dit qu'il pesait 1 524 kg...

Vivant ■ Boringdon Black King, hongre shire né en 1984 et élevé au National Shire Horse Centre, à Plymouth, GB, mesure 1,98 m.

CHEVAUX NAINS

Le falabella d'Argentine fut obtenu par 70 ans de croisements effectués au sein d'un groupe de chevaux de petite taille découverts dans le sud du pays. La plupart des spécimens adultes mesurent moins de 75 cm de haut et pèsent de 35 à 45 kg.
Le 30 novembre 1975, le Dr T. H. Hamison, du centre vétérinaire de Spartenburg, Caroline du Sud, EU, certifia que Little Pumpkin (« Petite Citrouille »), étalon né le 15 avril 1973 et appartenant à J. C. Williams Jr., d'Inman, Caroline du Sud, mesurait 35,5 cm de haut et pesait 9 kg.

Les plus vieux ■ Le plus vieux cheval a sans doute été Old Billy, né en 1760 et mort le 27 novembre 1822, à l'âge de 62 ans. Ce cheval du Lancashire, GB, était probablement issu d'un croisement. Son crâne est conservé au muséum d'histoire naturelle de Manchester, et sa tête, empaillée, garnie de fausses dents, est exposée à celui de Bedford, GB.
Le plus vieux poney, né en 1919 et mort à 54 ans, fut élevé dans une ferme du centre de la France.
Le pur-sang de course le plus âgé fut le hongre châtain Tango Duke, né en 1935. Il appartenait à Mme Carmen J. Koper, de Barongarook, Victoria, Australie, et mourut le 25 janvier 1978, à l'âge de 42 ans.

Les plus rares ■ Le cheval de Przewalski a disparu vers les années 1970 sur les steppes séparant la Sibérie de la Mongolie. Il n'en existe plus aucun troupeau sauvage. En 1992, il en reste encore 700 en captivité dans 70 jardins zoologiques. Ce sont les descendants des 11 chevaux capturés entre 1899 et 1901. La dernière jument sauvage a été capturée en 1947.

France ■ En 1989, 3 de ces chevaux ont été placés en semi-captivité dans un grand enclos du Parc national des Cévennes en Lozère.

Les plus forts ■ On raconte que deux shires, pesant ensemble 1 590 kg, tirèrent sur une distance de 400 m, le long d'une route gelée, une masse de 131 t chargée sur un traîneau. Cela se serait passé le 23 février 1893, près d'Ewen, Michigan, EU. En fait, les chiffres étaient exagérés et le chargement, qui contenait 50 troncs de pins, ne devait peser qu'environ 42 t.
Le 23 avril 1924, un hongre shire nommé Vulcain exerça une force de 29,5 t sur le dynamomètre de l'exposition de l'Empire britannique, à Wembley. Une paire de shires tirèrent une charge de 51 t, le maximum enregistré par le dynamomètre.

La population équine mondiale est évaluée à 75 millions d'individus. En France, on dénombrait 368 830 chevaux en 1988, alors qu'ils ne sont plus que 334 855 en 1991.

△ Falabella se comparant à un mouton.

Le plus grand et le plus petit âne ■ Le 11 août 1991, à la fête aux ânes de Villavard, Loir-et-Cher, a été présenté l'âne Seva, né en 1984, qui mesurait 1,54 m au garrot (photo ci-contre). L'ânesse Verveine de Biard, née en 1987, mesurait, elle, 78,5 cm au garrot (photo ci-dessus).

Il y a 400 millions de chiens dans le monde. Le pays qui en possède le plus est les États-Unis : 52 millions. En France, on en compte 10,5 millions : ce qui représente un taux de possession de 32,1 % (soit un foyer sur trois).

Chiens

Les plus lourds ■ Les chiens domestiques (*Canis familiaris*) les plus lourds sont le saint-bernard et le mastiff anglais. Les mâles de ces deux races pèsent de 75 à 90 kg à l'âge adulte.

Le chien le plus grand et le plus lourd est Alcama Zorba de La Susa, un mastiff anglais, né le 26 septembre 1981, appartenant à Chris Eraclides, de Londres. En novembre 1989, ce super-poids lourd mesurant 94 cm au garrot pesait 155 kg. Il n'a pourtant pas d'excédent de graisse et suit un régime strict. Son tour de poitrail est de 1,49 m, son tour de cou de 95 cm, et sa longueur totale de 2,53 m (queue incluse). L'un de ses fils, Chandor, né le 6 août 1987, pesait à 18 mois 120 kg (Zorba pesait 108 kg à l'âge de 2 ans).

Le saint-bernard le plus lourd est Benedictine Junior Schwarzwald Hof, née en 1982, appartenant à Thomas et Anne Irwin, de Grand Rapids, Michigan, EU. Elle mesure 1 m au garrot et la dernière fois qu'on l'a mise sur une balance elle pesait 140 kg.

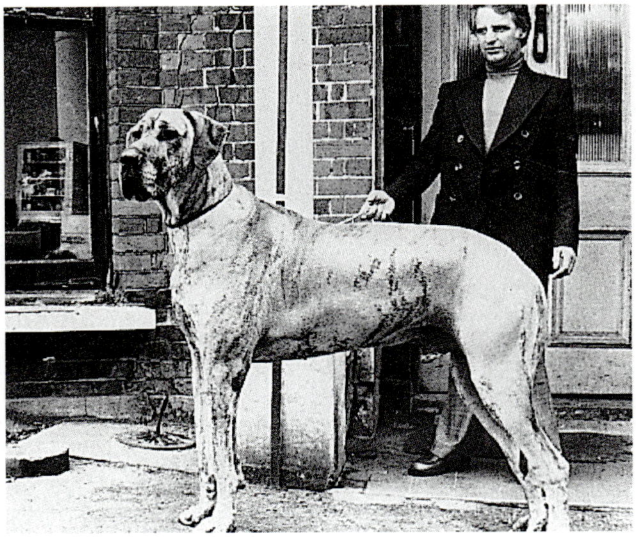

▷ Shamgret Danzas, dogue allemand le plus grand, mesurait 1,05 m au garrot, 1,06 m lorsque son poil était hérissé.

Les plus grands ■ Les dogues allemands et les lévriers irlandais mesurent plus de 1 m au garrot.

Le plus grand dogue allemand fut Shamgret Danzas, né en 1975, appartenant à Peter Comley, de Milton Keynes, GB. Ce chien mesurait 1,05 m au garrot (1,06 m lorsque son poil était hérissé), et son poids maximal fut de 108 kg. Il est mort le 16 octobre 1984.

Broadbridge Michael (1920-1929), un lévrier irlandais appartenant à Mme Mary Beynon, de Sutton-at-Hone, Kent, GB, mesurait 1 m à l'âge de 2 ans.

▷ Ness, dogue allemand le plus grand de France, mesurait 0,92 m au garrot, il pesait 80 kg.

Les plus petits ■ Les yorkshires nains, les chihuahuas et les caniches toys sont les plus petits chiens du monde. Ils peuvent ne peser, adultes, que 450 g.

Le plus petit chien au monde était un yorkshire terrier pas plus gros qu'une boîte d'allumettes. Il appartenait à M. Arthur F. Marples, de Blackburn, Lancashire, GB. Ce chien microscopique mesurait 6,3 cm au garrot, et 9,5 cm de longueur, de la pointe du museau à la racine de la queue. Il ne pesait — c'est à peine croyable — que 113 g. Il est mort à l'âge de 2 ans, en 1945.

Le chien le plus vieux ■ Né en novembre 1962, Pataud, un bâtard de griffon noir, est décédé à 29 ans et 5 mois en avril 1991. Il appartenait à M. Jean-Claude Le Moal, de Rai, Orne. Pataud détient le record mondial de longévité pour un chien.

PEANUTS, CHIHUAHUA

Le plus petit chien vivant est une chihuahua naine nommée Peanuts, née le 23 septembre 1986. Elle appartient à Floyd et Grace Parker, de Wilson's Mills, Caroline du Nord, EU. Elle mesure 25 cm de longueur totale, 14 cm au garrot et pesait 630 g le 25 octobre 1988.

Les plus rares ■ Le 18 mars 1988, on ne comptait plus que 70 chinooks (terriers américains sans poils), 68 d'entre eux appartenant à Willie et Edwin Scott, de Trout, Louisiane, EU.

Les plus forts ■ Le 21 juillet 1978, à Bothell, État de Washington, EU, le saint-bernard Ryettes Brandy Bear a déplacé une charge de métaux destinés à un chantier ferroviaire de 2,9 t. Un chien de 4 ans appartenant à Douglas Alexander, de Monroe, État de Washington, a tiré une charge égale posée sur un chariot sur une distance de 4,50 m en moins de 90 s.

Les plus prolifiques ■ Lena, une femelle fox-hound appartenant à W.N. Ely, d'Ambler, Pennsylvanie, EU, a eu, le 19 juin 1944, une portée de 23 chiots qui ont tous survécu.

Les 6 et 7 février 1975, Careless Ann, une femelle saint-bernard appartenant à Alice Rodden, de Lebanon, Missouri, EU, a mis bas 23 chiots, dont 14 ont survécu.

Shalimar Bootsie, une femelle danoise appartenant à Mme Marjorie Harris, de Little Hall, près de Colchester, Essex, GB, a eu elle aussi une portée de 23 chiots, dont 16 ont survécu.

Le reproducteur le plus zélé, Low Pressure, surnommé Timmy, un lévrier de concours né en septembre 1957 et appartenant à Mme Bruna Amhurst, de Londres, a battu tous les records de paternité. De décembre 1961 à sa mort, le 27 novembre 1969, il engendra 2 414 petits, auxquels s'ajoutent 600 chiots « officieux »...

***France* ■** Diana, une femelle dogue allemand appartenant à Joël Canapale, de Tancua, Jura, a eu, le 25 mai 1991, une portée de 23 chiots.

Les plus chers ■ En 1907, Ch'èrh of Alderbourne, un célèbre pékinois, coûta un manque à gagner de 32 000 £ à sa maîtresse, Mme Clarice Ashton Cross, d'Ascot, Berkshire, GB. Celle-ci en effet déclina l'offre d'achat du magnat américain John Pierpont Morgan. Le financier ne se découragea pas et proposa alors un chèque en blanc. De nouveau, il lui fut retourné.

Le legs le plus important fait en faveur d'un chien est d'un montant de 15 millions de £, que Miss Ella Wendel, de New York, laissa en 1931 à son caniche Toby.

Le saut le plus haut ■ Le berger allemand Volse, appartenant à Philippe Clément, d'Aix-en-Provence, Bouches-du-Rhône, a battu le record du saut au-dessus d'un mur lisse, à Avignon, Vaucluse, en novembre 1989. Il a franchi 3,58 m.

Le saut le plus long ■ En 1849, Bang, un lévrier qui coursait un lièvre à Brecon Lodge, GB, réussit dans son élan un saut de 9,20 m de long (le record pour un kangourou est de 12,80 m). Bang franchit une barrière de 1,40 m, atterrit sur un chemin et, malgré la fracture d'une phalange, parvint enfin à attraper sa proie.

MORT AUX RATS

Entre 1820 et 1824, Billy, un bull-ratier de 11 kg, tua 4 000 rats en 17 h. Un exploit d'autant plus incroyable qu'il était borgne. Son plus beau record fut de tuer 100 rats en 5 mn 30 s, le 23 avril 1825, dans Tufton Street, Londres. Il est mort le 23 février 1829, à l'âge de 13 ans.
Jenny Lind, une femelle bull-terrier, est aussi connue pour ses prouesses de ratier. Le 12 juillet 1853, elle tua 500 rats en moins de 3 h, dans Old Crosshall Street, à Liverpool.
Elle nettoya complètement l'endroit en 1 h 36 mn.

Pisteurs ■ En 1923, le colley Bobbie se perdit alors qu'il était avec ses maîtres en vacances à Wolcott, Indiana, EU. Il revint chez lui six mois plus tard, après avoir parcouru 3 200 km. Ce chien fut ensuite identifié par des personnes qui s'étaient occupées de lui pendant son voyage ; on put en déduire qu'il avait traversé l'Illinois, l'Iowa, le Nebraska, le Colorado et enfin les montagnes Rocheuses en plein hiver.
En 1925, Sauer, un dobermann dressé par l'inspecteur de police Herbert Kruger, parcourut seul 160 km, en Afrique du Sud, pour retrouver un voleur en fuite.
En 1989, Fido, un berger allemand de 7 ans, a parcouru 1 500 km en 2 ans pour retrouver son maître parti vivre en Espagne. Il s'est enfui de Mons, en Belgique, où il avait été donné à une autre famille, pour rejoindre Gijon, en Espagne.
Le berger malinois Rex, âgé lui aussi de 7 ans, s'est échappé d'un camp de dressage dans le Gard, pour retrouver son maître en Moselle après 7 mois.

Les plus primés ■ Braeburn's Close Encounter, une femelle scottish-terrier née le 22 octobre 1978, appartenant à Sonnie Novick, de Plantation Acres, Floride, EU, a remporté le plus grand nombre de titres, 203, dans des championnats toutes catégories.
Clayfield's Mon Ami, une femelle berger allemand appartenant à Neal, Sharon, Buffy et Holly Leas, de West Des Moines, Iowa, EU, est le seul chien à avoir remporté dix championnats sur quatre continents, de 1975 à 1987.

France ■ Cendrillon del Sol Lleban, un carlin femelle né le 18 septembre 1987, appartient à Jeanine Mortal, éleveur à Meillant, Cher. Elle a obtenu en 1989 le titre de championne à la Mondiale de Copenhague, Danemark, et le titre de championne de France. Elle détient 20 certificats d'aptitude au championnat international.

La plus grande exposition ■ Le centenaire de l'exposition Crufts, du 9 au 12 janvier 1991, à Birmingham, GB, a attiré 22 993 visiteurs.

Les meilleurs dresseurs ■ Barbara Woodhouse (1910-1988), de Rickmansworth, GB, a dressé 19 000 chiens entre 1951 et 1985.
Le dresseur le plus rapide est Will Markham, de Coventry, GB, qui a réussi à dresser 140 chiens en 6 h 55 mn le 3 décembre 1989.

Chiens détecteurs de drogue ■ Les bergers malinois Rocky et Barco, nés en 1984, travaillent au sein d'une équipe de recherche antidrogue qui patrouille dans la vallée du Rio Grande (appelée aussi l'« allée de la cocaïne »), le long de la frontière sud du Texas. Rien qu'en 1988, ils ont été les instigateurs de 969 saisies de drogue, pour un montant total de 182 millions de $. Ils sont si efficaces que les trafiquants de drogue mexicains ont mis leur tête à prix 30 000 $. Rocky et Barco ont été promus au grade de sergent-major et portent toujours leurs galons lorsqu'ils sont en service.
Le seul chien renifleur détecteur de drogue dont les recherches ont toujours été couronnées de succès est un berger allemand de l'armée américaine nommé Général. D'avril 1974 à mars 1976, ce détective canin et son maître, Michael R. Harris, de la 591e compagnie de la police militaire de Fort Bliss, Texas, ont mené 220 enquêtes, arrêté 220 personnes et découvert 330 cachettes.
Blue, un berger allemand de la police de Los Angeles, avait, en janvier 1986, participé à l'arrestation de 253 suspects, qu'il avait fait tomber et qu'il avait maintenus immobilisés.

Chats

Les plus grands ■ Parmi les 330 espèces de chats, les plus lourds sont les mâles ragdolls, qui pèsent de 7 à 9 kg. Pour la majorité des chats domestiques (*Felis catus*), le poids moyen des mâles adultes est de 4 kg et celui des femelles de 3,2 kg. Les femelles opérées et les mâles castrés ont tendance à être plus gros.
Le plus gros chat domestique connu était un mâle tigré castré nommé Himmy. Il appartenait à Thomas Vyse, de Redlynch, Queensland, Australie. Il est mort d'insuffisance respiratoire, le 12 mars 1986, à l'âge de 10 ans et 4 mois. Il pesait alors 21 kg pour 96,5 cm de longueur totale ; son tour de cou mesurait 38 cm, son tour de taille 84 cm.

Les plus petits ■ La plus petite race de chats domestiques est le singapour, aussi appelé gouttière de Singapour. Les mâles adultes pèsent en moyenne 2,7 kg et les femelles 1,8 kg. Ebony-Eb-Honey Cat, un croisé de siamois mâle, appartenant à Mlle Angelina Johnson, de Boise, Idaho, EU, ne pesait, à l'âge de 23 mois, en février 1984, que 800 g.

Les plus vieux ■ Les chats vivent en général plus longtemps que les chiens. Un mâle entier bien nourri et confortablement élevé atteint en général de 13 à 15 ans. Une femelle élevée dans les mêmes conditions vit de 15 à 17 ans. Les mâles castrés et les femelles opérées vivent en moyenne 1 ou 2 ans de plus.
Puss, un tigré appartenant à Mme T. Holway, de Clayhidon, GB, célébra le 28 novembre 1939 ses 36 ans. Il mourut le lendemain.
Un cas plus récent et mieux documenté est celui de Ma, femelle tigrée appartenant à Mme Alice Saint George Moore, de Drewsteignton, GB. Cette chatte a été piquée le 5 novembre 1957, à l'âge de 34 ans.

France ■ Mitsou, un chat de gouttière roux zébré né en septembre 1965, a fêté ses 25 ans en 1990. Il appartient à Ginette Bernaben, de La Turballe, Loire-Atlantique, qui le nourrit au poisson car il n'a plus de dents.

Les plus vieux jumeaux ■ Les plus vieux chats de la même portée étaient Bear et

Chien d'aveugle ■ Une femelle labrador retriever, Cindy Cleo, née le 20 janvier 1971, a passé 14 ans et 8 mois de sa vie à guider son maître, M. Aron Barr, de Tel-Aviv, Israël. Elle est morte le 10 avril 1987.

7,5 millions de chats vivent en France. Un foyer sur quatre en possède un. Ce sont les États-Unis qui en comptent le plus : 55 millions.

△ L'australien Himmy est le plus gros chat du monde. Ce mâle tigré castré pesait 21 kg à l'âge de 10 ans.

LES RECORDS DE PRIX

ESPÈCE	PRIX	ACHETEUR	DATE
Poulain : Seattle Dancer	13 100 000 $	Robert Stangster, EU	23-07-1985
Chien : Pékinois	32 000 £	Clarice Ashton Cross, GB	1907
Chat : Singapour	10 000 $	Carl Mayes, EU	1988
Pigeon	850 000 F	Industriel japonais	13-08-1991
Coquillage : *Cypraea fultoni*	24 000 $	Dr M. Raybaudi, Italie	?
	6 600 $	Collectionneur, EU	06-1987

▷ *Le capitaine Youden présenta en 1901, en Grande-Bretagne un spécimen de lapin dont les oreilles mesuraient 77 cm de long. Ce record ne fut pas homologué car on soupçonna le capitaine d'avoir allongé artificiellement ces appendices en y suspendant des poids.*

Chat alpiniste ■ Le 6 septembre 1950, un chaton de 4 mois appartenant à Joséphine Aufdenblatten, de Genève, Suisse, a suivi un groupe d'alpinistes jusqu'au sommet du mont Cervin (4 478 m), dans les Alpes Pennines.

Chats pisteurs ■ Minette, âgée de 11 ans, a parcouru environ 350 km entre les départements du Var et du Rhône. Elle a marché 20 jours pour retrouver ses maîtres en août 1991. Blanchette a parcouru 700 km en 4 mois pour la même raison en septembre 1990.

Bubbles, nés le 17 octobre 1963, appartenant à Diane Pheps, de Dearborn, Michigan, EU. Bubbles est mort le 29 avril 1985, à l'âge de 21 ans et 6 mois, et Bear a été piqué le 28 décembre 1985, à l'âge de 22 ans et 2 mois. Tous deux avaient des poils longs et des origines persanes.

La plus grande portée ■ Le 7 août 1970, Tarawood Antigone, une birmane chocolat de 4 ans, a mis au monde une portée de 19 chatons. Malgré la césarienne, 4 d'entre eux étaient mort-nés. Sa maîtresse, Mme Valerie Gane, de Church Westcote, GB, a déclaré que ce surnombre résultait d'une incompatibilité entre la jeune birmane et le mâle à moitié siamois qui l'avait couverte. Parmi les 15 chatons survivants, il y avait 14 mâles et seulement une femelle...

La meilleure reproductrice ■ A Bonham, Texas, EU, Dusty, une femelle tigrée née en 1935, a mis bas, sa vie durant, 420 chatons. Elle eut sa dernière portée (d'un chaton seulement) le 12 juin 1952, à l'âge de 17 ans.
En mai 1987 la chatte Kitty, appartenant à George Johnstone, de Croxton, GB, a eu sa dernière portée à l'âge de 30 ans. Ces deux ultimes chatons firent d'elle la mère féline la plus âgée. Elle a eu en tout 218 chatons. Elle est morte en juin 1989.

Le plus cher ■ En 1988, Carl Mayes, d'Atlanta, Georgie, EU, déclina une offre de 10 000 $ pour Bull, son singapour mâle.

MORT AUX SOURIS

☆

Le meilleur chat souricier est une femelle écaille de tortue, Towser, née le 21 avril 1963, appartenant à la distillerie Glenturret, près de Crieff, Écosse, qui a attrapé durant sa vie environ 28 900 souris. Ce qui fait une moyenne de 3 souris par jour jusqu'à sa mort, le 20 mars 1987.

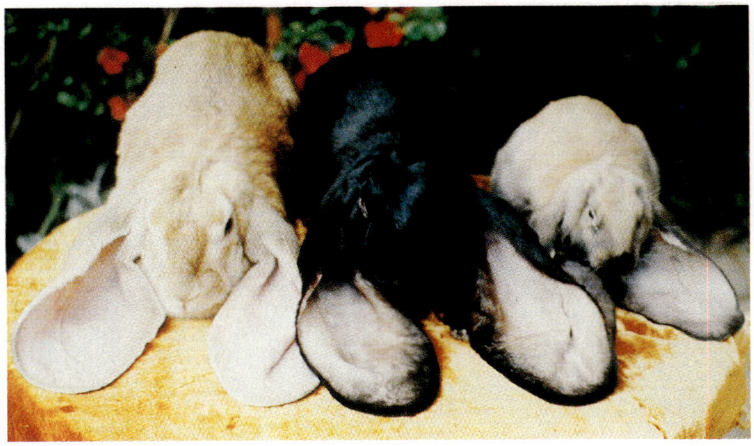

Lapins et lièvres

Les plus gros lapins ■ Le plus gros lapin domestique (*Oryctolagus cuniculus*) est le géant de Flandres. Adulte, il pèse de 7 à 8,5 kg ; lorsqu'il est étiré, sa longueur totale, du bout des pattes avant à celui des pattes arrière, est de 90 cm. On a enregistré dans cette race des poids allant jusqu'à 11,3 kg.
En avril 1980 une lapine à oreilles pendantes française de 5 mois, pesant 12 kg, a été exposée à la foire de Reus, en Catalogne, Espagne.
Le lapin de garenne pèse en moyenne 1,5 kg. Le plus lourd, un spécimen de 3,8 kg, a été tué le 20 novembre 1982 par Norman Wilkie, de Markinch, Écosse.

Les plus petits ■ Les lapins nains polonais et néerlandais pèsent adultes de 900 g à 1 kg.
En 1975, Jacques Bouloc, de Coulommiers, Seine-et-Marne, a créé une nouvelle race de lapins nains pesant 400 g adultes.

Les plus prolifiques ■ Les meilleurs reproducteurs parmi les races domestiquées sont les lapins blancs de Nouvelle-Zélande et les lapins de Californie. Ils produisent, leur vie durant, 5 ou 6 portées de 8 à 12 lapereaux par an.
Un lapin de garenne produit quant à lui 5 portées de 3 à 7 lapereaux par an.

Les plus longues oreilles ■ Ce sont celles des lapins à oreilles pendantes. Elles peuvent mesurer jusqu'à 60 cm de long et 15 cm de large. En 1901, le capitaine Youden présenta en Grande-Bretagne un spécimen dont les oreilles mesuraient 77 cm. L'histoire ne dit pas si les oreilles étaient naturellement grandes ou si elles avaient été allongées par des poids, car elles laissaient apparaître de vilaines varices...
Le lapin noir anglais Sweet Majestic Star, aux oreilles pendantes appartenant à Therese et Cheryl Seward d'Exeter, Devon, GB, avait des oreilles mesurant 72,4 cm de long et 18,4 cm de large.

Le plus gros lièvre ■ En novembre 1956, un lièvre d'Europe pesant 6,8 kg a été abattu près de Welford, Northamptonshire, GB. Le lièvre adulte moyen pèse 3,5 kg.

Oiseaux

Les plus grands ■ L'autruche d'Afrique (*Struthio c. camelus*) vit en petit nombre dans le sud de l'Atlas, du haut Sénégal et du Niger jusqu'au Soudan et à l'Éthiopie centrale. Les mâles de ces oiseaux coureurs peuvent mesurer jusqu'à 2,70 m de haut et peser plus de 150 kg. Les femelles sont plus petites.

Les plus gros ■ L'oiseau volant le plus lourd est l'outarde de Kori (*Ardeotis kori*), un échassier d'Afrique du Nord-Est et méridionale, et la grande outarde (*Otis tarda*) d'Europe et d'Asie. Certaines outardes de Kori tuées en Afrique du Sud pesaient jusqu'à 18 kg ; on a aussi parlé d'un cas unique de spécimen mâle de 21 kg, trop lourd pour voler, tué en Mandchourie.

France ■ Le cygne tuberculé, ou muet (*Cygnus olor*), peut peser 12 kg.

Oiseaux de proie ■ Le condor des Andes (*Vultur gryphus*) est l'oiseau de proie le plus lourd. Les mâles pèsent de 9 à 11 kg. Un condor de Californie (*Gymnogyps californianus*) aurait atteint 14 kg. Il est maintenant empaillé à l'Académie des sciences de Californie, à Los Angeles. Cette dernière espèce est relativement plus petite que le condor des Andes et dépasse rarement 10,5 kg.

Les plus grandes envergures ■ Avec 3,50 m, ailes déployées, pour un mâle

PORTÉES RECORDS

ESPÈCE	RACE	NBRE	PROPRIÉTAIRE	DATE
Chat	Birman/Siamois	19	Mrs V. Gane, Kingham, Oxf, GB	7.8.1970
Chien	Fox-hound	23	W.N. Ely, Ambler, Pennsylvannie, EU	19.6.1944
Chien	Fox-hound	23	R./A. Rodden, Lebanon, Miss., EU	6/7.2.1975
Chien	Danois	23	Mrs Harris, Little Hall, Essex, GB	6.1987
Lapin	Néo-zél. blanc	24	J. Filek, Cap-Breton, Canada	1978
Cochon d'Inde		12	Spécimen de laboratoire	1972
Hamster	Doré	26	L./S. Miller, Baton Rouge, Louis., EU	28.2.1974
Souris	Grise	34	Marion Ogilvie, Blackpool, GB	12.2.1982

◁ *Si le plus petit oiseau de la création est le colibri d'Hélène, qui ne vit qu'à Cuba et dans l'île des Pins (Mélanésie), le plus petit oiseau vivant en France est le roitelet huppé (*Regulus regulus*), qui, avec ses 5 g, est quand même 3 fois plus lourd que le recordman.*

Selon une étude du Fonds mondial pour la nature, le nombre d'espèces d'oiseaux en voie de disparition est passé de 290 à 1 047 durant les dix dernières années, essentiellement par la faute de l'homme.

adulte, l'albatros hurleur (*Diomedea exulans*) des mers du Sud a l'envergure la plus importante de tous les oiseaux encore vivants. Un très vieux mâle de 3,65 m d'envergure a été capturé le 18 septembre 1965, en mer de Tasmanie, par les membres d'une expédition faisant route vers l'Antarctique. On a évoqué au sujet de cette espèce des envergures pouvant atteindre 4,20 m, mais sans preuves à l'appui.
Le seul autre oiseau qui puisse prétendre à une envergure approchant les 3,30 m est la cigogne marabout (*Leptoptilus crumeniferus*) d'Afrique tropicale, qui ressemble fort à un vautour.

Les plus petits ■ Le plus petit oiseau du monde est le colibri d'Hélène (*Mellisuga helenae*), qui vit à Cuba et dans l'île des Pins (Mélanésie). Les mâles adultes mesurent 5,7 cm de longueur totale. La moitié de cette taille comprend le bec et la queue (les femelles sont plus grosses). Son poids est de 1,6 g, alors que le plus gros papillon de nuit, le sphinx (*Sphinx ligustri*), pèse 2,4 g.
Le plus petit oiseau de proie pèse 35 g. C'est un fauconnet de Bornéo (*Microhierax latifrons*) dont la taille est celle d'un moineau.
Le plus petit oiseau marin est le pétrel nain (*Halocyptena microsoma*), qui se reproduit sur les petites îles du golfe de Californie, au nord-ouest du Mexique. Les adultes pèsent 30 g et mesurent environ 15 cm.

***France* ■** L'oiseau le plus petit est le roitelet huppé (*Regulus regulus*), dont le poids varie entre 4,5 et 5 g.

Les plus nombreux *Oiseaux sauvages* ■ Le tisserin, ou quéléa à bec rouge (*Quelea quelea*), des régions les plus arides de l'Afrique, au sud du Sahara, compte une population adulte de 1,5 milliard d'individus. Chaque année, au moins 1 milliard de ces « criquets à plumes » sont éliminés, mais l'espèce n'est pas en danger. Un seul groupe de ces oiseaux compte, au Soudan, 32 millions d'individus.

***Oiseaux marins* ■** Le plus répandu est sans doute le minuscule pétrel de Wilson (*Oceanites oceanicus*), qui se reproduit sur le continent antarctique et sur les îles environnantes. Aucun chiffre n'a été publié concernant cet oiseau, mais il doit exister par centaines de millions.

L'oiseau rare

L'oiseau le plus rare semble bien être le moineau gris du littoral (Ammospiza nigrescens). Il était originaire de Titusville Marshes, Floride, EU. Son dernier représentant connu (un mâle) est mort le 16 mai 1987 à Disney World, Orlando, Floride. On a congelé des échantillons de ses tissus dans l'espoir qu'un jour les progrès de la génétique permettront de le ressusciter.

Les plus rares ■ Le gobe-mouche de Guam (*Myiagra freycineti*) et le pigeon-paon roux (*Rhipidura rufifrons*), également de Guam, ont été aperçus pour la dernière fois en 1985. Il est possible que ces espèces soient éteintes.
Le râle de Guam (*Rallus owstons*) n'a été signalé que trois fois depuis 1985.
On n'a aucune nouvelle du pivert impérial (*Campephilus imperiali*) du Mexique depuis 1958, date à laquelle il a été aperçu près de la frontière entre Sonora et Chihuahua. Il aurait été aperçu en 1977 au sud-ouest de Chihuahua, mais sans certitude.
La colombe socorro (*Zenaida graysoni*), originaire de l'île de Socorro, au large de la côte ouest du Mexique, ne se trouve maintenant plus qu'en captivité.
Le hibou itombwe ne compte plus qu'un seul spécimen, trouvé endormi en 1951, dans les hautes herbes des monts Itombwe, à l'est du Zaïre.
D'après une étude faite, en mars 1991, par le Fonds mondial pour la nature, le pigeon rose de l'île Maurice est en train de disparaître. Il n'en reste que 24.
La perruche à longue queue est elle aussi menacée, il n'en reste que 8, en majorité des mâles.

***France* ■** L'espèce la plus menacée est le faucon crécerelle (*Falco naumanni*), que l'on trouve dans la plaine de la Crau, Bouches-du-Rhône.
Certaines espèces deviennent particulièrement rares : l'aigle de Bonelli, dont 35 couples seulement subsistent dans l'arrière-pays méditerranéen, le balbuzard, avec un seul couple en France continentale, la cigogne blanche, le gypaète barbu, etc.

△ *Sweet Majestic Star, lapin noir anglais, dans les bras de sa maîtresse, Cheryl Seward, a des oreilles de 72,4 cm de long. Rien ne permet, contrairement au capitaine Youden, de supposer que Mme Seward ait tiré les oreilles de son lapin.*

Le vol le plus lent ■ A peu près la moitié des oiseaux ne peuvent dépasser 65 km/h en vol régulier à altitude constante. La petite bécasse d'Amérique (*Scolopax minor*) a été chronométrée pendant les vols de la saison des amours à une vitesse de 8 km/h, sauf quand elle pique.

△ *Cocky, à 80 ans.*

▷ *Le manchot papou,* Pygoscelis papua, *s'il dandine maladroitement sur terre, est l'oiseau nageur le plus rapide. Il peut atteindre des vitesses de pointe de 27 km/h dans l'eau.*

Le vol le plus rapide ■ Le plus rapide de tous les êtres vivants est le faucon pèlerin (*Falco peregrinus*), dont la vitesse en piqué peut atteindre 350 km/h sous un angle de 45°.
Le martinet à gorge blanche d'Asie (*Hirundapus caudacutus*) et le martinet à ventre blanc des Alpes (*Apus melba*) sont également très rapides (170 km/h) pendant les vols de parade nuptiale.

Les battements d'ailes les plus rapides ■ Le colibri à huppe d'or (*Heliactin cornuta*) d'Amérique du Sud tropicale bat des ailes 90 fois par seconde.

Longévité ■ Un cacatoès à huppe jaune (*Cacatua galerita*) dénommé Cocky est mort au zoo de Londres en 1982, à plus de 80 ans. Le zoo en avait fait l'acquisition en 1925 auprès d'un gentleman qui le possédait depuis 1902, alors qu'il était déjà adulte.
On affirme qu'un mâle de grue blanche de Sibérie (*Crus leucogeranus*) nommé Wolfe aurait vécu 82 ans à la Fondation internationale pour les grues, à Baraboo, Wisconsin, EU. Mais l'âge de cette grue, qui serait née en 1905 dans un zoo suisse, n'a pas été scientifiquement vérifié. Elle est morte en 1988 après avoir cassé son bec en essayant de chasser un visiteur qui s'approchait de sa cage.
En octobre 1991, un condor des Andes, baptisé Hector, détenu au zoo du Jardin d'essai du Hamma d'Alger a fêté ses 100 ans. Le responsable du zoo, le Dr Fayçal Haffaci, explique sa longévité par sa constitution physique (3,6 m d'envergure et une vingtaine de kg), mais aussi par son alimentation et le microclimat dans lequel il vit. D'après lui, les condors ne vivent pas plus de 50 ans.
Le plus vieil oiseau marin bagué est un albatros royal femelle (*Diomedea epomophora*) nommé Grandma qui pondit un œuf en novembre 1988, à l'âge de 60 ans, à Taiaroa Head, près de Dunedin, île du Sud, Nouvelle-Zélande. Elle avait été baguée pour la première fois en 1937 alors qu'elle était déjà une adulte féconde. Or ce genre d'oiseau ne peut se reproduire avant l'âge de 9 ans. Depuis 1937, elle a élevé dix petits et en a adopté trois autres. Son compagnon, Green White Green, est âgé de 47 ans. Des longévités de 80 ans ne sont pas rares chez les albatros.

LE GRAND VOYAGE

La plus longue distance couverte par un oiseau bagué est de 22 530 km. La sterne arctique (*Sterna paradisea*) qui détient ce record fut baguée le 5 juillet 1955 à Kandalaksha Sanctuary, sur la côte de la mer Blanche, alors qu'elle n'était qu'un oisillon. Le 16 mai 1956, un pêcheur la captura vivante à 13 km au sud de Fremantle, Australie. L'oiseau avait volé plein sud, traversant l'Atlantique, contournant l'Afrique, puis franchissant l'océan Indien. Il ne vécut pas assez longtemps pour entreprendre le voyage de retour.

Le vol le plus long ■ En 1990, six albatros hurleurs (*Diomedea exulans*) ont été munis de radioémetteurs par Pierre Jouventin et Henri Weimerskirch, du CNRS. Ils ont ainsi pu être suivis par satellite au-dessus de l'océan Indien. Il s'avère qu'ils ont parcouru entre 3 600 et 15 000 km d'un seul vol, maintenant une vitesse moyenne de 55 km/h.

Le vol le plus haut ■ La plupart des oiseaux migrateurs volent à des altitudes relativement basses, moins de 100 m. Seules quelques dizaines d'espèces volent au-dessus de 1 000 m. Le 29 novembre 1973, un vautour de Ruppell (*Gyps ruppellii*) entra en collision avec un avion de tourisme au-dessus d'Abidjan, Côte-d'Ivoire, à 11 200 m. C'est le seul exemple fiable relevé à une si haute altitude. Le choc endommagea l'un des réacteurs de l'appareil, qui put cependant se poser sans problème.
Un assez grand nombre de plumes étaient restées accrochées dans le réacteur pour permettre au muséum d'histoire naturelle des États-Unis d'identifier sans aucun doute l'animal. Une telle altitude est cependant tout à fait exceptionnelle pour cette espèce, qui vole rarement au-dessus de 6 000 m.

Vie dans les airs ■ La sterne fuligineuse (*Sterna fuscata*) peut rester de 3 à 10 ans en vol après avoir quitté le nid de son enfance. Elle ne rejoint la terre que pour se reproduire.
Le martinet noir (*Apus apus*) reste en l'air 2 ou 3 ans. Il dort, boit, mange et même s'accouple en vol.

L'oiseau nageur le plus rapide ■ Le manchot papou (*Pygoscelis papua*) a une vitesse de pointe d'environ 27 km/h.

La plongée la plus profonde ■ Une équipe de scientifiques américains a relevé chez une dizaine de manchots empereurs (*Aptenodytes forsteri*) des plongées de 265 m de profondeur à Cap Crozier, Antarctique. L'un des manchots est resté 18 mn sous l'eau.

Vision ■ Les oiseaux de proie (*Falconiformes*) ont la plus grande acuité visuelle de tous les animaux volants. Les yeux des espèces les plus grandes sont aussi larges que les yeux humains, mais leur acuité est le double de celle de l'homme. On a calculé qu'un grand aigle peut localiser un objet de trois à huit fois plus loin que l'homme. Ainsi un aigle royal (*Aquila chrysaetos*) peut-il repérer de jour, par temps clair, un lièvre de 50 cm à une distance de 3 km et un faucon pèlerin peut-il distinguer un pigeon à une distance de plus de 8 km.
En 1977, des expériences effectuées à l'université de Birmingham, GB, sur la chouette hulotte (*Strix aluco*) ont révélé qu'elle voyait parfaitement bien à la lumière du jour et que son acuité visuelle n'était alors qu'à peine inférieure à celle de l'homme.

◁ *Le plus gros œuf d'autruche jamais pondu est un spécimen de 2,3 kg, qui fut découvert au kibboutz Ha'on en Israël, le 28 juin 1988.*

L'œuf le plus petit ■ Le colibri verveine (*Mellisuga minima*) de Jamaïque pond les plus petits œufs du monde. On en a trouvé deux spécimens mesurant moins de 1 cm de long et pesant 365 mg pour l'un et 375 mg pour l'autre.

Le plus grand nid ■ Près de Saint Petersburg, Floride, EU, un couple d'aigles pygargues à tête blanche (*Haliaeetus leucocephalus*) ont construit un nid mesurant 2,90 m de large et 6 m de profondeur, peut-être avec l'aide de leurs successeurs. Son poids fut évalué à 2 t, en 1963.
L'aigle royal (*Aquila chrysaetos*) construit également des nids gigantesques. En 1954, on en a trouvé un en Écosse de 4,50 m de profondeur. Il avait été habité pendant 45 ans.

△ *La mésange bleue, Parus caerulus, peut nourrir jusqu'à 8 petites mésanges affamées. Elle y passe toute son énergie et tout son temps.*

Accélération ■ Des scientifiques américains ont observé que le bec du pic à tête rouge (*Melanerpes erythrocephalus*) frappe l'écorce d'un arbre à une vitesse de 21 km/h. Ce qui veut dire qu'au moment où la tête revient en arrière, le cerveau subit une décélération d'environ 10 *g*.

Les plus longues plumes ■ Elles appartiennent au coq de Phoenix, ou onagadon (une variété du coq bankiva *Gallus gallus*). Ce gallinacé est élevé depuis le milieu du XVIIe siècle dans le sud-ouest du Japon. En 1972, le coq de M. Masasha Kubota, de Kochi, île de Shikoku, était paré d'une queue dont les plumes mesuraient 10,60 m de long.
Parmi les oiseaux volants, le faisan huppé (*Rheinhartia ocellata*) d'Asie du Sud-Est a une queue de 1,70 m de long et 15 cm de large. Les plumes de la queue du faisan vénéré (*Syrmaticus reevesi*) de Chine septentrionale et centrale peuvent exceptionnellement atteindre 2,40 m.

Le plus grand et le moins grand nombre de plumes ■ On a pu compter les plumes d'un cygne siffleur (*Cygnus columbianus*), et on en a trouvé 25 216, dont 20 177 sur la tête et le cou uniquement ! Un colibri à gorge rubis (*Archilochus colubris*) n'en avait que 940.

L'œuf le plus gros ■ Un œuf d'autruche (*Struthio camelus*) mesure en moyenne de 15 à 20 cm de haut pour un diamètre de 10 à 15 cm et pèse environ 1,7 kg, soit le poids de deux douzaines d'œufs de poule. Il faut 40 mn pour le faire cuire à la coque. Bien que la coquille n'ait que 1,5 mm d'épaisseur, l'œuf peut supporter un poids de 120 kg.
Le 28 juin 1988, une autruche de 2 ans croisée de deux espèces (*Struthio c. camelus* et *Struthio c. australis*) a pondu un œuf record de 2,3 kg au kibboutz Ha'on, en Israël.

La couvaison la plus longue ■ Il faut généralement attendre de 75 à 82 jours pour assister à l'éclosion d'un œuf d'albatros hurleur.
Un œuf de lupoa ocellé (*Leipoa ocellata*) d'Australie a mis 90 jours à éclore, alors qu'il lui suffit habituellement de 62 jours.

Les couvaisons les plus courtes ■ Celles du pic épeiche (*Dendrocopus major*) et du coucou à bec noir (*Coccyzus erythropthalmus*) sont de 10 jours.

Les becs les plus longs ■ Le bec du pélican d'Australie (*Pelicanus conspicillatus*) mesure de 35 à 50 cm de long.
Le bec le plus long par rapport à la taille de l'oiseau est celui du colibri des Andes (*Ensifera ensifera*), que l'on trouve du Venezuela à la Bolivie : il mesure 10 cm de long, alors que le corps de l'oiseau lui-même (sans la queue) n'atteint pas cette taille.

Les becs les plus petits ■ Ils appartiennent aux martinets (*Apodidae*) et, en particulier, aux martinets nains (*Collocalia esculenta*), qui n'ont pour ainsi dire pas de bec.

Les plus grands nids ■ Les monticules construits par les lupoas ocellés (*Leipoa ocellata*) d'Australie leur servent de couveuse. Ils peuvent mesurer jusqu'à 4,60 m de hauteur et 10,50 m de diamètre. Le poids total de l'édifice peut atteindre 300 t, et il peut contenir 300 m³ de matériaux, essentiellement de la terre.

Les plus petits nids ■ Ils sont construits par les colibris (*Trochilidae*). Ceux du colibri verveine (*Mellisuga minima*) ne sont généralement pas plus grands que la moitié d'une noix et ceux du colibri abeille guère plus profonds qu'un dé à coudre.

L'ORNITHOLOGUE FOU

Harvey Gilston (né le 12 octobre 1922), de Lausanne, Suisse, est le meilleur observateur d'oiseaux. En avril 1991, il avait déjà observé et recensé 7 001 des 9 672 espèces connues, ce qui représente plus de 72 % du total connu.

Observateurs d'oiseaux ■ Le 30 novembre 1986, les Kenyans Terry Stevenson, John Fanshawe et Andy Roberts localisèrent 342 espèces en 24 h au cours d'une compétition d'observation d'oiseaux au Kenya. Peter G. Kaestner, de Washington, a été la première personne à voir au moins une espèce de chacune des 159 familles d'oiseaux qui peuplent notre planète. Il a atteint son but le 1er octobre 1986, en localisant la dernière famille qui lui manquait. Depuis, le Dr Ira J. Abramson, de Miami, Floride, le Dr Martin H. Edwards et Harvey Gilston ont aussi réussi cet exploit.

Le plus vieil oiseau
France ■ Titinne, une tourterelle mâle née en 1956 et appartenant à Marguerite Duhamel, de Muille-Villette, Somme, a fêté son 34e anniversaire en 1989.

▷ *On ne peut imaginer la valeur que les Japonais attribuent aux pigeons voyageurs. Jean-Luc Van Roy a cédé Play-Boy, pour la somme incroyable de 850 000 F.*

Les plus rares crocodiles ■ Il ne reste que 700 à 1 000 alligators de Chine (*Alligator sinensis*) en aval du Yang-Tsé Kiang (le fleuve Bleu), dans les provinces de Zhejiang et Jiangsu.

Le plus long lézard ■ C'est le mince varan de Salvadori (*Varanus salvadori*), qui vit en Nouvelle-Guinée. Certains mesurent jusqu'à 4,80 m, mais la queue représente 70 % de cette longueur.

▽ *Le regard apathique de Varanus komodoensis.*

Oiseaux domestiques (apprivoisés)

Les premiers domestiqués ■ L'oie cendrée (*Anser*) a été domestiquée au néolithique, il y a 10 000 ans, dans le sud-est de l'Europe et en Asie mineure.

La vie la plus longue ■ Exceptée l'autruche, qui peut vivre jusqu'à 68 ans, l'oiseau domestiqué le plus endurant est l'oie, qui peut fêter ses 25 ans. Le 16 décembre 1976, George, le jars de Mme Florence Hull, de Thornton, Lancashire, GB, est mort à l'âge de 49 ans et 8 mois. Il avait éclos en avril 1927.
L'oiseau en cage qui vit le plus longtemps est le canari (*Serinus canaria*). Joey, un canari mâle appartenant à Mme K. Ross, de Hull, GB, qui avait été acheté à Calabar, au Nigeria, en 1941, est mort le 8 avril 1975, à 34 ans.
La plus vieille perruche ondulée (*Melopsittacus undulatus*) était une femelle du nom de Charlie. Elle appartenait à Mlle J. Dinsey, de Londres. Elle est morte le 20 juin 1977, âgée de 29 ans.

Le pigeon le plus cher ■ Le 13 août 1991, Jean-Luc Van Roy, entrepreneur belge de 56 ans, habitant à Ronse, près de Tournai, au sud de la Belgique, a vendu son meilleur pigeon, Play-Boy, 850 000 F à un important industriel japonais.

La plus grosse caille ■ Lors de la fête de la caille à Mache, Vendée, le 29 juillet 1990, Guy Grellier a exposé sa caille, *Coturnix coturnix*, pesant 470 g et, mesurant 20 cm de long et 40 cm d'envergure.

Un certain nombre d'oiseaux sont réputés pour leur capacité à reproduire la parole. Le perroquet gris d'Afrique (*Psittacus erythacus*) est maître en la matière. Une femelle nommée Prudle, capturée dans un nid en Ouganda, en 1958, a gagné douze ans de suite, de 1965 à 1976, le prix du meilleur perroquet parleur au National Cage and Aviary Bird Show de Londres. Riche d'un vocabulaire de 800 mots, elle a pris sa retraite sans avoir essuyé aucune défaite.

Reptiles

Crocodiles

Les plus grands ■ Le crocodile marin (*Crocodylus porosus*) est le plus grand reptile du monde. On le trouve en Asie du Sud-Est, dans l'archipel malais, en Indonésie, dans le nord de l'Australie, en Nouvelle-Guinée, au Vietnam et aux Philippines. Les mâles adultes mesurent en moyenne de 4 à 5 m de long et pèsent de 400 à plus de 500 kg.
De nos jours, il reste quatre crocodiles marins de plus de 6 m. Protégés, ils vivent dans la réserve de Bhitarkanika, dans la province d'Orissa, Inde orientale. Le plus grand d'entre eux mesure plus de 7 m.

En captivité ■ Le plus grand crocodile gardé en captivité mesure 6 m de long et pèse 1 115 kg. Né le 10 juin 1972, il est issu d'un croisement entre un crocodile marin et un crocodile du Siam. Il se nomme Yai et vit dans la célèbre Crocodile Farm and Zoo (réserve d'élevage) de Samutprakarn, en Thaïlande.

Les plus petits ■ Le crocodile nain d'Osborne (*Osteolaemus osborni*), qui vit en amont du fleuve Congo, Afrique occidentale, dépasse rarement 1,20 m de long.

Les plus vieux ■ En 1991, une femelle alligator du Mississippi, EU, baptisée Jacqueline, détenue au zoo du Jardin d'essai du Hamma d'Alger, est morte à l'âge de 99 ans et 8 mois.
Une femelle alligator d'Amérique (*Alligator mississippiensis*), arrivée le 5 juin 1914 au zoo d'Adélaïde, Australie, alors qu'elle avait 2 ans, est morte le 26 septembre 1978, à l'âge de 66 ans.
Une femelle de la même espèce, dénommée Smiley, a vécu jusqu'à l'âge de 65 ans à l'aquarium du musée de la marine de Göteborg, Suède. Elle est morte en 1987, le chauffage électrique qui alimentait son plan d'eau étant tombé en panne.

Lézards

Le plus gros ■ Le varan de Komodo (*Varanus komodoensis*), des îles de l'Indonésie, pèse 60 kg. L'adulte mâle mesure jusqu'à 2,25 m de long.

Les plus petits ■ Le minuscule gecko (*Sphaerodactylus parthenopion*), originaire de l'île de Virgin Gorda, l'une des îles Vierges britanniques, est probablement le plus petit lézard au monde. On ne connaît que 15 spécimens de cette espèce, dont quelques femelles gravides, découverts entre le 10 et le 16 août 1964. Les trois plus grosses femelles mesuraient 1,8 cm, plus une queue de même longueur. Il est possible qu'une autre variété de gecko, *Sphaerodactylus elasmorhynchus*, soit plus petite. Le seul spécimen connu est une femelle apparemment adulte qui mesurait 1,7 cm, plus une queue de même longueur. Elle a été trouvée le 15 mars 1966 parmi les racines d'un arbre, dans la région ouest du massif de la Hotte, à Haïti.

Le plus vieux ■ Un orvet (*Anguis fragilis*) mâle, vivant depuis 1892 au musée zoologique de Copenhague, Danemark, est mort en 1946, à plus de 54 ans.

Le plus rapide ■ C'est le cnémidophore à six raies (*Cnemidophorus sexlineatus*). Un spécimen a été chronométré à la vitesse de 29 km/h, près de McCormick, Caroline du Sud, EU, en 1941.

Les plus féroces ■ Les piranhas des genres *Serrasalmus*, *Pygocentrus* et *Pygopristis* vivent dans les eaux stagnantes des grandes rivières d'Amérique du Sud. La moindre créature blessée dans l'eau est sûre d'être leur proie. Le 19 septembre 1981, plus de 300 personnes ont été dévorées par des piranhas dans le port d'Obidos, au Brésil. Le cargo qui les transportait avait coulé en accostant.

$$$$$$$$$$$$$$$$$$$$$$

Le plus cher

C'est l'esturgeon russe (*Huso huso*). Une femelle de 1 227 kg pêchée en 1924 dans la rivière de Tikhaïa Sosna fournit 245 kg d'un caviar de première qualité qui vaudrait aujourd'hui près de 2 millions de F dans le commerce !

$$$$$$$$$$$$$$$$$$$$$$

Étoiles de mer

Les plus grandes ■ *Midgardia xandaros* a la plus grande envergure des 1 600 espèces d'étoiles de mer connues. Vers la fin de l'été 1968, un spécimen fut recueilli, dans le sud du golfe du Mexique, par l'équipe du bateau de recherches scientifiques de l'université A & M du Texas, l'*Alaminos*. Il mesurait 1,38 m de l'extrémité d'un bras à celle du bras opposé. Le diamètre de son disque central ne mesurait cependant que 2,6 cm. Il pesait 70 g une fois séché.

La plus lourde ■ *Thromidia catalia*, du Pacifique ouest, possède cinq bras. Un spécimen recueilli au large de l'îlot Amédée, en Nouvelle-Calédonie, le 14 septembre 1969, pesait environ 6 kg, pour une envergure de 63 cm. Il est depuis l'hôte de l'aquarium de Nouméa.

La plus petite étoile

***Patiriella parvivipara*, découverte par Wolfgang Zeider en 1975 sur la côte ouest du lac Eyre, en Australie méridionale, mesure à peine 9 mm de diamètre.**

La plus destructrice ■ L'étoile d'épines (*Acanthaster planci*) des océans Pacifique et Indien et de la mer Rouge peut détruire de 300 à 400 cm^2 de corail par jour.

La plus profonde ■ En 1962, l'équipage du navire de recherches soviétique *Vitiazine* a découvert dans la fosse des Mariannes, Pacifique ouest, un spécimen de *Porcellanaster ivanovi* par 7 584 m de fond.

Crustacés

Les plus grands marins ■ Le crabe-araignée géant sanschouo, dit aussi crabe échassier (*Macrocheira kaempferi*), des eaux profondes au large de la côte sud-est du Japon, mesure 25 cm x 30 cm ; l'envergure de ses pinces est de 2,40 m à 2,70 m. Un spécimen record de 18,5 kg avait des pinces d'une envergure de 3,70 m.

Le plus lourd ■ Le homard, qui est aussi le plus lourd de tous les crustacés, est le homard américain, également appelé homard de l'Atlantique nord (*Homarus americanus*). Le 11 février 1977, un spécimen de 20 kg mesurant 1,10 m de l'extrémité de la queue au bout de la plus grande pince fut pêché au large de la Nouvelle-Écosse, Canada, et vendu à un restaurant new-yorkais.

Europe ■ Le plus gros crustacé des eaux européennes est le homard européen ou homard commun (*Homarus vulgaris*), qui pèse environ 1 kg.
En mars 1988, un pêcheur amateur a pris un gigantesque homard de 10 kg au large de la côte ouest de l'île Floroe, Norvège.
Le plus gros crabe des eaux européennes est le tourteau (*Cancer pagurus*). En 1895, un spécimen de 6,4 kg dont la seule carapace mesurait 28 cm de long fut attrapé au large des Cornouailles.

Les plus grands d'eau douce ■ En 1991, une écrevisse (*Astacopsis gouldi*) trouvée dans une rivière en Tasmanie, Australie, mesurait 61 cm de long et pesait environ 4 kg.

Les plus petits ■ Les puces d'eau du genre *Alonella* mesurent moins de 1/4 de mm. On les trouve dans les eaux françaises.
Le plus petit homard est le homard du Cap (*Homarus capensis*), Afrique du Sud. Il mesure de 10 à 12 cm de longueur totale.

La plus grande profondeur ■ En novembre 1980, l'équipe du vaisseau de recherches américain *Thomas-Washington* a trouvé un crustacé amphipode par 10 500 m de fond, dans la fosse des Mariannes, Pacifique ouest. On a également découvert des amphipodes et des isopodes dans les Andes équatoriales, à une altitude de 4 000 m.

ÉNORME AMAS DE KRILL

Le plus important rassemblement de crustacés était un énorme amas de krill (*Euphausia superba*) qui devait peser 10 millions de t. Il a été observé en mars 1981, dans l'Antarctique, par des scientifiques américains.

Arachnides

Araignées

Les plus grandes ■ La plus grande araignée du monde est la mygale *Theraphosa leblondi* des forêts côtières humides du Surinam, de la Guyane française et de la Guyana. Des individus isolés ont été aperçus au Brésil et au Venezuela. En février 1985, Charles J. Seiderman, de New York, a capturé au nord de Paramaribo, Surinam, une énorme femelle de 26,7 cm d'envergure. Son corps mesurait 10 cm de long et ses crochets 2,5 cm ; elle pesait 122 g. Elle est morte en janvier 1986, au cours d'une mue difficile.
En avril 1965, l'expédition Pablo San Martín, à Río Cavro, Venezuela, captura un mâle gigantesque, de 28 cm d'envergure.

Les plus petites ■ La plus petite araignée connue est *Patu marplesi*, de la famille des symphytognathides, que l'on trouve dans les îles Samoa occidentales, océan Pacifique. En janvier 1965, un mâle a été trouvé sous de la mousse, à 600 m d'altitude, à Madolelei, île d'Upolu. Il mesurait 0,4 mm en tout, ce qui représente un point sur cette page.

La plus commune ■ L'araignée-crabe de la famille des thomisidés se trouve partout dans le monde.

La plus rare ■ La plus insaisissable des araignées est une mygale très rare du genre *Liphistius* qui vit en Asie du Sud-Est.

La plus grande longévité ■ Les araignées qui vivent le plus longtemps sont les mygalomorphes (tarentules et espèces voisines). Une femelle théraphosidée attrapée au Mexique en 1935 a vécu 26 ou 28 ans.

La plus rapide ■ L'araignée-soleil à longues pattes, du genre *Solpuga*, vit dans les régions arides semi-désertiques de l'Afrique et du Moyen-Orient. Elle se nourrit de geckos et d'autres lézards et peut atteindre une vitesse de 15 km/h.

Les plus grandes toiles ■ L'orbe tisserane du genre *Nephila* tisse des toiles aériennes qui peuvent mesurer jusqu'à 6 m de circonférence.

Les plus petites toiles ■ Les *Glyphesis cottonae* tissent des toiles qui ne couvrent que 5 cm^2.

Les plus venimeuses ■ Les araignées du genre *Phoneutria*, que l'on trouve au Brésil, et plus particulièrement *Phoneutria fera*, possèdent le neurotoxique le plus puissant de tous les arachnides. Ces araignées extrêmement agressives s'introduisent souvent dans les logis pour se cacher dans les placards ou les chaussures. Si on les dérange, elles mordent sauvagement plusieurs fois. Des centaines d'accidents causés par cette espèce sont enregistrés chaque année. Heureusement, un antidote a été mis au point, et seuls les enfants de moins de 7 ans demeurent vulnérables.

Le poisson le plus électriques ■ L'anguille électrique (*Electrophorus electricus*) des fleuves du Brésil, de Colombie, du Venezuela et du Pérou peut lancer une décharge de 400 volts sous 1 ampère. On a même enregistré des décharges de 650 volts.

Les plus grandes araignées *France* ■ La plus grande araignée est la lycose de Narbonne (*Lycosa tarentula*), qui mesure de 2,5 cm à 3 cm de long.
On dénombre 1 500 espèces d'araignées en France.

Le plus vieux crustacé ■ Les gros homards américains (*Homarus americanus*) peuvent vivre jusqu'à l'âge de 50 ans.

▽ *Certains animaux, et notamment des insectes, ont pour se protéger une faculté de mimétisme quasiment parfaite. Qui retrouverait son* Megophrys nasuta *au milieu de ces feuilles mortes et son* Phyllium pulchrifolium *habillé en feuille verte légèrement mitée.*

Scorpions

Les plus grands ■ Il existe 1 200 espèces de scorpions. Le plus grand de tous est l'« empereur » tropical *Pandinus imperator*, de Guinée. Les mâles adultes mesurent en moyenne une vingtaine de centimètres, de l'extrémité des pinces à celle de la queue.
Un scorpion attrapé le 14 septembre 1869 dans la région de Madras, Inde, mesurait 24,7 cm de long. Il est conservé au muséum d'histoire naturelle de Bombay. Un autre spécimen, trouvé pendant la Seconde Guerre mondiale, dans le village de Krishnarajapuram, ouest du Bengale, était encore plus grand : 29 cm de long.

Le plus petit ■ *Microbothus pusillus*, des côtes de la mer Rouge, mesure environ 1,3 cm.

Le plus venimeux ■ Le scorpion jaune de Palestine (*Leiurus quinquestriatus*), dont l'habitat s'étend des régions de l'est de l'Afrique du Nord à la mer Rouge, n'injecte heureusement qu'une très petite quantité de venin, rarement suffisante pour tuer un homme. En revanche, des accidents mortels sont survenus chez des enfants âgés de moins de 5 ans.

Insectes

Les plus anciens ■ Les plus anciens connus sont une espèce non identifiée, datant d'au moins 300 millions d'années. Largement répandu à travers le monde, cet insecte, non volant, mesure 0,1 cm de long.

Les plus grands ■ Le phasure géant (*Pharnacia serratipes*) d'Indonésie est le plus grand insecte du monde. Certaines femelles atteignent 33 cm. Les plus grands insectes du monde sans les antennes sont les scarabées hercules (*Dynastes hercules*) d'Amérique centrale et du Sud.
Ils peuvent mesurer jusqu'à 20 cm, plus de la moitié de la taille comprenant cependant une corne placée sur le prothorax.

***France* ■** Le plus grand insecte est le coléoptère lucane ou cerf-volant (*Lucanus servus*), dont la longueur dépasse parfois 10 cm et qui pèse jusqu'à 50 g.

Les plus lourds ■ Le plus lourd des insectes est le scarabée goliath (famille des scarabéidés), d'Afrique équatoriale. Les plus grands membres de cette famille sont *Goliathus regius*, *Goliathus goliathus* (ou *Goliathus giganteus*) et *Goliathus druryi*. Les mâles adultes mesurent environ 11 cm de l'extrémité des antennes à la base du corps (les femelles sont plus petites) et pèsent de 70 g à 100 g. Le scarabée éléphant (*Megasoma*), d'Amérique centrale et des Antilles, a le volume le plus impressionnant, mais le thorax et le sternum sont construits plus légèrement, ce qui donne l'avantage du poids au goliath.

Les plus petits insectes ■ Ce sont les coléoptères aux ailes frangées de soies de la famille des trichoptérygidés qui peuvent mesurer à peine 0,25 mm, de même que les hyménoptères parasites de la famille des mymaridés. Ils sont plus petits que certains protozoaires (animaux unicellulaires).
Le pou sangsue mâle (*Enderleinellus zonatus*) à jeun, ainsi que la guêpe parasite (*Caraphractus cinctus*) peuvent peser 0,005 mg. Les œufs de la guêpe parasite pèsent chacun 0,0002 mg.

LE CARL LEWIS DES CAFARDS

Les grands cafards tropicaux (*Dictyoptera*), qui mesurent 3 cm, peuvent se mouvoir à 5,4 km/h, soit 50 fois leur longueur par seconde.

◁ *Seuls les sapeurs-pompiers sont habilités à extraire les nids de guêpes trop proches des habitations. Ce nid record mesure 67 cm x 62 cm. Il a été ramassé par les courageux pompiers de Pélussin, Loire.*

Les plus rapides en vol ■ En 1926, des scientifiques ont prétendu qu'un œstre du daim (*Cephenemyia pratti*) pouvait atteindre une vitesse de 1 300 km/h quand il volait à une altitude de 4 000 m. Des expériences récentes ont établi que ces chiffres étaient fort exagérés. Si cela était vrai, l'œstre aurait développé une puissance de 1,1 kW et aurait dû consommer l'équivalent de 1,5 fois son poids de nourriture chaque seconde pour avoir l'énergie nécessaire. Sans oublier que l'animal aurait été écrasé par la pression de l'air et consumé par le frottement. On sait aujourd'hui que la vitesse maximale soutenue par un insecte est de 40 km/h, que ce soit pour l'œstre du daim, les sphinx (*Sphingidae*), les taons (*Tabanus bovinus*), ou certains papillons tropicaux (*Hesperiidae*). La libellule d'Australie (*Austrophlebia costalis*) peut, sur de courtes distances, atteindre des pointes de 58 km/h.

La mouche la plus dangereuse ■ La lucilie bouchère est une petite mouche bleue aux yeux rouges, originaire d'Amérique centrale. Son nom scientifique, *Cockliomyia hominivorax* (« dévoreuse d'hommes »), explique qu'elle sème la terreur. Après l'accouplement, elle devient avide de sang chaud et se niche sur la moindre plaie — par exemple, le cordon ombilical d'un nouveau-né. Le 17 juillet 1990, la FAO (Organisation pour l'alimentation et l'agriculture) a voté un programme d'étude et de lutte de 117 millions de $.

Accélération ■ Le scarabée à ressort (*Athous haemorrhoidalis*), un scarabée commun d'Europe, subit une accélération de 400 *g* quand il saute en l'air pour échapper à ses prédateurs. Un spécimen mesurant 1,2 cm et pesant 40 mg a sauté à une hauteur de 30 cm. On a calculé que son cerveau avait supporté, à la fin du saut, une décélération maximale de 2 300 *g*.

La plus grande longévité ■ Les insectes qui vivent le plus longtemps sont les buprestes xylophages (*Buprestidae*). Le 27 mai 1983, un spécimen de *Buprestis aurulenta* a finalement quitté l'escalier de M. W. Euston, de Prittlewell, Essex, GB, où il était resté à l'état larvaire pendant 47 ans.

Le plus bruyant ■ La cigale mâle (famille des *Cicadidae*), si familière à la Provence, produit un bruit qui s'entend à 400 m de distance.

Le plus rapide battement d'ailes ■ Le minuscule moucheron du genre *Forcipomyia* bat 62 760 fois des ailes à la minute (1 046 fois par seconde). Lorsqu'on lui rogne le bout des ailes, les battements s'accélèrent. Un moucheron aux ailes tronquées a atteint 133 080 battements/mn (2 218 par seconde). Le cycle de contraction-détente musculaire est de 0,00045 s ou 1/2222 s. C'est le mouvement musculaire le plus rapide jamais mesuré.

Le plus lent battement d'ailes ■ Les ailes du machaon (*Papilio machaon*) ne battent que 300 fois par minute, ou 5 fois par seconde. Un insecte bat ordinairement des ailes de 460 à 636 fois par minute (7 à 10 fois par seconde).

Guêpier le plus grand ■ Les sapeurs-pompiers de Pélussin, Loire, ont trouvé un nid de guêpes de 67 cm x 62 cm de 3 kg, le 8 mars 1990.

La plus grande termitière ■ En 1968, W. Page a photographié en Somalie une termitière de plus de 8,70 m de haut.

Libellules

La plus grande ■ *Megaloprepus caerulеata*, d'Amérique centrale et du Sud, peut mesurer 20 cm de long, pour une envergure atteignant jusqu'à 12 cm.

La plus petite ■ *Agriocnemis naia*, de Birmanie, dont un spécimen est conservé au muséum d'histoire naturelle de Londres, a une envergure de 1,7 cm et mesure 1,8 cm de long.

Puces

La plus grosse ■ Les siphonaptérologues ont recensé 1 830 variétés de puces, dont la plus grosse connue est *Hystrichopsylla schefferi*, qui fut décrite à partir d'un spécimen trouvé en 1913 dans un nid de castors de montagne (*Aplodontia rufa*), à Puyallup, État de Washington, EU. Les femelles mesurent jusqu'à 8 mm de long, ce qui représente le diamètre d'un crayon.

Papillons et autres lépidoptères

Les plus grands ■ Le papillon reine-alexandra (*Ornithoptera alexandrae*) ne se trouve que dans la plaine de Popondetta, en Papouasie-Nouvelle-Guinée. Les femelles ont parfois une envergure de 28 cm et pèsent 25 g.
Le plus grand papillon de nuit, mais pas le plus lourd, est l'hercule de nuit (*Cosdinoscera hercules*) d'Australie tropicale et de Nouvelle-Guinée. La surface de ses ailes peut couvrir jusqu'à 260 cm^2, pour une envergure de 28 cm. En 1948, une femelle de 36 cm d'envergure a été capturée près du bureau de poste de la ville côtière d'Innisfail, Queensland, Australie. Ce papillon se trouve maintenant dans la collection Oberthur.
L'octuelle (*Thysania agrippina*), papillon de nuit rarissime vivant au Brésil, peut avoir une envergure de 31 cm. C'était le cas d'une femelle, capturée en 1934, de la collection du Canadien John G. Powers.

***France* ■** Le grand paon de nuit (*Saturnia pyri*) peut atteindre 16 cm. Certains bombyx (*Samia cynthia*) approchent ces dimensions.

Les plus petits ■ Parmi les 140 000 espèces de lépidoptères, la plus petite est *Stigmella ridiculosa*, des îles Canaries, qui a une envergure de 2 mm et mesure également 2 mm de long.

Le plus rare ■ *Ornithopteria* (*Troides*) *allotei*, de Bougainville, îles Salomon, n'est apparemment représenté que par une douzaine de spécimens. Un mâle de la collection de C. Rousseau-Decelle a été vendu aux enchères 7 500 F le 24 octobre 1966, à Paris.

L'odorat le plus développé ■ Des expériences allemandes de 1961 ont révélé qu'un paon de nuit mâle (*Eudia pavonia*) pouvait détecter à 11 km de distance les sécrétions hautement alcoolisées ($C_{16}H_{29}OH$) d'une femelle vierge. Celle-ci n'en porte pourtant que 0,0001 mg. Ce papillon a donc l'odorat le plus développé de toutes les espèces terrestres.

Le plus grand élevage ■ La réserve de Stratford-upon-Avon, GB, abrite 2 000 papillons exotiques. Le volume total des aires de vol est de plus de 4 000 m^3.

La plus grande migration ■ Une reine des papillons (*Danaus plexippus*) a été marquée et relâchée par Donald Davis près de Brighton, Ontario, Canada, le 6 septembre 1986.
Elle a été recapturée, le 15 janvier 1987, 3 432 km plus loin près de Angangueo, Mexique. Cette distance a été obtenue en traçant une ligne entre l'endroit où elle a été libérée et celui où elle a été rattrapée, mais la distance parcourue peut être très bien du double.

Le plus gros cafard ■ C'est *Megaloblatta longipennis*, de Colombie. Akira Yokokura, de Yamagata, Japon, possède dans sa collection un spécimen femelle de 9,7 cm de long et de 4,5 cm de large.

Le plus long saut de puce ■ La puce ordinaire (*Pulex irritans*) remporte tous les records de sauts.
En 1910, lors d'une expérience effectuée aux États-Unis, une puce libre de sauter à sa guise a effectué un bond de 33 cm de long et de 20 cm de haut.
En sautant à des hauteurs 130 fois supérieures à sa taille, la puce est soumise à une accélération de 200 *g*.

△ *Pulex irritans peut sauter 33 cm en longueur, soit, si on compare à un saut humain, environ 220 m d'un bond, d'un seul.*

L'escargot le plus fort ■ Le 9 juillet 1988 à Val de Trapagua, provinces basques espagnoles, un escargot de jardin justement baptisé Hercule a tiré en 10 mn une pierre de 240 g sur une distance de 50 cm.

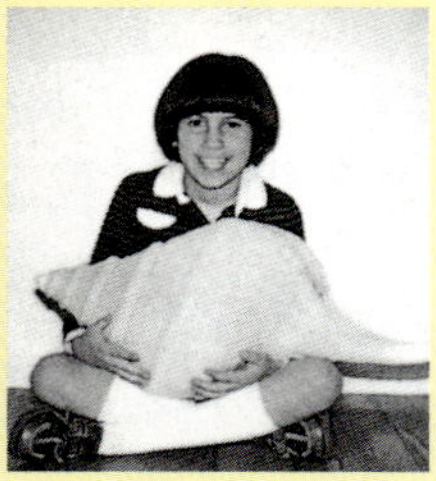

△ *En 1956, au large de l'île d'Ishigaki, Okinawa, Japon, on a trouvé un spécimen gigantesque de bénitier géant de 1,15 m de long.*

Mille-pattes

Le plus grand ■ *Scolopendra morsitans*, une espèce très répandue découverte sur l'île d'Andaman, dans la baie du Bengale, mesure jusqu'à 33 cm de long et 3,8 cm de large.

Le plus petit ■ Une espèce non identifiée mesure seulement 5 mm de long.

Le plus grand nombre de pattes ■ *Himantarum gabrielis*, du sud de l'Europe, possède de 171 à 177 paires de pattes à l'âge adulte.

Le plus rapide ■ Le scrutigère (*Scrutigera coleoptrata*) du sud de l'Europe peut se déplacer à une vitesse de 1,8 km/h.

Diplopodes

Les plus grands ■ Les diplopodes ont un corps cylindrique dont les anneaux portent chacun deux paires de pattes. *Graphidostreptus gigas*, d'Afrique, et *Scaphistostreptus seychellarum*, des Seychelles, dans l'océan Indien, peuvent mesurer jusqu'à 28 cm de long et 2 cm de diamètre.

Le plus petit ■ C'est une espèce britannique, *Polyxenus lagurus*, qui mesure de 2 à 4 mm.

Le plus grand nombre de pattes ■ *Illacme plenipes*, de Californie, possède 375 paires de pattes.

Vers de terre

Le plus long ■ Le plus grand des oligochètes, ou annélides, ou vers de terre, est *Microchaetus rappi*, d'Afrique du Sud. En 1937, on a trouvé, au Transvaal, Afrique du Sud, un spécimen gigantesque mesurant 6,70 m de long et 2 cm de diamètre.

Le plus petit ■ *Chaetogaster annandalei* mesure moins de 0,5 mm.

Mollusques

Le plus grand des invertébrés ■ C'est le calmar géant de l'Atlantique, *Architeuthis dux*. Un monstre de 2 t s'échoua, le 2 novembre 1978, dans la baie de Thimble Tickle, Terre-Neuve, Canada.
Il existe un grand nombre d'espèces de calmars. Leur taille varie d'à peine 1,5 cm à 17,50 m, longueur d'un spécimen d'*Architeuthis longimanus* gigantesque. Le courant l'avait amené, en octobre 1887, jusqu'à la baie de Lyall, Cook Strait, Nouvelle-Zélande. Ses deux grands tentacules mesuraient chacun 15 m de long.

La plus grande pieuvre ■ C'est *Octopus apollyon*, des eaux côtières du Pacifique nord. Le 18 février 1973, dans le canal de Lower Hoods, à Puget Sound, État de Washington, EU, Donald E. Hagen, un plongeur, a attrapé un spécimen énorme de 7 m et 54 kg.

France ■ Un poulpe (*Octopus vulgaris*) trouvé en Méditerranée au large de Toulon, Var, le 6 décembre 1974, pesait 6 kg.

Les plus grands yeux ■ Le calmar géant de l'Atlantique possède les plus grands yeux de tous les animaux du monde, espèces disparues comprises. Le spécimen de 2 t observé dans la baie de Thimble Tickle avait des yeux de 40 cm de diamètre. A peu près la largeur de ce livre lorsqu'il est ouvert !

La plus grande longévité ■ *Arctica islandica*, une palourde à coquille épaisse de l'Atlantique, est le mollusque qui vit le plus longtemps. En 1982, on a recueilli un spécimen qui comptait 220 anneaux de croissance (un anneau par an théoriquement).

Coquillages

Les plus grands ■ C'est le bénitier géant (*Tridacna gigas*), des barrières de corail des océans Indien et Pacifique. En 1956, au large de l'île d'Ishigaki, Okinawa, Japon, on a capturé un spécimen gigantesque de 1,15 m et 333 kg.
En 1817, une autre palourde géante fut pêchée à Tapanoeli, sur la côte nord-ouest de Sumatra. Elle est maintenant conservée à Arno's Vale, Irlande du Nord. Elle mesure 1,37 m de long et pèse 230 kg.

Les plus petits ■ Le gastéropode univalve *Ammonicera rota*, des eaux européennes, mesure 0,5 mm de diamètre.
Le plus petit coquillage bivalve (1,2 mm de diamètre) est *Neolepton sykesi*, connu seulement par quelques spécimens trouvés au large de Guernesey, l'une des îles Anglo-Normandes, et dans l'ouest de l'Irlande.

Le plus vieux ■ Le kuahog (*Arctica islandica*) ou clam à coquille épaisse, peut vivre jusqu'à 220 ans.

Les plus chers ■ La valeur des coquillages dépend moins de leur rareté que de la demande du collectionneur. Ainsi les rares spécimens pêchés au fin fond des océans sont-ils toujours ternes et peu esthétiques, et les collectionneurs ne leur trouvent guère d'attrait.
Le coquillage le plus recherché actuellement est sans doute *Cypraea fultoni*, dont deux spécimens vivants furent pêchés en 1987 par un chalutier soviétique au large du Mozambique, dans l'océan Indien. Le Dr Massilia Raybaudi, un collectionneur italien, acheta à New York le plus gros des deux pour 24 000 $. L'autre se vendit 17 000 $. Un troisième spécimen de cette espèce fut acquis pour 6 600 $ en juin 1987 par un collectionneur de Carmel, Californie. Le même collectionneur acheta également la même semaine un *Cypraea teramachii* pour 6 500 $.
Un autre *Cypraea fultoni*, du muséum d'histoire naturelle de New York, a été récemment expertisé 14 000 $.

Le lecteur curieux pourra également se reporter au tableau Records de prix *dans ce même chapitre.*

Gastéropodes

Le plus grand ■ C'est la conque marine d'Australie (*Syrinx aruanus*), dont M. Don Pisor, de San Diego, Californie, a acheté un spécimen gigantesque en novembre 1979 à un pêcheur de Kaoh-siung, Taiwan. Cette conque de 77 cm de long, 1 m de diamètre et 18 kg avait été pêchée au large de la côte ouest de l'Australie.
L'escargot comestible (*Helix pomatia*), cher à la gastronomie française, peut mesurer jusqu'à 10 cm et peser 85 g.

Le rapide Tracker

Le 17 juillet 1988, un escargot de jardin (*Helix aspersa*) nommé Tracker a couvert, lors d'une course à Cougham, Norfolk, GB, une distance de 33 cm en 2 mn 31 s, à la « vitesse » de 7,86 m/h. Il lui aurait fallu 5 jours 7h 14 mn pour parcourir 1 km. Tracker remporta par la même occasion une coupe d'argent remplie de feuilles de laitue.

Méduses et coraux

La plus grosse méduse ■ C'est la cyanée arctique géante (Cyanea capillata arctica), du nord-ouest de l'Atlantique. L'une d'elles, échouée dans la baie du Massachusetts, EU, mesurait 2,30 m de diamètre ; ses tentacules s'étendaient sur 36,5 m.

France ■ Un poumon de mer (*Rhizostoma pulmo*) de 87 cm pesant 20 kg a été capturé au large de La Rochelle, Charente-Maritime, en juillet 1982, dans l'océan Atlantique.
En décembre 1982, au large d'Hendaye, Pyrénées-Atlantiques, un pêcheur a pris dans son chalut 20 t de *Rhizostoma pulmo*.

Les plus petites ■ On trouve communément des petites méduses de 2 cm de diamètre : les gonionemus vertens.

Les cnidaires les plus venimeux ■ Ce sont les magnifiques mais mortelles guêpes marines australiennes (*Chironex fleckeri*). Leur venin cardiotoxique a causé la mort de 66 personnes, depuis 1880, sur les côtes du Queensland, Australie. Sans assistance médicale immédiate, un homme peut être foudroyé en moins de 3 mn. Un bon moyen de se protéger est de porter un

Vers plats

Les plus longs ■ Parmi les 550 espèces de vers plats marins (ou némertiens) le plus long est le ver lacet (*Lineus longissimus*), des eaux peu profondes de la mer du Nord. En 1864, un spécimen de plus de 55 m s'est échoué sur la côte de Saint Andrews, Écosse.

Immolation ■ Certains vers plats marins se dévorent eux-mêmes lorsque la nourriture se fait rare. Un spécimen placé en observation a digéré 95 % de son propre corps en l'espace de quelques mois sans en subir aucun effet dommageable. Dès qu'il eut autre chose à manger, ses tissus se régénérèrent.

△ Si l'homme s'est toujours amusé à faire courir les chevaux et les chiens, il s'est aussi exercé à organiser des jeux d'escargots. Ainsi, par exemple, la course de vitesse de 33 cm est une classique. Le titre français et la coupe remplie de feuilles de laitue appartient aujourd'hui à l'escargot de jardin, Helix aspersa, *nommé Raoul II, en 3 mn 5 s de Brétigny-sur-Ouche, Côte-d'Or, le 29 novembre 1991. La course montée, une grenouille sur le dos du gastéropode, se court sur 20 cm seulement. Aucun record n'a été sérieusement contrôlé à ce jour.*

collant, ce que font maintenant les sauveteurs australiens pendant les compétitions de surf.

Coraux ■ La plus grande barrière de corail du monde est le récif du Queensland, au nord-est de l'Australie. Elle s'étend sur 2 028 km et couvre une superficie de 207 000 km^2.
Le plus grand bloc de corail est un morceau de *Galaxea fascicularis* découvert le 7 août 1982 dans la baie de Sakiyama, au large de l'île d'Irimote, Okinawa, Japon. Il atteint 4 m de haut et 20 m de circonférence maximale.

Éponges

La plus volumineuse ■ L'éponge à grande tête en forme de tonneau (*Spheciospongia vesparium*), des eaux des Antilles et de Floride, peut mesurer plus de 1 m de haut et 90 cm de diamètre.

La plus haute ■ La coupe de Neptune (*Poterion patera*), d'Indonésie, peut atteindre 1,20 m de haut, mais est moins épaisse.

Les plus lourde mouillée ■ En 1909, une éponge laineuse (*Hippospongia canaliculatta*) de 1,80 m de circonférence fut pêchée au large des Bahamas. Quand on la sortit de l'eau, elle pesait environ 40 kg, mais 5 kg seulement une fois nettoyée et séchée.
Elle est conservée au muséum d'histoire naturelle de Washington.

La plus petite ■ *Leucosolenia blanca*, éponge très courante, mesure 3 mm de haut à la fin de sa croissance.

Les plus profondes ■ Certaines éponges ont été trouvées par 6 000 m de fond.

13. L'HOMME

Origines

Les premiers hominidés ■ Caractérisés par la taille relativement grande de leur cerveau et par leur position debout, ces membres de l'ordre des primates apparaissent il y a environ 4 millions d'années.
Jusque il y a 2,5 millions d'années, les seuls fossiles d'hominidés connus sont ceux d'australopithèques (« singes du Sud »).
Des empreintes de pieds parallèles d'hominidés, qui s'étendent sur 24 m, vieilles de 3,6 millions d'années, ont été découvertes à Laetoli, en Tanzanie en 1978 par Paul Abell et le Dr Mary Leakey. Les australopithèques pouvaient donc marcher debout. Cependant, ils ressemblaient plus aux singes qu'aux hommes. La hauteur de trois individus, que l'on croyait les plus petits, était estimée à 1,20 m.
Le plus vieux reste fossile d'un hominidé, un fragment de mâchoire comportant deux molaires de 5 cm de longueur, a été trouvé en 1984, près du lac Baringo, au Kenya ; on le date de 4 millions d'années grâce à des fossiles apparentés, et de 5,4 à 5,6 millions d'années par analyse chimique de l'environnement rocheux.
Le squelette le plus complet (40 % des ossements) d'un des premiers hominidés est celui de « Lucy », jeune *Australopithecus afarensis*. Il a été découvert le 30 novembre 1974 par une équipe internationale codirigée par D. C. Johanson, T. Gray, Y. Coppens et M. Taieb, dans la région de l'Afar, en Éthiopie. On estime que « Lucy » avait 40 ans à sa mort, il y a 3 millions d'années. Elle mesurait 1,06 m.

Les premiers hommes *Homo habilis* ■ Les premiers représentants du genre *Homo* sont apparus en Afrique de l'Est et du Sud, il y a environ 2,5 millions d'années. On leur doit les premiers outils en pierre taillée, d'où leur nom, *Homo habilis*.
L'âge le plus ancien attribué à un fossile d'*Homo habilis*, 1,9 million d'années, est celui d'un crâne découvert en 1972 au Kenya.

Les premiers outils en pierre taillée sont des instruments tranchants vieux de 2,5 millions d'années, découverts en 1976 par la Française Hélène Roche, à Hadar, en Éthiopie.

***France* ■** Les premiers occupants du territoire constituant aujourd'hui la France semblent être arrivés il y a 1 million d'années.
Les outils les plus anciens que nous connaissons à l'heure actuelle ont été trouvés dans la grotte du Vallonet, près de Roquebrune-Cap-Martin, Alpes-Maritimes. Il s'agit d'éclats de pierre taillée dont l'âge est évalué à environ 1 million d'années.

ÉCHELLE DU TEMPS

Si l'on rapporte l'âge supposé de la Terre (4,5 milliards d'années d'après les plus récentes estimations) à la durée d'une année, les hominidés apparaîtraient sur la grande scène du monde le 31 décembre à environ 16 h 15... et les premiers habitants sur le sol actuel de la France vers 23h10. L'ère chrétienne commencerait à peine 14 secondes avant minuit, alors que la durée de vie d'une personne de 120 ans (voir « Âge le plus élevé ») ne représenterait que quelque 3/4 de seconde. Les calculs modernes permettent de mesurer le réchauffement du Soleil : on prévoit que cette gigantesque boule de feu rendra toute vie impossible sur Terre d'ici à 5,5 milliards d'années (alors qu'une période de 1 million d'années est déjà considérée comme incommensurable).
Jusque-là, il est cependant possible qu'il y ait des périodes de refroidissement.

***Homo erectus* ■** Ce nouveau type d'*Homo* (« homme debout »), qui semble succéder à *Homo habilis*, apparaît en Afrique, il y a 1,6 million d'années. On retrouve ses traces pendant plus de 1 million d'années, en Afrique, en Europe et en Asie. Il domestique le feu vers 450000 av. J.-C.
Le plus ancien squelette d'*Homo erectus* connu, qui est presque complet, est celui d'un garçon de 12 ans mesurant 1,64 m, découvert en 1985 dans le sud du site de Nariokotome III, au Kenya.

***Europe* ■** Les restes d'un crâne d'*Homo erectus* ont été découverts sur le site de Bilzingsleben, en Allemagne ; on les date de 350 000 à 400 000 ans.

***Homo sapiens* ■** Il apparaît il y a environ 450 000 ans, en Afrique, en Europe et en Asie. Les premières formes d'*Homo sapiens* (« homme sage ») ont été découvertes dans des sépultures dont le mobilier témoigne de rites funéraires.
Le plus célèbre de ces premiers *Homo sapiens* est sans doute l'homme de Tautavel, dont le crâne a été reconstitué à partir de restes fossiles découverts en 1971 dans la grotte de la Caune de l'Arago, Pyrénées-Orientales. On lui attribue l'âge de 450 000 ans.
Les premiers hommes modernes (*Homo sapiens sapiens* — « homme doublement sage ») seraient apparus il y a environ 100 000 ans, au Proche-Orient et en Afrique de l'Est.
A Qafzeh, en Israël, on a retrouvé des fossiles d'*Homo sapiens sapiens* datés de 92 000 ans.

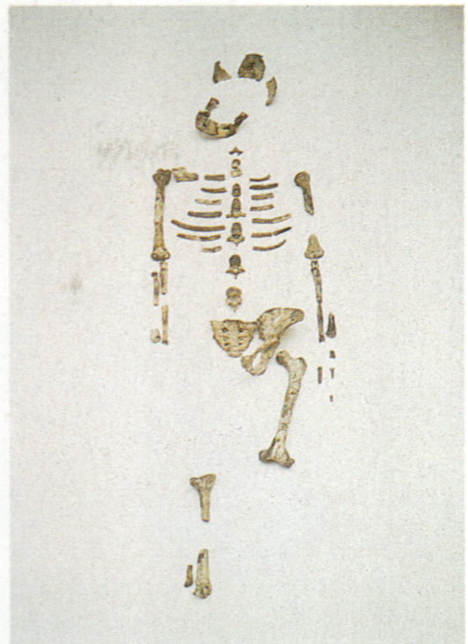

***Homme de Cro-Magnon* ■** Notre ancêtre direct, l'homme de Cro-Magnon, *Homo sapiens sapiens* comme nous, a été découvert en 1868 dans une grotte des Eyzies-de-Tayac, en Dordogne.
L'homme de Cro-Magnon est apparu dans toute l'Europe vers 35000 av. J.-C. Ses gravures rupestres constituent la première forme d'art manifeste.

La plus vieille momie ■ La momification (du mot persan *mûm*, cire) date de 2 600 av. J.-C., à l'époque de la IVe dynastie des pharaons égyptiens.
La momie la plus ancienne est celle d'une jeune femme noble qui fut enterrée vers cette époque sur un plateau près de la grande pyramide de Khéops, à Gizeh. Ses restes ont été trouvés lors de fouilles le 17 mars 1989, mais seul son crâne était intact.
La plus ancienne momie intacte est Wati, un musicien de cour dont les restes, datant de 2400 av. J.-C., ont été recueillis dans la tombe de Nefer, à Saqqarah, Égypte, en 1944.

Homme de l'âge de bronze ■ Le 19 septembre 1991, sur le glacier du Similaun, en Autriche, à 3 200 m, a été découvert un squelette complet dans un état de conservation remarquable. Cet *hibernatus* serait âgé de 4 931 à 5 477 ans.
Il s'agit d'une des premières datations de l'âge de bronze. Cette découverte a permis ainsi d'associer la présence d'un corps avec un mobilier (outils, parures, vêtements...).

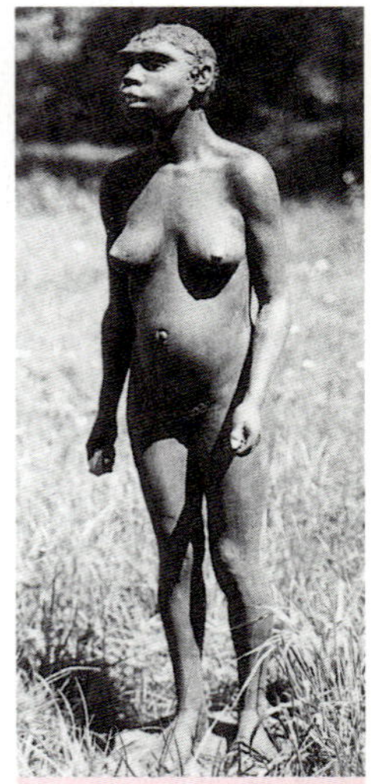

△ Le squelette d'hominidé le plus complet qu'on ait trouvé est celui de l'Afar en Éthiopie en 1974. Grâce à celui-ci, on reconstitua Lucy .

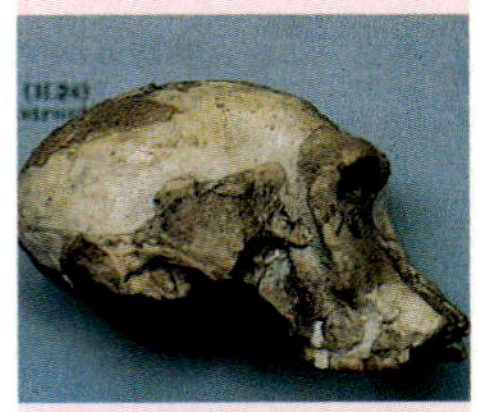

△ Crâne d'Homo habilis.

◁ Ces empreintes de pieds d'un hominidé, datant d'il y a 3,6 millions d'années, fossilisées dans des cendres volcaniques, ont été découvertes en 1978 à Laetoli en Tanzanie.

Arbre généalogique de l'*Homo sapiens sapiens* ■ L'homme moderne (*Homo sapiens sapiens*) est une sous-espèce de l'espèce *Homo sapiens*, du genre *Homo*, de la famille des hominidés, de l'ordre des primates, de la classe des mammifères, de l'embranchement des vertébrés.

▷ *Le nouveau détenteur officiel du titre de l'homme en vie le plus grand du monde est Mohammed Alam Channa. Il mesure 2,29 m.*

La taille de l'homme est déterminée par l'hormone de croissance. Elle est produite par la glande pituitaire installée au plus profond du cerveau. Une surproduction au moment de l'enfance peut engendrer une croissance anormale et de véritables cas de gigantisme.
La taille véritable des géants est difficile à connaître, par la faute d'exagérations, ou de malhonnêtetés à caractère très commercial !

Mensurations

Géants

Les premiers géants ■ La légende selon laquelle le géant biblique Goliath (1060 av. J.-C.), champion des Philistins que le futur roi David abattit d'un seul coup de fronde, aurait mesuré six coudées et une paume (soit 2,90 m) traduit certainement une confusion quant à l'unité de mesure utilisée, ou une exagération zélée des chroniqueurs hébreux. L'historien juif Flavius Josèphe (né en 37 ou 38, mort en 100 de notre ère) ainsi que quelques manuscrits des Septante (la première traduction grecque de l'Ancien Testament) attribuent à Goliath la taille beaucoup plus plausible de quatre coudées grecques et une paume, soit 2,08 m.
On ne peut, en fait, tenir compte que des mesures effectuées sous contrôle médical sérieux, à partir de 1870. Malheureusement, certaines publications médicales se sont elles-mêmes laissé aller à publier des informations fantaisistes.
Leur contrat interdit généralement aux géants exhibés dans les foires ou les cirques de se laisser mesurer, ce qui permet à leurs imprésarios d'en profiter pour les « grandir » considérablement.

Les hommes les plus grands ■ L'homme le plus grand, scientifiquement reconnu sans le moindre doute, a été Robert Pershing Wadlow, né le 22 février 1918, à 6 h 30 du matin, à Alton, Illinois, EU. Le

LES DIX PLUS GRANDS

Voici une liste des seuls autres cas de gigantisme (outre Robert Wadlow), recensés avec fiabilité, d'hommes ayant mesuré 2,45 m ou plus. Pour sept d'entre eux, le gigantisme fut accompagné d'acromégalie, une maladie qui entraîne également un développement anormal du nez, des lèvres, de la langue, de la mâchoire inférieure, des mains et des pieds. Ces troubles sont causés par une surproduction hormonale due à une hypertrophie de l'hypophyse, une glande située à la base du cerveau.

JOHN WILLIAM WOGAN **(1871-1905), Gallatin, Tennessee, EU : 2,64 m(1)**
JOHN F. CARROLL **(1932-1969), Buffalo, État de New York, EU : 2,63 m(2)**
PARIMAL CHANDRA BARMAN **(1964-1992), Dhara, Bangladesh : 2,60 m(3)**
VÄINÖ MYLLYRINNE **(1909-1963), Helsinki, Finlande : 2,51 m(4)**
DON KOEHLER **(1925-1981), Denton, Montana, EU : 2,49 m(5)**
BERNARD COYNE **(1897-1921), Anthon, Iowa, EU : 2,49 m(6)**
SULAIMAN ALI NASHNUSH **(1943-1991), Tripoli, Libye : 2,47 m(7)**
PATRICK COTTER (O'BRIEN) **(1760-1806), Kinsale, Irlande : 2,46 m(8)**
« CONSTANTINE » **(1872-1902), Reutlingen, Allemagne : 2,46 m(9)**
GABRIEL ESTAVAO MONJANE **(1944-1990), Monjacaze, Mozambique : 2,46 m(10)**

1. Mesuré en position assise, incapable de se tenir debout à cause d'une ankylose des genoux et des hanches. Il pesait seulement 79 kg.
2. Ce chiffre prend en compte une importante cypho-scoliose (ou double scoliose), et indique donc la taille qu'il aurait eue si sa colonne vertébrale avait été droite. Il fut mesuré debout à 2,45 m le 14 octobre 1959. Peu de temps avant sa mort, il ne mesurait plus que 2,34 m.
3. Son anormale croissance a débuté à l'âge de 9 ans. Il a été admis à *Saint Bartholomew's Hospital*, à Londres, GB, en octobre 1991 pour suivre un traitement afin de stopper sa croissance.
4. A 21 ans, il mesurait 2,22 m ; sa croissance reprit vers la quarantaine et, à sa mort, il mesurait 2,47 m. En 1931, il fut pesé à 197 kg.
5. Ce fut à l'âge de 10 ans que sa croissance entama une courbe anormale. Sa sœur jumelle mesure 1,75 m, son père 1,87 m et sa mère 1,77 m.
6. Géant eunuque (syndrome du faucheux), il fut réformé en 1918, alors qu'il mesurait 2,36 m. Il était encore en pleine croissance à sa mort.
7. Une opération pour stopper sa croissance anormale fut entreprise avec succès, à Rome, en 1960. Il est mort d'un arrêt du cœur.
8) Sa taille fut établie avec certitude le 19 décembre 1972, après exhumation et mesure de son squelette.
9. Eunuque. Sa taille n'est qu'une estimation, ses jambes ayant été amputées à la suite d'une gangrène. Lui-même prétendait mesurer auparavant 2,59 m.
10. Ses dernières mesures ont été prises en mai 1987. Il est mort en 1990 à la suite d'une chute.

Il a donc perdu environ 4,3 kg par semaine. En 1980, Jon Brower Minnoch (1941-1983, voir « L'homme le plus lourd ») ne pesait plus que 216 kg, ce qui signifie qu'il avait perdu en 2 ans 419 kg, soit 4 kg par semaine.
L'Américain Michael Hebranko, né en 1954 à Brooklyn, New York, pesait 410 kg, en juillet 1987. En 15 mois, il perdit 227 kg, et en juin 1989, il ne pesait plus que 98 kg, sa perte de poids totale se chiffrant à 312 kg en moins de 2 ans. Son tour de taille, qui était de 2,92 m, est passé à 92 cm, soit une diminution de 2 m.
Le 4 mars 1982, à New York, un chirurgien retira une masse de 67 kg de tissus adipeux dans la paroi abdominale d'un homme de 362 kg. Un palan fut nécessaire pour soulever les couches de graisse durant l'opération.

Femme ■ Vedette d'un cirque américain, Celesta Geyer, surnommée « Dolly Dimples » (« Dolly les fossettes »), née en 1901, est passée en 14 mois de 251 à 69 kg, perdant ainsi 182 kg. De 200-213-213, ses mensurations sont descendues à 87-71-91, ce qui est à peine « enveloppé ». Son livre *Comment j'ai perdu 180 kg* n'eut pas beaucoup de succès, le public ayant du mal à s'identifier à une personne de 1,50 m pesant un tel poids.

Gain de poids ■ En octobre 1981, Jon Brower Minnoch (voir « L'homme le plus lourd ») fut de nouveau admis à l'hôpital universitaire de Seattle : il avait pris 91 kg en 7 jours.
Arthur Knorr (voir tableau « *Les super-poids lourds* ») a, durant les six derniers mois de sa vie, pris 136 kg.
Doris Jones, de San Francisco, Californie, aurait pris 147 kg durant la dernière année de sa vie. Elle mourut en août 1965, à l'âge de 38 ans, elle pesait alors 306 kg pour 1,57 m.

Écart de poids dans un couple ■ Le plus grand écart de poids enregistré au sein d'un couple fut de 589 kg, entre Jon Brower Minnoch (voir plus haut) et sa femme Jeannette, qui ne pesait que 50 kg en mars 1978. Ils eurent deux fils.

Les êtres humains les plus légers ■ La très maigre naine Lucia Zarate (1863-1889), née à San Carlos, Mexique, ne pesait que 2,1 kg pour une taille de 67 cm à 17 ans. A la naissance, elle pesait 1,1 kg. Elle « grossit » jusqu'à 5,9 kg à l'âge de 20 ans.
Parmi les adultes de taille normale, et mis à part les peuples qui souffrent de la faim, les poids les plus bas sont ceux de personnes souffrant d'anorexie, maladie qui peut entraîner des pertes pondérales allant jusqu'à 65 % du poids initial. Ce fut le cas d'Emma Shaller (1868-1890), qui mesurait 1,57 m, mais ne pesait que 20 kg. L'Américain Edward C. Hagner (1892-1962), alias Eddie Masher, également surnommé « Skeleton Dude », n'aurait pesé que 22 kg pour 1,70 m.
En août 1825, le tour de biceps du Français Claude Ambroise Seurat (1797-1826), de Troyes, Aube, mesurait 10 cm, et la distance intérieure entre son dos et sa poitrine moins de 7 cm. D'après un rapport, il mesurait 1,71 m et pesait 35 kg, mais un autre rapport lui accordait 1,63 m et seulement 16 kg.

Natalité

Maternité

Le plus grand nombre d'enfants ■ Dans une même famille, le plus grand nombre officiel d'enfants est de 69. Leur mère était la première femme de Fiodor Vassiliev (né en 1707, encore vivant en 1782), paysan de Chouïa, à 240 km à l'est de Moscou. En 27 grossesses, sa femme mit au monde, entre 1725 et 1765, seize paires de jumeaux, sept fois des triplés et quatre fois des quadruplés. Ce cas fut relevé, le 27 février 1782, par le monastère de Nikolski. Au moins 67 de ces enfants survécurent à la petite enfance (voir plus loin dans la rubrique « *Naissances multiples* »).
Le 31 janvier 1989, María Olivera, née en 1939 à San Juan, Argentine, a donné naissance à son 32e enfant. Tous sont en vie.

10 + 15 = 25

Madeleine Devaud (née le 19 mars 1910), d'Amure, Deux-Sèvres, a mis au monde 25 enfants (10 garçons et 15 filles) entre 1928 et 1958 (voir aussi ci-contre « *La mère la plus âgée* »).

France ■ Mme Lemoine, de Gravelines, Nord, a eu 23 enfants (11 filles et 12 garçons) entre 1934 et 1960.
Mme Pescayre, de Paulinet, Tarn, a mis au monde 14 enfants (5 garçons et 9 filles dont 3 paires de jumeaux) entre 1929 et 1947.
La famille Guérin, de Combeaufontaine, Haute-Saône, compte 15 frères et sœurs, tous vivants au 15 juin 1991. Ils avaient, alors, entre 61 et 84 ans, totalisant 1 101 ans.

La mère la plus âgée ■ La littérature médicale contient nombre de cas non authentifiés de mères septuagénaires, telle Ellen Ellis, 72 ans, de Four Crosses, GB, qui aurait donné naissance à son 13e enfant, mort-né, le 15 mai 1776, dans sa 46e année de mariage. Nombre de maternités très tardives servent en fait à camoufler des enfants illégitimes.
Le cas record contemporain a été rapporté dans la *Gazette médicale de Liège* (1er octobre 1891). Le Dr E. Derasse parle du cas d'une de ses patientes qui a donné naissance à un bébé en bonne santé à l'âge de 59 ans et 5 mois.

France ■ Madeleine Devaud, née le 19 mars 1910, a eu le dernier de ses 25 enfants, Michel (voir ci-dessus), le 5 janvier 1958, à l'âge de 47 ans, 9 mois et 17 jours. Le premier, Marc, était né 30 ans auparavant, le 1er janvier 1928.

Prématurés vivants ■ Brenda et James

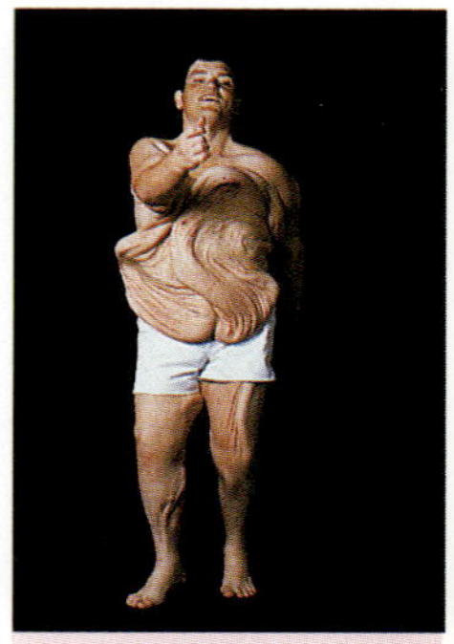

△ Avec l'âge, l'élasticité de la peau laisse à désirer et, lorsque l'on maigrit, il arrive qu'elle ne retrouve pas tout à fait sa surface originale. On a alors recours à la chirurgie esthétique.

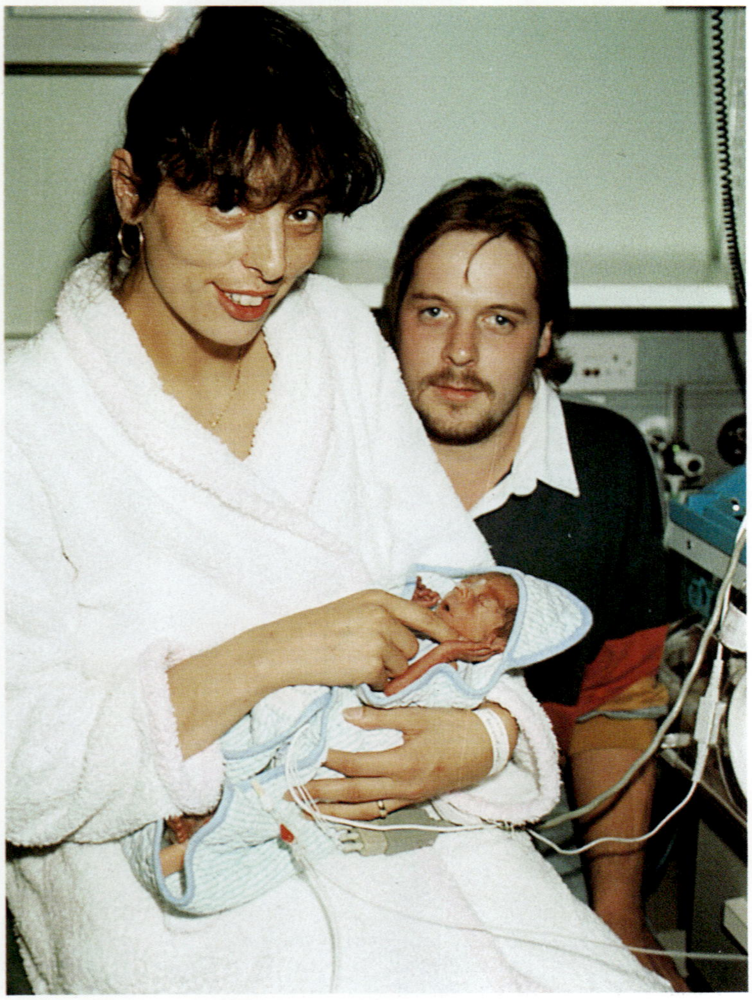

◁ Bébé Tyler Davison, pesant 312 g, a montré à la naissance (12 février 1992) une telle détermination, qu'il étonna tous les médecins. Son frère jumeau Stephen, 3,4 kg à la naissance se porte aussi très bien.

La mère la plus âgée encore vivante ■ D'après le *British Medical Journal* (juin 1991) une femme aurait donné naissance à son 13e enfant à l'âge de 59 ans. Elle habite à Birmingham, GB.

Durées de grossesse ■ On a pu noter un grand nombre de grossesses variant autour de 14 mois — au lieu de 9 mois normalement — mais l'utilisation de la pilule contraceptive, entraînant parfois une aménorrhée (absence anormale de menstruation), peut fausser ces calculs. Le magazine américain *US Medical Investigator* du 27 décembre 1884 publie l'histoire d'une grossesse de 15 mois et 20 jours. Un autre magazine évoque, en 1751, une grossesse de 36 mois.

Gill, d'Ottawa, Ontario, Canada, ont eu, le 20 mai 1987, un fils, James Elgin, prématuré de 128 jours, qui pesait à la naissance 624 g. Les faux jumeaux Joanne et Mark Holding sont nés le 28 février 1988 à Portsmouth, GB, en avance de 105 jours sur leur terme, aux poids respectifs de 880 g et 825 g.

Nouveau-nés

Les plus lourds ■ Les très gros bébés (plus de 4,5 kg) ont souvent des mères grandes, grosses, ou ayant des problèmes de santé tels que le diabète.
Le plus lourd nouveau-né issu d'une mère bien portante fut le fils de Carmelina Fedele, d'Aversa, Italie, né en septembre 1955 au poids de 10,2 kg.
La géante canadienne de 2,27 m Anna Bates (1846-1888) eut, le 19 janvier 1879, à Seville, Ohio, EU, un fils pesant 10,7 kg et mesurant 76 cm. Le bébé mourut 11 h plus tard. Son premier enfant avait été, en 1872, une petite fille mort-née de 8,160 kg.

Le plus beau bébé de France

Le 15 janvier 1992, à la clinique de Notre-Dame, Toulon, Var, est né Fabien, sans césarienne. Il pesait à sa naissance 6,110 kg et mesurait 60 cm, ce qui correspond à peu près au poids et à la taille d'un enfant de 2 mois et demi.

La plus légère ■ Une petite fille prématurée, née à l'hôpital universitaire de Loyola, Illinois, EU, pesait à sa naissance 280 g. Sa naissance a été signalée 18 mois plus tard, le 29 mai 1991.

Naissances multiples

Siamois ■ Le terme « siamois » vient des célèbres jumeaux Chang et Eng (droite et gauche en thaï) Bunker, nés attachés par une bande cartilagineuse au thorax, le 11 mai 1811, à Mekong, dans l'ancien Siam, de parents chinois. Ils épousèrent en 1843 deux sœurs, Sarah et Adelaide Yates, de Wilkes County, Caroline du Nord, EU, et eurent respectivement 10 et 12 enfants. Ils moururent à trois heures d'intervalle le 17 janvier 1874, âgés de 62 ans.
La première opération de séparation de siamois réussie fut pratiquée par le Dr Jack S. Gellen, le 14 décembre 1952, à l'hôpital du Mont-Sinaï, Cleveland, Ohio, EU, sur des filles liées par le sternum.
Les formes les plus rares de siamois sont les *Dicephales tetrabrachius dipus*, soit deux têtes, quatre bras et deux jambes. Les seuls cas connus sont ceux de Macha et Dacha Krivochliapovi, nées le 4 janvier 1950 en URSS ; de Nadir et Juraci Climerio de Olivera, de Santo Amaro, Bahia, Brésil ; d'une paire anonyme séparée par une opération qui dura dix heures, le 23 juin 1977, à Washington, EU ; de Fonda Michelle et Shannon Elaine Beaver, de Forest City, Caroline du Nord, EU, nées le 9 février 1980 et séparées en février 1981.
Deux siamois nés en 1490 près de Glasgow vécurent à la cour et sous la protection du roi Jacques IV d'Écosse. Ils moururent à 28 ans, en 1518, à cinq jours d'intervalle. Le survivant erra dans le palais en pleurant ; il porta le corps de son frère jusqu'à ce que la mort les réunisse.
Les plus vieilles siamoises non séparées connues sont Yvonne et Yvette McCarther, de Los Angeles. Nées en 1949, et jointes par le sommet du crâne (*craniopagus*), elles ont toujours refusé d'être séparées.

***France* ■** La plus ancienne opération de séparation de siamois fut pratiquée en 1902 par le Dr Doyen, à Paris, sur deux fillettes, Radica et Doudica, attachées par une membrane latérale au niveau du thorax. Radica mourut pendant l'intervention ; Doudica survécut 2 ans.
En juillet 1974, le Pr Pertuiset, de l'hôpital de La Pitié-Salpêtrière, Paris, a séparé Sophie et Sonia Trinel (nées le 31 mars 1974), deux siamoises reliées par la tête. Elles vivent aujourd'hui normalement.

Le plus grand nombre de jumeaux ■ 16 accouchements de jumeaux ont été enregistrés pour Mme Fiodor Vassiliev de Chouïa, Russie (voir aussi *« Le plus grand nombre de quadruplés »*).
Mrs Mary Jonas (décédée en 1899), de Chester, GB, a eu 15 fois des jumeaux, à chaque fois des deux sexes.
Mme Barbara Zulu, de Barbeton, Afrique du Sud porta trois fois des jumelles, et trois fois des jumeaux mixtes en 7 ans, de 1967 à 1973.
Mme Anna Steynvaait de Johannesburg, Afrique du Sud accoucha de deux paires de jumeaux dans un intervalle de 10 mois, en 1960.

Les jumeaux les plus lourds ■ Le 20 février 1924, Jennifer Haskin, de Fort Smith, Arkansas, EU, a mis au monde des jumeaux d'un poids total de 12,6kg qui ont survécu.

Les jumeaux les plus légers ■ Florence Stimson, de Peterborough, GB, a mis au monde le 16 août 1931 deux jumelles, Mary, 453 g, et Margaret, 538 g.

Le plus long intervalle entre jumeaux ■ A la suite de plusieurs fausses couches, Danny Berg, née en 1953, de Rome, Italie, suivit un traitement hormonal et mit au monde, le 23 décembre 1987, une petite fille, Diana ; sa jumelle, Monica, n'est née, par césarienne, que le 30 janvier 1988, soit 38 jours plus tard.

▷ Aujourd'hui âgées de 11 ans, les jumelles Rhine et Jhet, originaires des Philippines, ont été surnommées bébés Y à leur naissance car elles ne sont pas véritablement des sœurs siamoises. Les vrais siamois sont attachés par la tête, les épaules, le dos, la poitrine ou les hanches. Leur séparation ne pouvant se faire qu'au prix de la mort de l'une d'elles, leur mère a refusé l'opération.

◁ *Les jumelles Diana et Monica Petrungaro sont nées à 36 jours d'intervalle.*

Mary Wright, 38 ans, a mis au monde Amy et Elizabeth à 18 mois d'intervalle. Les ovules avaient été fécondés par son mari en mars 1984. Elizabeth est née le 22 avril 1987, à Stoke-on-Trent, Staffordshire, GB, d'un œuf congelé pendant 29 mois.

France ■ Laurence Giquel, 27 ans, a mis au monde ses jumeaux Loïc et Cédric à 46 h d'intervalle, les 27 et 29 novembre 1989, à l'hôpital Antoine-Béclère, à Clamart, Hauts-de-Seine.

Les plus vieux jumeaux ■ Eli Shadrack et John Meshak Phipps sont nés le 14 février 1803 à Affinghton, Virginie, EU. Eli est mort le premier le 23 février 1911 à l'âge de 108 ans et 9 jours.

Mildred Widman Philippi et Mary Widman Franzini, de Saint Louis, Missouri, EU, ont fêté le 17 juin 1984 leur 104e anniversaire. Mildred est morte le 4 mai 1985, 44 jours avant ses 105 ans.
Les probabilités pour que des jumeaux vivent tous les deux centenaires sont actuellement de 1 pour 50 millions.

Vivants ■ Alice Maria et Emily Edith Weller sont nées le 20 avril 1888, à 15 minutes d'intervalle, à Epsom, Surrey, GB. Elles vivent actuellement dans une maison de retraite à Brighton, et attribuent leur longévité à un dur labeur, à une nourriture saine et à des parents attentifs.

France ■ Nées en 1888, à Ganac, Ariège, les deux sœurs jumelles Joséphine Payen et Jeanne Pujol ont fêté joyeusement leur centenaire le 8 décembre 1988.

Le plus grand nombre de triplés ■ 15 accouchements de triplés ont été enregistrés pour Maddalena Granata, Italie (née en 1839, encore vivante en 1886).

Les triplés les plus lourds ■ Le 18 mars 1968, seraient nés en Iran des triplés (2 garçons, 1 fille) pesant 11,96 kg. Ce cas n'a pas été confirmé.

La naissance de triplés la plus rapide ■ Mrs James G. Duck, de Memphis, Tennessee, EU, a accouché en 2 mn de Christopher, Carmon et Bradley, le 21 mars 1977.

Les plus vieux triplés ■ Faith, Hope et Charity Caughlin sont nés le 27 mars 1868 à Marlboro, Massachusetts, EU. La première à mourir fut Mrs (Ellen) Hope Daniels, le 2 mars 1962, à l'âge de 93 ans.

△ *Les jumelles Alice et Emily Weller sont nées à Epson le 20 avril 1888.*

Le plus grand nombre de quadruplés ■ Mme Fiodor Vassiliev a mis au monde quatre fois des quadruplés (cas rapporté avant 1770).

Les quadruplés les plus lourds ■ Le 4 octobre 1978, Mme Ayako Takeda de Kagoshima, Japon, a mis au monde des quadruplés (4 filles) pesant 10,35 kg.

Les plus vieux quadruplés ■ Le 5 mai 1989, à Munich, Allemagne, Emma, Elizabeth, Anne Marie et Adolf Ottman ont fêté leurs 77 ans.

Quintuplés ■ On ne connaît pas de cas de plus d'une grossesse de quintuplés enregistré pour une seule mère.

Les quintuplés les plus lourds ■ Deux cas ont été rapportés, tous deux concernant des quintuplés pesant 11,35 kg. Il s'agit des enfants de Lui Saulien, Chekiang, Chine, nés le 7 juin 1953 et ceux de Mme Kamalammal, Pondichéry, Inde, nés le 30 décembre 1956.

Nonuplés ■ Les seuls nonuplés (5 garçons, 4 filles) connus véritablement sont ceux de Geraldine Brodrick nés le 13 juin 1971 à l'hôpital de Sydney, en Australie. Deux garçons étaient mort-nés, et un autre, Richard, mourut six jours plus tard.
Deux cas de nonuplés, tous mort-nés, ont été signalés : le 29 mai 1971, à l'hôpital universitaire de Pennsylvanie, à Philadelphie, EU ; et le 11 mai 1977, pour une mère de 30 ans à Bagherhat, Bangladesh.

Le plus grand nombre connu en une seule naissance : 10 (décaplés) ■ Le 22 avril 1946, 2 garçons et 8 filles sont nés à Bacacay, Brésil. On a aussi signalé ce chiffre en Espagne en 1924, et en Chine le 12 mai 1936.

Quindécaplés ■ Le Dr Gennaro Montanino, de Rome, a fait part d'une opération effectuée le 22 juillet 1977 sur une femme de 35 ans à qui il a retiré par hystérectomie 15 fœtus de 4 mois (5 garçons, 10 filles). Cette grossesse multiple excessive était due à un traitement hormonal contre la stérilité.

LES ENFANTS DE DANIEL ET MARIE-CLAUDE

Le 14 janvier 1989, à 2 h 50 du matin, sont nés à la maternité de Port-Royal, à Paris, Gaelle, Mélanie, Doriane, Coralie, Cédric et Kevin, les seuls sextuplés français. Leurs parents, Daniel et Marie-Claude Adam, habitent Saint-Pierre-lès-Elbeuf, Seine-Maritime. Le 14 janvier 1992, les six enfants ont fêté leur troisième anniversaire.

SEXTUPLÉS

Date de naisance	Nombre de garçons et de filles	Survivants après la naissance	Pays	Mère
2-10-1968	2 garçons - 4 filles	-	Birmingham, GB	S. A. Thorns
25-12-1969	1 garçon - 5 filles	5	Londres, GB	R. Letts
18-11-1983	6 filles	6	Liverpool, GB	J. Walton
2-5-1984	4 garçons - 2 filles	3	Cambridge, GB	J. Underhill
12-11-1986	3 garçons- 3 filles	6	Londres, GB	S. Coleman
11-1-1974	3 garçons- 3 filles	-	Cape Town, Af. du Sud	S. J. Rosenkowitz
11-1-1980	4 garçons- 2 filles	-	Florence, Italie	R. Giannini
14-1-1989	2 garçons- 4 filles	6	Paris, France	M-C. Adam
19-8-1983	5 garçons- 1 fille	-	Blankenberge, Belg.	R. van Howe-Gadyn

- : informations inconnues.

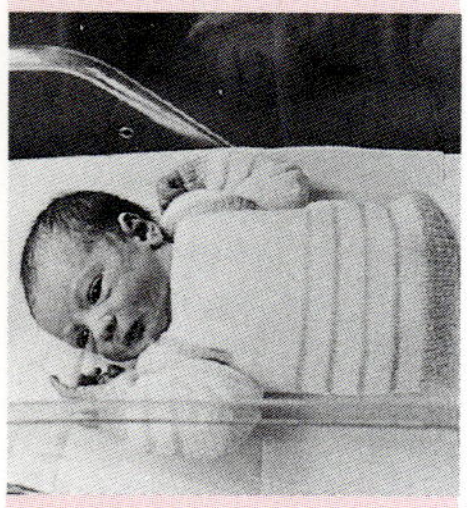

△ Amandine, née le 24 février 1982, est le premier bébé-éprouvette français.

Bébés-éprouvette

Le premier bébé-éprouvette ■ Lesley Brown a mis au monde par césarienne, le 25 juillet 1978, à 23 h 47, à l'hôpital d'Oldham, Lancashire, GB, le premier bébé-éprouvette, Louise, qui avait été conçue *in vitro* le 10 novembre 1977.

France ■ C'est le 24 février 1982, à l'hôpital Antoine-Béclère, à Clamart, Hauts-de-Seine, qu'est née Amandine. Elle pesait 3,4 kg. Le succès de cette première médicale en France était l'œuvre du Pr René Frydman et du biologiste Jacques Testart.

Les premiers jumeaux-éprouvette ■ Stephen et Amanda sont nés le 5 juin 1981 à Melbourne, en Australie, par césarienne. Leur mère, Radmila Mays, était alors âgée de 31 ans. Amanda pesait 2,43 kg et Stephen 2,29 kg.

Les premiers triplés-éprouvette ■ Le 8 juin 1983, deux filles et un garçon sont nés à Adélaïde, Australie.

Les premiers quadruplés-éprouvette ■ Le 22 janvier 1987, Axelle, Alicia, Benjamin et Romain sont nés au centre hospitalier de Caen, Calvados.

Les premiers quintuplés-éprouvette ■ Le 26 avril 1985, Alan, Brett, Connor, Douglas et Edward Jacobsen sont nés à l'hôpital University College de Londres, GB.

La mère la plus âgée (à avoir subi une FIV, fécondation *in vitro*) ■ En octobre 1990, une femme âgée de 49 ans et 54 jours (née à Chypre) a mis au monde, par césarienne, une petite fille pesant 2,85 kg.
L'œuf fécondé a été placé dans l'utérus de la mère sous la surveillance du Dr Krinos Trokoudes, Directeur du Pedios IVF Center à Nicosie, sur l'île de Chypre.

Descendance et mariages

Dans les pays où l'on pratique la polygamie, le nombre d'enfants issus d'un même père peut être considérable. Le dernier sultan chérifien du Maroc, Moulay Ismail (1672-1727), dit « le Sanguinaire », aurait engendré, dès 1703, 525 fils et 342 filles ; en 1721, il aurait eu un 700e fils.
Thuma Nzumakase, de Tamanday, Zimbabwe, âgé de 68 ans, avait, en juin 1990, 24 femmes et 139 enfants. Il venait d'épouser sa 24e femme, Laster, 13 ans. Ce guérisseur est surnommé « Superpapa ».
En avril 1984, Adam Borntrager, de Medford, Wisconsin, EU, mourut à l'âge de 96 ans. Il avait eu 707 descendants directs, pour la plupart vivants sauf 32. Ce total comprenait 11 enfants, 115 petits-enfants, 529 arrière-petits-enfants et 20 arrière-arrière-petits-enfants.
Peter L. Schwartz (1902-1988) a eu 14 enfants, dont 13 sont encore en vie, ainsi que 175 petits-enfants, 477 arrière-petits-enfants, et 20 arrière-arrière-petits-enfants.
Ces deux familles appartiennent à la secte américaine des Amish, qui refuse toute modernité telle que les voitures à moteur, le téléphone, l'électricité ou l'enseignement secondaire et les moyens de contraception.

Le plus d'ascendants en vie ■ Megan Sue Austin, née le 16 mai 1982, de Bar Harbor, Maine, EU, avait encore à cette date ses parents, ses quatre grands-parents, ses huit arrière-grands-parents, et cinq de ses seize arrière-arrière-grands-parents, ce qui lui faisait 19 ascendants directs.

La plus jeune arrière-arrière-arrière-grand-mère ■ Harriet Holmes de New-Foundland, Canada, née le 17 janvier 1899, est devenue la plus jeune arrière-

▷ Jean Ferru, qui vivait en 1650, a aujourd'hui 4 883 descendants qui ont été recensés et dont 2 500 ont été rassemblés le 4 août 1991.

arrière-arrière-grand-mère vivante le 8 mars 1987, à l'âge de 88 ans et 50 jours.

Famille ayant 7 générations vivantes ■ Augusta Bunge, née Pagel le 13 octobre 1879, du Wisconsin, EU, a appris la naissance de son arrière-arrière-arrière-petit-fils John Bollig le 21 janvier 1989.

La plus jeune arrière-grand-mère ■ Suzanne Ferrer, de Saint-Sébastien-sur-Loire, a été grand-mère à 33 ans et arrière-grand-mère à 49 ans. Née en 1942, elle mit au monde son premier enfant en 1958. Le 23 avril 1976 (18 ans plus tard), elle était grand-mère de Stéphanie qui eut un enfant à 15 ans, le 6 novembre 1991.

GRAND-MÈRE A 28 ANS

Catherine Laillier, de Saint-Étienne-du-Rouvray, Seine-Maritime, née le 10 juin 1955, a mis au monde sa fille Nathalie à l'âge de 14 ans. Elle avait 28 ans et 11 mois quand Nathalie, alors âgée de 14 ans et 8 mois, donna naissance à un fils, Steve, le 29 mai 1984.

Le plus jeune grand-père ■ Jean-Claude Védis (né le 16 avril 1957), de Lézigné, Maine-et-Loire, était âgé de 33 ans, 8 mois et 8 jours à la naissance de son petit-fils, Gaëtan, le 24 décembre 1990.

Arbre généalogique ■ Le Canadien Denis Carrier, 45 ans, de Notre-Dame-du-Nord, Québec, a réussi à faire remonter son arbre généalogique jusqu'à l'an 1529, retrouvant la trace de 4 686 ancêtres directs, sur 17 générations. Il lui a fallu 14 années de recherches pour mener à bien ce travail.

France ■ Claudine Rouzé, née Jarriault, de Carnoux, Bouches-du-Rhône, a réussi à retrouver la trace de son ancêtre Mathurin Jarriau, né vers 1690. L'arbre généalogique qui remonte jusqu'à lui s'étend sur 11 générations et compte 2 815 ascendants. Il a fallu à Claudine Rouzé et à son mari 10 ans de travail pour réaliser cet arbre généalogique.

Documentation généalogique ■ Christian de Labat de Lapeyrière, Paris, possède tous les contrats de mariage de sa famille sur 14 générations en ligne masculine directe.

Rassemblement de cousins ■ Christian Ferru a établi l'arbre généalogique de Jean Ferru qui vivait en 1650 et la liste de ses descendants vivants : 4 883 cousins. Il en a réuni 2 500 à Lezay, Charente-Maritime, le 4 août 1991.

Les mariés les plus âgés ■ Le plus vieux marié authentifié est Harry Stevens, 103 ans, qui épousa Thelma Lucas, 84 ans, dans la maison de retraite de Caravilla, Wisconsin, EU, le 3 décembre 1984.
La mariée la plus âgée est Minnie Munro, âgée de 102 ans, qui épousa le 31 mai 1991 à Point Clare, Nouvelle-Galles du Sud, Australie, Duddley Reid, 83 ans (voir aussi les chapitres *Institutions, Insolite* et *Art et Culture*).

L'ARBRE DE CONFUCIUS

Le plus ancien arbre généalogique est celui de K'ung Fu Tzu ou Confucius (551-479 av. J.-C.). En effet, son ancêtre K'ung Fu Tza vécut au VIIIe siècle av. J.-C. Ses descendants à la 85e génération, Weiyi (né en 1939) et Weining (né en 1947), vivent aujourd'hui à Taiwan.

Les plus longues fiançailles ■ En juin 1969, après 67 ans de fiançailles, les Mexicains Octavio Guillén et Adriana Martínez se sont finalement passé la bague au doigt ; ils avaient tous les deux 82 ans.

Les mariages les plus durables ■ Sir Temulji Bhicaji Nariman et Lady Nariman ont été mariés pendant 86 ans, de 1853 à 1940. Ces cousins avaient été unis à l'âge de 5 ans. Sir Temulji, né le 3 septembre 1848, est mort en août 1940 à Bombay, Inde, à 91 ans et 11 mois.
Lazarus Rowe, né à Greenland, New Hampshire, EU, en 1725, épousa Molly Webber en 1743. Il mourut le premier, en 1829, après 86 ans de mariage.

France ■ Paul (né en 1885) et Alice Nicot (née en 1892) ont été mariés pendant 79 ans et 10 mois. Leur mariage avait été célébré le 22 février 1911. Jardinier et femme de chambre, ils vivaient à Dijon, Côte-d'Or. Alice Nicot est morte en décembre 1990.

Noces d'or ■ Le plus grand nombre de noces d'or célébrées dans une même famille est de 10. Les six fils et les quatre filles de Joseph et Sophia Gresl, de Manitowoc, Wisconsin, EU, célébrèrent tous leurs noces d'or entre avril 1962 et septembre 1988.

Remariages d'un même couple ■ Ralph et Patsy Martin, de Quartzsite, Arizona, EU, se sont mariés ensemble 50 fois, depuis leur premier mariage, en 1960, au Mexique. Ils ont convolé dans chacun des États des États-Unis, sauf l'Alaska.

Les plus jeunes mariés ■ En 1986, au Bangladesh, un garçon de 11 mois fut marié à une fille de 3 mois dans le but de mettre un terme à une dispute de 20 ans entre deux familles convoitant une même ferme.

Les plus vieux divorcés ■ Le 2 février 1984, à Milwaukee, Wisconsin, EU, Ida Stern et son mari Simon décidèrent de divorcer. Ils avaient respectivement 91 et 97 ans.

Longévité

Les premiers centenaires ■ La longévité exacte des hommes est un sujet des plus difficile à vérifier. Il suscite beaucoup d'excès de vanité, de supercheries, de mensonges ou de fraudes délibérées... Les allégations sont bien plus souvent faites par l'entourage des vieillards que par les vieillards eux-mêmes. Des centaines de personnes ont prétendu avoir largement dépassé les 100 ans, ou même, faisant sans hésiter affront à l'intelligence, les 200 ans ! En fait, les centenaires dépassant les 113 ans sont plus que rares. Et la plus importante longévité dont nous soyons certains ne dépasse pas les 120 ans.
Nombre de « super-centenaires » (plus de 110 ans) ne sont en fait probablement que la somme de deux vies : père et fils, parents portant le même nom, ou porteurs successifs d'un même titre. Le plus connu de ces cas concerne Christian Jakobsen Drackenberg, qui serait né le 18 novembre 1626 à Stavenger, Norvège, et mort à Aarhus, Danemark, le 9 octobre 1772, à l'âge de 145 ans et 326 jours. Un grand nombre d'autres exemples similaires ont été exploités à des fins commerciales ou même politiques. Ainsi, en mars 1960, la république socialiste fédérative soviétique de Russie s'est enorgueillie de posséder 100 citoyens âgés de 120 à 156 ans, pour une population estimée alors à 117,5 millions d'habitants. Or, d'après les recherches menées aujourd'hui sur les centenaires, il n'y a en moyenne qu'un individu sur 2 milliards qui soit âgé de plus de 115 ans. D'après le numéro de juillet-août 1991 de *Populations et Sociétés*, en juin 1991, on estimait la population mondiale totale à 5,384 milliards d'individus.
L'un des sommets de la crédulité en matière de longévité a sans doute été atteint par l'employé d'une agence de presse qui, le 15 mai 1933, transmit une dépêche en provenance de Pékin annonçant la mort de Li Chung-yun, « le plus vieil homme de la Terre ». Celui-ci était prétendument né en 1680, et donc mort à l'âge de 253 ans !

Centenaires ■ ***France*** ■ D'après l'Insee, il y a environ 4 000 centenaires en France en 1991, et il y en aura 6 000 à la fin du siècle, alors qu'il n'y en avait que 200 en

Le plus vieux père ■ En 1992, l'Australien Les Colley, âgé de 92 ans, a eu avec sa seconde épouse un petit Oswald. L'écart séparant cet enfant de son demi-frère est de 72 ans.

Centenaires ■ ***France*** ■ D'après l'Insee, il y a environ 4 000 centenaires en France en 1991, et il y a en aura 6 000 à la fin du siècle, alors qu'il n'y en avait que 200 en 1953 et 1 000 en 1970. D'après une enquête menée par la Fondation Ipsen auprès d'un échantillon de 1 200 centenaires, 58 % d'entre eux sont en bonne ou en très bonne santé. On compte chez les centenaires 8 femmes pour 1 homme.
Leur secret ? « J'ai mené une vie régulière, sans excès, sans privation, et surtout j'ai beaucoup travaillé », disent-ils pratiquement tous.

RECORDS AUTHENTIQUES DE LONGÉVITÉ PAR PAYS

Pays	Age Ans	Age Jours	Nom	Date de naissance	Date de décès
Japon	120	237	Chigechiyo Izumi	29-6-1865	21-2-1986
France	117	204	Tériihaérétéi Taaora	14-6-1873	3-1-1991
États-Unis (1)	116	89	Carrie White	18-11-1874	15-2-1991
Royaume-Uni (2)	114	208	Anna Eliza Williams	2-6-1873	27-12-1987
Canada (3)	113	124	Pierre Joubert	15-7-1701	16-11-1814
Australie	112	330	Caroline Maud Mockridge	11-12-1874	6-11-1987
Espagne (4)	112	228	Josefa Salas Mateo	14-7-1860	27-2-1973
Norvège	112	61	Maren Bolette Torp	21-12-1876	20-7-1989
Maroc	112		El Hadj Mohammed el-Mokri (Grand Vizir)	1844	16-9-1957
Pologne	112		Roswlia Mielczarak	1868	7-1-1981
Irlande	111	327	Katherine Plunket	22-11-1820	14-10-1932
Pays-Bas (5)	111	241	Jean Michael Reyskens	11-5-1878	7-1-1990
Afrique du Sud (6)	111	151	Johanna Booyson	17-1-1857	16-6-1968
Suède (7)	111	89	Wilhelmine Sande	24-10-1874	21-1-1986
Tchécoslovaquie	111		Marie Bernatkova	22-10-185	10-1968*
Finlande	111		Fanny Matilda Nyström	30-9-1878	1989
Yougoslavie	110	150	Demetrius Philipovitch	9-3-1818	8-1928*
Grèce (8)	110		Tsiatoura Lambrini	1870	19-2-1981
ex-URSS (9)	110		Khasako Djougaïev	7-8-1860	8-1970*
Italie	110		Damiana Sette	1874	25-2-1985
Suisse	109	173	Suzanne Monney-Perrin	1-11-1880	22-4-1990
Belgique	108	327	Mathilda Vertommen-Hellemans	12-8-1868	4-7-1977
Allemagne (10)	108	128	Luise Schwarz	27-9-1849	2-2-1958
Islande	108	45	Halldora Bjarndottir	14-10-1873	28-11-1981
Portugal (11)	108		Maria Luisa Jorge	7-6-1865	7-1967*
Malaisie	106		Hassan Bin Yusoff	14-8-1865	1-1972*
Luxembourg	105	228	Nicolas Wiscourt	31-12-1872	17-8-1978

* Etait encore en vie à cette date.

1. Martha Graham est morte à Fayetteville, Caroline du Nord, le 25-6-1959, à l'âge estimé de 117 ou 118 ans. Des recherches ont démontré qu'elle était apparemment née en décembre 1844, et qu'elle aurait été, en fait, âgée de 114 ans et 6 mois. Rena Glover Brailsford est morte à Summerton, Caroline du Sud, le 6-12-1977, à l'âge supposé de 118 ans. Rosarid Reina Vasquez, qui est morte en Californie le 2-12-1980, était supposée être née à Sonora, Mexique, le 3-6-1866, ce qui lui aurait accordé l'âge de 114 ans et 93 jours. Le recensement fédéral américain de 1900 pour le district de Crawfish Springs, Georgie, enregistra un âge de 77 ans pour un Mark Trash. Si le Mark Trash né en Georgie en 1822 qui mourut à Chattawooga, Tennessee, le 17-12-1943 était bien le même, et que l'âge attribué était exact, il aurait alors vécu 121 ans.

2. Lorsque Isabella Shepard, née à Londres, est morte le 20-11-1948 à Saint Asaph, pays de Galles, on la déclara âgée de 115 ans, mais son âge véritable était de 109 ans et 90 jours. Charles Alfred Nunez Arnold est mort le 15 novembre 1941 à Liverpool, à un âge de 112 ans estimé d'après un registre baptismal (Londres, le 10-9-1829). Elizabeth Cornish (née Veale), enterrée à Stratton, Cornouailles, le 10-3-1691 ou 1692, aurait été baptisée le 16-10-1578, soit 113 ans et 4 mois auparavant.

3. Ellen Carroll est morte le 8-12-1943 à North River, Terre-Neuve, à l'âge supposé de 115 ans et 49 jours.

4. Benita Medrana, d'Avila, est morte le 28-1-1979 à l'âge supposé de 114 ans et 335 jours.

5. Thomas Peter, dont la naissance aurait été enregistrée le 6-4-1745 à Leeuwarden, serait mort le 26-3-1857 à Arnhem à l'âge de 111 ans et 354 jours.

6. Susan Johanna Deporter, de Port Elizabeth, Afrique du Sud, décédée le 4-8-1954, aurait eu 114 ans. Sarah Lawrence, du Cap, aurait fêté ses 112 ans le 3-6-1968.

7. Mme W. Sande est née en Norvège.

8. Le certificat de décès d'Efdokia Liakon, morte le 17-11-1982 à l'âge de 118 ans et 13 jours, n'est prouvé ni par le recensement de 1971, ni par celui de 1981. L'enregistrement des naissances avant 1920 n'était en effet pas exhaustif.

9. Il y a paraît-il 21 700 centenaires en ex-URSS (contre 7 000 aux EU), dont 21 000 attribués à la seule Géorgie, soit 1 sur 232 individus. En juillet 1962, on prétendit que le seul village de Medini comptait 128 centenaires, des hommes pour la plupart.

10. En Allemagne (alors de l'Ouest), une femme anonyme mourut en 1979 à l'âge de 112 ans, et un homme anonyme, en 1969, à l'âge de 117 ans. Le record de longévité autrichien est de 108 ans (une femme morte en 1975).

11. Jesuina da Conceicao, de Lisbonne, serait morte à l'âge de 113 ans, le 10-6-1965.

Jeanne Calment : la doyenne de la planète

Jeanne Calment, 117 ans, est aujourd'hui la personne la plus âgée du monde. Née le 21 février 1875, elle vit, en bonne santé, à la maison de retraite du Lac, à Arles, Bouches-du-Rhône. Jeanne Calment a toujours vécu dans cette ville, où, alors qu'elle était enfant, elle a connu le peintre Van Gogh, qui venait acheter des pinceaux chez ses parents. En jouant son propre rôle dans le film de Michael Rubbo *Vincent et moi*, sorti le 13 février 1991, elle est devenue l'actrice la plus âgée du monde.
Elle déclare elle-même que le secret de sa longévité est de «fumer une cigarette par jour» et de «manger régulièrement du chocolat».

L'HOMME QUI VÉCUT LE PLUS LONGTEMPS

120 ans et 237 jours est le plus grand âge certifié auquel soit parvenu un être humain. Il s'agit du Japonais Chigechiyo Izumi, habitant Asan, à Tokunoshima, une île située à 1 320 km au sud-ouest de Tokyo. Né le 29 juin 1865, il avait été enregistré en 1871, à l'âge de 6 ans, par le premier recensement japonais. Il est mort le 21 février 1986, à 12 h 15, heure locale d'une pneumonie.

◁ *Le 21 février 1992, Jeanne Calment a fêté son 117e anniversaire. Peut-être grâce à sa cigarette quotidienne et à son amour du chocolat, elle est aujourd'hui la doyenne de la Terre.*

1953 et 1 000 en 1970. D'après une enquête menée par la Fondation Ipsen auprès d'un échantillon de 1 200 centenaires, 58 % d'entre eux sont en bonne ou en très bonne santé. On compte chez les centenaires 8 femmes pour 1 homme. Leur secret ? « J'ai mené une vie régulière, sans excès, sans privation, et surtout j'ai beaucoup travaillé », disent-ils pratiquement tous.

L'homme le plus âgé *France* ■ L'homme qui a vécu le plus longtemps est Tériihaérétéi Taaroa, un cultivateur polynésien. Né le 14 juin 1873, sur l'île de Raïatéa — l'une des îles de la Société —, il est mort le 3 janvier 1991, à l'âge de 117 ans et 204 jours. Il était alors le doyen du monde. « Térii » avait 6 enfants, 54 petits-enfants, 129 arrière-petits-enfants et 19 arrière-arrière-petits-enfants. En France métropolitaine, l'homme qui a vécu le plus longtemps est Pierre Rouquié, né le 15 décembre 1711 à Vabre-Tizac, Aveyron, décédé le 6 février 1827 à l'âge de 115 ans et 53 jours.

Femme vivante ■ La Française Jeanne Calment est la personne vivante la plus âgée du monde (voir encadré).

LE FRANÇAIS LE PLUS AGÉ

Le doyen des Français est Albert Sutter, né le 19 janvier 1885. Cet ancien agriculteur a eu 107 ans début 1992. Né à Michelbach-le-Haut, Haut-Rhin, M. Sutter y vit toujours, chez ses petits-neveux, M. et Mme Raymond Wenzinger. M. Sutter ne s'est jamais marié et n'a pas d'enfant.

◁ *Le 21 février 1986 à 12 h 15, mourait Chigechiyo Izumi à l'âge de 120 ans et 237 jours.*

Anatomie et physiologie

L'hydrogène (63 %) et l'oxygène (25,5 %) sont les plus abondants des 24 éléments qui composent le corps humain. Le carbone, l'azote, le sodium, le potassium, le calcium, le soufre, le phosphore, le fer et le zinc sont présents en quantités significatives. On trouve également des traces d'iode, de fluor, de cuivre, de cobalt, de chrome, de manganèse, de sélénium, de molybdène, de vanadium, de nickel, d'étain et de silicium.

▷ *Shridhar Chillal a coupé ses ongles pour la dernière fois en décembre 1952. Grâce à cette décision, non seulement il totalise 4,52 m d'ongles mais il entre aussi dans le* Livre Guinness des Records.

Mains, pieds, pilosité

Ongles des mains ■ Les ongles des mains poussent à la vitesse approximative d'un demi-millimètre par semaine, soit 4 fois plus vite que les ongles des pieds.

ONGLE ROI

La taille totale, mesurée le 19 mars 1991, des ongles de Shridhar Chillal, né en 1937, de Pune, Inde, était de 4,52 m pour les 5 ongles de la main gauche (pouce : 1,02 m ; index : 77,5 cm ; majeur et annulaire : 90 cm ; auriculaire : 92,5 cm). Il a coupé ses ongles pour la dernière fois en décembre 1952.

Toucher ■ L'extrême sensibilité de notre toucher permet à un doigt de percevoir une vibration de 0,02 microns d'amplitude (1 micron = 1 millième de millimètre).

Pieds ■ Si l'on excepte les cas d'éléphantiasis, les pieds les plus grands du monde sont ceux du Pakistanais Mohammed Alam Channa (né en 1953). Il chausse du 56, ses pieds mesurent 37 cm (pour une taille de 2,29 m).

Le plus grand nombre de doigts et d'orteils ■ D'après une enquête faite à Londres le 16 septembre 1926, on a rapporté le cas d'un bébé ayant 14 doigts et 15 orteils.

Le plus petit nombre d'orteils ■ Certains membres de la tribu Wadonno, de la vallée du Zambèze, Zimbabwe, et de la tribu Kalanga, à l'est du désert du Kalahari, Bostwana, n'ont que deux orteils. Cette difformité ne les gêne pas pour marcher.

Cheveux ■ Les cheveux humains poussent d'environ 1,2 cm par mois. S'ils ne sont pas coupés, ils ne peuvent généralement pas dépasser 60 à 90 cm de longueur.

En mars 1989, on a annoncé que Mata Jagdamba, yogi de 74 ans vivant à Ujjain, dans le nord de l'Inde, avait une chevelure de 6,40 m de long.

En 1780, une paysanne polonaise de 52 ans arborait une chevelure de 3,65 m de long, coiffée à la « plica polonica »; les cheveux nattés en un enchevêtrement très serré. La natte avait une circonférence de 30 cm.

Les cheveux de Diane Witt, de Worcester, Massachusetts, EU, coupés pour la dernière fois il y a neuf ans, mesuraient 3,35 m en mai 1990.

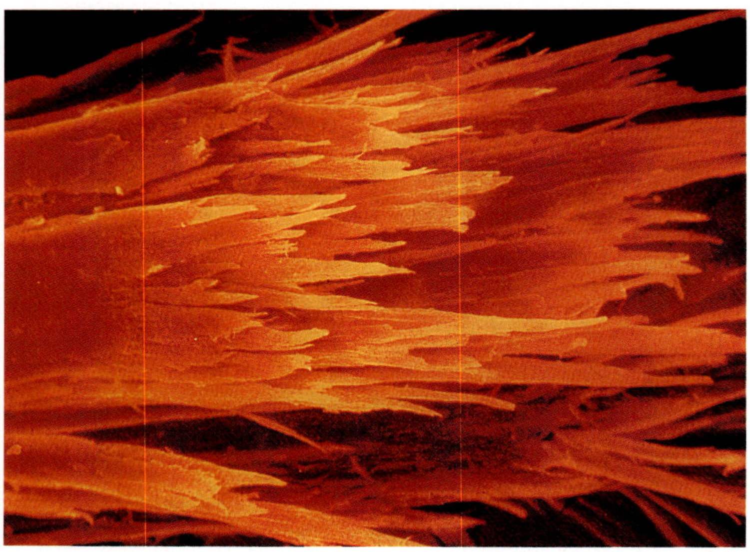

▷ *L'extrémité des cheveux est, au bout de quelques semaines, dans un tel état qu'il est nécessaire de les couper pour leur permettre alors de proliférer abondamment. C'est en tous cas le secret avoué de Mata Jagdamba, yogi, dont la belle chevelure atteint 6,4 m de long.*

Les cheveux les plus chers ■ Le 18 février 1988, un libraire anglais a acheté 5 575 £, soit plus de 55 000 F, une mèche de cheveu ayant appartenu à lord Nelson (1758-1805).

Barbe ■ La barbe de Hans N. Langseth, né en 1846 près de Eidsroll, Norvège, mesurait 5,33 m le jour de sa mort, en 1927. Elle a été présentée à l'Institut Smithsonian, Washington, EU, en 1967.

France ■ Louis Coulon, mouleur à Montluçon, Allier, né le 26 février 1826 à Vandenesse, Nièvre, exhibait en 1904 une barbe longue de 3,30 m.

Femmes à barbe ■ Janice Deveree, née en 1842 à Bracken Co., Kentucky, EU, arborait en 1884 une barbe de 36 cm de long.

France ■ La plus célèbre femme à barbe française fut Mme Delait, née en 1865 à Thaon, Vosges. Son système pileux mesurait 30 cm.

Les plus longues moustaches

La moustache que Birger Pellas (né le 21 septembre 1934), de Malmö, Suède, laisse pousser depuis 1973 avait atteint en avril 1991 une longueur de 3 m.
Karna Ram Bheel (1928-1987) obtint en 1979 d'un gouverneur de prison l'autorisation de garder sa moustache de 2,38 m qu'il laissait pousser depuis 1949, date à laquelle il avait été condamné à la prison à perpétuité. Pour la garder soignée, il l'enduisait d'un mélange de moutarde, d'huile, de beurre et de crème.

Dentition

L'émail des dents ■ L'émail des dents est la seule partie du corps humain qui demeure inchangée (c'est-à-dire dont les cellules ne sont pas remplacées) la vie durant. C'est aussi la matière la plus dure du corps humain.

Dents de lait ■ Les premières dents de lait apparaissent communément chez un nourrisson entre 5 et 8 mois. Il existe un certain nombre de cas d'enfants nés avec des dents, le plus célèbre étant le futur Louis XIV, qui naquit, le 5 septembre 1638, avec 2 dents. Les molaires apparaissent habituellement vers 24 mois, mais, dans un cas relaté au Danemark en 1970, un prématuré de 6 semaines est né avec 8 dents, dont 4 dans la zone des molaires.
Shaun Keaney, de Newbury, Berkshire, GB, est né le 10 avril 1990, avec 12 dents.

Les premières fausses dents ■ D'après des fouilles effectuées dans des tombes étrusques, on sait que les bridges dentaires étaient déjà utilisés 700 ans av. J.-C. dans la région aujourd'hui devenue la Toscane, en Italie. Certaines de ces fausses dents étaient fixées définitivement, d'autres étaient amovibles.

Le dentiste le plus « passionné » ■ Frère Giovanni Batista Orsenigo, dentiste à l'hôpital Fatebene Fratelli, à Rome, conservait dans trois énormes valises toutes les dents qu'il arrachait. Il exerça entre 1876 et 1904, période durant laquelle il amassa 2 000 744 dents, soit 189 dents (presque 6 dentitions complètes) par jour.

La plus forte morsure ■ En août 1986, Richard Hofmann, né en 1949, de Lake City, Floride, EU, a mordu avec une force de 442 kg pendant environ 2 s, soit six fois la force d'une morsure normale. Il participait à une expérience scientifique à l'école dentaire de l'université de Floride. La mesure a été effectuée grâce à un gnathodynamomètre.

Vision

La plus grande acuité visuelle ■ L'œil humain est capable de distinguer la position relative de deux objets avec une exactitude de 3 à 5" d'arc. En avril 1984, le Dr Dennis M. Levi, du collège d'optométrie de l'université de Houston, Texas, a réussi à identifier à plusieurs reprises une ligne blanche de 0,85" d'arc, ce qui correspond à une largeur de 4 mm vue d'une distance de 1 km.

Sensibilité à la couleur ■ Les yeux humains sont capables, dans les meilleures conditions de vision et d'éclairage, de distinguer avec précision 10 millions de nuances colorées. Les plus précis des spectrophotomètres électriques ont une sensibilité à peu près équivalente à 40 % du potentiel de l'œil humain.
Environ 7,5 % des hommes et 0,1 % des femmes sont daltoniens.
Les cas extrêmes de monochromatie sont très rares. Le taux de daltoniens le plus élevé se trouve en Tchécoslovaquie, et le taux le plus faible chez les Indiens du Brésil et des îles Fidji.

Os

Le plus long ■ 206 os composent le corps d'un humain adulte, sans compter les sésamoïdes (petits os du métatarse et du métacarpe). Sur un enfant, on en dénombre 300, car, pendant la croissance, certains os fusionnent en un seul. L'os de la cuisse, le fémur, est le plus long de tous, il représente 27,5 % de la taille d'un individu, et mesure 50 cm chez un homme de 1,80 m.
Le plus long fémur humain fut celui du géant allemand Constantine, qui mourut le 30 mars 1902 à Mons, Belgique, âgé de 30 ans (voir le tableau des géants). Son fémur mesurait 76 cm, pour 75 cm à celui de Robert Wadlow, l'homme le plus grand du monde.

Le plus petit ■ L'étrier, osselet de l'oreille moyenne, mesure de 2,6 à 3,4 mm de long et pèse de 2 à 4,3 mg.

Muscles

Le plus gros ■ Les muscles représentent en moyenne 40 % du poids total d'un corps humain. Le plus volumineux de nos 639 muscles est le *gluteus maximus*, ou muscle fessier, qui étire la cuisse.

Le plus petit ■ Le *stapedius*, qui contrôle l'étrier au centre du conduit auditif, indispensable à l'ouïe, mesure à peine 1,2 mm de long.

Le plus actif ■ Le muscle de l'œil (ou oculaire) bouge plus de 100 000 fois dans une journée. La plupart de ces mouvements ont lieu durant la phase de rêve du sommeil (voir *« Le rêve le plus long et le plus court », rubrique Cas médicaux extrêmes*).

Tour de poitrine ■ Les cages thoraciques les plus développées se trouvent chez les individus souffrant d'endomorphie, une tendance à l'obésité. Le tour de poitrine de Robert Earl Hugues (voir tableau des

◁ Le mouleur français Louis Coulomb exhibait en 1904 une barbe de 3,3 m.

△ Rien ne permet de supposer que Solange Delait, de Plombières, Vosges, n'était pas une femme.

Le plus grand nombre de dents ■ Des cas de pousse, au cours de la vie, d'une troisième rangée de dents, ont été plusieurs fois rapportés. Le cas le plus rare est celui de la Française Lison, qui aurait eu, en 1896, une quadruple rangée de dents.

La dent la plus chère ■ En 1816, une dent appartenant à Isaac Newton (1643-1727) a été vendue à Londres 730 £. Elle a été achetée par un noble qui l'a faite monter en bague.

◁ Les Tchèques et les Slovaques ont le plus haut taux de daltonisme. Cela explique peut-être le nombre extravagant de couleurs de voitures dans les rues de Prague.

« Ordinateurs humains » ■ Le Néerlandais Wilhelm Klein (1912-1986) a réussi le 7 avril 1981 à extraire en seulement 1 mm 28 s la racine treizième d'un nombre de 100 chiffres. L'expérience a eu lieu au laboratoire de physique des hautes énergies de Tsukuba, Japon. Le 18 juin 1980, le département informatique de l'Imperial College de Londres proposa à Mme Shakuntala Devi, d'Inde, une multiplication de deux nombres de 13 chiffres choisis au hasard : 7 686 369 774 870 x 2 465 099 745 779. Elle a réussi en 28 s à trouver, de tête, la bonne réponse : 18 947 668 177 995 426 462 773 730. Les experts en calcul mental ont refusé de croire que l'expérience avait été rigoureusement conduite.

▷ *Antonio Gomez Dos Santos est resté debout immobile pendant 15 h 2 mn 55 s. Aucun mouvement du visage n'était autorisé en dehors des clignement d'yeux involontaires.*

▷ *Le mollet gauche de Richard Dervin, de Versailles, mesure 44 cm de circonférence à froid. C'est le plus beau mollet du monde.*

super-poids lourds) mesurait 3,15 m.
T. J. Albert Jackson, l'homme vivant le plus lourd du monde, a un tour de poitrine de 3,05 m.
Parmi les sujets normaux, mais très musclés (mésomorphes), il est extrêmement rare de trouver un tour de poitrine supérieur à 1,40 m.
L'acteur américain Arnold Schwarzenegger, né en 1948 à Graz, Autriche, remporta les titres de « Monsieur Univers » et de « L'homme le mieux bâti de tous les temps ». Son tour de poitrine mesure 1,45 m, ses biceps 56 cm, pour un poids de forme de 107 kg et une taille de 1,85 m.
Mais le tour de poitrine le plus impressionnant de tous les hommes hypermusclés est celui de l'haltérophile américain Bruce Wayne Richardson de Salt Lake, Utah, EU, né le 23 septembre 1948 : on l'a mesuré à 1,84 m, pour une taille de 1,75 m et un poids de 115,6 kg.

France ■ Le lutteur Serge Yung, né en 1968 à Hartzviller, Moselle, a un périmètre thoracique de 1,29 m. Il mesure 1,85 m.

Tour de taille ■ Le plus grand tour de taille jamais mesuré, 3,02 m, était celui de Walter Hudson (voir tableau des super-poids lourds) à l'époque où il pesait 545 kg.
La reine Catherine de Médicis (1519-1589) prétendait avoir une taille de 35 cm. Mais peut-être la coquetterie l'emporte-t-elle ici sur l'exactitude de la mesure...
Le plus petit tour de taille attesté chez une femme de taille normale au XXe siècle, celui de l'actrice française Mlle Polaire (de son vrai nom Émilie Marie Bouchand, 1881-1939), mesurait 33 cm.
Ethel Granger (1905-1982), de Peterborough, GB, a fait passer son tour de taille de 56 à 33 cm entre 1929 et 1939.

Biceps ■ L'haltérophile américain Isaac Nesser dit « Dr Size », né le 21 avril 1962 à Greensburg, Pennsylvanie, EU, a des biceps d'une circonférence de 66 cm, non gonflés.

France ■ Les biceps du Français Claude Ambroise Seurat (voir plus haut *« Les êtres humains les plus légers »*) mesuraient 10 cm.

Cous ■ Les cous les plus longs sont ceux des femmes des ethnies Karen et Padang, de Birmanie : grâce à la superposition d'anneaux de cuivre, leur cou arrive à mesurer jusqu'à 40 cm.

Mollet ■ Le mollet de Richard Dervin, de Versailles, Yvelines, mesure 44 cm de circonférence à froid.

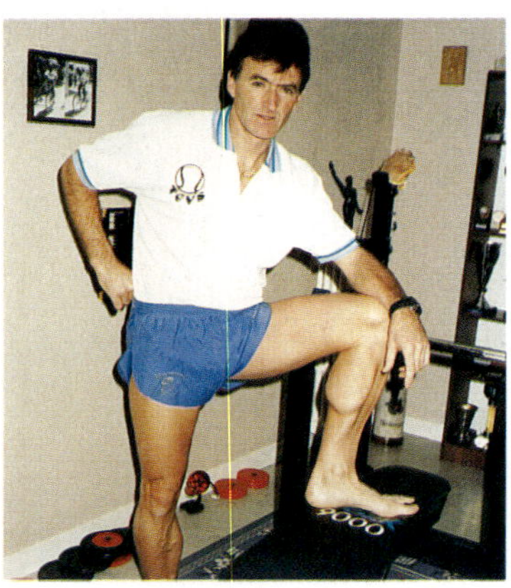

Les cerveaux les plus lourds

Grâce aux examens *post mortem*, on a pu constater que le poids moyen d'un cerveau humain masculin était de 1 370 g en 1860, contre 1 400 g de nos jours, mais ce poids diminue avec l'âge. Le poids du cerveau féminin augmente aussi, et, durant les dernières décennies, presque aussi rapidement que celui du cerveau masculin. Il est passé de 1 240 g en 1860 à 1 260 g aujourd'hui.
Le plus lourd cerveau connu, 2 049 g, est celui d'un homme de 50 ans, que le Dr Thomas F. Hegert, de Floride, EU, pesa le 23 octobre 1975.
Le cerveau d'Ivan Sergueievitch Tourgueniev (1818-1883), le célèbre écrivain russe, pesait 2 012 g.
Le cerveau féminin le plus lourd que l'on connaisse, 1 565 g, était celui d'une meurtrière.
Le cerveau humain s'alourdit au fil des temps. Le Pr Marian Diamond, de l'université de Californie, à Berkeley, a annoncé, le 13 février 1985, que la section 39 du cerveau d'Albert Einstein (1879-1955) possédait 72,8 % de liaisons intercellulaires en moins que la moyenne. Son taux de liaisons neuroniques était de 1,12 alors que le taux moyen est de 1,93.

Cerveau

Le plus léger ■ Le cerveau non atrophié le plus léger fut examiné en 1977 par le Dr P. Davis et le Pr G. Wright, du King's College Hospital de Londres. D'un poids de 1 096 g, il avait appartenu à une femme de 31 ans.

Crâne le plus cher ■ Le crâne du philosophe et théologien suédois Emanuel Swedenborg (1688-1772) fut acheté 5 500 £ par la Royal Swedish Academy de sciences, le 6 mars 1977.

Mémoire ■ En mai 1974, Bhandanta Vicitsara a récité, à Rangoon, Birmanie, 16 000 pages de textes canoniques bouddhistes.
Selon l'agence de presse Chine nouvelle, Gon Yangling, 26 ans, aurait mémorisé plus de 15 000 numéros de téléphone.
Dominic O'Brien, de Guilford, Surrey, GB, a réussi, le 22 juillet 1990, à mémoriser d'un coup d'œil 1 820 cartes à jouer (35 jeux de 52 cartes) soigneusement battues ensemble. Il n'a commis que deux erreurs.

Le plus grand nombre de décimales de π (pi) ■ Hideaki Tomoyori (né le 30 septembre 1932), de Yokohama, Japon, a récité de mémoire, les 9 et 10 mars 1987, 40 000 décimales de π en 17 h 21 mn, dont 4 h 15 mn de pause, à l'université de Tsukuba.

Cellules

Les plus petites ■ Les cellules cérébrales qui se trouvent dans le cervelet ne mesurent que 0,005 mm.

Les plus grandes ■ Les cellules nerveuses motrices qui véhiculent un ordre de la

moelle épinière jusqu'au gros orteil, par exemple une extension ou une flexion, peuvent mesurer jusqu'à 1,30 m.
Encore plus longues sont les cellules nerveuses sensitives qui rapportent la sensibilité du gros orteil, thermique (température) et algique (douleur), au cerveau, en transitant par la moelle épinière ; elles atteignent à peu près la taille de la personne.

Le renouvellement le plus rapide ■ Les cellules qui se trouvent dans les voies digestives (intestins) se renouvellent tous les trois jours.

La plus longue mémoire ■ Les lymphocytes, qui se reproduisent régulièrement, en se transmettant leur mémoire, n'oublient jamais un ennemi. Par exemple, un homme, contractant la rougeole dans son enfance, pourra se défendre 70 ans plus tard contre le même virus grâce à son système immunitaire.

Voix, sons

Les décibels mesurent les sons alors que les hertz mesurent les fréquences des ondes.

Mesure des sons ■ L'intensité des bruits et des sons est mesurée en termes de pression. La pression du plus petit son perceptible à une ouïe normale à la fréquence la plus audible de 2 750 Hz est de 2×10^{-5} pascal. Un dixième du logarithme de ce nombre est appelé décibel (dB). Un bruit de 30 dB est peu audible, la voix humaine moyenne ayant une intensité de 50 dB.
Un bruit soutenu de 150 dB cause une surdité permanente, alors qu'un bruit ponctuel dépassant 190 dB peut provoquer un choc mortel par excès de pression. Plus de 2 millions de Français sont exposés, dans les usines, à de pénibles bruits prolongés de 90 dB. Les courses automobiles peuvent atteindre 125 dB et un marteau-piqueur 130 dB.

Les voix les plus hautes et les plus basses ■ Avant le début de notre siècle, les plus hautes voix connues furent celle de l'Américaine Ellen Beach Yaw (1869-1947), qui réussit un mi alt altissimo le 19 janvier 1896 au Carnegie Hall, New York, et celle de Kasper Foster (1617-1673), avec un la de 55 Hz (55 vibrations par s).
La chanteuse d'opéra française Mado Robin (1918-1960) soutenait un contre-contre-si dans la scène de la folie de *Lucie de Lammermoor*, de Donizetti.
Depuis les années 50, les records des plus hautes ou des plus basses voix ont été largement battus. L'Allemande Marita Günther, élève d'Alfred Wolfsohn, pouvait chanter la gamme d'un piano de la plus basse à la plus haute note, soit 7,25 octaves.
Roy Hart, également élève de Wolfsohn, a pu produire des notes plus basses que la note la plus basse d'un piano.
Barry Girard, de Canton, Ohio, EU, a atteint en mai 1975 le mi (4 340 Hz) qui suit la note la plus haute d'un piano.

France ■ Le 24 juillet 1988, au festival de Beslon, Manche, Chantal Tardieu a chanté du contre-fa dièse au fa dièse grave, soit 5 octaves.

La plus grande portée ■ Une voix masculine moyenne est intelligible, en plein air et sans vent, jusqu'à 180 m de distance. Le *silbo*, langage sifflé des habitants de l'île de Gomera, Canaries, répercuté par les vallées et les montagnes, est intelligible jusqu'à 8 km de distance. Une voix humaine peut porter jusqu'à 17 km de distance lorsqu'elle est émise dans des conditions bien particulières : sur une eau calme, la nuit.

Le plus haut son perceptible ■ On considère que l'extrême limite est de 20 000 Hz (cycles par seconde), bien que l'on pense que les enfants asthmatiques perçoivent des sons de 30 000 Hz. Les chauves-souris émettent des sons dont la fréquence peut atteindre 90 000 Hz. En février 1964, l'URSS annonça des résultats d'expériences prouvant que l'on pouvait percevoir des fréquences de 200 000 Hz si l'émetteur était placé contre la boîte crânienne.

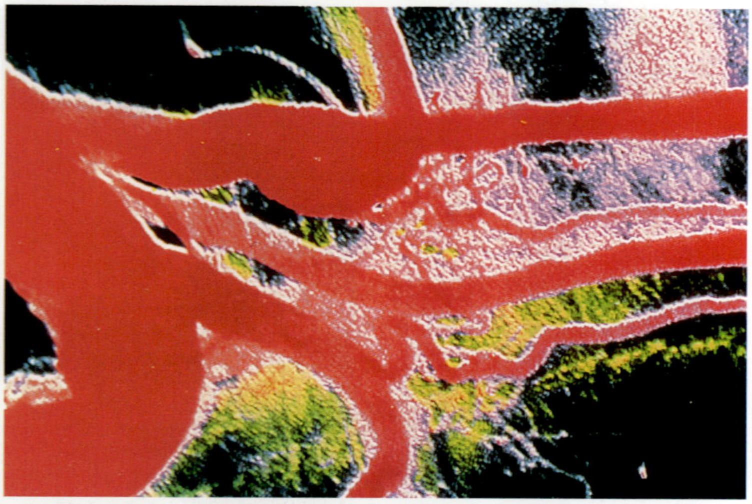

◁ *La plus grosse artère du corps humain est l'aorte qui a un diamètre de 3 cm. Sur ce document on en aperçoit la courbe, qui contourne le cœur.*

FLOTS DE PAROLES

Peu de gens peuvent articuler plus de 300 mots par minute. Le président John Fitzgerald Kennedy (1917-1963) était l'homme public le plus volubile. Dans un discours de décembre 1961, il dépassa cette limite.

Le débit de parole le plus élevé ■ René Tramoni, de Nice, Alpes-Maritimes, a réussi à énoncer 668 mots en 1 mn, le 24 février 1989.

A l'envers ■ Steve Briers (GB) a récité à l'envers, le 6 février 1990, toutes les chansons de l'album du groupe Queen *Une nuit à l'Opéra*. Il a articulé les 2 343 mots en 9 mn 58 s.

Sang

Les groupes sanguins ■ La prépondérance d'un groupe sanguin varie considérablement d'une région à l'autre. A l'échelle mondiale, c'est le groupe O qui est le plus fréquent (46 %). Mais, dans certaines régions, comme la France, le groupe A domine.
Le groupe sanguin le plus rare dans le système ABO, l'un des 14 systèmes reconnus, est le groupe « Bombay » (phénotype h-h). Les seuls cas connus sont ceux d'une Tchécoslovaque, en 1961, et d'un frère (rhésus positif) et d'une sœur (rhésus négatif) appelés Jalbert, dans le Massachussetts, EU, ce cas fut rapporté en février 1968.

Donneurs et receveurs ■ Le record absolu du plus grand nombre de dons de sang est détenu par un habitant de Valence, Drôme, M. Richard Marino, né le 21 novembre 1923, qui, au 28 février 1989, avait donné 1 256 fois son sang.
Hémophile, Warren C. Jyrich, 50 ans, a dû recevoir, lors d'une opération à cœur ouvert pratiquée en décembre 1970 à l'hôpital Michael Reese de Chicago, 1 080 litres de sang, soit l'équivalent de 2 400 dons.

La plus grande artère ■ L'aorte a un diamètre de 3 cm lorsqu'elle repart du cœur.

Alcoolémie extrême ■ En décembre 1982, l'université de Californie, à Los Angeles, a communiqué le cas d'une jeune femme de 24 ans, hébétée mais non inconsciente, dont le taux d'alcoolémie était de 15,1 g d'alcool par litre de sang, soit près de 19 fois le taux légal admis en France par le code de la route (0,8 g/l), et trois fois le taux théoriquement mortel. Elle put quitter l'hôpital au bout de deux jours.
Tommy Johns, de Brisbane, Australie, mourut d'une tumeur au cerveau en avril 1988, à l'âge de 66 ans. Il avait été arrêté 3 000 fois pour ivresse publique.

France ■ Le 27 mai 1990, sur la Croisette, à Cannes, Alpes-Maritimes, un agent de change londonien, M. Guy Williams, a été arrêté alors qu'il roulait à toute allure au volant d'une Porsche 911. La prise de sang a révélé qu'il avait 5,4 g d'alcool dans le sang, alors que le seuil du coma éthylique est de 4 g.

OH ! MR. PITT

William Pitt Jr. (1759-1806), Premier ministre britannique, est réputé avoir bu en une année 574 bouteilles de bordeaux, 854 de madère, et 2 410 de porto.

Le cri le plus fort ■ Simon Robinson de McLaren Vale, Australie du sud, a atteint 128 dB, le 11 novembre 1988.

Le sang le plus riche ■ On s'est aperçu en août 1970 que le sang de Joe Thomas, de Detroit, Michigan, EU, possédait le plus grand nombre d'anticorps rares jamais vu, des anti-Lewis B. Une entreprise de biologie américaine lui offre 1 500 $ pour 1 litre de son sang. Le fisc américain lui réclame des impôts sur ces « liquidités ».

La personne la plus contagieuse ■ La porteuse de typhoïde la plus célèbre fut Mary Mallon, plus connue sous celui de « Mary Typhoïde », née à Graubunden, Suisse, en 1855. Arrivant aux États-Unis comme immigrante le 11 janvier 1868, elle contamina 53 personnes à son travail (elle était cuisinière). Elle provoqua aussi, en 1903, une épidémie qui affecta 1 400 personnes à Ithaca et tua trois malades. Elle fut définitivement placée en quarantaine à l'hôpital de Riverside, en 1915. Elle y mourut le 11 novembre 1938 d'une broncho-pneumonie.

Température du corps

La plus haute ■ Willie Jones, un Américain de 52 ans, a subi le 10 juillet 1980 à Atlanta, Georgie, EU, une attaque due à une chaleur excessive de 32,2 °C, pour un taux d'humidité de 44 %. Le jour de son admission au Grady Memorial Hospital, il affichait une température de 46,5 °C ; il y resta 24 jours.

La plus basse ■ Au-dessous de 35 °C, un être humain peut mourir d'hypothermie. On connaît trois cas d'individus dont la température interne est descendue à 16 °C. Dorothy Mae Stevens (1929-1974) a été trouvée dans une rue de Chicago, Illinois, EU, le 1er février 1951, alors que son pouls était descendu à 12 pulsations par minute. Vickie Mary Davis, découverte à l'âge de 2 ans et un mois dans une maison non chauffée de Marshalltown, Iowa, EU, et Michael Troke, 2 ans, retrouvé dans la neige près de sa maison le 19 janvier 1985 à Milwaukee, Wisconsin, EU, affichaient également une température de 16 °C.

Drogues

Les plus puissantes ■ La drogue qui produit les effets les plus impressionnants est l'acide lysergique de synthèse (LSD 25, $C_{20}\ H_{25}\ N_{30}$), fabriqué pour la première fois en 1938 lors d'études sur le rhume banal.
L'analgésique le plus puissant est le R 33799, un dérivé de la morphine, que l'on évalua en 1978 comme 12 000 fois supérieur à la morphine.
L'interféron (une protéine produite par des cellules infectées par un virus, et qui procure une résistance à tout autre virus) vaut 10 $ le millionième de microgramme.

Maladies

Les plus courantes ■ Les maladies non contagieuses les plus courantes sont les infections de la bouche, telles que la gingivite (inflammation des gencives). Tout le monde en souffre un jour ou l'autre dans sa vie.
Dans certaines régions des tropiques, presque 100 % de la population souffre de parasites intestinaux tels qu'*Enterobius vermicularis*.
La plus courante des maladies contagieuses au monde est le coryza, ou rhume.

LA MALADIE LA PLUS CONTAGIEUSE

La « grande peste », ou « peste noire », déferla d'Asie centrale vers la Chine, l'Inde et l'Europe, à partir de 1337. Elle tua en moins d'un demi-siècle 25 millions d'Européens et autant d'Asiatiques.

Les plus rares ■ Périodiquement, la littérature médicale recense des maladies jusque-là inconnues.

LE SIDA

En juillet 1990, on a annoncé que la première victime du sida fut sans doute un marin de 25 ans mort en 1959 à Manchester, GB. Le virus du sida (syndrome d'immuno-déficience acquise) fut identifié en janvier 1983, à l'Institut Pasteur, à Paris, par les Pr Luc Montagnier, Françoise Barré-Sinoussi et Jean-Claude Chermann. Depuis, un autre type de virus de l'immuno-déficience humaine (VIH) a été découvert : le VIH-2, surtout présent en Afrique de l'Ouest. Tous deux se transmettent de la même façon, essentiellement à l'occasion de rapports sexuels.
Au 31 décembre 1991, l'OMS (Organisation mondiale de la santé) recensait 446 681 cas de sida déclarés à travers le monde depuis 1979. Cependant, cet organisme estimait à 800 000 le nombre total de cas de sida cumulés. Par ailleurs, il recensait 500 000 cas d'enfants nés contaminés. Au total, donc, 2 millions de personnes auraient été malades du sida depuis 1979. Quant au nombre de séropositifs, l'OMS estime qu'il est de 10 à 12 millions de personnes.

France **■ En mars 1992, on dénombrait 17 454 cas de sida cumulés (16 194 adultes et 382 enfants). A cette date, la maladie avait tué plus de 8 560 personnes, dont 1 917 dans la seule année 1989, selon l'Inserm. Le dépistage n'étant pas obligatoire, le nombre de séropositifs ne peut être qu'estimé : l'Inserm l'évaluait, pour 1991, de 150 000 à 200 000 personnes.**

Le dernier cas de variole endémique a été observé sur le Somalien Ali Maalin, le 26 octobre 1977.
Le kuru (littéralement : « tremblements ») est aujourd'hui éradiqué. Il n'affectait que la tribu des Fore, en Papouasie-Nouvelle-Guinée.

La maladie de Parkinson ■ Son nom provient d'un essai du Dr James Parkinson en 1817 sur la « paralysie agitante ». Les premiers traitements ne furent publiés qu'en 1946.
La plus longue maladie de Parkinson a duré 62 ans : le Londonien Frederick G. Humphries en mourut le 23 février 1985, alors que les premiers symptômes avaient été décelés en 1923.

Causes de mortalité ■ Comme dans tous les pays industrialisés, ce sont les maladies cardiovasculaires, puis les cancers, qui font le plus de victimes en France : en 1989 (derniers chiffres publiés par l'Inserm), 179 020 personnes (dont 38,3 % de femmes) sont mortes des suites de troubles cardiovasculaires et 142 383 (dont 31,4 % d'hommes) des suites d'un cancer.

Cas médicaux extrêmes

Arrêt du cœur ■ Le pêcheur norvégien Jan Egil Refsdahl (né en 1936) subit un arrêt du cœur de 4 h, le 7 décembre 1987. Passé par-dessus bord, il était tombé dans les eaux glacées au large de Bergen. Transporté à l'hôpital de Haukeland, alors que sa température intérieure avait chuté à 24 °C et que son cœur s'était arrêté de battre, il fut aussitôt branché sur un cœur-poumon artificiel habituellement utilisé pour les opérations cardiaques et revint à la vie.

Naissance *post mortem* ■ Une petite fille est née le 5 juillet 1983, 84 jours après que sa mère a été déclarée cliniquement morte, à Roanoke, Virginie, EU. C'est le cas le plus long de gestation *post mortem*. Il a pu réussir grâce à une assistance de survie médicale raffinée, branchée sur la mère dès le mois d'avril.

Pouls ■ Le nombre moyen de pulsations au repos est de 70 à 78 par minute pour un homme, et de 75 à 85 pour une femme. Cette fréquence peut monter à 200 lors d'exercices violents.

Le coma le plus long ■ Elaine Esposito (3 décembre 1934-25 novembre 1978) fut opérée le 6 août 1941 de l'appendicite, à Chicago, Illinois, EU. Elle ne se réveilla jamais, et resta donc 37 ans et 111 jours dans le coma.

Le rêve le plus long et le plus court ■ Pendant le sommeil, les moments de rêve se caractérisent par des mouvements rapides des yeux, appelés REM, décrits en 1953 par William Dement, de l'université de Chicago. La plus longue durée de REM, 2 h 23 mn, a été enregistrée le 15 février 1967, au département de psychologie de l'université d'Illinois, sur Bill Carskadon. En 1984, le Centre de recherches sur le sommeil de Haïfa, Israël, a relevé le cas d'un homme de 33 ans qui ne rêvait plus depuis que son cerveau avait été endommagé par des éclats d'obus. *(**Voir aussi « Le muscle le plus actif »**).*

Le calcul le plus gros ■ Le 29 décembre 1952, un calcul de 6,3 kg a été prélevé sur une patiente de 80 ans par le Dr Humphrey Arthure à l'hôpital de Charing Cross, Londres.
En août 1987, à l'hôpital de Worthing, Sussex, GB, le Dr Whittle Martin a prélevé 23 530 calculs biliaires sur une femme de 85 ans qui se plaignait de vives douleurs abdominales.

La plus longue survie en poumon d'acier ■ Mme Laurel Nisbet (1912-1985), de La Crescenta, Californie, a vécu sans interruption avec un poumon d'acier pendant 37 ans et 58 jours, à partir du 25 juin 1948.

Le message nerveux le plus rapide ■ Des

expériences publiées en 1966 ont démontré que le plus rapide message transmis par le système nerveux humain « voyage » à 288 km/h. Avec l'âge, cette vitesse diminue cependant de 15 %.

Réflexes ■ Les réflexes les plus rapides ont été observés pendant les jeux Olympiques de 1980 chez des sprinters, lors du départ d'épreuves de vitesse : 0,120 s pour l'Allemande de l'Est Romy Müller en demi-finale du 200 m, et 0,124 s pour le Britannique Wilbert Greaves lors du 110 m haies. Le temps de réflexe d'un cafard ordinaire est de 0,011 s.

Hoquet ■ La plus longue crise de hoquet perturba la vie de Charles Osborne depuis 1922. Né en 1894, à Anthon, Iowa, EU, il a hoqueté pendant 69 ans et 5 mois (l'attaque initiale est survenue alors qu'il tuait un cochon) sans que l'on ait trouvé de remède, ce qui ne l'a pas empêché de se marier deux fois et d'avoir huit enfants. En juillet 1986, il hoquetait 20 à 25 fois par minute, alors qu'au début sa fréquence était de 40 hoquets par minute, et ceci jusqu'en février 1990. Il est mort le 1er mai 1991.

Éternuements

Donna Griffith, née en 1969, de Pershore, GB, a éternué du 13 janvier 1981 au 16 septembre 1983. Elle a éternué environ 1 million de fois durant les 365 premiers jours. Elle a enfin connu sa première journée sans aucun éternuement au bout de 978 jours.
La vitesse à laquelle sont projetés les postillons lors d'un éternuement peut atteindre 170 km/h.

Ronflements ■ Des ronflements atteignant 90 dB ont été enregistrés chez un ronfleur chronique le 3 novembre 1987, au département médical de l'université de Vancouver, Canada. L'appareil de mesure était placé à 60 cm au-dessus de la tête de Mark Tompson Hebbard, né le 28 février 1947, de Richmond, Canada. La loi de Vancouver fixant le seuil de bruit nocturne à 80 dB, il se demande depuis s'il a bien le droit d'y dormir...

Bâillements ■ Le cas « Lee », publié en 1888, fait état de cette jeune fille de 15 ans qui bâilla sans discontinuer pendant cinq semaines.

Insomnies ■ Des études menées sur le cycle circadien (du latin *circa* = autour et *dies* = jour) prouvent que c'est en général entre 20 h et 21 h que l'être humain est le plus en forme, et vers 4 h du matin qu'il l'est le moins. Le record d'insomnie volontaire a été battu entre le 14 mars et le 2 avril 1986 par le Californien Robert McDonald, qui est resté éveillé dans un fauteuil à bascule pendant 453 h 40 mn. Certains vrais insomniaques ne trouvent jamais le sommeil profond, parfois pendant des années. Jesús de Frutos, né en 1925, de Ségovie, Espagne, affirme n'avoir que somnolé depuis 1954.

Résistance à la chaleur ■ On a observé, lors d'expériences de l'armée de l'air américaine, en 1960, que l'homme peut résister, nu, à une température en air sec de 204 °C, et, chaudement vêtu, de 260 °C. La cuisson d'un steak ne requiert que 162 °C. On peut supporter jusqu'à 140 °C dans un sauna.
Steven Neil Bisyak, de Redmond, Washington, EU, a organisé, le 19 décembre 1987, une marche sur des charbons ardents (841 °C) à laquelle participèrent 11 personnes. Une marche de ce type a lieu chaque année au mois de mai, à Sainte-Hélène, dans le nord de la Grèce, à l'occasion de la Saint-Constantin.

Deux bras tendus dans la nuit

Dans la nuit du 6 avril 1987, Michael Dixon, né en 1976, a quitté sa maison de Danville, Illinois, EU, lors d'une crise de somnambulisme.
Il est monté dans un train de marchandises, et on l'a retrouvé, hébété, marchant pieds nus, en pyjama, le long d'une voie ferrée, à Peru, Indiana, à 160 km de chez lui.

Absorption ■ Le pire cas d'absorption forcenée fut observé chez une femme démente de 42 ans, Mme H..., qui se plaignait de « légères douleurs abdominales ». Les Dr Chalk et Foucar, de l'hôpital d'Ontario, Canada, retirèrent de son estomac, en juin 1927, 2 533 objets, dont 947 épingles tordues.
On a extrait en mai 1985 de l'estomac d'un homme admis à l'hôpital Groote Schuur, du Cap, Afrique du Sud, 207 objets : 53 brosses à dents, 2 antennes télescopiques, 2 rasoirs et 150 manches de rasoirs jetables. Une névrosée américaine de 24 ans a avalé un jour un boulon de porte d'hôpital mesurant 12 cm de long. Miraculeusement, celui-ci a franchi le coude du duodénum et traversé les intestins sans les encombrer, pour finalement sortir par les voies naturelles en cassant un bassin de l'hôpital...
L'objet le plus lourd jamais extrait de l'estomac d'un être humain était une boule de cheveux pesant 2,5 kg, avalée par une démente de 20 ans. Elle fut opérée le 30 mars 1895 dans un hôpital des Cornouailles, GB.

France ■ Michel Lotito, né le 15 juin 1950, à Grenoble, Isère, connu comme « Monsieur Mangetout », a avalé du métal et du verre depuis 1959. Les gastroentérologues, qui ont radiographié son estomac, ont observé qu'il pouvait absorber 900 g de métal par jour.
Depuis 1966, il a ingurgité 10 bicyclettes, un caddie de supermarché en quatre jours et demi, 7 télévisions, 6 chandeliers et un avion qu'il avala à Caracas, Venezuela.

Jeûne ■ Les médecins estiment qu'une personne en bonne santé peut vivre 30 jours sans mettre sa santé en danger en n'avalant que de l'eau sucrée.
Angus Barbieri (né en 1940), de Tayport, GB, un homme de 214 kg, a suivi en 1965, pendant 382 jours, un régime alimentaire sans nourriture solide, à l'hôpital Maryfield de Dundee, Écosse. Il n'avalait que du thé, du café, du soda, de l'eau et des vitamines. Il ne pesait plus que 80 kg à la fin du traitement.
La grève de la faim la plus longue a été celle de Denis Galer Goodwin, emprisonné pour viol, à Wakefield, GB, qui protestait de son innocence. Refusant de se nourrir pendant 385 jours, du 28 juin 1972 au 18 juillet 1973, il a survécu grâce

◁ *Michel « Mangetout » Lolito peut absorber 900 g de métal par jour. Ses couverts ne sont pas un couteau et une fourchette mais des pinces et des tenailles.*

Le plus gros fumeur ■
Le roi Zog Ier d'Albanie (1895-1961) fumait, dit-on, 300 cigarettes par jour.

Le souffle le plus fort ■
Le 10 août 1990, le Norvégien Inge Widar Svingen a éteint en 2 h, de son seul souffle, 25 270 bougies.
Le record féminin a été battu le 26 juillet 1986 par Sipra Ellen Lloyd, qui a soufflé 8 357 bougies à Port Lonsdale, Australie.

▷ Le chirurgien militaire Dominique Larrey, des armées napoléoniennes, mettait entre 13 et 15 s pour amputer une jambe sans anesthésie. Sur cette gravure, il fait une démonstration de contraction musculaire sur une jambe fraîchement amputée.

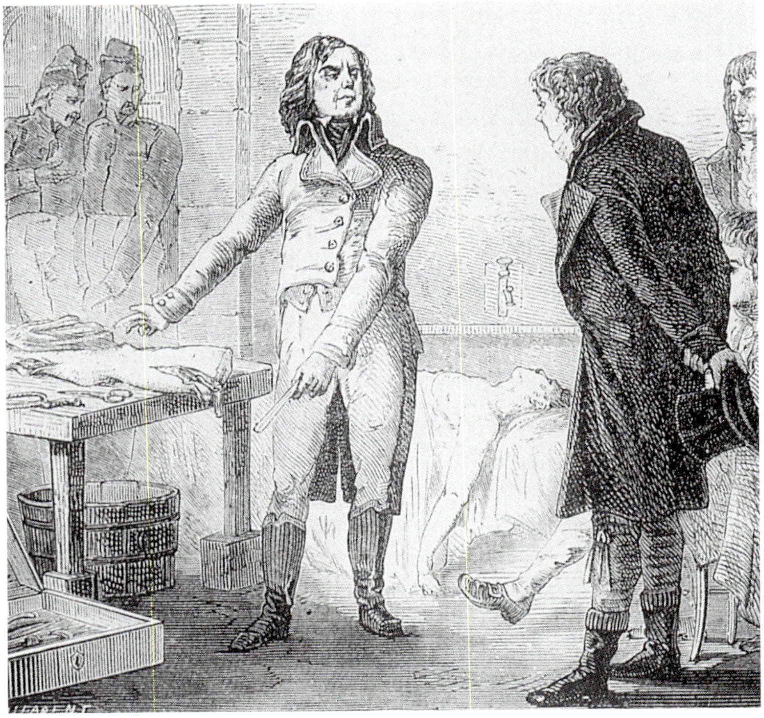

Piqûres ■ Phyllis Lush, née le 25 octobre 1916, de Darlington Point, Nouvelle-Galles du Sud, Australie, diabétique, s'est administrée elle-même 65 000 injections d'insuline durant les 69 dernières années, de 1922 à octobre 1991.

La plus longue ■ 96 h ont été nécessaires, du 4 au 8 février 1951, pour mener à bien une opération délicate sur Gertrude Levandowski, qui souffrait d'une déficience cardiaque. L'intervention a eu lieu à Chicago, Illinois, EU. L'opération la plus « différée » fut l'ablation des amygdales de Christine Madden, née en 1959, de Ward End, GB. Opérée le 20 février 1989, elle attendait depuis 22 ans (elle en avait alors 8) que l'hôpital la convoque. Quant à Joan Brown, de Birmingham, GB, elle s'est inscrite sur une liste d'attente pour la même opération une première fois en 1939, puis en 1958. Elle attend toujours...

à une sonde passant du nez à l'estomac.
La plus longue période sans nourriture ni eau qu'un homme ait supportée est de 18 jours. Andreas Mihavecz, 18 ans, fut oublié le 1er avril 1979 dans une cellule du commissariat de police de Höchst, Autriche, où on l'avait enfermé à la suite d'un accident de la route.
On le retrouva le 18 avril à moitié mort de faim et de soif.

Accélération ■ L'accélération naturelle due à la pesanteur, g, est de 9,78 m/s^2 au niveau de la mer, à la latitude équatoriale. Le médecin californien Carter Collins a résisté, lors d'expériences astronautiques, à une accélération soutenue de 20 g, avec une pointe à 25 g, durant laquelle il a pesé 25 fois son poids.
L'accélération la plus forte jamais subie par un homme, 82,6 g pendant 0,04 s, a été infligée à Eli L. Beeding Jr. lors du lancement d'une fusée sur la base Holloman de l'armée de l'air américaine, au Nouveau-Mexique, le 16 mai 1958. Il dut rester trois jours à l'hôpital.
Lors de cérémonies initiatiques, les jeunes guerriers de certaines tribus du Vanuatu (anciennement Nouvelles-Hébrides) plongeaient dans le vide du haut d'une plate-forme, attachés par la cheville à une liane. Un sauteur de l'île de la Pentecôte s'est ainsi jeté le 15 mai 1982 du haut d'une plate-forme de 24,80 m. Il atteignit une vitesse de 15 m/s (54 km/h), et la secousse d'arrivée engendra une accélération brutale de plus de 110 g.

Le séjour à l'hôpital le plus long ■ Martha Nelson est entrée au State Institute de Columbus, Ohio, EU, établissement spécialisé pour les débiles légers, en 1875. Elle est décédée en janvier 1975, dans une autre institution de l'Ohio, à l'âge de 103 ans et 6 mois, après plus de 99 ans d'hospitalisation.

LES TATOUÉS

Tom Leppard de l'île de Syke est l'homme le plus tatoué du monde. Il s'est fait tatouer sur environ 99,2 % de son corps une peau de léopard, alternant des taches sombres et jaune safran.
Bernard Moeller, de Pennsylvanie, EU, prétendait porter 8 960 tatouages distincts à la date du 4 décembre 1989.
Walter Stiglitz, de North Plainfield, New Jersey, EU, a déclaré en avril 1989 être décoré de 5 488 tatouages, composés par six artistes.
La femme la plus tatouée du monde est la strip-teaseuse Kristina Kolorful, née le 5 décembre 1952 à Alberta, Canada. Il a fallu dix ans pour tatouer 95 % de la surface de sa peau.

Interventions chirurgicales

Le plus grand nombre d'opérations ■ Le Dr M.C. Modi, pionnier de la chirurgie oculaire en Inde depuis 1943, a opéré une fois 833 cataractes en une journée. En février 1990, il avait visité 45 416 villages, examiné 10 094 632 patients et pratiqué 595 019 opérations depuis le début de sa carrière.
Le Dr Robert McClure, né en 1901, de Toronto, Canada, a procédé durant sa carrière, entre 1924 et 1978, à 20 423 opérations majeures.
Joseph Ascough (1935-1987), de Nottingham, GB, a subi sa 341e opération en septembre 1987. Depuis l'âge de 18 mois, des excroissances de chair se formant dans sa trachée artère l'empêchaient de respirer.
Il a fallu 248 séances réparties sur une période de six ans, jusqu'au 2 mars 1977, pour débarrasser Jens Kjaer Jension, né en 1914, de Hoven, Danemark, de 32 131 épines. Tombé dans son jardin au milieu d'un massif d'épineux, il avait été transporté inconscient à l'hôpital. Maintenant encore, il est parfois démangé par une épine qui cherche à sortir de la peau de ses jambes.

L'opéré le plus âgé ■ Le 7 novembre 1960, James Henry Brett (1849-1961), de Houston, Texas, EU, s'est fait opérer de la hanche à l'âge de 111 ans et 105 jours.

France ■ Né le 19 août 1886, Georges Mou s'est fait poser un pacemaker, à l'âge de 105 ans par le Dr Claude Renner, à la Polyclinique chirurgicale de Champigny-sur-Marne, le 30 mars 1991.

La première appendicectomie ■ En 1736, la première opération réussie de l'appendicite fut effectuée par Claudius Amyand (1680-1740), sergent-chirurgien du roi de Grande-Bretagne et d'Irlande, George II, qui régna de 1727 à 1760.

La première anesthésie générale ■ La première opération sous anesthésie générale a eu lieu le 30 mars 1842 à Jefferson, Georgie, EU. Le Dr Crawford Williamson Long (1815- 1878) utilisa de l'éther diéthylique pour procéder sur James Venable à l'ablation d'un kyste au cou.

La plus longue survie au cancer ■ Winona Mildred Melick (née le 22 octobre 1876), de Long Beach, Californie, fut opérée quatre fois du cancer, en 1918, 1933, 1966 et 1968, et mourut finalement d'une pneumonie le 28 décembre 1981, 67 jours après son 105e anniversaire.

LE MALADE IMAGINAIRE

Le cas le plus sérieux de cette maladie, qui s'appelle le syndrome de Munchausen, aussi grave qu'évidemment incurable — un désir obsessionnel de rester sous traitement médical — a été observé chez l'Irlandais William McIlroy, né en 1906. En 50 ans d'hospitalisation, il a coûté environ 2,5 millions de £ au service national de santé britannique. Durant cette période, il fut opéré 400 fois et séjourna dans 100 hôpitaux en utilisant 22 pseudonymes. Son plus long séjour en dehors d'un hôpital dura six mois. En 1979, il se déclara enfin dégoûté des hôpitaux et, pour changer, prit sa retraite dans un hospice, où il mourut en 1983.

L'amputation la plus rapide ■ Sur les champs de bataille, le chirurgien militaire Dominique Jean, baron Larrey (1766-1842) mettait à peine une quinzaine de secondes pour amputer une jambe sans anesthésie. Il accompagna Napoléon dans toutes ses campagnes jusqu'à Waterloo.

Trachéotomie ■ Winifred Campbell, née le 6 juillet 1902, de Wansted, Londres, a parlé pendant 82 ans à travers un tube d'argent placé dans sa gorge.

Instruments chirurgicaux ■ Les plus volumineux sont les rétracteurs automatiques utilisés pour des opérations abdominales. Pesant 5 kg, ils ont été lancés en 1968 par Abbey Surgical Instruments, de Chingford, Essex, GB.
Certaines pinces bronchoscopiques mesurent 60 cm de long.
Le plus petit instrument chirurgical est le mycrocystotome, le plus petit couteau à pointe diamant, permettant les incisions les plus fines en microchirurgie de l'œil. La longueur de la partie qui incise est de 0,1 mm et sa largeur 0,08 mm. Cet instrument a été breveté par le Research and Technology Complex du ministère de la Santé à Moscou, Russie.

Autogreffe ■ A la différence des greffes, le greffon est prélevé sur le sujet lui-même Le 1er août 1991, le petit Français Johann, âgé de 3 ans, s'est fait arracher la joue gauche par son chien. Le Dr Moncef Kétari, de l'hôpital de Dieppe, Seine-Maritime, l'a alors opéré en urgence, ce qui a rendu l'intervention exceptionnelle. Il a fallu, auparavant, que les pompiers aillent rechercher le morceau arraché dans l'estomac de l'animal qui heureusement l'avait avalé sans l'avoir mâché.

Transplantations *Cœur* ■ La première transplantation cardiaque a eu lieu le 3 décembre 1967, de 1 h à 6 h du matin, à l'hôpital Groote Schuur, au Cap, Afrique du Sud. Sous la direction du Pr Christian Neethling Barnard (né le 8 octobre 1922), une équipe de 30 personnes a opéré Louis Washkansky, âgé de 55 ans. La donneuse était une femme de 25 ans, Denise Ann Darvall. Washkansky survécut 18 jours à cette opération.
La première transplantée à avoir mis un bébé au monde a été l'Américaine Betsy Sneith, qui eut sa petite fille Sierra (3,450 kg) le 17 septembre 1984 à l'hôpital de l'université Stanford, à Palo Alto,

Californie. Elle avait été opérée en février 1980.
Paul Holt, de Vancouver, Canada, prématuré de 6 semaines pesant 2,9 kg, a reçu un nouveau cœur à l'âge de 2 h 34 mn, à l'hôpital Loma Linda, Californie, le 16 octobre 1987.

France ■ La première transplantée du cœur en France est Mme Guerra qui s'est faite opérer à Lyon, Rhône, le 3 avril 1973 par le Pr Pierre Marion. Elle a survécu 27 jours à l'opération.

La survie la plus longue après une transplantation du cœur ■ William George van Buuren, de Californie (né le 24 mai 1929), a reçu le cœur d'une personne anonyme, le 3 janvier 1970, à l'hôpital de l'université Stanford. Il a été opéré par l'équipe du Pr Norman Chumway. Il a survécu 20 ans et 3 mois à l'opération. Il est mort en novembre 1991.

France ■ Le Marseillais Emmanuel Vitria (24 janvier 1920-9 mai 1987) a survécu 18 ans et 162 jours à une transplantation cardiaque. Opéré le 27 novembre 1968, à l'hôpital Salvator de Marseille, il avait reçu le cœur d'un homme de 20 ans, Pierre Ponson. Le chirurgien, Edmond Henry, mourut, lui, d'une crise cardiaque en 1972, à l'âge de 61 ans.

Cœur animal sur l'homme : 1re survie ■ A Lama Linda, Californie, EU, le Pr Leonard Bailey a greffé, le 26 octobre 1984, un cœur de babouin sur une fille de 14 jours. Elle a survécu 20 jours à l'opération.

Cœur-poumons-foie ■ La première transplantation cœur-poumons-foie a eu lieu à l'hôpital Papworth de Cambridge, GB, le 17 décembre 1986. Sous la direction des Pr John Wallwork et Roy Calne, une équipe de 15 personnes a opéré pendant 7 heures Davina Thompson (née le 28 février 1951), de Rawmarsh, GB.

France ■ Le 8 août 1990 a été annoncée la première greffe simultanée cœur-poumons-foie sur une jeune fille de 16 ans souffrant d'une forme grave de mucoviscidose. L'opération a été pratiquée avec succès, le 22 juin 1990, par une équipe de 19 personnes de l'hôpital Broussais, à Paris, dirigée par le Pr Alain Carpentier.

Reins ■ Le 17 juin 1950, l'Américain R.H. Lawler (né en 1895) a été le premier à effectuer une transplantation rénale sur un être humain, à l'hôpital Little Company of May de Chicago, Illinois, EU.
La plus ancienne transplantée du monde est Kathleen Severson (née le 25 juillet 1943), qui, le 8 juillet 1964, a reçu le rein de son frère, à l'hôpital de l'université du Minnesota, EU.

Transplantation multiple ■ Une transplantation du foie, du pancréas, de l'intestin grêle, d'une partie de l'estomac et du gros intestin a été pratiquée le 31 octobre 1987 sur Tabatha Foster (1984-1988) à l'hôpital pour enfants de Pittsburgh, EU. L'opération sur cette enfant de 3 ans et 143 jours, qui n'avait auparavant jamais avalé d'aliments solides, dura 15 h.

Premières en France ■ Reins : avec survie prolongée, le 25 décembre 1952, entre une mère et son fils (Marius Renard), par l'équipe du Pr Jean Hamburger, à l'hôpital Necker, à Paris. Entre faux jumeaux, par le Pr Hamburger, en 1959. Avec succès définitif, entre deux cousins, Pr Hamburger, 12 février 1962. Entre sujets non apparentés, Pr Hamburger, en 1965, à partir d'un organe prélevé sur un cadavre.
Cœur : Pr Christian Cabrol, hôpital de la Pitié-Salpêtrière, Paris, 27 avril 1968.
Foie : Pr Henri Bismuth, hôpital Paul-Brousse, Villejuif, 14 janvier 1974.
Cœur + 2 poumons : Pr Cabrol, 9 mars 1982.
Poumons seuls : Pr Cabrol, 5 janvier 1987. (1re survie prolongée).
Foie + reins : centre hospitalier Albert-Michallon, Grenoble, Isère, 24 juillet 1988, sur une adolescente de 13 ans.
Cœur + reins : Pr Cabrol, 17 octobre 1984.
Cœur + pancréas + reins : CHU de Strasbourg, équipe des Pr Cinqualbre et Kieny, 20 février 1990.
Aujourd'hui, les transplantations d'organes atteignent un taux de survie à 1 an au moins de 86 % pour le rein, de 75 % pour le cœur et de 70 % pour le foie.

Cœur artificiel ■ Le premier homme à recevoir un cœur artificiel (un Jarvik 7 conçu par le Dr Robert K. Jarvik) a été le Dr Barney B. Clark, 61 ans, de Des Moines, Iowa, EU. L'opération a été pratiquée les 1er et 2 décembre 1982 à l'Utah Medical Center, Salt Lake City, par le Dr William C. DeVries. Barney Clark mourut le 23 mars 1983, soit 112 jours après l'intervention.
William J. Schroeder, lui, survécut 620 jours à une telle opération, à Louisville, Kentucky, EU, du 25 novembre 1984 au 7 août 1986.

France ■ La première implantation d'un cœur artificiel a été réalisée par le Pr Cabrol, à la Pitié-Salpêtrière, le 14 mai 1986.

Dans l'utérus ■ La première intervention *in utero* a été effectuée en 1982, par le Pr Michael Harrison de l'université de Californie de San Francisco.

France ■ La Le 22 juillet 1991, la petite Alexandra, ayant un diaphragme défectueux, un muscle qui normalement sépare le thorax de l'abdomen, a subi une opération, la tête dans l'utérus et le reste du corps sorti. Le Pr Bargy, les Dr Emmanuel Sapin et Yann Rouquet ont réussi cette intervention à l'hôpital parisien Saint-Vincent-de-Paul, lors d'une opération qui a duré 5 h. Alexandra est née 9 jours plus tard, elle pesait alors 1,4 kg. Elle se portait toujours très bien en mai 1992.

◁ Le professeur Cabrol effectua de nombreuses premières transplantations en France dont cœur, cœur + 2 poumons, 2 poumons, cœur + reins, etc.

Absorption de médicaments ■ C.H.A. Kilner (1926-1988), de Bindura, Zimbabwe, a avalé le nombre record de 565 939 cachets entre le 9 juin 1967 et le 19 juin 1988.

△ Emmanuel Vitria survécut 18 ans et 162 jours avec le cœur de Pierre Ponson.

◁ Jean Hamburger, l'un des grands professeurs français spécialisés dans les transplantations.

△ *Le roi Bhumibol Adulyadej, Rama IX, de Thaïlande, est actuellement le souverain dont le règne est le plus long : il est sur le trône depuis juin 1946. Il devance ainsi, le prince Rainier et le roi Baudouin Ier.*

Géographie politique et sociale

Le plus grand ensemble politique ■ Le Commonwealth est une association de 50 États souverains et de leurs dépendances placés officiellement mais librement sous l'allégeance de la monarchie du Royaume-Uni. Il a une superficie de 29 293 000 km^2 et une population estimée de 1 435 484 000 habitants.

Pays

Le plus grand ■ La Russie couvre une superficie de 17 075 400 km^2 soit 11,5 % des terres immergées du globe. La Russie s'étend sur 8 000 km d'est en ouest et 4 490 km du nord au sud. Sa population est estimée, en 1991, à 147,4 millions d'habitants. Les pays les plus vastes sont ensuite le Canada (9 970 610 km^2), la Chine (9 572 900 km^2), les États-Unis (9 529 063 km^2) et le Brésil (8 511 965 km^2).

***France* ■** Le territoire métropolitain s'étend sur 551 602 km^2. C'est le deuxième en Europe, par sa superficie, après l'ex-URSS (5,57 millions de km^2 pour la partie européenne seule).

Le plus petit ■ Créé le 11 février 1929, l'État du Vatican, ou Saint-Siège, constitue une enclave territoriale de 0,4 km^2 (exactement 44 ha), en plein cœur de Rome. Depuis 1834, la résidence officielle du grand maître de l'Ordre des chevaliers de Malte est la villa del Priorato di Malta.

POPULATION MONDIALE

DATE	MILLIONS	DATE	MILLIONS
8000 av. J.-C.	env. 6	1970	3 698
An 1 de notre ère	env. 255	1975	4 080
1000	env. 254	1980	4 450
1250	416	1985	4 854
1500	460	1986 [1]	4 936
1600	579	1987	5 023
1700	679	1988	5 111
1800	954	1989	5 201
1900	1 633	1990	5 292
1920	1 862	1991	5 385
1930	2 070	1992	5 480
1940	2 295	2000 [2]	6 261
1950	2 513	2025 [2]	8 504
1960	3 019	2050 [2]	10 019

1. L'Institut démographique de Washington a annoncé que le chiffre symbolique de 5 milliards avait été atteint le 7 juillet 1986, alors que l'ONU a désigné officiellement le 11 juillet 1987 comme la « journée du 5 milliardième habitant ».
2. Estimations de l'ONU.

N.B. : Le taux d'accroissement annuel de la population mondiale a culminé à 2,06 % dans la période 1965-1970, puis est retombé à 1,74 % en 1985-1990. Vers 2025, il devrait descendre jusqu'à 0,99 %. Malgré ce taux d'accroissement en baisse, on a calculé que chaque année la population mondiale augmentait d'environ 97 millions d'individus. Les dernières projections de l'ONU, datant du 29 avril 1992, estiment que la population mondiale se stabilisera en 2150 avec 11,6 milliards d'individus.
On a calculé que 60 milliards d'individus étaient morts entre 40 000 av. J.-C. et 1990 de notre ère. La population actuelle représenterait donc environ un onzième du nombre d'êtres humains ayant jamais vécu.

Celle-ci couvre 1,2 ha, sur la moins élevée des sept collines de Rome (l'Aventin, 46 m d'altitude) et jouit de l'extraterritorialité diplomatique. L'Ordre a des représentants accrédités auprès des gouvernements étrangers et est, de ce fait, quelquefois considéré comme le plus petit « État » du monde.
La principauté de Monaco — 1,9 km^2 — est le deuxième plus petit État du monde. Le troisième, Nauru, est la plus petite République du monde, indépendante depuis le 31 janvier 1968. Située à moins de 1 degré au sud de l'équateur, dans le Pacifique occidental, c'est une île volcanique de 21,2 km^2 (9 350 habitants en 1991).
En raison de sa superficie de 5,8 km^2, Gibraltar, colonie britannique, est la colonie la moins étendue du monde.

Altitudes ■ La république des Maldives, archipel de 300 km^2 de l'océan Indien, est le pays le plus « bas », son point culminant ne dépassant pas 2,50 m.
Le Lesotho, Afrique australe, est le pays le plus « haut » : son point le plus bas, le lit du fleuve Orange, est, en effet, situé à 1 380 m au-dessus du niveau de la mer.

Frontières *Le plus grand nombre* ■ Il y a 266 frontières dans le monde. Le continent africain, à lui seul, en possède 107, chiffre record pour un continent.

***La plus longue* ■** La plus longue frontière continue du monde sépare le Canada des États-Unis, sur 6 416 km (ce chiffre comprend les rives des Grands Lacs mais exclut les 2 547 km de frontière entre le Canada et l'Alaska, État américain).
La frontière entre les États-Unis et le Mexique est la plus fréquemment traversée ; elle s'étire sur 3 110 km ; environ 120 millions de personnes la franchissent chaque année (voir plus loin *« Immigration »*).

***La plus courte* ■** La « frontière » du Vatican, à Rome, ne mesure que 4 km.
La Zambie, le Zimbabwé, le Botswana et la Namibie, en Afrique, se touchent pratiquement tous les quatre en un seul point.

AU GALOP

La population de la planète s'accroît de 258 700 personnes par jour, soit presque 180 personnes de plus chaque minute. Pour les estimations passées, présentes et à venir, voir tableau.
Les Nations unies ont symboliquement désigné Matej Gaspar, né le 11 juillet 1987 en Yougoslavie, comme le 5 milliardième Terrien.
En 1990, 762 407 enfants sont nés, soit 2 089 naissances par jour.

Population

Le pays le plus peuplé ■ Au recensement de mi-1991, la Chine comptait 1 151 300 000 habitants. Le taux d'accroissement naturel de la population en République populaire de Chine est actuellement de 44 000 personnes par jour, soit 16,1 millions d'habitants supplémentaires par an. La réalisation du recensement de juillet 1990 avait mobilisé plus de 7 millions d'enquêteurs. Le recensement de 1991 n'est pas encore terminé.
On prévoit que la population de l'Inde, estimé à 871 200 000 habitants au recensement de mi-1991, dépassera celle de la Chine vers l'an 2050 : l'Inde pourrait compter alors 1 591 millions d'habitants contre 1 555 millions pour la Chine.

***France* ■** Avec ses 56 555 700 habitants, en métropole, au recensement de 1990, la France occupait le 5e rang en Europe, après la Russie (147 millions), l'Allemagne unifiée (78 millions), l'Italie (57,5 millions) et le Royaume-Uni (57 millions). Les Dom-Tom comptaient, au même rencensement, 1 896 800 habitants, soit une population totale pour la France de 58 452 500 habitants.

Le moins peuplé ■ Le Vatican comptait 750 habitants en 1991 et aucune naissance. Viennent ensuite Nauru (9 000), Tuvalu (ex-îles Ellice, Polynésie, 9 000), Saint-Marin (23 000), le Liechtenstein (28 000).

Les plus grandes densités ■ Macao, enclave portugaise en Chine du Sud, est le territoire qui a la plus forte densité de population du monde. Il comptait 474 000 habitants en 1991 sur une superficie de 17,5 km^2, soit une densité de 27 086 habitants au km^2.
La principauté de Monaco a une population de 30 200 habitants, au recensement de 1991, sur une superficie de 1,95 km^2, soit une densité de 15 487 habitants au km^2, ce qui en fait l'État indépendant dont la densité de population est la plus élevée au monde.
Pour les pays d'une superficie de plus de 2 500 km^2, c'est le Bangladesh qui a la plus forte densité : 116 habitants au km^2 (116 millions d'habitants, en 1991, sur 144 000 km^2).

***France* ■** La densité en métropole est de 102 habitants au km^2, de 13 dans les Dom-Tom et de 87 pour l'ensemble.

Les plus faibles densités ■ L'Antarctique est occupée en permanence par des stations scientifiques depuis octobre 1956. De nature saisonnière, sa population s'élève parfois à 2 000 habitants.
Le territoire le moins densément habité du monde est le Groenland (communauté autonome au sein du Danemark) : il comptait, en 1991, 56 500 habitants sur 2 175 000 km^2, soit 0,025 habitant au km^2, ou 1 habitant tous les 40 km^2. Pratiquement, 84 % de l'île sont recouverts de glace.
L'État indépendant le moins densément

Le monde compte, en mai 1992, 249 entités territoriales, à savoir 188 États souverains et 61 territoires non souverains disposant d'une certaine autonomie.

Le plus grand nombre de pays limitrophes ■ La Chine possède 24 000 km de frontières terrestres et compte 16 pays limitrophes : la Mongolie, la Russie, la Corée du Nord, Hong Kong, Macao, le Vietnam, le Laos, la Birmanie, l'Inde, le Bhoutan, le Népal, le Pakistan et l'Afghanistan, Tajikistan, Kyrgyzstan et Kazhakstan.

***France* ■** Elle compterait 20 pays voisins si l'on comprenait ses départements d'outre-mer et si l'on tenait compte de la notion d'eaux territoriales.

△ La plus petite colonie du monde est Gibraltar (nom officiel depuis 1969 : The City of Gibraltar). Sa superficie est de 5,8 km^2 et sa population d'environ 31 000 personnes.

Tourisme ■ La France est le pays du monde qui accueille le plus grand nombre de touristes étrangers : 51 millions en 1991, qui ont dépensé plus de 119 milliards de F. Paris est la capitale mondiale du tourisme. Elle accueille 20 millions de visiteurs par an. Ce sont les Allemands les plus nombreux, suivis des Anglais, des Italiens et des Belges.
Le monument le plus visité est le Centre national d'art et de culture Georges-Pompidou, à Paris, qui a enregistré, en 1990, le nombre record de 8 262 513 entrées. La tour Eiffel en a totalisé 5 698 613 la même année.

Le dissident le plus patient ■ Le Soviétique Benjamin Bogomolny a demandé un visa de sortie pour la première fois en 1966 et n'est arrivé à Vienne, Autriche, que le 14 octobre 1986.

△ *Lhassa, au Tibet, située à 3 684 m d'altitude, est la capitale la plus haute du monde.*

peuplé est la Mongolie : 1,3 habitant au km^2 (2 040 000 habitants sur 1 566 500 km^2).

Émigration ■ C'est du Mexique que viennent le plus grand nombre d'émigrants. Environ 800 000 d'entre eux entrèrent illégalement aux États-Unis dans la seule année 1980.
L'invasion de l'Afghanistan par les Soviétiques en décembre 1979 entraîna un flux de 2,9 millions de réfugiés au Pakistan et 2,2 millions supplémentaires en Iran. En 1989, le nombre des réfugiés afghans au Pakistan était de 3,6 millions. En 1991, il y avait environ 25 millions d'émigrés à travers le monde.

Immigration ■ Les États-Unis accueillent régulièrement le plus grand nombre d'immigrants légaux. Ainsi, entre 1820 et 1990, 56 994 014 immigrants ont été admis officiellement. Un habitant sur 76 est cependant un immigrant illégal. En 1986, 1 615 854 étrangers ont été arrêtés par des patrouilles américaines sur la frontière mexicaine.

***France* ■** Selon l'Ined, 3 580 000 étrangers vivaient en France au 31 décembre 1988 (derniers chiffres officiels), soit 3 406 676 adultes de plus de 16 ans et 1 047 089 enfants. Les Portugais représentaient la nationalité la plus nombreuse : 844 338 ressortissants. Au total, la communauté maghrébine comptait 1 515 652 personnes (710 193 Algériens, 575 386 Marocains et 230 073 Tunisiens).

Taux de natalité ■ Dans la période 1985-1990, le taux de natalité annuel pour le monde entier était de 28,4 ‰ (pour 1 000). D'après les Nations unies, le taux le plus élevé est celui du Malawi : 56,3 ‰ dans la période 1985-1990.
Hormis le Vatican, dont le taux de natalité est négligeable, la République de Saint-Marin enregistre le taux le plus bas : 9,5 ‰.

***France* ■** Le taux de natalité est de 13,8 ‰.

Taux de mortalité ■ Dans la période 1985-1990, pour l'ensemble du monde, il a été évalué à 9,8 décès annuels pour 1 000 habitants. Le taux de mortalité le plus élevé est celui de l'Éthiopie : 23,6 ‰ pour la période 1985-1990. D'après les dernières informations disponibles, le plus faible pour la période 1985-1990 a été celui des Émirats arabes unis : 3,6 décès pour 1 000 habitants.

***France* ■** Le taux de mortalité est de 9,4 ‰.

Accroissement naturel ■ Le taux d'accroissement annuel de la population mondiale (différence entre le taux de natalité et le taux de mortalité) était de 17,3 ‰ (28,4 – 11,1), en 1985-1990, alors qu'il culminait à 22 ‰ en 1965.
D'après les dernières statistiques disponibles, le taux le plus élevé serait celui de la Mozambie : 37,4 ‰ en 1985-1990.
L'ancienne République fédérale d'Allemagne avait le taux le plus faible. Il était même négatif en 1991 : – 1,5 ‰ (10,7 naissances pour 12,2 décès). Et il était nul dans l'ancienne République démocratique allemande (13,4 – 13,4).

***France* ■** Le taux d'accroissement naturel est de 4,4 ‰ (13,8 – 9,4).

Mortalité infantile ■ Ce taux donne le nombre d'enfants morts avant l'âge de 1 an pour 1 000 naissances vivantes. Il est évalué à 71 ‰ par an pour l'ensemble du monde. Le Japon a le taux le plus bas : 5 ‰. Le taux le plus élevé est celui de l'Afghanistan, il a, en effet, été estimé à 172 ‰ pour la période 1985-1990. En Europe, le taux le plus fort est celui de la Yougoslavie : 27,3.

***France* ■** Le taux de mortalité infantile est de 7,7 ‰ (en 1989).

ESPÉRANCE DE VIE

L'espérance de vie de l'ensemble de la population mondiale est passée de 47,5 ans (1950-1955) à 63,9 ans (1995-2000).
C'est au Japon qu'elle est la plus élevée : 79 ans.
L'estimation la plus basse pour la période 1985-1990 est de 39,4 ans pour les hommes en Sierra Leone et de 42 ans pour les femmes en Afghanistan.

France

L'espérance de vie est de 77 ans (73 ans pour les hommes et 81 ans pour les femmes). C'est la plus élevée d'Europe. L'espérance de vie pour les femmes a augmenté de 3 ans en 10 ans.

Mariages ■ Pour les pays dont les statistiques sont fiables, c'est l'ex-URSS qui compte le plus grand nombre de mariages : 2 776 568 en 1987 (soit un taux de nuptialité de 9,8 pour 1 000 habitants). Il semblerait que le taux de nuptialité des îles de l'océan Pacifique Northesa Mariana Islands soit de 31,2 ‰ de la population.

***France* ■** On a enregistré 281 000 mariages en 1991 (4,8 pour 1 000 habitants), alors qu'on en avait dénombré jusqu'à 416 000 en 1972. Cependant le nombre des mariages augmente sensiblement depuis 1988. Depuis 1990, la tendance s'inverse. L'âge moyen auquel on se marie est de 27 ans pour les hommes et de 25 ans pour les femmes (au lieu de 24 et 22 ans en 1972).

Divorces ■ Les États-Unis détiennent le record des divorces : 1 175 000 en 1990, soit un taux de 4,7 pour 1 000 habitants.

***France* ■** On a enregistré 106 500 divorces en 1989 (1,9 pour 1 000 habitants), soit 2,8 fois plus qu'en 1970. Mais, pour la première fois depuis des décennies, le nombre des divorces est à la baisse.
En 1988, 88 872 divorcés se sont remariés. D'après l'Ined, il y avait, en 1989, 1,5 million d'enfants dont les parents avaient divorcé ; 9 sur 10 vivaient avec leur mère.

Proportion hommes-femmes ■ En 1990, on estimait qu'il y avait 101,4 hommes pour 100 femmes dans le monde.
Dans les Émirats arabes unis, on ne compte que 48,4 femmes pour 100 hommes. Monaco est le pays où l'écart est le plus grand entre le nombre des femmes et celui des hommes puisque l'on y comptait 114,5 femmes pour 100 hommes.

***France* ■** En 1991, il y avait 105,3 femmes pour 100 hommes.

Médecins ■ C'est en Chine qu'on dénombre en 1989 le chiffre record de 1 174 000 médecins. Ce chiffre comprend les dentistes et les docteurs pratiquant la médecine chinoise traditionnelle.

***France* ■** Au 1er janvier 1990, il y avait 169 051 médecins (79 148 généralistes et 89 903 spécialistes), soit 1 pour 345 habitants.

Hôpitaux ■ Le plus grand hôpital du monde, le Pilgrim State Hospital, situé à West Brentwood, Long Island, New York, compte 3 816 lits.
La maternité la plus active du monde est celle de l'hôpital Mama-Yemo, à Kinshasa, Zaïre, dans laquelle on a pratiqué 42 987 accouchements en 1972, avec une pointe record de 175 naissances en un seul jour de mai 1976.

***France* ■** L'hôpital de la Pitié-Salpêtrière, à Paris, compte 2 187 lits. Il a admis 85 200 patients en 1991. Avec ses 63 services hospitalo-universitaires implantés sur un site de 33 ha et desservis par 9,5 km de rues internes, c'est le plus grand hôpital d'Europe. Il fait partie de l'Assistance publique-Hôpitaux de Paris. Celle-ci est la plus grande organisation hospitalière d'Europe, avec 52 établissements, pour une capacité totale de 32 269 lits.

L'hôpital le moins fréquenté ■ L'hôpital de Veroli, ville située à 20 km de Rome, Italie, a accueilli un seul et unique malade pendant plusieurs semaines en 1991 et 1992. Le patient s'est vu prodiguer des soins par un personnel de plus de 50 médecins, infirmières et aides soignants.

Manifestation ■ La plus grande manifestation a eu lieu à Shanghai, Chine, les 3 et 4 avril 1969 : 2,7 millions de manifestants, d'après les autorités chinoises, sont descendus dans la rue pour protester contre l'agression soviétique aux frontières.

Villes

Dépôt d'ordures ■ Ouvert en mars 1974, le Reclamation Plant n° 1 de Fresh Kills, Staten Island, État de New York, est la plus grande décharge du monde. Pendant ses quatre premiers mois d'activité, 700 péniches y ont déversé 457 000 t d'ordures provenant de la ville de New York.

***France* ■** La plus grande décharge publique « non contrôlée » est celle de la ville de Marseille, qui couvre 85 ha sur le territoire de la commune de Saint-Martin-de-Crau, Bouches-du-Rhône. Chaque jour, 1 100 t d'ordures y sont déversées.

L'usine d'incinération d'Ivry, Val-de-Marne, traite, par an, 730 000 t d'ordures de la région parisienne, dont l'énergie est récupérée sous forme de vapeur d'eau et d'électricité. Elle est équipée de 2 fours d'une capacité de 50 t à l'heure chacun. S'étendant sur 600 ha, c'est la plus grande d'Europe.

Les plus anciennes ▪ Jéricho, en Cisjordanie, est la plus ancienne ville fortifiée du monde. La datation au carbone 14 indique qu'elle a pu compter 2 700 habitants dès 7800 av. J.-C.
La plus ancienne capitale du monde est Damas, Syrie. L'installation humaine y remonte au IVe millénaire av. J.-C. Damas est citée dans la Bible (Genèse, XIV, 15). Son existence historique est attestée pour la première fois par les scribes du pharaon Thoutmès III, qui la conquit vers 1482 av. J.-C.

***France* ▪** Marseille, Bouches-du-Rhône, a été fondée vers 600 av. J.-C., sous le nom de Massalia, par des Grecs de Phocée, une ancienne ville d'Asie mineure (Ionie).

Les plus peuplées ▪ La population de l'agglomération de Mexico était estimée, en 1990, à 22 200 000 habitants. Celle de l'agglomération de Tokyo, à 11 920 000 habitants.

***France* ▪** Au recensement de 1990, Paris comptait 2 146 900 habitants, et l'Ile-de-France (Paris + 7 départements), 10 650 600. Les villes (communes seules) les plus peuplées de France sont ensuite : Marseille (803 000), Lyon (414 000), Toulouse (359 000) et Nice (348 000).

VASTES VILLES

C'est en Australie, dans le Queensland, que se trouve la ville s'étendant sur la plus grande superficie : Mount Isa, 410 225 km^2.

Arles, Bouches-du-Rhône, s'étend sur 75 893 ha (759 km^2).

Le plus grand nombre de communes ▪ La France a 36 551 communes. C'est le record d'Europe (ex-URSS non comprise).

La plus petite *France* ▪ Castelmoron-d'Albret, Gironde, s'étend sur 4 ha, à peine plus de la moitié de la place de la Concorde, à Paris. Elle a 62 habitants.

La plus élevée ▪ Située à 3 684 m d'altitude, Lhassa était la plus haute capitale du monde avant que le Tibet soit occupé par la Chine.
La Paz, capitale gouvernementale de la Bolivie, se situe à 3 631 m au-dessus du niveau de la mer. Son aéroport, El Alto, se trouve à 4 080 m. Sucre, la capitale constitutionnelle de la Bolivie, est située à 2 834 m d'altitude.
La ville nouvelle de Wenchuan (5 100 m), fondée en 1955 sur la route Chinghai (province de Chine)-Tibet, au nord des monts du Tangla, est la ville la plus haute du monde (voir aussi chapitre *Architecture*, *« Les constructions les plus éloignées »*).

***France* ▪** Saint-Véran, Hautes-Alpes, est la commune la plus élevée d'Europe, entre 1 990 m et 2 049 m.

La moins élevée ▪ Le petit village d'Ein Bokek, Israël, est situé sur les rives de la mer Morte, à 393 m au-dessous du niveau de la mer (voir aussi chapitre *Architecture*, *« Les constructions les plus éloignées »*).

La plus septentrionale ▪ Le village le plus au nord s'appelle Ny Alesund (78° 55' N), petit site minier du Spitzberg occidental, sur le territoire norvégien de Svalbard.
La capitale la plus septentrionale est Reykjavik (64° 8' N), Islande, qui comptait 95 800 habitants en 1988 (voir aussi chapitre *Architecture*, *« Les constructions les plus éloignées »*).

La plus méridionale ▪ Puerto Williams (env. 1 000 habitants) est situé sur la côte nord de l'île Navarino, Terre de Feu, Chili, à 1 090 km au nord de l'Antarctique.
Wellington (324 600 habitants en 1989), située à 41° 17' S dans l'île du Nord, Nouvelle-Zélande, est la capitale la plus méridionale.
Port Stanley (51° 43' S), dans les îles Malouines, est le centre administratif le plus méridional du monde ; il compte 1 643 habitants (voir aussi chapitre *Architecture*, *« Les constructions les plus éloignées »*).

La plus éloignée de la mer ▪ Wulumuchi (autrefois Urumqi), capitale de la région

△ Jéricho avait 2 700 habitants dès 7 800 av. J.-C. ; c'est la plus ancienne ville fortifiée du monde.

Ville sans habitants

Au dernier recensement, Caunette-sur-Lauquet, Aude, ne comptait aucun habitant. Ce village continue pourtant à être administré par un conseil municipal élu par des habitants de Limoux ou de Carcassonne qui possèdent des terrains dans la commune.

La plus longue rue ■ Yonge Street, au nord et à l'ouest de Toronto, Ontario, Canada, date de la fin du XVIIIe siècle. Son premier tronçon, achevé le 16 février 1796, s'étirait sur 56 km. Prolongée maintenant jusqu'à la rivière Rainy, à la frontière de l'Ontario et du Minnesota (État américain), elle mesure officiellement 1 896 km.

France **■** La rue de Vaugirard, à Paris (VIe et XVe), mesure 4,360 km de long.

La plus longue avenue ■ La plus longue avenue du monde est l'Avenue Nikko Cryptomerie, dans la ville de Imaichi, Japon. Elle mesure 35,41 km de long ; 200 000 arbres la bordent.

46 des 171 États souverains dans le monde ne sont pas des Républiques. Ils ont à leur tête, notamment, 1 empereur, 13 rois, 3 reines, 2 princes, 1 grand-duc, 2 sultans, 3 émirs, 1 cheikh, 1 monarque élu et le pape.

LES SITES URBAINS LES PLUS PEUPLÉS

DATE	POPULATION	NOM	PAYS
27000 av. J.-C.	> 100	Dolni Vestonice	Tchécoslovaquie
8900 av. J.-C.	env. 150	Chemi Shanidar	Irak
7800 av. J.-C.	3 000	Jéricho (en arabe, Arikha)	Cisjordanie
6800 av. J.-C.	env. 5 000	Çatal Höyük, Anatolie	Turquie
3200 av. J.-C.	> 5 000	Hiérakonopolis (Nekhen)	Égypte
3000 av. J.-C.	50 000	Ourouk (dans la Bible : Erech, aujourd'hui : Warka)	Irak
2200 av. J.-C.	250 000	Our (aujourd'hui tell el-Muqayyar)	Irak
600 av. J.-C.	350 000	Babylone	Irak
400-185 av. J.-C.	500 000	Pataliputra (aujourd'hui Patna)	Inde
300 av. J.-C.-165 ap. J.-C.	600 000	Séleucie du Tigre	Irak
133 av. J.-C.	1,1 million	Rome (fondée vers 750 av. J.-C.)	Italie
900	1,5 million	Angkor	Cambodge
1279	1-1,5 million	Hangchow (Hangzhou)	Chine
1578	707 000	Pékin	Chine
1801	1 117 000	Londres	Royaume-Uni
1939	8 615 050	Londres	Royaume-Uni
1985	11 903 900	Tokyo	Japon
1990	19 255 000	Mexico	Mexique

autonome du Xinjiang, Chine, se trouve à environ 2 500 km du plus proche rivage. Elle compte environ 110 000 habitants (voir aussi chapitre *Architecture* , *« Les constructions les plus éloignées »*).

LE COUT DE LA VIE

Corporate Resources Group (CRG), de Genève, Suisse, étudie le coût de la vie dans 100 villes du monde. Ce coût est établi à partir de 151 produits et services : nourriture, alcool, tabac, vêtements, transports, sports, loisirs, etc. L'indice de base (100) est affecté à New York, EU.
En septembre 1990, la ville la plus chère du monde était *Tokyo*, avec l'indice 170, devant *Osaka* (153), *Libreville*, Gabon (147), *Brazzaville*, Congo (144), *Oslo*, Norvège (144), *Helsinki*, Finlande (141), *Zurich*, Suisse (136), *Genève*, Suisse (135), *Stockholm*, Suède (135), *Copenhague*, Danemark (131). *Paris* (120) venait en 15e position ; *Londres* (118) en 16e ; *Lyon* (115) en 22e. Même *Pékin* (106), 35e, était plus chère que *New York* (100), seulement 42e. Parmi les 100 villes recensées, les deux moins chères étaient *Prague*, Tchécoslovaquie (56), et *Quito*, Équateur (52).
(Voir aussi chapitre Architecture, « *Les constructions les plus chères* »).

Les premières boîtes aux lettres ■ C'est à Paris, en 1653, qu'on a installé pour la première fois des boîtes aux lettres, au croisement des principales artères. Elles étaient relevées trois fois par jour.

Adresses ■ C'est à Paris, sur le pont Notre-Dame, en 1463, que l'on a commencé à numéroter les maisons. Celle qui porte le numéro d'adresse le plus élevé (n° 407) se trouve rue de Vaugirard, à Paris, la rue la plus longue de France : elle mesure 4,6 km.

La rue la plus courte ■ La ville de Bacup, Lancashire, GB, revendique pour Elgin Street, qui mesure exactement 5,18 m, le titre de rue la plus courte du monde.

France **■** La rue des Degrés, à Paris IIe, entre la rue de Cléry et la rue Beauregard, mesure 5,75 m de long : c'est simplement un escalier de 14 marches.

L'artère la plus large ■ L'Axe monumental, qui relie la place de l'Hôtel-de-Ville à la place des Trois-Pouvoirs, à Brasília, capitale du Brésil, sur 2,4 km, est un boulevard à 6 voies large de 250 m.

France **■** L'avenue Foch, à Paris XVIe, est large de 120 m.

La rue la plus étroite ■ Dans le village de Ripatransone, région des Marches, Italie, le *vicolo della Virilità* (« ruelle de la Virilité ») est large de 43 cm.

France **■** La rue de l'Enfer, aux Sables-d'Olonne, Vendée, mesure 44 cm de large et s'étend sur 30 m. A Paris XIIe, le sentier des Merisiers mesure 87 cm.

La rue la plus en pente *Paris* ■ La rue Gasnier-Guy, dans le XXe arrondissement, a une dénivellation de 17,4 %.

Le trottoir le plus large *Paris* ■ La rue de la Chapelle, entre le rond-point de la Chapelle et l'impasse du Gué, dans le XVIIIe, a un trottoir large de 22,41 m.

Places *La plus grande* ■ La place Tiananmen (« porte de la Paix céleste »), à Pékin, encore appelée le « nombril de la Chine », s'étend sur 39,6 ha.

France **■** La place des Quinconces, à Bordeaux, Gironde, a une superficie de 12 ha : c'est la plus grande d'Europe. A Paris, la place de la Concorde s'étend sur 6,8 ha (260 m x 260 m).

La plus petite **■** La place Vieille, à Vence, Alpes-Maritimes, mesure 4 m x 4 m ; elle compte trois maisons.

Monarchies

La plus ancienne famille régnante ■ L'empereur du Japon, Akihito, fils de Hirohito, né le 23 décembre 1933, intronisé le 12 novembre 1990, est le 125e empereur d'une lignée issue de Jinmu-Tenno, qui régna, selon la tradition, de 660 à 581 avant notre ère, mais plus vraisemblablement de 40 à 10 av. J.-C. « Tenno », qui signifie « seigneur du Ciel », est le titre que prennent les empereurs japonais.
La reine du Royaume-Uni, Élisabeth II, née le 21 avril 1926, appartient à une dynastie dont on peut faire remonter les origines au IVe siècle à travers au moins 54 générations.

Les plus longs règnes ■ Le pharaon égyptien Pépi II, de la VIe dynastie, monta sur le trône en 2281 av. J.-C., à l'âge de 6 ans. Son règne aurait duré 94 ans. Minhti, roi d'Arakan, partie occidentale de la Birmanie, est censé avoir régné pendant 95 ans, de 1279 à 1374.
Musoma Kanijo, chef du district de Nzega, au Tanganyika occidental (dans l'actuelle Tanzanie), est censé avoir régné pendant 98 ans, de l'âge de 8 ans, en 1864, à sa mort, le 2 février 1963.

Femme **■** Le femme ayant régné le plus longtemps est Sa Majesté la Reine Élisabeth II, qui prit la succession au trône d'Angleterre le 6 février 1952, à la mort de son père, et qui, aujourd'hui, règne toujours sur son pays.

France **■** Louis XIV devint roi en 1643, à l'âge de 5 ans. Il mourut en 1715, après 72 ans de règne. Il ne prit réellement le pouvoir qu'après la régence de sa mère, la reine Anne d'Autriche, puis le ministère du cardinal Mazarin, mort en 1661.

Aujourd'hui **■** Rama IX, roi de Thaïlande (de son vrai nom, Bhumibol Adulyadej), né en 1928, règne sur son pays depuis 1946. Le prince Rainier de Monaco (né en 1923) règne depuis1949 et le roi des Belges, Baudouin Ier (né en 1930), depuis 1951.

◁ Sa Majesté la reine Élisabeth II, du Royaume-Uni de Grande-Bretagne et d'Irlande du Nord (née le 21 avril 1926) est actuellement la reine dont le règne a été le plus long. Elle succéda sur le trône le 6 février 1952 à son père. Elle est aussi chef d'État de 15 pays.

Les règnes les plus courts ■ Le prince héritier Louis-Philippe du Portugal fut mortellement blessé à Lisbonne, le 1er février 1908, dans un attentat qui coûta aussi la vie à son père, Charles Ier. Il fut ainsi, théoriquement, roi du Portugal (Louis II) pendant 20 mn environ.

***France* ■** Jean Ier, fils posthume du roi Louis X, naquit le 10 novembre 1316. Il ne vécut — et ne régna — que 5 jours.
François II, né en 1544, succéda à son père, Henri II, en 1559, à l'âge de 15 ans. D'un tempérament maladif, il laissa l'administration de l'État à la maison de Guise. Il mourut l'année suivante.

La plus longue régence *France* ■ La reine de France Blanche de Castille (1188-1252) devint régente à la mort de son mari, le roi Louis VIII, en 1226. Elle exerça la régence pour son fils Louis IX (Saint Louis) jusqu'en 1234, puis, de nouveau, de 1248 à 1252, pendant la septième croisade.

Numéros d'ordre ■ Le numéro le plus élevé jamais utilisé pour désigner le membre d'une famille royale fut 75, attribué au comte allemand Heinrich LXXV Reuss, de 1800 à 1801. Tous les hommes de cette famille étaient en effet baptisés Heinrich.

***France* ■** Le numéro le plus élevé est 18, pour le roi Louis XVIII (1755-1824).

Longévité de sang royal ■ La princesse Pauline Marie Madeleine de Croy (1887-1987) a été la princesse royale européenne dont la vie fut la plus longue. Elle célébra, en effet, son 100e anniversaire dans sa ville natale du Roeulx, en Belgique, le 11 janvier 1987.
La princesse Leonilla Bariatinski est, de tous les conjoints de monarque européen, celle qui atteignit le plus grand âge : 101 ans et 207 jours. Elle avait épousé le prince Louis de Sayn-Wittgenstein-Sayn. Elle naquit à Moscou le 9 juillet 1816 et mourut à Ouchy, Suisse, le 1er février 1918.
La reine morte au plus grand âge fut Zita, impératrice d'Autriche et reine de Hongrie, dont le mari régna de 1916 à 1918 en tant qu'empereur Charles Ier d'Autriche et roi Charles IV de Hongrie. Elle mourut le 14 mars 1989, à 96 ans et 309 jours.

***France* ■** Charles X, né à Versailles en 1757 et mort en exil à Görz, Autriche (aujourd'hui Gorizia, Italie) en 1836, vécut 79 ans. Il régna de 1824 à 1830, date de son abdication.

Le monarque le plus âgé ■ Parmi les souverains modernes, c'est l'empereur du

DYNASTIE

La dynastie des Capétiens régna en ligne directe d'Hugues Capet, en 987, à Charles IV le Bel, mort en 1328 : 14 souverains se succédèrent pendant 341 ans. Indirectement, à travers les Valois et les Bourbons, la dynastie se prolongea jusqu'à l'abdication de Louis-Philippe Ier, le 24 février 1848. La durée totale du règne fut de 861 ans, si l'on omet la période de la Révolution et du Premier Empire.

△ Le roi du Swaziland, Mswati III, est le plus jeune roi du monde. Ce 67e fils de Subhusa II a été couronné en 1986 à l'âge de 18 ans et 6 jours.

Le monarque le plus lourd ■ Le roi du Tonga, Polynésie, Taufa'ahau Tupou IV, mesure 1,90 m et pesait, en septembre 1976, 209 kg. Il dut être pesé sur la balance de l'aéroport, la seule ayant le calibre suffisant dans le pays. En 1985, le roi avait perdu du poids et ne pesait plus que 140 kg.

△ *La Pakistanaise Benazir Bhutto est devenue à 35 ans la première femme chef de gouvernement d'une république islamique.*

▷ *Pour la première fois, le 15 mai 1991, une femme est devenue chef du gouvernement français. Édith Cresson a été nommée Premier ministre à l'âge de 57 ans.*

Japon Hirohito, né en 1901. Il monta sur le trône en 1926 et régna jusqu'à sa mort, le 7 janvier 1989, à l'âge de 87 ans.
Aujourd'hui, le souverain le plus âgé est Jean, grand-duc du Luxembourg, né en 1921. Il est monté sur le trône le 12 novembre 1964.

Les monarques les plus jeunes ■ Le roi du Swaziland, Afrique australe, Mswati III, 67e fils du roi Subhusa II, a été couronné le 25 avril 1986, à l'âge de 18 ans et 6 jours.
La plus jeune reine est Marguerite II du Danemark (née le 16 avril 1940). Elle a succédé à son père, Frédéric IX, en 1972.

Les plus prolifiques ■ Parmi les princes monogames, le record appartient au prince Hartmann du Liechtenstein (1613-1686), qui a eu de son épouse, la comtesse Elisabeth zu Salm-Reifferscheidt (1623-1688), 24 enfants, dont 21 survécurent.
Le duc de Parme Robert Ier (1848-1907) a eu également 24 enfants, mais de deux épouses successives.

Républiques

La plus ancienne ■ Si l'on excepte les Républiques de l'Antiquité, comme Rome, la plus ancienne encore existante est la République de Saint-Marin, petit État (61 km^{2}) enclavée dans le territoire italien, au sud de Rimini. Fondée au IVe siècle par l'ermite saint Marin, elle acquit au IXe siècle une autonomie de fait et prit le nom de République au XIIIe siècle.

Chefs d'État

Le plus âgé ■ Le président de la République italienne Alessandro Pertini (1896-1990), élu le 8 juillet 1978, démissionna le 29 juin 1985, à l'âge de 88 ans et 9 mois.

Aujourd'hui ■ Félix Houphouët-Boigny, né le 18 octobre 1905, président de la Côte-d'Ivoire, est le chef d'État en exercice le plus âgé. Il a accédé au pouvoir en novembre 1960.

France ■ Adolphe Thiers (1797-1877) fut élu président de la République le 31 août 1871, à l'âge de 74 ans et 4 mois. Paul Doumer (1857-1932) fut élu le 13 juin 1931, à l'âge de 74 ans et 3 mois.
Philippe Pétain (1856-1951) devint chef de l'État français à 84 ans et 2 mois.

Le plus jeune ■ Né le 23 mai 1949, l'ancien président du Pérou, Alan García, élu le 14 mai 1985, prit ses fonctions le 28 juillet 1985, à l'âge de 36 ans et 2 mois.

France ■ Louis-Napoléon Bonaparte, né le 20 avril 1808, fut élu président de la IIe République le 10 décembre 1848, à l'âge de 40 ans et 7 mois ; 4 ans plus tard, il se faisait proclamer empereur.

Présidences *Les plus longues* ■ Franklin Delano Roosevelt (1882-1945) fut élu quatre fois de suite président des États-Unis, en 1932, 1936, 1940 et 1944. Il exerça ses fonctions jusqu'à sa mort, le 12 avril 1945, soit pendant 12 ans 1 mois et 8 jours. Depuis, un président américain ne peut accomplir plus de deux mandats.

Mitterrand bat de Gaulle

Charles de Gaulle (1890-1970) fut élu président de la Ve République le 21 décembre 1958. Réélu en 1965, il démissionna le 28 avril 1969, ayant exercé ses fonctions pendant 10 ans et 4 mois.
Élu le 10 mai 1981 et réélu en 1988, François Mitterrand (né en 1916) exerçait ses fonctions, en août 1992, depuis 11 ans et 3 mois.

La plus courte ■ Jean Casimir-Perier (1847-1907) fut élu président de la République le 27 juin 1894, après l'assassinat de Sadi Carnot. Il démissionna le 15 janvier 1895, après 6 mois et 19 jours de mandat.

Les premières femmes ■ Isabel Perón (née en 1931), troisième femme de Juan Perón, fut la première femme au monde à être portée à la présidence d'un pays, le 1er juillet 1974, à la mort de son mari. Elle fut renversée par une junte militaire le 24 mars 1976.
Vigdis Finnbogadottir, née en 1930, présidente de la République d'Islande depuis le 30 juin 1980, est la première femme à avoir été élue démocratiquement. Elle a été reconduite dans ses fonctions en 1988.

Traitements de présidents

Le président des États-Unis reçoit un traitement annuel imposable de 200 000 $ (environ 96 000 F par mois), et pour son « train de vie » il touche, en plus, une pension annuelle de 138 900 $.

Le traitement mensuel brut du président de la République française s'élevait, au 1er janvier 1991, à 35 663,42 F. Il ne nous a malheureusement pas été possible de mettre ce chiffre à jour pour l'année 1992 et de savoir si le président avait obtenu une augmentation.

Ministres

Premiers ministres *Le plus âgé* ■ Le Premier ministre nommé à l'âge le plus avancé pour la première fois fut l'Indien Morarji Ranchhodji Desai (né le 29 février 1896), qui fut désigné à ce poste en mars 1977, à 81 ans.

Le plus jeune de France ■ Laurent Fabius (né le 20 août 1946) était âgé de 37 ans et 11 mois lorsqu'il fut nommé Premier ministre par François Mitterrand, le 19 juillet 1984.

Les premières femmes ■ Lorsque le Parti pour la liberté du Sri-Lanka (Ceylan) remporta les élections générales en juillet 1960, Sirimavo Bandaranaïke (née en 1916) fut la première femme au monde à accéder au poste de Premier ministre.
Benazir Bhutto, née le 21 juin 1953, est devenue, le 3 décembre 1988, la première femme chef de gouvernement d'une république islamique (le Pakistan). Le 25 janvier 1990, elle est également devenue la première femme à mettre au monde un enfant pendant son mandat. Elle a été destituée le 6 août 1990.

Europe ■ Gro Harlem est devenue Premier ministre de Norvège en février 1980. Elle le fut de nouveau en 1986 et en octobre 1990.

France ■ Nommée Premier ministre par François Mitterrand le 15 mai 1991 pour succéder à Michel Rocard, Édith Cresson (née le 27 janvier 1934, à Boulogne-sur-Seine) est devenue la première femme chef du gouvernement en France. Son mandat a pris fin le 2 avril 1992.

Les exercices les plus longs ■ Lee Kuan Yew (né le 16 septembre 1923) est resté plus de 30 ans Premier ministre de Singapour. Au pouvoir depuis juin 1959 et reconduit 8 fois dans ses fonctions par les victoires de son parti aux élections, il a démissionné le 26 novembre 1990 et désigné lui-même son successeur. Lee Kuan Yew reste toutefois secrétaire général du parti au pouvoir et ministre d'État sans portefeuille.

Le maréchal Kim Il Sung (né le 15 avril 1912) occupe la fonction de chef du gouvernement ou de chef d'État de la République populaire démocratique de Corée du Nord depuis le 25 août 1948.
Ministre délégué des Affaires étrangères de l'URSS à partir de 1946, ministre des Affaires étrangères le 15 février 1957, Andreï Andreïevitch Gromyko (1909-1989) fut élu à la présidence de son pays le 2 juillet 1985.

KOFI, GRAND MAIRE

Kofi Yamgnane, né au Togo en 1948, naturalisé français en 1975, a été élu maire de Saint-Coulitz, Finistère (363 habitants), le 20 mars 1989. C'est le premier maire noir en métropole. Il a été nommé secrétaire d'État aux Affaires sociales et à l'Intégration le 17 mai 1991.

Piotr Lomako (1904-1990) fut nommé ministre de la Métallurgie non ferreuse de l'URSS en 1940. Il quitta ce poste à l'âge de 82 ans, le 1er novembre 1986. Il était membre du comité central depuis 1952.

France ■ Georges Pompidou (1911-1974) fut Premier ministre, sous la présidence de Charles de Gaulle, pendant 6 ans, 2 mois et 26 jours, du 14 avril 1962 au 10 juillet 1968. Après la démission du Général, il fut élu président de la République le 15 juin 1969.

L'équipe gouvernementale la plus importante *France* ■ Après le remaniement du 2 octobre 1990, le gouvernement de Michel Rocard comptait 49 membres, record pour la Ve République.

Parlements

Le premier et le plus ancien ■ La première assemblée législative connue, Ukkim, fut celle de l'État-ville sumérien d'Ourouk (Erech dans la Bible et aujourd'hui Warka, en Irak), vers 2800 av. J.-C. Elle se composait de deux chambres.
Le Parlement le plus ancien, l'Althing d'Islande, a été créé en 930 de notre ère à Thingvellir. A l'origine, il comprenait 39 chefs de clans locaux. Il fut aboli en 1800, puis rétabli par le Danemark en tant qu'assemblée consultative en 1843, et législative en 1874.

Le plus grand ■ Le Congrès national du peuple de la République populaire de Chine rassemble 2 978 membres élus pour cinq ans au suffrage indirect.

La plus longue carrière parlementaire ■ Celle de József Madarász (1814-1915) dura 83 ans. Membre suppléant du Parlement hongrois de 1832 à 1836, il fut ensuite membre titulaire de 1848 à 1850 et de 1861 à sa mort, le 31 janvier 1915.

France ■ Édouard Frédéric-Dupont, avocat, né le 10 juillet 1902, a été élu pour la première fois à la Chambre des députés le 26 avril 1936. Membre des deux Assemblées constituantes (1945-1946), il a été élu à l'Assemblée nationale en 1946, puis régulièrement jusqu'au 12 juin 1988 (sauf en 1962 et 1968). Il siège comme député du VIIe arrondissement de Paris (5e circonscription).

Les parlementaires les mieux payés ■ Les membres de la Chambre des représentants (députés) des États-Unis perçoivent un traitement annuel de 125 100 $.
Le traitement de base annuel des membres du Sénat des États-Unis est de 101 900 $, plus des honoraires dans la limite de 23 068 $.

France ■ L'indemnité parlementaire des députés s'élevait, au 1er février 1991, à 37 943 F brut par mois (imposable sur les 11/20), plus une allocation mensuelle de secrétariat (non imposable) de 24 198 F.

Le plus long discours ■ Le discours le plus long de l'histoire du Sénat américain fut celui du sénateur Wayne Morse (1900-1974), originaire de l'Oregon, qui les 24 et 25 avril 1953 parla pendant 22 h 26 mn sans regagner son siège.
Le sénateur du Texas, Bill Meier, prononça un discours sur les problèmes de la non-révélation des accidents industriels aux États-Unis sans s'interrompre, pendant 43 h en mai 1977.

A l'ONU ■ Prononcé le 26 septembre 1960 par le président de Cuba, Fidel Castro (né le 13 août 1927), il dura 4 h 29 mn. D'après le journal soviétique *Komsomolskaïa Pravda*, le leader cubain posséderait 32 maisons, 3 yachts et une garde personnelle de 9 700 hommes.

Constitutions ■ Les États-Unis possèdent la plus vieille Constitution du monde toujours en vigueur. Elle fut adoptée le 17 septembre 1787 et entra en vigueur le 4 mars 1789.

Vote des femmes ■ Le territoire du Wyoming, EU, fut le premier à accorder le droit de vote aux femmes, en 1869. La Nouvelle-Zélande fut la première nation à recourir au suffrage universel, en 1893.
En Europe, c'est le demi-canton d'Appenzell-Rhodes-Intérieures, en Suisse, qui a refusé le droit de vote aux femmes le plus longtemps. Il a dû le leur accorder le 27 novembre 1990, sur décision du tribunal fédéral.

France ■ Prévu par l'ordonnance du 21 avril 1944, le droit de vote des femmes a été exercé la première fois aux élections municipales du 29 avril 1945.

Le traité le plus ancien toujours en vigueur ■ Le traité d'alliance anglo-portugais fut signé à Londres, le 16 juin 1373, il y a 618 ans.

Élections

Le scrutin le plus vaste ■ Les élections du 22 novembre 1989 à la Lok Sabha (chambre basse) indienne mettaient en jeu 543 sièges. 304 126 600 électeurs - sur un électorat potentiel de 498 647 786 personnes - exprimèrent leur vote. 291 partis étaient en lice. Il y avait 593 000 bureaux de vote, surveillés par 3,5 millions de personnes.

Le scrutin le plus serré ■ A Zanzibar, île de l'océan Indien qui fait aujourd'hui partie de la Tanzanie, le parti afro-shirazi remporta les élections générales du 18 janvier 1961 par 1 siège d'écart, le siège de Chake-Chake, sur l'île de Pemba, étant gagné par 1 voix d'écart.
A l'élection du commissaire au réseau routier du district sud du Mississippi, EU, le 7 août 1979, R. E. Joiner l'emporta sur W.H. Pyron par 133 587 voix contre 133 582.

Le plus grand nombre de candidats ■ Pour la seule ville de Belgaum, 301 candidats se présentèrent aux élections de la province du Karnataka, Inde, le 5 mars 1985.

Abstentions ■ Le record des abstentions en France est de 77,43 %. Ce taux a été atteint le 3 février 1991, au second tour de l'élection législative partielle dans la 13e circonscription de Paris (XVe arrondissement). Cette élection avait été provoquée par la démission de Michèle Barzach.
Pour un premier tour, le record est de 70,42 %, taux atteint le 27 janvier 1991, à l'élection législative partielle dans la 3e circonscription du Rhône (Lyon). Le même jour, dans la 2e circonscription du Rhône (Lyon), le taux d'abstention avait été de 67,58 %. Ces deux élections avaient été provoquées par les démissions respectives de Jean-Michel Dubernard et Michel Noir.

La plus grosse majorité pour un candidat ■ Boris Eltsine, le candidat pour la circonscription de Moscou aux élections par-

△ Le sénateur de Caroline du Sud, Strom « Temesta » Thurmond, né en 1902, a fait un discours les 28 et 29 août 1957 pendant 24 h 19 mn. Aujourd'hui républicain, il est le plus vieux membre du Congrès.

Le scrutin le plus plébiscitaire ■ En Corée du Nord, le Parti des travailleurs obtint 100 % des suffrages lors des élections générales du 8 octobre 1962.
En Albanie, le 14 novembre 1982, le candidat unique officiel (communiste) fut élu à l'unanimité moins 1 voix, soit 99,99993 % des suffrages des 1 627 968 électeurs.

▽ Boris Eltsine a obtenu 89,4 % des suffrages exprimés lors des élections parlementaires de la circonscription de Moscou, le 26 mars 1989.

△ *La Légion d'honneur, premier ordre national français, créée le 19 mai 1802 par Napoléon Ier. Ce tableau de Debret représente la première distribution en l'église des Invalides.*

Titres de noblesse ■ Doña María del Rosario Cayetana Fitz-James Stuart y Silva, 18e duchesse d'Albe (Alba de Tormes), est la personne la plus titrée du monde. Elle porte 8 titres de duchesse, 15 de marquise, 21 de comtesse et est grand d'Espagne à 19 titres différents.

lementaires de l'ex-URSS, a obtenu, le 26 mars 1989, 5 118 745 voix sur les 5 722 937 suffrages exprimés. Son adversaire n'a reçu que 392 633 000 voix.
En 1956, W. R. D. Bandaranaïke a obtenu une majorité de 91,82 % des votes avec 45 016 voix dans la circonscription de Attanagalla au Sri-Lanka.

Maires *Le plus long mandat* ■ Edmond Mathis (1852-1953) a été maire d'Éhuns, Haute-Saône, de 1878 à 1885, puis sans interruption pendant 64 ans, de 1889 à sa mort, le 26 novembre 1953, à l'âge de 101 ans. Au recensement de 1990, Éhuns comptait 183 habitants.

Le doyen aujourd'hui ■ Pierre Affre, maire de Sem, Ariège, depuis 1953, a fêté ses 96 ans le 3 mars 1992.

Le plus jeune ■ Éric Legrand, élu maire de Bray-Saint-Christophe, Aisne, en mars 1983, n'avait pas encore 21 ans. Il dut attendre trois mois avant de pouvoir exercer ses fonctions.

Le premier maire noir en métropole ■ Kofi Yangnane, né au Togo en 1948, naturalisé français en 1975, a été élu maire de Saint-Coulitz, Finistère (363 habitants), le 20 mars 1989. Il a été nommé secrétaire d'État aux Affaires sociales et à l'Intégration le 17 mai 1991.

Les coups d'État les plus nombreux ■ Depuis 1825, date de son indépendance, la Bolivie a subi 191 coups d'État. Le dernier en date, le 30 juin 1984, fut réalisé par une soixantaine d'hommes armés, qui ont kidnappé le président Hernán Zuazo.

Décorations, exploits et récompenses

L'ordre le plus ancien ■ Le premier ordre connu est l'Or d'honneur, attribué en Égypte, sous la XVIIIe dynastie, vers 1440-1400 av. J.-C. Il se présentait sous la forme d'une statuette, dont un spécimen a été trouvé à Qan el-Kebri.
L'ordre le plus ancien dont les origines soient connues est l'Ordre des Hospitaliers de Saint-Jean-de-Jérusalem, fondé en 1113 en Palestine. Il ne devint un ordre militaire que vers 1140. Les Hospitaliers prirent le nom de chevaliers de Malte en 1530. L'ordre siège actuellement à Rome, mais n'est plus qu'honorifique.

France ■ La Légion d'honneur a été instituée le 19 mai 1802 par Napoléon Bonaparte. Elle est constituée de 3 grades, chevalier, officier et commandeur, et de 2 dignités, grand officier et grand-croix.

Combat aérien ■ Le recordman des victoires aériennes, à l'ère de l'avion à réaction, est le capitaine Joseph Christopher Mc Connell, de l'armée de l'air américaine (né le 30 juin 1922). Il remporta 16 combats aériens durant la guerre de Corée (1950-1953), avant d'être tué le 25 août 1954.
Il est vraisemblable qu'un pilote israélien a dépassé ce nombre de victoires aériennes entre 1967 et 1970. Mais l'identité des pilotes est un secret d'État.

Guerres mondiales ■ Les as du combat aérien officiellement reconnus sont, pour la Première Guerre mondiale, le colonel français René-Paul Fonck (mort en 1953), qui abattit 75 avions, et le célèbre pilote allemand Manfred von Richthofen, qui en aurait abattu 80 (20 de ces actions sont peu vérifiables). Pendant la Seconde Guerre mondiale, le major allemand Erich Hartmann a abattu 352 avions.
La meilleure pilote de chasse fut le lieutenant soviétique Lydia Litvak (née en 1921), qui abattit 12 appareils sur le front oriental de 1941 à 1943, avant d'être tuée au combat.

L'HOMME LE PLUS DÉCORÉ DE FRANCE

Claudius Kien-Soleillet, de Carnoux-en-Provence, Bouches-du-Rhône, né le 1er novembre 1919, détient 63 décorations françaises et étrangères, de la croix du combattant volontaire à la Interallied Distinguished Service Cross, en passant par le titre de mandarin honoraire de la cour royale du Cambodge et celui de membre de l'Ordre de la milice du Saint-Sépulcre, etc.

Le plus jeune médaillé ■ Anthony Farrer, un Canadien de 8 ans, a reçu, le 23 septembre 1916, l'Albert Medal pour avoir mis en fuite un puma près du lac Cowichan, dans l'île Vancouver, ce qui sauva la vie de Mme Doreen Ashburnham.

Prix Nobel

Les premiers ■ Les prix de physique, de chimie, de physiologie ou médecine, de littérature et de la paix ont été décernés en 1901, à l'instigation de l'industriel et chimiste suédois Alfred Nobel (1833-1896). Par testament, il avait instauré les cinq prix annuels destinés à récompenser les bienfaiteurs de l'humanité. Un prix Nobel de sciences économiques a été créé en 1968. Les prix Nobel sont d'un montant de 6 millions de couronnes suédoises, environ 5,68 millions de F. C'est à Stockholm, Suède, qu'a lieu la cérémonie de remise des prix de physique, de chimie, de physiologie ou médecine, de littérature et d'économie, et à Oslo, Norvège, celle du prix de la paix.

Le plus grand nombre de prix ■ Les États-Unis ont obtenu 206 récompenses : 69 en physiologie ou médecine, 55 en physique, 36 en chimie, 18 pour la paix, 18 en économie et 10 en littérature.
C'est la France qui a obtenu le plus grand nombre de Nobel de littérature : 12. Le premier (1901) fut décerné à Sully Prudhomme. Puis suivirent Frédéric Mistral (1904), Romain Rolland (1915), Anatole France (1921), Henri Bergson (1927), Roger Martin du Gard (1937), André Gide (1947), François Mauriac (1952), Albert Camus (1957), Saint-John Perse (1960), Jean-Paul Sartre (qui refusa le prix, 1964) et Claude Simon (1985).

Récompenses multiples *3 prix* ■ Le Comité international de la Croix-Rouge, Genève (fondé en 1863) a reçu le prix Nobel de la paix en 1917, 1944 et 1963 (récompense partagée cette année-là avec la Ligue internationale des sociétés de la Croix-Rouge).

2 prix ■ Linus Carl Pauling (EU, né le 28 février 1901), chimie 1954 et paix 1962 ; Marie Curie (France, 1867-1934), physique 1903 (partagé) et chimie 1911 ; John Bardeen (EU, 1908-1991), physique 1956 (partagé) et 1972 (partagé) ; Frederick Sanger (GB, né le 13 août 1918), chimie 1958 et 1980 (partagé) ; haut commissariat des Nations unies pour les réfugiés, Genève (fondé en 1951), paix 1954 et 1981.

Les lauréats les plus âgés ■ Francis Peyton Rous (EU, 1879-1970) a partagé le prix de médecine, en 1966, à l'âge de 87 ans. Karl von Frisch (Autriche, 1886-1982) a obtenu le même prix en 1973, également à 87 ans.

Les lauréats les plus jeunes ■ Lawrence Bragg (GB, 1890-1971) a reçu le prix de physique en 1915, à 25 ans.

Littérature ■ Rudyard Kipling (GB, 1865-1936), prix 1907, à 41 ans.

Paix ■ Mme Mairead Corrigan (Irlande du Nord, née le 27 janvier 1944), prix 1976 (partagé), à 32 ans.

Armée et défense

Guerres

La plus longue ■ La guerre de Cent Ans, entre l'Angleterre et la France, dura en réalité 115 ans, de 1338 à 1453.
On pourrait aussi admettre que les neuf croisades, qui se succédèrent, de la première (1096-1104) à la neuvième (1270-1291), pendant 195 ans, ne forment qu'une seule et même guerre sainte.

La plus courte ■ Elle opposa le Royaume-Uni à l'île de Zanzibar (actuellement partie de la Tanzanie) et dura de 9 h 2 à 9 h 40, le 27 août 1896. La flotte britannique adressa à Saïd Khalid, qui s'était proclamé lui-même sultan, un ultimatum l'invitant à évacuer immédiatement le palais et à se rendre. Il y fut contraint après un bombardement de l'artillerie qui dura 38 mn.

La plus sanglante ■ La Seconde Guerre mondiale (1939-1945) fut certainement celle qui coûta le plus de vies humaines. Le nombre de morts, civils et militaires, de tous pays s'élève approximativement à 54,8 millions, dont 25 millions de morts soviétiques et 7,8 millions de civils chinois. La Pologne est le pays qui a le plus souffert de cette guerre, puisque 17 % de sa population périt, soit 6 millions de morts pour une population de 35 millions de personnes. La Seconde Guerre mondiale fit 15,6 millions de victimes militaires, alors que la Première Guerre mondiale avait entraîné la mort de 9,7 millions de soldats, dont 1,3 million de Français.

LE FRÈRE CHINOIS DE JÉSUS-CHRIST

+ + + + + + + + + +

La révolte du Taiping eut lieu en Chine, de 1851 à 1864. Les paysans, fidèles à la dynastie des Ming, se révoltèrent contre le gouvernement mandchou. La rébellion fut dirigée par un aliéné mental, Hung Hsiu-ch'üan, qui se prenait pour le frère cadet de Jésus-Christ. On estime que 20 millions de personnes périrent, dont 100 000 tuées par les forces gouvernementales au cours du sac de Nankin (19-21 juillet 1864). Ce fut la guerre civile la plus meurtrière.

La bataille la plus sanglante *Moderne* ■ La première bataille de la Somme, du 1er juillet au 19 novembre 1916, fit le plus grand nombre jamais enregistré de victimes militaires (morts, blessés et disparus) : 600 000 hommes, soit 340 000 soldats alliés et environ 300 000 soldats allemands. La plus meurtrière des batailles, civils compris, fut celle de Stalingrad (aujourd'hui Volgograd), URSS, qui coûta la vie à environ 2,1 millions de personnes et se conclut, le 31 janvier 1943, par la reddition des forces allemandes commandées par le maréchal Friedrich von Paulus. Sur les 500 000 civils habitant la ville avant la guerre, 1 515 avaient survécu.
L'assaut final de l'armée soviétique contre Berlin, du 16 avril au 2 mai 1945, mobilisa 3,5 millions d'hommes, 52 000 canons, 7 750 chars et 11 000 avions au total.

Dans l'Antiquité ■ Les historiens modernes n'accordent guère foi aux estimations des pertes enregistrées lors des batailles de l'Antiquité, par exemple celle de Platées, en Béotie, Grèce, qui vit la victoire des Grecs sur les Perses, en 479 av. J.-C, et qui aurait fait 250 000 morts, ou celle de Catalaunum, près de Châlons-sur-Marne, dite bataille des champs Catalauniques, qui vit la victoire des Romains sur Attila, en 451, et qui aurait fait 200 000 victimes en une seule journée.

La plus coûteuse ■ A lui seul, le coût de la Seconde Guerre mondiale a dépassé, et de loin, celui de toutes les autres guerres historiques réunies, environ 1 500 milliards de $.

◁ *Le 5 juin 1990, Mikhaïl Gorbatchev reçu le prix Nobel de la paix.*

Guerre chimique ■ Environ 5 000 Kurdes ont été tués par armes chimiques à Halabja, Irak, le 16 mars 1988, sur l'ordre du président irakien Saddam Hussein. La minorité kurde d'Irak était accusée d'avoir soutenu l'Iran lors de la guerre meurtrière (1 million de morts) qui opposa les deux pays pendant 8 ans (septembre 1980-juillet 1988).

La bataille aéronavale la plus importante ■ Elle fit rage dans le golfe de Leyte, aux Philippines, du 22 au 27 octobre 1944, mettant aux prises 231 navires (166 alliés et 65 japonais) et 1 996 avions de guerre (1 280 américains et 716 japonais).
La bataille navale du Jutland eut lieu le 31 mai 1916, au large des côtes danoises : 151 navires britanniques affrontèrent 101 navires allemands. Ces derniers réussirent à regagner leurs ports avec des pertes légèrement inférieures à celles de leurs adversaires.
La plus grande bataille navale de l'Antiquité opposa, à Salamine, Grèce, en septembre 480 av. J.-C., les Perses (qui perdirent au total 800 navires) et les Athéniens, victorieux (qui en perdirent en tout 380). On estime que 200 000 hommes prirent part au combat. La bataille de Lépante, Grèce, qui vit la victoire de la flotte chrétienne de la Sainte Ligue (Espagne, Venise, Saint-Siège) sur la flotte turque, fit environ 33 000 morts, le 7 octobre 1571.

La plus grande invasion *Par mer* ■ Le Débarquement du 6 juin 1944, en Normandie, baptisé opération Overlord, mobilisa, durant les trois premiers jours, 38 convois de 745 navires, soutenus par 4 066 engins de débarquement qui transportaient 185 000 hommes, 20 000 véhicules et 347 dragueurs de mines. L'attaque aérienne fut menée par 18 000 parachutistes largués de 1 087 avions. Les 42 divisions engagées furent soutenues par 13 175 avions de combat. En un mois, 1,1 million d'hommes, 200 000 véhicules et 750 000 t de matériel furent débarqués.

***Par air* ■** Elle fut conduite près d'Arnhem, Pays-Bas, le 17 septembre 1944, par les troupes anglo-américaines et mit en jeu 3 divisions (34 000 hommes), 2 800 avions et 1 600 planeurs.

Évacuation militaire ■ La plus importante opération de ce genre fut l'évacuation, entre le 27 mai et le 4 juin 1940, par 1 200 vaisseaux, des 338 226 soldats français et britanniques encerclés sur la plage de Dunkerque, Nord. Son nom de code était opération Dynamo.

Sièges ■ Le plus sanglant fut le siège mis par l'armée allemande devant Leningrad, aujourd'hui St-Pétersbourg, ex-URSS. Il dura du 30 août 1941 au 7 janvier 1944, soit 880 jours. On estime le nombre des victimes, civiles et militaires, à 1,3 ou 1,5 million.
Le plus long siège de l'Antiquité fut soutenu à Ashdod (de nos jours en Israël). L'historien grec Hérodote (v. 484-v. 420 av. J.-C.) rapporte que le pharaon Psammétique Ier assiégea la ville durant 29 ans, entre 664 et 610 av. J.-C.

Forces armées

La plus ancienne toujours existante ■ La garde suisse pontificale fut officiellement créée le 21 janvier 1506, mais son origine remonte au XIVe siècle. Elle est forte de 80 à 90 hommes.

Les plus importantes ■ L'URSS comptait 3 400 000 hommes sous les drapeaux en 1991. Après l'éclatement de l'empire soviétique, il est difficile de faire une estimation de la taille de la future force armée russe, mais les chiffres les plus généralement cités sont de 1,25 à 1,5 million d'hommes.
L'armée chinoise comptait, elle, 3 millions de soldats, et ce chiffre est en continuelle diminution.
L'armée américaine comptait, en 1991, 2 029 600 hommes.

***France* ■** Armée de terre, armée de l'air et marine, plus gendarmerie et section commune, comptaient au total 670 137 hommes au 1er janvier 1991 (sans tenir compte de 1 088 emplois militaires pour la défense), qui se répartissaient en 300 643 actifs, 241 716 appelés et 127 778 civils.

Armée de terre ■ D'après l'Institut international d'études stratégiques, l'armée la plus importante en nombre d'hommes est celle de la République de Chine qui compte, en 1991, 2,3 millions d'hommes.

◁ *On estime que la bataille de Lépante dans le golfe de Patras, en Grèce, fit quelque 33 000 morts. Le combat, entre les forces chrétiennes et les Turcs ottomans, eu lieu au cours de la campagne ottomane pour prendre l'île de Chypre qui appartenait à cette époque à la République de Venise.*

L'armée de terre de l'ex-Union soviétique comptait environ 1,4 million d'hommes en 1991 pour, sans doute, 139 divisions.

France ■ L'armée de terre dispose de 106 814 actifs, 173 504 appelés et 37 762 civils, soit 318 080 personnes, 47,5 % de l'effectif total des forces armées. Elle possède notamment 1 340 chars de bataille AMX 30 et AMX 30 B2 et 523 hélicoptères. Son budget s'élève à 34,7 milliards de F.

LA PLUS GRANDE MUTINERIE

L'échec de l'offensive française du chemin des Dames, en avril 1917, pendant la Première Guerre mondiale, entraîna ce qu'on appelle la crise des mutineries. Environ 600 actes collectifs d'indiscipline affectèrent 68 divisions. La répression pour les cas jugés les plus graves consista en 3 427 condamnations, dont 554 condamnations à mort (il y eut 49 exécutions effectives).

Marine ■ La plus importante est celle des États-Unis, qui comptait 584 800 matelots et 195 700 « marines » en 1991. Elle disposait de 6 porte-avions nucléaires, 9 porte-avions classiques, 49 croiseurs de combat, 87 sous-marins nucléaires d'attaque, 46 croiseurs, 49 contre-torpilleurs, 97 frégates et 65 bâtiments amphibies.

La flotte de l'URSS disposait d'une force sous-marine plus importante, comprenant 281 unités (dont 60 sous-marins nucléaires d'attaque). Elle possédait aussi 5 porte-avions, 38 croiseurs, 29 contre-torpilleurs, 148 frégates et 78 bâtiments amphibies.

France ■ La Marine comptait, au total, 72 425 hommes (46 197 actifs, 19 098 appelés et 7 130 civils) au 1er janvier 1991, soit 10,8 % des effectifs de l'armée française. Elle emploie 115 bâtiments, dont 6 sous-marins nucléaires lanceurs d'engins, 13 sous-marins d'attaque, 2 porte-avions et 44 grands bâtiments de combat de haute mer, plus 144 avions et hélicoptères de combat, dont 38 Super-Étendard d'assaut. Son budget est de 23,7 milliards de F.

Armée de l'air ■ L'armée de l'air des États-Unis compta en juillet 1944 le nombre record de 79 908 appareils, et en mars 1944 celui de 2 411 294 personnes. Aujourd'hui, elle emploie, forces aériennes stratégiques comprises, 571 400 personnes et 8 471 appareils.

L'armée de l'air de l'URSS disposait de 895 000 hommes et de 11 370 appareils. Suite à l'éclatement de l'URSS, il semblerait que la Russie hérite, dès 1992, des 5 500 avions de combat de l'ex-armée soviétique et de la majorité des autres appareils pour lesquels le grave problème de la répartition avec les autres républiques se pose.

France ■ L'armée de l'air dispose de 98 264 hommes (57 418 actifs, 35 443 appelés et 5 403 civils), soit 14,6 % des effectifs de l'armée française. Elle possède notamment 450 avions de combat, 84 avions de transport aérien militaire et 102 hélicoptères. Son budget s'élève à 23,9 milliards de F.

Soldat *Le plus vieux* ■ Le soldat le plus âgé de tous les temps fut probablement John B. Salling, de l'armée des Confédérés des États-Unis (sudistes), dernier survivant reconnu de la guerre de Sécession (1861-1865). Il mourut à Kingsport, Tennessee, le 16 mars 1959, à l'âge de 113 ans et 1 jour.

Le plus jeune ■ Le maréchal duc de Caixas (né le 25 août 1803, mort le 7 mai 1880), homme d'État brésilien, avait intégré son régiment d'infanterie en 1808, à l'âge de 5 ans.

La marche la plus longue ■ Ce fut la célèbre Longue Marche entreprise en

Dépenses militaires ■ On estime qu'en 1990, les dépenses mondiales en armement s'élevaient annuellement à 600 milliards de $.
En 1990, on comptait, à travers le monde, quelque 25 320 000 militaires de carrière ou appelés et 37 586 000 réservistes, soit au total 62 906 000 soldats.

Les plus élevées ■ Les dépenses prévues par le gouvernement américain pour l'année fiscale 1991 s'élevaient à 288 milliards de $.
Les dépenses de défense de l'URSS étaient officiellement déclarées en 1991 à 97 milliards de roubles (134 milliards de $), mais les services secrets occidentaux estiment les dépenses réelles 2 fois plus élevées.

▷ La plus grande marche de l'histoire militaire est la Longue Marche des Chinois communistes en 1934-1935. D'octobre à octobre, leur troupe, d'environ 100 000 hommes, couvrit près de 10 000 km de Ruljin au Kiangsi, à Yan'an au Changsi A cette occasion, Mao Tsé-toung.(à gauche) devint le leader incontesté du parti communiste chinois avec Chou En-Lai (avec lui sur ce document).

1934-1935 par les communistes chinois. Pour rejoindre Yenan, où ceux-ci devaient établir leur première capitale, quelque 100 000 hommes parcoururent 10 000 km en 368 jours, dont 268 de marche effective. Ils franchirent 18 chaînes de montagnes et 24 fleuves, harcelés par le parti nationaliste Kuomintang. Il n'y eut que 8 000 survivants.

Bombes

Les plus lourdes ***Classiques*** ■ La bombe classique la plus lourde fut larguée par l'aviation britannique sur le viaduc de Bielefeld, Allemagne, le 14 mars 1945. Elle pesait 10 t et mesurait 7,74 m. On l'avait baptisée Grand Slam (« grand chelem »).
En 1949, l'armée de l'air américaine expérimenta une bombe de près de 20 t à Muroc Dry Lake, Californie.

Atomiques ■ La plus lourde fut la bombe des États-Unis MK17, transportée par le bombardier B 36, au milieu des années 50. Elle pesait 19 t et mesurait 7,37 m de long.
La première bombe atomique lancée par les États-Unis, sur Hiroshima, Japon, à 8 h 16, le 6 août 1945, avait une puissance de destruction équivalant à 12,5 kilotonnes de trinitrotoluène ($C_7 H_5 O_6 N_3$), ou TNT. Elle portait le nom de code de Little Boy (« petit garçon »), mesurait 3 m de long et pesait plus de 4 t.
L'engin thermonucléaire le plus puissant actuellement connu est équivalent à 57 mégatonnes (57 millions de t de TNT). Il a été testé par l'URSS, en Nouvelle-Zemble, le 30 octobre 1961, à 8 h 33 TU. L'onde de choc produite fit trois fois le tour de la Terre, le premier tour s'accomplissant en 36 h 27 mn. D'après d'autres estimations, la puissance de ce dispositif variait entre 62 et 90 mégatonnes.
La bombe H la plus puissante expérimentée par les États-Unis s'appelait Bravo (18-22 mégatonnes). Elle explosa sur l'atoll de Bikini, au nord-ouest des îles Marshall, le 1er mars 1954.
Le 9 août 1961, Nikita Khrouchtchev, alors président du Conseil des ministres, déclara que l'URSS était à même de construire une bombe de 100 mégatonnes. Il fit savoir, le 16 janvier 1963, que son pays disposait désormais d'une bombe de cette puissance. Un tel engin pourrait creuser un cratère de 100 m de profondeur et de 3 km de diamètre et engendrer une boule de feu de 14 km de diamètre.

Chars

Les premiers ■ Le char construit par William Foster & Co., à Lincoln, GB, baptisé Lincoln n° 1, fut surnommé Little Willie ; il fut mis en service le 6 septembre 1915. Les premiers chars entrèrent en action lors de la bataille de Flers-Courcelette, Somme, le 15 septembre 1916.

Les plus lourds ■ Le Panzer Kampfwagen Maus II, construit par les Allemands, pesait 192 t. En 1945, ce char n'en était qu'au stade expérimental, et il n'a jamais été utilisé par la suite.
Le char le plus lourd jamais utilisé fut le « char de rupture 2C bis » de l'armée française, en 1922 ; il pesait 75,2 t et nécessitait un équipage de 13 hommes. Il transportait un obusier de 155 mm et était équipé de deux moteurs de 250 ch lui permettant d'atteindre 12 km/h.
Depuis 1972, le char le plus lourdement armé, le char soviétique T-72, dispose d'un canon à tir ultrarapide de 125 mm.

Le plus rapide ■ Le char américain M1 Abrams peut atteindre 80 km/h sur terrain plat. Long de 8 m et haut de 2,50 m, il pèse 60 t. Il est équipé d'un canon de 105 mm que les soldats ont surnommé Peste noire.

Armes à feu

Les premières ■ Bien qu'on ne puisse pas le prouver, on s'accorde à reconnaître que les premières bouches à feu furent construites en Chine et en Afrique du Nord vers 1250.
Des reproductions de canons anglais figurent dans un manuscrit de 1326 conservé à Oxford.
Le premier canon anti-aérien était une pièce d'artillerie montée sur un affût à angle très ouvert que les Prussiens utilisèrent contre les dirigeables français lors de la guerre de 1870.

Les plus gros canons ■ « Schwerer Gustav », le plus gros canon jamais construit, fut utilisé par les Allemands, pendant la Seconde

△ ▷ Le 6 août 1945 à 8 h 16, les États-Unis lancèrent sur Hiroshima, Japon, la première bombe atomique Little Boy, de 3 m de long et d'un poids de 4 t. Elle contenait l'équivalent de 12 500 t d'explosifs, détruisit la ville et fit 150 200 morts (y compris les morts par radiation au cours de l'année suivante).

LES PIRES CATASTROPHES DANS LE MONDE

DÉSASTRE	MORTS	LIEU	DATE
PANDÉMIE	75 000 000	Eurasie : la grande peste	1337-1375
GÉNOCIDE	35 000 000	Extermination des paysans chinois par les Mongols	131210-1340
FAMINE	30 000 000	Chine septentrionale	1959-1961
GRIPPE	21 640 000	Mondiale	1918-1919
TREMBLEMENT DE TERRE	1 100 000	Proche-Orient et Méditerranée orientale	juillet 1201
CYCLONE	1 000 000	Iles du delta du Gange, Bangladesh	12-13 nov. 1970
INONDATION	900 000	Fleuve Huang-ho, Chine	octobre 1887
GLISSEMENT DE TERRAIN	180 000	Province du Kansu, Chine (provoqué par un séisme)	16 déc. 1920
BOMBE ATOMIQUE	155 200	Hiroshima, Japon (y compris les morts par radiation au cours de l'année suivante)	6 août 1945
BOMBARDEMENTS AERIENS	140 000	Tokyo, Japon	10 mars 1945
ÉRUPTION VOLCANIQUE	92 000	Tambora, Sumbawa, Indonésie	5-7 avril 1815
AVALANCHES	18 000	Yungay, Huascaran, Pérou	31 mai 1970
NAVIRE	7 700	*Wilhelm Gustloff* (25 484 tonnes), paquebot allemand torpillé à Dantzig par un sous-marin soviétique S-13 (903 rescapés seulement)	30 janv. 1945
RUPTURE DE BARRAGE	5 000	Barrage du Machhu, Morvi, Gujarat, Inde	11 août 1979
PANIQUE	4 000	Chungking, Chine, abri anti-aérien	6 juin 1941
INDUSTRIE CHIMIQUE	3 350	Union Carbide, à Bhopal, Inde	2-3 déc. 1984
SMOG (brouillard et fumées	2 850	Londres	5-13 déc. 1952
CREUSEMENT DE TUNNEL (silicose)	2 500	Tunnel hydroélectrique de Hawk's Nest, Virginie, EU	1931-1935
INCENDIE (un seul bâtiment)	1 670	Théâtre de Canton, Chine	Mai 1845
EXPLOSION	1 635	Halifax, Nouvelle-Écosse, Canada	6 déc. 1917
MINE	1 549	Houillère de Honkeiko, Chine (coup de grisou)	26 avril 1942
PAQUEBOT	> 1 500	Naufrage du *Titanic* après collision avec un iceberg, au sud de Terre-Neuve, Canada	15 avril 1912
TORNADE	1 300	Shaturia, Bangladesh	26 avril 1989
ÉMEUTE	1 200	New York, contre la conscription militaire	13-16 juil. 1863
SUICIDE COLLECTIF	960	Adeptes du Temple du peuple, empoisonnement au cyanure, Jonestown, Guyana	18 nov. 1978
CHEMIN DE FER	> 800	Fleuve Bagmati, Bihar, Inde	6 juin 1981
FEU D'ARTIFICE	> 800	Mariage du Dauphin, à Paris	16 mai 1770
CATASTROPHE AÉRIENNE (civile)	583	Écrasement au sol d'un Boeing 747, Tenerife, Canaries	27 mars 1977
ANIMAL MANGEUR D'HOMMES	436	Une tigresse, à Champawat, Inde	1907
TERRORISME AÉRIEN	329	Bombe à bord du Boeing 747 d'Air-India, tombé dans l'Atlantique	23 juin 1985
GRÊLE	246	Moredabad, Uttar Pradesh, Inde	20 avril 1888
ROUTE	176	Explosion d'un camion citerne dans le tunnel de Salang, Afghanistan	3 nov. 1982
PLATE-FORME PÉTROLIÈRE EN MER	167	Piper Alpha, mer du Nord	6 juillet 1988
SOUS-MARIN	130	Le *Surcouf* éperonné par le navire de commerce américain *Thomas Lykes* dans les Caraïbes	18 fév. 1942
HÉLICOPTÈRE	54	*Sea Stallion* militaire, Israël	10 mai 1977
ALPINISME	43	Pic Lénine, URSS	13 juil. 1990
RÉACTEUR NUCLÉAIRE	31	Tchernobyl, Ukraine, URSS Le nombre des décès ultérieurs provoqués par les radiations est difficile à évaluer.	26 avril 1986
ASCENSEUR	23	Mine d'or de Vaal Reefs, l'ascenseur a chuté de 2 km	27 mars 1980
COURSE DE VOILIERS	19	« Fastnet ». 23 bateaux ont sombré ou ont abandonné dans une tempête de force 11.	13-15 août 1979
ACCIDENT DE VOITURES	13	et 40 blessés, carambolage près de Breda, Pays-Bas	25 août 1972
ESPACE	7	Explosion en vol de la navette *Challenger*	28 janv. 1986

L'armement nucléaire le plus puissant ■ En septembre 1990, l'URSS déployait 2 500 lance-missiles nucléaires, et les États-Unis, 2 246, alors que les accords Start les limitent théoriquement à 2 246. De même, les accords Start autorisaient l'URSS à posséder au maximum 10 271 têtes nucléaires et les États-Unis à en posséder 10 563, mais le nombre de têtes nucléaires réellement détenues par les deux puissances était sans doute différent. Depuis l'éclatement de l'empire soviétique, quatre républiques de l'ancienne URSS (Russie, Ukraine, Biélorussie et Kazakhstan) détiennent l'arme nucléaire. Elles ont conclu un accord selon lequel seule la Russie resterait un « État nucléaire ».

△ *Le char américain M1 Abrams, pesant 60 t, peut atteindre la vitesse de 80 km/h sur terrain plat.*

▷ La plus grosse indemnité de divorce fut obtenue en 1982 par Soraya, épouse anglaise du Saoudien Adnan Khashoggi, elle s'élevait à 5 milliards de F plus des biens immobiliers. Sur la photo de gauche la très belle Soraya et son fils Omar déchiré. Sur le document de droite Adnan, beau joueur.

Le litige le plus long ■ La décision judiciaire la plus longue à obtenir intervint à Poona, Inde, le 28 avril 1966, lorsque Balasaheb Patloji Thorat gagna une instance introduite par son ancêtre Maloji Thorat 761 ans plus tôt, en 1205. Le procès portait sur la reconnaissance du droit de présider certaines réunions publiques et du droit de préséance dans des cérémonies religieuses.

La requête la plus élevée ■ Une indemnité de 675 000 milliards de $ (équivalant à 10 fois la richesse globale des États-Unis) fut demandée par Walton Bader dans une instance introduite auprès de la cour de justice de New York, le 14 avril 1971, contre General Motors et autres pour pollution des 50 États.

Guerre mondiale, au siège de Sébastopol, URSS, en juillet 1942. Son calibre était de 800 mm et son tube mesurait 29 m de long. Il pouvait tirer à 46 km des obus de 8 t. Ses vestiges ont été retrouvés en Bavière, près de Metzenhof, en août 1945.

***Aujourd'hui* ■** Les canons de 406 mm de l'armée américaine équipent notamment les cuirassés *Missouri* et *Wisconsin* (voir chapitre *Véhicules , « Les plus gros cuirassés »*). Ils peuvent tirer à 40 km des obus de 1 t.

La portée la plus grande ■ A Yuma, Arizona, EU, le HARP (High Altitude Research Project — projet de recherche en haute altitude) a mis au point un engin composé de deux canons jumelés de 419 mm de calibre. Il mesure 36,40 m de long et pèse 150 t. Le 19 novembre 1966, il a lancé un projectile de 84 kg à 180 km d'altitude.
Le célèbre canon Kaiser Wilhelm Geschütz (surnommé par les Français « la Grosse Bertha »), que les Allemands utilisèrent en mars 1918 pour bombarder Paris, avait un calibre de 210 mm et une portée théorique de 128 km.

Mortiers *Les plus grands* ■ Le Mallets, fondu en 1857 à l'arsenal de Woolwich, Londres, et le Little David, fabriqué aux États-Unis au cours de la Seconde Guerre mondiale, avaient l'un et l'autre un calibre de 914 mm mais ne furent jamais opérationnels.

***Les plus lourds* ■** Sept mortiers de 600 mm, baptisés Karl, furent construits par les Allemands pendant la Seconde Guerre mondiale. Six d'entre eux furent utilisés, à Sébastopol, URSS, en 1942, à Varsovie, Pologne, et à Budapest, Hongrie, en 1944.

Le plus grand calibre ■ Le Tsar Pouchka (le « roi des canons »), construit au XVIe siècle, avait un calibre de 920 mm, un tube de 3,18 m de long et pesait 39 t. Il est conservé au Kremlin, à Moscou.
Pendant le siège de Constantinople (aujourd'hui Istanbul), du 22 avril au 29 mai 1453, les Turcs utilisèrent une bombarde de 8 m de long et de 1 000 mm de calibre. Cet engin, tracté par 60 bœufs et 200 hommes, lançait des boulets de pierre de 500 kg.

Engins militaires ■ Les catapultes militaires les plus imposantes, les onagres de l'Antiquité, lançaient des projectiles pouvant peser jusqu'à 27 kg à une distance de 460 m.

Justice

Législation et litiges

Les lois organiques les plus anciennes ■ Le code le plus ancien que l'on connaisse fut promulgué par le roi Ur-Hammu, de la IIIe dynastie sumérienne d'Ur, vers 2110 av. J.-C.

***France* ■** L'ordonnance de Villers-Cotterêts, Aisne, signée par François Ier le 10 août 1539, réorganisait la justice et prescrivait l'usage du français au lieu du latin dans les actes publics, officiels et de justice.

Le plus vieux juge en activité ■ Albert R. Alexander (1859-1966), de Plattsburg, Missouri, EU, exerça sa charge de magistrat du comté de Clinton jusqu'à sa retraite, qu'il prit à l'âge de 105 ans et 8 mois, le 9 juillet 1965.

Le juge le plus jeune ■ David Elmer Ward dut attendre l'âge légal de 21 ans pour exercer ses fonctions de juge en 1932, au tribunal de grande instance de Fort, Myers, Floride, EU.

Le litige le plus long *Au cours d'une vie* ■ Le fonctionnaire indien Gaddam Hanumantwa Keddey a mené pendant 44 ans, 9 mois et 8 jours de multiples actions en justice contre le gouvernement indien et l'Etat d'hyderabad afin d'obtenir de ces derniers une revalorisation de son grade et une augmentation de salaire qu'il estimait légitimes étant donné les résultats qu'il avait obtenu lors de l'examen d'entrée à la fonction publique d'Hyderabad, 44 années plus tôt. Il n'a cessé sa lutte juridique que le jour de son départ à la retraite.

Le procès le plus suivi ■ Le procès le plus suivi fut celui du Cubain Jesús Sosa Blanco, 51 ans, inculpé du meurtre de 108 personnes. A un moment du procès, qui dura 12 h 30 (de 7 h 30 à 6 h du matin, les 22 et 23 janvier 1959), 17 000 personnes assistèrent à l'audience, dans le palais des sports de La Havane, Cuba. Condamné à mort, l'accusé fut exécuté le 18 février 1959.

La caution la plus élevée ■ Elle fut fixée à 5 milliards de $ par le juge J. Dominique Olcomendy, du tribunal d'instance de San Francisco, Californie, EU, et réclamée à Dorothy Toines, 25 ans, inculpée de racolage sur la voie publique, le 8 février 1988. L'accusée, qui avait plusieurs fois omis de se présenter devant le tribunal, fut dans l'incapacité de payer les 10 %, soit 500 millions de $, requis pour sa mise en liberté provisoire. Le chiffre fut donc réduit le 25 février par un juge du tribunal de grande instance au montant plus abordable de 500 $. Néanmoins, l'accusée fut arrêtée à nouveau, le 21 mars 1988, pour la cinquième fois. L'avocat général eut ce commentaire : « Voyez ce qui se produit lorsque vous réduisez le montant d'une caution de 5 milliards de $. »

Les dommages et intérêts les plus élevés *Responsabilité civile* ■ Le 10 décembre 1985, le juge Salomon Casseb, de Houston, Texas, EU, condamna la société Texaco à verser à la société Pennzoil le montant de dommages et intérêts le plus élevé jamais accordé (11,12 milliards de $), pour avoir, en janvier 1984, usé de manœuvres frauduleuses en vue de s'opposer à la fusion entre Getty Oil et Pennzoil. Le montant de l'indemnité fut, en définitive, ramené à 5,5 milliards de $, le 19 décembre 1987.

***Blessures corporelles* ■** Le mannequin Marle Hansen, 26 ans, qui eut le visage tailladé au rasoir dans les rues de Manhattan, New York, en juin 1987, se vit allouer, le 29 septembre 1987, une indemnité pour dommages corporels de 78 millions de $. Les trois hommes condamnés pour ce forfait à des peines de prison allant de 5 à 15 ans n'ayant aucun avoir, miss Hansen a droit, sa vie durant, à 10 % des revenus que

◁ *Eugène Weidman, le tueur de la Voulzie, fut le dernier condamné à mort français à être guillotiné en public. L'exécution eut lieu à Versailles, devant une foule nombreuse malgré l'heure matinale : 4 h 50.*

criminel tortionnaire Hamida Djandoubi, âgé de 28 ans.
Quant au Dr Joseph Ignace Guillotin (1738-1812), il mourut de mort naturelle. Il avait prôné à l'Assemblée nationale l'emploi de la machine mise au point par le Dr Antoine Louis en 1789.

Le plus grand nombre de pendaisons ■ Les nazis pendirent simultanément 50 résistants grecs à Athènes, le 22 juillet 1944.
Le 26 décembre 1862, près de Mankato, Minnesota, EU, le juge William J. Duly fit pendre à la même potence 38 Indiens accusés d'avoir assassiné des civils non armés.

Les attentes les plus longues ■ Sadamichi Hirasawa (1893-1987) est mort à la prison de Sendai, Japon, après avoir attendu 39 ans. Condamné en 1948 pour avoir empoisonné 12 personnes au cyanure de potassium, il mourut exécuté à l'âge de 94 ans.
Willie Jasper Darden, 54 ans, survécut au record de 6 mandats d'exécution en 14 ans. Condamné pour meurtre en 1973, il mourut sur la chaise électrique, en Floride, le 15 mars 1988.
Après 25 ans d'attente, Liong Wie Tong, 52 ans, et Tan Tian Tjoen, 62 ans, furent exécutés le 31 octobre 1987 par un peloton d'exécution à Djakarta, Indonésie. Ils avaient été accusés de vol et d'assassinat.

Emprisonnement

Le plus grand nombre de détenus ■ D'après l'organisme privé américain The Sentencing Project, ce sont les États-Unis qui ont le taux d'incarcération le plus élevé du monde. En janvier 1991, environ 1 million de personnes étaient emprisonnées dans l'attente d'un jugement ou après leur condamnation, soit un taux de 400 prisonniers pour 100 000 habitants. D'après le même organisme, viennent ensuite l'Afrique du Sud (333 prisonniers pour 100 000 habitants) et l'URSS (268 pour 100 000).

***France* ■** Le 1er mai 1991, il y avait 50 133 détenus en métropole et 2 055 dans les Dom-Tom, soit un total de 52 188 détenus (32 029 condamnés et 20 159 prévenus), et un taux de 89 pour 100 000 habitants.

Les condamnations les plus longues ■ Le 11 mars 1972, à Palma de Majorque, Baléares, l'accusation réclama une peine d'emprisonnement de 384 912 ans contre le facteur Gabriel Grandos, 22 ans. L'inculpé avait omis de distribuer 42 768 lettres ; la peine requise représentait donc 9 ans par lettre non distribuée.
L'Américain John Gacy, meurtrier de 33 enfants et adolescents entre 1972 et 1978 dans l'Illinois, a été condamné le 13 mars 1980, à Chicago, à 12 fois la peine de mort et à 21 fois la prison à vie.

Les détentions les plus longues ■ Paul Geidel (1894-1987), groom d'hôtel à New York, fut reconnu coupable d'assassinat le 5 septembre 1911, à l'âge de 17 ans. Il fut relâché du pénitencier de Fishkill, à Beacon, État de New York, le 7 mai 1980, à l'âge de 85 ans, après avoir purgé sa peine pendant 68 ans, 8 mois et 2 jours. En 1974, il avait refusé d'être libéré sur parole.
Rudolf Hess, successeur choisi par Hitler, fut arrêté à Eaglesham, Écosse, le 10 mai 1941. Il mourut à la prison de Spandau, Berlin-Est, le 17 août 1987, à l'âge de 93 ans ; il était entré dans sa 47e année de prison.

Le plus ancien prisonnier politique ■ Incarcéré le 5 août 1962, Nelson Mandela (né en 1918), chef historique de l'ANC (Congrès national africain), la principale organisation sud-africaine anti-apartheid, a été libéré le 11 février 1990, après 27 ans 6 mois et 6 jours de détention.

Le plus grand nombre de comparutions ■ Le 9 septembre 1982, Tommy Johns (1922-1988) comparut devant la justice de Brisbane, Queensland, Australie, pour la 2 000e fois depuis 1957 pour ivresse publique. Le jour de sa mort, le 30 avril 1988, il avait subi près de 3 000 arrestations.

Arrestations massives ■ 15 617 manifestants furent arrêtés le 11 juillet 1988 par la police sud-coréenne, par mesure de sécurité en prévision des jeux Olympiques de Séoul.

◁ *Rudolf Hess, successeur choisi par Hitler, fut arrêté en mai 1941 en Écosse, où il s'était rendu pour des raisons qui n'ont jamais été élucidées. Jugé comme criminel de guerre au cours du procès de Nuremberg en 1945, il fut déclaré irresponsable en raison de son état mental et emprisonné à Berlin-Est jusqu'à sa mort, à 93 ans, après 47 ans de cellule.*

▷ *La famille de 14 enfants, de M. et Mme Harold Erickson, est la plus diplômée. Ils ont tous obtenu des diplômes de collège ou d'université entre 1962 et 1978.*

Élèves, étudiants et enseignants ■ La France compte 14,1 millions d'élèves et d'étudiants (7,1 millions dans le primaire, 5,9 millions dans le secondaire et 1,1 million dans le supérieur). 892 302 enseignants (dont 65 % de femmes) sont inscrits au budget 1991 du ministère de l'Éducation nationale. La France compte plus de 77 000 établissements scolaires et 72 universités. L'enseignement obligatoire est apparu pour la première fois en Prusse en 1819. Il le devint en France en 1880-1881, sous l'impulsion de Jules Ferry.

△ *Robert de Sorbon, profitant de son influence auprès de Louis XI, fonda en 1257 à Paris le collège qui porte son nom.*

Prisons

La plus sûre ■ Prison fédérale de haute sécurité depuis 1934, Alcatraz était installée sur un îlot de la baie de San Francisco, Californie. Des 23 hommes qui tentèrent de s'en évader, 12 furent repris, 5 furent abattus, 1 noyé et 5 autres probablement noyés. Le seul évadé qui ait réussi à gagner la côte californienne fut aussitôt repris. John Chase y effectua le plus long séjour : il y passa 26 ans. Alcatraz fut fermée le 21 mars 1963.

La plus coûteuse ■ La prison de Spandau, à Berlin, construite à l'origine en 1887 pour 600 prisonniers, fut utilisée pour la seule détention du criminel nazi Rudolf Hess (1894-1987) pendant les 20 dernières années de sa vie. Le coût des 105 gardiens fut estimé en 1976 à 415 000 $ par an. La prison a été détruite en octobre 1987, deux mois après que le prisonnier se fut donné la mort.

La « cavale » la plus longue ■ Condamné pour le meurtre de deux shérifs adjoints, en 1920, Leonard T. Fristoe fut incarcéré à la prison d'État du Nevada, EU, dont il s'évada le 15 décembre 1923. Après avoir vécu 46 ans sous la fausse identité de Claude Willis, il fut livré, le 15 novembre 1969, aux autorités de Compton, Californie, par son propre fils, alors qu'il était âgé de 77 ans.

Les évasions les plus spectaculaires ■ En février 1979, au début de la révolution islamique en Iran, Arthur « Bull » Simons, colonel en retraite de l'armée américaine, conduisit 14 hommes à l'assaut d'une prison de Téhéran, pour libérer deux de ses compatriotes qui s'y trouvaient enfermés ; 11 000 autres détenus profitèrent de l'occasion pour s'évader.
En juillet 1971, Raúl Sendic et 105 autres guérilleros tupamaros (mouvement national de libération uruguayen) s'évadèrent d'une prison locale après avoir creusé un tunnel de 100 m de long.

Éducation

Universités ***Les plus anciennes*** ■ Les Sumériens, vers 3500 av. J.-C., possédaient déjà des écoles de scribes, les E-Dub-ba.
La plus vieille institution d'enseignement existante, l'université de Fès, Maroc, fut fondée en l'an 859.
L'université de Bologne, Italie, date de 1088. C'est la plus ancienne d'Europe.

France ■ La Sorbonne, à Paris, fut fondée en 1257 par Robert de Sorbon pour permettre aux écoliers pauvres d'accéder à l'enseignement.

La plus fréquentée ■ L'université de Rome, Italie, fondée en 1303, comptait 166 000 étudiants en 1990 (et un record de 180 000 en 1987).

France ■ L'université Paris-I (Panthéon-Sorbonne) a accueilli 35 948 étudiants à la rentrée 1990-1991, et l'université Paris-VI (Pierre-et-Marie-Curie) en a accueilli 34 957.

Les 17 universités de la région parisienne, réparties sur 3 académies (Paris, Créteil, Versailles), comptaient 328 919 étudiants.
Toulouse, Haute-Garonne, est la ville de province qui compte le plus d'étudiants : à la rentrée 1990-1991, ils étaient 59 222, répartis dans 3 universités.
Aix-en-Provence, Bouches-du-Rhône, comptait 56 969 étudiants et Lyon, Rhône, 56 720.

La plus grande ■ Le bâtiment de l'université d'État Lomonosov est situé sur les collines Lénine, au sud de Moscou. Il s'élève à 240 m de hauteur, compte 32 étages et 40 000 chambres.

La carrière d'enseignant la plus longue ■ Joel Hildebrand (1881-1983), professeur de physique-chimie à l'université de Berkeley, Californie, EU, fut nommé assistant en 1913 et publia son 275e mémoire de recherches 68 ans plus tard, en 1981.

La famille la plus diplômée ■ M. et Mme Harold Erickson, de Naples, Floride, EU, ont eu la chance de voir leurs 14 enfants (11 garçons et 3 filles) obtenir leurs diplômes universitaires entre 1962 et 1978.

L'homme le plus diplômé ■ Pierre Lebel, né le 13 août 1929, a obtenu 2 baccalauréats (math et philo) en 1948, 1 diplôme d'ingénieur chimiste en 1952 et 3 doctorats : sciences en 1957, sociologie en 1969 et droit en 1984.

Docteur ***Le plus âgé*** ■ Le 12 janvier 1990, Claude Favey, né le 19 octobre 1906, a été admis au grade de docteur de l'université de droit, d'économie et de sciences sociales de Paris, à l'âge de 83 ans, 2 mois et 25 jours. Le sujet de sa thèse était « Les règles et les limites de la taxation des droits de propriété littéraire et artistique à l'impôt de succession ».

Le plus jeune ■ Le 13 avril 1814, le mathématicien Karl Witte obtint son doctorat de philosophie à l'université de Giessen, Allemagne, à l'âge de 12 ans.

Le plus jeune diplômé ■ Adragon Eastwood De Mello (né le 5 octobre 1976), de Santa Cruz, Californie, EU, obtint son titre de *bachelor of arts* en mathématiques de l'université de Californie le 11 juin 1988, à l'âge de 11 ans et 8 mois.

Baccalauréat ■ 434 534 jeunes Français ont été reçus au bac en 1992, soit plus de deux fois plus qu'en 1970. La réussite a atteint le taux record de 73,1 % pour l'ensemble des séries générales et technologiques (il était de 60 % dans les années 60). L'académie de Strasbourg, Bas-Rhin, est la plus performante, avec 82 % de réussite.

Écoles ***La plus grande*** ■ L'école Rizal, à Manille, aux Philippines, comptait 16 458 élèves à la rentrée 1988, mais 15 947 à la rentrée 1990.

La plus chère ■ Les frais de scolarité d'un élève de l'école internationale de Gstaad, Suisse (fondée en 1974), s'élevaient pour l'année 1988-1989 à 200 000 F (français).

France ■ A l'Institut supérieur de gestion (ISG), à Paris, les frais de scolarité pour l'année 1991-1992 s'élevaient à environ 37 000 F. Au total, pour la scolarité complète de trois ans, les frais de scolarité s'élèvent à environ 111 500 F.

Élève itinérant ■ Wilma Williams, aujourd'hui Mme R. J. Horton, fréquenta 265 établissements scolaires de 1933 à 1943, suivant les tournées de ses parents, artistes de music-hall aux États-Unis.

Religions

Les plus anciennes ■ L'ensevelissement des corps, qui a des relations avec le sacré, était déjà pratiqué il y a 60 000 ans, par l'homme de Néanderthal. On en trouve des traces dans la grotte de Shanidar, au nord de l'Irak.

Les plus répandues ■ En matière de religion, les statistiques ne sont qu'approximatives. Les religions ne sont pas exclusives et il n'est pas rare de rencontrer des fidèles, en Orient ou en Afrique, qui en pratiquent deux ou même davantage.
Le christianisme l'emporte sur toutes les religions, avec 1 665 millions de fidèles en 1990, soit 32 % de la population de la planète. En 1990, on dénombrait 877 723 000 catholiques romains (baptisés), soit 17 % de la population mondiale.

ARTHUR

Arthur Ramiandrisoa, né le 25 août 1977 à Montpellier, Hérault, a obtenu son baccalauréat, section C, le 4 juillet 1989 à l'âge de 11 ans et 11 mois. Il est également titulaire d'une licence de mathématiques avec la mention bien depuis juin 1991, il était alors âgé de 14 ans et 10 mois.
En septembre 1991, les Éditions Fixot ont publié son premier livre : *Mon école buissonnière*.

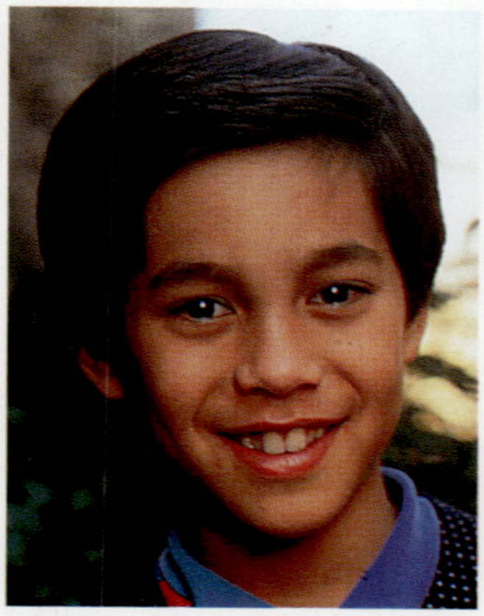

L'islam (musulmans) compte environ 880 millions de fidèles : c'est la religion non chrétienne la plus importante.

France ■ En 1990, la France comptait 47 081 000 catholiques baptisés. L'islam constituait la deuxième religion, avec de 2,5 à 3 millions de fidèles. Il y avait environ 2 millions de Français d'origine protestante, dont 850 000 pratiquants.

Le clergé le plus nombreux ■ En 1990, l'Église catholique romaine comprenait 102 cardinaux, 2 293 évêques (avec diocèses), 1 778 évêques auxiliaires ou coadjuteurs, 401 930 prêtres (254 796 rattachés à un diocèse et 147 134 religieux prêtres) et 716 280 religieuses de droit pontifical.

France ■ On comptait, en 1990, 9 cardinaux (2 en France, 3 à Rome et 4 à la retraite), 119 évêques (avec diocèses ou auxiliaires), 27 784 prêtres rattachés à un diocèse, 7 333 religieux prêtres, 4 859 religieux non-prêtres et 53 349 religieuses de droit pontifical.

Judaïsme ■ Il y a environ 18,2 millions de juifs dans le monde. La plus forte communauté se trouve aux États-Unis, qui comptent environ 6 millions de juifs, dont 1,7 million à New York.
Il y a 3,9 millions de juifs en Israël, pour une population totale de 4,8 millions d'habitants.

France ■ On estime qu'en France, il y a entre 500 000 et 700 000 juifs, vraisemblablement 650 000.

Le plus grand rassemblement de fidèles ■ 15 millions d'hindous se sont rassemblés, le 6 février 1989, à Allahabad, Inde, pour le pèlerinage qui s'y tient tous les douze ans.

Saints

Canonisation *La plus prompte* ■ Saint Pierre de Vérone, Italie, fut canonisé le 9 mars 1253, 337 jours après sa mort, le 6 avril 1252.

La plus lente ■ Le pape Léon III mourut en 816 et ne fut canonisé qu'en 1673, 857 ans plus tard.

Le dernier saint français ■ Rose Philippine Duchesne, religieuse du Sacré-Cœur, née en 1769, à Grenoble, Isère, a été canonisée le 3 juillet 1988, soit 136 ans après sa mort. Elle avait consacré sa vie à l'évangélisation des Indiens d'Amérique. Elle est morte le 18 novembre 1852, chez les Potawatomi, au Kansas.

Clergé

Le cardinal le plus âgé ■ Mgr Georgio da Costa (né au Portugal en 1406, mort à Rome en 1508) fut ordonné cardinal à l'âge de 102 ans.

France ■ Mgr Henri Sonier de Lubac, né le 20 février 1896, a été ordonné cardinal le 2 février 1983, à 87 ans.

Le cardinal le plus jeune ■ Luis Antonio de Borbón (né le 25 juillet 1727) devint cardinal le 19 décembre 1735, à l'âge de 8 ans et 147 jours.
De nos jours, le Colombien Alfonso Lopez Trujillo (né le 18 novembre 1935) fut ordonné cardinal en 1982, à l'âge de 47 ans.

France ■ Mgr Paul Poupard, né le 30 août 1930, a été ordonné cardinal le 25 mai 1985, à l'âge de 55 ans. Il est actuellement président du secrétariat pour les non-croyants, au Vatican.

L'évêque le plus âgé ■ Mgr Angelo Teutonico, évêque d'Aversa, Italie, mourut le 31 mai 1978, à l'âge de 103 ans et 276 jours. Il avait célébré 24 800 fois la messe.

France ■ L'ancien évêque de la Réunion, Mgr François Clèret de Langavant, né le 2 février 1896, fut consacré évêque le 25 avril 1935. Il est à la retraite depuis 1971. (Les évêques prennent leur retraite à 75 ans.)

L'évêque le plus jeune ■ Le duc d'York et d'Albany, deuxième fils du roi d'Angleterre George III, fut élu, le 27 février 1764, évêque d'Osnabrück, Allemagne, à l'âge de 196 jours. Il démissionna au bout de 39 ans.

France ■ Mgr Michel Calvet, né le 3 avril 1944, archevêque de Nouméa, Nouvelle-Calédonie, a été consacré évêque le 4 novembre 1979, à 35 ans. En France métropolitaine, Mgr Thierry Jordan, né le 31 août 1943, à Shanghai, Chine, fut consacré évêque le 13 décembre 1987 (à l'âge de 44 ans) et nommé évêque de Pontoise, Val-d'Oise, le 19 novembre 1988.

Le curé le plus âgé ■ Le père Alvaro Fernández (1880-1988) servit comme curé de la paroisse de Santiago de Abres, Espagne, de 1919 à sa mort, à 108 ans.

La première femme rabbin *France* ■ Pauline Bebe a pris ses fonctions de rabbin le 1er septembre 1990 à la synagogue de la rue Gaston-de-Caillavet, à Paris, à l'âge de 26 ans. Elle avait été consacrée rabbin le 8 juillet précédent au Leo Baeck College de Londres, seul séminaire rabbinique d'Europe ouvert aux femmes. En 1992, elle est toujours la seule et unique femme rabbin de France.
Plus de 200 femmes aux États-Unis, une dizaine en Grande-Bretagne et 4 en Israël occupent la fonction de rabbin.

Le don à une université le plus élevé ■ En 1983, C. B. Pennington donna 125 millions de $ à l'université d'État de Louisiane, EU.

La chrétienté recense plus de 2 000 saints (dont 60 saints Jean), parmi lesquels environ les deux tiers son italiens ou français.

La première femme évêque
■
Barbara Harris a été consacrée évêque de l'Église anglicane, à Boston, Massachusetts, EU, le 11 février 1989, à l'âge de 58 ans.

RECORDS DE PAPES

LE PONTIFICAT LE PLUS LONG
Pie IX - Giovanni Maria Mastai-Ferretti (1846-1878). 31 ans 236 jours.

LE PONTIFICAT LE PLUS COURT
Étienne II (mort en 752). 2 jours.

LES VIES LES PLUS LONGUES
Saint Agathon (mort en 681). 106 ans (probablement exagéré). Élu en 678.
Léon XIII - Gioacchino Pecci (1810-1903). 93 ans 140 jours. Élu en 1878.

LE PLUS JEUNE PAPE ÉLU
Benoît IX (Théophylacte). Élu en 1032, à 12 ans.

LE DERNIER MARIÉ
Adrien II (avant la règle sur le célibat). Élu en 867.

LE DERNIER AVEC ENFANT
Grégoire XIII - Ugo Buoncompagni (1502-1585). Élu en 1572. Il eut un fils.

LE DERNIER NON CARDINAL
Urbain VI - Bartolomeo Prignano (1318-1389). Archevêque de Bari. Élu le 8 avril 1378.

LE DERNIER FRANÇAIS
Benoît XII - Jacques Fournier. Élu en 1334, mort en 1342. Il commença l'édification du palais des Papes, à Avignon.

LES DERNIERS NON ITALIENS
Adrien VI - Adrian Florensz Boeyens (Flamand). Élu le 9 janvier 1522.
Jean-Paul II - Karol Wojtyla (Polonais). Né en 1920, élu en octobre 1978.

L'ÉLECTION LA PLUS LENTE
Grégoire X - Teobaldo Visconti, 31 mois. Février 1269 - 1er septembre 1271.

L'ÉLECTION LA PLUS RAPIDE
Jules II - Giuliano Della Rovere. 1er tour, 21 octobre 1503.

15. SPORTS

LE LIVRE GUINNESS DES RECORDS 1993

ALBERTVILLE-BARCELONE 1992, ANNÉE OLYMPIQUE

Ce chapitre présente les sports classés par ordre alphabétique suivis d'une section jeux Olympiques, elle-même suivie de tableaux donnant tous les records sportifs mis à jour au 9 août 1992.

◁ *De tous les jeux de balle, celui qui se joue sur le plus grand terrain est le polo : 5 ha. La longueur maximum est de 300 yards (274 m) pour une largeur de 200 (182 m).*

Records généraux

Le club le plus ancien ***En France*** ■ Le HAC, Havre Athletic Club, a été créé en 1872, par des sportifs britanniques.

Les vitesses les plus élevées ■ La plus grande vitesse relevée dans un sport non mécanique, 500 km/h, peut être atteinte par un homme en chute libre en position verticale. Lors de sauts en chute libre dans l'atmosphère raréfiée des hautes altitudes, on a enregistré des vitesses atteignant 1 000 km/h. La balle de pelote basque, qui peut fuser à 300 km/h, atteint la plus grande vitesse de tous les jeux de balle. Une balle de golf expédiée d'un tee peut atteindre la vitesse de 275 km/h.

Les épreuves qui ont duré le plus longtemps ■ Avant qu'on ne change les règles de la lutte, les combattants pouvaient maintenir une prise si longtemps qu'on a vu un combat durer 11 h 40 mn. Lors d'une compétition de tir à la corde par équipes qui dura 2 h 41 mn, à Jubbulpore, Inde, le 12 août 1889, l'équipe gagnante n'avait au bout du compte parcouru que 3,60 m, à la vitesse moyenne de 0,00134 km/h.

Le parcours le plus long ■ L'événement sportif qui réclame l'effort le plus soutenu est le Tour de France cycliste. En 1926, il a duré 29 jours, pour un parcours de 5 743 km ; sa durée a récemment été réduite à 21 jours.

Le terrain le plus grand ■ De tous les jeux de balle, c'est le polo qui réclame le terrain le plus grand : 274 m de longueur maximale et 182 m de largeur maximale, soit 5 ha.

Détenteurs de records du monde ***Le plus jeune*** ■ L'Américaine Gertrude Caroline Ederle (née le 23 octobre 1906) a battu le record du monde du 880 yards (804,58 m) nage libre (en 13' 19") à l'âge de 12 ans et 298 jours, le 17 août 1919, à Indianapolis, Indiana, EU.

Le plus âgé ■ A l'âge de 41 ans et 71 jours, le 25 mai 1974, l'Allemand de l'Ouest Gerhardt Weidner (né le 15 mars 1933) a établi le record du 20 km marche. Il est le plus vieux recordman du monde reconnu par un organisme international.

Le plus prolifique ■ Le Soviétique Vassili Alexeïev (né le 7 janvier 1942) a battu 80 records du monde officiels d'haltérophilie entre le 24 janvier 1970 et le 1er novembre 1977.

Champions olympiques ***La plus jeune*** ■ L'Américaine Marjorie Gestring (née le 18 novembre 1922) a remporté, à l'âge de 13 ans et 268 jours, le 12 août 1936, le concours de plongeon au tremplin aux jeux Olympiques de Berlin.

Le plus âgé ■ Le Suédois Oscar Gomer Swahn (1847-1927) a remporté une médaille d'or à l'âge de 64 ans et 258 jours dans l'épreuve par équipes de tir au cerf courant des jeux Olympiques de 1912.

Champion du monde ***Le plus jeune*** ■ La Chinoise Fu Mingxia est devenue championne du monde de plongeon au tremplin à l'âge de 12 ans, le 4 janvier 1991, à Perth, Australie.

Le concurrent le plus âgé ■ A l'âge de 78 ans, William Edward Pattimore (né le 1er mars 1892) a concouru au jeu de boules pour le pays de Galles lors des Jeux du Commonwealth de 1970. Il est ainsi devenu le plus âgé des participants à quelque événement sportif international que ce soit.

Les plus éclectiques ■ Charlotte « Lottie » Dod (1871-1960) a remporté 5 fois le simple dames du tournoi de tennis de Wimbledon, de 1887 à 1893 ; en 1904, elle a gagné le championnat britannique féminin de golf ; en 1908, elle a remporté la médaille d'argent de tir à l'arc aux jeux Olympiques, auxquels elle avait déjà participé en 1900 dans l'équipe féminine de hockey.
L'Américaine Mildred « Babe » Zaharias (née Didrikson, 1914-1956) a remporté 2 médailles d'or (80 m haies, javelot) et 1 médaille d'argent (saut en hauteur) aux jeux Olympiques de 1932. Elle a battu les records du monde de ces 3 disciplines en 1930 et en 1932. Elle a joué durant 3 ans dans l'équipe des États-Unis de basket-ball et a détenu le record de lancer au base-ball avec 90,22 m. Passant au golf, elle a remporté le titre féminin amateur des États-Unis en 1946, et l'Open féminin en 1948, 1950 et 1954.

FACTOTUM

Le Britannique Charles Burgess Fry (1872-1956) a probablement été le plus éclectique de tous les sportifs masculins de haut niveau.
Le 4 mars 1893, il égalait le record du monde de saut en longueur avec 7,17 m.
Il a joué en 1901 dans l'équipe d'Angleterre de football contre l'Irlande et a fait partie de l'équipe de rugby des Barbarians.
Ses plus grands succès, il les a cependant remportés au cricket, restant durant 6 ans le meilleur marqueur de points d'Angleterre. C'était également un très bon pêcheur et joueur de tennis.

Les plus longs règnes ■ Le Français Jacques-Edmond Barre (1802-1873) est resté durant 33 ans, de 1829 à 1862, champion du monde de jeu de paume.
La Britannique Alice Blanche Leigh (1855-1948) est restée championne d'Angleterre de tir à l'arc durant 41 ans, de 1881 à 1922, remportant 23 titres nationaux, dont le dernier à l'âge de 67 ans.

Champions des champions français ■ L'athlète Guy Drut (né le 6 décembre

Origines ■ Les sports sont apparus à partir du moment où la survie de l'espèce n'a plus été la seule et unique préoccupation de l'homme. Le tir à l'arc, connu en tant que moyen de chasse au mésolithique (environ 8 000 ans av. J.-C.), n'est devenu un sport organisé que bien plus tard, probablement dès 1150 av. J.-C. ; une compétition de tir à l'arc est décrite dans *L'Iliade*, d'Homère, et l'on sait que les Génois en organisaient déjà en l'an 300. La première compétition de lutte est datée de 2750 à 2600 av. J.-C. Des fresques datant du Moyen Empire (2050 av. J.-C.) qui représentent des jeux de balles pratiqués par des jeunes filles ont été trouvées à Beni Hasan, Égypte.

◁ *L'Américain Mike Powell champion du monde, en août 1991, de saut en longueur avec 8,95 m.*

▷ *Carl Lewis, au cours des championnats du monde de Tokyo de 1991, gagne la finale du 100 m dans le temps record de 9,86 s. Cette course est restée dans les annales, car les 6 premiers coureurs que l'on voit sur ce document sont tous sous les 10 s.*

△ *Guy Drut, né le 6 décembre 1950, médaille d'or du 110 m haies en 1976.*

1950) et le cycliste Bernard Hinault (né le 14 novembre 1954) ont remporté 4 fois le titre de champion des champions français décerné par le journal *L'Équipe*, respectivement en 1972, 1974, 1975, 1976, et de 1978 à 1981.

Les sportifs les plus lourds ■ Le lutteur professionnel américain William J. Cobb, de Macon, Georgie, pesait plus de 360 kg. Le plus lourd joueur de jeu de balle a été le footballeur américain Bob Pointer, 220 kg, membre de l'équipe de la Santa Barbara High School, Californie.

Les plus grandes affluences ■ 2,5 millions de spectateurs se rassemblent le long du parcours du marathon de New York. Pendant les 3 semaines que dure le Tour de France cycliste, environ 10 millions de spectateurs sont massés au bord des routes.

En un seul lieu ■ Plus de 400 000 personnes se déplacent chaque année pour assister aux 24 Heures du Mans automobiles, dans la Sarthe.

Dans un stade ■ 199 854 spectateurs payants ont assisté au match décisif de la Coupe du monde de football, Brésil-Uruguay, au stade Maracana, à Rio de Janeiro, le 16 juillet 1950.

Le plus grand nombre de participants ■ 180 000 gymnastes ont participé régulièrement aux Spartakiades, à Prague, Tchécoslovaquie, jusqu'en 1989.

100 000 concurrents s'alignent chaque année au départ des 12 km de la course Examiner Bay to Breakers, à San Francisco, Californie, EU. En comptant les participants non officiels, ce nombre a même été estimé à 110 000, le 15 mai 1988.
Le championnat international féminin de bowling, qui s'est déroulé sur 96 jours, du 31 mars au 4 juillet 1988, à Reno-Carson City, Nevada, EU, a réuni au total 77 735 participantes.

France ■ 36 000 concurrents ont disputé le cross du *Figaro* à Paris, le 7 décembre 1979.

Les plus grandes catastrophes ■ Au moins 604 personnes ont été tuées le 26 février 1918 dans l'effondrement et l'incendie des tribunes lors de la course du Jockey Club, à Hong Kong.
Lors du règne d'Antonin le Pieux (138-161), les gradins de bois du cirque Maxime, à Rome, s'effondrèrent pendant un combat de gladiateurs, tuant un millier de spectateurs.
Le 15 avril 1989, à Sheffield, GB, 95 personnes ont été tuées lors de la bousculade précédant la demi-finale de la Coupe d'Angleterre de football, Liverpool-Nottingham.
Un journal soviétique a affirmé que 340 supporters avaient trouvé la mort en 1982 après un match de football à Moscou.

France ■ En 1955, lors des 24 Heures du Mans, la Mercedes de Levegh a pris feu après une sortie de route. Le pilote et 82 spectateurs ont été tués.

Les plus gros revenus ■ Ce sont les boxeurs professionnels qui, de tous les sportifs, touchent les plus gros gains. Tous les records ont été battus en 1989. Le boxeur américain « Sugar » Ray Leonard a gagné 29,5 millions de $, pour seulement 2 combats dans l'année.
En 1990, les sportifs les plus payés ont été trois boxeurs américains : James Buster Douglas (19,5 millions de $), Mike Tyson (14,8) et Evander Holyfied (7,4).

France ■ Le triple champion du monde de Formule 1, Alain Prost, a perçu 6 millions de $ de revenus en 1989. Il était alors le 6e sportif le mieux payé du monde.

Athlétisme

Origines ■ On a trouvé à Memphis, Égypte, la plus ancienne trace d'une course à pied organisée, datant d'environ 3800 av. J.-C. Les premiers jeux Olympiques précisément datés remontent à 776 av. J.-C. : un dénommé Coroibos gagna la course à pied.

Le plus grand nombre de titres olympiques *Hommes* ■ L'Américain Ray C. Ewry (1874-1937) a remporté un record absolu de 10 médailles d'or au saut en hauteur sans appel, au saut en longueur et au triple saut, en 1900, 1904, 1906 (Jeux non officiels) et 1908.

Femmes ■ 3 femmes ont remporté 4 médailles d'or : la Néerlandaise Francina « Fanny » Blankers-Koen (née le 6 avril 1918), aux 100 m, 200 m, 80 m haies et relais 4 x 100 m, en 1948 ; l'Australienne Betty Cuthbert (née le 20 avril 1938), aux 100 m, 200 m, relais 4 x 100 m, en 1956, et au 400 m en 1964 ; l'Allemande de l'Est Bärbel Wöckel (née Eckert, le 21 mars 1955) aux 200 m et relais 4 x 100 m en 1976 et 1980.

Français ■ 8 athlètes hommes et femmes ont obtenu 9 médailles d'or : Michel Théato au marathon en 1900, Joseph Guillemot (1899-1978) sur 5 000 m en 1920, Mohammed El Ouafi (1899-1960) au marathon en 1924, Alain Mimoun (né le 1er janvier 1921) au marathon en 1956, Guy Drut (né le 6 décembre 1950) au 110 m haies en 1976 et Pierre Quinon (né le 20 février 1962) au saut à la perche en 1984. Chez les femmes, Micheline Ostermeyer (née le 24 décembre 1922) au poids et au disque en 1948, Colette Besson (née le 7 avril 1946) sur 400 m en 1968.

Le plus grand nombre de victoires en une célébration ■ Le Finlandais Paavo Johannes Nurmi (1897-1973) a remporté 5 médailles d'or en 1924 : 1 500 m, 5 000 m, 10 000 m, 3 000 m par équipes et cross par équipes. En compétition individuelle, le record est de 4 médailles d'or, par l'Américain Alvin C. Kraenzlein (1876-1928) en 1900, aux 60 m, 110 m haies, 200 m haies et saut en longueur.

L'Américain Mike Powell a battu au cours des championnats du monde de Tokyo de 1991 le record de saut en longueur, vieux de plus de 23 ans, de Bob Beamon (8,90 m), en sautant 8,95 m. Il est intéressant de rappeler que Carl Lewis avait précédemment sauté 8,91 m, mais que ce record n'avait pu être homologué car il avait été aidé par un vent de plus de 2 m/s.

Le plus grand nombre de médailles olympiques ***Hommes*** ■ En 3 Jeux (1920, 1924, 1928), le Finlandais Paavo Nurmi a remporté 12 médailles.

Français ■ Alain Mimoun a remporté 4 médailles : or au marathon en 1956, argent sur 5 000 m en 1952, sur 10 000 m en 1948 et 1952.

Femmes ■ L'Australienne Shirley de la Hunty (née Strickland le 18 juillet 1925) a remporté 7 médailles en 3 Jeux (1948, 1952, 1956) : 3 d'or, 1 d'argent, et 3 de bronze. Une photo d'arrivée récemment découverte démontre qu'elle avait terminé 3e du 200 m, et non 4e, en 1948, ce qui lui confère officieusement 8 médailles. La Polonaise Irena Szewinska (née Kirszensztein le 24 mai 1946) a également remporté 7 médailles (3 d'or, 2 d'argent, 2 de bronze) en 1964, 1968, 1972 et 1976, ce qui en fait la seule femme à avoir gagné une médaille lors de 4 Jeux successifs.

Ages extrêmes aux Jeux ■ L'Américain Patrick J. McDonald (1878-1954) a remporté une médaille olympique au lancer du poids de 25,4 kg à l'âge de 42 ans et 26 jours, lors des Jeux d'Anvers, Belgique, le 21 août 1920. Chez les femmes, la Roumaine Lia Manoliu (née le 25 avril 1932) a remporté le lancer du disque à Mexico, le 18 octobre 1968, à l'âge de 36 ans et 176 jours.
L'Américaine Barbara Jones (née le 25 mars 1937) faisait partie de l'équipe gagnante du relais 4 x 100 m le 27 juillet 1952 à Helsinki, Finlande, à l'âge de 15 ans et 123 jours. L'Américain Robert Mathias (né le 17 novembre 1930) a remporté le décathlon lors des Jeux de Londres, les 5 et 6 août 1948, à l'âge de 17 ans et 263 jours.
Le médaillé olympique le plus âgé, Tebbs Lloyd Johnson (1900-1984) avait 48 ans et 115 jours lorsqu'il termina 3e du 50 km marche en 1948. Chez les femmes, Dana Zatopkova (née le 19 septembre 1922) a terminé 2e du concours du javelot en 1960, à l'âge de 37 ans et 348 jours.

Français ■ Alain Mimoun a remporté le marathon en 1956, à l'âge de 35 ans et 9 mois.

Championnats du monde ■ Les championnats du monde ont été inaugurés en 1983 à Helsinki. Ils sont distincts des jeux Olympiques mais se déroulent aussi tous les 4 ans. L'Américain Carl Lewis (né le 1er juillet 1961) y a remporté un record de 5 médailles d'or et 1 d'argent : or aux 100 m, saut en longueur, relais 4 x 100 m en 1983, et les deux mêmes dernières épreuves en 1987, où il obtint aussi l'argent au 100 m. Il a aussi remporté 6 médailles d'or olympiques : 4 en 1984 et 2 en 1988.

Championnats d'Europe ■ Le Français Jean-Claude Nallet (né le 15 mars 1947) a obtenu 5 médailles : 2 d'or au relais 4 x 400 m en 1969 et au 400 m haies en 1971, 2 d'argent au 400 m en 1969 et au 400 m haies en 1974, 1 de bronze sur 200 m en 1966.

Championnats de France ■ Alain Mimoun a remporté 33 titres entre 1947 et 1966, sur 5 000 m, 10 000 m, au marathon et en cross. Denise Guénard (née le 13 janvier 1934) a gagné 20 titres entre 1953 et 1968, en hauteur et en longueur, sur 80 m haies, au pentathlon et au lancer du disque.

Ages extrêmes des recordmen du monde ■ La Soviétique Marina Stepanova (née Makeïeva le 1er mai 1950) a battu à l'âge de 36 ans et 139 jours le record du 400 m haies en 52" 94, à Tachkent, URSS, le 17 septembre 1986.
Le plus jeune de tous les détenteurs d'un record individuel est la Chinoise Wang Yang (née le 9 avril 1971), qui battit le record féminin du 3 000 m marche en 21' 33" 8 à l'âge de 14 ans et 334 jours à Jian, Chine, le 9 mars 1986. Chez les hommes, le plus jeune est Thomas Ray (1862-1904), qui franchit 3,42 m à la perche à l'âge de 17 ans et 198 jours, le 19 septembre 1879 (avant les ratifications officielles IAAF).

Le plus grand nombre de records ***Au total*** ■ Sergueï Bubka a battu 30 fois le record du monde du saut à la perche, le dernier datant de juin 1992 avec 6,11 m lors du meeting de Dijon.
Le Tchécoslovaque Emil Zatopek en a battu 18, du 5 000 m au 30 000 m.

En une journée ■ L'Américain Jesse Owens (1913-1980) a battu 6 records du monde en 45 mn à Ann Arbor, Michigan, le 25 mai 1935 : 9" 4 au 110 yards à 15 h 15 ; 8,13 m au saut en longueur à 15 h 25 ; 20" 3 au 220 yards (et 200 m) à 15 h 45 ; 22" 6 au 220 yards (et 200 m) haies à 16 h. Owens a battu 11 records du monde au total.

Français ■ Michel Jazy (né le 13 juin 1936) a battu 9 records du monde dans 5 disciplines entre le 28 juin 1961 et le 12 octobre 1966, sur 1 mile, 2 000 m, 3 000 m, 2 miles et 4 x 1 500 m. Il a également battu 17 records d'Europe et 48 de France entre 1959 et 1966 sur des distances entre 800 m et 5 000 m.
Chez les femmes, Micheline Ostermeyer a battu 19 records de France.

Le record le plus difficile à battre

Le record de Jesse Owens de 8,13 m au saut en longueur établi en 1935 n'a été battu, par Ralph Boston, un autre Américain, que 25 ans après, en 1960, avec 8,21 m.
Bob Beamon, qui avait battu lui-même ce record, le 18 octobre 1968, avec 8,90 m, n'a pu détenir également le record de longévité. En effet, 23 ans après, en août 1991, Mike Powell atteignit 8,95 m durant les championnats du monde de Tokyo.

Les plus anciens records français ■ Le plus ancien record de course est celui du 2 000 m, détenu depuis 1966 par Michel Jazy, en 4' 56" 2.
Le plus ancien record de concours est celui du lancer du poids, détenu depuis 1973 par Yves Brouzet, avec 20,20 m.

La course la plus rapide ■ Le 25 août 1991, lors de la finale du 100 m messieurs des championnats du monde de Tokyo, Japon, 5 coureurs sont descendus en dessous de 10 s, battant chacun leur record personnel.
A cette occasion, le record du monde fut battu par Carl Lewis avec 9,86 s, et le record d'Europe par le Britannique Linford Christie en 9,92 s.

Le saut le plus haut par rapport à la taille ■ L'Américain Franklin Jacobs (né

La vitesse la plus élevée
■ Un relevé des temps partiels tous les 10 m, lors de la finale du 100 m des jeux Olympiques de Séoul en 1988, remportée en 9" 79 par le Canadien Ben Johnson (disqualifié par la suite pour dopage) devant Carl Lewis, démontre que les deux coureurs ont atteint la vitesse de pointe de 43,373 km/h, respectivement entre les 40e et 50e m et entre les 80e et 90e m (10 m en 0" 83).

▷ *Le marathon se court sur une distance standard de 42,195 km. Le marathon de New York, qui attire 2,5 millions de spectateurs, est une illustration du succès actuel de cette discipline.*

La plus longue course à pied ■ Les courses transcontinentales ralliant New York à Los Angeles de 1928 (5 500 km) et 1929 (5 900 km) furent les deux plus longues courses de tous les temps. L'Américain d'origine finlandaise Johnny Salo (1893-1931), vainqueur en 1929, l'emporta en 79 jours, du 31 mars au 18 juin.
La plus longue course annuelle relie Sydney à Melbourne, en Australie. La distance peut légèrement varier d'année en année, mais le record est détenu par le Grec Yiannis Kouros (né le 13 février 1956), en 5 jours 2 h 27 mn 27 s, en 1989, sur une distance de 1 060 km.

Le marathonien le plus âgé ■ Le Grec Dimitrion Yordanidis a participé à un marathon à l'âge de 98 ans, à Athènes, le 10 octobre 1976.
Le record féminin est détenu par la Néo-Zélandaise Thelma Pitt-Turner, qui a disputé un marathon en 7 h 58 mn, à l'âge de 82 ans, à Hastings, Nouvelle-Zélande.

le 31 décembre 1957), mesurant 1,73 m, a sauté 2,32 m, en 1978, soit 59 cm au-dessus de sa taille. Chez les femmes, l'Américaine Cindy Holmes (née le 29 août 1960), qui mesure 1,52 m, a sauté 1,83 m, en 1982, soit 31 cm de plus que sa taille.

La plus grande succession de victoires
Concours ■ La Roumaine Iolanda Balas (née le 12 décembre 1936) a remporté 140 concours de saut en hauteur consécutifs de 1956 à 1967. L'Américain Carl Lewis a remporté 65 concours de saut en longueur consécutivement de 1981 à 1991, dont deux victoires aux jeux Olympiques (1984 et 1988) et deux aux championnats du monde (1983 et 1987).

Courses ■ Le record est de 122 victoires consécutives au 400 m haies par l'Américain Edwin Moses (né le 31 juillet 1955) entre sa défaite contre l'Allemand de l'Ouest Harald Schmid (né le 29 septembre 1957) à Berlin, le 26 août 1977, et celle contre l'Américain Danny Harris (né le 7 septembre 1965) à Madrid le 4 juin 1987. Il a, au total, sauté 7 200 000 haies.

Marathon

Origines ■ Le marathon se court sur une distance standard de 42,195 km depuis 1924. Le marathon a été introduit (sur une distance de 40 km) aux jeux Olympiques de 1896 pour commémorer la course du Grec Philippidès, depuis le champ de bataille de Marathon jusqu'à Athènes, en 490 av. J.-C. Le premier marathon féminin a été organisé aux États-Unis le 27 septembre 1970.

Les records ■ Il n'existe pas de record officiel du marathon, les parcours étant d'inégale difficulté. Les records qui suivent sont les meilleurs temps réalisés lors de courses dont la distance exacte a pu être vérifiée.

Hommes ■ 2 h 6' 50" par l'Éthiopien Belaineh Dinsamo (né en 1965), à Rotterdam, le 17 avril 1988.

Femmes ■ 2 h 21' 6" par la Norvégienne Ingrid Kristiansen (née en 1956), à Londres, le 21 avril 1985.

France ■ 2 h 10' 49" par Jacky Boxberger (né le 6 avril 1949), en 1985 ; 2 h 29' 4" par Maria Lelut, en 1991.

Le plus grand nombre de coureurs ■ 24 871 coureurs ont terminé le marathon de Londres le 22 avril 1990 ; 93 hommes l'ont couru en moins de 2 h 20 mn à Londres en 1983 ; 35 en moins de 2 h 15 mn lors de la Coupe du monde de marathon, à Hiroshima, Japon, le 14 avril 1985 ; 6 en moins de 2 h 10 mn à Fukuoka, Japon, le 4 décembre 1983, et à Londres le 23 avril 1989.
9 femmes ont couru en moins de 2 h 30 mn le premier marathon olympique, à Los Angeles, le 5 août 1984.

Le plus grand nombre de marathons ■ L'Américain Sy Mah (1926-1988) a couru 524 marathons de 1966 à sa mort, toujours au même rythme de 3 h 30 mn chacun.

Courir à 5 000 m

Un marathon a été couru le 27 novembre 1987 dans l'Himalaya. Il partait de Gorak Shep, à 5 212 m, pour arriver à Namche Bazar, à 3 444 m. Le premier des 45 concurrents fut le Britannique Stewart Dutfield, 32 ans, en 4 h 53 mn 10 s.
L'édition 1989 a été remportée en 3 h 59 mn 4 s par Jack Maitland.

Marche

Le plus grand nombre de médailles olympiques ■ Les épreuves de marche sont devenues disciplines olympiques en 1906. L'Italien Ugo Frigerio (1901-1968) est le seul à avoir remporté 3 médailles d'or : le 3 000 m en 1920 et le 10 000 m en 1920 et 1924. Il détient aussi le record du nombre total de médailles, 4 (avec 1 de bronze au 50 km en 1932), en compagnie du Soviétique Vladimir Golubnichi (né le 2 juin 1936), qui a gagné la médaille d'or du 20 km en 1960 et 1968, celle d'argent en 1972, et celle de bronze en 1964.

Championnats de France ■ Gérard Lelièvre (né le 13 novembre 1951) a remporté 35 titres.

La course la plus longue ■ Paris-Colmar est, avec un parcours d'environ 520 km, la plus longue course annuelle de marche. Le meilleur temps, 60 h 1' 10" (après déduction des 4 h d'arrêt obligatoires) a été réalisé en 1980 par le Belge Robert Pietquin (né en 1938).
Le Français Roger Quémener l'a remportée 7 fois, en 1979, 1983, et de 1985 à 1989.
La première femme à terminer la course a été la Néerlandaise Annie Van der Meer (née le 24 février 1947), qui a fini 10e en 82 h 10 mn en 1983.

Cross

Origines ■ La première course a eu lieu le 20 mars 1898 à Ville-d'Avray, aujourd'hui Hauts-de-Seine, sur 14,5 km. Elle a opposé l'Angleterre et la France.

Championnat du monde ■ L'International, créé en 1903, est devenu championnat du monde en 1973. L'Angleterre a remporté 45 titres par équipes chez les hommes, les États-Unis et l'URSS 8 chez les femmes. En 1988, à Auckland, Nouvelle-Zélande, le Kenya a placé 8 coureurs dans les 9 premiers.

Titres individuels ■ L'Anglais Jack Holden (né le 13 mars 1907) a remporté 4 titres, en 1933, 1934, 1935 et 1939, tout comme le Français Alain Mimoun (né le 1er janvier 1921), en 1949, 1952, 1954 et 1956, le Belge Gaston Roelants (né le 5 février 1937), en 1962, 1967, 1969 et 1972, et le Kenyan John N'Gugi (né le 10 mai 1962), de 1986 à 1989. Chez les femmes, 5 titres ont été remportés par l'Américaine Doris Brown-Heritage (née le 17 septembre 1942), de 1967 à 1971, et par la Norvégienne Grete Waitz (née Andersen le 1er octobre 1953), de 1978 à 1981 et en 1983.

France ■ Chez les femmes, Annette Sergent a remporté 2 fois le championnat du monde, en 1987 et 1989.

Le plus grand écart ■ L'Anglais Jack Holden a gagné avec 56 s d'avance en 1934.

Participations ■ Le Belge Marcel Van de Wattyne (né le 7 juillet 1924) a couru 20 fois l'International entre 1946 et 1965. Le record féminin est de 16 participations, par la Galloise Jean Lochlead (née le 24 décembre 1946), entre 1967 et 1984.

Championnats de France ■ Noël Tijou (né le 12 décembre 1941) a remporté 8 titres, entre 1967 et 1977, dans cette épreuve créée en 1899.

Cross du *Figaro* ■ Le Français Jacky Boxberger (né le 6 avril 1949) a remporté 7 fois le Cross des as entre 1974 et 1983.

Automobile

La plus ancienne course ■ On court encore le RAC Tourist Trophy de l'île de Man, GB, créé le14 septembre 1905. Le Grand Prix de France existe depuis juillet 1906. Quant à la Targa Florio, elle se court irrégulièrement depuis 1906 en Sicile.

Les circuits les plus rapides ■ La vitesse moyenne la plus élevée sur 1 tour, 403,878 km/h, a été réalisée le 5 mai 1979 sur l'anneau de vitesse de Nardo (Italie) par l'Allemand Hans Liebold (né le 12 octobre 1926) au volant d'une Mercedes C111-IV, voiture expérimentale équipée d'un V8 double turbo de 500 ch. Le circuit routier le plus rapide était l'ancien circuit de 14,1 km de Spa-Francorchamps, Belgique. Le record du tour y fut établi le 6 mai 1973 par le Français Henri Pescarolo (né le 25 septembre 1942), qui couvrit 1 tour en 3' 13" 4 à la vitesse moyenne de 262,461 km/h au volant d'une Matra Simca MS 670 V 12 de 2993 cm^3.

L'arrêt aux stands le plus rapide ■ Il n'a fallu que 4 s à l'Américain Bobby Unser (né le 20 février 1934) pour se ravitailler en essence au 10e tour de la course des 500 miles d'Indianapolis, le 30 mai 1976.

Championnat du monde de Formule 1

Les pilotes les plus titrés ■ Le championnat du monde des pilotes, créé en 1950, a été remporté 5 fois par l'Argentin Juan Manuel Fangio (né le 24 juin 1911), en 1951 et de 1954 à 1957. Il s'est retiré en 1958, après avoir remporté 24 Grands Prix sur 51 départs.

France ■ Alain Prost (né le 24 février 1955) a remporté 3 titres sur McLaren, en 1985, 1986 et 1989.

Le plus grand nombre de victoires ■ Alain Prost a remporté 44 Grands Prix en 12 saisons, de 1980 au 7 juillet 1991. Il détient aussi le record du nombre de points, avec 670,5 points.

Victoires dans une saison ■ Ayrton Senna et Nigel Mansell détiennent le nombre record de 8 victoires en Grand Prix, respectivement en 1988 et en 1992. La saison étant encore en cours au 10 août 1992, une semaine avant le Grand Prix de Hongrie, Mansell pourrait remporter une 9e victoire à l'issue de cette course.

Participations ■ L'Italien Riccardo Patrese (né le 17 avril 1954) a pris le départ de 215 Grands Prix, de 1977 au 7 juillet 1991. Il a remporté 4 victoires.

Français ■ Le coureur automobile Jacques Laffite (né le 21 octobre 1943) a disputé 176 Grands Prix.

Victoires dans un même Grand Prix ■ Le Français Alain Prost a remporté 6 fois le Grand Prix du Brésil et 4 fois le Grand Prix de France.

△ Le Français Alain Prost a remporté 44 Grands Prix et détient le record du nombre de points, avec 670,5 points. (Les 6 premières places rapportent des points ; 9 points sont attribués pour une victoire).

Les premières courses ■ Il semble que la première course se soit déroulée en 1878 sur les 323 km qui séparent Green Bay de Madison, Wisconsin, EU. En 1887, le marquis Albert de Dion (1856-1946) remporta la Vélocipède de 31 km, à Paris, sur un quadricycle De Dion qui aurait approché la vitesse de 60 km/h. La première véritable course automobile fut Paris-Bordeaux-Paris (1 180 km), organisée du 11 au 13 juin 1895. Le vainqueur, Émile Levassor (1844-1897), conduisait une Panhard-Levassor équipée d'un moteur Daimler de 1,2 l, développant 3,5 ch. Il parcourut la distance en 48 h 47 mn à la vitesse moyenne de 24,15 km/h. La première course en circuit fermé s'est déroulée sur 5 tours d'une piste ovale de 1 mile (1 609 m), dans le Rhode Island, EU, le 7 septembre 1896 ; elle fut remportée par A. H. Whiting, sur une Riker électrique.

N'GUGI

✦

En remportant son 5e titre mondial de cross-country à Boston, Massachusetts, le Kenyan John N'Gugi a réussi, en mars 1992, une performance unique. En effet, N'Gugi a battu ainsi l'ancien record de 4 victoires qui était codétenu par 3 coureurs (le Français Alain Mimoun, le Belge Gaston Roelants et le Britannique Jack Holden). John N'Gugi, champion olympique du 5 000 m à Séoul, a égalé par la même occasion le record de la Norvégienne Grete Waitz qui détient 5 titres depuis 1983.

▽▷ *L'Anglais Nigel Mansell a remporté les 5 premiers Grands Prix de la saison 1992, ce qui est un record. Ci-contre, dans le 4ᵉ, le Grand Prix d'Espagne. Ci-dessous, il célèbre sa 3ᵉ victoire dans le Grand Prix du Brésil.*

La course de F1 la plus lente ■ Juan Manuel Fangio a remporté le Grand Prix de Monaco 1950 à la moyenne de 99,296 km/h, au volant d'une Alfa-Romeo.

La course de F1 la plus rapide ■ Le Britannique Peter Gethin a remporté le Grand Prix d'Italie, à Monza, le 5 septembre 1971, à la moyenne de 242,675 km/h, au volant d'une BRM.
Le tour le plus rapide lors d'une séance d'essais a été établi par le Finlandais Keke Rosberg, sur Williams-Honda, en 1' 5" 59, à la moyenne de 258,80 km/h, le 20 juillet 1985, sur le circuit de Silverstone, GB.

« Pole position » ■ Le Brésilien Ayrton Senna a été 61 fois le meilleur aux essais — jusqu'au 9 août 1992 —, se plaçant ainsi en tête sur la grille de départ.

Victoires françaises en Grand Prix ■ Maurice Trintignant (né le 30 octobre 1917) a gagné le Grand Prix de Monaco en 1955, première victoire française. Jean-Pierre Jabouille a triomphé en 1979 au Grand Prix de France, à Dijon, Côte-d'Or, pour le premier succès de la Renault équipée d'un moteur turbo.

Titre posthume ■ L'Autrichien Jochen Rindt (1942-1970) a remporté le titre en 1970, bien qu'il se fût tué au volant durant la saison.

Ages extrêmes ***Les plus jeunes*** ■ Le plus jeune champion du monde a été le Brésilien Emerson Fittipaldi (né le 12 décembre 1946), qui fut sacré le 10 septembre 1972, à l'âge de 25 ans et 273 jours.
Le plus jeune vainqueur d'un Grand Prix a été le Néo-Zélandais Bruce McLaren (1937-1970), qui a remporté le Grand Prix des États-Unis à Sebring, Floride, le 12 décembre 1959, à l'âge de 22 ans et 104 jours.

Les plus âgés ■ Le champion du monde le plus âgé a été Juan Manuel Fangio, sacré le 18 août 1957, à 46 ans et 41 jours.
Le vainqueur d'un Grand Prix (avant la naissance du championnat) le plus âgé a été l'Italien Tazio Nuvolari (1892-1953), qui a gagné le Grand Prix de France à Albi, Tarn, le 14 juillet 1946, à l'âge de 53 ans et 240 jours.
Le pilote de Grand Prix le plus âgé a été le Français Louis Chiron (1899-1979), qui a terminé 6ᵉ du Grand Prix de Monaco, le 22 mai 1955, à l'âge de 55 ans et 292 jours.

Le pilote le plus éclectique ■ Le Britannique John Surtees (né le 11 février 1934) a gagné 7 titres de champion du monde moto entre 1956 et 1960, et le titre en Formule 1 en 1964.

Constructeurs ■ La marque italienne Ferrari a remporté 8 titres de champion du monde des constructeurs, en 1961, 1964, 1975, 1976, 1977, 1979, 1982 et 1983, pour 6 à McLaren, en 1974, 1984, 1985, 1988, 1989 et 1990. Ferrari a remporté 103 Grands Prix, entre 1950 et le 7 juillet 1991.
En remportant 15 Grands Prix sur 16 en 1988, McLaren a exercé la plus grosse domination jamais vue. Ayrton Senna a remporté cette année-là 8 victoires et 3 deuxièmes places, et Alain Prost 7 victoires et 7 deuxièmes places.

Les arrivées les plus serrées ■ Ayrton Senna (Lotus) a battu Nigel Mansell (Williams) de 14 millièmes de seconde à l'arrivée du Grand Prix d'Espagne, à Jérez, le 13 avril 1986. A l'arrivée du Grand Prix d'Italie, à Monza, le 5 septembre 1971, seulement 61 centièmes de seconde séparaient le vainqueur, le Britannique Peter Gethin, du pilote classé 5ᵉ.

24 Heures du Mans

La première édition a eu lieu les 26 et 27 mai 1923.

Distance ■ Le record de distance sur l'ancien circuit est de 5 333,72 km, par l'Autrichien Helmut Marko (né le 27 avril 1943) et le Néerlandais Gijs Van Lennep (né le 16 mars 1942), au volant d'une Porsche 917 K (gr. 5) équipée d'un moteur à 12 cylindres à plat de 4907 cm^3, les 12 et 13 juin 1971. Le record de distance sur le circuit utilisé jusqu'en 1989, 5 332 km, à la moyenne de 221,630 km/h, a été établi les 11 et 12 juin 1988 par le Néerlandais Jan Lammers et les Britanniques John Dumfries et Andy Wallace au volant d'une Jaguar XJR9.

Vitesse ■ Le record du tour a été réalisé en course par J. Olivier sur Porsche en 1971 avec une moyenne de 224,397 km/h.
Avec le tracé actuel long de 13,600 km, le record du tour est détenu depuis 1991 par l'Allemand M. Schumacher sur Sauber Mercedes, avec une moyenne de 227,125 km/h.
La plus grande vitesse jamais réalisée en course est de 405 km/h et a été atteinte par Roger Dorchy sur WM Peugeot P88 en 1988 dans la ligne droite des Hunaudières.
L'arrivée la plus serrée entre le 1ᵉʳ et le 2ᵉ date de 1966 et est de 20 m d'écart entre deux Ford.
L'écart enregistré le plus important étant

Les plus titrés ***Hommes*** ■ Les Allemands de l'Est Thomas Kölher (né le 25 juin 1940) et Hans Rinn (né le 19 mars 1953) sont les deux lugeurs les plus titrés. Kölher a été champion du monde en solo en 1962, 1964 (titre olympique), 1965 et 1967, et en biplace en 1967 et 1968 (titre olympique). Rinn a été champion olympique en biplace en 1976 et 1980, champion du monde en 1977 et 1980, et champion du monde solo en 1973 et 1977.

Femmes ■ L'Allemande de l'Est Margit Schumann (née le 14 septembre 1952) a remporté 5 titres mondiaux, de 1973 à 1977, y compris le titre olympique de 1976. L'Allemande de l'Est Steffi Walter (née le 17 septembre 1962) est la seule à avoir remporté 2 titres olympiques en solo, en 1984 et 1988.

La plus grande vitesse

Le Norvégien Asle Strand a été chronométré à 137,4 km/h le 1er mai 1982, à Tandalens Linbana, Suède.

Boxe

Origines ■ Une fresque de 1520 av. J.-C. représentant des boxeurs avec des gants a été trouvée sur l'île grecque de Santorin. Les premières règles modernes ont été édictées en 1743 en Grande-Bretagne, pays où la boxe a été légalement reconnue en tant que sport conformément aux règlements mis en place après la mort sur le ring de Billy Smith, le 24 avril 1901.

Le combat le plus long ■ Le plus long match connu (avec gants) a opposé les Américains Andy Bowen et Jack Burke durant 7 h 19 mn (sur 110 rounds), les 6 et 7 avril 1893, à La Nouvelle-Orléans, Louisiane, EU. Il se termina par une décision de nullité.

Remboursez !

Le 4 novembre 1947, l'Américain Mike Collins envoya Pat Brownson au tapis du premier coup de poing. Le combat fut stoppé 4 s après le coup de gong, sans que l'on compte le boxeur à terre.

Le plus court combat mettant un titre mondial en jeu a duré 45 s, le temps qu'il fallut au Britannique Lloyd Honeyghan pour battre l'Américain Gene Hatcher, le 30 août 1987, à Marbella, Espagne, pour le titre IBF des poids welters.

Le plus court championnat du monde des poids lourds a duré 55 s, à Detroit, Michigan, EU, le 6 avril 1900, entre le vainqueur, James J. Jeffries, et Jack Finnegan.

La bourse la plus importante ■ Le total des prix mis en jeu dans le combat pour le titre des poids lourds entre les Américains Mike Tyson (né le 30 juin 1966) et Michael Spinks (né le 22 juillet 1956), à Atlantic City, New Jersey, EU, le 27 juin 1988, a été estimé à au moins 35,8 millions de $. De cette bourse, 22 millions sont revenus à Tyson, et 13,8 millions à Spinks, qui avait été mis K.O. au bout de 1 mn 31 s dans le 1er round.

Les plus gros gains en une carrière ■ On estime que l'Américain Muhammad Ali (né Cassius Clay le 17 janvier 1942) a accumulé, entre octobre 1960 et décembre 1981, environ 69 millions de $ en 61 combats (y compris les exhibitions), pour un total de 551 rounds.

Les plus grandes affluences ■ Au total, 120 757 spectateurs payants ont assisté au match Tunney contre Dempsey pour le titre mondial des poids lourds, à Philadelphie, Pennsylvanie, EU, le 23 septembre 1926.

Le record en salle est de 63 350 spectateurs pour le match Muhammad Ali contre Leon Spinks (né le 11 juillet 1953), à La Nouvelle-Orléans, le 15 septembre 1978.

135 132 spectateurs non payants ont assisté, au parc Juneau, à Milwaukee, Wisconsin, EU, le 16 août 1941, au match Tony Zale contre Billy Prior.

Le boxeur le plus lourd ■ Le Roumain Gogea Mitu (né en 1914) mesurait 2,33 m et pesait 148 kg. L'Américain John Rankin, qui gagna un combat en novembre 1967, à La Nouvelle-Orléans, aurait mesuré 2,30 m, de même que l'Irlandais Jim Culley, le « géant de Tipperary », connu comme boxeur et lutteur dans les années 40.

Les boxeurs le plus longtemps invaincus ■ L'Américain Packey McFarland (1888-1936) a disputé, entre 1905 et 1915, une série de 97 matches sans connaître la défaite (92 victoires, 5 nuls).

L'Espagnol Pedro Carrasco (né le 7 novembre 1943) a remporté 83 combats entre le 22 avril 1964 et le 3 septembre 1970, s'est momentanément retiré, puis a remporté encore 9 victoires avant de perdre contre Armando Ramos, le 18 février 1972, pour le titre mondial WBC des poids légers.

▽ Le 27 juin 1988, à Atlantic City, New Jersey, eut lieu le combat pour le titre des poids lourds, entre les Américains Mike Tyson et Michael Spinks (de 10 ans son cadet). Le total des prix mis en jeu fut de 35,8 millions de $, sur lesquels 22 millions sont revenus à Tyson et 13,8 millions à Spinks. Le jeune Spinks fut mis K.O. au bout de 1 mn 31 s.

Le boxeur poids lourd le plus longtemps invaincu ■ L'Américain Rocky Marciano (né Rocco Francis Marchegiano, 1923-1969) est le seul champion du monde des lourds à être resté invaincu durant toute sa carrière professionnelle, de 1947 à 1956. Il a gagné ses 49 combats, dont 43 par K.O. ou par arrêt de l'arbitre.

Le plus jeune poids lourd ■ L'Américain Mike Tyson était âgé de 20 ans et 144 jours lorsqu'il battit Trevor Berbick pour le titre WBC, à Las Vegas, Nevada, EU, le 22 novembre 1986. Il y ajouta le titre WBA en battant James « Bonecrusher » Smith le 7 mars 1987, à l'âge de 20 ans et 249 jours. Il devint champion toutes catégories en battant Tony Tucker le 2 août 1987 pour le titre IBF.

Le seul boxeur à avoir détenu simultanément des titres dans 3 catégories fut l'Américain Henry « Homicide Hank » Armstrong (1912-1988), en poids plume, légers et welters, d'août à décembre 1938.

Les dollars de la boxe

LE CHAMPIONNAT DU MONDE DES POIDS LOURDS QUI A OPPOSÉ, LE 19 AVRIL 1991, À ATLANTIC CITY, NEW JERSEY, EU, LES AMÉRICAINS EVANDER HOLYFIELD (NÉ LE 19 OCTOBRE 1962), VAINQUEUR, SUR LA PHOTO, ET GEORGE FOREMAN (NÉ LE 10 JANVIER 1949) A PRODUIT UN CHIFFRE D'AFFAIRES DE 90 MILLIONS DE $.

Le plus grand nombre de K.O. ■ L'Américain Archie Moore (né en 1913) a obtenu 145 K.O. entre 1936 et 1963.
Lamar Clark (né en 1934) a obtenu 44 K.O. consécutifs de 1958 au 11 janvier 1960. Le 1er décembre 1958, il a infligé 6 K.O. en une nuit, dont 5 au 1er round, à Bingham, Utah, EU.

France ■ Marcel Cerdan (1916-1949), champion du monde des poids moyens du 21 septembre 1948 au 16 juin 1949, a mis 12 fois K.O. au 1er round ses adversaires lors de sa carrière.

Championnat du monde des poids lourds

Le premier combat pour le titre ■ Le premier championnat du monde des poids lourds disputé avec des gants en rounds de 3 mn a opposé, à La Nouvelle-Orléans, Louisiane, EU, le 7 septembre 1892, les Américains John Lawrence Sullivan (1858-1918) et James John Corbett, dit « Gentleman Jim » (1866-1933). Corbett l'a emporté en 21 rounds. Raoul Walsh en a tiré un film célèbre.

Règnes *Le plus long* ■ L'Américain Joe Louis (né Joseph Louis Barrow, 1914-1981) est resté champion 11 ans et 252 jours, du 22 juin 1937, quand il mit K.O. James Joseph Braddock, au 8e round, à Chicago, jusqu'à l'annonce de sa retraite, le 1er mars 1949. Durant cette période, il a défendu victorieusement son titre 25 fois.

Le plus court ■ Seulement 83 jours de gloire pour le champion WBA américain James « Bonecrusher » (« Broyeur d'os ») Smith (né le 3 avril 1955), du 13 décembre 1986 au 7 mars 1987. Même durée exactement pour l'Américain Ken Norton (né le 9 août 1945), reconnu champion par la WBC du 18 mars au 9 juin 1978. L'Américain Tony Tucker (né le 28 décembre 1958) est resté 64 jours champion IBF, du 30 mai au 2 août 1987.

Le plus grand nombre de reconquêtes ■ Muhammad Ali est le seul boxeur à avoir repris 2 fois le titre de champion du monde des lourds.
Ali obtint son premier titre le 25 février 1964 en battant Sonny Liston. Le 30 octobre 1974, il battait George Foreman, après avoir été privé de son titre, le 28 avril 1967, par les instances mondiales de la boxe, à la suite de son refus de partir se battre au Vietnam.
Enfin, le 15 septembre 1978, il regagnait le titre mondial WBA contre Leon Spinks, qui le lui avait ravi le 15 février de la même année.

Le plus vieux ■ L'Américain Jersey Joe Walcott (né le 31 janvier 1914) était âgé de 37 ans et 168 jours lorsqu'il s'empara du titre en battant par K.O. Ezzard Mack Charles (1921-1975) le 18 juillet 1951, à Pittsburgh, Pennsylvanie, EU. Il était aussi le plus vieux détenteur du titre, à l'âge de 38 ans et 236 jours, lorsqu'il perdit son titre contre Rocky Marciano, le 23 septembre 1952.

Le plus vieux challenger ■ Archie Moore était âgé de 42 ans 11 mois et 17 jours quand il perdit contre Floyd Patterson, titre en jeu, le 30 novembre 1956.

Le plus lourd ■ L'Italien Primo Carnera (1906-1967) pesait 122,310 kg quand il a battu pour le titre Tommy Loughran, le 1er mars 1934. Il avait un tour de poitrine de 1,37 m et une envergure de 2,17 m.

Le plus léger ■ Le Britannique Bob Fitzsimmons (1863-1917) pesait 75,650 kg lorsqu'il battit James J. Corbett, à Carson City, Nevada, EU, le 17 mars 1897.

Championnat du monde : autres catégories

Le plus grand nombre de titres distribués ■ 68 titres mondiaux étaient en jeu en août 1990, distribués par les fédérations IBF, WBA, WBC et WBO, dans 17 catégories de poids.

Le plus long règne ■ Le record de Joe Louis, 11 ans et 252 jours (voir plus haut), est valable pour toutes les catégories.

Le boxeur le plus jeune ■ Le Porto-Ricain Wilfred Benítez (né le 12 septembre 1958) était âgé de 17 ans et 176 jours lorsqu'il conquit le titre WBA des super-welters, à Porto Rico, le 6 mars 1976.

Français ■ Victor « Young » Perez (1911-1945) est devenu champion du monde des poids mouche à l'âge de 20 ans et 18 jours, le 26 octobre 1931.

Le plus vieux ■ Archie Moore, champion des lourds-légers jusqu'au 10 février 1962, date où la catégorie fut supprimée, avait alors 48 ans (voir plus haut *« Le plus grand nombre de K.O. »*).

La plus longue carrière ■ La carrière de Bob Fitzsimmons a duré plus de 31 ans, de 1883 à 1914. Il a obtenu son dernier titre mondial le 20 décembre 1905, à l'âge de 42 ans et 208 jours.

Le plus long combat ■ Titre mondial en jeu, le match entre les poids légers américains Joe Gans (1874-1910) et Oscar Matthew « Battling » Nelson (1882-1954), à Goldfield, Nevada, EU, le 3 septembre 1906, s'est terminé au 42e round. Gans fut déclaré vainqueur sur un coup bas de Nelson.

Champions dans plusieurs catégories de poids ■ 2 boxeurs ont remporté un titre de champion du monde dans 5 catégories de poids différentes. Le premier a été l'Américain Thomas Hearns (né le 18 octobre 1958), champion WBA des welters en 1980, WBC des super-welters en 1982, WBC des mi-lourds et des moyens en 1987. Il y a ajouté une 5e catégorie en remportant, le 5 novembre 1988, le titre des super-moyens, reconnu par une nouvelle fédération de boxe, la WBO.
3 jours après, le 8 novembre 1988, l'Américain Sugar Ray Leonard (né le 17 mai 1956) battait le Canadien Donny Lalonde pour les titres WBC des mi-lourds et des super- moyens, qui s'ajoutaient à ses titres des welters, super-welters et moyens. Il a mis un terme définitif à sa carrière le 9 février 1991, après sa défaite face à l'Américain Terry Norris.

Le plus grand nombre de reconquêtes ■ Le seul boxeur à avoir conquis ou reconquis 4 fois le titre d'une même catégorie est l'Américain Ray « Sugar » Robinson (né Walker Smith Jr., 1921-1989), qui battit l'Américain Carmen Basilio le 25 mars 1958, pour conquérir son 4e titre des poids moyens.

Tom et Jerry

39 kg séparaient, à Miami, le 1er mars 1934, l'Italien Primo Carnera (122 kg), vainqueur aux points, de l'Américain Tommy Loughran (83 kg), qui combattaient pour le titre mondial des lourds.

Les champions du monde français ■ 15 boxeurs sont devenus champions du monde, de Georges Carpentier (1894-1975) en poids mi-lourds, le 12 octobre 1920, à Gilbert Delé (né le 1er janvier 1961) en poids super-welters (WBA), le 23 février 1991.
Marcel Thil a conservé son titre des poids moyens de 1932 à 1937. Grâce à René Jacquot, en super-welters (WBC), Fabrice Bénichou en super-coq (IBF) et Taoufik Belbouli en lourds-légers (WBA), la France détenait, le 25 mars 1989, 3 titres de champion du monde.

Amateurs

Le plus grand nombre de titres olympiques ■ Seuls deux boxeurs ont remporté 3 titres olympiques : le Hongrois Laszlo Papp (né le 25 mars 1926), catégorie moyens en 1948, mi-moyens en 1952 et 1956 ; et le Cubain Teofilo Stevenson (né le 23 mars 1952), catégorie lourds en 1972, 1976 et 1980.
Le seul à avoir remporté 2 titres lors des mêmes Jeux a été l'Américain Oliver L. Kirk, qui remporta les titres des poids coq et des poids plume, à Saint Louis, Missouri, EU, en 1904.

Le médaillé d'or le plus âgé ■ Le Britannique Richard Kenneth Gunn (1871-1961) a remporté le titre olympique des poids plume, le 27 octobre 1908, à Londres, à l'âge de 37 ans et 254 jours.

***Français* ■** Paul Fritsch (1901-1970) en poids plume en 1920, Jean Despaux (1915-1989) en moyens en 1936, et Roger Michelot (né le 8 juin 1912) en mi-lourds en 1936 ont remporté la médaille d'or olympique.

Championnats du monde ■ 2 boxeurs ont remporté 3 titres de champion du monde : le Cubain Teofilo Stevenson, catégorie lourds en 1974 et 1978, catégorie super-lourds en 1986, et le Cubain Adolfo Horta (né le 3 octobre 1957), catégorie poids coq en 1978, poids plume en 1982 et poids légers en 1986.

Canoë-kayak

Le plus grand nombre de titres *Jeux Olympiques* ■ Le Suédois Gert Fredriksson (né le 21 novembre 1919) a remporté le record de 6 médailles d'or, de 1948 à 1960, plus 1 d'argent et 1 de bronze).
Chez les femmes, 3 médailles d'or, par la Soviétique Ludmila Pinaïeva (née le 14 janvier 1936), en 1964, 1968 et 1972, et par l'Allemande de l'Est Birgit Schmidt (née le 25 février 1962), 1 en 1980 et 2 en 1988.
Le record au cours des mêmes Jeux est de 3 médailles d'or, par le Soviétique Vladimir Parfenovitch (né le 2 décembre 1958), en 1980, et par le Néo-Zélandais Ian Ferguson (né le 20 juillet 1952), en 1984, en kayak.

Championnats du monde ■ Si l'on inclut les jeux Olympiques, l'Allemande de l'Est Birgit Schmidt détient le record de 22 titres, entre 1978 et 1988. Chez les hommes, le record est de 13, pour le Suédois Gert Fredriksson (de 1948 à 1960), pour l'Allemand de l'Est Rüdiger Helm (né le 6 octobre 1956), de 1976 à 1983, et pour le Roumain Ivan Patzaichin (né le 26 novembre 1949), entre 1968 et 1984.

***Français* ■** Georges Dransart (né en mai 1924) a gagné 3 médailles aux jeux Olympiques : argent en 1956 sur 10 000 m, bronze en 1948 sur 1 000 m et 10 000 m. Gilles Zok a gagné 10 médailles (dont 8 d'or) lors des championnats du monde, entre 1977 et 1985, en descente de rivière.

◁ *Les championnats du monde de slalom en canoë se sont disputés tous les 2 ans, depuis 1949. Cette discipline est revenue au programme olympique à Barcelone, ayant été supprimée en 1972 à Munich. Sur ce document, le championnat du monde de 1991 à Ljubljana, en Slovénie.*

Jumeaux boxeurs ■ Lorsque le Thaïlandais Khaokor Galaxy a remporté, le 8 mai 1988, le titre WBA des poids coq, lui et son frère Khosai, champion WBA des super-mouche depuis le 21 novembre 1984, sont devenus les premiers jumeaux champions du monde de boxe de tous les temps.

La vitesse la plus élevée ■ Le kayak à quatre hongrois champion olympique à Séoul en 1988 a couvert les 1 000 m en 2' 58" 54, soit à la vitesse de 20,163 km/h. Lors des Jeux de 1980, le K4 soviétique avait couvert les 250 premiers mètres à la vitesse de 21,150 km/h.

▷ L'Espagnol Miguel Indurain, vainqueur du Tour de France 1992, a aussi battu le record de vitesse de l'épreuve, avec une moyenne de 39,504 km/h. Avec Chiapucci, sur ce document.

▽ Bernard Hinault est parmi les seuls 3 coureurs à avoir remporté 5 fois le Tour de France. Qui sont les autres ?

La vitesse la plus élevée ■ Le record de vitesse à vélo est de 245,077 km/h. Cette vitesse a été atteinte, derrière une voiture faisant office de protection aérodynamique et d'« aspirateur », par l'Américain John Howard, le 20 juillet 1985, sur le Grand Lac Salé, à Bonneville, Utah, EU.

Français ■ José Meiffret (1913-1983) a atteint 204,778 km/h derrière une Mercedes, le 12 juillet 1962, à Fribourg, Allemagne.

Cyclisme

Origines ■ La première course sur un deux-roues fut une course de vélocipède de 2 km organisée au parc de Saint-Cloud, près de Paris, le 31 mai 1868. Elle fut remportée par le Britannique James Moore (1847-1935).

Vitesse derrière moto

En 1 h, le record est de 122,771 km, par le Belge Léon Vanderstuyft (1890-1964), derrière moto, sur l'autodrome de Linas-Montlhéry, aujourd'hui Essonne, le 30 septembre 1928.

Le record des 24 h derrière moto est de 1 958,196 km par Michael Secrest, à Phoenix, Arizona, EU, les 26 et 27 avril 1990, soit à une moyenne de 81,59 km/h.

Le plus grand nombre de titres *Jeux Olympiques* ■ Le Français Paul Masson (1874-1945) a remporté 3 médailles d'or en 1896, tout comme l'Italien Francesco Verri (1885-1945) en 1906 et le Français Robert Charpentier (1916-1966) en 1936. Le sprinter français Daniel Morelon (né le 28 juillet 1944) en a gagné 2 en 1968 et 1 en 1972 ; il a aussi remporté 1 médaille d'argent en 1976 et 1 de bronze en 1964.

Championnats du monde sur route ■ Le championnat du monde (créé en 1927) se dispute chaque année. 3 coureurs professionnels ont remporté 3 titres : l'Italien Alfredo Binda (1902-1986), en 1927, 1930 et 1932, les Belges Rik Van Steenbergen (né le 9 septembre 1924), en 1949, 1956 et 1957, et Eddy Merckx (né le 17 juin 1945), en 1967, 1971 et 1974.
Chez les amateurs, l'Italien Giuseppe Martano, en 1930 et 1932, et l'Allemand de l'Est Gustav Schur, en 1958 et 1959, ont gagné à deux reprises.

Français ■ Georges Speicher (1933), Antonin Magne (1936), Louison Bobet (1954), André Darrigade (1959), Jean Stablinski (1962) et Bernard Hinault (1980) sont les 6 vainqueurs du championnat du monde professionnel.
Chez les amateurs, la France compte 7 vainqueurs : André Leducq en 1924, Octave Dayen en 1926, Henry Aubry en 1946, Jean Jourden en 1961, Jacques Botherel en 1965, Régis Ovion en 1971 et Richard Vivien en 1987.

Championnats du monde sur piste ■ Chez les professionnels, le Japonais Koichi Nakano (né le 14 novembre 1955) a remporté 10 titres en vitesse, de 1977 à 1986. Chez les amateurs, le Français Daniel Morelon a remporté 7 titres en vitesse : 1966, 1967, 1969, 1970, 1971, 1973 et 1975.

Championnats nationaux ■ Costante Girardengo (1893-1978) a remporté 9 titres sur route consécutifs en Italie, entre 1913 et 1925.

Français ■ Jean Stablinski (né le 21 mai 1932) a remporté 4 titres professionnels sur route, en 1960, 1962, 1963 et 1964.
Philippe Louviot (né le 14 mars 1964) est devenu champion de France en 1990, 56 ans après son grand-père, Raymond Louviot, vainqueur en 1934.

Grands tours

Vainqueurs des 3 Tours ■ Les Français Jacques Anquetil (1934-1987) et Bernard Hinault (né le 14 novembre 1954), le Belge Eddy Merckx (né le 17 juin 1945) et l'Italien Felice Gimondi (né le 29 septembre 1942) sont les seuls à avoir remporté les Tours de France, d'Italie et d'Espagne au cours de leur carrière. Au total, Eddy Merckx a gagné 11 Tours, 5 de France, 5 d'Italie et 1 d'Espagne. Bernard Hinault en a remporté 10 : 5 de France, 3 d'Italie et 2 d'Espagne.

Tour de France ■ 3 coureurs ont remporté 5 fois le Tour de France (créé en 1903) : le Français Jacques Anquetil, en 1957 et de 1961 à 1964 ; le Belge Eddy Merckx, de 1969 à 1972 et en 1974 ; le Français Bernard Hinault, en 1978, 1979, 1981, 1982 et 1985.

◁ Le coureur blond, à lunettes et portant un maillot jaune, est Laurent Fignon. L'autre est l'Américain Greg LeMond. 8 s seulement les séparaient aux Champs-Élysées à Paris, après les 3 250 km du Tour de France 1989. Le vainqueur ne fut pas Laurent Fignon mais l'Américain.

L'arrivée la plus serrée ■ Elle a eu lieu en 1989 : après 3 250 km et 23 jours de course, 8 secondes séparaient, sur les Champs-Élysées, le vainqueur, l'Américain Greg LeMond (né le 26 juin 1960), du Français Laurent Fignon (né le 12 août 1960).

La vitesse moyenne la plus élevée ■ Avec une moyenne de 39,504 km/h, Michel Indurain est le vainqueur le plus rapide de l'histoire du Tour. Il a battu le record de l'Espagnol Pedro Delgado, lors de l'édition 1992.

Le plus long parcours ■ Les coureurs ont couvert 5 745 km en 1926. La plus longue étape fut de 486 km, entre Les Sables-d'Olonne et Bayonne, en 1919.

Vainqueurs, âges extrêmes ■ Le plus jeune vainqueur est le Français Henri Cornet, qui a remporté l'épreuve en 1904, à l'âge de 19 ans et 354 jours, après l'élimination de Maurice Garin.
Le plus âgé est le Belge Firmin Lambot, vainqueur en 1922, à l'âge de 36 ans et 4 mois.

Maillot jaune ■ Le Belge Eddy Merckx l'a porté 96 jours, le Français Bernard Hinault 77 jours. Le Français Raymond Poulidor (né le 15 avril 1936) a terminé 8 fois sur le podium sans jamais revêtir le maillot jaune.
4 coureurs ont porté le maillot jaune de la première à la dernière étape, l'Italien Ottavio Bottecchia (en 1924), le Luxembourgeois Nicolas Frantz (en 1928), le Belge Romain Maes (en 1935) et le Français Jacques Anquetil (en 1961).

LES ROIS DU TOUR

Le Belge Eddy Merckx a remporté 35 étapes du Tour de France, de 1969 à 1975, contre 28 à Bernard Hinault, de 1978 à 1986.

Classements par points et de la montagne ■ Le maillot vert du classement par points a été gagné 4 fois par l'Irlandais Sean Kelly (né le 24 mai 1956), en 1982, 1983, 1985 et 1989.
L'Espagnol Federico Bahamontes (né le 9 juillet 1928), en 1954, 1958, 1959, 1962, 1963 et 1964, et le Belge Lucien Van Impe (né le 20 octobre 1946), en 1971, 1972, 1975, 1977, 1981 et 1983, ont remporté 6 fois le classement du meilleur grimpeur.

Tour d'Italie ■ Trois coureurs ont remporté 5 fois le Tour d'Italie : les Italiens Alfredo Binda (1902-1986), en 1925, 1927, 1928, 1929 et 1933, et Fausto Coppi (1919-1960), en 1940, 1947, 1949, 1952 et 1953 ; le Belge Eddy Merckx, en 1968, 1970, 1972, 1973 et 1974.

Français ■ Bernard Hinault a gagné 3 fois, en 1980, 1982 et 1985. Jacques Anquetil 2 fois, en 1960 et 1964.

Maillot rose ■ Le Belge Eddy Merckx l'a porté 76 jours. Le recordman français est Jacques Anquetil, 42 jours. L'Italien Gianni Bugno (né le 14 février 1964) l'a porté de bout en bout en 1990. Cet exploit avait été réalisé avant lui par les Italiens Costante Girardengo (en 1919) et Alfredo Binda (1927) et par Eddy Merckx (1973).

Tour d'Espagne ■ Aucun coureur n'a remporté plus de 2 fois le Tour d'Espagne. Bernard Hinault fait partie des doubles lauréats, avec ses succès de 1978 et 1983.

Autres épreuves

Le plus grand nombre de victoires dans une course à étapes ■ L'Irlandais Sean Kelly (né le 24 mai 1956) a remporté 7 fois consécutivement Paris-Nice, de 1982 à 1988.

Le plus grand nombre de victoires dans les classiques ■ Le Belge Eddy Merckx en a remporté 28, entre 1966 et 1976. Les meilleurs Français sont Henri Pélissier (1890-1936) et Bernard Hinault, avec 9 succès chacun.

Paris-Roubaix ■ Le Belge Roger de Vlaeminck (né le 27 août 1947) a gagné 4 fois, en 1972, 1974, 1975 et 1977.

Milan-San Remo ■ Le Belge Eddy Merckx a gagné 7 fois, en 1966, 1967, 1969, 1971, 1972, 1975 et 1976.

Bordeaux-Paris ■ Le Belge Herman Van Springel (né le 14 août 1943) a remporté 7 succès, en 1970, 1974, 1975, 1977, 1978, 1980 et 1981.

Écart le plus grand ■ L'écart le plus grand entre le premier et le deuxième du classement général final est de 2 h 49 mn 45 s, lors de l'édition du Tour de France de 1964.

Échappée ■ Le Français M. Bourlon a réalisé, en 1947, la plus longue échappée du Tour de France entre Carcassonne et Luchon. Il a fait cavalier seul durant 253 km. Plus récemment, lors du Tour 1991, Thierry Marie a parcouru 223 km d'échappée solitaire entre Arras et Le Havre.

△ *Le palmarès de Jeannie Longo comporte 3 Tours de France, 4 championnats du monde sur route, 3 championnats du monde sur piste. Sur cette photo, elle est en train de battre le record du 10 km en salle à Paris, le 19 octobre 1989.*

Cyclo-cross

Le Belge Erik de Vlaeminck (né le 23 août 1945) a remporté, de 1968 à 1973, 6 titres de champion du monde professionnel de cyclo-cross.

Tour de Lombardie ■ L'Italien Fausto Coppi a gagné 5 fois, de 1946 à 1949 et en 1954.

Week-end ardennais ■ 4 coureurs ont remporté la même année les 2 épreuves du Week-end ardennais, la Flèche wallonne et Liège-Bastogne-Liège : le Suisse Ferdi Kubler (en 1951 et 1952), les Belges Stan Ockers (en 1955) et Eddy Merckx (en 1972) et l'Italien Moreno Argentin (en 1991).

Grand Prix des nations ■ Jacques Anquetil a remporté 9 victoires, entre 1953 et 1966. Il n'a jamais été vaincu dans cette épreuve contre la montre.

La plus longue course d'un jour ■ La distance de Bordeaux-Paris a varié de 550 km à 620 km. Courue en partie derrière entraîneur, elle a vu le Belge Herman Van Springel réaliser, en 1981, la moyenne record de 47,186 km/h, soit 13 h 35' 18" pour les 584,5 km du parcours. Bordeaux-Paris n'existe plus aujourd'hui. La dernière édition a eu lieu en 1988.

La femme la plus titrée ■ La Française Jeannie Longo (née le 31 octobre 1958) a pris sa retraite à la fin de la saison 1989 après avoir notamment remporté 3 Tours de France, de 1987 à 1989, 4 championnats du monde sur route, en 1985, 1986, 1987 et 1989, et 3 titres de championne du monde de poursuite sur piste. Elle détient le record du monde de l'heure, en plein air et sur piste couverte (voir tableau). Mais elle n'a jamais gagné aux jeux Olympiques.
En 1990, la Française Catherine Marsal (née le 20 janvier 1971) a remporté — à 19 ans — les championnats du monde et de France, les tours de la Communauté européenne, d'Italie, de Norvège, du Texas et de l'Aude.

Courses de 6 jours ■ Le Belge Patrick Sercu (né le 27 juin 1944) a remporté 88 des 233 courses qui se sont déroulées entre 1964 et 1983.

Les dollars du vélo

L'Américain Greg LeMond, champion du monde 1983 et 1989, vainqueur des Tours de France 1986, 1989 et 1990, a signé avec la marque Z le plus gros contrat de l'histoire du sport cycliste : 5,7 millions de $ pour les trois saisons 1990, 1991 et 1992. Selon le quotidien *L'Équipe*, il a gagné 12,5 millions de F en 1990.

Équitation

Origines ■ Les premiers témoignages de cavaliers apparaissent sur des gravures perses datant de 3000 av. J.-C. L'Académie d'équitation de Pignatelli, à Naples, Italie, a été fondée au XVIe siècle. La première compétition de saut d'obstacles a eu lieu en 1869, à Londres. Les sports équestres ont été reconnus discipline olympique en 1912.

Sauts d'obstacles

Jeux Olympiques ■ L'Allemand de l'Ouest Hans Günter Winkler (né le 24 juillet 1926) a remporté 5 médailles d'or : 4 par équipes, en 1956, 1960, 1964 et 1972, et le Grand Prix individuel en 1956. L'équipe ouest-allemande a remporté 6 fois le Grand Prix des nations, en 1936, 1956, 1960, 1964, 1972 et 1988.
Le Tchèque Frantisek Ventura (1895-1969), en 1928, sur Eliot, et l'Allemand de l'Ouest Alwin Schockemöhle (né le 29 mai 1937), qui montait Warwick Rex, en 1976, sont les seuls à avoir remporté le Grand Prix des nations sans avoir commis aucune faute.
Le Français Pierre Jonquères d'Oriola (né le 1er février 1920) est le seul à avoir gagné 2 médailles d'or individuelles, en 1952 et 1964, plus 2 d'argent par équipes, en 1964 et 1968.

Records de saut

Le record de saut en hauteur en extérieur sur barres de Spa est de 2,47 m par Huaso, monté par le Chilien José Larraguidel-Morales, le 5 février 1949.
Le record de saut en hauteur en extérieur sur mur de puissance est de 2,40 m par Leonardo, monté par l'Allemand Frank Slothaak, le 8 juin 1991.
Le record de saut en longueur est de 8,40 m par Something, monté par le Sud-Africain André Ferreira, le 25 avril 1975.
France ■ Michel Parrot a sauté 2,41 m sur Tancarville, le 21 octobre 1973.

Championnats du monde ■ Les championnats du monde masculins (créés en 1953) ont été remportés 2 fois par Hans Günter Winkler (1954, 1955) et par l'Italien Raimondo d'Inzeo (1956, 1960).
Le titre féminin a été remporté 2 fois par la Française Janou Lefebvre-Tissot (née le 14 mai 1945), sur Rocket, en 1970 et 1974, avant d'être unifié avec le titre masculin.

Championnats de France

Pierre Jonquères d'Oriola a remporté 4 titres de champion de France.
Chez les femmes, Janou Lefebvre détient le record, avec 3 titres.

Dressage

Le plus grand nombre de titres ■ Le Suédois Henry St Cyr (1904-1979) a gagné 4 médailles d'or, par équipes et en individuel, aux Jeux de 1952 et 1956. L'Allemagne (RFA après 1968) détient le record de 7 titres par équipes, en 1928, 1936, 1964, 1968, 1976, 1984 et 1988, et de 5 victoires aux championnats du monde.
L'Allemand Reiner Klimke (né le 14 janvier 1936) a remporté 2 titres mondiaux, en 1974 sur Mehmed et en 1982 sur Ahlerich. Il a remporté 6 médailles d'or aux jeux Olympiques, par équipes entre 1964 et 1988, en individuel en 1984, plus le bronze individuel en 1976.
La Suissesse Christine Stückelberger est la seule cavalière à avoir remporté 2 Coupes du monde (épreuve créée en 1986), sur Gauguin de Lully, en 1987 et 1988.

Français ■ Xavier Lesage a remporté les médailles d'or individuelle et par équipes en 1932.

E*scrime*

Origines ■ Le pays où la tradition de l'escrime remonte le plus loin est la Chine. Vingt-sept siècles avant J.-C., les Chinois connaissaient déjà parfaitement le maniement des armes et, notamment, celui du sabre. Vers 2200 av. J.-C., des écoles d'armes furent créées en Assyrie.

Jeux Olympiques ■ Deux escrimeurs ont gagné 3 médailles d'or : le Cubain Ramón Fonst (1883-1959), en 1900 et 1904 (2 titres), et l'Italien Nedo Nadi (1894-1952), en 1912 et 1920 (2 titres). Nadi a également remporté 3 médailles d'or par équipes en 1920, arrivant au total record de 5 médailles d'or en une seule célébration.
L'Italien Eduardo Mangiarotti (né le 7 avril 1919) a remporté le nombre record de 13 médailles olympiques : 6 d'or, 5 d'argent et 2 de bronze. Il les a obtenues au fleuret et à l'épée de 1936 à 1960.
Chez les femmes, la Soviétique Elena Novikova (née le 28 juillet 1947) a remporté 4 médailles d'or, de 1968 à 1976. La Hongroise Ildiko Sagi (née le 11 mai 1937) détient le record de 7 médailles au total : 2 d'or, 3 d'argent, 2 de bronze, entre 1960 et 1976.

Français ■ Christian d'Oriola (né le 3 octobre 1928) a remporté 2 titres individuels, en 1952 et 1956, au fleuret, plus 2 médailles d'or par équipes, en 1948 et 1952, et 2 d'argent, en individuel en 1948 et par équipes en 1956.
Jean-François Lamour (né le 2 février 1956) a remporté la médaille d'or individuelle au sabre en 1984 et 1988.
Lucien Gaudin (1886-1934) a gagné 6 médailles, or au fleuret en individuel et par équipes et à l'épée en individuel en 1928, argent au fleuret par équipes en 1920 et 1924, ainsi qu'au sabre par équipes en 1924.
Roger Ducret (1888-1962) a remporté 1 médaille d'or et 2 d'argent en 1924.
Chez les femmes, le seul titre individuel est celui de Pascale Trinquet (née le 11 août 1958), au fleuret, en 1980.

Championnats du monde ■ Le Soviétique Alexandre Romankov (né le 7 novembre 1953) a remporté 5 titres mondiaux au fleuret (1974, 1977, 1979, 1982 et 1983).
Le Français Christian d'Oriola en a remporté 4 (1947, 1949, 1953, 1954).
Le Hongrois Aladár Gerevich (né le 16 mars 1910) a remporté 2 titres au sabre à 20 ans d'intervalle (1935 et 1955). Il a également remporté le titre par équipes à 28 ans d'intervalle.
5 fleurettistes féminines ont 3 titres mondiaux à leur actif : l'Allemande Helena Mayer (1910-1953) en 1929, 1931, 1937 ; la Hongroise Ilona Schacherer-Elek (1907-1988), en 1934, 1935, 1951 ; l'Autrichienne Ellen Müller-Preis (née le 6 mai 1912), en 1947, 1949, 1950 ; les Allemandes Cornelia Hanisch (née le 12 juin 1952), en 1979, 1981 et 1985, et Anja Fichtel (née le 17 août 1968), en 1986, 1988 et 1990.
Seule parmi elles, Ilona Schacherer-Elek a également remporté 2 titres olympiques (1936 et 1948).

Concours complet

Le plus grand nombre de titres ■ Le Néerlandais Charles Ferdinand Pahud de Mortanges (1896-1971) a remporté 4 médailles d'or olympiques, individuelles en 1928 et 1932 sur Marcroix, par équipes en 1924 et 1928.
L'Américain Bruce Davidson (né le 13 décembre 1949) a remporté 2 titres mondiaux en 1974 et 1978.

Français ■ Bernard Chevallier (né le 4 octobre 1912) et Jean-Jacques Guyon (né le 21 décembre 1932) ont gagné le titre olympique, respectivement à Londres, en 1948, et à Mexico, en 1968.

Championnats de France ■ Jean-François Lamour a remporté 13 titres au sabre, le premier en 1977 et le treizième en 1992.
Lucien Gaudin et Edward Gardère (1909-1969) ont remporté chacun 9 titres au fleuret.
Laurence Modaine a remporté 5 titres de championnat de France du fleuret de 1988 à 1992.

◁ *L'Allemande Anja Fichtel, née le 17 août 1968, a 3 titres de championne du monde, dont celui de 1990 (sur cette photo).*

▷ *Edson Arantes do Nascimento, dit Pelé, né le 23 octobre 1940, a remporté 3 Coupes du monde avec le Brésil. Il a marqué 1 216 buts, dont 126 lors de sa meilleure saison, en 1959.*

La Fédération internationale de football association (FIFA), fondée le 21 mai 1904, a organisé la première Coupe du monde en juillet 1930, à Montevideo, Uruguay. Elle a lieu tous les 4 ans et n'a à ce jour été remportée que par 6 pays : l'Italie (1934, 1938, 1982), la RFA (1954, 1974, 1990), le Brésil (1958, 1962, 1970), l'Uruguay (1930, 1950), l'Argentine (1978, 1986) et l'Angleterre (1966). La RFA a disputé 6 finales (elle a perdu en 1966, 1982 et 1986). Seul le Brésil a pris part aux 14 phases finales. La France a disputé 9 phases finales de la Coupe du monde, terminant 3ᵉ en 958 et 1986, 4ᵉ en 1982.

Football

Origines ■ Un jeu dénommé *tsu-chu*, présentant certaines similarités avec le football, était pratiqué en Chine aux IVᵉ et IIIᵉ siècles av. J.-C. Les règles du football moderne ont été déterminées lors de la création de la Football Association, le 26 octobre 1863, en Grande-Bretagne. Le premier match entre clubs, en France, a opposé White Rovers au Standard, en 1891, à Bécon-les-Bruyères, aujourd'hui Hauts-de-Seine.

Coupe du monde

Le plus grand nombre de titres pour un joueur ■ Le Brésilien Pelé (né le 23 octobre 1940), de son vrai nom Edson Arantes do Nascimento, a remporté 3 titres avec le Brésil, en 1958, 1962 et 1970.

Participations ■ Le seul joueur à avoir participé à 5 phases finales de la Coupe du monde est le gardien de but mexicain Antonio Carbajal (né en 1923), qui a joué 11 matches en tout, en 1950, 1954, 1958, 1962 et 1966.
2 joueurs ont participé à 21 matches de phase finale : l'Allemand de l'Ouest Uwe Seeler (né le 5 novembre 1936), de 1958 à 1970, et le Polonais Wladislaw Zmuda (né le 6 juin 1954), de 1974 à 1986.

Ages extrêmes ■ Le plus jeune joueur à avoir participé à la Coupe du monde est l'Irlandais du Nord Norman Whiteside, qui a disputé le match Irlande du Nord-Yougoslavie à l'âge de 17 ans et 42 jours, le 17 juin 1982.
Le plus jeune vainqueur est le Brésilien Pelé, qui avait 17 ans et 8 mois le jour de la victoire de son équipe, en 1958. Le plus âgé est l'Italien Dino Zoff (né le 28 février 1942), qui a gagné, en 1982, à 40 ans et 4 mois.

Les meilleurs buteurs ■ Le Français Just Fontaine (né à Marrakech, Maroc, le 18 août 1933) a marqué 13 buts en 6 matches lors de la phase finale de 1958, en Suède.
L'Allemand de l'Ouest Gerd Müller (né le 3 novembre 1945) a marqué 10 buts en 1970 et 4 en 1974, soit un total de 14 buts.
Fontaine, Jairzinho (Brésil) et Alcide Ghiggia (Uruguay) sont les seuls joueurs à avoir marqué un but dans chaque match de phase finale auquel ils ont participé. Jairzinho a marqué 7 buts en 6 matches en 1970, et Ghiggia 4 buts en 4 matches en 1950.
Le Britannique Geoff Hurst (né le 8 décembre 1941) a marqué 3 buts contre la RFA lors de la finale, le 30 juillet 1966.
Trois joueurs ont marqué des buts lors de 2 finales : le Brésilien Vava en 1958 et 1962, Pelé en 1958 et 1970, et l'Allemand de l'Ouest Paul Breitner, en 1974 et 1982.

Les scores les plus élevés ■ La Nouvelle-Zélande a battu Fidji 13 à 0 lors des qualifications, le 15 août 1981, à Auckland.
Le plus haut score lors de la phase finale a été de 10 à 1, par la Hongrie contre le Salvador, à Elche, Espagne, le 15 juin 1982.
Le plus grand nombre de buts en phase finale, 12, a été marqué en 1954, lorsque l'Autriche a battu la Suisse 7 à 5.

But éclair

Il a été inscrit 27 secondes après le coup d'envoi par l'Anglais Brian Robson (né le 11 janvier 1957) contre la France, à Bilbao, Espagne, le 16 juin 1982.
Un seul joueur a marqué 3 buts dans une finale de Coupe du monde. Il s'agit de l'Anglais Geoff Hurst au cours de la finale 1966, gagnée par l'Angleterre sur son terrain, à Wembley, aux dépens de l'Allemagne, 4 buts à 2.

La meilleure attaque ■ La RFA a inscrit 25 buts en 6 matches, soit une moyenne de 4,17 buts par match, lors de la phase finale en 1954.

La meilleure défense ■ L'Italie n'a concédé que 2 buts en 7 matches pendant la phase finale de 1990. En ne concédant aucun but pendant 5 matches, avant d'en encaisser un à la 68ᵉ minute du sixième, en 1990, le gardien de but italien Walter Zenga a battu le record d'invincibilité en phase finale, avec 518 mn.

Championnat d'Europe des nations

Il a lieu tous les 4 ans depuis 1960. La RFA est le seul pays à l'avoir remporté 2 fois, en 1972 et 1980. Elle a perdu en finale contre la Tchécoslovaquie en 1976.
La France a remporté le trophée en 1984, à domicile, et le titre « Espoirs » en 1988.
Le Français Raymond Kopa joua une finale de Coupe d'Europe avec l'équipe de Reims, en 1956, avant d'en disputer une autre, 3 ans plus tard, contre... Reims. Il perdit la première et gagna la deuxième, ces deux finales ayant opposé Reims au Real Madrid.

Équipe de France

La plus large victoire ■ 8-0 (contre le Luxembourg le 20 avril 1913 et le 17 décembre 1953, contre l'Islande le 2 juin 1957).
A l'extérieur, 7-0 (contre Chypre le 11 octobre 1980)

La plus large défaite ■ 1-17 (contre le Danemark le 22 octobre 1908 à Londres).
A domicile, 0-15 (contre l'Angleterre amateurs le 1ᵉʳ novembre 1906).

Le but le plus rapide ■ C'est Bernard Lacombe qui, le 2 juin 1978, a marqué contre l'Italie un but 37 s après le coup d'envoi.

Le joueur *Le moins de temps sur le terrain* ■ Bernard Boissier n'a joué que 2 mn contre le Portugal, le 26 avril 1975, en remplacement de Jean-François Jodar.

Le plus expulsé ■ C'est Yvon le Roux qui détient le record de 2 expulsions sous le maillot de l'équipe de France : le 27 juin 1984, à la 85e minute du match France-Espagne, puis le 16 novembre 1985, à la 84e minute de la rencontre France-Yougoslavie.

Le plus de joueurs sélectionnés d'un même club ■ C'est Saint-Étienne qui a fourni le plus grand nombre de sélectionnés avec 488 sélections au total.

Pour le même match ■ Lors de la rencontre Pologne-France, le 14 août 1991, 8 joueurs sélectionnés faisaient partie du club marseillais, l'OM : Amoros, Angloma, Boli, Casoni, Deschamps, Durand, Papin et Sauzée. Ils ont joué ensemble de la 46e à la 53e minute.

Coupe d'Afrique des nations

Le Ghana a remporté 4 titres, en 1963, 1965, 1978 et 1982, depuis la création de l'épreuve, en 1957.

Jeux Olympiques

La Hongrie a remporté 3 titres olympiques, en 1952, 1964 et 1968. La France a obtenu la médaille d'or en 1984.

Compétitions internationales par clubs

Championnat du monde des clubs ■ Cette compétition, créée en 1960, oppose les vainqueurs de la Coupe d'Europe des clubs champions à ceux de la Copa Libertadores, son équivalent en Amérique du Sud. Le club uruguayen de Peñarol Montevideo l'a remportée 3 fois, en 1961, 1966 et 1982.

Coupes d'Europe ■ Depuis 1956, 100 Coupes d'Europe ont été disputées (trois compétitions, voir ci-dessous). Le Real Madrid a remporté le plus grand nombre de victoires : 8 au total (6 Coupes d'Europe des clubs champions et 2 Coupes de l'UEFA), devant Barcelone, Liverpool et Milan AC, 6 victoires au total pour chacun.
Le Real Madrid a également disputé le plus grand nombre de finales : 13 au total, devant Barcelone (11), Liverpool (8) et Milan AC (8).
Par pays, c'est l'Angleterre qui a remporté le plus grand nombre de Coupes d'Europe : 23 au total, devant l'Espagne (19) et l'Italie (17). C'est l'Espagne qui a eu le plus grand nombre de finalistes : 36 au total, devant l'Angleterre (35) et l'Italie (31).
3 clubs ont gagné les 3 Coupes d'Europe. Il s'agit de la Juventus de Turin, du FC Barcelone et de l'Ajax Amsterdam. L'Ajax et le FC Barcelone ont accédé à ce palmarès en mai 1992, l'Ajax en gagnant la Coupe de l'UEFA et Barcelone en remportant la Coupe des champions face à la Sampdoria de Gênes.

Coupe d'Europe des clubs champions ■ Le Real Madrid l'a remportée 6 fois, de 1956 (année de la création) à 1960 et en 1966. Le plus haut score en finale a été de 7 à 3, lors du match Real Madrid-Eintracht Francfort, à Glasgow, le 18 mai 1960.
Le joueur du Real Francisco Gento (né le 21 octobre 1933) a remporté également 6 titres.

Coupe d'Europe des vainqueurs de Coupe ■ La première finale a eu lieu en 1961. Barcelone a remporté l'épreuve 3 fois, en 1979, 1982 et 1989.

Coupe de l'UEFA ■ Créée en 1958, elle a été remportée 3 fois par Barcelone, en 1958, 1960 et 1966.

Grand chelem ■ En 1990, pour la première fois, un pays, l'Italie, a remporté les 3 épreuves européennes, avec Milan AC en Coupe des clubs champions, la Sampdoria de Gênes en Coupe des Coupes et la Juventus de Turin en Coupe de l'UEFA.
Seuls 3 clubs ont remporté la même année la Coupe d'Europe des clubs champions, le championnat et la Coupe de leur pays : le Celtic de Glasgow (Écosse) en 1967, l'Ajax d'Amsterdam (Pays-Bas) en 1972 et le PSV Eindhoven (Pays-Bas) en 1988.

Français ■ Raymond Kopa (né le 13 octobre 1931) a remporté la Coupe des clubs champions 3 fois, en 1957, 1958 et 1959, avec le Real Madrid.
Michel Platini (né le 21 juin 1955) a gagné cette compétition avec la Juventus de Turin en 1985 et la Coupe des Coupes avec le même club en 1984.
Aucun club français n'a remporté une Coupe européenne. Reims a été finaliste en 1956 et 1959, Saint-Étienne en 1976 et Marseille en 1991 de la Coupe des clubs champions, Bastia en 1979 de la Coupe de l'UEFA.

Coupe d'Afrique des clubs champions ■ Le club zaïrois d'Englebert, en 1967 et 1968, et le club camerounais du Canon de Yaoundé, en 1971 et 1978, ont gagné 2 titres.

Compétitions nationales par clubs

Le plus grand nombre de titres en championnat ■ Le CSKA Sofia a remporté 26 titres de champion de Bulgarie depuis 1946, dont 2 sous son nouveau nom de Sredets. Il est l'un des 3 clubs ayant conquis 9 titres consécutivement (1954-1962), avec le Celtic de Glasgow (1966-1974) et le MTK Budapest (1917-1925).

France ■ L'AS Saint-Étienne a gagné 10 titres de champion de 1re division (championnat créé en 1933), en 1957, 1964, entre 1967 et 1970, entre 1974 et 1976 et en 1981.
Hervé Revelli (né le 5 mai 1946) et Jean-Michel Larqué (né le 8 septembre 1947) ont remporté 7 de ces titres.
Albert Batteux (né le 2 juillet 1919) et Robert Herbin (né le 30 mars 1939) ont gagné 9 titres comme joueurs puis comme

◁ *Michel Platini, né le 21 juin 1955, a été 3 fois ballon d'or, (meilleur joueur européen) et le meilleur buteur de l'équipe de France, avec un total de 41 buts. Il a été 72 fois sélectionné en équipe de France (ce n'est pas le record actuellement détenu par Amoros), dont 49 fois comme capitaine.*

Intervention du cheik
■ A la Coupe du monde 1982, lors de France-Koweït, se déroula un incident unique dans les annales : descendant de la tribune officielle, le frère de l'émir du Koweït fit annuler un but de Giresse pourtant parfaitement valable. C'est en raison d'un coup de sifflet venu d'un spectateur que le cheik Fahid Al-Ahmad Al-Sabah obtint l'annulation de ce but. A 10 mn de la fin du match, la France menait alors 3 buts à 1 et elle allait finalement l'emporter 4 buts à 1.

Ages extrêmes ■ William Meredith (1874-1958) a joué pour le pays de Galles, contre l'Angleterre, à 45 ans et 229 jours, le 15 mars 1920, à Londres. L'Irlandais du Nord Norman Witheside a joué un match international à 17 ans et 42 jours.

***France* ■** Marian Wisniewski (né le 1er avril 1937) a joué à Colombes, le 3 avril 1955, contre la Suède, à l'âge de 18 ans et 2 jours. Larbi Ben Barek avait 40 ans et 5 mois lors de sa sélection contre la RFA, le 16 octobre 1954.

△ L'Allemand Franz Beckenbauer brandit la Coupe du monde, après la victoire de l'Allemagne sur la Hollande en 1974. En 1990 quand l'Allemagne a battu l'Argentine 1 à 0, il devint.le 1er entraîneur à devenir champion du monde après l'avoir déjà été en tant que joueur.

PAPIN L'INFAILLIBLE

A l'issue du championnat de France 1991-1992, le Marseillais Jean-Pierre Papin a établi un record historique en terminant meilleur buteur pour la 5e fois consécutive. Avec 27 buts marqués, Papin a largement devancé le Messin François Calderaro, 2e avec 19 buts. Deux autres avant-centre avaient également été, dans le passé, 5 fois meilleur buteur du championnat. Il s'agit des Argentins Carlos Bianchi et Delio Onnis mais ils avaient interrompu mutuellement leurs séries, ce qui les avait empêchés d'aligner leurs titres à la suite.

entraîneurs, respectivement de Reims et de Saint-Étienne.
Paris-Saint-Germain est resté invaincu durant 26 matches, entre le 16 juillet 1985 et le 22 janvier 1986, en championnat. Nantes n'a pas été battu chez lui en championnat pendant 92 matches, disputés entre 1976 et 1981.
C'est l'Olympique de Marseille qui détient le plus petit nombre de défaites dans un championnat de France. En 1991-1992, les Marseillais n'ont été battus que 3 fois et par 2 équipes seulement. Toulon, en effet, a battu l'OM à l'aller et au retour et Lens, sur son terrain, a également battu les champions de France.

Le plus grand nombre de buts ■ Dudu Georgescu, du Dinamo Bucarest, a inscrit 47 buts pour son club en championnat de Roumanie, en 1974-1975.

***France* ■** Le meilleur buteur de l'histoire du championnat de France est le Yougoslave Josip Skoblar (né le 11 mars 1941), qui a marqué 44 buts en 1970-1971 pour l'Olympique de Marseille.
Le meilleur buteur français du championnat fut le Nantais Philippe Gondet (né le 17 mai 1942), qui marqua 36 buts en 1965-1966.

Le plus rapide ■ Le but le plus rapide dans toute l'histoire du championnat de France a été inscrit lors de la saison 1991-1992. Lors du match entre Caen et Cannes, le joueur de Caen Michel Rio a marqué après 8 s de jeu. Auparavant, seuls 2 de ses partenaires avaient touché le ballon.

Le plus grand nombre de victoires en Coupe ■ Le Celtic de Glasgow a remporté 29 fois la Coupe d'Écosse entre 1892 et 1989.

***France* ■** L'Olympique de Marseille a gagné 10 Coupes de France (épreuve créée en 1918), en 1924, 1926, 1927, 1935, 1938, 1943, 1969, 1972, 1976 et 1989. Marceau Sommerlinck (né en 1922), avec Lille, et Dominique Bathenay (né le 13 février 1954), avec Saint-Étienne puis Paris-Saint-Germain, ont gagné 5 Coupes. Saint-Étienne a réussi 4 doublés Coupe-championnat. Le Havre a gagné la Coupe en 1959 alors qu'il jouait en 2e division.

Le plus régulier ■ C'est l'Olympique de Marseille qui a une nouvelle fois été sacré champion de France à l'issue de la saison 1991-1992. Ce titre permet aux Marseillais d'égaler le record de l'AS Saint-Etienne avec 4 victoires consécutives dans le championnat.

La plus lourde défaite ■ En 1985-1986, Bordeaux a concédé à Monaco la plus lourde défaite jamais subie par un champion de France en titre. Les Bordelais ont été battus 9 à 0.

La plus belle victoire ■ Le Havre Athlétic club, qui est le club français le plus ancien, fondé en 1872, est également le seul club à avoir gagné la coupe de France, en 1958-1959, alors qu'il évoluait en 2e division. Cette saison-là, l'équipe normande termina également en tête du classement de 2e division, accédant ainsi à la 1re.

Joueurs

Les plus longues carrières ■ L'Anglais Peter Leslie Shilton (né le 18 septembre 1949) a participé à plus de 1 300 matches, depuis 1966, comme gardien de but, dont 899 en 1re division.

***France* ■** Dominique Dropsy (né le 9 décembre 1951) a disputé son 596e match en 1re division lors de la saison 1988-1989, dans les buts de Bordeaux.

Le plus « capé » ■ Peter Shilton a été sélectionné 124 fois dans l'équipe d'Angleterre, jusqu'à la Coupe du monde 1990.

***France* ■** Manuel Amoros, né le 1er février 1962, a été sélectionné 81 fois, de 1981 à 1992, battant ainsi les records de Max Bossis sélectionné 76 fois en équipe de France entre 1976 et 1986 et de Michel Platini qui l'a été 72 fois, dont 49 fois comme capitaine, entre 1980 et 1987.

Ballon d'or ■ Seuls le Néerlandais Johann Cruyff (né le 25 avril 1947) et le Français Michel Platini ont reçu 3 fois cette distinction de meilleur footballeur européen, respectivement en 1971, 1973 et 1974, et en 1983, 1984 et 1985.
L'Espagnol Alfredo Di Stefano (né le 4 juillet 1926), ballon d'or en 1957 et 1959, a reçu, grâce à *France-Football* et à TF1, le « super-ballon d'or » le 24 décembre 1989.

L'entraîneur le mieux payé ■ Selon la presse espagnole, l'entraîneur néerlandais du FC Barcelone, Johann Cruyff, aurait touché 750 millions de pesetas pour ses deux saisons 1991 et 1992 au club, soit environ 56 000 F par jour.

Buts

Par équipes ■ En match international, l'Angleterre a battu l'Australie, le 30 juin 1951, par 17 à 0. La France a battu 2 fois le Luxembourg par 8 à 0, le 29 avril 1913 et le 17 décembre 1953 ; elle a également battu l'Islande par 8 à 0, le 2 juin 1957.

Le meilleur gardien

Le gardien de l'Atletico Madrid, Abel Resion, n'a pas encaissé de but pendant 1 275 mn au cours de la saison 1990-1991, en compétition officielle. L'Italien Dino Zoff n'a pas encaissé de but durant 1 142 mn en match international, de septembre 1972 à juin 1974.

***France* ■ Le gardien d'Auxerre, Bruno Martini, n'a pas pris de but pendant 835 mn durant la saison 1987-1988. En 1991-1992, le record d'invincibilité pour un gardien de but dans le championnat de France appartient à Claude Barrabé. Le gardien de Montpellier est resté invaincu pendant 744 mn, soit un peu plus de 8 matches.**

Les meilleurs buteurs ■ Le 13 décembre 1942, le Français Stéphane Stanis (né Stanikowski, en Pologne, le 15 juillet 1913) a marqué 16 buts dans le match de Coupe de France qui opposait son club, le Racing-Club de Lens, à Aubry-Asturies.
2 joueurs ont marqué 10 buts lors d'un match international : le Danois Sofus Nielsen (1888-1963), lors du match Danemark-France (17 à 1) des jeux Olympiques de 1908, et l'Allemand Gottfried Fuchs (1889-1972), lors d'un match de consolation du tournoi olympique de 1912 qui opposait l'Allemagne à la Russie (16 à 0) en Suède.

En équipe de France ■ Thadée Cisowski (né le 16 février 1927) a inscrit 5 buts contre la Belgique le 11 novembre 1956, à Colombes.
C'est Michel Platini qui a marqué le plus grand nombre de buts au total (41), devant Just Fontaine (27) et Jean Pierre Papin (22).

En une carrière ■ Le Brésilien Arthur Friedenreich (1892-1969) aurait inscrit 1 329 buts en 43 ans de carrière.
Le Brésilien Pelé a marqué 1 216 buts en 1 254 matches, entre le 7 septembre 1956 et le 2 octobre 1974. Lors de sa meilleure saison, 1959, il a marqué 126 buts. Il a inscrit son millième but sur penalty, le 19 novembre 1969, pour son club, Santos, au stade Maracana de Rio de Janeiro, lors de son 909e match de 1re division. Pelé a joué ensuite pour le New York Cosmos et s'est retiré le 1er octobre 1977 avec 1 281 buts et 1 363 matches à son actif.
Franz « Bimbo » Binder (né le 1er décembre 1909) a marqué 1 006 buts en 756 matches pour l'Autriche et l'Allemagne entre 1930 et 1950.

Spectateurs

Les plus grosses affluences pour un match ■ 205 000 spectateurs (dont 199 854 payants) ont assisté, le 16 juillet 1950, au match de Coupe du monde Brésil-Uruguay, au stade Maracana de Rio de Janeiro.
Le record pour un match de Coupe d'Europe est de 136 505 spectateurs, le 15 avril 1970, lors de la demi-finale Celtic de Glasgow-Leeds United, à Glasgow, Écosse.

France ■ Plus de 63 000 spectateurs ont assisté à la finale de la Coupe d'Europe des clubs champions, Ajax Amsterdam-Benfica Lisbonne, le 5 mars 1969, à Colombes. En tête des affluences du championnat 1991-1992, on retrouve l'Olympique de Marseille pour la 4e année consécutive. Les champions de France ont attiré au stade Vélodrome 550 920 spectateurs en 19 rencontres, soit une moyenne de 28 995 par match.

Divers

Le match le plus long ■ Le match Santos (Brésil)-Peñarol Montevideo (Uruguay) a duré 3 h 30 mn (y compris les interruptions), les 2 et 3 août 1962. Il s'est terminé par le score nul de 3 à 3.
Le record de spectateurs pour un match du championnat de France a été battu le 15 février 1992, à l'occasion du match entre Lens et Marseille, comptant pour la 29e journée. Il y avait 48 912 spectateurs payants au stade Félix-Bollaert.

Jonglage ■ Le Kenyan Allan Abuto Nyanjong a jonglé durant 16 h 27 mn 52 s avec les pieds, les jambes et la tête, sans que la balle touche le sol, à Arlington, Virginie, EU, le 16 janvier 1988. Il a réussi à jongler avec la tête et le buste durant 5 h 30 mn, à Ceilo Vista, Texas, EU, le 17 avril 1990.
Le Polonais Janusz Chomontek a parcouru 30 km en 8 h 25 mn 20 s en jonglant, le 19 septembre 1987.

France ■ Flavio Masucci (né en 1975), de Longwy-Haut, Meurthe-et-Moselle, a effectué 36 800 touches de balle avec le pied en 4 h 10 mn et 155 frappes de la tête en 1 mn, le 25 novembre 1989.

Les plus gros transferts ■ Le 18 mai 1990, la Juventus de Turin, Italie, a déboursé 16 000 millions de lires (environ 80 millions de F) pour acheter à la Fiorentina l'attaquant Roberto Baggio (né le 18 février 1966).
En 1984, le club de Naples, Italie, avait déboursé 15 895 millions de lires pour acheter à Barcelone l'Argentin Diego Maradona (né le 30 octobre 1960).

France ■ L'Olympique de Marseille a acheté le Yougoslave Dragan Stojkovic pour 49 millions de F en 1990.

Carton rouge ■ Luis Fernandez est le joueur qui détient le record du plus grand nombre d'expulsions au cours d'une même saison. En 1991-1992, sous le maillot de l'AS Cannes, les arbitres lui adressèrent un carton rouge à 5 reprises, 3 fois en championnat, 2 fois en Coupe de France.

◁ Abel Resion, gardien de but de l'Atletico de Madrid, n'a encaissé aucun but pendant les 14 premiers matches de la saison 1990-1991. Le premier but marqué contre lui l'a été le 17 mars 1991, à la 17e minute du 15e match.

▷ *L'Open des États-Unis a été remporté en 1986 par Raymond Floyd, né le 4 septembre 1942, à l'âge de 43 ans et 284 jours.*

Ryder Cup ■ Disputée tous les deux ans, la Ryder Cup, créée en 1927, est un tournoi qui oppose les professionnels américains et européens. Les États-Unis mènent par 21 victoires à 5 (et un nul).

Le trou le plus long ■ Le trou n° 7 du parcours de Sano, au Japon, mesure 831 m.

△ *Dans la seule saison 1986, l'Américaine Pat Bradley, née le 24 mars 1951, a gagné en compétition la somme record de 492 021 $, soit 2,5 millions de F.*

Golf

Origines ■ Bien qu'un vitrail de la cathédrale de Gloucester, GB, comporte une figurine ressemblant à un golfeur, la première trace du golf apparaît dans une loi de mars 1457 du Parlement écossais, le décrivant comme « particulièrement honteux et ne devant pas être pratiqué ». Les Romains pratiquaient un jeu dénommé *paganica*, qu'ils auraient pu exporter en Grande-Bretagne dans les années 400. Selon l'association de golf de Taiwan, ce jeu a pour origine le *ch'ui whan*, jeu de balle pratiqué au IIIe ou au IIe siècle av J.-C. Des ordonnances officielles interdirent en 1360, aux Pays-Bas, tout jeu de balle se pratiquant avec un club. Les balles en caoutchouc furent inventées en 1899 par l'Américain Coburn Haskell et succédèrent aux balles en cuir. Les manches de club en acier ont été autorisés en 1925 aux États-Unis et en 1929 en Grande-Bretagne.

Le parcours le plus haut ■ Le golf de Tuctu, à Morococha, Pérou, est situé à 4 370 m d'altitude en son point le plus bas. On a déjà joué au golf à une altitude de 4 875 m, au Tibet.

Le green le plus grand ■ C'est probablement celui du trou n° 5, un « par » 6, de l'International Golf Club de Bolton, Massachusetts, EU. Il mesure 635 m de long et 2 600 m^2 de surface.

Le plus grand bunker ■ C'est celui du 7e trou du parcours de Pine Valley, New Jersey, EU.

Le parcours le plus long ■ Le parcours de l'International Golf Club de Bolton (voir ci-dessus), qui a un « par » 77, mesure 7 610 m de long.
L'Américain Floyd Satterlee Rood a utilisé tous les États-Unis comme parcours, en jouant du Pacifique à l'Atlantique, du 14 septembre 1963 au 3 octobre 1964. Il a joué 114 737 coups et perdu 3 511 balles sur les 5 468 km du parcours.

Les meilleurs scores *Sur 72 trous* ■ David Llewellyn a réalisé le score de 258 (64 + 69 + 60 + 65) à l'Open de Biarritz 1988. Ian Woosnam a réalisé le même score (66 + 67 + 65 + 60) à l'Open de Monte-Carlo 1990.

***Sur 18 trous Hommes* ■** Au moins 4 joueurs ont réussi un parcours de plus de 6 000 m en 58 coups, le plus récent étant l'Américain Monte Carlo Money (né le 3 décembre 1954) sur le parcours de 6 041 m (« par » 72), du Golf Club municipal de Las Vegas, Nevada, EU, 1981.

***Femmes* ■** Le record est de 62 (30 + 32), réalisé par l'Américaine Mary Kathryn Wright (née le 14 février 1935), en novembre 1964, sur le parcours de Hogan Park (5 747 m, « par » 71), à Midland, Texas, EU.

Championnats de France ■ 12 titres ont été remportés par Jean Garaïalde (né le 20 octobre 1934) entre 1968 et 1985, chez les professionnels.

Tournois majeurs

Open britannique *Un parcours* ■ Le score record de 63 a été réalisé par l'Américain Mark Stephen Hayes (né le 12 juillet 1949), à Turnberry, le 7 juillet 1977 ; par le Japonais Isao Aoki (né le 31 août 1942), à Muirfield, le 19 juillet 1980 ; par l'Australien Greg (Gregory John) Norman (né le 10 février 1955), à Turnberry, le 18 juillet 1986 ; et par l'Anglais Paul Broadhurst (né le 14 août 1965), à Saint Andrews, le 21 juillet 1990.

***Score total* ■** 268 (68, 70, 65, 65), par l'Américain Thomas Watson (né le 4 septembre 1949), à Turnberry, en juillet 1977.

Open des États-Unis *Un parcours* ■ 63, par l'Américain Johnny Miller (né le 29 avril 1947) sur le parcours de 6 328 m, « par » 71, de Oakmont, Pennsylvanie, le 17 juin 1973 ; par les Américains Jack Nicklaus (né le 21 janvier 1940) et Tom Weiskopf (né le 9 novembre 1942), le 12 juin 1980.

***Score total* ■** 272 (63, 71, 70, 68), par Jack Nicklaus sur le parcours de 6414 m de Baltusrol, du 12 au 15 juin 1980. Nicklaus a participé à 34 éditions de l'Open des États-Unis.

Masters américain *Un parcours* ■ 63, par Nicholas Leige Price (Zimbabwé, né le 28 janvier 1957) sur le parcours de 6 383 m de l'Augusta National, Georgie, en 1986.

***Score total* ■** 271 (67, 71, 64, 69), par Jack Nicklaus en 1965, et par Raymond Floyd (65, 66, 70, 70) en 1976.

Compétitions par équipes

Coupe du monde ■ La Coupe du monde (créée sous le nom de Coupe du Canada en 1953) a été remportée 17 fois par les États-Unis, entre 1955 et 1988. 2 joueurs ont fait partie 6 fois de l'équipe victorieuse : Arnold Palmer (né le 10 septembre 1929), en 1960, 1962, 1963, 1964, 1966 et 1967, et Jack Niklaus, en 1963, 1964, 1966, 1967, 1971 et 1973. Seul Nicklaus a remporté 3 fois le titre individuel, en 1963, 1964 et 1971.
Le meilleur score pour 144 trous est de 544, par l'équipe d'Australie — Bruce Devlin (né le 10 octobre 1937) et Anthony

◁ Le célèbre Lester Piggott a gagné au moins 2 fois chacune des grandes classiques anglaises. Il a gagné 9 fois le Derby d'Epsom. Il a remporté sa dernière victoire à l'âge de 56 ans, en 1992.

△ Yves Saint-Martin, qui gagna 184 courses en 1964, a reçu 15 cravaches d'or au cours de sa carrière.

France ■ Yves Saint-Martin (né le 8 septembre 1941) a reçu 15 cravaches d'or au cours de sa carrière, avec notamment 184 succès en 1964.

Les plus gros gains *En une carrière* ■ Laffit Pincay (né le 29 décembre 1946 à Panamá) a gagné 154 659 844 $ de 1966 à fin 1990.

En une saison ■ L'Américain José Santos a gagné 14 877 298 $ en 1988.

Entraîneurs

L'Américain Jack Van Berg a remporté 496 victoires en un an (en 1976) et 5 329 durant sa carrière, de 1955 au début de 1990.
Le Britannique Michael Dickinson a été le seul entraîneur à voir 5 de ses chevaux aux 5 premières places d'une course, la Cheltenham Gold Cup, en 1983 ; le 27 décembre 1982, il avait remporté 12 courses en un seul jour.

Propriétaires

En 35 ans de carrière jusqu'à sa mort, en 1971, l'Américain Marion Van Berg a remporté 4 775 courses.
En un an (en 1974), l'Américain Dan R. Lasater a remporté 494 courses.
L'Américain Ogden Phipps a gagné 5 858 168 $ en 1988.

Grandes épreuves

Prix d'Amérique ■ Cette course de trot a été gagnée 4 fois par Ourasi, en 1986, 1987, 1988 et 1990. Ourasi a battu, le 28 janvier 1990, le record de la piste de Vincennes, en 1' 15" 1, drivé par Jean-René Goujeon, avant de prendre sa retraite. Bellino II, Uranie et Roquépine ont gagné 3 fois l'épreuve, créée en 1920.

Steeple-chase de Paris ■ Le Grand Steeple de Paris a été remporté 3 fois de suite, de 1964 à 1966, par Hyères III.
Le jockey Jean Daumas l'a gagné 5 fois.

Prix de l'Arc de Triomphe

Sur les 2 400 m de la piste de Longchamp, le record appartient à Trampolino, en 1987, en 2' 26" 3.
L'épreuve, créée en 1920, a été remportée 4 fois par 4 jockeys : Jacques Doyasbère, Freddy Head, Yves Saint-Martin et, plus récemment, Pat Eddery, en 1980, 1985, 1986 et 1987.
Le propriétaire Marcel Boussac a gagné 6 fois entre 1936 et 1949.

Derby d'Epsom ■ Créée en 1780, cette épreuve a été gagnée 9 fois par le Britannique Lester Piggott, entre 1954 et 1983.

Hockey sur gazon

Origines ■ Une représentation de deux joueurs en position orthodoxe d'engagement, utilisant des bâtons de bois recourbés, a été trouvée dans la tombe n° 17, à Beni Hasan, Égypte. On la date de 2050 av. J.-C. Le jeu moderne a été développé en Angleterre dans les années 1870. La Fédération internationale de hockey a été fondée le 7 janvier 1924.

Titres olympiques ■ L'Inde a été 6 fois consécutivement championne olympique de 1928 à 1956, puis 2 fois encore en 1964 et 1980. Un tournoi féminin a été créé en 1980 (victoire du Zimbabwé). Les Pays-Bas l'ont remporté en 1984 et l'Australie en 1988.

Le score le plus élevé ■ L'Inde a battu les États-Unis par 24 à 1, à Los Angeles, Californie, EU, lors des Jeux de 1932. Chez les femmes, l'Angleterre a battu la France par 23 à 0, le 3 février 1923, à Londres.

Le plus grand nombre de sélections ■ L'Allemand de l'Ouest Heiner Dopp (né le 27 juin 1956) a représenté 283 fois son pays entre 1975 et 1990.
L'Anglaise Valerie Robinson a représenté 144 fois son pays de 1963 à 1984.

France ■ Bruno Delavenne compte 143 sélections nationales.

Les meilleurs buteurs ■ Le Néerlandais Paul Litjens (né le 9 novembre 1947) a marqué 267 buts en 177 matches internationaux.

Le but le plus rapide ■ Lors du match Angleterre-RFA, le 25 avril 1971, l'Anglais John French a marqué le premier but après 7 secondes de jeu.

Le meilleur gardien de but ■ L'Indien Richard James Allen (né le 4 juin 1902) n'a concédé aucun but durant tout le tournoi olympique de 1928, et seulement 3 lors des jeux Olympiques de 1936.

Le match le plus long ■ Il a fallu 2 h 25 mn (y compris 6 prolongations) aux Pays-Bas pour battre l'Espagne lors des jeux Olympiques de Mexico, le 25 octobre 1968.

Championnats de France ■ Lyon a gagné consécutivement 10 titres masculins entre 1968 et 1977 et un 11e en 1980. Chez les femmes, le record appartient au Stade français, avec 31 titres.

Judo *Les grades les plus élevés* ■ Les grades de judo sont divisés en kyu et en dan. Le plus haut grade est la très rare ceinture rouge, *judan*, qui n'a été décernée jusqu'ici qu'à 13 hommes. Il existe un 11e (*juichidan*) et un 12e dan (*junidan*), ainsi qu'un grade supérieur (*shinan*), qui n'ont jamais été attribués, excepté le 12e, décerné au père du judo, le Dr Jigoro Kano. 6 jukokas français sont titulaires du 8e dan.

Record des projections ■ Au cours d'un gala, le champion d'Europe des moins de 60 kg, Philippe Pradayrol, a réussi à soulever et projeter 218 adversaires (consentants) en 5 mn, ce qui représente une seconde et trois dixième par adversaire et, en tout, 15 210 kg.

Record de victoires pour un club ■ Orléans a remporté 5 victoires en Coupe d'Europe, en 1985, 1986, 1987, 1989 et 1990.

△ Championnats de France de judo à Coubertin.

Hockey sur glace

Origines ■ D'après certaines peintures, un jeu ressemblant au hockey sur glace était pratiqué aux Pays-Bas au début du XVIe siècle. Le jeu tel que nous le connaissons a probablement été pratiqué pour la première fois le 25 décembre 1855 à Kingston, Canada. La Fédération internationale de hockey sur glace a été fondée en 1908.

Jeux Olympiques et championnats du monde ■ Les premiers championnats du monde amateurs se sont tenus en 1920 à l'occasion des jeux Olympiques, qui ont été considérés comme championnats du monde jusqu'à 1968. Depuis 1977, ceux-ci sont aussi ouverts aux professionnels. L'URSS a remporté 22 fois le titre entre 1954 et 1990, y compris les titres olympiques de 1956, 1964 et 1968. L'URSS détient aussi le record de 7 titres olympiques, avec ses autres victoires de 1972, 1976, 1984 et 1988.
5 joueurs soviétiques ont remporté 3 médailles d'or : Vitali Davidov, Anatoli Firssov, Victor Kouzkine, Alexandre Raguline, en 1964, 1968 et 1972, et Vladislav Tretiak en 1972, 1976 et 1984.
Le Suisse Richard Torriani (1911-1988) a connu la plus longue carrière olympique, de 1928 à 1948.

Le plus grand nombre de buts ■ L'Australie a battu la Nouvelle-Zélande par 58 à 0 à Perth, Australie, le 15 mars 1987, établissant le record en match international.

Coupe Stanley ■ Créée en 1893, elle représente aujourd'hui le plus fameux trophée professionnel. Les Canadiens de Montréal l'ont remportée 23 fois entre 1916 et 1986. Henri Richard a remporté 11 victoires entre 1956 et 1973

Le but le plus rapide ■ Dans la NHL, ligue professionnelle nord-américaine, Joseph Antoine Claude Provost (né le 17 septembre 1933), des Canadiens de Montréal, a inscrit un but après 4 secondes de jeu en deuxième période contre les Boston Bruins, tout comme Denis Joseph Savard (né le 4 février 1961), pour les Chicago Black Hawks, face aux Hartford Whalers, le 12 janvier 1986.

Les meilleurs buteurs *En une carrière* ■ Gordon Howe (né le 31 mars 1928) a inscrit 1 071 buts lors de sa carrière nord-américaine, de 1946 à 1980.

En une saison ■ Wayne Gretzky (né le 26 janvier 1961) a inscrit 92 buts au cours de la saison 1981-1982 pour les Edmonton Oilers, dans la NHL.

En un match ■ Joe Malone, de Québec, a inscrit 7 buts contre Toronto, le 31 janvier 1920.

Championnat de France ■ Le Mont-Blanc n'a pas perdu un match sur 32 disputés lors de la saison 1986-1987. Le titre, créé en 1904, a été remporté 4 fois par Saint-Gervais dans les années 1980.

Meilleur joueur ■ Christophe Ville (27 ans) a remporté 3 fois le trophée Hassler du meilleur joueur, en 1983, 1984 et 1991.

Judo

Origines ■ Le judo est un sport de combat moderne issu de l'amalgame de plusieurs sports de combat japonais traditionnels, dont le plus connu est le jiu-jitsu, qui serait en fait lui-même d'origine chinoise. Le judo s'est réellement développé à partir de 1882, sous l'impulsion du Dr Jigoro Kano (1860-1938). La Fédération internationale de judo a été fondée en 1951.

Le plus grand nombre de titres *Mondiaux et olympiques* ■ Les championnats du monde masculins ont eu lieu pour la première fois à Tokyo en 1956, et les championnats du monde féminins en 1980 à New York.
Le Japonais Yasuhiro Yamashita (né le 1er juin 1957) a remporté 9 titres de champion du Japon consécutifs, de 1977 à 1985, et 4 titres mondiaux, en 1979, 1981 et 1983 dans la catégorie des plus de 95 kg, en 1981 en toutes catégories, plus 1 titre olympique en toutes catégories en 1984. Il s'est retiré invaincu, après 203 victoires successives, de 1977 à 1985.
2 autres judokas détiennent 4 titres mondiaux ou olympiques : le Néerlandais Wilhelm Ruska (né le 29 août 1940), champion du monde des plus de 95 kg en 1967 et 1971, champion olympique des plus de 95 kg et toutes catégories en 1972 ; le Japonais Shozo Fujii (né le 12 mai 1950), champion du monde des moins de 86 kg en 1971, 1973 et 1975, des moins de 78 kg en 1979.
2 judokas ont également obtenu 2 médailles d'or olympiques : l'Autrichien Peter Seisenbacher (né le 25 mars 1960) chez les moins de 86 kg, en 1984 et 1988 ; le Japonais Hitoshi Saito (né le 2 janvier 1961) chez les plus de 95 kg, en 1984 et 1988.
Chez les femmes, la Belge Ingrid Berghmans (née le 24 août 1961) a remporté 6 titres mondiaux : toutes catégories en 1980, 1982, 1984, 1986, et chez les moins de 72 kg en 1984 et 1989. Elle a aussi remporté 3 médailles d'argent et 1 de bronze. Elle a gagné également la compétition olympique des moins de 72 kg en 1988, année où le judo féminin fut introduit en tant que sport de démonstration.

Européens ■ Depuis la création des championnats d'Europe (1951 pour les hommes, 1975 pour les femmes), c'est la France qui a remporté le plus de titres : 114 au total (72 masculins et 42 féminins).
Anton Geesink (né aux Pays-Bas le 6 avril 1934) a obtenu 18 victoires individuelles entre 1953 et 1967.

Français ■ Fabien Canu (né le 23 mars 1960) est le seul double champion du monde français, avec ses titres en moins de 86 kg en 1987 et 1989. Il a également été 3 fois champion d'Europe, en 1987, 1988 et 1989.
Jean-Luc Rougé (né le 30 mai 1949) a remporté le premier titre mondial pour la France en 1975, en moins de 95 kg.
Thierry Rey (né le 1er juin 1959) a obtenu les 3 titres, olympique en 1980, mondial en 1979, européen en 1983, en moins de 60 kg puis en moins de 65 kg.
Angelo Parisi (né le 3 janvier 1953) a obtenu 4 médailles olympiques : bronze en 1972, or et argent en 1980, argent en 1984, en plus de 95 kg et en toutes catégories.
Chez les femmes, Brigitte Deydier (née le 12 novembre 1958) a gagné 3 titres mondiaux en 1982, 1984 et 1986, en moins de 66 kg.
Cathy Arnaud a été 2 fois championne du monde, en 1987 et 1989, et 4 fois championne d'Europe, de 1987 à 1990, en moins de 56 kg.
Jean de Herdt, Henri Courtine, André Bourreau et Jean-Luc Rougé ont remporté 4 titres européens individuels.
En championnat de France, le record est détenu par Roger Vachon (né le 29 août 1957), avec 13 victoires, suivi de Jean-Luc Rougé avec 12 victoires.

Karaté

Origines ■ Basé sur des techniques issues de la boxe de Shaolin (*kempo*), art martial chinois datant du VIe siècle, le karaté a été développé par le peuple désarmé d'Okinawa pour se défendre contre l'envahisseur japonais dans les années 1500. Importée au Japon en 1920 par Funakoshi Gichin, cette méthode de combat a été affinée pour devenir le karaté et être organisée selon des règles sportives.

Championnats du monde ■ La Grande-Bretagne a remporté 6 titres par équipes, en 1975, 1982, 1984, 1986, 1988 et 1990.
3 karatékas ont remporté 2 titres de champion du monde : le Britannique Pat McKay, en moins de 80 kg, en 1982 et 1984 ; les Français Emmanuel Pinda, en toutes catégories en 1984, et plus de 80 kg en 1988, et Thierry Masci, en moins de 70 kg en 1986 et 1988.
La Néerlandaise Guus Van Mourik a remporté 4 titres mondiaux en plus de 60 kg, en 1982, 1984, 1986 et 1988.
En kata, le Japonais Tsuguo Sakumoto a remporté 3 titres (en 1984, 1986 et 1988), tout comme sa compatriote Mie Nakayama (en 1982, 1984 et 1986).

Équipe ■ Le club de Paris, le SIK, est la seule équipe à avoir remporté 2 fois le championnat d'Europe des clubs : la première fois en 1987, puis en 1992.

Français

Sophie Berger a remporté 2 titres mondiaux en légers en 1982 et 1984.
Patrice Ruggiero a remporté 5 titres de champion d'Europe de 1980 à 1984 et 10 de champion de France en lourds et en toutes catégories.
Dans la catégorie des moins de 60 kg, Damien Dory a réussi à remporter 3 titres durant la saison 1991-1992 : 1 titre de champion de France, 1 titre de champion d'europe et les Internationaux de France. Il a été imité par Serge Tomao qui a remporté les mêmes titres chez les lourds.

mande de l'Est Kornelia Ender (née le 25 octobre 1958), 4 d'or (100 et 200 m nage libre, 100 m papillon et 4 x 100 m quatre nages en 1976) et 4 d'argent (200 m quatre nages et 4 x 100 m quatre nages en 1972, 4 x 100 m nage libre en 1972 et 1976) ; l'Américaine Shirley Babashoff (née le 3 janvier 1957), 2 d'or (4 x 100 m nage libre 1972 et 1976) et 6 d'argent (100 m nage libre 1972, 200 m nage libre 1972 et 1976, 400 et 800 m nage libre 1976 et 4 x 100 m quatre nages 1976).

A 2 MILLIÈMES

Les Américaines Nancy Hogshead (née le 17 avril 1962) et Carrie Steinseifer (née le 12 février 1968) ont remporté à égalité le 100 m nage libre féminin (en 55" 92) des Jeux de Los Angeles, le 29 juillet 1984.
En 1972, à Munich, Allemagne, lors du 400 m quatre nages, le Suédois Gunnar Larsson (né le 12 mai 1951) n'a devancé l'Américain Tim McKee (né le 14 mars 1953) que de 2 millièmes de seconde, soit à peine 3 mm. Depuis, les nageurs ne sont plus départagés qu'au centième de seconde.

Autres records

Le plus grand nombre de médailles mondiales ■ Le record absolu des championnats du monde (créés en 1973) est de 10 médailles, par Kornelia Ender : 8 d'or et 2 d'argent, en 1973 et 1975.
Le record masculin est de 9 médailles, par l'Allemand Michael Gross (né le 17 juin 1964) : 4 d'or, 3 d'argent et 2 de bronze, en 1982, 1986 et 1991.
Le record de médailles en une seule édition est de 7, par l'Américain Matt Biondi : 3 d'or, 1 d'argent, 3 de bronze, en 1986.
L'Américain Jim Montgomery (né le 24 janvier 1955) a remporté 6 médailles d'or en 1973 et 1975.

Français ■ Catherine Plewinski (née le 12 juillet 1968) a remporté 3 médailles aux championnats du monde 1991, à Perth, Australie : argent sur 50 m et 100 m nage libre, bronze sur 100 m papillon.

Le plus grand nombre de records du monde ■ Chez les hommes : 32, par le Suédois Arne Borg (1901-1987), de 1921 à 1929. Chez les femmes : 42, par la Danoise Ragnhild Hveger (née le 10 décembre 1920), de 1936 à 1942.
Dans les conditions modernes (sur des distances métriques en piscine de 50 m), chez les hommes : 26 par l'Américain Mark Spitz, de 1967 à 1972 ; chez les femmes : 23 par l'Allemande de l'Est Kornelia Ender, de 1973 à 1976.

Les nageurs les plus rapides ■ Dans une piscine de 25 m, le Suisse Dano Halsall a atteint la vitesse de 8,85 km/h, sur 50 m, à Londres, le 24 février 1989. Le record féminin est de 7,2 km/h, par la Chinoise Wenji Yang lors de son record du monde du 50 m, 24" 98, en 1988.
L'Américaine Anita Nall a battu le record du monde du 200 m brasse à 2 reprises lors de la même journée à l'occasion des épreuves préliminaires de sélection de l'équipe américaine au stade nautique de l'Indiana, le 15 mars 1992. Ainsi, en matinée, elle a parcouru la distance en 2' 25" 92 en série, et le soir en finale en 2' 25" 35.

Plongeons

Jeux Olympiques ■ L'Italien Klaus Dibiasi (né en Autriche le 6 octobre 1947) a remporté 5 médailles (3 d'or, 2 d'argent) lors des 4 Jeux de 1964 à 1976. Il est aussi le seul plongeur à avoir remporté la même épreuve (haut vol) lors de 3 Jeux successifs (1968, 1972, 1976).
2 plongeurs ont remporté le haut vol et le tremplin lors de 2 Jeux : l'Américaine Patricia McCormik (née le 12 mai 1930), en 1952 et 1956, et l'Américain Greg Louganis (né le 29 janvier 1960), en 1984 et 1988.

Championnats du monde ■ Greg Louganis a remporté 5 titres : haut vol en 1978, haut vol et tremplin en 1982 et 1986.
L'Américain Phil Boggs (né le 29 décembre 1949) a remporté 3 médailles d'or au tremplin, en 1973, 1975 et 1978.

Nage avec palmes

Origines ■ Les premières palmes efficaces furent mises au point par le Français de Corlieu en 1933. Les premières compétitions officielles furent organisées au début des années 60.
10 ans plus tard, l'utilisation de la fibre de verre permit la création de monopalmes ultra-performantes.

Les nageurs les plus rapides ■ En apnée, le Chinois Liu Quirong a réalisé 14" 99 sur 50 m, soit une vitesse de 12 km/h, alors que Tom Jager, recordman du monde du 50 m natation (en 21" 81), réalise une vitesse de 8,25 km/h.
Le Soviétique Sergueï Akhapov a réalisé 36" 49 sur 100 m (en surface), alors que le record du monde de Matt Biondi est de 48" 42.
La femme la plus rapide est la Chinoise Fu Xiayun, 41" 78 sur 100 m.

Les plus titrés ■ Le Soviétique Alexeï Joukov a obtenu 10 titres de champion du monde (6 en 1982 et 4 en 1990).

France ■ Anne Lanouzière a obtenu 100 titres de championne de France, de 1971 à 1987.

L'apnée la plus longue ■ Lors de son record du 100 m, en 1972, le Soviétique Vladimir Kogne a parcouru toute la distance sous l'eau (en 39" 8). Aujourd'hui, les règlements internationaux limitent l'apnée à 15 m par longueur de bassin (sauf pour l'épreuve du 50 m).

Traversée de la Manche

Le record officiel de l'Association de la traversée à la nage de la Manche (fondée en 1927) est de 7 h 40 mn, par l'Américain Penny Dean (né le 21 mars 1955), de Shakespeare Beach, Douvres, au cap Gris-Nez, le 29 juillet 1978.

Le record sur le trajet France-Angleterre est de 8 h 5 mn, par le Britannique Richard Davey (né le 23 juin 1965), en 1988.

▽ La Française Catherine Plewinski a remporté 3 médailles aux championnats du monde de 1991, à Perth, Australie : argent au 50 m et 100 m nage libre, et bronze au 100 m papillon.

▷ *Il existe 4 disciplines de parachutisme :*
- la voltige individuelle consiste à réaliser une série de rotations ;
- la voile contact permet d'effectuer des vols de groupes parachute ouvert, en s'accrochant au parachute d'un partenaire ;
- le vol relatif où 4 à 8 parachutistes réalisent en chute libre des figures imposées.
- la précision d'atterrissage où il faut venir toucher le « carreau »de 5 cm de diamètre.

Deltaplane ■ Les premiers championnats du monde ont vu le jour en 1978.
La Grande-Bretagne a remporté 4 victoires.

Parachutisme

Origines ■ Le parachutisme est devenu un sport de compétition avec la création, en 1951, des premiers championnats du monde. Un titre par équipes a été ajouté en 1954 et une compétition féminine en 1956.

Le plus grand nombre de titres mondiaux ■ L'URSS a remporté 7 titres masculins, en 1954, 1958, 1960, 1966, 1972, 1976 et 1980, et 6 titres féminins, en 1956, 1958, 1966, 1968, 1972 et 1976.
Le Soviétique Nikolaï Ouchaniev a remporté 2 titres individuels, en 1974 et 1980.

Précision ■ La Britannique Jacqueline Smith (née le 29 mars 1951) a atteint 10 fois le centre de la cible (un disque de 5 cm de diamètre) lors des championnats du monde 1978. Parmi les membres de l'équipe de l'armée américaine (les « Golden Knights »), Dwight Reynolds a réussi à atteindre 105 fois la cible de jour, et Bill Wenger et Phil Munden 43 fois de nuit, à Yuma, Arizona, EU, en mars 1978.
Le record officiel, mesuré électroniquement, est de 50 atterrissages au but, par le Soviétique Alexandre Aasmiaev, à Ferghana, URSS, en octobre 1979.
Le record masculin de nuit, réalisé sur une cible électronique, est de 27 atterrissages, par l'Américain Cliff Jones, en 1981.

Vol relatif ■ Une équipe féminine de 80 parachutistes (dont 23 Françaises) a battu le record du monde de grande formation en vol relatif, à Niort, Deux-Sèvres, le 10 juillet 1990.

Le parcours le plus long ■ Le Canadien Randy Haney a parcouru 321 km entre Canada et États-Unis, le 2 juin 1986.

Patinage sur glace

Origines ■ Les premières références au patin à glace dans la littérature scandinave datent du IIe siècle. L'Union internationale de patin à glace a été fondée à Scheveningen, Pays-Bas, en 1892.

Patinage artistique

Jeux Olympiques ■ Trois patineurs ont remporté 3 médailles d'or : le Suédois Gillis Grafström (1893-1938), en 1920, 1924 et 1928 (plus 1 médaille d'argent en 1932) ; la Norvégienne Sonja Henie (1912-1969), en 1928, 1932 et 1936 ; la Soviétique Irina Rodnina (née le 12 septembre 1949), en couple, avec 2 partenaires différents, en 1972, 1976 et 1980.

Français ■ Andrée Joly et Pierre Brunet ont remporté le titre olympique en couple en 1928 et 1932, et la médaille de bronze en 1924, plus 2 titres mondiaux, en 1926 et 1930.
Patrick Péra (né le 17 janvier 1949) a obtenu 2 médailles de bronze individuelles, en 1968 et 1972.

Championnats du monde ■ Le Suédois Ulrich Salchow (1877-1949) a remporté 10 titres de 1901 à 1905 et de 1907 à 1911. Sonja Henie a également remporté 10 titres, de 1927 à 1936.
La Soviétique Irina Rodnina a aussi remporté 10 titres en couple, 4 avec Alexeï Oulanov (né le 4 novembre 1947), de 1969 à 1972, et 6 avec son mari, Alexandre Zaïtsev (né le 16 juin 1952), de 1973 à 1978.
Le record de victoires en danse est de 6, par la Soviétique Ludmila Pakhomova (1946-1986) et son mari Alexandre Gorchkov (né le 8 octobre 1946), de 1970 à 1974 et en 1976.
L'Autrichien Karl Schafer (1909-1976), la Norvégienne Sonja Henie et l'Allemande de l'Est Katarina Witt (née le 3 décembre 1965) ont réussi 2 fois le triplé : titres aux jeux Olympiques et aux championnats du monde et d'Europe la même année.

Français ■ Alain Giletti (né le 11 septembre 1939) a gagné le titre mondial en 1960 et 5 championnats d'Europe entre 1955 et 1961.
Autres champions du monde : Alain Calmat (né le 31 août 1940) en 1965, Jacqueline du Bief (née le 4 décembre 1930) en 1952, Isabelle (née le 18 décembre 1963) et Paul Duchesnay (né le 31 juillet 1961) en danse en 1991.

Championnats d'Europe ■ Surya Bonaly (né le 15 décembre 1973) est devenue en 1991 la première Française à obtenir le titre européen.

Les meilleures notes ■ Les Britanniques Jayne Torvill et Christopher Dean ont reçu 29 fois la note maximale de 6 lors des championnats du monde de danse 1984. Ils avaient déjà été notés 9 fois 6 aux championnats du monde 1983 et aux jeux Olympiques 1984. Durant toute leur carrière, ils ont reçu 136 fois la note maximale de 6.

Sept fois six

Le record individuel est de 7 fois 6, par le Canadien Donald Jackson (né le 2 avril 1940), aux championnats du monde 1962, et par la Japonaise Midori Ito (née le 13 août 1969), aux championnats du monde 1989.

◁ *Monica Seles, qui en 1992 a remporté l'Open d'Australie puis le tournoi de Roland-Garros, a gagné en 1991 la somme record de 2 457 758 $.*

Après la guerre, le Suédois Björn Borg a remporté 6 finales en simples, un record, en 1974, 1975 et de 1978 à 1981.

Femmes ■ La Française Suzanne Lenglen (1899-1938) a remporté 19 titres : 6 en simple, 6 en double dames, 7 en double mixte, entre 1914 et 1926.
Après la guerre, Margaret Court a remporté 13 titres : 5 simples, 4 doubles dames, 4 doubles mixtes, entre 1962 et 1973.
L'Américaine Chris Evert (née le 21 décembre 1954) a remporté 7 simples, en 1974, 1975, 1979, 1980, 1983, 1985 et 1986.

LES DERNIERS VAINQUEURS FRANCAIS

Yannick Noah (né le 6 mai 1960) a gagné en 1983. Françoise Durr (née le 25 décembre 1942), en 1967.

Ages extrêmes ***Les plus jeunes*** ■ Les Américains Andrea Jaeger (née le 4 juin 1965) et Jimmy Arias (né le 16 août 1964) ont remporté le double mixte en 1981, aux âges respectifs de 15 ans et 339 jours et 16 ans et 296 jours.
Le plus jeune vainqueur en simple messieurs est l'Américain Michael Chang (né le 22 février 1972), à l'âge de 17 ans et 109 jours, en 1989.
La plus jeune gagnante en simple dames est la Yougoslave Monica Seles (née le 2 décembre 1973), à l'âge de 16 ans et 169 jours, en 1990.

Les plus âgés ■ La Britannique Elizabeth Ryan a gagné le double dames, avec la Française Simone Mathieu, en 1934 à l'âge de 42 ans et 88 jours.
L'Espagnol Andrés Gimeno a gagné le simple messieurs en 1972, à l'âge de 34 ans et 301 jours.

Internationaux de Grande-Bretagne

Le plus grand nombre de victoires ***Hommes*** ■ Le Britannique Hugh Laurence Doherty (1875-1919) a remporté 13 titres : 5 en simple (1902 à 1906) et 8 en double (1897 à 1901, 1903 à 1905) avec son frère Reginald Frank (1872-1910) pour partenaire.
Le record de victoires en simple depuis que le challenge round fut aboli, en 1922, appartient, avec 5 victoires consécutives, au Suédois Björn Borg, de 1976 à 1980.
Le Britannique William Renshaw (1861-1904) avait remporté 7 titres en simple de 1881 à 1886 et en 1889.

Femmes ■ L'Américaine Billie Jean King (née Moffit le 22 novembre 1943) a remporté 20 titres, entre 1961 et 1979 : 6 simples, 10 doubles dames et 4 doubles mixtes.
L'Américaine Elizabeth Montague Ryan (1892-1979) a remporté 19 doubles (12 dames, 7 mixtes), de 1914 à 1934.
En simple, le record est de 9 victoires, pour Martina Navratilova, en 1978, 1979, de 1982 à 1987 et en 1990.

Français ■ Trois joueurs ont remporté 2 fois le simple messieurs : Jean Borotra, en 1924 et 1926, René Lacoste, en 1925 et 1928, et Henri Cochet, en 1927 et 1929.
Jacques Brugnon (1895-1978) a remporté 4 titres en double messieurs, entre 1926 et 1933.

Ages extrêmes ***Les plus jeunes*** ■ Charlotte « Lottie » Dod (1871-1960) était âgée de 15 ans et 285 jours lorsqu'elle remporta le tournoi, en 1887.
L'Allemand Boris Becker (né le 22 novembre 1967) a remporté le simple messieurs, en 1985, à 17 ans et 227 jours.
Le plus jeune joueur à avoir remporté un match à Wimbledon a été l'Américaine Jennifer Capriati (née le 28 mars 1976), le 26 juin 1990, à l'âge de 14 ans et 89 jours.

Les plus âgés ■ L'Américaine Margaret Evelyn Du Pont était âgée de 44 ans et 125 jours lorsqu'elle remporta le double mixte en 1962, associée à l'Australien Neal Fraser.
Le Britannique Arthur Gore (1868-1928) était âgé de 41 ans et 182 jours lors de sa victoire en simple de 1909.
La gagnante la plus âgée en simple est la Britannique Charlotte Sterry, 37 ans et 282 jours en 1908.

Internationaux des États-Unis

Le plus grand nombre de victoires ■ Margaret Evelyn Du Pont a remporté 25 titres, entre 1941 et 1960 : 13 doubles (dont 12 avec Althea Louise Brough), 9 doubles mixtes et 3 simples dames.
Le record chez les hommes est de 16 victoires, pour l'Américain William (« Bill ») Tilden, dont 7 en simple messieurs (1920 à 1925, 1929), record qu'il partage avec Richard Dudley Sears (1861-1943), de 1881 à 1887 ; William A. Larned (1872-1926), en 1901, 1902, de 1907 à 1911 ; et, chez les femmes, avec Molla Mallory (1892-1959), en 1915, 1916, 1918, 1920 à 1922, 1926 ; Helen Moody, de 1923 à 1925, 1927 à 1929, 1931.

Français ■ René Lacoste a remporté 2 titres, en 1926 et 1927.

Les éliminations les plus précoces à Roland-Garros ■ En 1990, pour la première fois dans l'histoire des tournois du grand chelem de l'ère « open », les 2 premières têtes de série, le Suédois Stefan Edberg et l'Allemand de l'Ouest Boris Becker, ont été éliminées au 1er tour.

Le plus grand nombre de participations à Wimbledon ■ Arthur Gore a participé à 36 éditions, entre 1888 et 1927.

▷ L'Américain Pete Sampras est le plus jeune vainqueur en simple messieurs des Internationaux des États-Unis.

Trois surfaces ■ L'Américain Jimmy Connors (né le 2 septembre 1952) a remporté 5 fois le simple messieurs, sur les 3 surfaces : gazon, terre battue et surface rapide, entre 1974 et 1983.

Ages extrêmes ***Les plus jeunes*** **■** Vincent Richards (1903-1959) était seulement âgé de 15 ans et 139 jours lors de sa brillante victoire en double avec Bill Tilden, en 1918.
L'Américaine Tracy Ann Austin (née le 12 décembre 1962) était âgée de 16 ans et 271 jours lorsqu'elle remporta le simple dames en 1979.
Le plus jeune vainqueur en simple messieurs est l'Américain Pete Sampras (né le 12 août 1971), qui l'a emporté en 1990 à l'âge de 19 ans et 28 jours.

Les plus âgés **■** Margaret Du Pont a remporté le double mixte en 1960, à l'âge de 42 ans et 166 jours.
En 1911, William Larned remporta le simple messieurs, à l'âge de 38 ans et 242 jours.

Internationaux d'Australie

Le plus grand nombre de victoires ■ L'Australienne Margaret Court a remporté 11 titres en simple (de 1960 à 1966, de 1969 à 1971, en 1973), 8 en double dames et 2 en double mixte, soit 21 titres au total.
L'Australien Roy Emerson a remporté 6 titres en simple, en 1961 et de 1963 à 1967.
Thelma Dorothy Long (née Coyne le 30 mai 1918) a remporté 12 doubles dames et 4 doubles mixtes, soit un record de 16 victoires en double, entre 1936 et 1958.
Adrian Karl Quist (né le 4 août 1913) a remporté 10 doubles messieurs consécutifs, de 1936 à 1940 et de 1946 à 1950, dont les 8 derniers avec John Bromwich, et 3 simples (1936, 1940, 1948).

Français **■** Jean Borotra a gagné en simple en 1928, en double (avec Jacques Brugnon) et en double mixte (avec Miss D. Akhurst) la même année.

Ages et durées extrêmes ■ 22 ans ont séparé la première (1936) et la dernière victoire (1958) de Thelma Dorothy Long.
Kenneth Robert (« Ken ») Rosewall (né le 2 novembre 1934) a remporté le simple messieurs en 1953 puis, 19 ans après, en 1972, à l'âge de 37 ans et 62 jours, ce qui a fait de lui le plus âgé des vainqueurs du simple messieurs. Il a également gagné en 1955 et 1971.
Le plus âgé des champions a été Norman Everard Brookes (1877-1968), qui a remporté le double messieurs en 1924, à l'âge de 46 ans et 2 mois.
Les plus jeunes ont été Rodney W. Heath, qui a remporté le simple, en 1905, à l'âge de 17 ans, et, chez les femmes, la Yougoslave Monica Seles, qui a gagné le simple, en 1991, à l'âge de 17 ans et 55 jours.

Masters

Le Masters du Grand Prix, inauguré en 1970, s'est déroulé tous les ans à New York de 1977 à 1989, puis à Francfort, Allemagne, en 1990. Différentes formules ont été utilisées, regroupant de 8 à 16 joueurs.
Le Tchécoslovaque Ivan Lendl (né le 7 mars 1960) a participé à 9 finales consécutives, de 1980 à 1988, et l'a emporté 5 fois, en 1982, 1983, janvier et décembre 1986 et 1987.
L'Américain Jimmy Connors s'est qualifié 14 années de suite, de 1972 à 1985, puis encore en 1987 et 1988. Il l'a emporté en 1977.
Les Américains John McEnroe (né le 16 février 1959) et Peter Fleming (né le 21 janvier 1955) ont remporté 7 fois le Masters en double messieurs, de 1978 à 1984.

Français **■** Guy Forget, associé au Suisse Jakob Hlasek, a remporté le Masters de double 1990 (sous le nouveau nom de finale de l'ATP Tour).

Jeux Olympiques

Le tennis, sport olympique de 1896 à 1924, a été réadmis en 1988. Il avait été sport de démonstration en 1968 et 1984.
Le Français Max Decugis (1882-1978) a remporté 4 médailles d'or, 1 d'argent et 1 de bronze, de 1900 à 1920. La Britannique Kitty McKane (née le 7 mai 1897) a remporté 5 médailles (1 d'or, 2 d'argent et 2 de bronze), en 1920 et 1924.

Compétitions par équipes

Coupe Davis ■ Créée en 1900, la Coupe Davis a été remportée 29 fois par les États-Unis (dont la dernière en 1990) et 26 fois par l'Australie.
L'Australien Roy Emerson a fait 8 fois partie de l'équipe gagnante, de 1959 à 1962, et de 1964 à 1967.
L'Italien Nicolà Pietrangeli (né le 11 septembre 1933) a remporté 120 des 163 parties qu'il a disputées, de 1954 à 1972. Il a joué 109 simples (78 victoires) et 54 doubles (42 victoires).

▷ Yannick Noah et Guy Forget, lors de la Coupe Davis 1991 à Lyon, savourent leur victoire 3-1 contre les États-Unis.

Les jeux les plus longs

Le Rhodésien Anthony Fawcett et le Britannique Keith Glass ont disputé un jeu qui a compris 37 égalités et a duré 31 mn à Surbiton, GB, le 26 mai 1975.

La Française Noelle Van Lottum et la Néerlandaise Sandra Begijn ont joué un jeu de 52 mn lors de la demi-finale des championnats des Pays-Bas indoor, le 12 février 1984.

Le tie-break (« jeu décisif ») du 4e set du double opposant le Suédois Jan Gunnarsson et le Danois Michael Mortensen à l'Australien John Frawley et au Paraguayen Victor Pecci, à Wimbledon, le 1er juillet 1985, a été remporté par les premiers sur le score de 26 points à 24. Ils ont aussi gagné le match.

Un échange a duré 643 coups, entre Vicky Nelson et Jean Hepner, à Richmond, Virginie, EU, en octobre 1984. Nelson a finalement gagné par 6-4, 7-6 au bout de 6 h 22 mn. Le match s'est terminé par un tie-break de 1 h 47 mn, 13 à 11, dont un seul point a duré 29 mn.

Le record du point le plus long appartient à mesdemoiselles Marrot et Ricard qui se le sont disputé pendant 1 h 19 mn, tapant la balle 989 fois. C'était lors d'un tournoi français de qualification en 1971 et il s'agissait du 3e point du tie-break du 1er set.

France ■ Les 4 fameux « mousquetaires », Lacoste, Cochet, Borotra et Brugnon, ont remporté 6 Coupes Davis, de 1927 à 1932.
François Jauffret (né le 9 janvier 1942) a joué 100 matches entre 1964 et 1978.
Les Français ont battu les États-Unis le 2 décembre 1991, à Lyon : 59 ans près la victoire des mousquetaires, ils ont remporté la Coupe Davis. Guy Forget et Henri Leconte, entraînés par Yannick Noah, ont battu l'équipe américaine dont Agassi et Sampras faisaient parti.

Le match le plus long ■ L'Américain John McEnroe a finalement battu le Suédois Mats Wilander après 6 h 39 mn de jeu, le 12 juillet 1982, à Saint Louis, Missouri, EU, sur le score de 9-7, 6-2, 15-17, 3-6, 8-6.

Coupe de la Fédération ■ Créée en 1963, c'est l'équivalent, chez les femmes, de la Coupe Davis. Elle a été remportée 14 fois par les États-Unis. L'Américaine Chris Evert a remporté ses 29 simples, entre 1977 et 1986.

Autres records

Le plus grand nombre de tournois
Hommes ■ L'Américain Jimmy Connors a remporté 109 tournois professionnels entre 1972 et 1989.

Femmes ■ Les Américaines Chris Evert et Martina Navratilova ont remporté, respectivement, 157 et 156 tournois professionnels.

La plus longue carrière ■ Le Français Jean Borotra a disputé son 100e match à Wimbledon le 3 novembre 1985 (un double mixte vétérans) à l'âge de 87 ans. Il joua alors contre la Britannique Kitty Godfree (née le 7 mai 1896), elle-même âgée de 89 ans.

Les gains les plus élevés ■ Le Tchécoslovaque Ivan Lendl a gagné, durant la saison 1989, la somme record de 2 344 367 $ et, durant sa carrière, jusqu'à la fin de 1989, 15 626 336 $.
Le record en une saison chez les femmes appartient à Martina Navratilova, avec 2 173 556 $ (dont 1 million de $ de bonus pour ses victoires dans 4 tournois consécutifs du grand chelem) en 1984. Durant sa carrière, jusqu'à la fin de 1989, Martina Navratilova a gagné 15 343 814 $.

L'épreuve la mieux dotée ■ La Coupe du Grand Chelem, disputée à Munich, Allemagne, en décembre 1990, distribuait 6 millions de $ aux 16 participants, dont 2 millions de $ (environ 12 millions de F) au vainqueur ! Plusieurs joueurs se déclarèrent d'abord choqués par de telles sommes, mais la plupart participèrent, sauf Boris Becker, John McEnroe, André Agassi et Mats Wilander. Le vainqueur fut l'Américain Pete Sampras, qui a donné un huitième de ses gains (250 000 $) à une œuvre charitable.

Classement ATP ■ Depuis sa création, en 1973, le classement de l'Association des tennismen professionnels (ATP), établi chaque semaine, n'a eu que 9 numéros 1 : le Roumain Ilie Nastase, l'Australien John Newcombe l'Américain Jimmy Connors, le Suédois Björn Borg, l'Américain John McEnroe, le Tchécoslovaque Ivan Lendl, les Suédois Mats Wilander et Stefan Edberg et l'Allemand Boris Becker.
C'est Ivan Lendl (né le 7 mars 1960) qui a occupé le plus longtemps la 1re place, pendant 267 semaines, entre 1983 et 1990. Jimmy Connors le suit de près, avec 263 semaines en position de leader, entre 1974 et 1983.
C'est John McEnroe qui est parvenu le plus jeune à la place de numéro 1 : il avait 21 ans et 16 jours en mars 1980. McEnroe a occupé cette place pendant 164 semaines, entre 1980 et 1985.

Français ■ Depuis la création du classement ATP, 4 joueurs français ont occupé une place dans les 10 premiers. Le meilleur classement fut obtenu par Yannick Noah, 3e le 7 juillet 1986. Guy Forget fut 4e le 25 mars 1991 ; Henri Leconte, 5e le 22 septembre 1986 ; et Thierry Tulasne, 10e le 4 août 1986.

Femmes ■ Depuis sa création, en 1975, le classement des joueuses professionnelles n'a eu que 5 numéros 1 : les Américaines Christ Evert, Martina Navratilova et Tracy Austin, l'Allemande Steffi Graf et la Yougoslave Monica Seles.
Martina Navratilova a occupé le plus longtemps la 1re place, 296 semaines, entre 1978 et 1987. Elle est suivie par Christ Evert : 242 semaines entre 1975 et 1985.
C'est Monica Seles qui est parvenue la plus jeune à la place de numéro 1 : elle avait 17 ans et 4 mois le 11 mars 1991.

Victoires aux dates les plus éloignées ■ Arlette Halff, née le 16 avril 1908 à Paris, a obtenu 2 titres de championne de France à 45 ans d'intervalle, en février 1926 et super vétéran en 1971.

La plus jeune finaliste ■ Le 11 mars 1990, à Boca Raton, Californie, EU, l'Américaine Jennifer Capriati (née le 28 mars 1976) est devenue, à 13 ans et 11 mois, la plus jeune joueuse à parvenir en finale d'un tournoi professionnel. Elle avait dû recevoir une dispense, l'âge plancher pour participer à un tel tournoi étant de 14 ans. En juin 1990, elle devenait, à Roland-Garros, la plus jeune demi-finaliste d'un tournoi du grand chelem. Enfin, le 28 octobre 1990, elle gagnait son premier tournoi professionnel, à Porto-Rico, âgée de 14 ans et 7 mois.

SET D'OR

Le seul exemple de « set d'or » (gagner un set 6-0 sans concéder le moindre point, soit 24 points consécutifs) chez les professionnels a été réussi par l'Américain Bill Scanlon face au Brésilien Marcos Hocevar, le 22 février 1983, à Delray, Floride, EU.

Affluence ■ 30 472 personnes ont assisté, à l'Astrodome de Houston, Texas, EU, le 20 septembre 1973, à la victoire de l'Américaine Billie Jean King sur l'Américain Robert Larimore Riggs (né le 25 février 1918). Le record d'affluence pour un match est de 25 578 spectateurs, le premier jour de la finale de la Coupe Davis entre l'Australie et les États-Unis, le 27 décembre 1954, à Sydney, Australie.

Let ■ Le Roumain Ilie Nastase servit 3 lets successifs contre Rod Laver en finale du tournoi de Wembley en 1981. Record battu en 1974 à Wimbledon par Mark Farrel qui, lors du premier jeu d'un double mixte, servit 4 lets d'affilée.

La balle de service la plus rapide ■ En juin 1963, le service du Britannique Michael Sangster a officiellement été chronométré à 264,4 km/h.
Chez les dames, Jennifer Capriati (EU) a réussi un engagement mesuré à 173 km/h.

Le plus grand nombre d'aces ■ Au tournoi de Stuttgart en février 1992, le Croate Goran Ivanisevic a distribué 500 aces tout au long de la semaine. Mais c'est Kevin Curren (Afrique du Sud) qui détient le record d'aces en un seul match puisqu'il en a décoché 33 au total face à Jimmy Connors en 1983, à Wimbledon. Il a réussi 200 aces lors du tournoi de Wimbledon 1992, soit une moyenne de 30 aces par match.

Doubles fautes ■ Lors d'un match de Coupe Davis disputé contre l'Inde en 1984, Henri Leconte accumula 23 doubles fautes en l'espace de 4 sets. Il en collectionna 4 d'affilée au quatrième jeu du quatrième set, ce qui ne l'empêcha tout de même pas de l'emporter.

Les échanges les plus rapides en tennis de table ■ Les Suisses Thomas Busin et Stefan Renold ont réussi 172 échanges en 1 mn le 4 novembre 1989. Le record féminin est de 168 échanges, par les sœurs britanniques Lisa et Jackie Bellinger, le 14 juillet 1987.

Triathlon *Le plus grand nombre d'arrivants* ■ 3 888 concurrents ont terminé le triathlon de Chicago, Illinois, EU, en 1987. Ses distances étaient respectivement de 1,5 km, 40 km et 10 km.

▷ *Paula Newby-Fraser, Zimbabwe, sur ce document lors de l'édition 1991 de l'Ironman d'Hawaï. Elle a remporté 4 fois cette épreuve qui consiste à nager 3,8 km, à accomplir 180 km à vélo puis courir un marathon de 42,195 km.*

Tennis de table

Origines ■ La première trace d'un jeu ressemblant au tennis de table a été trouvée dans un catalogue britannique d'articles de sport datant des années 1880. En 1902 fut créée en Grande-Bretagne la Ping Pong Association, mais, après une période d'engouement, ce jeu disparut jusqu'en 1921. La Fédération internationale de tennis de table a été fondée en 1926. Le tennis de table a été reconnu comme discipline olympique en 1988.

Championnats du monde *Individuels* ■ Chez les hommes, le Hongrois Viktor Barna (1911-1972) a remporté 5 titres en simple (1930 et de 1932 à 1935) et 8 titres en double (de 1929 à 1935 et en 1939).
Chez les femmes, la Hongroise Maria Mednyanszki (1901-1979) a remporté 5 titres en simple, 7 en double et 6 en double mixte (soit un total record de 18), entre 1927 et 1935.
La Roumaine Angelica Rozeanu (née le 15 octobre 1921) a remporté 6 titres consécutifs en simple, de 1950 à 1955.

Par équipes ■ La Hongrie a remporté 12 titres masculins par équipes, de 1927 à 1931, de 1933 à 1935, en 1938, 1949, 1952 et 1979.
La Chine a remporté 9 titres féminins, en 1965 et 8 fois consécutivement de 1975 à 1989 (les championnats se disputent à présent tous les 2 ans).

Championnats d'Europe ■ Le Suédois Mikael Appelgren (né le 15 octobre 1961) a remporté 3 titres, en 1982, 1988 et 1990.
La Suède a remporté 11 titres par équipes, entre 1964 et 1992.

Français ■ Jacques Secrétin (né le 18 mars 1949) a remporté 42 titres de champion de France. Il a été champion du monde de double mixte en 1977, avec Claude Bergeret. Il a aussi été champion d'Europe en simple en 1976, en double (avec Patrick Birocheau) en 1980 et en double mixte (avec la Soviétique Valentina Popova) en 1984.
Aux championnats du monde 1991, à Chiba, Japon, l'équipe de France féminine a remporté une médaille de bronze, la première depuis 42 ans.

Tir

Origines ■ La Guilde de tir de Lucerne, Suisse, a été fondée en 1466, et la première compétition a eu lieu à Zurich, en 1472.

Médailles olympiques ■ L'Américain Carl Townsend Osburn (1884-1966) a remporté 11 médailles (5 d'or, 4 d'argent et 2 de bronze) en 1912, 1920 et 1924. 6 autres tireurs ont remporté 5 médailles d'or.

Pigeon d'argile ■ La Canadienne Susan Nattrass (née le 5 novembre 1950) a remporté 6 titres mondiaux, en 1974, 1975, 1977, 1978, 1979, 1981.

Le score maximal au pigeon d'argile, 200 sur 200, a été réussi, le 12 juin 1983, par Ricardo Ruiz Rumoroso, lors des championnats d'Espagne.

Français ■ Paul Colas a gagné 2 médailles d'or aux jeux Olympiques en 1912, 1 d'argent en 1924 et 1 de bronze en 1900, dans différentes spécialités.
Michel Carrega a remporté 4 championnats du monde à la fosse olympique, entre 1970 et 1979, plus 1 championnat d'Europe, en 1968. Il a été 8 fois champion de France, record depuis la création de la compétition (en 1884). Il a aussi remporté la médaille d'argent de ball-trap aux Jeux de 1972.
Jean-Pierre Amat (né le 13 juin 1962) a été champion du monde en 1989 et champion d'Europe en 1990 et 1991 à la carabine 10 mètres, avec 4,2 points d'avance, écart record, en 1991.

Tir à l'arc

Origines ■ Bien que l'on ait retrouvé en Espagne des fresques prouvant que les arcs existaient dès le mésolithique, le tir à l'arc en tant que sport organisé ne serait apparu qu'au IIIe siècle ap. J.-C. Les premières compétitions de tir à l'arc pourraient pourtant dater du XIIe siècle av. J.-C. La Fédération internationale de tir à l'arc (FITA) a été créée en 1931.

Jeux Olympiques ■ Le Belge Hubert Van Innis (1866-1961) a remporté 6 médailles d'or et 3 médailles d'argent entre 1900 et 1920.

Championnats du monde ■ Le Suédois Hans Deugten (1917-1989) a remporté 4 titres mondiaux, de 1947 à 1950.
La Polonaise Janina Spychajowa-Kurkowska (née le 8 février 1901) a remporté 7 titres mondiaux, de 1931 à 1934 et en 1936, 1939 et 1947.
Par équipes, les États-Unis ont remporté 14 titres chez les hommes et 8 chez les femmes.

Championnats de France ■ Nathalie Hibon a remporté 17 titres nationaux.

Records du monde ■ La Coréenne du Sud Kim Soo-nyung a détenu, fin 1989, tous les records du monde féminins, individuels et par équipes.

Trampoline

Origines ■ Le trampoline (du mot espagnol *trampolín*, tremplin) en tant que sport date de 1936, année où l'Américain George Nissen développa son prototype de modèle « T ».

Le plus grand nombre de titres ■ Les championnats du monde ont été créés en 1964. L'Américaine Judy Wills (née en 1948) a remporté 5 titres, de 1964 à 1968.
5 hommes ont 2 titres à leur actif, dont les Français Richard Tison (né le 17 août 1956), en 1974 et 1976, et Lionel Pioline (né le 10 août 1965), en 1984 et 1986.

Championnats de France ■ Véronique Bataillon-Richer (née le 22 décembre 1955) a remporté 7 titres, entre 1971 et 1979.
Jean-Michel Bataillon (né le 1er avril 1955) et Gilles Lebris (né le 14 mai 1955) ont gagné 4 titres chacun.

Triathlon

Le triathlon associe une longue distance à la nage, un parcours à vélo et une course à pied. Les distances de chaque épreuve peuvent varier.

La plus grande épreuve ■ Pour l'Ironman d'Hawaï (créé en 1978), les concurrents doivent nager 3,8 km, accomplir 180 km à vélo puis courir un vrai marathon de 42,195 km. Les records de cette course sont : chez les hommes, de 8 h 9' 16", par l'Américain Mark Allen ; chez les femmes, de 9 h 0' 13", par la Néo-Zélandaise Erin Baker, le 7 octobre 1989.
L'Américain Dave Scott a remporté 6 Ironman, en 1980, 1982, 1983, 1984, 1986 et 1987.

France ■ Le plus grand triathlon de France a lieu chaque année à Nice, Alpes-Maritimes, depuis 1982. Les distances sont de 4 km à la nage, 120 km à vélo et 32 km à pied. L'Américain Mark Allen l'a remporté 9 fois, de 1982 à 1986 et de 1989 à 1999.

◁ *Entre America III et Il Moro Di Venezia, lors de la Coupe de l'America de 1992, le plus petit écart à l'issue d'une des régates a été réalisé. En effet, le bateau italien a devancé l'américain de seulement 3 s.*

Voile

Vitesse ■ L'Américain Russel Long a battu son propre record du monde de vitesse à la voile (classe A), à la barre d'un trimaran, premier voilier à franchir les 40 nœuds, en atteignant 41,89 nœuds (74 km/h), le 16 avril 1992, aux Saintes-Maries-de-la-Mer.

Titres olympiques ■ Le Danois Paul B. Elvström (né le 24 février 1928) a remporté 4 médailles d'or en 4 Jeux successifs, dans la catégorie Firefly en 1948, et en finn en 1952, 1956, 1960, ainsi que 8 titres mondiaux dans 6 catégories différentes.

Français ■ Les 6 médailles d'or ont été obtenues par Amédée, Gaston et Jacques Thubé en 1912, Virginie Hériot en 1928, Jacques Lebrun en 1932, Serge Maury (en finn) en 1972, Jean-Yves le Droff et Nicolas Hénard (en tornado) et Tierry Péponnet et Luc Pillot (en 470) en 1988.
Serge Maury (né le 24 juillet 1946) a également remporté 5 titres français en finn entre 1969 et 1974, 2 titres européens et 1 titre mondial.

La course la plus longue

La Whitbread, course autour du monde, a lieu tous les 4 ans depuis août 1973. La longueur de l'édition 1989-1990 était de 32 000 milles nautiques (59 264 km) de Southampton, GB, à Southampton, avec étapes à Punta del Este (Uruguay), Fremantle (Australie), Auckland (Nouvelle-Zélande) et Punta del Este. Le record, obtenu par addition des temps d'étape lors de la précédente édition, en 1986 (26 180 milles nautiques, soit 48 485 km), a été établi par UBS Switzerland, skippé par le Suisse Pierre Fehlmann, en 117 jours 14 h 31 mn.

Courses en solitaire *Autour du monde* ■ En remportant la première édition du Vendée Globe Challenge, sur son voilier de 18 m *Écureuil d'Aquitaine*, le Français Titouan Lamazou (né en 1956) a battu le record de circumnavigation, en 109 jours 8 h 45 mn 50 s. Il avait quitté le 26 novembre 1989 Les Sables-d'Olonne, Vendée, qu'il a ralliés le 16 mars 1990, après une course sans escale.
Le premier tour du monde a été accompli entre 1895 et 1898 par l'Américain Joshua Slocum.
Le Français Alain Gerbault l'a effectué de 1923 à 1929, sur *Firecrest*.

La première femme ■ En terminant 6e du Boc Challenge 1991 (une course en 4 étapes, Newport-Le Cap-Sydney-Punta del Este-Newport, d'environ 50 000 km au total), la Française Isabelle Autissier (née le 28 octobre 1957) est devenue la première femme à boucler le tour du monde en solitaire et en course, sur *Écureuil-Poitou-Charentes*, en 139 jours 4 h 48 mn. L'épreuve a été remportée par le Français Christophe Auguin en 120 jours 22 h 36 mn.

Route du rhum ■ En remportant, le 18 novembre 1990, la quatrième édition de la Route du rhum, sur son trimaran *Pierre-Ier*, Florence Arthaud est devenue la première femme à remporter une course transatlantique. Elle a également battu le record de l'épreuve, en 14 jours 10 h 8 mn 21 s, entre Saint-Malo, Ille-et-Vilaine, et Pointe-à-Pitre, Guadeloupe. Elle a mis 5 h 49 mn de moins que Philippe Poupon en 1986.

Transatlantique ■ Le Français Éric Tabarly a gagné 2 fois la Transatlantique en solitaire (créée en 1960), en 1964 et 1976.
Le record appartient au Français Philippe Poupon, vainqueur en 1988 en 10 jours 9 h 15 mn.
Le record en monocoque a été battu à l'occasion de la Transat en solitaire, rebaptisée Europe 1 Star, en 1992. Yves Parlier a rejoint Plymouth à Newport en 14 jours 16 h et 1 mn à bord du *Cacolac d'Aquitaine*.

Traversée de l'Atlantique *Multicoque* ■ Le record de la traversée appartient au Français Serge Madec (né en 1956) et à ses 4 équipiers, sur le catamaran *Jet Services V*, en 6 jours 13 h 3 mn. L'équipe a parcouru 3 060 milles nautiques (6 440 km), du phare d'Ambrose, État de New York, EU, au cap Lizard, GB, du 2 au 9 juin 1990.
Bruno Peyron a battu le record de l'Atlantique en solitaire en 9 jours 9 h 22 mn sur *Pays de Loire-Commodore*, en arrivant le mardi 28 juillet 1992 à 0 h 15. Le record était précédemment détenu par Florence Arthaud qui, en août 1990, avait effectué ce même parcours en 9 jours 21 h 42 mn.

Monocoque ■ Le record de la traversée de l'Atlantique est détenu par le *Phocéa* de Bernard Tapie en 8 jours 3 h 39 mn, en juin-juillet 1988.

Coupe de l'America ■ Remportée par la goélette *America* le 22 août 1851, à Cowes, GB, elle devint ensuite l'enjeu d'une compétition proposée par le New York Yacht Club. Elle s'est disputée à

Courses d'océan ■ La course d'océan rassemblant le plus grand nombre de pays (avec 3 bateaux par pays) est l'Admiral's Cup : 19 pays y ont participé en 1975, 1977 et 1979. La Grande-Bretagne détient le record de 9 victoires.
La course d'océan moderne a débuté en juin 1906, avec la course de Brooklyn, New York, aux Bermudes, soit 603 milles nautiques, ou 1 116 km. La course a toujours lieu aujourd'hui, les années paires, de Newport, Rhode Island, EU, aux Bermudes.

△ Le vol à voile est une discipline reconnue comme l'une des meilleures formations aéronautiques. Sur cette photo l'équipe de France en entraînement.

27 reprises. Les États-Unis sont restés invaincus jusqu'en 1983; ils ont ainsi gagné 77 régates et n'en ont perdu que 8.

Les plus beaux titres ■ Le vainqueur de la Coupe de l'America 1992, Bill Koch sur America III est à ce jour le seul skipper à avoir remporté cette compétition prestigieuse après avoir déjà gagné une médaille d'or aux jeux Olympiques.
Lors de la dernière finale de la Coupe de l'America entre America III et Il Moro Di Venezia., le plus petit écart en régate a été réalisé. Le bateau italien a en effet devancé l'américain de seulement 3 s lors de l'une de ces manches.

Route du thé ■ Le Français Philippe Monet a accompli le parcours Hong Kong-Londres en 67 jours 10 h 22 mn sur son trimaran de 18 m, *Elle et Vire*, entre décembre 1989 et février 1990.

Planche à voile

Origines ■ Des régates de planches ont eu lieu en 1950 en Californie. Le 27 mars 1968, les Américains Henry Hoyle Schweitzer et Jim Drake ont déposé la marque Windsurfer.

Les vitesses les plus élevées ■ Le record établi sur la distance de 500 m est détenu par le véliplanchiste français Thierry Bielak, 44, 66 nœuds (82,7 km/h), aux Saintes-Maries-de-la-Mer, Bouches-du-Rhône, le 17 avril 1991.
Le record féminin établi à Tarifa, Espagne, est de 39,70 nœuds (73,52 km/h), par la Française Élisabeth Coquelle, le 12 juillet 1991.

Vol à voile

Origines ■ Les recherches d'Isadora William Deiches ont mis en évidence l'utilisation de planeurs dans l'ancienne Égypte, de 2500 à 1500 av. J.-C. Le Suédois Emmanuel Swedenborg a dessiné des esquisses de planeur en 1714. Le 1er planeur qui ait pu transporter un homme a été celui du Britannique George Cayley (1773-1857), qui a réussi à traverser une vallée sur 500 m, avec un pilote, en Grande-Bretagne, en 1853.

Le plus grand nombre de titres ■ L'Australien Ingo Renner a remporté 4 titres de champion du monde (championnat créé en 1937), en 1976 en classe standard et en 1983, 1985 et 1987 en open.

Français ■ Jean-Paul Castel détient les records du monde du triangle 300 et 500 km, avec 169,5 km/h et 164 km/h, depuis le 10 décembre 1986, sur un appareil Nimbus 3, en Afrique du Sud.

L'altitude la plus élevée ■ L'Américain Robert Harris a atteint 14 938 m d'altitude, le 17 février 1986, sur un Grob G102, en Californie, EU.

Traversée ■ Le 17 avril 1992, les frères Herbaud ont réalisé la première traversée intercontinentale France-Espagne-Maroc entre Voiron, Var, et Fez, soit 1 450 km en 13 h 30 sur ASH25).

Distance ligne droite ■ Éric Thellier détient le record de la spécialité en monoplace. Il a en effet parcouru 796,8 km en ligne droite, le 17 avril 1991 sur L56.

Vitesse biplace ■ M. Fallier (France) et M. Kospieker (Allemagne) détiennent le record de vitesse sur triangle de 300 km en biplace ASH25 avec 157,63 km/h. Ce record ayant été réalisé le 4 août 1991.

Voltige aérienne

Origines ■ Le 21 septembre 1913, le Français Célestin-Adolphe Pégoud (1889-1915) effectua à Buc, Yvelines, la première boucle en public, à bord d'un Blériot.

En catimini

Le lieutenant russe Piotr Nikolaïevitch Nesterov (1887-1914) aurait effectué à Kiev, Ukraine, le 27 août 1913, la première boucle, aux commandes d'un Nieuport, mais sans aucun témoin.

Championnats du monde ■ Tenue tous les 2 ans depuis 1960 (excepté en 1974), cette compétition est fondée sur un système de notation mis au point par le colonel espagnol José Aresti, à partir de la toute première notation graphique du Français François d'Huc Dressler.
L'URSS a remporté 6 fois le titre par équipes. Seul le Tchécoslovaque Petr Jirmus a réussi à remporter 2 titres individuels, en 1984 et 1986, record égalé chez les femmes par l'Américaine Betty Stewart, championne en 1980 et 1982.

Champion du monde 1990 ■ Le Français C. Bessière a totalisé au championnat du monde de 1990 à Yverdon-Les-Bains, Suisse, 11 016,561 points, soit 84,16 %. Lors de cette compétition. C'est la Soviétique N. Sergeeva qui est devenue championne du monde avec 10 060,240 points, soit 76,85 %.

◁ *La planche à voile fit son apparition en 1968. Arnaud de Rosnay, Fred Beauchêne et Stéphane Peyron ont contribué activement à l'engouement pour ce nouveau sport nautique, qui, depuis, a connu un développement spectaculaire : il compte aujourd'hui 10 millions de pratiquants réguliers.*

△ *Robby Naish, champion du monde de planche à voile dans les vagues.*

Volley-ball

Origines ■ Le volley-ball a été inventé sous le nom de *mintonette* en 1895 par William G. Morgan, au gymnase de l'YMCA de Holyoke, Massachusetts, EU. L'Association internationale de volley-ball a été créée en avril 1947, à Paris.

Jeux Olympiques ■ Le volley-ball a été admis aux Jeux en 1964. L'URSS a remporté 3 titres masculins (1964, 1968, 1980) et 4 titres féminins (1968, 1972, 1980, 1988).
Le seul joueur à avoir remporté 4 médailles est la Soviétique Inna Riskal (née le 15 juin 1944) : argent en 1964 et 1976, or en 1968 et 1972.
Deux joueurs ont remporté 3 médailles : le Soviétique Iouri Poïarkov (né le 10 février 1937) : or en 1964 et 1968, bronze en 1972, et le Japonais Katsutoshi Nekoda (né le 1er février 1944) : or en 1972, argent en 1968, bronze en 1964.

Championnats du monde ■ Ils ont été créés en 1949 pour les hommes et en 1952 pour les femmes. L'URSS a remporté 6 titres masculins (1949, 1952, 1960, 1962, 1978, 1982) et 4 titres féminins (1952, 1956, 1960, 1970). Le Japon a obtenu 4 titres féminins : 1962, 1967, 1974, 1987.

Équipe de France ■ La France a terminé, en 1985, 2e du championnat du monde et 3e du championnat d'Europe. Hervé Mazzon (né en 1958) a été sélectionné 362 fois jusqu'au 1er mai 1990.
Alain Fabiani (né le 14 septembre 1958) a été sélectionné 392 fois jusqu'au 15 mai 1992.
La France a remporté le tournoi de qualification olympique de Castelnau-le-Lez (10-15 mai 1992) en gagnant 5 rencontres sur 5 face à l'Argentine, la Finlande, le Cameroun, l'Australie et la Yougoslavie.

Championnats de France ■ Le titre masculin, créé en 1938, a été remporté 8 fois par le Stade français, entre 1945 et 1974, et par le Racing Club de France, entre 1942 et 1978.
Chez les femmes, le titre, créé en 1943, a été gagné 7 fois par Montpellier UC (1949, 1950, 1952, 1957, 1958, 1959, 1962) et 6 fois consécutivement par l'ASPTT de Montpellier (entre 1970 et 1979), par le CSM Clamart (entre 1981 et 1986) et par le Racing club de France (entre 1987 et 1992).

Water-polo

Jeux Olympiques ■ La Hongrie a remporté 6 tournois olympiques, en 1932, 1936, 1952, 1956, 1964, 1976.

Français ■ Paul Dujardin et Henri Padou ont obtenu 2 médailles, or en 1924, bronze en 1928, années des 2 meilleures performances de l'équipe de France.

Championnats du monde ■ Ils ont eu lieu pour la 1re fois en 1973. 2 pays ont remporté 2 titres : l'URSS, en 1975 et 1982, et la Yougoslavie, en 1986 et 1991.

Le meilleur buteur ■ Le plus grand nombre de buts marqués en match international est de 13, par l'Australien Debbie Handley, lors du match Australie-Canada (16-10), au championnat du monde de 1982, à Guayaquil, Équateur.

Championnats de France ■ Tourcoing a remporté 31 titres entre 1920 et 1964. Le Cercle des nageurs de Marseille en a remporté 29, dont 19 consécutivement

Le water-polo a été créé en Angleterre en 1869, comme « football nautique », et inclus aux jeux Olympiques de 1900, à Paris.

TABLEAUX SPORTS

Liste des records officiels mise à jour au 20 août 1992

ATHLÉTISME : RECORDS DU MONDE MASCULINS			
ÉPREUVE	PERF.	NOM ET NATIONALITÉ	DATE
100 m	9"86(1)	Carl Lewis (EU)	1991
200 m	19"72(2)	Pietro Mennea (Italie)	1979
400 m	43"29	Harry « Butch » Reynolds (EU)	1988
800 m	1'41"73	Sebastian Coe (GB)	1981
1 000 m	2'12"18	Sebastian Coe (GB)	1981
1 500 m	3'29"46	Saïd Aouita (Maroc)	1985
1 mile	3'46"32	Steve Cram (GB)	1985
2 000 m	4'50"81	Saïd Aouita (Maroc)	1987
3 000 m	7'28"96	Kiptanui Moses (Kenya)	1992
5 000 m	12'58"39	Saïd Aouita (Maroc)	1987
10 000 m	27'8"23	Arturo Barrios (Mexique)	1989
20 000 m	56'54"3	Arturo Barrios (Mexique)	1991
1 heure	21,101 km	Arturo Barrios (Mexique)	1991
110 m haies	12"92	Roger Kingdom (EU)	1989
400 m haies	46"78	Kevin Young (EU)	1992
3 000 m steeple	8'2"08	Kiptanui Moses (Kenya)	1992
4 x 100 m	37"40	États-Unis (Marsh-Burrel, Mitchell-Lewis)	1992
4 x 200 m	1'19"38	États-Unis (Danny Everett, Leroy Burrel Floyd Heard, Carl Lewis)	1989
4 x 400 m	2'55"74	États-Unis (Walmon-Watts, Johnson-Lewis)	1992
4 x 800 m	7'3"89	Grande-Bretagne (Peter Elliott, Garry Cook, Steve Cram, Sebastian Coe)	1982
4 x 1 500 m	14'38"8	RFA (Thomas Wessinghage, Harald Hudak, Michael Lederer, Karl Fleschen)	1977
Hauteur	2,44 m	Javier Sotomayor (Cuba)	1989
Perche	6,12 m	Sergueï Bubka (CEI)	1992
Longueur	8,95 m	Mike Powell (EU)	1991
Triple saut	17,97 m	Willie Banks (EU)	1985
Poids	23,12 m	Randy Barnes (EU)	1990
Disque	74,08 m	Jürgen Schult (RDA)	1986
Marteau	86,74 m	Youri Sedykh (URSS)	1986
Javelot	94,74 m(3)	Jan Zelezny (Tchécos.)	1992
Décathlon	8 847 pts	« Daley » Thompson (GB) (1er jour : 100 m : 10"44 ; long. : 8,01 m ; poids : 15,72 m ; haut. : 2,03 m ; 400 m : 46"97) (2e jour : 110 m haies : 14"33 ; disque : 46,56 m ; perche : 5 m ; javelot : 65,24 m ; 1 500 m : 4'35").	1984

(1) Le Canadien Ben Johnson a couru le 100 m en 9"83 en 1987, puis en 9"79 aux JO de Séoul, en 1988. Il a été dépossédé de ces records après avoir avoué s'être dopé.

(2) Record établi en altitude à Mexico. Le record au niveau de la mer est de 19"73, par Mike Marsh à Barcelone en 1992.

(3) Avec le nouveau javelot, introduit en 1986, dont le centre de gravité a été reculé. Avec l'ancien javelot, le record était de 104,80 m par Uwe Hohn (RDA), en 1984.

ATHLÉTISME : RECORDS DU MONDE FÉMININS			
ÉPREUVE	PERF.	NOM ET NATIONALITÉ	DATE
100 m	10"49	Florence Griffith-Joyner (EU)	1988
200 m	21"34	Florence Griffith-Joyner (EU)	1988
400 m	47"60	Marita Koch (RDA)	1985
800 m	1'53"28	Jarmila Kratochvilova (Tchéc.)	1983
1 000 m	2'30"6	Tatiana Providokhina (URSS)	1978
1 500 m	3'52"47	Tatiana Kazankina (URSS)	1980
1 mile	4'15"61	Paula Ivan (Roumanie)	1989
2 000 m	5'28"69	Maricica Puica (Roumanie)	1986
3 000 m	8'22"62	Tatiana Kazankina (URSS)	1984
5 000 m	14'37"33	Ingrid Kristiansen (Norvège)	1986
10 000 m	30'13"74	Ingrid Kristiansen (Norvège)	1986
100 m haies	12"21	Yordanka Donkova (Bulgarie)	1988
400 m haies	52"94	Marina Stepanova (URSS)	1986
4 x 100 m	41"37	RDA (Silke Gladisch, Sabine Rieger, Ingrid Auerswakd, Marlies Goehr)	1985
4 x 200 m	1'28"15	RDA (Marlies Goehr, Romy Müller, Bärbel Wöckel, Marita Koch)	1980
4 x 400 m	3'15"17	URSS (Tatiana Ledovskaïa, Olga Nazarova, Maria Pinigina, Olga Bryzguina)	1988
4 x 800 m	7'50"17	URSS (Nadejda Olizarenko, Liubov Gurina, Liudmila Borissova, Irina Podialovskaïa)	1984
Hauteur	2,09 m	Stefka Kostadinova (Bulgarie)	1987
Longueur	7,52 m	Galina Chistiakova (URSS)	1988
Triple saut	14,95 m	Inessa Kravets (URSS)	1991
Poids	22,63 m	Natalia Lissovskaïa (URSS)	1987
Disque	76,80 m	Gabriele Reinsch (RDA)	1988
Javelot	80 m	Petra Felke (RDA)	1988
Heptathlon	7 291 pts	Jacqueline Joyner-Kersee (EU) (100 m haies : 12"69 ; haut. : 1,86 m ; poids : 15,80 m ; 200 m : 22"56 ; long. : 7,27 m ; javelot : 45,66 m ; 800 m : 2'8"51).	1988

ATHLÉTISME : LONGÉVITÉ DES RECORDS				
DURÉE	ÉPREUVE	RECORDMAN	PERF.	DATE
25 ans	Marteau	Patrick Ryan (EU)	57,77 m	1913
25 ans	Longueur	Jesse Owens (EU)	8,13 m	1935
23 ans	Longueur	Bob Beamon (EU)	8,90 m	1968
20 ans	Longueur	Peter O'Connor (Irlande)	7,61 m	1901
20 ans	4 x 100 m	États-Unis	39"2	1936
20 ans	400 m	Lee Evans (EU)	43"86	1968
19 ans	Poids	Ralph Rose (EU)	15,54 m	1909
16 ans	800 m	Rudolf Harbig (Allemagne)	1'46"6 m	1939
15 ans	Javelot	Yrjo Nikkanen (Finlande)	78,70 m	1938
15 ans	Perche	Cornelius Warmerdam (EU)	4,77 m	1942
15 ans	100 m	Jim Hines (EU)	9"95	1968

ATHLÉTISME : RECORDS D'EUROPE MASCULINS

ÉPREUVE	PERF.	NOM ET NATIONALITÉ	DATE
100 m	9"97	Linford Christie (GB)	1988
200 m	19"72	Pietro Mennea (Italie)	1979
400 m	44"33	Thomas Schoenlebe (RDA)	1987
800 m	1'41"73	Sebastian Coe (GB)	1981
1 000 m	2'12"18	Sebastian Coe (GB)	1981
1 500 m	3'29"67	Steve Cram (GB)	1985
1 mile	3'46"32	Steve Cram (GB)	1985
2 000 m	4'51"39	Steve Cram (GB)	1985
3 000 m	7'32"79	David Moorcroft (GB)	1982
5 000 m	13'0"41	David Moorcroft (GB)	1982
10 000 m	27'13"81	Fernando Mamede (Port.)	1984
20 000 m	57'18"4	Dioniso Castro (Port.)	1990
1 heure	20,944 km	Josephus Hermens (Pays-Bas)	1976
110 m haies	13"06	Colin Jackson (GB)	1992
400 m haies	47"48	Harald Schmid (RFA)	1982
3 000 m steeple	8'7"62	Joseph Mahmoud (France)	1984
4 x 100 m	37"79	France (Max Morinière, Daniel Sangouma, Jean-Charles Trouabal, Bruno Marie-Rose)	1990
4 x 200 m	1'21"1	Italie (S. Tilli, C. Simionato, G. Bongiorni, P. Mennea)	1983
4 x 400 m	2'57"53	Grande-Bretagne (Black-Regis, Redmond-Akabushi)	1991
4 x 800 m	7'3"89	Grande-Bretagne (Peter Elliott, Gary Cook, Steve Cram, Sebastian Coe)	1982
4 x 1 500 m	14'38"8	RFA (Thomas Wessinghage, Harald Hudak, Michael Lederer, Karl Fleschen)	1977
Hauteur	2,42 m	Patrick Sjöberg (Suède)	1987
Perche	6,12 m	Sergueï Bubka (CEI)	1992
Longueur	8,86 m	Robert Emmian (URSS)	1987
Triple saut	17,92 m	Kristo Markov (Bulgarie)	1987
Poids	23,06 m	Ulf Timmermann (RDA)	1988
Disque	74,08 m	Jürgen Schult (RDA)	1986
Marteau	86,74 m	Youri Sedykh (URSS)	1986
Javelot	94,74 m	Jan Zelezny (Tchécos.)	1992
Décathlon	8 847 pts	« Daley » Thompson (GB)	1984

ATHLÉTISME : RECORDS DE FRANCE FÉMININS

ÉPREUVE	PERF.	NOM	DATE
100 m	11"04	Laurence Bily	1989
200 m	22"20	Marie-José Pérec	1992
400 m	48"83	Marie-José Pérec	1992
800 m	1'59"29	Viviane Dorsine	1992
1 000 m	2'36"66	Florence Giolitti	1986
1 500 m	4'5"78	Florence Giolitti	1987
1 mile	4'28"72	Florence Giolitti	1986
2 000 m	5'39"	Annette Sergent	1986
3 000 m	8'38"97	Marie-Pierre Duros	1989
5 000 m	15'16"44	Annette Sergent	1990
10 000 m	31'51"68	Annette Sergent	1990
100 m haies	12"56	Monique Ewanje-Epée	1990
400 m haies	54"93	Chantal Réga	1982
4 x 100 m	42"58	Équipe nationale (L. Bily, M.-C. Cazier, R.-A. Bacoul, L. Gaschet)	1992
4 x 200 m	1'32"17	Équipe nationale (L. Bily, L. Gaschet, C. Réga, R. Naigre)	1982
4 x 400 m	3'25"16	Équipe nationale (F. Ficher, V. Dorsile, E. Elien, M.-J. Pérec)	1990
Hauteur	1,96 m	Maryse Ewanje-Epée	1985
Longueur	6,79 m	Nadine Fourcade	1985
Poids	17,45 m	Simone Créantor	1984
Disque	59,16 m	Agnès Leppe	1991
Javelot	63,30 m	Nadine Auzeil	1988
Heptathlon	6 702 pts	Chantal Beaugeant	1988
Triple saut	13,42 m	Sandrine Comain	1991

ATHLÉTISME : RECORDS DE FRANCE MASCULINS

ÉPREUVE	PERF.	NOM	DATE
100 m	10"02	Daniel Sangouma	1990
200 m	20"16	Gilles Quénéhervé	1987
400 m	45"09	Aldo Canti	1984
800 m	1'43"9	José Marajo	1979
1 000 m	2'16"6	Philippe Collard	1986
1 500 m	3'33"54	Hervé Phélippeau	1990
1 mile	3'50"98	José Marajo	1983
2 000 m	4'56"2	Michel Jazy	1966
3 000 m	7'37"74	Cyrille Laventure	1990
5 000 m	13'14"60	Pascal Thiébaut	1987
10 000 m	27'22"78	Tony Martins	1992
20 000 m	58'18"4	Bertrand Itsweire	1990
1 heure	20,601 km	Bertrand Itsweire	1990
110 m haies	13"20	Stéphane Caristan	1986
400 m haies	48"13	Stéphane Diagana	1992
3 000 m steeple	8'7"62	Joseph Mahmoud	1984
4 x 100 m	37"79	Équipe nationale (Max Morinière, Daniel Sangouma, Jean-Charles Trouabal, Bruno Marie-Rose)	1990
4 x 200 m	1'21"3	Sélection nationale (D. Sangouma, Jean-Jacques Boussemart, Pascal Barré, Aldo Canti)	1987
4 x 400 m	3'0"65	Équipe nationale (Gilles Berthould, Roger Vélasquez, Francis Kerbiriou, Jacques Carette)	1972
4 x 800 m	7'13"6	Équipe nationale (Roqui Sanchez, Joël Riquelme, Philippe Dupont, Roger Milhau)	1979
4 x 1 500 m	14'48"2	Équipe nationale (Didier Bégouin, Denis Lequement, Marcel Philippe, Philippe Dien)	1979
Hauteur	2,32 m	Franck Verzy	1983
Perche	5,91 m(1)	Thierry Vigneron	1984
Longueur	8,26 m	Jacques Rousseau	1976
Triple saut	17,13 m	Serge Hélan	1986
Poids	20,20 m	Yves Brouzet	1973
Disque	63,02 m	Patrick Journoud	1988
Marteau	78,50 m	Walter Ciofani	1985
Javelot	84,80 m	Pascal Lefèvre	1990
Décathlon	8 574 pts	Christian Plaziat	1990

(1) Le record en salle de Philippe Collet, 5,94 m, en 1990, est supérieur.

ATHLÉTISME : RECORDS D'EUROPE FÉMININS

Les records du monde féminins sont également records d'Europe, à l'exception de ceux du 100 m, du 200 m et de l'heptathlon.

ÉPREUVE	PERF.	NOM	DATE
100 m	10"81	Marlies Goehr (RDA)	1983
		Irina Privalova (CEI)	1992
200 m	21"71	Marita Koch (RDA)	1979
	21"71	Heike Drechsler (RDA)	1986
Heptathlon	7 007 pts	Larissa Nikitina (URSS)	1989

CYCLISME : RECORDS DU MONDE

La liste suivante donne les meilleures performances mondiales homologuées officiellement, sur piste couverte ou en plein air. L'astérisque (*) indique que le coureur est professionnel. Les autres sont amateurs.

DISTANCE	TEMPS	NOM ET NATIONALITÉ	LIEU	PISTE	ANNÉE
HOMMES					
Départ arrêté					
500 m	26"969	Alexandre Kromykh (URSS)	Moscou (URSS)	Couverte	1990
1 km	1'2"091	Maic Malchow (RDA)	Colorado Springs (EU)	Plein air	1986
4 km	4'28"900	Viatcheslav Ekimov (URSS)	Moscou (URSS)	Couverte	1986
5 km	5'40"872	Viatcheslav Ekimov (URSS)*	Moscou (URSS)	Couverte	1990
10 km	11'31"968	Viatcheslav Ekimov (URSS)	Moscou (URSS)	Couverte	1989
20 km	23'14"553	Viatcheslav Ekimov (URSS)	Moscou (URSS)	Couverte	1989
1 heure (– 600 m)(1)	50,644 km	Francesco Moser (Italie)*	Stuttgart (Allemagne)	Couverte	1988
1 heure (+ 600 m)	51,151 km	Francesco Moser (Italie)*	Mexico (Mexique)	Plein air	1984
Départ lancé					
200 m	10"099	Vladimir Adamachvili (URSS)	Moscou (URSS)	Couverte	1990
500 m	26"649	Alexandre Kiritchenko (URSS)	Moscou (URSS)	Couverte	1988
1 km	57"260	Alexandre Kiritchenko (URSS)	Moscou (URSS)	Couverte	1989
FEMMES					
Départ arrêté					
1 km	1'11"976	Isabelle Nicoloso-Verger (France)	Bordeaux (Gironde)	Couverte	1990
3 km	3'38"190	Jeannie Longo (France)	Mexico (Mexique)	Plein air	1989
5 km	6'14"135	Jeannie Longo (France)	Mexico (Mexique)	Plein air	1989
10 km	12'54"260	Jeannie Longo (France)	PO de Paris-Bercy	Couverte	1989
20 km	25'59"883	Jeannie Longo (France)	Mexico (Mexique)	Plein air	1989
1 heure (– 600 m)	45,016 km	Jeannie Longo (France)	Moscou (URSS)	Couverte	1989
1 heure (+ 600 m)	46,352 km	Jeannie Longo (France)	Mexico (Mexique)	Plein air	1989
Départ lancé					
200 m	11"164	Galina Enoukhina (URSS)	Moscou (URSS)	Couverte	1989
500 m	29"655	Erika Saloumiae (URSS)	Moscou (URSS)	Couverte	1987
1 km	1'5"232	Erika Saloumiae (URSS)	Moscou (URSS)	Couverte	1987

(1) Deux records sont homologués pour l'heure, selon que la piste se trouve à plus ou moins de 600 m d'altitude.

MARCHE : RECORDS DU MONDE

L'IAAF reconnaît les records masculins des 20 km, 30 km, 50 km et 2 h, et les records féminins des 5 km et 10 km. Ce tableau comprend aussi les meilleures performances réalisées en plein air sur des distances habituelles.

ÉPREUVE	PERF.	NOM ET NATIONALITÉ	DATE
HOMMES			
10 km	38'2"6	Josef Pribilinec (Tchécos.)	1985
1 heure	15,547 km	Josef Pribilinec (Tchécos.)	1986
20 km	1 h 18'40"	Ernesto Canto (Mexique)	1984
2 heures	29,090 km	Thierry Toutain (France)	1991
30 km	2 h 3'56"5	Thierry Toutain (France)	1991
50 km	3 h 41'38"4	Raul Gonzales (Mexique)	1979
FEMMES			
3 km	12'6"42	Kerry Saxby (Australie)	1990
5 km	20'7"52	Beate Anders (RDA)	1990
10 km	41'56"23	Nadejda Riachkina (URSS)	1990

MARCHE : RECORDS DE FRANCE

ÉPREUVE	PERF.	NOM	DATE
HOMMES			
1 heure	15,094 km	Gérard Lelièvre	1984
20 km	1 h 21'43"1	Martial Fesselier	1991
2 heures	29,090 km	Thierry Toutain	1991
30 km	2 h 3'56"5	Thierry Toutain	1991
50 km	3 h 50'39"9	Jean-Marie Neff	1988
FEMMES			
5 km	22'26"5	Nathalie Marchand	1990
10 km	47'16"8	Suzanne Griesbach	1987

HALTÉROPHILIE : RECORDS DU MONDE

CATÉGORIE	TECHNIQUE	POIDS (kg)	NOM ET NATIONALITÉ	DATE
52 kg MOUCHE	Arraché	120,5	Zhang Zairovy (Chine)	1991
	Épaulé-jeté	155,5	Ivan Ivanov (Bulg.)	1991
	Total	273,5	Ivan Ivanov (Bulg.)	1991
56 kg COQ	Arraché	135	Liv Shoubin (Chine)	1991
	Épaulé-jeté	173	Naïm Shalamanov (Bulg.)	1984
	Total	305	Naïm Shalamanov (Bulg.)	1984
60 kg PLUME	Arraché	152,5	Naim Suleimanoglu* (Turq.)	1988
	Épaulé-jeté	190	Naim Suleimanoglu* (Turq.)	1988
	Total	342,5	Naim Suleimanoglu* (Turq.)	1988
67,5 kg LÉGERS	Arraché	162,5	Kim Men-Nam (Corée du N.)	1990
	Épaulé-jeté	200,5	Mikhail Petrov (Bulg.)	1987
	Total	355	Mikhail Petrov (Bulg.)	1988
75 kg MOYENS	Arraché	170	Angel Guenchev (Bulg.)	1987
	Épaulé-jeté	215,5	Alexander Varbanov (Bulg.)	1987
	Total	382,5	Alexander Varbanov (Bulg.)	1988
82,5 kg LOURDS-LÉGERS	Arraché	183	Asen Zlatev (Bulg.)	1986
	Épaulé-jeté	225	Asen Zlatev (Bulg.)	1986
	Total	405	Yuri Vardanian (URSS)	1984
90 kg MI-LOURDS	Arraché	195,5	Blagol Blagoiev (Bulg.)	1983
	Épaulé-jeté	235	Anatoly Khrapati (URSS)	1988
	Total	422,5	Viktor Solodov (URSS)	1984
100 kg	Arraché	200,5	Nicu Vlad (Roum.)	1986
	Épaulé-jeté	242,5	Alexandre Popov (URSS)	1988
	Total	440	Youri Zakharevitch (URSS)	1983
110 kg LOURDS	Arraché	210	Youri Zakharevitch (URSS)	1988
	Épaulé-jeté	250,5	Youri Zakharevitch (URSS)	1988
	Total	455	Youri Zakharevitch (URSS)	1988
+ de 110 kg SUPER-LOURDS	Arraché	216	Antonio Krastev (Bulg.)	1987
	Épaulé-jeté	266	Leonid Taranenko (URSS)	1988
	Total	475	Leonid Taranenko (URSS)	1988

* Précédemment Naïm Shalamanov (Bulgarie).

HALTÉROPHILIE : RECORDS DE FRANCE

CATÉGORIE	TECHNIQUE	POIDS (kg)	NOM	DATE
52 kg MOUCHE	Arraché	97,5	Jean-Noël Miette	1985
	Épaulé-jeté	118	Jean-Noël Miette	1985
	Total	212,5	Jean-Noël Miette	1985
56 kg COQ	Arraché	112,5	Laurent Fombertasse	1992
	Épaulé-jeté	147,5	Laurent Fombertasse	1992
	Total	260	Laurent Fombertasse	1992
60 kg PLUME	Arraché	120,5	Bruno Maier	1984
	Épaulé-jeté	155,5	Jean-Claude Chavigny	1988
	Total	272,5	Jean-Claude Chavigny	1981
67,5 kg LÉGERS	Arraché	150	Daniel Senet	1981
	Épaulé-jeté	175	Daniel Senet	1979
	Total	322,5	Daniel Senet	1980
75 kg MOYENS	Arraché	150	Daniel Senet	1981
	Épaulé-jeté	180,5	Nicolas Lasorsa	1984
	Total	322,5	Daniel Senet	1981
82,5 kg LOURDS-LÉGERS	Arraché	152,5	Didier Leroux	1981
	Épaulé-jeté	188,5	Pascal Senet	1982
	Total	337,5	Pascal Senet	1985
90 kg MI-LOURDS	Arraché	156,5	Henri Lagarrigue	1984
	Épaulé-jeté	192,5	Pierre Gourrier	1970
	Total	342,5	Francis Tournefier	1987
100 kg	Arraché	170,5	Francis Tournefier	1988
	Épaulé-jeté	220,5	Francis Tournefier	1990
	Total	387,5	Francis Tournefier	1992
110 kg LOURDS	Arraché	163	Francis Tournefier	1988
	Épaulé-jeté	215,5	Pierre Gourrier	1981
	Total	372,5	Pierre Gourrier	1976
+ de 110 kg SUPER-LOURDS	Arraché	158	Jacques Olliger	1986
	Épaulé-jeté	203	Guy Koller	1982
	Total	357,5	Jean-François Hiller	1982

JEUX OLYMPIQUES : NOMBRE DE MÉDAILLES PAR PAYS

Le total comprend toutes les médailles, mêmes celles concernant des épreuves aujourd'hui disparues, pour les Jeux d'été (1896-1988) et d'hiver (1924-1988).

PAYS	OR	ARGENT	BRONZE	TOTAL
États-Unis	830	645	548	2023
CEI (1)	528	424	395	1 347
Allemagne (2)	226	264	264	754
GB (3)	185	223	228	636
France	166	179	198	543

(1) Précédemment Russie, puis URSS.
(2) RFA, de 1968 à 1988.
(3) Avec l'Irlande, jusqu'en 1920.

NATATION : RECORDS DU MONDE

ÉPREUVE	TEMPS	NOM ET NATIONALITÉ	DATE
Hommes			
50 m	21"81	Tom Jager (EU)	1990
100 m	48"42	Matt Biondi (EU)	1988
200 m	1'46"69	Giorgio Lamberti (Italie)	1989
400 m	3'45"	Evgueni Sadovyi (CEI)	1992
800 m	7'46"60	Keiren Perkins (Aus.)	1992
1 500 m	14'43"48	Keiren Perkins (Aus.)	1992
100 m dos	53"93	Jeff Rouse (EU)	1991
200 m dos	1'56"57	Martin Lopez-Zubero (Esp.)	1992
100 m brasse	1'1"29	Norbert Rozsa (Hongrie)	1992
200 m brasse	2'10"16	Mike Barrowman (EU)	1992
100 m papillon	52"84	Pedro Pablo Morales (EU)	1986
200 m papillon	1'55"69	Melvin Stewart (EU)	1991
200 m 4 nages	1'59"36	Tamas Darnyi (Hongrie)	1991
400 m 4 nages	4'12"36	Tamas Darnyi (Hongrie)	1991
4 x 100 m	3'16"53	États-Unis (Christopher Jacobs, Troy Dalbey, Tom Jager, Matt Biondi)	1988
4 x 200 m	7'11"95	Relais CEI	1991
4 x 100 m 4 nages	3'36"93	États-Unis (David Berkoff, Ray Schroeder, Matt Biondi, Christopher Jacobs)	1988
Femmes			
50 m	24"79	Wenji Chang (Chine)	1992
100 m	54"48	Jenny Thompson (EU)	1992
200 m	1'57"55	Heike Friedrich (RDA)	1986
400 m	4'3"85	Janet Evans (EU)	1988
800 m	8'16"22	Janet Evans (EU)	1989
1 500 m	15'52"10	Janet Evans (EU)	1988
100 m dos	1'0"31	Krisztina Egerszegi (Hong.)	1991
200 m dos	2'06"62	Krisztina Egerszegi (Hong.)	1991
100 m brasse	1'7"91	Silke Hörner (RDA)	1987
200 m brasse	2'25"35	Anita Nall (EU)	1992
100 m papillon	57"93	Mary Meagher (EU)	1981
200 m papillon	2'5"96	Mary Meagher (EU)	1981
200 m 4 nages	2'11"65	Lin Li (Chine)	1992
400 m 4 nages	4'36"10	Petra Schneider (RDA)	1982
4 x 100 m	3'39"46	États-Unis (Haislett, Torres, Martino, Thompson)	1992
4 x 200 m	7'55"47	RDA (Manuela Stellmach, Astrid Strauss, Anke Möhring, Heike Friedrich)	1987
4 x 100 m 4 nages	4'2"54	États-Unis (Loveless, Nall, Ahmann-Leighton, Thompson)	1992

NATATION : RECORDS DE FRANCE

ÉPREUVE	TEMPS	NOM	DATE
Hommes			
50 m	22"50	Christophe Kalfayan	1992
100 m	49"35	Stéphan Caron	1987
200 m	1'49"19	Stéphan Caron	1988
400 m	3'52"12	Christophe Marchand	1990
800 m	8'9"01	Christophe Marchand	1988
1 500 m	15'21"45	Frank Iacono	1988
100 m dos	55"18	Franck Schott	1992
200 m dos	2'0"60	David Holderbach	1992
100 m brasse	1'2"39	Stéphane Vossart	1992
200 m brasse	2'14"56	Cédric Pénicaud	1992
100 m papillon	54"35	Bruno Gutzeit	1992
200 m papillon	1'58"31	Franck Esposito	1992
200 m 4 nages	2'2"70	Frédéric Lefèvre	1990
400 m 4 nages	4'23"27	Frédéric Lefèvre	1990
4 x 100 m	3'19"16	Équipe nationale (S. Caron, C. Kalfayan, L. Lefèvre, F. Schott)	1992
4 x 200 m	7'23"03	Équipe nationale (S. Caron, M. Pou, O. Fougeroud, F. Schott)	1988
4 x 100 m 4 nages	3'40"51	Équipe nationale (F. Schott S. Caron, S. Vossart, B. Gutzeit)	1992
Femmes			
50 m	25"36	Catherine Plewinski	1992
100 m	55"11	Catherine Plewinski	1989
200 m	2'0"34	Catherine Plewinski	1992
400 m	4'12"76	Cécile Prunier	1988
800 m	8'39"20	Cécile Prunier	1988
1 500 m	16'36"28	Karyn Faure	1989
100 m dos	1'4"88	Michèle Ricaud	1980
200 m dos	2'16"81	Christine Magnier	1988
100 m brasse	1'10"14	Pascaline Louvrier	1987
200 m brasse	2'30"89	Audrey Guérit	1992
100 m papillon	59"01	Catherine Plewinski	1992
200 m papillon	2'13"17	Cécile Jeanson	1992
200 m 4 nages	2'17"99	Cécile Bonnet	1991
400 m 4 nages	4'49"96	Christine Magnier	1988
4 x 100 m	3'47"04	Équipe nationale (C. Plewinski, V. Jardin, F. Dechâtre, J. Delord)	1989
4 x 200 m	8'12"60	Équipe nationale (C. Plewinski, C. Prunier, F. Dechâtre, V. Jardin)	1987
4 x 100 m 4 nages	4'12"89	Équipe nationale (L. Guillou, P. Louvrier, C. Plewinski, J. Delord)	1987

SKI NAUTIQUE : RECORDS DU MONDE

Hommes			
SLALOM	Bob La Point (EU)	5 bouées, corde à 10,75 m	1984
	Andy Mapple (GB)	5 bouées, corde à 10,75 m	1985
FIGURES	Aymeric Benet (Fr.)	10 980 pts	1989
SAUT	Sammy Duvall (EU)	62,50 m	1988
Femmes			
SLALOM	Jennifer Leachman (EU)	5 bouées, corde à 11,25 m	1989
FIGURES	Ana Maria Carasco (Venezuela)	8 350 pts	1984
SAUT	Deena Marple (EU)	47,50 m	1988

NATATION : RECORDS D'EUROPE

Hommes

ÉPREUVES	TEMPS	NOM ET NATIONALITÉ	DATE
50 m	22"31	Alexandr Popov (CEI)	1992
100 m	49"02	Evgueni Sadovyi (CEI)	1992
200 m	1'46"69	Giorgio Lamberti (Italie)	1989
400 m	3'45"	Evgueni Sadovyi (CEI)	1992
800 m	7'50"64	Vladimir Salnikov (URSS)	1986
1 500 m	14'50"36	Joerg Hoffmann (Allemagne)	1991
100 m dos	54"67	Martin Lopez-Zubero (Esp.)	1991
200 m dos	1'56"57	Martin Lopez-Zubero (Esp.)	1992
100 m brasse	1'1"29	Norbert Rozsa (Hongrie)	1992
200 m brasse	2'11"23	Norbert Rozsa (Hongrie)	1992
100 m papillon	53"08	Michael Gross (RFA)	1984
200 m papillon	1'56"24	Michael Gross (RFA)	1986
200 m 4 nages	1'59"36	Tamas Darnyi (Hongrie)	1991
400 m 4 nages	4'12"36	Tamas Darnyi (Hongrie)	1991
4 x 100 m	3'17"11	CEI (Prigoda, Bachkatov, Evseïev, Tkachenko)	1988
4 x 200 m	7'11"95	Relais CEI	1992
4 x 100 m 4 nages	3'39"96	URSS (Polianski, Volkov, Iarotchouk, Prigoda)	1988

RUGBY : RECORDS DE SÉLECTIONS INTERNATIONALES

PAYS	NOMBRE	JOUEUR	DATES
FRANCE	93	Serge Blanco	1980/1992
IRLANDE	69	Cameron Michael Henderson Gibson	1964/1979
NOUVELLE-ZÉLANDE	55	Colin Earl Meads	1957/1971
PAYS DE GALLES	55	« JPR » Williams	1969/1981
ÉCOSSE	51	Andrew R. Irvine	1973/1982
	51	« Jim » Renwick	1972/1983
AUSTRALIE	49	Simon Paul Poidevin	1980/1988
ANGLETERRE	43	Anthony Neary	1971/1980
AFRIQUE DU SUD	38	Frederick Du Preez	1960/1971
	38	Jan Hendrik Ellis	1965/1976

NATATION : RECORDS D'EUROPE

Femmes

Les records du monde féminin sont également records d'Europe à l'exception de ceux des 50 m, 400 m, 800 m et 1 500 m nage libre, 100 m et 200 m papillon, 200 m dos.

ÉPREUVES	TEMPS	NOM ET NATIONALITÉ	DATE
50 m	25"28	Tamara Costache (Roumanie)	1986
100 m	1'0"31	Krisztina Egerszegi (Hongrie)	1991
200 m	1'57"55	Heike Friedrich (RDA)	1986
400 m	4'5"84	Anke Möhring (All.)	1989
800 m	8'19"53	Anke Möhring (All.)	1987
1 500 m	16'13"55	Astrid Strauss (All.)	1989
200 m dos	2'06"62	Krisztina Egerszegi (Hongrie)	1991
100 m papillon	59"	Kristin Otto (All.)	1988
200 m papillon	2'7"82	Cornelia Polit (All.)	1983

JEUX OLYMPIQUES 1992

Jeux Olympiques d'hiver Albertville

Généralités

Fin de la concordance Jeux d'hiver et Jeux d'été ■ Albertville a mis un terme à la concordance des Jeux d'hiver et d'été, laquelle revenait tous les 4 ans. En 1994, aux Jeux d'hiver de Lillehammer, 2 ans après les Jeux d'été de Barcelone, un cycle d'alternance sera inauguré. Le but de cette réforme est de donner aux Jeux hivernaux une plus grande importance et donc des ressources, en provenance de la télévision et du parrainage, sensiblement accrues.

Participation ■ 64 pays, 2 030 athlètes, 520 dirigeants.

Fin d'une domination ■ Albertville a coïncidé avec la disparition de deux grandes nations de sport : l'URSS et la RDA. Aux Jeux précédents, à Calgary, ces pays avaient pris les deux premières places au classement des médailles : 11 d'or, 9 d'argent et 9 de bronze pour l'URSS ; 9 d'or, 10 d'argent et 6 de bronze pour la RDA.

Athlètes sans nationalité ■ Tous les représentants de la CEI ont effectué les Jeux sans emblème sur leur tenue, le sigle CCCP ayant cessé d'exister en même temps que l'URSS.

Budget ■ Le budget de fonctionnement du comité d'organisation des jeux Olympiques, présidé par Jean-Claude Killy et Michel Barnier, était de 4 milliards de F. Au 1er juillet 1992, le déficit des JO d'Albertville a pu être estimé à 280 millions de F.
Les causes de ce déséquilibre financier proviennent en particulier des tremplins de saut de Courchevel et de la piste de bobsleigh de La Plagne qui ont sérieusement gonflé les dépenses : la facture des tremplins s'est élevée à 174 millions de F, contre 90 millions de F initialement prévus, et les problèmes de sécurité liés à l'utilisation d'ammoniac pour réfrigérer la piste de bobsleigh ont obligé le COJO à débourser plus de 230 millions de F au lieu des 129 millions de F initialement prévus.

Médias ■ 2 500 journalistes disposant d'un centre international de radiotélévision et de 11 centres de presse écrite.

Organisation des Jeux *Sécurité* ■ Avaient été réquisitionnés les effectifs suivants : gendarmerie, 3 250 personnes ; police, 1 900 personnes ; armée, 2 350 personnes ; protection civile, 1 270 personnes.

Circulation ■ Pour déplacer chaque jour 10 000 personnes ayant un statut d'« officiel », 1 500 véhicules Renault (1 100 pour les spectateurs, 200 pour les médias, 150 pour les partenaires, 50 divers) ont parcouru 2 millions de km et consommé 1 million de litres de gazole.

Service médical ■ 415 spécialistes, 100 pisteurs-secouristes, 35 véhicules, 10 hélicoptères.

Ils ont enflammé la France

60 000 candidats se sont présentés à l'appel lancé par la Poste et le COJO pour avoir le privilège de porter le flambeau olympique. Ils devaient avoir entre 15 et 20 ans mais surtout avoir du souffle.
5 000 d'entre eux ont été sélectionnés par tirage au sort, dont 1/3 de jeunes filles et 5 handicapés. Ils ont parcourus en France 5 000 km à travers 22 régions, 60 départements et 2 000 communes. La flamme est finalement arrivée, sans encombre, le 8 février 1992, à Albertville pour l'ouverture des Jeux.

Le tableau des médailles d'Albertville

	OR	ARGENT	BRONZE	TOTAL
Allemagne	10	10	6	26
CEI	9	6	8	23
Norvège	9	6	5	20
Autriche	6	7	8	21
États-Unis	5	4	2	11
Italie	4	6	4	14
France	3	5	1	9
Finlande	3	1	3	7
Canada	2	3	2	7
Corée du Sud	2	1	1	4
Japon	1	2	4	7
Pays-Bas	1	1	2	4
Suède	1	0	3	4
Suisse	1	0	3	4
Chine	0	2	1	3
Luxembourg	0	2	0	2
Nouvelle-Zélande	0	1	0	1
Corée du Nord	0	1	0	1
Tchécoslovaquie	0	0	3	3
Espagne	0	0	1	1

NB : 2 médailles d'argent (aucune de bronze) pour le géant féminin.

Cérémonie d'ouverture

La cérémonie d'ouverture orchestrée par Philippe Decoufflé a été marquée par deux surprises qui ont contribué à l'éclat de la fête. Ainsi, même le président Mitterrand et son épouse ont participé à la « ola », cette vague humaine constituée par le mouvement des spectateurs. Quant à Michel Platini, il fut le dernier porteur de la flamme olympique.

◁ Vêtue des couleurs traditionnelles de la Savoie, Séverine du Peloux, 11 ans, se dirige, main dans la main avec le président de la République française, François Mitterrand vers le théâtre des cérémonies. Derrière eux, Jean-Claude Killy, coprésident des Jeux d'hiver. Quelques instants plus tard, devant environ 34 000 spectateurs, Séverine chantera, a cappella, la Marseillaise.

◁◁ Sur 400 m haies, l'Américain Kevin Young devient champion olympique, aux JO de Barcelone, en pulvérisant le record de Moses, de près d'un quart de seconde, en 46"78.

△ Le Finlandais Toni Nieminen a obtenu en équipe la médaille d'or de saut avec une note de 19/20 pour un saut de 122 m, à l'âge de 16 ans et 259 jours. Toni, surnommé « le Finlandais volant » a remporté 2 autres médailles, argent et bronze en individuel.

△ Surya Bonaly, malgré une fabuleuse prouesse technique, n'a pas obtenu de médaille.

▷ Isabelle et Paul Duchesnay, médaillés d'argent de danse sur glace, sur la musique de West Side Story.

Hockey

Canadian connection ■ La France, l'Italie, l'Allemagne et la Suisse réunissaient davantage de joueurs de hockey sur glace nés au Canada, 35, que l'équipe canadienne elle-même, représentée par 23 sélectionnés. A elle seule, l'Italie présentait 19 internationaux d'origine canadienne alors que 6 des joueurs qui constituaient la formation française sont également nés au Canada.

Discipline la plus coûteuse ■ 414 crosses, représentant un coût de près de 100 000 F, c'est le stock utilisé par l'équipe de France de hockey sur glace pendant le tournoi olympique. L'équipe était composée de 23 joueurs, chacun ayant utilisé 18 crosses en moyenne. Le hockey, seul sport collectif des Jeux d'hiver, est également celui qui coûte le plus cher.

Patinage artistique

Les espoirs français ■ Isabelle et Paul Duchesnay ont ajouté leur nom au palmarès olympique du patinage artistique. Avant eux, 1 seul couple français, Andrée et Pierre Brunet, avait accédé à l'honneur du podium en devenant médaille d'or en 1928 et 1932. A Albertville, les Duchesnay ont été devancés par les Russes Marina Klimova et Sergueï Ponomarenko.
En ce qui concerne les individuels, déception, mais bien plus grande encore, pour Surya Bonaly. La Française a manqué le podium, terminant à la 5e place malgré une fabuleuse prouesse technique. La médaille d'or fut remportée par l'Américaine Kristi Yamaguchi.

Première quadruple boucle piquée sur glace ■ La jeune patineuse française Surya Bonaly fut, lors des épreuves olympiques d'Albertville, la première femme de l'histoire à passer une quadruple boucle piquée : ce qui représente un saut de 4 tours sur soi-même à une vitesse d'environ 8 à 10 m/s.

Patinage de vitesse

Patinage et publicité ■ Sandra Voetelink, patineuse de vitesse sélectionnée dans l'équipe des Pays-Bas, a tenu le rôle principal dans l'un des films publicitaires réalisés pour Evian. Cette pub, diffusée sur les chaînes françaises pendant les Jeux, ne lui a pas porté chance. Sandra Voetelink a chuté dans le 500 m, sa meilleure distance, dont elle avait été médaille d'argent aux derniers championnats d'Europe.

Saut

Premier style en V ■ Le Suédois Jan Bokloev, l'inventeur du style en V au saut à ski, était présent aux Jeux. Sa technique révolutionnaire, voler les skis écartés, le corps jeté dans le vide, est mieux maîtrisée aujourd'hui par d'autres que lui puisqu'il n'a pu finir dans les 10 premiers sur tremplin.

Le plus jeune champion olympique ■ A un jour près, Toni Nieminen est devenu le plus jeune champion olympique masculin d'hiver de l'histoire. Le sauteur à skis finlandais a permis à son équipe de remporter la médaille d'or en équipe, grâce à un exceptionnel saut de 122 m noté 19/20 pour le style. Il était alors âgé de 16 ans et 259 jours, contre 16 ans et 260 jours pour le bobeur américain William Fiske en 1928.
Comme la grande majorité des sauteurs depuis le début de l'hiver 1991-1992, le jeune Finlandais Toni Nieminen, qui a au total remporté 3 médailles (or en équipe, argent et bronze en individuel) est un adepte du style mis au point par Bokloev, qu'on appelle également le saut en canard.

Ski

Première médaille pour l'hémisphère sud ■ La Néo-Zélandaise Annelise Coberger est la première skieuse de l'hémisphère Sud médaillée olympique. Elle a terminé 2e du slalom, à 42 centièmes de l'Autrichienne Petra Kronberger.

Premier à conserver son titre olympique ■ Exploit inédit de l'Italien Alberto Tomba. En remportant, 4 ans après Calgary, une nouvelle médaille d'or en slalom géant, il est devenu premier skieur dans l'histoire à conserver un titre olympique.
Être le premier skieur à inscrire 2 fois de suite son nom au palmarès de la même épreuve n'empêche pas d'avoir une philosophie de la vie bien à soi. Voilà ce qu'avait déclaré l'Italien Alberto Tomba en arrivant à Albertville : « Maintenant que je suis aux Jeux, je serai plus raisonnable. J'irai au lit avant 3 h du matin ... avec 5 femmes seulement ».

Descente messieurs *La plus spectaculaire de l'histoire du ski alpin* ■ Conçue par Bernhard Russi, la course était longue de 2 905 m pour un dénivelé de 972 m et une déclivité maximum de 63 % dans le mur d'arrivée. Le départ a été donné à 2 827 m d'altitude. Les pointes de vitesse les plus élevées ont atteint 140 km/h et 23 caméras avaient été disposées pour rendre compte de la descente aux téléspectateurs.
Pour la première fois dans l'histoire, les spectateurs placés en bas de la descente ont pu suivre l'épreuve de visu, excepté les quatre cents premiers mètres.

Le plus faible écart ■ L'écart le plus faible de l'histoire de toutes les descentes masculines, 5 centièmes de seconde, a été enregistré le 9 février 1992 entre le champion olympique de descente, l'Autrichien Patrick Ortlieb, et son suivant, le Français Franck Piccard.
Ils battent ainsi le précédent record de 8 centièmes de seconde, écart qui séparait les 2 Français Jean-Claude Killy, champion olympique, et Guy Périllat, lors de la descente olympique en 1968.

La plus médaillée des JO ■ Lyubova Egorova est l'athlète qui a remporté le plus de médailles. La skieuse de fond de la CEI a gagné 3 titres, sur 10 km, 15 km et en équipe, et elle a terminé 2 fois deuxième, sur 5 km et sur 30 km.

Le plus rapide ■ Médaille d'or du kilomètre lancé, sport de démonstration, Michael Prufer a battu aux Jeux le record du monde de la spécialité. Il a été chronométré à 229 km/h, ce qui correspond par exemple à la vitesse moyenne d'un avion de tourisme.

La famille la plus médaillée ■ 14 ans après les médailles de Marielle à Grenoble, le nom des Goitschel a de nouveau été inscrit au palmarès olympique. Philippe, cousin de Marielle, a terminé 2e du kilomètre lancé, derrière Michael Prufer. Même si cette discipline n'était que sport de démonstration, l'honneur de la famille a été bien défendu.

Cocorico

Pour la France, les espoirs de médailles d'or aux JO d'Albertville reposaient surtout sur 3 champions. Ces derniers n'ont pas déçu, même si Franck Piccard a finalement dû se contenter de l'argent.

Curieusement, ce n'est pas dans sa spécialité, le super-G, que Piccard, né en 1964, est monté sur le podium. Il a obtenu la 2e place en descente. C'était sa 3e médaille olympique en 4 ans après celles remportées à Calgary, en 1988, où il avait fini champion olympique de super-G et 3e en descente.

En revanche, comme on l'attendait, Fabrice Guy et Edgard Grospiron sont bel et bien devenus champions olympiques. En ce qui concerne Fabrice Guy, c'est au combiné nordique qu'il a obtenu la consécration. Une médaille bien méritée après les milliers d'heures qu'il consacre chaque année à l'entraînement et les footings de 50 km qu'il lui arrive de faire, parfois l'été.

Quant à Edgard Grospiron, c'est une discipline nouvelle qui lui vaut la renommée : le ski artistique. A Tignes, devant 12 000 spectateurs survoltés, à l'épreuve de bosses, « Crazy Eddy », comme on le surnomme, a confirmé les pronostics qui avaient fait de lui le grand favori. Il s'est imposé devant un autre Français, Olivier Allamand, et a enrichi un palmarès déjà fort de 3 titres de champion du monde, obtenus en 1989, 1990 et 1991.

Franck Piccard, argent en descente.

Fabrice Guy, or en combiné nordique.

Edgard Grospiron, or en bosses.

◁ Durer est aussi une performance. L'Italien Alberto Tomba, après avoir obtenu une médaille d'or à Calgary, a renouvelé son exploit en slalom géant 4 ans plus tard. La « Bomba » déclarait en arrivant à Albertville : « Maintenant que je suis aux Jeux, je serai plus raisonnable. J'irai au lit avant 3 h du matin... avec 5 femmes seulement. » Ces résolutions draconiennes ont porté leurs fruits : or en géant et argent en spécial.

Jeux Olympiques d'été Barcelone

Généralités

Organisation ***Hébergement*** ■ Le village olympique se situait face à la mer et, pour la première fois dans l'histoire des Jeux, les athlètes n'ont pas payé leur hébergement : le COOB'92 leur a offert le logement durant 18 jours.

Hôtellerie ■ Les 33 000 lits disponibles à Barcelone étaient pratiquement tous occupés pendant les Jeux. 80 % des chambres l'étaient par des dirigeants, des athlètes, des journalistes et des employés du comité d'organisation.

Embouteillage ■ Contrairement aux prévisions, Barcelone a été épargnée par les embouteillages pendant la durée des Jeux. Le trafic y a même été moins dense qu'en temps normal. Des responsables de la municipalité ont déclaré que le volume du trafic routier avait été inférieur de 60 % par rapport à la même période de l'année précédente.

Contrôle record ■ L'haltérophilie a été le sport le plus contrôlé des JO de Barcelone. Non seulement l'ensemble des 262 concurrents ont dû obtenir le feu vert de leur propre fédération pour participer, mais près de la moitié d'entre eux, 116 exactement, sont repassés au contrôle du CIO. 378 éprouvettes pour seulement 262 haltérophiles, c'est beaucoup en comparaison des 200 contrôles auxquels ont été soumis plus de 1 500 champions d'athlétisme.

Classement des pays par médailles

PAYS	RANG	OR	ARGENT	BRONZE	TOTAL
CEI	1	45	38	29	112
États-Unis	2	37	34	37	108
Allemagne	3	33	21	28	82
Chine	4	16	22	16	54
Cuba	5	14	6	11	31
Hongrie	6	11	12	7	30
Corée du Sud	7	12	5	12	29
France	8	8	5	16	29
Australie	9	7	9	11	27
Espagne	10	13	7	2	22
Japon	11	3	8	11	22
Angleterre	12	5	3	12	20
Italie	13	6	5	8	19

▷ *3,5 milliards de téléspectateurs ont assisté à la cérémonie d'ouverture des jeux Olympiques d'été, Barcelona'92, grâce à la retransmission de 150 chaînes de télévision.*

△ *Barcelona'92 a vu un record de participation avec 172 pays. Ci-dessus, le séduisant porte-drapeau de la Mongolie.*

PRINCIPAUX CHIFFRES

ATHLÈTES ENGAGÉS	10 000
PAYS REPRÉSENTÉS	172
PERSONNES ACCRÉDITÉES	113 402
SPORTS INSCRITS AU PROGRAMME	28
TÉLÉSPECTATEURS *cérémonie d'ouverture (en milliards)*	3,5
TOTALITÉ DES HEURES DE RETRANSMISSION EN DIRECT	2 400
CHAINES DIFFUSANT LES JEUX	150
DROITS DE TÉLÉVISION *(en milliards de F)*	2,8
RECETTES PROVENANT DU PARTENARIAT *(en milliards de F)*	3,1
RECETTES PROVENANT DE LA BILLETTERIE *(en millions de F)*	621
REPAS A PRÉPARER	2 021 300
AFFICHES ÉDITÉES	2 950 000
JOURNALISTES	11 000
UTILISATEURS DES SERVICES DE TÉLÉCOMMUNICATIONS	170 000
DISTANCE PARCOURUE PAR LA FLAMME OLYMPIQUE *(en km)*	7 345 000
LITRES D'ESSENCE BRULÉS POUR LA FLAMME OLYMPIQUE	1 607 000
VOLONTAIRES PRÉINSCRITS	102 000
CAPACITÉ D'ACCUEIL DU VILLAGE OLYMPIQUE	15 000

Record de participation ■ Suite au morcellement des nations qui a suivi les événements survenus en Europe centrale ces dernières années, le record de participation a été largement battu lors des jeux Olympiques de Barcelone, avec 172 pays représentés.

La plus faible indemnité pour une délégation ■ A l'image de Sotomayor, les sélectionnés olympiques cubains avaient intérêt à rapporter de l'or au pays pour s'enrichir, car, pendant les Jeux, leur indemnité journalière a été fixée à 2 $ (environ 10 F) par athlète.

La délégation la moins représentée ■ Avec un seul représentant, c'est la délégation afghane qui était la moins représentée à Barcelone. L'Afghanistan, en raison de sa situation interne, n'avait pu préparer convenablement ses athlètes et ce pays n'était présent que par l'intermédiaire du secrétaire de son comité olympique.

Participation féminine ■ Plus de femmes que d'hommes dans les sélections birmane, vietnamienne et chinoise. Ainsi, par exemple, la Chine était représentée par 133 femmes et seulement 118 hommes.
En revanche, 35 délégations sur les 172 participantes ne comportaient aucune femme. C'était le cas de certains pays arabes en raison de leurs pratiques religieuses.

Spectateur *Le plus facétieux* ■ Un supporter américain habitué de la salle de Badalone, où jouait l'équipe de basket des État-Unis, la « Dream Team », ne venait jamais sans sa banderole pour la télé. On pouvait y lire : « Maman, envoie-moi des sous. »

Le plus long périple pour accéder aux JO ■ 7 cyclistes russes, partis de Moscou le 5 juin, sont arrivés à Barcelone le 25 juillet à raison de 70 à 100 km par jour pendant 7 semaines. Après avoir traversé toute l'Europe, ils n'ont pu entrer en France pour des questions de visa et se sont rendus en Italie d'où ils ont pris un bateau pour la capitale catalane.

Record d'audience ■ Plus de 22 milions de téléspectateurs américains ont regardé la cérémonie d'ouverture. Le diffuseur, NBC, avait pourtant estimé qu'un score de 19 millions serait «retentissant ».
6 millions d'Espagnols ont suivi la cérémonie d'ouverture à la télévision et près de 90 % des téléspectateurs catalans étaient devant leur petit écran.

L'athlète le plus distrait

C'est pour avoir manqué le bus que l'Iranien Ali Kazemi a été disqualifié du tournoi de boxe. Arrivé dans le palais des sports, il est monté sur le ring sans gants et sans casque. C'est alors que la cloche retentit mais le chronomètre s'arrêta au bout de 10 s. Les juges déclarèrent son adversaire, un Pakistanais, vainqueur.

Première femme à remporter une épreuve mixte ■ La Chinoise Sham Zhang est entrée dans l'histoire en remportant au nez et surtout à la barbe de ses adversaires masculins la médaille d'or de l'épreuve de tir au plateau. A 24 ans, elle est la première femme à remporter une victoire olympique dans une épreuve mixte.

Les athlètes les plus lourds ■ Les athlètes les plus lourds des Jeux étaient ceux du Panama, qui pesaient 104,002 kg, soit presque le double de leurs collègues birmans, plus sveltes, avec une moyenne de 53 kg.
Côté femmes, les Honduriennes accusaient 77,6 kg en moyenne au lieu de 41 kg pour les représentantes des îles Maldives.

L'athlète le plus fort ■ L'homme le plus fort du monde pèse 60 kg, mesure 1,53 m, est turc et s'appelle Naim Suleimanoglu. En effet, cet haltérophile de 25 ans, de nouveau champion olympique après Séoul, peut soulever jusqu'à 2,5 fois son poids. Il a en outre battu 34 records du monde.

Les athlètes les plus grands ■ Les athlètes les plus grands présents aux JO de Barcelone étaient les Costariciens avec une taille moyenne pour les hommes de cette délégation de 1,92 m.
Les sportives les plus grandes étaient les Syriennes avec une taille moyenne pour les femmes de la délégation de 1,87 m.

Ages extrêmes ■ Les filles du Salvador ou des Seychelles étaient les plus jeunes, 15 ans en moyenne, alors que les Luxembourgeoises étaient les plus proches de l'âge de la retraite avec un âge moyen de 44 ans.

Le doyen des Jeux ■ Le cavalier américain Michael Plumb, 52 ans, participait à ses 7e jeux Olympiques (les 1er à Rome en 1960). Cette carrière d'une exceptionnelle longévité lui a déjà rapporté 2 médailles d'or et 3 d'argent. Seuls le boycott à Moscou et une blessure avant Séoul l'ont empêché de répondre présent en 1980 et 1988.

L'ambidextre des JO ■ Roberto Moya, médaille de bronze du disque, est un gaucher contrarié. En effet, lorsque ce Cubain s'est intéressé à l'athlétisme, aucun entraîneur n'avait la technique pour apprendre le geste à un gaucher. C'est donc avec sa main droite qu'il a remporté la médaille.

◁ *Cet haltérophile turc, Naim Suleimanoglu, est l'homme le plus fort au monde. Il mesure 1,53 m et pèse 60 kg. Il peut soulever jusqu'à 2,5 fois son poids. Naim Suleimanoglu, qui a déjà battu 34 records du monde, a remporté le titre olympique à Barcelone.*

Athlétisme

Le plus titré ■ Carl Lewis vient encore d'améliorer son palmarès déjà prestigieux en remportant 2 nouvelles médailles d'or en saut en longueur et en 4 x 100 m. Ainsi, avec l'épreuve du 100 m dont il est toujours recordman du monde à 32 ans, mais qu'il n'a pas disputée à Barcelone, l'« athlète du siècle » est détenteur de 8 médailles d'or et 1 médaille d'argent olympique, de 8 titres mondiaux et de 13 records du monde.

Nombre record de faux départs ■ Étonnant : il y eu 16 faux départs lors des 17 séries de 100 m masculin et féminin, le 1er jour des épreuves d'athlétisme. L'émotion et la nervosité des athlètes n'expliquent pas tout, la lenteur du starter a été aussi mise en cause.

Le doyen du 100 m ■ Linford Christie, Britannique de 32 ans d'origine jamaïcaine et couronné à Barcelone, est le doyen des champions olympiques du 100 m. Il a pris la place, dans les annales, de l'Écossais Allans Wells qui avait 28 ans lorsqu'il fut titré à Moscou, en 1980.

32 années en finale ■ Il faut remonter aux Jeux de Rome, en 1960, pour noter l'absence du relais 4 x 100 m français en finale.

▽ Linford Christie, vainqueur de la prestigieuse épreuve du 100 m hommes.

▷ 24 ans après Colette Besson, Marie-José Pérec est devenue championne olympique du '400 m en devançant la représentante de la CEI Olga Bryzgina. A cette occasion, elle a établi un nouveau record de France (48"83') et a apporté à la France sa huitième médaille.

▷▷ Mike Powell, recordman du monde du saut en longueur. En finale à Barcelone, le titre olympique lui a échappé de peu : 3 cm seulement.

◁◁ L'Allemand Dieter Baumann, médaille d'or du 5 000 m.

◁ L'Américaine Gwen Torrence, médaille d'or du 200 m.

▽ Carl Lewis qui, à Tokyo, avait perdu son titre de champion du monde au profit de Mike Powell, a conservé à Barcelone son titre olympique avec un saut de 8,67 m.

▷▷ *Le gymnaste russe Vitaly Stcherbo a remporté 6 médailles d'or aux Jeux de Barcelone (en équipe, au combiné, aux anneaux, au cheval d'arçons, aux barres asymétriques et parallèles).*

△ *En remportant la médaille d'or du fleuret individuel masculin, Philippe Omnès a mis fin à une longue période sans champion français dans cette discipline.*

Aviron

Équipe de France ■ L'équipe de France a réussi à qualifier ses 6 bateaux en compétition en finale. Malheureusement, aucun de ces 6 équipages n'a pu accrocher une médaille.

Basket

Le plus grand écart de points ■ Avec 68 points d'avance à la fin de leur match contre l'Angola, battu largement avec le score de 116 points à 48, les basketteurs américains ont ainsi établi un record pour Barcelone mais pas pour l'histoire des Jeux. En effet, en 1956, à Melbourne, leurs aînés avaient gagné avec 72 points d'avance sur les Thaïlandais.

L'équipe la plus invincible ■ L'équipe des États-Unis n'a pas usurpé son surnom de « Dream Team » (« Équipe de rêve »), durant ce tournoi olympique de Barcelone tant elle aura été au-dessus du panier. En effet, elle a tenu tous ses adversaires à distance avec un écart de 43,5 points en moyenne.

Record de sélections ■ 300ᵉ sélection en équipe nationale d'Australie pour le basketteur Philip Smith. A 34 ans, le meneur de jeu de l'équipe d'Adelaïde a établi ce record lors de la rencontre face au Porto Rico. C'étaient ses 4ᵉ Jeux après Moscou, Los Angeles et Séoul.

LE JOUEUR LE PLUS GRAND

Le Lituanien Arvydas Sabonis était le plus grand joueur de basket du tournoi olympique, avec 2,24 m, soit 2,90 m le bras levé (le panier est à 3,05 m du sol). Il devançait l'Allemand Gunther Behnke (2,21 m), le Croate Stojko Vrankovic (2,17 m) et les ex aequo à 2,15 m : Rolando Ferreira (Brésil), Franco Arapovil (Croatie) et Shan Tao (Chine).

▷ *La « Dream Team », l'équipe de basket nord-américaine, a été très remarquée au rendez-vous de Barcelone. Les Américains ont remporté tous les matchs disputés à Barcelone, en affichant pour 8 d'entre eux un score de plus de 100 points.*

Le joueur le plus petit ■ Le plus petit du tournoi de basket des Jeux de Barcelone fut l'Allemand Andres Armin qui mesurait seulement 1,80 m.

Gros salaire ■ 12 500 : c'est le nombre d'années de salaires qu'il faudrait à un ouvrier indonésien de chez Nike pour réunir la même somme que touche le célèbre basketteur américain Michael Jordan pour porter les couleurs de la firme annuellement.

Escrime

Fleuret individuel masculin ■ La France n'avait pas remporté le titre olympique de fleuret individuel masculin depuis 36 ans (le titre ayant été précédemment remporté lors des Jeux de Melbourne). Philippe Omnès, en remportant la médaille d'or de cette discipline à Barcelone, a mis fin à cette longue période sans champion français.

Gymnastique

Le gymnaste le plus titré à Barcelone ■ Le Biélorusse Vitaly Stcherbo a été le gymnaste le plus titré des Jeux de Barcelone avec 6 médailles d'or : 1 en équipe, 1 en concours général, 1 au cheval d'arçons, 1 aux anneaux, 1 au saut et 1 aux barres parallèles. En outre, il en a gagné 4 en 1 journée.
Avec ses 6 médailles d'or, il est à une longueur du nageur américain, Mark Spitz, qui en avait gagné 7 en 1972 aux JO de Munich, mais à égalité avec l'ex-Allemande de l'Est Kristin Otto qui a remporté 6 médailles aux Jeux de Séoul en 1988.

Judo

Premier titre olympique pour une femme ■ Catherine Fleury a été la première femme a remporter un titre olympique en judo (moins de 61 kg). Elle a remporté sa médaille d'or le 30 juillet 1992. Elle a été suivie de très près par Cécile Nowak qui, le 2 août 1992, a remporté la médaille d'or chez les moins de 48 kg, 4 jours plus tard. Toutes deux ont également réalisé le grand chelem, soit : championne d'Europe, championne du monde et championne olympique.

Le premier à remporter 2 titres olympiques ■ Le Polonais Waldemar Legien est le premier judoka à avoir remporté 2 titres olympiques dans 2 catégories différentes : en 1988 chez les mi-moyens et en 1992 chez les moyens.

Première médaille pour un pays ■ La judoka Yael Arad, médaillée d'argent chez les moins de 61 kg, a remporté la première médaille de toute l'histoire olympique d'Israël.

Équipe de France ■ L'équipe de France a réalisé une véritable moisson de médailles, lors des JO de Barcelone 1992, avec un total de 7 médailles : 2 or, 1 argent et 4 bronze. Voir aussi *« Tableau des médailles de Barcelone ».*

Natation

La plus jeune médaillée ■ L'Allemande Van Almsick est la plus jeune médaillée de toute l'histoire des JO de natation ; elle a en effet remporté une médaille de bronze, le 26 juillet 1992, lors de l'épreuve du 100 m nage libre à l'âge de 13 ans.
Après avoir remporté son 1er titre olympique de 200 m dos à Séoul à l'âge de 14 ans, la Hongroise Kristina Egerzegi a conquis 3 nouvelles médailles d'or à Barcelone, à moins de 18 ans.

4 x 100 m ■ Pour la première fois depuis la fin de la Seconde Guerre mondiale, la sélection américaine n'a pu remporter la médaille d'or du 4 x 200 m. Elle a été devancée par l'équipe de la CEI.

France ■ Le nageur français Christophe Kalfayan a battu lors de la même journée du 30 juillet 1992 à Barcelone le record de France du 50 m nage libre en 22' 50".

L'équipe la plus entraînée ■ 7 440 : selon le docteur John Troup, médecin de l'équipe nord-américaine de natation, c'est le nombre d'heures passées à l'entraînement par un athlète. Soit 6 h par jour et 310 jours par an pendant 4 ans.

Tir

Le plus assidu ■ Le Suédois Ragnar Skanaker a remporté une médaille de bronze en pistolet libre à Barcelone, à l'âge de 58 ans, 20 ans après son titre olympique de Munich en 1972.

△ Kyoko Iwasaki avait 14 ans et 6 jours quand elle a remporté la médaille d'or du 200 m brasse.

▽ Catherine Fleury, première médaille d'or française à Barcelone.

Tir à l'arc

Médaille d'or pour la France

■

Sébastien Flute, après avoir déjà été champion d'Europe et champion du monde en salle, a reconquis une médaille d'or de tir à l'arc qui avait échappé aux Français depuis 1920.

INDEX

INDEX

A

B

C

D

E

F

G

H

I

J

K

L

M

N

O

P

Q

Pour tous renseignements, écrivez-nous :
Bureau Officiel d'Homologation
Livre Guinness des Records
40, cours Albert-Ier
75008 Paris.

R

S

T

U

V

W

Y

Z

RÉALISATION

EDITIONS
PHILIPPINE
PRODUCTIONS

Direction de la rédaction
Catherine BONIFASSI

Coordination de la réalisation
Lydie PESCAYRE

Direction artistique et maquette
Ludwig BROOKS et Jean-Marc ROY

Correction
Denis MILLAUT, Élisabeth ROMANTCHOUK

Avec la collaboration de
Debora ALTMAN, Véronique BONIFASSI, Roland CRETTON, Anne HEILBRONN, Sabine LACAPE, Eddie PIERRON, Eléanor ROSENBERG, Kabira TIMJICHTE, Amina ZTOUB

Chapitre Sports
Frédéric JAILLANT

Pour l'édition britannique
Directeur de la rédaction : Peter MATTHEWS
Conseiller éditorial : Norris D. McWHIRTER

REMERCIEMENTS

Académie des arts et techniques du cinéma, Académie française, A2, Aéroports de Paris, Airbus-Toulouse, Air France, Ambassade des États-Unis (service économique et financier, Mme Pourade), Assemblée nationale, Assistance publique-Hôpitaux de Paris, Association des « Victoires de la musique », Casino de Divonne-les-Bains (M. Viellevigne), Centre national de circulation routière, CESP (Sophie Malendur), Chambre syndicale des constructeurs de navires (Mme Castagnié), Christie's, Club des explorateurs (Bernard Pierre), CNC (Centre national de la cinématographie), Comité des constructeurs automobiles (M. Lescure), Comité des armateurs (M. Daniel Bournazac), Compagnie des agents de change (M. Bonnet), Direction des Ports, EPG France-Boulogne (M. Smit), Eric Benech,
Espace Aventure Kronenbourg (Yann Chailleux, Bertrand Morchouane), Étude Ader Tagen (Paris), Euro RSCG (Caroline de Dampierre), Féderation française de spéléologie (Damien Delanghe), Fédération française de vol à voile-Paris, Festival d'Avignon, Le Figaro, Fnac-Direction du livre, France-Soir, Galeries Lafayette-Haussmann, Groupe Accor, Groupe Perrier, Hachette-Groupe Livre, Hotel Drouot (documentation, Christine Benoît), IBM France, INA, INED (Jean-Claude Chenais), Info Voirie, INSEE (Guy Desplanques), IFP (Institut français du pétrole, Evelyne Nocera), IGN (Institut géographique national), IRESCO, Jean-Pierre Frachon (guide de haute montagne, Chamalières), COJO Albertville, KPMG-Fiduciaire de France, Kronenbourg, L'Équipe (Johnny Reeves), L'Officiel du cycle et du motocycle (M. Litt), La Guilde européenne du raid (Gaëlle de la Brosse), Pierre Lebel, Le musée automobile Schlumpf de Mulhouse, Lire, Livres Hebdo, Loterie nationale, Mairie de Sem, Ariège, Médiamétrie-Levallois-Perret (Patricia Monamy), Ministère de la Défense (Jacqueline Éclache), Ministère de l'Equipement (M. Ledu), Ministère de la Mer (M. Boyer), Ministère de la Santé, Ministère du Travail, de l'Emploi et de la Formation professionnelle (M. Morel), Moto Revue (Philippe Gorse, Renald Lesserre), Opération Transat 92 (Mathieu Morverand), Pierre Tardivel (guide de haute montagne, Annecy), Préfecture de police de Paris, RATP (Joël Bordes), Régie Renault (M. Dubellois), SACEM, Salon de l'Agriculture (Dominique Blatin), Seita, Service historique de l'armée de terre (Château de Vincennes), SNCF, SNEP (Syndicat national d'édition phonographique), Sotheby's, Sté Hennessy (Frédéric Basler), Synagogue de Paris, SNE (Syndicat national des éditeurs, Mlle Meyrat), Tarif-Média (Laurence Chevreux), Théâtre La Huchette-Paris, Théâtre Poche-Paris, Top n° 1 Production (Sophie Guerch), « Tour du monde en traction » (Éric Massié), Universités Paris-I et Paris-VI, Usinor/Sacilor, Paola Villa (Professeur-archéologue à l'université du Colorado, USA).

CRÉDITS PHOTOGRAPHIQUES

COUVERTURE :
Gamma (Morgan Spooner), Press Sport, Roger Viollet, Sipa-Press (Rex), Sipa-Sport (Tavernier-Nicod-Klein).

DR : p.14, p.15, p. 16 (Revel), p. 22, p. 28, p. 41 (Christian Barbier), p. 61, p. 62, p. 82, p. 83, p. 86, p. 96, p. 97, p. 99, p. 101, p. 103 (2), p. 104, p. 112, p. 117, p. 138, p. 139 (2), p. 140 (2), p. 141 (2), p. 142 (2), p. 143 (3), p. 145 (14), p. 146 (2), p. 147 (4), p. 149, p. 151 (2), p. 154, p. 155, p. 156, p. 157, p. 158, p. 159 (3), p. 160 (2), p. 161, p. 162, p. 164, p. 167, p. 177, p. 182-183, p. 184, p. 189, p. 193 (2), p. 198, p. 199, p. 200, p. 208 (3), p. 210 (3), p. 211, p. 214, p. 221, p. 223 (2), p. 224, p. 229 (4), p. 230 (2), p. 231, p. 243, p. 244, p. 247, p. 249, p. 250, p. 255, p. 256 (2), p. 259, p. 261 (2), p. 262, p. 265, p. 267.
EXPLORER : p. 190 (G. Boutin), p. 199 (Fr. Jourdan).
GAMMA : p. 10-11 (Djamel Balhi), p. 11 (Redneck), p. 13 (Djamel Balhi), p. 13 (Philippe Poulet), p. 14 (René Robert), p. 15 (Nicoo), p. 18 (Raphaël Gaillarde), p. 20 (Erik Sampers), p. 21 (Nicolas Reynard), p. 24 (Blitz-Fitoussi), p. 25 (FCP), p. 25 (Pierre Périn), p. 28 (François Von Sury), p. 29 (Bernard Germain), p. 32 (Paul Yao), p. 33 (Arnaud de Wildenberg), p. 34 (Alain Benainous), p. 35 (UK-Press), p. 36 (M. Sennet-Liais), p. 37 (Westenberger-Liaison), p. 38 (Liaison), p. 72 (Kaku Kurita), p. 75 (Rotolo-Liais), p. 76 (Kaku Kurita), p. 77 (Yvan Deheerdt), p. 78 (François Darmigny), p. 79 (Morgan Spooner), p. 80 (Gaillarde), p. 82 (Mitsuhiro Wada), p. 84 (Marc Deville), p. 85 (Yann Arthus-Bertrand), p. 87 (Alain Buu), p. 89 (Raphaël Gaillarde), p. 90-91 (Aventurier), p. 94-95 (Gamma Sport), p. 96 (Daniel Simon), p. 97 (Philippe Poulet), p. 100 (Wilkinson-Spooner), p. 100 (Patrick Rivière), p. 102, p. 102 (Boleslaw Edelhajt), p. 103 (Noël Guidu), p. 106 (Novosti), p. 108-109 (Alexis Duclos), p. 109 (Voulgarcpoulos-Fig Mag), p. 110 (Halebian-Liaison), p. 113, p. 115 (Gamma Liaison), p. 115 (Jones-Gamma Liaison), p. 121 (Gilbert Uzan), p. 127 (Anderson-Liaison), p. 131, p. 133 (Abolafia-Gamma Liaison), p. 136 (Buu-Duclos), p. 180 (APN), p. 194, p. 206 (Morgan-Spooner), p. 252.
GB : p. 70, p. 92, p. 107, p. 122-123, p. 129, p. 134, p. 149, p. 154, p. 155, p. 165, p. 166, p. 167, p. 168, p. 169, p. 172, p. 179, p. 181, p. 184, p. 185, p. 188, p. 192, p. 194, p. 195, p. 197, p. 203, p. 204, p. 207, p. 210, p. 211, p. 214, p. 217, p. 232, p. 247 (3), p. 249, p. 250, p. 251 (2), p. 255, p. 257, p. 260, p. 261, p. 262, p. 263 (2), p. 266, p. 268, p. 269, p. 273, p. 275, p. 278-279, p. 280, p. 282 (2), p. 283, p. 284, p. 288, p. 291, p. 292, p. 293 (3), p. 295, p. 296 (2), p. 297 (2), p. 298, p. 299 (2), p. 300 (2), p. 303, p. 306, p. 307, p. 310, p. 311, p. 312, p. 314, p. 316, p. 317, p. 322, p. 325 (2), p. 328, p. 329, p. 330 (2), p. 331, p. 332, p. 336, p. 337, p. 346, p. 348, p. 349, p. 354, p. 355 (2).
JACANA : p. 218 (Philippe Karin) (2), p. 219 (Gohier), p. 225 (Philippe Karin), p. 226 (De Klem), p. 233 (A. Saunier), p. 234 (Méro), p. 234 (S. Cordier), p. 236 (Varin-Visage), p. 237 (A. Rainon), p. 239 (Devez), p. 240 (Varin-Visage), p. 243 (K. Ross).
KEYSTONE : p. 54, p. 56, p. 280, p. 287.
MAP : p. 213 (2) (Yann Monel).
OFFICE DU TOURISME-LE GRAND BORNAND : p. 145.
PATEK PHILIPPE : p. 178.
PHOTO AFP : p. 181.
PHOTO CINÉ LAMBERT-LA ROCHELLE : p. 145.
PHOTO FLANDRE : p. 58.
PRESSE-SPORT : p. 44 (W. Iooss J. R.-Sport Illustrated), p. 290 (Rochard), p. 292, p. 309, p. 327 (M. Leech), p. 333 (Pochat), p. 350 (2), p. 353 (2) (Lutz Bongarts), p. 354, p. 355.
ROGER-VIOLLET : p. 18, p. 27, p. 67, p. 93 (2), p. 130, p. 173, p. 174, p. 185, p. 195, p. 273, p. 276, p. 288.
SIPA : p. 10 (Nicolas Tavernier), p. 12 (Aris Mihich), p. 13 (Aris Mihich), p. 17 (Beedell), p. 18 (J.-P. Astruc), p. 19 (Arish Mihich), p. 20 (J.-L. Petit), p. 22 (Ragazzi Del Lago), p. 23 (Ragazzi Del Lago), p. 23 (2) (Klein), p. 24 (Tavernier), p. 25 (Klein), p. 27 (Klein), p. 30 (Tavernier), p. 31 (Tavernier), p. 31 (Boccon-Gibod), p. 39 (Meurou), p. 39 (Rex Features), p. 39 (Michel Ginies), p. 40 (3), p. 41, p. 42 (Albert Facelly), p. 42 (Job), p. 43 (Chapon), p. 43 (Stumpf), p. 43 (Ginies), p. 46 (Benarock), p. 46 (Weber), p. 47 (Fraser), p. 48 (Oxley), p. 49 (Goldner), p. 50-51 (Spadem), p. 52 (Clergue), p. 52 (Kramarsky Trust Fu.), p. 53 (Dumas), p. 53 (Sipa Icono), p. 57, p. 59 (Daniele Caviglioli), p. 60 (Kevin Harvey), p. 61 (Nicolas), p. 63 (Cinello), p. 63 (Gastaud), p. 64 (Sipa Icono), p. 65 (S. Arad), p. 66 (Kleinefenn-Moatti), p. 68 (Tschaen), p. 69 (Rex), p. 95 (Claude Roig), p. 98 (Sipa-Press), p. 116 (Robineau), p. 117 (Cavalli), p. 118-119 (Mannie Garcia), p. 125 (Sipahioglu), p. 130, p. 131 (Villard), p. 138-139 (Rex), p. 152 (Kerstgens), p. 155 (Alveo-Communicando), p. 157 (Sébastien Raymond), p. 170 (Olive), p. 171 (Bordas), p. 173 (Simmons), p. 186 (N. O. A. O), p. 187 (Sipa-Press), p. 187 (Sipa-Press), p. 196 (Tournaire Pascal), p. 201 (Durieux), p. 205 (Kevin Harley), p. 206 (Michigan Technology University), p. 211 (Vishnetsky), p. 211 (Rex), p. 212 (Stanislas), p. 215 (François Mousis), p. 221 (Sobol Richard), p. 224 (Rex), p. 225 (Rex), p. 227 (Sobol Richard), p. 233 (Rex), p. 235 (Tiktiner), p. 236 (Rex), p. 246 (Rex), p. 248 (Rex), p. 250 (Zaourar), p. 252 (Guatti), p. 253 (Rex), p. 253 (Richmond), p. 254 (Aurelio A Penna), p. 255, p. 259 (Tschaen), p. 260 (Rex), p. 263 (Fonds ERL Sipa Icono), p. 267 (2) (Florence Durand), p. 270 (Françoise Demulder), p. 271 (P. Frilet), p. 273 (Patrick Durand), p. 274 (J. Witt) , p. 274 (Alfred), p. 275 (Le Segretain), p. 275 (Chesnot), p. 277 (NTB-Sipa-Press), p. 280 (Tom Haley), p. 281 (Bill Gentile), p. 283 (Nina Berman), p. 284 (Malanca), p. 285 (Chris Brown), p. 286 (A. Daily News), p. 287 (Rex-Sipa-Press), p. 289 (Goyhenex), p. 289 (Richard Sobol), p. 294 (Ruggerri), p. 295 (Taylor), p. 301 (Pierre Suu), p. 302 (Paoli), p. 304 (Billon), p. 304 (Sipa-Sport), p. 305, p. 308 (Olympia), p. 310 (Gadoffre), p. 312 (Richard Martin), p. 313 (Color Sport), p. 315 (Zihnioglu), p. 317 (Chanloup), p. 318 (R. Martin), p. 320 (Curtet), p. 322 (Foulon), p. 324 (Dickinson), p. 331 (B. Biancotto), p. 334 (N. Tavernier), p. 334 (Colin), p. 338 (Selinger), p. 339 (V. Deheulles), p. 339 (Sipa-Press), p. 347 (Thierry Boccon-Gibod), p. 348 (Gromik), p. 349 (Max), p. 349 (Tavernier), p. 352 (Gromik), p. 352 (Colin).
SUNSET : p. 216 (NHPA), p. 222 (NHPA), p. 223 (Gérard Lacz), p. 235 (Animals Animals), p. 238 (NHPA), p. 238 (Animals Animals), p. 242 (Animals Animals), p. 242 (Goetgheluck), p. 245 (STF).
SYGMA : p. 42 (Jacques Andanson), p. 65 (L'Illustration Sygma), p. 124 (Diego Goldberg), p. 132 (P. Perin).
VANDYSTADT : p. 319 (Chris Cole), p. 323 (Richard Martin), p. 334 (Yann Guichaoua), p. 348 (Gérard Vandystadt), p. 349 (Zoom-Vandystadt), p. 351 (Martin-Allsport-Vandystadt), p. 352 (Bob Martin), p. 353 (Mike Powell), p. 355 (David Cannon).

Imprimé en France
sur les presses de Maury-Imprimeur S.A. – 45330 Malesherbes
N° d'imprimeur : G92/39164 R
N° d'édition : 50-38-4040-01
ISBN : 2-87761-029-2
dépôt légal Octobre 1992

50-4023-3